Le Sfere

Collana di studi musicali diretta da Luigi Pestalozza

53

Carlo Piccardi

Maestri viennesi

Haydn, Mozart, Beethoven, Schubert

Verso e oltre

RICORDI
LIM

Le Sfere
Collana di studi musicali
diretta da Luigi Pestalozza

Con il sostegno della
Repubblica e Cantone Ticino

Produzione, distribuzione e vendita:
MGB Hal Leonard Srl - via Liguria 4, fr. Sesto Ulteriano - 20098 San Giuliano Mil.se

Copertina da "Bianco", rettangolo di Michi Cima

Printed in Italy

NR 140548
ISBN 978-88-7592-895-7 (Ricordi)
ISBN 978-88-7096-655-8 (LIM)

Indice

a Tiziana

Introduzione

Non c'è tempo senza spazio, non c'è storia senza luogo in cui essa riveli il suo dispiegamento. Legata al tempo e al luogo più di tutti è la musica, esistente solo nel momento del suo risuonare nello spazio acustico in cui prende corpo. La storia della musica è quindi indissociabile dai contesti concreti, dalle strutture e dalle istituzioni che necessariamente la sorreggono, articolate e ponderose, simboliche e rappresentative, rivolte alla società nel suo complesso.

Se nell'interrelato mondo d'oggi – nella movimentazione illimitata di solisti, cantanti, orchestre itineranti, – essa può risorgere ovunque anche grazie alla riproduzione meccanica del suono, rivivendo indistintamente i fasti del suo primo apparire, all'origine ogni esperienza musicale era destinata a rimanere essenzialmente vincolata alle radici da cui si diramava, attirando verso gli ammirati giardini della sua fioritura schiere di aristocratici viaggiatori che ne testimoniavano i caratteri e il valore come leggenda narrata ai contemporanei e tramandata ai posteri.

Vienna fu il luogo in cui più che altrove si determinarono le linee portanti di un percorso che per quasi due secoli la videro dettare le fasi dell'evoluzione della musica europea, nel consolidamento dei valori acquisiti e nella capacità di liberare le spinte innovative che la sollecitavano, provenendo dai vari territori del vasto impero di cui era capitale. Oltre alla ricchezza senza pari derivante dal differenziato scenario che la circondava (su di essa convergente), la centralità rispetto al nord e al sud, all'oriente e all'occidente, ne estese la portata di luogo predisposto ai processi di sintesi e di metabolizzazione di stili, maniere, modelli, rinforzato dalla capacità d'attrazione esercitata al di là delle frontiere imperiali nei confronti dei talenti che vi trovarono fertile terreno di sviluppo. A sua volta il peso specifico che vi assunse l'arte dei suoni rispetto alle altre espressioni artistiche, capillarmente diramata negli strati sociali, ne determinò la predominanza in un ambito che la rese rappresentativa di una civiltà colma di esperienze e densa di storia al punto da presentarsi come comprensiva di tutta la storia musicale europea. Semmai c'è da chiedersi se qualcosa sia rimasto fuori dal suo raggio d'azione, cosa abbia mancato di far sentire la sua eco in quella capitale. Certamente essa attinse a molte fondamentali esperienze recate dall'esterno, con più di un debito nei confronti di altri luoghi altrettanto irradianti, tuttavia mantenendo sempre il primato, grazie a una continuità nel tempo che non ha paragoni.

Di tale sintesi Mozart fu l'esponente emblematico. Benché la formazione predispostagli dal padre implicasse il riconoscimento dei passaggi d'obbligo a Parigi, Mannheim, Londra e in Italia, fu poi a Vienna che egli portò a maturazione i frutti delle conoscenze di cui fece tesoro; una Vienna dalla quale si estese il supremo modello strumentale di Haydn, chiamato a Londra per essere consacrato a livello continentale; una Vienna in cui il renano Beethoven trovò un'articolata dimensione culturale identificata come palcoscenico da cui lanciare al mondo tutto i propri infiammati messaggi di emancipazione dell'uomo; una Vienna che per Schubert rappresentò la condizione domestica, senza essere mai stata da questi valicata, costituendo per lui il condensato di un universo attraversato da una visione che andava ormai oltre lo spazio e il tempo, nel preannuncio del tramonto di un contesto organico di civiltà che, con Mahler e la sostanza corrosa del Lied che da lui discendeva, si sarebbe nutrito della coscienza di un mondo perduto.

Nelle varie facce che, sull'arco di pochi decenni, rivelano la configurazione di uno spazio unitario nel segno di un modello onnicomprensivo e insuperato, si impose durevolmente un'esemplarità che, attraverso le quattro grandi personalità convenzionalmente sussunte sotto la definizione di Classicismo viennese, registra la radicale mutazione tra antico e nuovo regime. Le distinte posizioni che vi emergono - adagiata nel riconoscimento della subalternità sociale per quanto riguarda Haydn, rivendicatrice dell'indipendenza dell'artista da parte di Mozart, fiera affermatrice della conquistata autonomia creativa da parte di Beethoven, subìta e sofferta emarginazione di Schubert come scotto pagato alla condizione di libertà organicamente perseguita – non impediscono di cogliervi gli stretti rapporti di reciprocità in un quadro espressivo stabilizzato, capace di mediare tra il retaggio della tradizione e la spinta verso nuove prospettive. Lo stesso concetto di Classicismo a cui quell'esperienza fu ricondotta si richiama alla ricerca dell'elevatezza formale che già percorreva la musica del Settecento sulla spinta dell'azione delle arti figurative nell'idea di una classicità ambivalente, divisa tra la restaurazione degli illustri modelli dell'antichità e la loro forza consacratoria dei nuovi ideali repubblicani. In effetti, benché privata della possibilità di trovare riscontri risolutivi nelle frammentarie testimonianze dell'arte dei suoni di Roma e della Grecia antica, la musica non rimase estranea agli aspetti di civiltà che organicamente riconobbero l'ascendenza nell'aulico nucleo fondante della civiltà occidentale, maturando una consapevolezza stilistica e una ricerca di perfezione e di compostezza formale legittimate come echi di remota matrice.

D'altra parte, all'ombra dell'ufficialità aristocratica che rispecchiava nel modello classicistico i simboli della rispettiva classe, il secondo Settecento vide diramarsi una cultura attraverso la quale la borghesia si affermava già in una propria prospettiva, con una nuova sensibilità e con nuove funzioni assegnate alla creazione artistica. Concetti quali *Sturm und Drang*, *Empfindsamkeit*, stile *larmoyant*, provenienti dall'ambito letterario e teatrale, identificavano modi d'essere riconducibili ad abitudini, gusti, valori che si costituivano nella nuova realtà di una classe sociale pronta ad assurgere a ruolo protagonistico e in grado di manifestarsi con un proprio ideale espressivo.

Più che altrove, per il radicamento che la musica vi acquisì nel suo attivo ambito borghese, Vienna divenne il luogo favorevole alla maturazione dell'individualizzata dimensione espressiva, di linguaggio della comunicazione intima e diretta, prima ancora che mezzo mirante a suscitare occasioni di stupore e di ammirazione attraverso il suo uso teatrale e spettacolare. Predisposta ad accogliere nel suo privato sentire i portati del Romanticismo, d'altra parte la diramata autosufficienza della domestica dimensione che ne rimaneva alla base li mediò in un orientamento che non perse mai di vista la fondamentale pratica comunitaria della musica. Se poi l'edonistica spirale del suo potere incantatorio a un certo punto si trovò irretita nel vortice di un delirio proiettato oltre la realtà, ciò avvenne quando il quadro politico e sociale dell'impero che vi faceva capo si rivelò incapace di rispondere ai tempi nuovi, trovandosi a recitare un copione fuori della storia.

I. L’impronta immaginaria di antichi suoni

Progressione dell’idea di classicità nel Settecento

> Les Grecs ont été grands en tout, ils l'ont été en musique comme en littérature, en peinture, en poésie, en architecture, etc., et ce sera toujours principalement par le grand goût de l’antique, par l’observation pénétrante de leurs procédés, aussi simples que nobles et vrais dans tous les beaux arts, que les artistes pourront s’efforcer d’imprimer à leurs productions le cachet de l’immortalité.
> (Jean-François Lesueur, *Observations sur les grandes parties de la musique et de la poésie chantée*, 1799)

«Ogni cosa da lui scritta reca l’impronta della bellezza classica»: appena qualche giorno dopo la sua morte il «Prager Oberpostamts-Zeitung» del 17 dicembre 1791 commemorava Mozart con parole che situavano il musicista al di fuori del tempo in funzione di un’esemplarità all’altezza dei valori che, oltrepassando i secoli, lo collegavano alle figure illustri dell’antichità. Qualche anno dopo (1797) Carl Cannabich gli dedicava una cantata, *Mozarts Gedächtnisfeyer*, una celebrazione in musica che riprendeva simbolicamente temi da opere del salisburghese già sedimentate nella memoria collettiva. Non era la prima volta che un compositore veniva glorificato. In musica vi sono precedenti all’origine dell’epoca polifonica: la *Déploration sur la mort de Johannes Ockeghem* di Josquin Desprez e prima ancora la *Déploration sur la mort de Machaut* di François Andrieu e Eustache Deschamps. Ma sicuramente si trattò di operazioni “reservate”, circoscritte all’ambito di un interesse di categoria artistico-professionale senza reali conseguenze sulla memoria epocale. Viceversa la scelta di Cannabich di ricorrere alla citazione corrispondeva al rilevamento della pratica viva della musica di Mozart, fortemente incrementata subito dopo la morte del compositore e che già alimentava il culto di una grandezza inarrivabile. Nella prima biografia mozartiana (1798) Franz Xaver Niemetschek, autore probabile della citata commemorazione praghese, riprendeva il concetto di classicità interrogandosi sul destino dei grandi musicisti del passato, le cui opere non risuonavano più e i cui nomi rimanevano nozioni libresche:

> Questo è di norma il triste destino della musica. Quale forza, quale bellezza classica devono dunque possedere le opere di Mozart, per poter non assoggettarsi a questa regola e non perdere nulla del loro effetto? Quasi sempre la loro bellezza non si avverte veramente che dopo averle ascoltate molte volte, o dopo averle sottoposte a un esame attento. O qualcuno ci dirà che "Figaro", "Don Juan", "Titus", che sono state rappresentate per anni, hanno mai suscitato noia? Non ascoltiamo forse i suoi concerti per pianoforte, le sue sonate e i suoi Lieder con lo stesso piacere la trentesima volta come la prima? Chi può vantarsi di aver esaurito le bellezze profondamente meditate dei suoi quartetti e quintetti per archi, anche dopo moltissimi ascolti?
>
> Qui sta la vera pietra di paragone del valore classico. I capolavori dei Romani e dei Greci piacciono dopo letture ripetute e tanto più con il maturare del gusto – e lo stesso accade, per l'intenditore come per il profano, all'ascolto della musica mozartiana, soprattutto delle opere drammatiche.

Ne emergeva il riconoscimento di una condizione che elevava l'arte dei suoni al rango delle lettere. La musica, manifestazione dell'effimero non solo per l'evanescenza del suo risuonare ma soprattutto come espressione destinata a subire la mutevolezza dei contesti sociali, non era mai riuscita a consolidare nel tempo opere che, per quanto grandi, avevano ristretto il raggio di ricezione all'epoca che le aveva generate. Più che le opere era tutt'al più la loro memoria a essere tramandata, tranne rari casi di proverbiale magistero quale il *Miserere* dell'Allegri che continuava a essere elevato dalle voci nella cappella papale come emblema di saldezza del sacro soglio, quale la polifonia palestriniana coltivata dai dotti con funzione formativa di scienza musicale, quale il *Messiah* nel momento in cui il capolavoro di Händel diventò strumento celebrativo della grandezza imperiale britannica. Alla musica mancava costituzionalmente la facoltà di mantenere nelle epoche quella presenza viceversa consentita alle opere dell'arte figurativa e plastica alle quali, in virtù della loro monumentalità di oggetti marcanti solidamente la fisionomia di città e di residenze, era consentito di mandare messaggi al di là del tempo. Nessuna musica gotica risuonava ormai più nel Settecento nella cattedrale di Reims, la quale come edificio eretto per sfidare i secoli tramandava invece la testimonianza tangibile di una concezione antica di rapporto tra fede ed espressione artistica.

A dire il vero, come in qualsiasi altra chiesa, non vi risuonavano già più nemmeno mottetti e messe cantate di qualche decennio prima, consumate da un uso che sempre vide l'arte dei suoni esposta al principio dell'avvicendamento di modi e stili legati alle pratiche del vissuto. Sia nel rapporto con la poesia sia con i luoghi fisici dell'esecuzione, l'opera musicale ha sempre funzionato come traduzione dei rispettivi valori nel contingente, come abito da cambiare ogni volta, come mezzo per assicurare il rinnovamento presso il pubblico mutato nel gusto. Le vicende operistiche eroiche e mitologiche, spesso con lo stesso libretto musicato innumerevoli volte e in maniere diverse sull'arco di decenni, stanno a dimostrare la labilità della musica a fronte della durevolezza delle vicende e dei personaggi che le animano e di un'ascendenza letteraria che, nel caso del patrimonio poetico e rappresentativo della tradizione greco-latina, si imponeva con caratteri di perennità.

In verità proprio all'origine l'opera fu intuita come restaurazione dell'antica tragedia, nell'ambizione di ritrovarvi attraverso la monodia la leggendaria espressione capace di commuovere gli animi degli ascoltanti fino a esserne storditi. Ciò proveniva dal luogo comune della memoria tramandata dalla trattatistica, attraverso cui passa il filo rosso che collega l'epoca moderna alle espressioni sonore dell'antichità, un filo sottile incapace di restituircene la nozione a causa della frammentarietà delle opere e dell'insufficiente notazione, ma alimentato dalla rimembranza dei prodigiosi effetti restituitici dall'immaginario poetico in termini iperbolicamente moltiplicati nel tempo e acquisiti in età umanistica come dato d'autorità, ribadito fino alla stucchevolezza. Quando, con la vaga pretesa di ricostituire la fisionomia di quel dettato musicale, la "camerata fiorentina" promosse la pratica del recitar cantando, ne uscì un meraviglioso surrogato che, anziché ritrovare la chiave di un patrimonio che rimaneva inaccessibile, spalancava con gesto rivoluzionario un orizzonte nuovo.

Vi si confermava la limitata profondità di campo storico, che manteneva la musica separata dall'arte figurativa e dalle lettere nella capacità di confrontarsi con i modelli fondanti della civiltà europea. Se la letteratura poteva risalire fino a Pindaro e oltre nell'identificazione di un dato d'origine, la musica doveva accontentarsi di allungare lo sguardo appena a qualche secolo prima, al canto gregoriano, per cogliere un termine rispetto al quale stabilire un rapporto di discendenza. Benché fin dal *cantus firmus*, con il *tenor* di sostanza preesistente, la storia della musica fosse un susseguirsi di pratiche tutt'altro che esenti dall'impulso della coscienza storicizzante (da Monteverdi che rifece il verso al fiammingo Gombert, al richiamo dello stile antico in Frescobaldi, su fino a Bach e alla sua poderosa sintesi globale di stili anteriori), le mancava la possibilità di partecipare al tronco principale della cultura, dall'Umanesimo in poi teso all'elaborazione di concetti, forme poetiche, significati, regole e miti dell'antichità classica. Tale divergenza tra la capacità denotativa in dimensione storica della messinscena della parola e la condizione della musica, atta all'espressione di significati estranei alla prospettiva temporale, era chiaramente avvertita da un teorico quale l'Algarotti, nel cui *Saggio sopra l'opera in musica* (1755) l'arte dei suoni, oltre a essere ritenuta per la conformazione divagante della sua struttura un veicolo di inverosimiglianza consona ai soggetti favolosi (per cui «non pare che i trilli di un'arietta stiano così bene in bocca di Giulio Cesare o di Catone, che in bocca starebbero di Apollo o di Venere»), era giudicata costituzionalmente incapace di adattarsi ad azioni tolte della storia:

> [...] che quando bene in un soggetto romano il ballo sia di soldati romani, non facendo esso mai parte dell'azione, non vi è meno disconveniente e posticcio, che la Scozzese o la Furlana. Ond'è che i soggetti storici, o hanno il più delle volte a rimanersi nudi o a rivestirsi di panni che non vi si affanno per niente, e, come si suol dire, piangono loro in dosso.

Nella sua dipendenza dalla parola, nel prevalere delle forme cantate, è individuabile inoltre uno stato di inferiorità della musica rispetto ai valori della classicità di cui quella era portatrice diretta o indiretta, giacché l'idea di bellezza affermatasi dal Rinascimento in poi venne ricalcata su quei modelli. Se la dimensione strumentale con il concitato di Monteverdi in procinto di emanciparsi si trattiene dal travolgere la parola cantata, ciò è dovuto al principio del *melos* che primeggia sull'energia ormai possente delle forze armoniche concentrate negli accompagnamenti. Nell'impiego della musica come fattore decorativo e cerimoniale non fu determinante solo la sua condizione di apparato di servizio nel contesto sociale delle pratiche musicali, ma probabilmente anche la sua stessa posizione funzionale rispetto alla parola sostenuta e agghindata di suoni, chiamata a creare aura trascesa alle smisurate passioni e alle nobili storie di cui essa era portatrice attraverso il tempo e che l'arte dei suoni sembrava incaricata di tradurre nei termini profani della contemporaneità, di grande spessore emotivo ma di limitata prospettiva temporale. Non per niente quando la musica si sciolse completamente da quella subordinazione, per affermare l'emancipazione dal canto nelle articolate forme strumentali dei maestri viennesi, fu in quel momento che le venne attribuito il valore di classicità precedentemente riconosciuto solo alla parola poetica o alla parola scenica nel loro riverente rapportarsi alla didascalicità delle antiche testimonianze. In quel momento, in seguito alla conquistata autonomia della grande forma strumentale, anche in campo musicale si impose il concetto d'autore quale figura degna di essere celebrata per il proprio magistero, al di là della fama che tradizionalmente gli derivava dal fatto di unire nella stessa persona il compositore e l'interprete direttamente esposto ai favori contingenti del pubblico. Lo fu Mozart, la cui rinomanza di pianista sarà immediatamente soppiantata da quella del creatore, e ancor più Beethoven, magnificato già in vita come monumento alla creazione svincolata dai lacci dell'obbedienza a un sistema che integrava la musica come servizio, attraverso questo passaggio sciolta dal dovere di assecondare le aspettative di piacere dominanti nella domanda del pubblico.

In verità la nozione di classicità in musica si impose esplicitamente allorquando dal prevalere della funzione edonistica, dell'intrattenimento ai vari livelli (anche i più raffinati), si passò all'affermazione dell'idea di bellezza come perfezione della forma capace di suscitare più ammirazione che diletto. Lo rilevava il Carpani nel 1812 a proposito di Haydn («Le sue composizioni sono siccome le architetture del *Palladio*: ogni membro, ogni forma serve all'euritmia del tutto»), oltre a paragonarlo a Cicerone per l'«arsenale di armi oratorie» racchiuso dalla sua musica. È nell'Ottocento, di fronte a un ulteriore stadio estetico in cui l'ideale settecentesco è ormai visto in prospettiva superata da altri canoni, che risulterà chiaro tale principio. In ambito italiano, dove la funzione della musica rimane quella di «beare colle sue melodie» e dove Rossini nelle parole di Carpani si affaccia come conquistatore del gusto in nome del piacere («Il Piacere, giudice inappellabile in fatto di sensazioni, riconosce per suo ministro principale questo trovatore d'ignote cose e largitor copiosissimo di nuove delizie»), Michele Leoni (nel vol. IV dell'*Antologia*, ottobre 1821) guarda ai musicisti del secolo precedente come a distaccata manifestazione di armoniosa venustà, paragonando «le produzioni musicali del Pergolesi, Jommelli, Paisiello e Cimarosa a quelle de' poeti classici più antichi; e i componimenti di Rossini all'altra de' Romanticisti moderni», lodando delle prime «la dolce e placida consonanza di forme, [...] la semplicità [...] primo elemento della bellezza, la luce [...] egualmente sparsa da per tutto». La musica di Rossini segna uno spartiacque anche in Francia, dove negli stessi anni si accende la polemica contro Stendahl difensore dell'italiano da parte di Henri Montan Berton, personalità accademica e professore al Conservatorio il quale paragonava il gusto dei «modernes Orphées», seguaci di Rossini, alla «bizarrerie informe» dei rifacitori dell'architettura gotica venuta a turbare l'ordine antico: «Le cause che oggi inducono ad abbandonare il *vero* per il *bizzarro* sono le stesse che, nell'Antica Roma, fecero seguire alla sana eloquenza di Cicerone, la brillantezza [*brillanture*] di Seneca». È evidente da queste parole che in musica la categoria storiografica del Classicismo è una nozione sorgente per via indiretta, non come definizione di principî basilari chiaramente identificabili in dati di stile, bensì per esclusione, come misura della distanza determinata dal salto in avanti delle scelte estetiche del nuovo secolo rispetto alle convenzioni precedenti nei termini di visione turbata, in ambito italiano dallo strapotere del principio edonistico affrancatore di forze istintive, e in area nordica dalla sregolatezza del sentimento liberato e incoronato sovrano di un'espressione lasciata in preda a esagitate passioni che giungono a travolgere perfino i dati basilari della scrittura. In altre parole si tratta del risultato di un'operazione retrospettiva, di una definizione data a posteriori, in una situazione dove il confine tra ideale classico e invenzione fuori misura si sposta continuamente a seconda del grado di percezione dei fattori destabilizzanti, i quali, a mano a mano che vengono assimilati dalla consuetudine d'ascolto, cambiano di segno, da riconoscimento di ragioni trasgressive a fattore stabilizzatore del linguaggio. Ciò pertiene alla realtà della musica che, come fenomeno culturale, è privata del riferimento condizionante degli *exempla* di remota classicità e la quale, sollecitata a discernere le ragioni dell'ordine, non può che adottare di volta in volta i modelli che la condizione del momento lascia apparire come dimostrazione del raggiungimento di forma perfetta, proporzionata ed equilibrata in tutte le sue parti, anche se all'origine lo stesso prodotto artistico risultava carico di valenze di segno opposto. Che il *pathos* riscontrabile nell'espressione di Pergolesi possa essere assimilato alla classicità non è infatti così ovvio, ed è accettabile e solo nella misura in cui successive e più conturbanti esperienze espressive l'hanno fatto apparire al paragone manifestazione amabile di equilibrio interiore.

Superata la condizione ancillare di sostegno e di prolungamento della parola cantata e ormai presidiante un campo espressivo di articolate forze autonome, la musica del Settecento inoltrato, pur non potendo indicare un'*auctoritas* consacrata dal lontano passato ispiratore del suo cammino, nel clima generale di un incrementato storicismo si trovò a subire per similitudine l'influsso dei canoni estetici del Classicismo letterario, non più semplicemente coltivato come atteggiamento tramandato in forma di ossequio distratto alla forza della consuetudine, bensì come ritrovata motivazione della cultura europea posta di fronte alla concreta emersione del mondo antico. Il diffondersi delle ricerche archeologiche, le innumerevoli opere riportate alla luce in una geografia di luoghi ripercorsi in una dialettica permanente tra presente e passato remoto, segnarono il passaggio da una generica coscienza di ascendenza classica del patrimonio di modelli artistici praticati a una consapevolezza sostenuta da uno zelo normativo, indotto dall'esperienza del contatto diretto con le testimonianze antiche affiorate dagli scavi e ormai replicate come suppellettili, nell'arredo, nel mobilio e anche nei vestiti della società borghese, oltreché aristocratica, conquistata dallo stile "à la grecque" già pervenuto a moda.

La stagione neoclassica inaugurata dal Settecento lascia dietro di sé il vago richiamo del mondo antico, genericamente rispecchiato in atteggiamenti ridotti a luogo comune o a semplice coreografia aulica di espressioni leziosamente moderne quali la librettistica di stampo metastasiano, indirizzando la corrente di interesse per quella remota realtà agli aspetti ideologici, in una visione che, sollecitata dal delinearsi di un patrimonio che veniva a ricomporsi concretamente nella sua integrità sotto gli occhi della riscoperta, ambiva a porsi in forma organica. Quando Winckelmann riconosce nell'arte dei Greci la «nobile semplicità e la quieta grandiosità tanto negli atteggiamenti quanto nell'espressione» travalica il quadro estetico e rileva nelle forme il rispecchiamento di qualità morali, di una dimensione in cui la bellezza implica la virtù e in cui l'identificazione di quel canone estetico come superiore ad altre tradizioni è affermata appunto in forza di un valore profondamente esistenziale in esso racchiuso. La categoria del "sublime", che investe in quel periodo la concezione dell'arte, corrisponde a una disposizione che, al di là dell'ossequio ai modelli illustri ormai assimilati come modalità espressive correnti e contingenti, è impegnata a ritrovare per quella via il potere di trascendenza del fatto artistico, la poderosa forza di elevazione dell'animo che lo pretenderebbe strumento capace di migliorare l'uomo, di renderlo più civile. È ciò che Beethoven provava quando nell'*Opferlied* su testo di Matthisson metteva in musica i versi: "Concedimi, o Zeus, il Bello unito al Buono". L'incombente presenza del mondo ellenico in Beethoven, capillare fin negli atteggiamenti domestici e nella pratica epistolare, non corrisponde più infatti all'assunzione di uno stile, alla promozione di una maniera direttamente richiamabile a quel precedente. Essa agisce allo stadio di evocazione, di referente ideale, la cui lontananza come alto esempio non solo di civiltà ma anche di vita rispetto al presente miserevole e meschino è all'origine della tensione morale che attraversa la sua arte e della carica energetica che nutre l'aspirazione al superamento del livello dell'ovvio che non è più solo incremento della complessità del linguaggio ma, attraverso di esso, la pretesa di trascinare con sé l'ascoltatore nell'elevazione spirituale.

Il processo era stato intravisto da tempo da Johann Peter Abraham Schulz, autore della voce "Symphonie" per l'*Allgemeine Theorie der schönen Künste* di Johann-Georg Sulzer, quando concludeva: «Un Allegro di Sinfonia corrisponde a ciò che in poesia è l'ode pindarica; come questa forma poetica, l'Allegro eleva e commuove l'animo dell'ascoltatore, e per riuscirvi ha bisogno dello stesso spirito, della stessa sublime immaginazione, della stessa maestria». Benché nel 1773 lontana fosse ancora la prospettiva beethoveniana di un'arte dei suoni chiamata a emancipare l'uomo, e soprattutto ciò che tale idea produsse in termini di radicalizzazione del linguaggio musicale, benché i riferimenti a disposizione si limitassero ai primi passi percorsi dalla sinfonia in base alle esperienze della "Scuola di Mannheim", del primo Haydn e del primo Mozart (di una forma ancora subordinata all'uso cortigiano, priva di quell'effetto proclamatorio che l'avrebbe posta al centro dell'attenzione del vasto pubblico chiamato ad affollare le prime sale di concerto), l'appello alla nobile forma poetica classica è indice della volontà di dare un senso a un fenomeno che già veniva intuito come prossimo a dominare, e che quindi esigeva di essere regolamentato. Come sempre non i musicisti bensì i letterati e gli speculativi si diedero da fare in prima fila per approntare un sostegno teorico a una prassi che tendeva a spingersi ben oltre i termini ammessi dalla classicistica ricerca d'ordine. Nella fisionomia corrugata della sinfonia (nell'inconsueta agitazione sonora e nell'addensamento di forze contrastanti apparentemente all'opposto del supremo ideale winckelmanniano di equilibrio) proprio il ricorso alla metafora dell'ode pindarica in verità giustificava il riconoscimento della tensione dell'espressione verso lo stadio di ciò che è grande, solenne, elevato. La definizione è di Schulz:

> Gli Allegri delle migliori sinfonie da camera contengono pensieri grandi e arditi, un libero trattamento della scrittura, un apparente disordine nella melodia e nell'armonia, ritmi vari e vigorosi, robuste melodie del basso e unisoni, voci intermedie concertanti, imitazioni libere, spesso un tema fugato, passaggi e digressioni improvvise da una tonalità all'altra, che tanto più colpiscono, quanto più debole è il collegamento, forti gradazioni di piano e forte e soprattutto del crescendo, il quale è di grand'effetto, quando viene impiegato in una melodia ascendente e al contempo di crescente espressività.

Tale riflessione si collega alla prospettiva che a metà del Settecento in area tedesca accompagnava la fortuna delle odi di Klopstock nella forma di un'elaborazione teorica capace di inquadrare il turbato quadro della relativa configurazione poetica nel concetto di «bel disordine», secondo la formulazione derivata da Boileau e data da Moses Mendelssohn, nella cui analisi è possibile ravvisare il sentore di ciò che l'evoluzione musicale stava per rivelare in fatto di rapporti complessi, tesi a sconvolgere l'equilibrio in un febbrile stato di movimenti contrastanti apparentemente negatori del principio della regolarità:

> Essa [l'ode] non tratta soggetti storici, come la poesia epica, non si serve della topica, come il poeta che ama il pittoresco e neppure segue l'ordine della ragione, come il poeta dotto. Ad essa è essenziale un ordine che si può chiamare della *fantasia entusiasta* [...]. Un'ode è una sequenza unica e completa dei più vivaci concetti, disposti secondo la legge di una fantasia entusiastica. I poeti odici saltano i concetti intermedi, che collegano le parti della composizione poetica e da ciò scaturisce l'apparente disordine che si attribuisce a questo genere poetico.

In tale stadio di speculazione il grado di discontinuità a cui stava approdando l'impetuoso procedere delle nuove forme strumentali giustificava la contraddizione tra il carattere dirompente delle forze liberate e il disegno finale di un paesaggio sonoro domato nei termini di proporzioni in grado di lasciar riconoscere il principio dell'ordine (Michela Garda). Tale conciliazione degli opposti presuppone l'idea di genio che nei congiunti doveri che Mendelssohn assegnava al poeta («meditare e sentire»), nel supremo volo della fantasia spinta da eccitazione visionaria ritrova il senso superiore dell'unità dell'opera rivelato dalla ragione. All'origine di tale processo, che unifica gli estremi dello sviluppo estetico dell'intero secolo, stava la rilettura del *Trattato del sublime* dello Pseudo-Longino operata da Boileau, di un'idea di bellezza raggiungibile solo attraverso una disposizione straordinaria del sentire, dove il traguardo appagante della poesia, in cui lo spirito si placa nell'ordine e nella simmetria di maestà formale, non può essere raggiunto per la semplice via del calcolo affidato alla ragione, ma deve passare attraverso uno stato di esaltazione che, scatenando le passioni e piegando l'animo a profonda commozione, libera la forza del genio la quale approda al sublime proprio come conquista di una dimensione raggiunta dopo un percorso arduo, pieno di ostacoli. Vi sono già tratteggiati i confini del campo d'azione inglobante l'ideale classico, per l'universalità di un messaggio alla ricerca della dimensione extratemporale e nel contempo impegnato a caricare di valenza morale la realtà estetica in una fase storica determinata da una spinta sociale rigeneratrice che, almeno fino allo scoppio della Rivoluzione francese che per certi versi può essere considerata un fenomeno accidentale, fu attutita proprio dalla risposta simbolica data da un'arte che illuministicamente si faceva carico anche di compiti etici. Quando nella definizione di "sublime" curata da Jaucourt per l'*Encyclopédie*, accanto al riconoscimento del suo fondamento nella «virtù autentica», si afferma che «altrettanto sublime è il sentimento della serenità dell'uomo giusto», è proprio questa direzione che è indicata e che come virtù eroica celebra il momento di maggiore forza trascendente in Beethoven. In altre parole, è proprio l'approdo di questa estetica del sublime al modello morale che rinforza la declinazione neoclassica, nella misura in cui le tormentate modalità espressive, lo scatenamento delle passioni generante il disordine e l'irregolarità nelle forme hanno per sbocco la conquista di uno stadio superiore di tranquillità nel soggetto.

Qui sta il discrimine oltre il quale il soggetto viene travolto dall'impeto delle passioni nell'esaltazione pura e semplice del potere espressivo, potere che il Romanticismo non scopre bensì eredita già pienamente formulato da esperienza precedente, con la differenza che mutandolo di segno approda al limite opposto. Ed è proprio questo segno di valenza etica prima ancora che estetica (di animo depurato dalle passioni, che ha sconfitto l'egoismo e che ritrova l'equilibrio della ragione) a qualificare la scelta classicistica rispetto ad altre prospettive. In altre parole il Classicismo in quella fase è tutt'altro che il risultato di un neutro atteggiamento di distacco di fronte agli eventi, di programmata distrazione dal reale per approdare alla fittizia organicità di un'ideale imbalsamazione. È vero semmai il contrario, che dall'aulica antichità, dall'autorevolezza dei suoi *exempla*, proviene la forza morale che sostenne l'azione di coloro che tentarono di cambiare il mondo, coloro che più di altri si misurarono con il contingente motivati nella ricerca del superamento dei limiti imposti dalla consuetudine, nutriti dalla visione in proiezione ideale di un passato di gloria e di armonia non da celebrare nostalgicamente ma da porre come traguardo, modello da indicare a nuove imprese civili. È di lì che Beethoven ha tratto l'energia che alimenta il determinismo dei gesti sciabolati che musicalmente inquadrano l'ouverture al *Coriolano* di Collin, l'epicità di una figura eroica grandeggiante attraverso il *pathos* fremente in una forma che si regge altera come per trattenere su solidi pilastri la tensione accumulata dalle figurazioni nervose e snervate che si succedono nell'evocazione del conflitto tra supplica e violenza incombente, secondo l'assunto di una vicenda esaltante la magnanimità del personaggio classico. D'altra parte, proprio in mancanza del possibile riscontro su una inesistente espressione musicale dell'antica Roma, che via poteva esserci per un compositore se non quella di qualificare le proprie soluzioni sonore forzatamente moderne in base ai caratteri morali adombrati attraverso la teoria degli affetti di lunga tradizione e rivitalizzata nel Settecento per necessità rappresentative? Nella misura in cui tale pratica celebrava l'ultimo suo fasto preservando la formalizzazione dei gesti di didascalica staticità, in un contesto in cui si affermava il dominio delle formesonata, essa assumeva valore di autorevole significato emblematico. Di fronte alla concezione del linguaggio che seguiva la logica sonatistica, del tutto risolta in azione, orientante i suoi membri sintattici nel processo di movimento incalzante, dove la mobilità delle funzioni emotive costituisce un divenire anziché un essere, il simbolismo dei caratteri giungeva a comunicare un senso di stabilità che, resistendo alla corrente di irrequietezza psicologica distinguente la sensibilità che stava per imporsi, veniva anche a essere percepita come effetto di logica retrospettiva, apparendo come sopravvivenza arcaica.

Ne fa testo la pratica dell'unisono, del gesto drammatico che nell'opera settecentesca segna la perentorietà dei recitativi, il quale, al di là della funzione allusiva a situazioni "negative" di ira, tradimento, crudeltà ecc., si distingue come procedimento stilistico contratto nella logica monodica, sottintendendo l'armonia ma non dandole corpo, configurandosi con ciò per un verso come mezzo ad alta concentrazione espressiva e per l'altro come tratto che rimanda alla dimensione dell'essenzialità in ideale riscontro di ciò che si riteneva potesse essere un'antica locuzione. Inoltre proprio nell'attacco della sua ouverture

Beethoven riprende dalla scrittura dell'opera seria settecentesca il carattere sospensivo della frase all'unisono e l'uso retorico della pausazione, capaci di produrre l'effetto di gesto sonoro fermato, dove l'alto valore simbolico è appunto dato dall'imporsi come atto contrastante lo svolgimento dinamico della forma sonatistica. Se la scultura greca secondo l'interpretazione hegeliana si presenta come l'arte in sé classica per la perfetta coincidenza di contenuto e forma nell'attimo che la fissa nel tempo, si può comprendere come un'arte che invece si dispiega nella mutevolezza del decorso temporale quale la musica sia attratta da quell'effetto nell'impegno di elevarsi all'altezza di quei significati emblematici e cerchi di riprodurlo per similitudine.

In verità in campo drammatico l'unisono è un procedimento che analogamente alla dimensione ieratica si configura come risorsa capace di rilevare i gesti nel loro profilo austero, ammonitorio, che affonda la sua portata nel senso misterioso del destino incombente nella visione classica della vita. Con questa imponenza scultorea esso mantiene, anzi rafforza in Beethoven (si pensi all'attacco della *Quinta*), il valore di severo avvertimento che proviene dal grado di monumentalità implicito nel suo contorno. Vent'anni prima, proprio un compositore che di Beethoven può essere considerato fra i precursori per il contributo che avrebbe dato al sorgere di una musica capace di interpretare i valori rivoluzionari, Jean-François Lesueur, non aveva mancato di considerare la pratica dell'unisono come filiazione della remota dimensione classica. Nelle sue dotte trattazioni, impegnate a elaborare una teoria musicale spaziante dall'erudizione all'esame delle prospettive della musica coeva, l'unisono era appunto percepito come un recupero del principio monodico delle origini nell'articolazione del quadro armonico del tempo, nella credenza che ne preservasse anche la portata espressiva:

> Non è che l'*unisono* degli Antichi sia da ripudiare; al contrario nell'ultima rivoluzione della musica abbiamo guadagnato a sposarlo col nostro sistema moderno. A volte esso produce gli effetti più sorprendenti (*Suite de l'Essai sur la musique sacrée et imitative*, 1787).

È ciò che Carl Philipp Emanuel Bach considerava quando, di fronte all'evidenza di un «pensiero nuovo», il compositore si rendeva conto della necessità che

> [...] lo splendore e il sublime di quest'idea musicale devono essere percepiti distintamente. Egli rinuncia perciò per un momento alle bellezze dell'armonia; il suo pensiero deve rimanere monodico. Da solo, esso deve occupare l'accompagnatore; egli ritorna quindi felicemente all'impiego dell'armonia (*Versuch über die wahre Art das Clavier zu spielen*, 1753).

Il procedimento è identificato da Friedrich Rochlitz nel «Tutti-Sprünge», cioè con grandi salti di intervallo all'unisono appunto nei termini di «un pensiero di contenuto serio in note di valore lungo [collegato] con altri affini di carattere, ma contrastanti nella fattura esteriore per esaltare il contrasto» (*Vom zweckmässigen Gebrauch des Mittel der Tonkunst*, 1805). E, fra gli esempi da lui addotti, è indicata l'apertura dell'*Allegro* iniziale della Sinfonia KV 385 ("Haffner") di Mozart, mentre attacchi all'unisono sono presenti anche nelle ultime sinfonie mozartiane e nel primo tema del Concerto in do minore KV 491 come «carattere espressivo severo e concentrato [e] come modello di sublime musicale» (Michela Garda) che ha il suo vertice nel celebre tema iniziale della *Quinta* di Beethoven. Orbene, in quanto formula discendente dal senso fatale che essa aveva acquisito nell'opera seria, non a caso spesso associata a vicende dell'antica Grecia (si veda l'*Iphigénie en Aulide* di Gluck), essa recava il segno di quella dimensione di tragicità. L'esempio più fulgido è dato forse dal vasto unisono degli archi per movimento disgiunto su un intervallo di nona (dove ognuna è per di più inframmezzata da una pausa) che Lesueur erge in capo all'ouverture all'opera *Télémaque* (1796) come un «portico musicale» (Jean Mongrédien).

Ricerca del suono mitico

Più di ogni altro musicista dell'epoca Lesueur fu intrigato dalla ricerca di un suono "antico". Una forma di storicismo ideologico, più che scientifico, lo indusse a formulare prospettive sonore che si scostavano dagli stili coevi. Benché stimolato dagli *exempla* umanistici a risalire alle fonti elleniche della musica, autorizzato dalla vaghezza di quei modelli gli era concesso di estendere la prospettiva diacronica in una dimensione che non distingueva i gradi di antichità. In *Ossian ou les Bardes*, il cui debutto nel 1804 ebbe la benedizione di Napoleone incoronato imperatore, la resurrezione del mondo celtico adombrava un recupero di significato nazionale nella ricerca di galliche ascendenze, alternativa al dominante modello italiano e all'ipoteca cortigiana gravante sulla tradizione della *tragédie-lyrique*. Con *La mort d'Adam* (1809) su libretto di Nicolas-François Guillard ricavato da un poema di Klopstock, riferendosi addirittura alla più remota dimensione ancestrale, impegnato a smarcarsi dai modi operistici del tempo, dichiarò l'intenzione di aver preteso «le *ton* antique dont j'ai cherché à colorer votre ouvrage, et à ne point le *bigarrer* [variegare] d'une *musique moderne* qui jurerait [striderebbe] avec le sujet» (*Lettre en réponse à Guillard sur l'Opéra de la Mort d'Adam*, 1801). Dopo aver riconosciuto sia nel poema tedesco sia nel libretto francese «cette vérité native», egli dichiarava di avervi colto la natura allo scoperto, «non sotto gli occhi, non come idea, ma nel fondo del cuore». D'altra parte egli ammetteva il carattere velleitario dell'ambizione di cercare «une *couleur locale* d'une musique qui a dû souvent employer des sons larges et soutenus» e di mettere a fuoco «i canti primitivi delle passioni», chiedendo sostegno alla messinscena, alla scenografia e ai costumi, affidandosi alla loro capacità di trasportare l'ascoltatore «dans un *site* et dans un siècle où il puisse désirer et demander lui-même *les chants du premier âge du monde*», inducendolo a sentire «que les mœurs patriarcales de ce *siècle*, et les diverses modifications des passions ont dû (dans cet âge) agir et chanter avec cette sorte de *mélopée* antique».

L'identificazione di uno specifico classico non poteva dunque contare che su rilievi episodici, attraverso riscontri per lo più ipotetici, che tuttavia nella geografia culturale e stilistica del tempo, in un intreccio di apparentamenti e di esclusioni, disegnano un percorso che si integra nell'arco della stagione neoclassica. Oltre all'unisono è da considerare l'imporsi di determinate sonorità, quali ad esempio, negli strumenti a fiato, le combinazioni tra i legni. La traccia ci è data dalle musiche di scena di Beethoven per *Die Ruinen von Athen*. In omaggio all'imperatore incoronato re d'Ungheria, Kotzebue vi rappresenta Pest come una nuova Atene in cui Minerva si risveglia per ritrovarne la grandezza. Qualcosa deve pur esser balenato nella mente di Beethoven se la relativa ouverture alterna il *tutti* orchestrale a episodi in cui i fiati si isolano alla ricerca di una sospesa eufonia. Qualcuno, riducendo il problema a un dato di scrittura, si è accontentato di riconoscervi il rispecchiamento della sinfonia concertante. A parte il fatto che l'insieme dell'opera di Beethoven mostra la sua estraneità a tale pratica, c'è semmai da chiedersi se non vi sia piuttosto un rapporto tra la sinfonia concertante che si sviluppa tra il 1770 e il 1820 e l'estetica neoclassica che si svolge sull'arco di quegli stessi decenni. Orbene, proprio l'ouverture de *Le rovine di Atene* potrebbe fornircene la chiave nello specifico sonoro a cui si affida, nel rilievo dato alla dimensione auletica, chiamata allo scoperto non per stupire in ragione della fantasmagoria virtuosistica ma per evocare in sobria trama lineare la nobiltà di un suono antico. L'intreccio di oboe e fagotto a cui si aggiunge il flauto, addirittura in una contenutezza cameristica insolita per appartenere a un'ouverture, fa pensare alla funzione degli auleti come accompagnatori del canto ditirambico, ed è difficile ritenerla casuale presso un compositore che era anche appassionato lettore della poesia greca e in una composizione chiamata a far diretto riferimento a quell'immaginario. Tra l'altro tale immagine sonora è riscontrabile anche in precedenti significativamente riconoscibili in un contesto di richiamo all'ellenicità. Nel finale dell'*Idomeneo* mozartiano, quando il popolo cretese inneggia a Giunone, il coro, come se si aprisse sull'orizzonte dell'Olimpo, prima del da capo lascia scorrere un episodio di fiati (legni) soli, in armonioso e fantasioso concertato.

In verità se la sinfonia concertante in cui dominavano gli strumenti a fiato copre il periodo dell'*ancien régime* fino al tramonto napoleonico, non ne spiega l'irradiamento la semplice definizione di chi vi ha visto una sopravvivenza del principio del concerto grosso. Il fatto che essa abbia avuto il suo fulcro in area francese e che abbia attraversato indenne gli anni della Rivoluzione lascia aperta l'ipotesi del suo ispirarsi a un modello in cui sotterraneamente agiva una forza simbolica che rimandava a remote origini. Se sul genere avesse dominato l'ipoteca dello stile galante, come usualmente si pretende, non si comprende come dall'ambito cortigiano esso si sarebbe affermato nel contesto borghese. A rinforzare l'ipotesi concorre il parallelo propagarsi dell'arpa la quale, rappresentando un vero e proprio avvento (si trattava di strumento estraneo alle formazioni orchestrali precedenti), induce almeno in parte a giustificarla per ragioni esterne alla logica dello sviluppo musicale. È vero che il perfezionamento tecnico dello strumento, aumentandone la praticabilità, aveva determinato la sua diffusione al pari del clavicembalo nelle case private e nei salotti, pizzicato da gentili e delicate mani femminili, ma proprio il culto della grazia come qualità morale e di atteggiamenti di stilizzata armonia di gesti e di posture contrassegnante il gusto neoclassico consente di associare tale dimensione sonora all'immaginario ellenico della lira che fa eco all'intonazione di vibranti carmi. Intanto proprio l'incontro dei due strumenti di remote origini, l'arpa e il flauto, avviene in un'opera non marginale di Mozart, composta per il duca di Guisnes nel 1778 (il *Doppio concerto* per flauto e arpa in do maggiore KV 299, in cui spicca l'elisiaco *Andantino*), per un ambito di cultura aristocratica per il quale si giustifica il decorativismo della scrittura, mantenuta in una misura e in un contegno di superiore distacco dalle emozioni, che si collega ad atteggiamenti pronti per essere accolti nell'immaginario aulico e solenne del periodo rivoluzionario e dell'impero. Nel "Credo" della *Messe du sacre* composta per l'incoronazione di Napoleone, Paisiello introdusse addirittura un'arpa insieme al corno a sottolineare la ricerca di significati simbolici per un avvenimento fatale e universale che resuscitava l'idea di un impero collegato ai fasti di antica civiltà.

Il fatto di imporre una simile soluzione sonora a un prodotto di musica ecclesiastica, al cui filone appariva del tutto estraneo, andava infatti ben al di là della pretesa accondiscendenza al gusto del monarca affascinato dai due solisti, Dalvimare e Duvernoy, ben noti per le loro apprezzate apparizioni in duo all'opera e nelle sale di concerto. D'altronde, criticando l'allargamento delle orchestre, che nel teatro arrivavano inevitabilmente a soverchiare il canto e con esso il messaggio legato alla parola, l'Algarotti si era già posto il problema del restauro dell'antico ideale sonoro: «Perché non rimettere i liuti e le arpe, che col loro pizzicato danno a' ripieni non so che del frizzante?». Se è vero che le risonanze eteree dell'arpa erano già in procinto di spalancare mondi misteriosi e umbratili al nuovo secolo (a partire dalle dodici arpe sperimentate nella dilatata visionarietà sonora dell'*Ossian* di Lesueur o dalla presenza dello strumento simbolico nella rivisitazione esoterica della *Zauberflöte* operata da Louis-Wenceslav Lachnith ne *Les Mystères d'Isis*), essa rimaneva portatrice per antonomasia del messaggio di olimpica pace e perfetto equilibrio dei sentimenti. Non per niente la ritroviamo nella partitura beethoveniana del balletto *Le creature di Prometeo*, là dove Salvatore Viganò apre il secondo atto sul Parnaso quando il titano introduce i suoi figli al cospetto di Apollo, attorniato dalle Muse, dalle Grazie, da Bacco, Pan col seguito di Orfeo, Anfione, Arione. Il coreografo previde addirittura lo svolgimento dell'azione come scena muta, in modo da rendere altamente significativa la ripresa del discorso musicale nel momento in cui, alla richiesta che ai giovinetti siano dispensati i doni delle arti e delle scienze, Euterpe assecondata da Anfione si mette a suonare e sotto l'effetto delle loro modulazioni le due creature cominciano a dar segno di ragione e di riflessione, a reagire alle bellezze della natura e a provare sentimenti umani. Arione e Orfeo rinforzano l'armonia con la loro cetra e finalmente il dio stesso si unisce a loro (così leggiamo nel libretto riportato da Carlo Ritorni nei *Commentarii della vita e delle opere drammatiche di Salvatore Viganò e della coregrafia e de' corepei*, Milano 1838). Qui un disteso Adagio prende le mosse da tre arpeggi dell'arpa su cui si inseriscono le volute del flauto, il quale nel momento in cui si aggiungono clarinetto e fagotto, dà al tutto (al successivo *Andante quasi allegretto* dove più ampiamente è concesso spazio all'elaborazione) la fisionomia di movimento concertante per legni e strumento a pizzico che innegabilmente, per la circostanza, assurge a cifra sonora di un immaginario mitologico, in cui come minimo è echeggiata la danza degli spiriti beati dell'*Orfeo* di Gluck, ma che evidentemente a questo stadio reca l'impronta del modello stilistico della sinfonia concertante com'era venuta a evolversi tra Settecento e Ottocento. Adottato da Mozart con la *Sinfonia concertante* in mi bemolle maggiore KV 297b per flauto (o clarinetto), oboe, corno e fagotto nell'ambito del Concert Spirituel, l'imporsi della sonorità dei fiati non avveniva senza subire il marchio di strumenti di suono naturale carico di memoria extracolta, perfino arcaica e quindi suscettibile di fungere da metafora di eco di lontane origini.

Palesemente Beethoven gli attribuì tale significato ben sapendo che, a stabilire un rapporto di discendenza dall'antichità musicale classica non esisteva che la via dell'evocazione di una dimensione vagamente aurorale. La naturalità di tali suoni è tra l'altro quella che giustifica l'impiego isolato di flauto e oboe nella "Scena al ruscello" della Sinfonia "Pastorale" di Beethoven, non tanto nel mimetico rimando al cinguettio degli uccelli, quanto (riguardo all'evocazione dello stato di natura) nel prolungamento della dimensione arcadica, di un immaginario ellenico che il Settecento aveva saputo adattare alle esigenze e alle pose aristocratiche del proprio gusto artistico. Un concetto sonoro si era comunque imposto se è vero che Schumann avrebbe definito la sua *Quarta Sinfonia* (indicata da Giovanni Carli Ballola come quella del «trionfo dei legni») «una fanciulla greca tra due giganti nordici» (riferendosi alla posizione della Sinfonia in la maggiore tra la *Terza* e la *Quinta*), sottolineandone la leggerezza stilistica e l'armoniosità che rimanda a una quiete interiore ed esteriore. Inoltre, maturando cogli anni l'interesse speculativo per il pensiero classico, avvicinato attraverso Schubart all'estetica dei Greci, al determinismo nell'uso di ritmo e armonia come di mezzi capaci di suscitare nell'animo disposizioni distinte, all'*ethos* diversificato in modi (dorico, lidio, frigio ecc.) che stabilivano corrispondenze dirette tra sentimenti umani e intonazione musicale regolata da un sistema obbediente a norma superiore, Beethoven tenterà di resuscitare la forza persuasiva di quel principio nella *Canzona di ringraziamento in modo lidico offerto alla Divinità da un guarito* del Quartetto op. 132. Nell'esteriore adeguamento alle relazioni stabilite da una gamma di note tramandate da una trattatistica ridotta a formule, più che la carica ideale nei confronti di una dimensione ineffabile è l'esattezza dell'impronta "lidica" a spingere la sua scrittura verso la rarefazione in uno stato di espressione sospesa. In verità Beethoven vi affronta il principio del modo antico con un senso di integrità che lo porta a travalicare i rapporti tonali acquisiti dal linguaggio della propria epoca, non solo quindi nella disposizione della scrittura (i valori uguali, dilatati, l'eliminazione di ogni ornamento) ma proprio nel nucleo della sua costituzione, altra da quella vigente. Il turbamento che ne ricaviamo all'ascolto è dovuto appunto all'apparenza irriducibile di altra lingua rispetto all'ordinamento del linguaggio proprio del compositore.

Solo una meditata convinzione poteva portare a un risultato tanto estremo e addirittura paralizzante, nella misura in cui veniva a situarsi al di fuori della portata d'ascolto del proprio contesto di ricezione e considerando il fatto che non fu più replicato altrove dal grande compositore. Con ciò egli più di ogni altro si rendeva conto della sostanziale irrecuperabilità da parte della musica della più antica esperienza di civiltà europea. Nello stesso momento in cui più di ogni altro musicista si avvicinava a quel modello anelato, che lo induceva addirittura a forzare i fondamenti della propria espressione, ne misurava l'irrimediabile lontananza. È il punto in cui si opera il passaggio dalla concezione classicistica organicamente impegnata a adeguarsi agli antichi esempi al termine interrogativo (di domanda senza risposta) in cui è intesa la grecità nell'ambito romantico tedesco, la quale appare come dimensione fondante di civiltà ma profondamente lontana nella prospettiva del tempo, salutata come eredità storica non per conformarvisi nell'illusione della sua rinascita, bensì come stadio fondamentale da riconoscere per superarlo verso nuovi orizzonti. In questo senso è sterile ogni operazione che volesse deterministicamente porsi alla ricerca di riscontri, ad esempio tra l'articolazione del pensiero basata sul dialogo in Platone (lettura favorita di Beethoven) e l'organizzazione dialogica delle componenti strumentali (come è stato fatto fra solista e orchestra nel secondo tempo del Concerto per pianoforte in sol maggiore op. 58) oppure tra l'*ethos* che distingue i vari modi musicali greci e la definizione dei caratteri contrastanti nella polarità bitematica della concezione sonatistica beethoveniana (Eleanor Selfridge-Field).

Viceversa Beethoven non mancò di cimentarsi con lo stile antico per misurarsi con la problematicità della sua restituzione, come ci testimoniano i *Quaderni di conversazione* dove lo schizzo risalente al 1818 di un "Eleison", oltre a rivelare l'esercizio di scansione esatta della parola greca, lascia capire l'intenzione di comporla nel modo dorico di cui trascrive acribicamente la scala. Non era certamente la sfida di un'ambizione accademica a indurlo a tali tentazioni, ma la fede nella virtù emancipatoria del fatto artistico chiamato ad attingere insegnamento al messaggio dei valori trascendenti che proveniva dalla classicità e che, per quanto ineffabile nel lasciar cogliere le virtù dei modi, egli tentò di rispecchiare nel progetto incompiuto della *Decima Sinfonia*. In un taccuino di schizzi musicali relativi alla *Nona* datato 1818 compaiono alcune battute di una successiva sinfonia, di cui è tratteggiata la concezione:

> *Adagio*, *Cantico*, Canto religioso negli antichi modi ("Herr Gott dich loben wir, Alleluja"), sia in modo indipendente, sia come introduzione a una fuga. Questa sinfonia potrebbe essere caratterizzata dall'intervento

> delle voci nel *Finale* o già nell'*Adagio*. I violini dell'orchestra decuplicati negli ultimi tempi. Le voci da far entrare una a una. Ripetere in qualche modo l'*Adagio* negli ultimi tempi. Nell'*Adagio* il testo sarà un mito greco – un cantico ecclesiastico. Nell'*Allegro* festa di Bacco.

Nella visione umanistica a cui il compositore era approdato, dove i valori cristiani dell'amore dispensato dal Dio fatto uomo si conciliavano con la nobiltà di spirito dell'ideale pagano, l'ipotesi di una coniugazione delle rispettive tradizioni musicali si imponeva prepotentemente, frenata solo dall'ineffabilità della chiamata in causa dell'antica arte sonora. In termini non dissimili, decenni prima (prima ancora della sua esperienza rivoluzionaria) ne aveva preso coscienza Lesueur, dando vita a una scrittura musicale da chiesa impegnata a recuperare il canto gregoriano nella moderna dimensione armonica, nella pretesa di ritrovare attraverso i modi ecclesiastici esemplati sui modi greci l'*ethos* decantato dalla trattatistica che non si era mai stancata di piangerne la perdita attraverso le epoche. A uno stadio di convinzione avanzata, a cui certo non era estranea la svolta rivoluzionaria che aveva fomentato l'illusione dell'azzeramento dei valori e della possibilità offerta all'umanità di ripercorrere il cammino della civiltà nel recupero delle basi autentiche, Lesueur giunse addirittura a mettere in musica un'ode anacreontica nell'originale testo greco. Nell'operazione estrema il compositore francese figura in significativa compagnia con Cherubini, Méhul, Gossec, a corredare la traduzione delle odi di Anacreonte curata da Jean-Baptiste Gail nel 1799 (*Odes d'Anacréon traduites en français*) di un'appendice a carattere dimostrativo, che nell'identificazione linguistica pretende di riportare la musica alla mitica condizione delle origini. L'esposizione musicale vi è preceduta da una dissertazione sulla musica greca (*Observations sur les grandes parties de la musique et de la poésie chantée*) che l'autore stesso ammette essergli stata «communiquée par un artiste bien digne de parler de la musique antique», che è ormai possibile identificare in Jean-François Lesueur. L'ambizione era quella di ritrovare il principio di una «poésie chantante, mesurée d'après un ordre de syllabes *fortes*, revenant périodiquement dans chaque strophe ou dans chaque quatrain lyrique, ou au moins dans chaque distique, de manière à obtenir une correspondance rythmique par des *battements* périodiques et des *pulsations* communes entre la poésie chantée et la musique». Alla ricerca dunque di un ritmo specifico della lingua francese, capace di far rinascere la figura del poeta-musicista in grado di sviluppare il sentimento della «rythmopée musicale» perduto fin dai tempi antichi, egli compose il *Télémaque* dove, in capo a ogni pezzo dell'opera, appose commenti in cui velleitariamente si tenta la loro collocazione nel sistema musicale degli antichi Greci, decifrato in base a modi e ritmi specifici nell'idea del loro possibile rispecchiamento nella moderna strutturazione del linguaggio musicale. Un passaggio di recitativo senza battuta diventa quindi «Récit en harmonie nue selon les lois du *diverbium*». Un «récit selon les lois de la psilométrie» corrisponde al recitativo obbligato sottoposto alla «métrique» ma non alla «rythmique». La «mélopée», a seconda delle caratteristiche delle situazioni in cui viene riconosciuta, può essere «érotique» (in una scena di seduzione), «ésuchastique» (in Telemaco richiamato alla ragione), «systaltique» (in arie elegiache) ecc. Nella visione organica del rapporto tra canto, musica e azione scenica, alla scrittura musicale è riconosciuta la capacità dell'«hypocritique», vale a dire la possibilità delle parti strumentali di stabilire una relazione diretta con i gesti e i movimenti dei personaggi agenti in una sorta di semiotica del gesto e della musica combinati: «Durante tutto il corso di quest'aria ipocritica, le ninfe e la dea devono fare la più grande attenzione a misurare tutti i loro movimenti del corpo sui ritmi della musica, in modo che l'orchestra non ne sia che la ripercussione».

Per quanto riguarda la ritmica (come ha ancora notato Mongrédien) egli era ben consapevole che la differenza di lingua impediva alla relativa intonazione di corrispondere al modello chiamato in causa. Ciò non bastava a scoraggiarlo e, se poteva rassegnarsi ad ammettere l'impossibilità di riscontrare nell'ambito linguistico francese la stessa articolazione del verso greco e attraverso di essa la manifestazione dell'*ethos* che lo contraddistingueva, di fronte alla complessità del fenomeno musicale moderno era tentato di trasporre i ritmi antichi nella parte strumentale con le relative proprietà espressive. Alla stessa stregua, alla ricerca della praticabilità di un principio altrimenti astratto, si presentava l'identificazione tra modi greci e tonalità moderne secondo uno schema di corrispondenze che era già stato di Laborde, di cui tuttavia Lesueur si appropriava ben cosciente della relatività del rapporto tra i moderni caratteri affettivi soggettivamente fondati e la pretesa portata epica dell'*ethos* antico (senza contare il dubbio manifestato sulla natura intrinseca dei caratteri delle moderne tonalità).

Tali interrogativi erano ricorrenti nella trattatistica delle personalità più esposte nel tentativo di dare uno sbocco concreto a una teoria che, pur non mancando di ossequiare le fonti illustri, rifletteva la consapevolezza della necessità di venire a patti con la realtà musicale del proprio tempo, lontana forse irrimediabilmente da quei fondamenti. Gli italiani, per il sopravvento che l'edonismo aveva preso nel quadro estetico, forse più di altri erano consapevoli del grado di incompatibilità che marcava la distanza fra le due concezioni. In posizione estrema si situavano gli eruditi, a lamentare il decadimento dell'epoca moderna rispetto alla classicità, in una visione che all'espressione musicale del tempo non concedeva attenuanti:

> Con gran cura dagli antichi s'imparava l'arte di questi Modi, e per essa agevolmente si destavano, o calmavano i differenti affetti di chi ascoltava. Ora si vuol solo dilettar l'orecchio; e per avventura non si sa far'altro, studiandosi solamente questo, né della parte curativa, e ammaestrativa per via de gli affetti, prendendo cura alcuno, ed essendo resuscitata la sola pratica, scompagnata della Scienza Armonica. Che se ci ha tuttavia qualche intendente Maestro (alcuno de' quali io conosco) da cui si sappia ben'accordare la Musica all'affetto chiuso ne' versi, per lo più è tradita la sua fatica, non men che l'intenzione del Poeta, da i Cantanti (Ludovico Antonio Muratori, *Della perfetta poesia italiana*, 1706).

È interessante notare come l'attenzione riservata ai modelli classici non si riducesse a una semplice testimonianza dimostrativa di cultura umanistica, ma corrispondesse (anche da parte degli stessi eruditi) all'attesa di un rinnovamento basato sulla presa di coscienza dei limiti e delle contraddizioni del modo in cui era praticata la musica del tempo. Ne faceva stato anche Padre Martini:

> È desiderabile che rinasca qualche Professore di raro talento e ben instruito di tutte le parti della Musica [...] il quale poco curante delle dicerie degli altri Professori, faccia rinascere a imitazione de' Greci, la vera e giusta mozione degli affetti e sollevi gli animi degli uditori già annoiati dalla presente Musica.

> E siccome la Scuola Romana fece rinascere nella Musica la perfetta armonia, e la Scuola Napoletana la vivacità delle idee; così è da sperarsi che alcuni professori de' nostri giorni, che già danno gran saggio della loro distinta cognizione, superiore alla comune degli altri, possano procurare quel pregio alla nostra Musica, che aveva quella de' Greci (*Storia della musica*, 1770).

Antonio Planelli (*Dell'opera in musica*, Napoli 1772), assestato sul fronte dei riformatori che (reagendo alla decadenza del teatro musicale degradato a «spettacolo de' sensi») erano impegnati a «restituire quella poesia alla sua antica bellezza», rilevava la differenza sostanziale fra la musica dell'una e quella dell'altra epoca: «Oggi è questa trattata come un'arte destinata principalmente al piacer dell'udito [...]. I Greci per lo contrario riguardavano la musica non tanto come destinata ad appagar l'orecchio, quanto a muovere e regolare le passioni ch'essi dirigevano per mezzo di questa piacevole disciplina a più perfetti oggetti, e più degni dell'animo umano». Perciò, benché il cavaliere napoletano non mancasse di riconoscere la superiorità della musica moderna rispetto all'antica sia nel contrappunto e nello strumentale sia nei caratteri musicali («più facili e più comodi assai degli antichi, i quali non poteano sì distintamente e sì chiaro esprimere i concetti del compositore»), giudicava proprio la dovizia delle risorse di cui era dotata la musica moderna quale ragione della sua debolezza nel governare le passioni. Oltre a riconoscere nell'antica musica un'ascendenza di valori morali (Pitagora) e la capacità di «ristabilire nell'anima l'ordine e l'armonia, e per bandirne l'errore e la voluttà» (Platone), ne constatava il determinismo nel muovere gli affetti, ritenendo che il motivo della sua efficacia risiedesse proprio nella limitatezza dei mezzi e del loro combinarsi. Paradossalmente proprio la vastità d'azione concessa alla musica del tempo era vista come un ostacolo allo svolgimento del suo compito didascalico:

> Una musica che faccia pompa d'un estetico troppo ricco, troppo vario, e ricercato, impedisce necessariamente l'impressione che i suoni da essa posti in opera potrebbero fare sullo spirito e sulla macchina di chi ascolta. In una melodia composta di rapide note, di trilli, d'arpeggi, di volate, di mordenti, di gruppi, di sbalzi, appena un suono giugne a toccare i nervi uditori, che già la sua azione è totalmente cancellata da quella

> d'un altro suono che sopraggiugne all'istante, e ch'è incalzato da una folla d'altri di non maggior durata. Allo spirito non è conceduto agio di discernervi i tuoni simili a quelli ch'egli sperimentò patetici altra volta, né agio alla fantasia ed alla memoria di riprodurgli e di riconoscere le idee affettuose, complesse con quelle di sì fatti tuoni.

Nel modo in cui qui il teorico prende le distanze dal grado di complessità assunto dal linguaggio musicale dell'epoca, con precisi riferimenti ai relativi aspetti stilistici, è possibile individuare qualcosa di più di un semplice ideale sonoro. Né la condanna del «frastagliamento, che una continuazione di brevissime note cagiona alla voce dell'attore» limita il discorso al paludamento virtuosistico del canto gorgheggiato, considerato espressione di vanità e non di autenticità del sentire. L'affermazione secondo cui «lo stile della musica teatrale vuol poche note» non riguarda solo il lussureggiante dato esteriore di quelle apparizioni canore, quanto piuttosto ciò di cui esse sono la spia, cioè l'energia che all'interno del discorso innesca una dinamica che non si accontenta del solo compito di muovere gli affetti allo scopo di modellarli e contrapporli, ma che ne è a sua volta sospinta per non dire travolta in un percorso che delle emozioni coglie il divenire e le sue ragioni, prima ancora che lo stato e il relativo valore. Attraverso la sfaccettatura di un procedere che mette a nudo l'uomo nell'instabilità del suo sentire, nell'incertezza della sua coscienza, si evidenziava probabilmente ciò che, al di là del riferimento allo stile, intrigava Giuseppe II nelle proverbiali parole di censura rivolte al compositore dell'*Entführung aus dem Serail* – «troppe note mio caro Mozart» –, in cui veniva a essere turbato l'ordine dei sentimenti prima ancora dell'ordine sociale che lo stesso tipo d'espressione avrebbe turbato ne *Le nozze di Figaro*.

A motivare la ragione dell'imperatore era appunto anche la posizione degli eruditi che, appartati rispetto alla corrente trascinante delle mode, nel vagheggiamento di un'improbabile restaurazione di antichi codici compositivi, affermavano comunque i principî di un'equilibrata espressione. Il gesuita spagnolo Vicente (Vincenzo) Requeno, denominatosi «restaurador de las ciencias perdidas», fra i propugnatori del recupero delle regole apprese dai trattati di Aristosseno e Pitagora fu il più ostinato e audace:

> Le romorose nostre orchestre col grande strepito e con la grande moltiplicità di stromenti e di voci c'impediscono il sentire la dissonanza di molte corde: non altrimenti che la moltiplicità e vivacità grande de' lumi c'impedisce il distinguere la degradazione armoniosa de' colori naturali de' fiori più delicati. [...] Italia! Italia! Madre e maestra de' cantanti e de' suonatori dell'universo! Voi avete e dovete avere tutto il vanto d'aver resa con arte tollerabile una pratica stromentale, mancante di principj, un'armonia priva di fondamento! Voi, a cui pur si deve la gloria di aver col vostro ingegno raddrizzata la musica, lasciatavi da' barbari nelle irruzioni: voi, nelle cui mani c'incantano i piani forti, ci riempiono di stupore i violini e i flauti, ci struggono il cuore i cantanti! Voi, che con le vostre arie e co' vostri rondò vi conciliate il silenzio, fate ammutolire la romorosa moltitudine delle platee de' nostri grandiosi teatri! Quai più mirabili effetti non cagionereste voi con l'armonia, se fosse questa a dovere da voi sistemata e resa perfetta? (*Saggi sul ristabilimento dell'arte armonica de' greci e romani cantori*, Parma 1798)

Constatando egli ormai la distanza del sistema melodico-armonico moderno dalle proporzioni in cui erano disposti i suoni nella mitizzata pratica degli antichi, il suo proponimento era quello di ridare vitalità a quei principî, intesi quali valori non solo fondativi ma addirittura assoluti («La vostra serie armonica, di cui al presente vi prevalete pel canto, rimescolata di diatonico e di cromatico, è difettosissima»), rispetto ai quali la moderna pratica, «composta di suoni di convenzione, fatti senza alcuna legge e senza verun principio», era considerata semplice frutto dell'abitudine e dell'educazione:

> Si tratta di ristabilire la più graziosa arte de' Greci: si tratta di cercare qualche rimedio alla incoerente nostra scienza armonica: si tratta di accrescere il sistema de' nostri stabili stromenti: si tratta di ravvivare tutte le specie d'intervalli diatonici e cromatici, ch'erano in uso fra' Greci, e che si sono aboliti, e di cui nessuno ha mai fatto conto nella moderna musica.

Di conseguenza, convinto che «i nostri stromenti stabili non hanno regole fisse e certe per la loro accordatura; che s'accordano a tentone;

che in questa accordatura non vi è una quinta moderna giusta; e che, se tali corde false formano pure la delizia delle nostre orchestre, egli è segno, che ci piacciono per assuefazione, non già per natura», Requeno si applicò ad accordare secondo scienza una spinetta e a svolgere altri esperimenti intesi a ritrovare i rapporti sonori in grado di fornire il modello agli insoddisfatti del disordinato sviluppo della moderna arte dei suoni, nella speranza che

> [...] i dotti ed i colti della nostra Europa credano cosa conveniente, se si scoprisse del tutto coll'ajuto delle mie ricerche l'antica greca musica, d'introdurla e di farla valere fra' pratici moderni, lontani dalla giustezza e dalla piacevolezza delle greche consonanze; benché al presente questi trovino nelle moderne tutto il loro piacere, per non avere sentite altre più armoniche corde.

La convinzione secondo cui «i Greci in tutte le belle arti furono più di noi delicati e perfetti, e il ristabilirle non può essere creduto inutile se non se da' barbari del nostro secolo» gli consentiva di contestare «che non sia possibile un'arte musicale, derivata da fissi e da evidenti principj (quale fu quella de' Greci) di suoni perfettamente consonanti senza accrescimenti e diminuzioni delle naturali consonanze, molto più perfetta della moderna, molto più facile ad impararsi, molto più estesa della nostra, e niente esposta a quelle variazioni, a cui soggiacciono le arti puramente pratiche e senza principj».

D'altra parte Requeno non nascondeva come la motivazione alla base della ricerca restaurativa di un antico ordine replicasse al tumultuoso andamento preso dalla musica del suo tempo in seguito alle convulse vicende di quella fine secolo («Io non dispero, che ciò accada a' miei giorni, se lo spirito marziale, da cui osservo come invasata questa bella parte dell'orbe, darà luogo al tranquillo studio de' coltivatori delle arti amene e piacevoli»).

Allo stesso senso di unità e di organicità si rapportava Jean-François Lesueur nel perseguire un principio di ordine nello svolgimento del processo compositivo:

> Comme les consonances ou dissonances qui peuvent entrer dans un accord ont toute chacune un caractère particulier, souvent les Grecs choi-

> sissaient ces consonances ou dissonances pour les faire entendre seules et dépouillées des autres sons de l'accord qui en eussent diminué ou étouffé l'effet (*Observations sur les grandes parties de la musique et de la poésie chantée*).

Lesueur, sulla scorta di Bernard Germain de Lacépède e di Rousseau, individua nella musica dei Greci il valore supremo dell'unità, facendo dipendere il «bel canto» e la «buona armonia» dalla definizione di un «soggetto principale, al quale si riportano tutte le parti dell'opera e grazie al quale essa sia una» (*Observations sur les grandes parties de la musique et de la poésie chantée*). Partendo dal principio secondo cui la musica sarà tanto più perfetta quanto più si avvicinerà alla sua fonte, della «natura», egli si richiama addirittura allo stadio dei «selvaggi», dei «primi popoli», per i quali «tutte le arie che li incantano, e alle quali sono attaccati come per un'attrazione irresistibile, sono composte sullo stesso tono». Dal riconoscimento di tale condizione naturale conseguirebbe che «nous nous sentons toujours ramenés invinciblement à ce ton principal, malgré la variété que l'art a trouvé dans la modulation» (*Exposé d'une musique une, imitative et particulière à chaque solemnité*, 1787).

Da tale situazione risulta chiaramente che nella seconda metà del Settecento, mentre la corrente che si sarebbe rivelata vincente era naturalmente indotta ad assecondare la linea evolutiva del linguaggio musicale capace di acquisire mobilità espressiva attraverso la differenziazione, la prospettiva dischiusa di inquietudine e di apparente sregolatezza costituiva un buon motivo per saldare in alleanza tattica i rappresentanti della conservazione e la militanza intellettuale degli spiriti impegnati a innovare attraverso la promozione dei valori classici. Per costoro la ricerca della "bella modulazione", intesa non solo come equilibrata disposizione del canto ma anche come capacità di dar forma omogenea alla relativa dimensione patetica, era percepita come minacciata nell'articolazione ormai raggiunta dal contrappunto fondato nel moderno sistema armonico, in grado di sfaccettarvi le voci in un'incalzante dialettica di sentimenti sganciati dalla disciplina implicita nell'univocità di senso propria del sistema espressivo antico.

Fu ancora l'Algarotti ad avvertire tra i primi tale dinamica:

> Essendo esso [il contrappunto] composto di varie parti, l'una acuta, l'altra grave, questa di andamento presto, quella di tardo, che hanno tutte a trovarsi insieme a ferir l'orecchie ad un tempo, come potrebbe egli muovere nell'animo nostro una tal determinata passione, la quale di sua natura richiede un determinato moto e un determinato tuono [...]? Attissima bensì ad accendere in esso noi qualunque si voglia passione è la melodia, la quale cammina sempre di un passo e di un tuono allo stesso fine [...]. In tal modo adoperando, saremo sicuri che la Musica ne darà bene spesso sul teatro un qualche saggio di quella vittoriosa sua forza che mostrava ne' tempi addietro e che presentemente nelle dotte composizioni dispiega Benedetto Marcello, uomo forse a niun altro secondo tra gli antichi e primo certamente tra' moderni. Chi fu più acceso dall'estro e più regolato insieme di lui?

La menzione del compositore veneziano, a cui veniva riconosciuta la capacità di congiungere «tutta la severità della musica antica» con «le grazie e i vezzi della moderna», era determinata da un'esemplarità illuminata da una profonda dottrina, che in un'esistenza appartata rispetto alla moda aveva maturato una propria maniera di canto e di declamazione rigorosamente sobria, al punto di suggerire «the truest Idea of that noble simplicity which probably was the grand characteristic of the ancient Music» (Charles Avison, *Essay on Musical Expression*, 1752). Per quanto trattavasi di esperienza condotta in forma *reservata* («non sono da esporsi al popolo» ma «sono una lezione spirituale piuttosto in un gabinetto che una predica in un gran tempio», così Saverio Mattei definiva i suoi salmi ne *La filosofia della musica,* 1779), le sue composizioni vocali si conquistarono fama europea:

> Le caractère, le style, le goût de sa composition ne ressemblent à aucun des compositeurs; il est peut-être le plus sublime de tous [...] C'est exactement le Pindare des musiciens: il en est aussi le Michel-Ange par la force et par la régularité du dessin (Jean-Benjamin de Laborde, *Essai sur la musique ancienne et moderne*, 1780).

E se non da tutti era apprezzato (Burney lo considerava «over-praised»), la lezione di quella che potremmo chiamare una vera e propria ricerca sperimentale, che ambiva a restaurare nella misura del possibile le qualità della musica presso gli antichi, non sfuggì agli spiriti più avveduti, che la inquadrarono nei portati avanzati della cultura del tempo. Da Giovenale Sacchi i suoi salmi erano da considerare «come il più eccellente esemplare che si vedesse, o vedere si possa, del vero Bello, e singolarmente di quel Bello sublime cui l'immortale Giovanni Winckelmann riconosce e ammira con tanto entusiasmo ne' lavori di Fidia, di Policleto, di Scopa e somiglianti» (*Delle quinte successive nel contrappunto e delle regole degli accompagnamenti*, 1780).

È certo che Benedetto Marcello non pervenne a questo risultato per via di sola musica. La sua condizione aristocratica, la formazione accademica, la pratica di filologo e di poeta arcadico lo avevano familiarizzato con una grecità interpretata come «arte serena», essenziale, opposta all'esuberanza della tradizione barocca. Non per niente nel suo celebre *Teatro alla moda* (1720), nella satira dei poeti che troviamo in apertura, leggiamo:

> In primo luogo non dovrà il *Poeta moderno* aver letti, né legger mai gli Autori antichi *Latini* e *Greci*. Imperciocché nemmeno gli antichi *Greci* o *Latini* hanno mai letto i moderni.

A cui segue il ritratto ugualmente sarcastico e paradossale del compositore del tempo:

> Il *Basso di Crome* sarà chiamato, dal Maestro di Capella *moderno*, *Basso cromatico*, imperciocché l'intelligenza del termine cromatico non gli conviene; avvertendo egli ancora [...] di non intendersi punto di Poesia, imperciocché tale intelligenza parimenti conveniva a' *Musici antichi*, cioè *Pindaro*, *Arione*, *Orfeo*, *Hesiodo*, etc. li quali, secondo *Pausania*, erano *Poeti* eccellentissimi non meno che *Musici*, ed il *moderno* Compositore deve usar ogni studio per *allontanarsi* da quelli, etc.

Viceversa le sue conoscenze storiche e letterarie lo mettevano nella condizione di reagire a una professionalità autonoma dei musicisti che li aveva resi estranei a quel referente inducendolo, svincolato in quanto nobile dilettante dalla consuetudine e dalle relative attese, a praticare in forma originale un'ipotetica restaurazione dei fasti poetico-musicali ellenici. E se anche a Marcello risulterà difficile per non dire impossibile riprodurre i tre modi greci («*Diatonico, Chromatico*, ed *Enarmo-*

nico» rimproverando ai compositori del tempo di confondere «tutte le *Chorde* di essi in una sola *Canzonetta* a capriccio per separarsi affatto dagli *Autori antichi* con tale *confusione* moderna»), almeno tenterà di garantire, allo scopo di evitare sovrapposizione di valenze disparate, un'ordinata disposizione del discorso. Proprio nelle cantate su soggetti greci il musicista veneziano inalberò il suo credo nella funzione fondamentale della parola poetica nel campo della musica vocale. Soprattutto nelle cantate nate dalla collaborazione con Antonio Conti vediamo farsi largo un preciso progetto di declamazione che sposta l'equilibrio dall'enfasi lirica alla stringatezza della necessità drammatica (Eleanor Selfriedge-Field). E se nel *Timoteo* egli arriva addirittura allo stupore tragico attraverso l'evocazione sonora di grandiosi eventi naturali (terremoti, aurore), è più semplicemente nelle linearità del dettato vocale di cantate quali *Cassandra*, *Andromaca*, *Didone*, dove scompare il confine tra aria e recitativo (dove la ripetizione è bandita e con essa il prevalere della logica edonistica della musica, dove lo strumentale si riduce a scarna impalcatura impegnata a garantire la trasparenza alla parola), che Marcello raggiunge un grado di esemplarità unico nel suo tempo quale tentativo di rivitalizzare la maniera degli antichi.

Sobrietà e moderazione

L'esemplarità della regolata espressione dei moti d'animo presso gli antichi, prima ancora di servire da modello di una ricostruita maniera, era in primo luogo chiamata in causa come correttivo. Sottolineando il fatto che il giusto stile teatrale «aborrisce egualmente i suoni troppo acuti e troppo gravi», Planelli affermava che «il patetico consiste nel mezzo», e giungeva a ricavare dalla medietà riconosciuta negli antichi, dalla loro «musica patetica» mantenuta «ordinata e sistematica» in forza della ragione, elementi sufficientemente precisi di scrittura musicale da configurare una moderna maniera classica che fosse possibile contrapporre al gesto travolgente acquisito dalla musica del tempo, come sviluppo in termini di differenziazione incontrollata delle sue risorse. L'aumento dei gradi di tensione grazie all'incremento della polarizzazione armonica, l'impeto del movimento liberato nella forma sonatistica grazie al procedimento di elaborazione a intarsio (*durchbrochene*

Arbeit) di melodie smembrate a frammenti in un'articolazione che non li ricompone più nella continuità di linee simmetriche, moltiplicandoli in varianti innumerevoli esaltanti l'instabilità di una forma sempre più sfaccettata, sono fattori che toccano l'espressione nel fondo della sua natura. Essa viene sollecitata non per dar forma a sentimenti distinti, bensì per disporli in un'interazione che ne accresce i gradi di intensità, le sfumature e le combinazioni in una varietà risolta a favore della mutevolezza del sentire, di una concezione tendente a sostituire la rappresentazione degli affetti con emozioni che si succedono l'una all'altra senza lasciar riconoscere motivazioni di sorta e sciogliendo l'individuo dall'obbligo di rendere conto del loro fondamento. Della svolta insita in tale processo evolutivo, al pari del Planelli, con più dirette esperienze ma con uguale consapevolezza in ordine alle premesse ereditate dal remoto passato classico, si rendeva conto André Grétry nelle sue *Mémoires* (1789-1795):

> Les effets prodigieux que faisait la musique sur les anciens provenaient sans doute de la différence marquée des modes, des tons, des modulations et surtout du rythme qu'on employait scrupuleusement pour chaque genre; mais aujourd'hui, le luxe règne partout. De même que l'on rassemble les productions des quatre parties du monde pour orner un salon ou pour donner un repas, la poésie a forcé la musique d'accumuler tous les genres dans une même composition. Et soyons justes: cette variété suffit à peine pour fixer l'attention d'un auditoire qui a joui de tout jusqu'à la satiété. C'est cependant lorsque le luxe s'est introduit outre mesure dans les arts, qu'ils ont besoin de modération.

In verità tale appello alla moderazione, nella misura in cui implicava la rinuncia a ciò che era possibile e naturalmente a portata di mano, era ideologico. Non lo era tanto in quanto si collocava nell'area dell'esperienza neoclassica, espressamente richiamata attraverso il confronto con gli antichi modi, ma lo era soprattutto per la concezione restaurativa che si opponeva a una pratica corrente (quindi in un certo senso spontanea e naturale) in nome di un principio ideale, impossibile da verificare. Se già nell'architettura e nella pittura del Settecento la rivitalizzazione dei modelli ellenici assume un aspetto straniante, per il razionalismo volontaristico congelante forme e colori in una pretesa naturalezza che nell'esasperazione degli esiti diventa il suo contrario, artificiosa, in ambito musicale l'esempio rimane confinato in dati leggendari intraducibili nella prassi per l'incompatibilità dei sistemi e per l'inconsistenza dei modelli. Ne poteva derivare un *modus operandi* che presso gli esponenti dell'opera seria riformata in nome dei canoni classici induceva a procedere tutt'al più per analogia, con la conseguenza di approdare a un primitivismo involontario, a quello che Charles Rosen ha chiamato «castità», che la musica di Gluck non si accontenta di esprimere come virtù classica relativa ad aulica rappresentazione ma che, come abolizione degli abbellimenti, come negazione del virtuosismo vocale e come frustrazione dell'aspettativa dell'applauso nel modo di chiudere le arie, viene a essere assunta come categoria estetica. Su questa linea si ritrova Grétry quando ossessivamente ribadisce il primato della sobrietà, opponendosi ai librettisti «qui rassemblent tant d'images dans un même morceau que le musicien devient confus pour vouloir tout rendre».

Il musicista francese si compiace della dimostrazione di senso di continenza, esaltando il modello di Pergolesi per l'essenzialità dei mezzi impiegati e per il rapporto tra intensità espressiva e ciò che nel parco svolgimento del discorso rimane sottinteso:

> Le récit que j'ai fait dans l'*Amant jaloux*: "Victime infortunée...", n'a pas le défaut de la surabondance, et je crois que les réflexions des deux femmes qui écoutent Isabelle ne contribuent pas peu à l'effet de ce morceau, qui aurait peut-être pris une tournure gigantesque si ces réflexions n'en eussent séparé les images. L'inexpérience s'aperçoit plus dans les compositions trop surchargées et produisant peu d'effet, que dans celles où règne trop de simplicité et même un certain vide. Voyez la musique de Pergolèze. Le chant est un dessin pur qui suit la déclamation; quelques notes d'accompagnement lui ont suffi pour compléter son tableau. On pourrait sans doute multiplier les accompagnements sans nuire à l'ensemble; c'est ce que fait le musicien qui écoute. Je n'ai jamais entendu la "Servante maîtresse" sans faire dans ma tête quelques parties satisfaisantes, et j'étais enchanté que l'auteur m'eût donné ce plaisir.

Per quanto lontano dalla "Querelle des bouffons" attraverso cui l'opera comica napoletana era stata consacrata a Parigi, Pergolesi a fine secolo era ancora riconosciuto come un momento fondante. Agli occhi di

Grétry la sua grandezza appariva addirittura accresciuta proprio in rapporto al grado di superflua complessità a cui era stata spinta la musica successivamente.

> Pergolèze naquit, et la vérité fut connue. L'harmonie a depuis fait des progrès étonnants dans ses labyrinthes infinis; les exécutants, en se perfectionnant, ont permis aux compositeurs de déployer la richesse des accompagnements; mais Pergolèze n'a rien perdu; la vérité de déclamation qui constitue ses chants est indestructible comme la nature.

Infatti a giustificare tale statura non bastava più per Grétry la ragione che legava questa musica al paese mediterraneo di natura benigna, che determinava un'espressione libera, sorgiva, morbida e armoniosa senza traccia di calcolo e d'artificio, secondo l'impianto di pensiero rousseauiano che sarebbe durato ancora a lungo. Un'ulteriore motivazione si aggiungeva a quella in un processo di nobilitazione che contribuisce a contrassegnare in modo inequivocabile l'epoca: «La seconde cause, qui paraît aussi profonde, est que l'Italie a hérité tous les arts après la splendeur des anciens Romains: de même que jadis on y était guerrier pour amour de la patrie, aujourd'hui on y est poète, musicien, architecte, peintre ou sculpteur, par amour propre et par hérédité».

Grétry si accontentava di indicare l'ascendenza illustre, lasciandola semplicemente supporre in uno stile che in verità si era imposto per altri motivi (per aver esso spalancato la strada della sensibilità più diretta). Ciò consentiva la convergenza dei propugnatori del ritorno a un'espressione naturale (colta nella condizione dell'uomo non ancora alterata dalle convenzioni imposte dalla civiltà) con i cultori dei valori classici della stessa civiltà, i quali in mancanza di riferimenti attendibili non riuscivano a immaginare una prospettiva diversa.

In verità una certa logica era riconoscibile in tale sbocco unitario, giacché tanto l'uno quanto l'altro ideale si contrapponevano alle manifestazioni estetiche della cultura cortigiana di rappresentanza, alle maniere affettate, artificiose e svagate di una condizione edonistica sollevata da più alte responsabilità. È la condizione impersonata dal teatro metastasiano contro cui si erge Calzabigi come ispiratore di Gluck e probabile estensore della prefazione all'*Alceste*, il quale nella *Risposta che ritrovò casualmente nella gran città di Napoli il licenziato Don Santigliano di Gilblas y Guzman y Tormes y Alfarace* scrive:

> Vi leggerà chi vuole che Gluck aveva in odio i sentimenti lambiccati, politici, filosofici, morali del M., le sue similitudini, le sue passioncelle di pura chiacchiera, i suoi bisticci misurati a compassioni grandiose in bollore, in stato di violenza, e dello strepito teatrale tumultuoso. Il Poeta all'incontro si deliziava co' fiorellini rettorici spiritosi, concettosi a contrasto, colle dispute amorose, co' discorsi accademici, con caratterucci quasi tutti simili amorosamente svenevoli.

Significativamente, alla stessa conclusione era destinato ad approdare chi arditamente sperimentava la riesumazione di un'improbabile scrittura musicale ellenistica. Nella già citata ode anacreontica, intonante gli originali versi greci, per la ricerca deliberata della dimensione arcaica Lesueur si distingue dai colleghi, che la inquadrano nella cornice di romanza della più bell'acqua, teneramente modulante. Il compositore vi agisce per sottrazione rispetto alla moderna aspettativa: il discorso si svolge su un ossessivo mi minore che non concede ai tentativi di progressione di sfuggire alla sua gravitazionalità, seguendo la stessa formula ritmica che attraversa instancabilmente il brano, articolando la successione di accordi perfetti spesso sprovvisti di quinta col risultato di produrre l'effetto di un'armonia cava e, nella concatenazione, l'apparenza di un percorso modale illusoriamente replicante una dimensione antica. Al di là della stravaganza di un risultato assolutamente singolare e senza paragoni, capace di dare la misura dell'alto grado di motivazione dell'ideale neoclassico a quell'epoca, la direzione indicata è quella di una semplificazione linguistica rasentante il primitivismo e quindi, alla luce di altre verifiche, confermante un passaggio obbligato.

Era il tentativo di dimostrare che gli «antichi [...] da una musica povera traevano maggior vantaggio che non facciam noi da una ch'è doviziosissima» (Planelli), in deliberata contrapposizione al corso della musica del tempo, in questo caso non semplicemente come veste stilistica ma come principio compositivo, su cui Gluck attivò la riforma operistica («Ho creduto poi che la mia maggior fatica dovesse ridursi a cercare una bella semplicità», è scritto nella prefazione ad *Alceste*). Ne troviamo l'eco in Rousseau,significativamente estesa al livello morale:

«Non si può riflettere sui costumi, senza compiacersi nel ricordare l'immagine della semplicità dei primi tempi» (*Discours sur les sciences et les arts*, 1750), dove il concetto era collegato all'idea del mondo classico. Non per niente François Arnaud (citando Wieland ne *Les soirées perdues à l'Opéra*, 1776), elogiava Gluck in questi termini:

> [...] il a préféré les muses aux sirènes: il a substitué à des vains et faux ornements, cette noble et précieuse simplicité qui, dans les Arts, comme dans les Lettres, fut toujours le caractère du vrai, du grand et du beau. Eh! quels nouveaux prodiges n'enfanterait pas cette âme de feu, si quelque Souverain, de nos jours, voulait faire pour l'Opéra, ce qui fit autrefois Periclès pour le Théâtre d'Athènes?

Per Lesueur questa era diventata la regola, al punto da additarla agli allievi di composizione, affinché «ils cherchent à produire comme eux *les plus sublimes effets, en raison même de la simplicité des moyens employés*», indicando il modello negli esponenti «dell'antica scuola italiana, madre di tutte le scuole attuali, *innestatasi* sui maestosi e semplici procedimenti delle teorie della *musica antica*», a cui associava Gluck, Sacchini e Piccinni, «et c'est cette belle et ancienne école qu'ils ont crue la plus convenable au Grand-Opéra de Paris, à la tragédie-lyrique» (*Lettre en réponse à Guillard*). È interessante notare quali siano gli aspetti stilistici individuati dal compositore francese come caratteristici di tale filone stilistico. Si va dal coro "Que tout gémisse! Que tout frémisse!" e dall'aria "Tristes apprêts! Pâles flambeaux!" di *Castor et Pollux* (Rameau), dalla musica del quarto atto (l'«acte de *magie*» di Zoroastre) di *Dardanus* (Rameau), al «sublime chœur des prêtres» dell'*Oedipe à Colone* (Sacchini), al coro dei sacerdoti di Plutone della *Didon* (Piccinni), ai cori della *Fontaine enchantée* (Piccinni), «à ce *grand goût de l'antique* dont Gluck nous a donné de si grands exemples dans le chœur et la *marche* des prêtres qui conduisent Iphigénie à l'autel; dans le *duo* d'Achille et d'Iphigénie, qui finit le premier acte d'*Iphigénie en Aulide*; dans le chœur "Que de grâce! Que de majesté!" et l'*ouverture* du même opéra; dans la *marche* et toute la scène du temple d'Apollon, dans l'*Alceste*; enfin dans l'hymne d'Écho et Narcisse». Vi riscontriamo la dominante collettiva e rituale caratterizzata dalla sacralità e dalla ieraticità della soluzione stilistica, aspetti che per analogia ovviamente evocano la parentela con i momenti cruciali della tragedia attica, un codice che Lesueur considerava opposto al «genre gothique», della scrittura densamente contrappuntistica che sconsigliava agli allievi, tentati da «des phrases d'une mélodie tournée à la manière des Goths, revêtues néammoins de tout le *sémillant* [brio], de toute la jeunesse [...] des accompagnements actuels».

In queste ultime parole si avverte come il compositore francese fosse consapevole di come la direzione da lui indicata si muovesse in controtendenza rispetto alle abitudini musicali che si stavano definitivamente affermando. Non per niente, nella *Suite de l'Essai sur la musique sacrée et imitative*, aveva già riconosciuto la logica dell'evoluzione storica nel senso di un progresso. Constatando come gli antichi (pur avendo concepito la prassi del bassorilievo) non avevano ancora acquisito quella della prospettiva, egli ammetteva che «ces mêmes Anciens ont trouvé la mélodie, et n'ont cependant pas découvert l'harmonie, quoique l'une dût indiquer l'autre; cette heureuse découverte était aussi réservée aux siècles postérieurs, où les Arts ont semblé naître de nouveau». Ne conseguiva la necessità di pervenire a una sintesi, anche per mostrare come il gusto dell'antico non fosse da confondere con un atteggiamento puramente antiquario e retrospettivo. Egli giungeva perciò a proporre ai suoi discepoli questa conclusione:

> Mais il mariera, il fondra (non le *gothique*), mais l'*antique* et le *moderne* avec une telle convenance, une telle bienséance (en égard au siècle, aux mœurs, et aux *localités* où se passe son action musicale, sans oublier le lieu ni le goût du pays où il fera exécuter son ouvrage), qu'il en résultera ces mélodies vraies, nobles et touchantes, ces masses belles, aussi imposantes qu'augustes, et capables d'être senties et regardées comme telles dans tous le temps (*Lettre en réponse à Guillard*).

In verità, se nella citata prefazione ad *Alceste* si legge anche che «la semplicità, la verità e la naturalezza sono i grandi principî del bello in tutte le produzioni dell'arte», nemmeno vent'anni dopo era definitivamente chiara la direzione che stava prevalendo e che, per il fatto di svolgersi ai gradi della massima varietà di modi in un quadro dinamico incalzante, veniva a destituire l'ideale neoclassico dalla sua centralità. Di rilevarlo nella maniera più eloquente si era già incaricato Goethe, il quale nel *Viaggio in Italia* (1787) annotava: «Tutti i nostri sforzi [...]

volti a confinarci in ciò che è semplice e chiaramente limitato andarono perduti all'apparire di Mozart». Oltre a prendere atto di un orientamento dettato dal predominio di altre forze, il poeta significativamente vi considerava la semplicità come una conquista qualificata da atto volontaristico, implicante cioè l'azione di forze contrarie da cui disgiungersi. Lo sforzo di ricostituire l'ellenicità in termini di essenzialità poteva essere apprezzato senza riserve solo in ambiti eruditi. «Les allégories les plus ingénieuses sont froides au théâtre», osservava Julien-Louis Geoffroy nella cronaca del «Journal des débats» (16 vendémiaire an XII, 1803) riservata all'andata in scena dell'*Anacréon*, che, a fronte di una musica «savante, riche d'harmonie, pauvre de mélodie, de chant et d'intérêt» (che a Cherubini guadagnava il rimprovero di essere «plus allemand qu'italien»), induceva il critico a rimpiangere la vivacità del *Devin du village*.

Altra era la concezione che Lesueur nel suo esperimento restaurativo assumeva programmaticamente. L'ode musicata dal compositore francese, la prima dalla raccolta menzionata, reca il titolo *Sur la lyre d'Anacréon* ed espone il cruccio del poeta per il desiderio di cantare gli Atridi e le gesta degli eroi dell'epopea, mentre la lira sfuggente al suo volere e obbedendo a forza misteriosa restituisce solo canti d'amore. In verità, anche se l'accompagnamento al canto non esibisce come nell'esempio di Gossec e soprattutto di Cherubini la scrittura fiorita palesemente ispirata da delicata gestualità femminea, l'indicazione della destinazione («piano ou harpe») sottintende un ideale sonoro che, al di là della presenza dell'arpa come strumento di pratica borghese accanto al pianoforte nella domestica intimità, lo investe di significati maggiori, di portata simbolica, nel rapporto con la funzione ispirativa del suo remoto strumento precursore. Una cifra sonora che passava attraverso una precisa selezione timbrica si imprime nella musica del tempo come traccia di eminente memoria storica. Oltre all'equivalenza arpa-lira, che (senza rinverdire leggendarie facoltà espressive) ritrova nel moderno strumento il senso di una dimensione perduta, abbiamo già alluso a proposito degli strumenti a fiato. Nell'accompagnamento dell'entrata delle divinità silvestri in *Telémaque* «au son d'instruments variés et agrestes», introducendovi il penetrante ottavino Lesueur sfugge al luogo comune sonoro legato alle scene pastorali da sempre presenti come occasioni di molle abbandono nel teatro operistico. Una vera e propria aureola sonora fu invece concepita da Grétry per il personaggio protagonista di *Andromaque*, dove la protagonista distingue il suo ruolo rispetto agli altri grazie all'armonia di tre flauti traversi che la seguono come un'ombra. Evidentemente tale tipo di abbinamento mirava a ricostituire il senso del rapporto deterministico che si riteneva operante nell'antichità quale intonazione musicale provvista di un preciso *ethos* in grado di destare altrettanto precise emozioni. Lo si constata nell'aria di Glauce della *Médée* di Cherubini, "Ô Amour viens à moi!", dove il personaggio femminile, nel dubbio di fronte all'insidiosa presenza di Medea di cui teme il malefico intervento distruttore, invoca amore ("Amour, allume ton flambeaux, descend en moi [...] Ah, beaux feux d'amour, ranimez mes sens") proprio nei termini di un sentimento instillato, nel parallelo appello al flauto a insinuarsi in metaforico rapporto tra il suo suono sottile ed etereo e la freschezza e la levità del sentimento d'amore, così come gli antichi lo intendevano, cioè come un dono che scendeva a colmare l'animo dall'esterno, più che la manifestazione di un intimo e autonomo sentire. Qui non si tratta di una nostra supposizione, ma di qualcosa di cui anche i contemporanei si rendevano conto, come è dimostrato dal recensore della «Gazette Nationale, ou le Moniteur Universel» (n. 21, 21 vendémiaire an XII, 1803), il quale, in occasione della rappresentazione dell'*Anacréon* di Cherubini, ne lodava «l'habilité avec la quelle le compositeur a voulu donner, pour l'emploi isolé de quelques instruments à vent, un'idée approximative de la musique des Grecs».

Ecco quindi che un procedimento (la tecnica dello strumento obbligato nell'aria operistica), da pretesto esornativo impiegato per incrementare i fattori di varietà in funzione di un ascolto edonistico veniva ad assumere una funzione simbolica, nel tentativo di recuperare la forza didascalica di cui si riteneva dotata la musica dei Greci. Che ciò bastasse a fondare in prospettiva restaurativa un sistema di significati in grado di sostituire organicamente la densità e l'articolazione di senso già raggiunta dal normale corso della musica del tempo, non è possibile sostenere. Sufficienti costanti indicano tuttavia una convergenza di intenti nel delineamento di tratti stilistici che, senza mettere in questione la struttura linguistica in cui sono calati e a volte semplicemente riqualificati nella posizione semantica, orientano l'ascolto verso orizzonti tesi a recuperare valori ideali ormai fuori della portata comunicativa dell'espressione del tempo, a cui non restava altra prospettiva che la simulazione.

In fondo, la stessa situazione si sarebbe ripetuta un secolo dopo, e proprio nello stesso contesto di significati, a partire dal *Prélude à l'après-midi d'un faune*, dalla cifra arcadica che configura un preciso rimando nel raffinato impiego del flauto da parte di Debussy, confermato nella combinazione di due flauti, due arpe e celesta scelta come organico della musica di scena originalmente concepita per l'azione mimata destinata ad accompagnare la recitazione delle *Chansons de Bilitis* di Pierre Louÿs (rifluita nelle *Six Épigraphes antiques* per pianoforte a quattro mani). In quel caso la trasparenza lineare dell'arabescato disegno del flauto non solo sarebbe stata la premessa di altre evocazioni musicali neo-parnassiane (*Daphnis et Chloé* di Ravel), ma anche e addirittura di un dimostrativo ritorno alla dimensione monodica di lontane origini, con *Syrinx*. La scelta del flauto solo, per di più tratteggiato in base alla scala a toni interi nel recupero del sapore modale, avrebbe aperto un filone ricercato nell'ambito dell'esperienza neoclassica del primo Novecento, come documentato dalla *Danse de la chèvre* di Arthur Honegger, dalle *Trois Pièces* di Pierre Octave Ferroud, dalle *Trois Pièces pour flûte seule* di Robert Siohan, dalla *Suite de trois pièces pour flûte seule* di Georges Migot, di *Oiseaux Tendres* di Jean Rivier, di *Image* di Eugène Bozza, della *Pièce* di Jacques Ibert, delle *Cinq Incantations* di André Jolivet, e per certi versi di *Density 21.5* di Edgard Varèse.

Tornando al Settecento, non ci sfugge l'ideale sonoro a cui aspirava Gluck, testimoniato nella lettera aperta a Jean-François de La Harpe in occasione della rappresentazione di *Armide* a Parigi:

> Je travaille de mon côté à la Musique, de laquelle, comme de raison, je bannirai scrupuleusement tous les instruments bruyants, tels que la timbale et la trompette; je veux qu'on entende dans mon Orchestre que les hautbois, les flûtes, les cors-de-chasse et les violons, avec des sourdines, bien entendu; il ne sera plus question que d'arranger les paroles sur ces airs, ce qui ne sera pas difficile, puisque d'avance nous avons pris nos dimensions («Journal de Paris», 12 ottobre 1777).

E, in una situazione ormai irrimediabilmente lontana dalla storica realtà ellenica, è significativo che un dotto quale François Arnaud, proprio a proposito dell'ouverture dell'*Alceste*, fosse indotto a leggere mentalmente il relativo apparato strumentale in termini di una gigantesca monodia, in una specie di tuffo in un'antichità immaginaria:

> Ce ne sont plus des hautbois, des flûtes, etc., c'est un seul instrument résultant de l'accord de tous; c'est une voix unique qui me fait entendre des sanglots, des cris douloureux et plaintifs; déjà mon âme est émue, déjà elle est préparée à quelque funeste évènement. La toile se lève. Ici je me crois véritablement retourné au temps de l'ancienne Tragédie Grecque (*Le souper des enthousiastes*, 1776).

Didascalicità

La dimensione sospesa degli strumenti a fiato, la loro stessa disposizione di impasto contrapposto al tessuto di base costituito dagli archi, diventa premessa (come già illustrato a proposito delle beethoveniane *Creature di Prometeo*) alla loro individuazione quali latori di una remota e aulica condizione espressiva. Nel balletto prometeico di Salvatore Viganò l'ordito auletico emerge anche nel "Solo di Gioja" (n. 12 *Maestoso-Allegro*) attribuito al danzatore a cui era riservato il ruolo di Bacco, che Beethoven fa agire sul richiamo di un flauto volteggiante in libere fioriture e (ciò che più conta) sulla configurazione di episodi concertanti coinvolgenti flauti, oboi, fagotti e corni i quali, circoscrivendo come corpo separato quest'ambito di sonorità e riqualificando in senso allegorico tale pratica ormai prossima a decadere, davano corpo a una dimensione estetica immaginaria.

Certamente, al di là dell'accertabile grado di convinzione, Beethoven era spinto verso tali soluzioni dal progetto coreografico, iscritto nel risveglio della danza, che nel quadro culturale del tempo detenne una parte non indifferente di responsabilità come definizione di un atteggiamento neoclassico. Se ne rendeva conto chiaramente il Carpani (ne *Le Rossiniane*, 1824):

> Per ciò spetta al suo ballo [del Viganò] io vi confesserò candidamente, ch'egli è d'un genere da non piacere sì facilmente, perché tutto fondato e sostenuto sulle allegorie. La è dei balli allegorici come dei dipinti di tal natura, che l'*Algarotti* volea giustamente sbanditi dalle vôlte delle nostre gallerie, ove un *Edipo* solo, che gl'intendesse, potrebbe trovar piacere a contemplarli. Nemico dichiarato della fatica si è il piacere; ed ove fa d'uopo d'applicazione per conoscere il bello nelle bell'arti, egli è lavoro di eruditi, e non mai di chi null'altro cerca in essa che il facile e pronto suo diletto.

Ovviamente il poeta italiano era confrontato con tale esito in un momento in cui la svolta definitiva del gusto segnata dal passaggio dirompente di Rossini era giunta a riscontrarne l'incompatibilità con tale stadio estetico («un ballo ripieno di fatti che accadono su la scena, e di altri che per mere visioni si percepiscono, era un ballo da darsi piuttosto a un'accademia di antiquarj, siccome problema da sciogliere, che a un popolo di spettatori, siccome spettacolo da godere»). In verità in quella fase, a fronte di un'espressione interamente risolta nel compiacimento dei valori dell'ascolto, era ormai venuta a cadere la portata simbolica di una forma rappresentativa che, resuscitando tra gli altri aspetti anche la dimensione coreica, aveva contribuito a inaugurare per l'opera la stagione che i teorici settecenteschi erano impegnati a far seguire al periodo di decadenza riconosciuta nel «secolo decimosettimo, durante il quale ella non fu più che uno spettacolo de' sensi» (Planelli).

Ora, proprio la gestualità intesa come «eloquenza del corpo», consistente nel tratteggiare attraverso il movimento della persona «in tutta la loro energia e bellezza» le idee «capaci di formare nell'animo altrui quelle disposizioni che noi vi desideriamo», chiamata «pronunziazione» cioè arte capace di mettere «sotto i sensi quello che la parola presenta all'intendimento», era considerata dal Planelli l'«arte più necessaria» a inoculare verità nella rappresentazione, quella a cui «i Greci e i Romani si esercitavano della loro più tenera fanciullezza». Che la coniugazione dei gesti in forma organica non fosse un problema accessorio nello sviluppo dell'arte scenica del tempo è dimostrato dal come si coagulò il nucleo generatore della riforma che si ascrive a Gluck e che, prima di approdare all'*Orfeo ed Euridice*, attuò il primo passo nel 1761 a Vienna. Ciò avvenne con il concorso del conte Durazzo, *Generalspektakeldirektor* dei teatri, di un letterato pieno di ambizione quale il Calzabigi, dello scenografo Quaglio e del maestro di ballo Gaspare Angiolini. Si trattava di personalità mosse da una profonda carica innovativa e capaci soprattutto di cogliere nell'occasione del loro operare insieme il senso rifondativo di un incontro alla pari dei vari versanti espressivi, indirizzati a comporre un'opera d'arte nella pienezza delle sue componenti, totale o totalizzante giacché la sua configurazione, oltre a imporsi esemplarmente sull'episodicità delle realizzazioni parallele, ambiva a presentarsi come lo sbocco di un rapporto profondamente radicato nella storia. *Le Festin de pierre* (o *Don Juan*), benché tratto da Molière, fu definito "Ballet Pantomime dans le goût des Anciens", andando in scena al Burgtheater accompagnato da un programma esplicativo in cui il coreografo precisava appunto come tale esito fosse dovuto allo studio della pantomima descritta dai teorici greci, ignorati dai maestri di ballo rappresentanti della pratica alla moda, ai quali egli si vantava di aprire «une nouvelle carrière» con l'impresa di porre un'intera vicenda in danza pantomimica. Vi si dichiara, al di là dell'incapacità rappresentativa della pratica del tempo e sollecitato dal confronto tra «notre pauvreté actuelle et la richesse des anciens», la volontà di reimpossessarsi di un'arte perduta, della pantomima degli antichi che possedeva la capacità «d'imiter les mœurs, les passions, les actions des Dieux, des Héros, des hommes, par des mouvements et des attitudes du corps, par des gestes et des signes faits en cadence et propres à exprimer ce qu'on avait dessein de représenter».

La globalità del progetto, che andava oltre la semplice operazione di rinnovamento della danza, e soprattutto il suo successo che aprì la strada all'avventura delle opere viennesi di Gluck (in cui gli stessi artisti si sarebbero ritrovati nello stesso rapporto cooperativo), spiega il motivo della rivendicazione da parte di Calzabigi (che tutt'al più ne fu l'estensore della veste letteraria) del merito di aver concepito la relativa «dissertation» programmatica. Il drammaturgo, che si sarebbe vantato di aver composto le sue tragedie «alla maniera dei Greci», si rendeva conto del significato della radicalità del contributo dell'Angiolini nel quadro di ciò che attendeva gli operatori sul terreno dell'opera in procinto di essere riformata. I rapporti tra pratica e ideale erano gli stessi, come risulta dalla *Dissertation sur les Ballets Pantomimes des Anciens pour servir de programme au ballet pantomime et tragique de Sémira-*

mis che nel 1765 sempre a Vienna vedeva l'Angiolini impegnato in un secondo balletto composto da Gluck, in cui si legge che «la Danse a dégénéré des nos jours au point de ne plus la regarder depuis longtemps que comme l'art de faire des entrechats et des gambades, de sauter ou courir en cadence ou tout au plus de porter le corps ou de marcher avec grâce et sans perdre l'équilibre, d'avoir les bras moèleux et des attitudes pittoresques et élégantes». Non v'è chi non veda come la descrizione delle figurazioni divaganti dell'arte coreografica del tempo, fine a se stessa, volta al semplice diletto dell'occhio incrementando i movimenti acrobatici che mettevano in mostra la bravura saltatoria degli esecutori, rifletta a livello della danza gli stessi eccessi che, in termini di virtuosismo ed esteriorità vocali, erano imputati all'opera di allora nella misura in cui essa, nel seguire le sollecitazioni della moda, veniva a perdere il senso di discendenza dai modelli ispirativi per aderire viceversa alle esigenze unidimensionali del pubblico contemporaneo. Il discorso era aperto ormai da decenni sul versante erudito e dall'osservatorio che, pur con l'incremento del commercio tra poeti e musicisti in un florido mercato internazionale, assegnava ai letterati che ne rimanevano fuori la veste di censori.

Nelle sue *Considerazioni sopra il Demofoonte dell'Abate Metastasio* (1735) scriveva Evandro Edesimo (Francesco Rosellini):

> Egli [Metastasio] conosce il genio del secolo. Non si rappresenta già adesso un'Opera per dar piacere agli antichi Latini, ma bensì ai nostri italiani [...]. Il Poeta drammatico deve accomodarsi al suo uditore; come appunto un pittore all'ordine di chi dipinger lo fa, o come il sarto alla moda. Fa sempre bene chi non vuole contrastare con l'universale. Lasciamo a chi se 'l piglia l'impaccio stravagante di riformare il secolo.

Non a caso sfociato in una rivoluzione che determinò un passaggio epocale, il secolo XVIII segnò un periodo di innumerevoli confronti d'opinione e di gusto che infiammarono le più accese posizioni proprio in campo artistico, quasi fosse delegato a mettere in campo e a sperimentare ipotesi di trasformazione che per grado di audacia sembrava preferibile tentare in forma traslata in ambito estetico anziché nella realtà sociale affrontando direttamente i rischi della turbolenza. Evandro Edesimo coglieva efficacemente l'estremizzazione degli atteggiamenti che giungevano a «contrastare con l'universale». Vi si registrava già l'ambizione del lavoro intellettuale che i *philosophes* coltivarono non solo come semplice elaborazione del pensiero, ma anche come ricerca della sua applicazione nell'edificazione di un mondo nuovo, rigenerato nelle fondamenta. Quest'onda rinnovatrice trovò nell'arte l'elemento più sensibile e, oltre a scrollarne il tronco, suscitò l'interesse a ripercorrerne le radici. L'attenzione risvegliata intorno alle manifestazioni dell'antichità classica che va sotto il nome di Neoclassicismo è lì a significarlo, nella misura in cui non corrisponde a un atteggiamento conservatore di tipo restaurativo ma si rivela come riflessione sulle regole originarie dell'arte, in uno slancio universalistico che al di là della contingente collocazione non si rivolgeva solo al fruitore del tempo chiamato a misurarsi con le maniere *à la grecque*, ma ambiva a rivolgersi agli uomini di tutti i tempi. In questo senso, per i significati che dietro gli aspetti formali lo collegavano all'epoca d'oro della repubblica di Pericle, il Neoclassicismo poté essere assunto come manifestazione che nei cruciali anni della Rivoluzione si rivelò la più consona a nutrirne l'immaginario per l'elevatezza, la grandezza d'animo dei soggetti evocati e la globalità del messaggio. L'idea sottesa non era quindi semplicemente di un passaggio ma di un risorgimento, che in quanto tale non riguardava solo le forme ma toccava anche i comportamenti. Ispirandosi a Luciano nella sua dissertazione programmatica sulla *Sémiramis* l'Angiolini tracciava al maestro di ballo chiamato ad aprire nuovi orizzonti estetici compiti fino ad allora inauditi:

> Il faut que le danseur pantomime connaisse la Poésie, la Géométrie, la Musique, la Philosophie, l'Histoire et la Fable, qu'il sache exprimer les passions et les mouvements de l'âme, qu'il emprunte à la Peinture et à la Sculpture les différentes postures et contenances, en sorte qu'il ne le cède ni à Phidias ni à Apelles pour ce regard. Ce danseur doit savoir aussi particulièrement expliquer les conceptions de l'âme et découvrir ses sentiments par les gestes et les mouvements du corps; enfin il doit avoir le secret de voir partout ce qui lui convient (qu'on appelle le *decorum*) et avec cela être subtil, inventif, judicieux et avoir l'oreille très délicate (Calzabigi).

Al di là della portata simbolica di tale istanza, che aveva ben scarse probabilità di diventare regola nel contesto di una pratica rimasta anche per l'Angiolini quella di un nobile artigianato condizionato dalle convenzioni, erano ribadite le tre virtù fondamentali richieste agli artisti del tempo: l'estensione del sapere necessario a orientarlo in un progetto di opera d'arte totale a cui in qualche modo il suo lavoro ambiva (è infatti nel cenacolo viennese preposto alla creazione dell'*Orfeo ed Euridice* che venne gettato il seme del *Gesamtkunstwerk*), la profondità storica di tale sapere che ne selezionasse gli elementi duraturi e fondanti, e la funzione intellettuale dell'artista quale soggetto consapevole del proprio operare chiamato ad agire nella società in anticipo sui propri fruitori, secondo l'esempio che viene dall'antichità:

> L'étonnement augmente encore lorsqu'on considère que ce qui en ont écrit [sulle pantomime] avec tant d'enthousiasme étaient l'élite des Grecs et des Romains, peuples les plus délicats et les plus difficiles qu'il y a jamais eu sur les Beaux Arts, et surtout sur les représentations théâtrales.

Vi assistiamo alla maturazione della responsabilità dell'artista nei confronti del pubblico che costituiva la moltitudine, e che da quello dipende come guida ai propri comportamenti, non solo estetici ma anche morali e civili. A elevarlo sopra la *mediocritas* non bastava infatti il grado di maestria, di padronanza dei mezzi compositivi, ma la profondità del grado di comprensione del fenomeno espressivo in relazione alla sua funzione di seminatore di idee e di inoculatore di valori didascalici nella società. Un artista nuovo usciva dall'esortazione che Winckelmann rivolgeva ai pittori invitandoli a «intingere il loro pennello nell'intelletto». Sotto la voce "intéressant" nell'*Encyclopédie* l'artista era definito «philosophe et honnête homme», il che attribuiva all'operatore in campo artistico una responsabilità nuova come dispensatore di conoscenza e gli prospettava un campo d'azione dove dimostrativamente egli era chiamato a esaltare la virtù e i grandi valori morali.

Investito di missione educativa, l'artista agente nella cultura illuministica rivendicava il carattere laico e autonomo del suo pensiero antagonistico al potere della Chiesa, che ancora si manifestava attraverso la magnificenza ma in posizione declinante, circoscritta e non più in grado di imporre la sua centralità culturale oltreché sociale. Nell'indebolirsi della sua capacità regolatrice di modelli morali, alla tradizione religiosa subentrava il Neoclassicismo settecentesco, non tanto nella forma quanto proprio nella tensione spirituale. La mitizzazione del mondo antico trasmetteva infatti non solo un'esemplarità nel senso del suo rispecchiamento in espressione alta di tono, misurata nella disposizione ed equilibrata nei rapporti, ma soprattutto nell'interna motivazione che, nella ricerca di un codice etico della ragione non identificabile nella consuetudine cristiana, individuava nei comportamenti desunti dall'immaginario classico i valori da proporre in funzione educativa. Nei quadri che acquistava per conto del re di Francia, il nobile d'Angiviller, prima ancora che per il soggetto illustre, motivava la scelta dell'illustrazione dei fatti memorabili della storia greca e romana in base al tema morale. Il *Giuramento degli Orazi* (1784), l'opera di David che fu poi rivendicata come manifesto ispiratore della virtù rivoluzionaria, per l'accesa testimonianza di dedizione e di lealtà alla patria fu acquisito dal conte d'Angiviller, il quale nei quadri commissionati in quegli anni affermava il primato che, in un ambito ormai organicamente neoclassico, era detenuto dall'esemplarità morale rispetto alla rappresentazione. Lo testimoniano *Crespino che mostra i suoi arnesi agricoli* quale esempio di incoraggiamento al lavoro tra i Romani, *Fabrizio che rifiuta i doni degli ambasciatori di Pirro* quale esempio di disinteresse tra i Romani, *Porzia che dimostra al marito Bruto di avere il coraggio di uccidersi se fallisce la congiura contro Cesare* quale esempio di risoluzione eroica tra i Romani. La funzione di ammaestramento che ne derivava, come celebrazione dei raggiungimenti dello spirito umano incarnati negli eventi illustri, tendeva a elevare l'opera a monumento, a proporla come proclamazione di valori etici. In verità, sull'onda della rappresentazione della virtù degli antichi, il secondo Settecento si distingue come epoca che, con immagini immortali di marmo e di bronzo erette a sfidare il tempo, celebrò i grandi uomini degni di entrare nel moderno tempio della fama (Galileo, Shakespeare, Descartes, Locke, Newton ecc.).

L'aura spirituale che ne emanava consacrava il valore della figurazione che veniva a prevalere nell'estetica del tempo. La concezione della danza per l'Angiolini, il suo richiamarsi a Luciano nelle posture coreografiche non ispirate dal movimento bensì dai gesti fissati fuori del tempo dalla pittura e dalla scultura, rivela un orientamento che governa la rappresentazione a partire dalla figura, dalla forza prodotta sull'animo dalla dimensione statuaria. Stante il concetto di Orazio scelto come motto per la prefazione del *Don Juan* («Ciò che colpisce solo l'orecchio, fa meno impressione sugli spiriti che ciò che colpisce gli occhi») egli portava la danza all'altezza dell'arte figurativa in ciò che essa era in grado di raggiungere in termini di trascendenza. «L'espressione delle figure greche, per quanto agitate da passioni, mostra sempre un'anima grande e pacata», aveva scritto Winckelmann nei *Pensieri sull'imitazione dell'arte greca* (1755), rilevando una dimensione dialettica che nel gesto fermato sottratto al tempo (proprio dell'arte figurativa) esorcizzava l'espressione liberandola dal gravame delle spinte passionali in un atto purificatorio di sublimità. Ispirandosi alla descrizione della pantomima lasciata da Apuleio sul *Giudizio di Paride*, l'Angiolini coglieva nel limite di una figura congelata il momento più alto di epurata espressione: «On y trouve que se présentant sur la scène commence à marcher et à faire des gestes très délicats et très expressifs et des mouvements de tête au son de la flûte et en cadence, ne dansant quelquefois que des yeux» (dissertazione sulla *Sémiramis*). È la superiorità dell'arte pantomimica rispetto alle danze grottesche, al genere comico, alle danze di mezzo carattere che l'Angiolini, nella capacità di elevarsi nella rappresentazione dei grandi eventi tragici, celebra come «la plus sublime», a cui non basta accompagnare la maestosità, l'eleganza e la delicatezza dei gesti ma che deve vibrare sotto la spinta delle passioni e dei moti dell'animo al punto da trasmettere agli spettatori «ces frémissements intérieurs qui sont le langage avec lequel l'horreur, la pitié, la terreur parlent au-dedans de nous et nous secondent au point de pâlir, de soupirer, de tressaillir et de verser les larmes, malgré la persuasion où nous sommes que ce qui nous rend si sensibles n'est qu'un être artificiel, une imitation dénouée de cette force et de cette vérité éloquente qu'emploie la nature dans ses spectacles réels».

Ora, la componente espressiva capace di scendere in profondità a cogliere il fremito dell'essere era la musica, considerata tutt'uno con la pantomima, la quale senza di essa sarebbe impensabile poiché privata della dimensione in cui ribollono le passioni, a cui si confronta per superarle in una tensione ideale il cui slancio verso spazi siderei ricava le forze da quell'agitazione. Il riconoscimento del contributo di Gluck al *Don Juan* da parte dell'Angiolini non mancava di cogliere proprio la profondità tragica della musica, la prospettiva misterica in cui grazie a essa veniva a prolungarsi l'arte coreica:

> Il a saisi parfaitement le terrible de l'action. Il a tâché d'exprimer les passions qui y jouent et l'épouvante qui règne dans la catastrophe. La musique est essentielle aux pantomimes: c'est elle qui parle, nous ne faisons que les gestes, semblables aux anciens acteurs des tragédies et des comédies qui faisaient déclamer les vers de la pièce et se bornaient eux-mêmes à la partie de la gesticulation. Il nous serait presque impossible de nous faire entendre sans la musique, et plus elle est appropriée à ce que nous voulons exprimer, plus nous nous rendons intelligibles.

La musica, tenuta in sospetto di degradazione edonistica del messaggio artistico da parte degli intellettuali di orientamento classicistico, riacquista i suoi diritti attraverso la rivalutazione delle sue peculiarità nel recupero della visione integrata del suo apporto alla rinascita della tragedia, che nel progetto del collettivo viennese non si allineava semplicemente alla consuetudine delle esercitazioni accademiche compiaciute nella rivendicazione di discendenza dagli illustri modelli, ma che nel culto dell'antico scendeva al livello esistenziale, derivandone «un modello di vita improntato a dignità, grandezza morale, sublime e appassionato sentire, che è a dire l'impulso vitale della nascente civiltà neoclassica» (Carli Ballola).

In verità un linguaggio musicale, impossibilitato a esemplarsi su matrici che rimanevano ipotetiche, nasceva trasmettendo il senso del ritorno alle origini della civiltà classica nella misura in cui esso prendeva corpo come prolungamento sonoro della parola e del movimento scenico in operazione congiunta che riviveva la condizione originale dell'integrazione delle arti, la cui unione era soprattutto un portato di memoria culturale carico di senso messianico in virtù del confronto con una dimensione perduta.

«Ad ognuno è noto che anticamente gli stessi poeti erano musici», aveva ribadito l'Algarotti, lamentando il divorzio tra poesia e musica in una pratica dove il colorito procurato dalla seconda viene a sformare i contorni disegnati dalla prima, invitando il musicista a far tacere i trilli dove parlano le passioni, a smettere il ruolo di despota e a capire «che il maggior effetto della musica ne viene dallo esser ministra e ausiliaria della poesia» («Proprio suo uffizio è il dispor l'animo a ricevere le impressioni dei versi, muovere così generalmente quegli affetti che abbiano analogia colle idee particolari che hanno da essere eccitate dal poeta; dare in una parola al linguaggio delle Muse maggior vigore e maggiore energia»). Nel 1757 Diderot, soggiacendo alla seduzione di quell'utopia, fu sul punto di prefigurarne la rinascita:

> Una volta, un saggio era filosofo, poeta, musico. Questi talenti, separandosi, sono degenerati. La sfera filosofica s'è ristretta, le idee sono venute meno alla poesia, la forza e l'energia al canto; e la saggezza, privata di questi organi, non ha più saputo farsi ascoltare dai popoli con lo stesso fascino. Un grande musicista e un grande poeta lirico rimedierebbero a tutto il male.

In un'epoca che celebrava uno dei più importanti traguardi del pensiero razionalistico, laico, queste parole suonano significative per la consapevolezza di una dimensione perduta, non tanto percepita come riflesso del *topos* leggendario della condizione dei poteri mitici dell'arte presso gli antichi, quanto e proprio come coscienza del venir meno delle forze che elevano l'uomo non in virtù dell'azione diretta dell'intelletto bensì della sollecitazione delle profondità del suo animo in ciò che lo mette in risonanza con l'universale. Era anche la coscienza di ciò che socialmente, come valore civile, tale dimensione attraverso la comunicazione teatrale trasmetteva e che spingeva Diderot, in forza dell'esempio della portata epica della tragedia greca nel vagheggiamento della restaurazione della funzione civile dell'arte scenica, alla determinazione «di gridare ai nostri francesi: La verità! La Natura! Gli Antichi!».

Già sorta sulle spinte dell'illusione di ritrovare le condizioni che nella classicità avevano visto il teatro sviluppare l'arte declamatoria come potente mezzo per muovere gli affetti, l'opera in musica, nonostante le riserve sui suoi squilibri interni indici di una struttura venuta a formarsi in modo non preordinato per accumulazione o sottrazione a seconda della labilità del gusto, si reimpone nel Settecento nella centralità di una struttura espressiva ritenuta in grado di catalizzare le energie creative del tempo nella realizzazione di un prodotto di portata universalistica, risolutiva, che era possibile portare all'altezza degli esiti memorabili dell'arte antica:

> Dove mai ricercare uno spettacolo che ci dia l'immagine della scena greca? L'avremo noi forse nelle vostre tragedie che chiamate opere? Come odo rispondermi: un'opera italiana potrà rassomigliare al Teatro d'Atene? Sì, senza dubbio. Il recitativo italiano, quella declamazione sulle note, e sostenuta dagli strumenti musicali, è precisamente la melopea degli antichi (Voltaire, *Dissertation sur la tragédie ancienne et moderne* [prefazione a *Sémiramis*, 1748].).

Parimenti, con tutte le riserve che poteva nutrire nei confronti dell'opera in musica impostasi come «stucchevole trastullo all'orecchio», Vittorio Alfieri, drammaturgo più di ogni altro spinto da motivazioni morali, non mancò di investire energie nel formulare un progetto teatrale che tenesse conto della potenzialità della musica, non rassegnandosi a negarla bensì contenendone lo strapotere in un'ipotetica divisione di compiti con la parola e con l'azione. Constatando come «tutta orecchi, e niente mentale trovandosi essere la platea Italiana [...] già fin dai primi anni letterari, mi movea ad indagare, se non sarebbe stato possibile di presentare a sì fatta gente un misto spettacolo, in cui per mezzo degli orecchi usando una util fraude ai loro intelletti, si venisse ad infondere in essi il gusto della tragedia». Il risultato, portato a termine nel 1796, fu l'*Abele*, denominato "tramelogedia" appunto in quanto sintetizzatore di vari registri espressivi (tragedia, commedia, dramma), facendo di necessità virtù. Nella prefazione a questo singolare (per non dire stravagante) suo parto creativo, in questi termini il poeta piemontese inquadrava l'ardita ipotesi:

> Chi dunque volesse scrivere delle tramelogedie [...] dovrebbe da prima leggersi soggetti rimotissimi da noi, di tempo, di costumi, e di luogo, ai quali si possa con verisimiglianza adattare il mirabile religioso, senza renderli troppo improbabili, o risibili. Dovrebbe poi usare una somma avvertenza nel distribuire l'episodio maraviglioso, che è la parte musicale, in tal maniera ch'egli venisse a servire all'effetto della tragedia senza guastarlo, ed anzi accrescendolo quanto sarà possibile. E parimente nella parte tragica dovrebbe far sì, che ancorch'ella riceva alcu-

> na influenza dalla parte episodica e maravigliosa, venga nondimeno a dominarla in tal guisa, che nessuno ponga in dubbio il primato della parte tragica su la parte musicale: ma che pure l'una coll'altra riescano coerenti e avviluppate talmente, che non si possa togliere l'opera senza menomar la tragedia; né toglier la tragedia senza annichilare il tutto.

Senza illudersi di restaurare l'ordine propugnato dagli antichi Greci, nel compromesso che lo induceva ad accostare «i personaggi cantati e fantastici» ai personaggi «tragici» parlanti, pur di pervenire allo scopo arrivava addirittura a tener conto delle vanitose e prevedibili pretese dei soggetti posti in opera:

> I tragici attori supporranno di recitare una qualche tragedia, in cui alcun cantante, senza punto sturbarli, viene introdotto, a cantare. I Cantanti all'incontro (come più presontuosi, più ignoranti, e assai più viziati che non lo sono per ora gli attori) supporranno che pel loro comodo e riposo, fra un atto e l'altro della lor Opera, i Tragici danno un Intermezzo. Così lusingata, o delusa la loro stolida superbia, e tenuti poi in rispetto dalla generosa paga, costoro serviranno forse al soggetto senza avvedersene.

Ovviamente, pur pronto a adattarsi alle abitudini ormai invalse, il progetto rimase senza risultato, ma non va trascurato nella misura in cui, «augurando all'Italia ch'ell'abbia una volta (se non per mio mezzo, per quello di qualunque altro autore) un vero teatro», preparò al melodramma la base ideologica che nell'Ottocento procacciò all'Italia un teatro musicale capace di muovere la corda civile dei cittadini:

> Troppo è diverso il frutto di questi due spettacoli, perché mai una sana Nazione li lasci gareggiare del pari: l'Opera gli animi snerva e degrada; la Tragedia gl'innalza, ingrandisce, e corrobora. Possa dunque la tramelogedia preparare in parte questo necessario e prezioso cangiamento, per cui gl'Italiani dalla loro effeminatissima Opera alla virile Tragedia salendo, dalla nullità loro politica alla dignità di vera Nazione a un tempo stesso s'innalzino.

Sacralità

Il mito dell'antica origine che nel Seicento aveva spinto l'opera a rendere visibile il rapporto di discendenza nell'esteriorità degli argomenti desunti dalla mitologia aulica e nella declinazione delle sue intricate vicende, nel secolo successivo si ripropone a livello più profondo di recupero della sacralità del teatro classico, del coefficiente di soprannaturalità prodotto dall'evocazione del relativo immaginario. A riattualizzare il discorso sulle antiche forme d'espressione non erano solo gli esponenti dell'erudizione nel loro ruolo di vestali della conservazione della memoria, ma soprattutto gli spiriti illuminati calati nella realtà, decifrata nel suo potenziale di progresso già considerato con preoccupazione come risultato dell'azione di forze materiali e quindi necessitante dell'innesto di valori morali. Nella misura in cui tale dimensione etica poteva istituirsi solo nel riconoscimento di autorità superiore, ecco l'esigenza di mantenere aperta la prospettiva di una dimensione sovraumana attraverso cui stabilire la verticalità della gerarchia dei valori.

La profondità sacrale del senso tragico assolve quindi questa funzione di civiltà nel senso di assicurare, prima ancora di dare sfogo ai pretesti di ricalco degli illustri modelli, una prospettiva spirituale alla manifestazione dei principî governanti la condizione sociale e materiale auspicata per l'epoca. È sintomatico che la prima composizione di Gluck in cui si profilano i tratti della riforma sia il *Don Juan*, cioè la messinscena di un'azione non già presa in prestito dalla tradizione classica, bensì una vicenda calata nella società del tempo, nella realtà dei suoi rapporti, dove tuttavia il momento risolutivo è affidato all'intervento soprannaturale. L'irruzione dell'aldilà nella forma della vendetta del commendatore vittima di Don Giovanni, scatenando le furie che nel finale trascinano l'altero protagonista all'inferno, prima ancora di costituire motivo di sconvolgimento della scrittura musicale acquista senso come emblema dell'apertura del quadro delimitato dal vissuto verso la dimensione del divino. Inconsapevolmente gli autori del balletto si trovavano a registrare l'esigenza dei *philosophes*, la cui opera di smantellamento dei pregiudizi offuscatori della realtà messa a nudo nell'azione delle forze materiali che la percorrono richiedeva di essere accompagnata da uno slancio oltre l'orizzonte del certo, alla ricerca di valori in grado di suscitare nei destinatari dei nuovi ambiziosi messaggi conoscitivi quel grado di coinvolgimento che dall'episodicità li elevasse alla coscienza della totalità esistenziale, al livello in cui si possa parlare di valore umanistico. Ciò era possibile solo facendo rientrare in forma surrogata la dimensione spirituale, religiosa, che dotasse il nuovo immaginario di quegli aspetti necessari a produrre la mobilitazione collettiva delle coscienze al di là del pur efficace ma insufficiente dialogo tra individui. È la musica stessa allora che nell'opera, nel rapporto col testo al cui dettato è apparentemente chiamata a adeguarsi, si assume il compito di innalzare l'espressione allo stadio in cui il dramma non è più azione controllata dagli individui che ne sono protagonisti, bensì un corso di eventi scanditi appunto dal sonoro procedere. Se più del dramma recitato l'opera ha soggiaciuto a innumerevoli forme di distrazione dalla retta via indicata dal fine tragico, pur profanata dagli assalti della mondanità attraverso il rivolgimento in esteriorità spesso frivola della sua veste, essa conservava potente la facoltà di comunicare il senso di inevitabilità incombente sull'azione e che impone ai personaggi agenti sulla scena la relazione con un disegno rispondente a valori che sovrastano lo spazio di relativa autonomia concesso all'individuo. L'inesorabilità del corso della musica, il flusso che tutto travolge nel suo procedere attraverso la precisione delle cadenze ritmiche, degli orientati percorsi armonici e della maestosità del tracciato melodico, costituiscono la premessa al senso di ineluttabilità che a quest'arte assicura un grado di emozionalità superiore a quello offerto dal dramma letterario, superiore non solo per intensità del sentire ma, come ha evidenziato Herbert Lindenberger, per il livello di trascendenza risultante dall'incanalamento della vicenda rappresentata in un movimento sottratto alla giurisdizione di singoli soggetti e rispondente a una spinta unificante di portata universalistica. Ciò spiega come, nonostante il gravame degli abusi che ne caratterizzavano la pratica e la somma di pretesti addensati sul suo profilo che ne dirottarono subito l'evoluzione al di là del progetto originario, l'opera si imponesse all'attenzione come organismo catalizzatore di energia creativa in un secolo impegnato a rivivere la vastità di prospettiva dei tempi aulici. Se la ragione per cui l'antichità classica riaffermava la sua esemplarità era il tentativo di colmare il vuoto lasciato da un'arte ormai completamente profanizzata sul versante dei valori della trascendenza, nel Settecento l'opera rimaneva riferimento ineludibile all'ambizione di ripercorrerne la grandezza. Indipendentemente dall'impossibilità di dimostrarne l'ascendenza rispetto all'ineffabilità di remoti modelli, l'opera riusciva a emanare un fascino che colpiva ben al di là dell'episodico piacere appagato attraverso i suoi sgargianti e iperbolici tratti esteriori. In verità, come è stato acutamente messo in luce dal Lindenberger, l'esagerazione è parte integrante dell'effetto estetico dell'opera. Giacché essa asseconda l'espressione del meraviglioso, mette in scena azioni portentose, mira a sbigottire, non necessariamente si trova a dissipare le sue energie nella bassa cucina dell'effetto senza causa come è diventato luogo comune sostenere. In una situazione in cui le altre arti, precipuamente la letteratura attraverso il romanzo, tendevano al dominio della quotidianità, a circoscrivere il loro raggio d'azione alle cose umili e con ciò a perdere la capacità di inalberare lo stile elevato, essa riusciva a garantirne la sopravvivenza e con ciò a pretendere di sostenere il confronto con gli esiti mitici delle antiche tragedie. Per quanto soverchio e bizzarro potesse essere il linguaggio operistico, per quanto dozzinale potesse sembrare per la ripetitività delle formule in cui era costretto, esso riusciva ancora a innalzare gli animi, a compiere atti che lasciavano sbalorditi gli spettatori, a stabilire con il pubblico un vincolo di trepidante assoggettamento alla misterica dimensione di cui risultava improntata e che la escludeva dall'evoluzione dell'estetica del tempo. Scrutata in lungo e in largo come fenomeno mostruoso da ricondurre alla disciplina espressiva, sottoposta incessantemente a esame clinico e spesso portata in sala operatoria per espellervi le efflorescenze ritenute patologiche, richiamata all'ordine che le chiedeva di sottomettersi alla parola, proprio «la fusione di parola e musica, alla base dell'opera, permise alla componente verbale, che non poteva più sopportare ampie strutture in stile elevato, di trovare forme espressive più alte proprio nella musica, la quale coltivava uno stile elevato nello stesso periodo in cui la letteratura si sentì costretta ad abbandonarlo, insieme ai soggetti a cui era tradizionalmente associata» (Lindenberger).

Dunque l'esemplarità del *Don Juan* di Gluck è dimostrata dalla capacità della musica di promuovere l'innalzamento a tragica assolutezza di una vicenda che, pur offrendosi all'episodicità di un ascolto divagante sollecitato dagli elementi di colore (vi è presente persino un Fandango, mentre in un altro episodio agli archi è prescritto un pizzicato che fa il verso alla chitarra spagnola), dal livello prosaico degli accadimenti inscenati sbocca alla dimensione soprannaturale. Già la sinfonia, con il contrasto maggiore-minore e la fatalità della nota fissa ribattuta nelle trombe, si presenta con valenza premonitoria di ciò che incombe sull'arco di sviluppo delle scene danzate e che nel finale, in cui si compie la resa dei conti a cui il protagonista è chiamato da superiore autorità morale, culmina nella danza delle furie che straziano il corpo di Don Giovanni. Si tratta di una ciaccona che, oltre a imprimere circolarità alla danza, nel ciclico procedere riflette una temporalità sospesa a cui fa da prospettiva il cupo rimbombare del trombone sullo sfondo dell'orchestra nella fissità di una sola nota. Dall'aneddotico svolgimento delle precedenti scene il salto di qualità è misurabile nel modo in cui la musica incrementa il movimento fino alla precipitazione nel moto perpetuo degli archi, al livello di un cinetismo di figure che tutto travolgono al loro passaggio, come se fossero state liberate improvvisamente da una pentola in ebollizione, a tratteggiare un quadro di tensioni estremizzate. Tale termine espressivo, il furore di forze sfrenate che si scatena nella musica stessa attraverso il sommarsi di figurazioni scomposte, interrotte, spezzate, il modulare attraverso cadenze ingannatrici e l'instabilità degli accordi diminuiti, è tuttavia possibile grazie all'opposto a cui simmetricamente risponde.

In verità il finale di *Don Juan* non è che la preparazione al più organico *Orfeo ed Euridice* in cui ritroviamo gli stessi autori a dare forma scenica al mito classico, la cui tragica profondità si configura nella discesa agli inferi. Oltre a costituire il momento culminante, la grande scena dell'atto secondo presenta uno svolgimento programmatico, mettendo in opposizione la pace che emana dalla presenza di Orfeo allo smanioso irrompere di spettri e furie che ne sbarrano il cammino. Alla levità del tocco dell'arpa simboleggiante il cantore si contrappongono gli unisoni fatali del coro, nell'asprezza angolosa dei lacerati salti intervallari e nei forsennati gesti in cui si libera l'orchestra nella danza delle furie, incalzanti attraverso la fulminante rapidità di scale che sfrecciano nelle più varie direzioni, e i rabbiosi mordenti stridenti negli archi che fanno in orchestra da contrappunto al coro. La contrapposizione si fa perfino serrata nella stretta del dialogo in cui al "Deh! Placatevi" del poeta, che distende la voce sul soave suono dell'arpa pacificatrice, risponde il possente "No" rintuzzato dal coro in tenebrosa e inappellabile scansione. La dimensione della terribilità delle forze superiori è il diretto risultato di questa scompostezza stilistica, dello squilibrio di gesti che selvaggiamente troncano il misurato incedere del protagonista. È una situazione che in altri termini ritroviamo in apertura dell'*Iphigénie en Tauride* (1779), nella tempesta che si preannuncia da lontano sull'andamento ternario estatico, che accompagna il sipario levato sull'ameno bosco consacrato a Diana: la natura vi si scatena come una forza superiore a cui le sacerdotesse non possono che contrapporre un coro di implorazione e che si traduce in uno sconvolgimento estremo della scrittura musicale, sia nel "forcé" imposto all'inquietante tremolo degli archi, sia nelle folate di vento che spingono i legni in obbligato movimento parallelo con il sibilante acuto dell'ottavino a mantenere dignità di suono rispetto a rombanti effetti macchinistici. Anche qui la dirompente invasione del campo sonoro non impedisce che torni a prevalere la calma olimpica del luogo sacro, che Gluck si premura sempre di indicare come costante, come referente in cui ogni tensione è destinata a adagiarsi e ad annullarsi.

Proprio in quest'opera egli giunge a stabilire un punto di equilibrio che simbolicamente, nella demarcazione tra civiltà e barbarie, gli consente di approdare a una presunta grecità musicale. Come la natura selvaggia nell'apparenza di bufera indomabile si manifesta in termini sonori contrapposti alla regolata intonazione pastorale, così alla placata linearità espressiva di Ifigenia e delle sacerdotesse si contrappone il coro degli Sciti («peuple exprimant sa joie barbare») che Gluck traduce in percussivo incitamento ritmico e, attraverso la matericità di triangolo, tamburo e piatti, in ferocia sonora. Ne faceva stato l'*Annonce de l'opéra d'Iphigénie en Tauride de M. Le Chevalier Gluck*:

> Il n'y a pas dans sa Pièce ni Ballet, ni maximes d'amour mises en chant; le seul qui existe termine le premier acte, et produit l'effet le plus terrible. Ce sont les Habitants de la Tauride qui se réjouissent de la prise d'Oreste et de Pilade. L'air de danse est relatif à la situation, et rend parfaitement la joie barbare de ces Sauvage, qui jouissent d'avance du supplice de ces deux malheureux. L'Auteur mêle à ses instruments des cymbales, un triangle et des tambours de basque. Ce son étrange paraît

> transporter les Spectateurs au milieu des Cannibales, qui dansent autour du poteau où leur victime est attachée («Journal de Paris»,19 maggio 1779).

In verità non si trattava altro che dell'adattamento della maniera "alla turca" già praticata come pretesto esotico nella prosaicità dell'opera comica (*Les Pèlerins à la Mecque*), qui, in nome di un'ascendenza negativa, assunta come manifestazione di barbaro e sanguinario sentire. In forma surrogata, pur nell'improbabilità di un contesto non verificato e non verificabili in riscontri etnomusicologici, egli tentò di rendere visibile la demarcazione tra espressione nobile della grecità e rovescio di barbarie. Rendendoli riconoscibili attraverso due definizioni musicali contrapposte, ne derivava appunto per esclusione l'esaltazione della misura, della soavità, della chiarezza a connotare la compostezza di un'espressione che si ritrova classica attraverso un processo induttivo. Un preciso grado di programmaticità era evidentemente presente nell'operare di Gluck, a cui fu dato di approdare a risultati tali per cui la sua musica, pur privata da agganci con la reale dimensione della grecità, è stata indicata da Hugh Honour, rispetto alle altre arti a cui era concesso di agire imitativamente rispetto a quel modello, come quella che ha saputo trovare all'ideale neoclassico la più decisa espressione.

In verità con Gluck ci troviamo al livello in cui l'affermazione della regolarità dei tratti e della serenità di spirito non è un semplice e lineare sbocco dell'evoluzione estetica, bensì una conquista, la ricerca di una verifica a fronte dell'ipotesi di una concezione di segno contrario. Nel senso di restaurazione di un ideale d'ordine e di equilibrio, è più che mai appropriato in questo caso parlare di Neoclassicismo, giacché ciò è il risultato di un confronto permanente con la dimensione tenebrosa che esso tenta di esorcizzare, sia essa la barbara irruzione degli Sciti sotto forma di aggressiva musica turca, oppure la rimbombante presenza dei tromboni che in *Alceste*, già a partire dall'ouverture, insinuano un piano sonoro programmaticamente costante in sottofondo, non solo a preannunciare la terribilità delle rivelazioni oracolari che segneranno la vicenda, ma soprattutto ad aprire l'orizzonte su una profondità inquietante di significati sfuggenti alla comprensione della ragione, a rivelare una prospettiva del sentire che avrebbe portato molto lontano nella definizione dei termini in cui avrebbe preso forma la soggettività moderna. La ricerca dell'effetto potente sull'ascoltatore allo scopo di avvincerlo nella logica di un'assoluta grandiosità tragica è il risultato di una nuova fase del modo di intendere il sublime che attraversa tutto il Settecento e che risale a Burke.

Formulata a partire dalla presa di coscienza di Boileau rispetto al trattato dello Pseudo-Longino, dove come abbiamo visto si intende il sublime non solo come stile, ma anche come forza espressiva, la concezione di Burke giunge ad attribuire al concetto una valenza soggettiva, spostando decisamente l'accento sullo stato d'animo e mentale che l'artista deve alterare per produrre il senso di sublimità, di elevazione alla straordinarietà del sentire (Michela Garda). Stupore e terrore, stimolati al più alto grado dell'espressione di passioni estreme a fronte della rappresentazione di situazioni e oggetti della mente, tendono a superare il quadro neoclassico introducendovi elementi incontrollati e di discontinuità. Orbene, leggendo Diderot, il quale proprio in base a questa acquisizione si contrapponeva alla vecchia *tragédie-lyrique*, constatiamo come fosse predisposto il terreno parigino che avrebbe portato Gluck ad affermarsi come in un appuntamento con la storia:

> Non conosco né in Quinault né in alcun altro poeta versi più lirici o situazioni più adatte all'imitazione musicale. La condizione di Clitennestra deve strapparle dalle viscere il grido della natura; e il musicista me lo farà udire in tutte le sue sfumature. Se comporrà questo brano in stile semplice, si immedesimerà nel dolore, nella disperazione di Clitennestra, e si accingerà a comporre fino a quando non si sentirà incalzato dalle immagini terribili che ossessionano Clitennestra [....]. Ma se il musicista sceglie lo stile figurato? Allora occorre un altro tipo di declamazione, altre idee, altra melodia. Affiderà alla voce ciò che il primo aveva riservato alla parte strumentale. Farà rimbombare la folgore. La scaglierà. La farà ricadere in frantumi. Mi mostrerà Clitennestra terrorizzare gli assassini di sua figlia [...]. Il primo si era occupato esclusivamente delle parole di Clitennestra; il secondo si occupa un poco della sua espressione: non è più la madre di Ifigenia che ascolto. È la folgore che brontola; è la terra che trema; è l'aria che echeggia di rumori spaventosi. Un terzo tenterà di riunire i vantaggi dei due stili. Egli coglierà il grido della natura, allorquando si produce violento e inarticolato e ne farà la base della sua melodia (a proposito dell'*Iphigénie* di Racine in *Entretiens sur le Fils naturel*, 1757).

Quali parole più appropriate si possono trovare per cogliere la cifra del teatro gluckiano, il suo emergere dal fremito del soprannaturale al di là della stessa rappresentazione dell'averno nella cupa omofonia dei cori dei numi infernali in *Alceste*, scanditi dai grevi accenti dei fiati? La sua olimpicità è infatti un valore difeso contro le forze che ne ostacolano l'affermazione e riesce a prevalere solo sfidando le energie incontrollate liberate dalle passioni, a loro volta agenti come affioramento dell'oscura dimensione del fato che detta imperscrutabile all'uomo i gesti risolutivi.

Se a questo risultato Gluck giunse proprio richiamandosi all'esempio dell'antica tragedia, non da tutti era riconosciuta l'efficacia del nuovo modello rappresentativo (il grado a cui riesce a portare la tensione drammatica, l'asprezza delle soluzioni sonore, la violenza con cui direttamente investe lo spettatore, la compostezza della curva melodica che cede il passo all'empito della declamazione espressiva). Il problema si poneva già al livello di nuovi atteggiamenti richiesti agli interpreti a partire da Le Gros, protagonista di *Orphée* a Parigi, dal quale l'autore pretendeva che l'invocazione a Euridice si innalzasse alla dimensione del grido, mentre l'amico pittore Johann Christian von Mannlich fu testimone della simbolica irruzione del disordine richiesta alla parte coreografica:

> Le prove furono un po' turbate dal fatto che Gluck disse ai danzatori di accompagnare il canto di Orfeo con dei semplici *non*, in differenti toni, furiosamente. Quelli rifiutarono di prestarsi a questa inaudita innovazione, contraria agli immutabili e consacrati statuti dell'Accademia di musica. Si discusse a lungo. Gluck insistette. Infine i diavoli gridarono *Non*, scuotendo i loro serpenti e saltando attorno a Orfeo con molta precisione e leggerezza. I danzatori ci presero gusto. Quella scena produsse un grandissimo effetto. Le grida rauche e dure, coprendo a quando a quando i suoni armoniosi e dolci della voce e della lira del supplice, li facevano risultare più lamentosi e più toccanti (*Histoire de ma vie*).

È il passaggio testimoniato da Rousseau negli stessi termini, dove «l'on ne peut s'empêcher de frémir à chaque fois que ce terrible *nò* se répète, quoi qu'il ne soit chanté qu'à l'unisson ou à l'octave» (*Réponse du petit faiseur sur un morceau de l'Orphée de Gluck*, 1781).

Formulata sull'orlo dello sregolato sentire, proprio alla latitudine parigina, tale modalità offrì il destro alla polemica tra gluckisti e piccinisti in nome dell'offeso canone della bellezza melodica, ma che in realtà registrava la difficoltà d'assetto di una concezione fortemente sconvolgente che coglieva il pubblico impreparato. La presa di distanza di Jean-François Marmontel è significativa:

> L'oggetto delle arti che commuovono l'animo non è soltanto l'emozione, ma il piacere che l'accompagna. Non basta dunque che l'emozione sia forte, occorre che sia piacevole [...] la causa di questo piacere è, in poesia, la sublimità dei pensieri, dei sentimenti e delle immagini, la nobile eleganza dell'espressione, il fascino dei bei versi. In musica la stessa voluttà deve mescolarsi alle impressioni dolorose (*Essai sur les révolutions de la musique en France*, 1777).

Vi si imponeva la distinzione tra l'oggetto della rappresentazione (il disordine fomentato dalla passione) e il modo di tradurlo in forma artistica, dove dovrebbe sempre dominare la compostezza. La problematica era sul tappeto fin dal 1755, dall'analisi del Laocoonte proposta da Winckelmann:

> L'espressione delle figure greche, per quanto agitate da passioni, mostra sempre un'anima grande e pacata [...]. Laocoonte soffre, ma soffre come il Filottete di Sofocle: il suo patire ci tocca il cuore, ma noi desidereremmo poter sopportare il dolore come quest'uomo nobile lo sopporta.

Ora la capacità di Gluck di impressionare l'ascoltatore con espressioni alterate e tratti stilistici sfigurati, non ancora assimilati per il grado di novità, era percepita come una operazione di stravolgimento dell'equilibrio estetico. La ricerca della verità espressiva, che si traduceva nella subordinazione del canto alla declamazione, era ammessa solo nella misura in cui vi era percepibile il controllo attraverso la formalizzazione dell'espressione:

> Con grida, urli, suoni strazianti o terribili si esprimono delle passioni; ma questi accenti, se non sono abbelliti dall'imitazione, produrranno soltanto, come avviene in natura, l'impressione della sofferenza (Marmontel).

La questione, in una situazione di forte sollecitazione evolutiva della scrittura musicale nella seconda metà del secolo, era di principio, poiché dal punto di vista stilistico mutazioni fondamentali erano in atto. Lesueur ne cercava parziale giustificazione nella natura, capace di offrire a ogni passo «le spectacle d'une heureuse irrégularité» (*Exposé d'une musique une*). Orbene, proprio sul principio si sarebbero divisi i vari progetti, in base all'atteggiamento da tenere di fronte alla componente destabilizzante dell'espressione.

Con chiarezza ne faceva stato ancora il compositore francese, il quale, nella foga restaurativa, nell'ultimo decennio del secolo (oltretutto messo alla prova da una reale rivoluzione) formulava la sua intenzione con questo proposito:

> Effettivamente non c'è nulla di più variato che il disordine; ma se questo disordine deve entrare nelle belle arti, e soprattutto nella melodia musicale, è come *oggetto espresso*, e mai come *oggetto esprimente* (*Observations sur les grandes parties de la musique et de la poésie chantée*).

Il tema era sempre quello del «beau désordre» in circolazione fin dai tempi di Boileau, la cui problematicità tuttavia saliva di grado, poiché la possibilità di circoscriverne la portata diventava sempre più difficile da garantire sull'arco di sviluppo del linguaggio musicale. All'origine è riconoscibile la presa di coscienza di Burke (*A Philosophical Enquiry into the Origins of our Ideas of the Sublime and Beautiful*, 1797) il quale, nella definizione del sublime, si affaccia sull'ignoto subendone lo sconvolgimento nella forma stessa:

> La passione causata da ciò che è grande e sublime in natura, quando le cause operano con il loro maggiore potere, è lo *Stupore*; e lo stupore è quello stato d'animo in cui, ogni moto sospeso, regna un certo grado di orrore. In questo caso la mente è così assorta nel suo oggetto, che non può pensarne un altro e per conseguenza non può ragionare sull'oggetto che la occupa. Di qui nasce il grande potere del sublime, che, lungi dall'essere prodotto dai nostri ragionamenti, li previene e ci spinge innanzi con una forza irresistibile.

Il filosofo inglese in termini musicali non propone definizioni, che comunque formula in termini sonori, identificando la via del sublime nella subitanea interruzione di uno stato di silenzio o di un flusso sonoro, nel senso di discontinuità e più ancora di rottura di un percorso lineare di suoni (Michela Garda). Se le situazioni elencate da Burke risultano direttamente riferite alla realtà ispiratrice («Il frastuono di vaste cateratte, di furiosi temporali, del tuono e di colpi d'artiglieria suscita nella mente una grande e terribile sensazione») non per questo ci è impedito di ritrovarne il riflesso nell'immaginifica dimensione dell'opera teatrale del tempo, e proprio in quella gluckiana più di una volta confrontata con la terribilità di forze soprannaturali registrate nelle impennate di una scrittura musicale che reagisce all'ignoto con soprassalti e trasalimenti, lasciando dilagare ansia e incertezza. Sennonché il livello del sublime primitivo, ancestrale, sfuggente alle regole, intravisto da Burke come fonte della misteriosità che avrebbe alimentato il Romanticismo, viene arginato nella portata dal sublime contemplativo, in cui la paura ingenerata da inatteso, straordinario e terrificante fenomeno di natura suscettibile di elevare a stadio sublime la relativa rappresentazione, secondo Schiller «si dissolve nell'età della cultura, ma non abbastanza perché non ne resti una traccia nella contemplazione *estetica* della natura, in cui l'uomo liberamente si abbandona al gioco della fantasia» (*Über das Erhabene*, 1801). Gluck non supera questo stadio in cui alla forma è ancora data una capacità esorcizzante rispetto alla forza travolgente delle arcaiche evocazioni di un mondo in negativo. Non per niente, nelle frequenti diatribe intorno agli abusi del costume operistico, l'abate François Arnaud ne esaltava il potere regolatore e il senso di moderazione («Alceste plaît, principalement à des bonnes gens, à des pères de famille, à des mères tendres, à des bons amis, à des jeunes gens sensibles»), mentre era fuori discussione il suo senso di equilibrio e il rispetto della gerarchia tra parola cantata e apporto espressivo strumentale esaltato nella preghiera di Agamennone della prima *Ifigenia*:

> Cette voix gémissante des hautbois, la sombre réponse des basses, la progression chromatique du chant et des instruments qui l'accompagnent de loin en loin, ce murmure harmonieux et intermédiaire, qui, remplissant l'intervalle des accents plaintifs et monosyllabiques des hautbois et des basses, accorde et réunit toutes les parties de l'Orchestre, sans nuire à l'effet du dialogue; ce sont là des beautés dont une seule suffirait pour couvrir un millier de défauts (*Le souper des enthousiastes*).

Elevatezza

In verità tutto in Gluck è chiamato a convergere in un modello superiore di equilibrio e di serenità, reso ancor più significativo dall'impegno di concentrazione nell'essenzialità della forma e del culto di una veste disadorna, opposta alla vanità dei «superflui ornamenti» caratterizzanti la prassi operistica dominante lasciata in balìa dell'ostentazione degli interpreti che avevano preso il sopravvento sugli autori. La dedica di *Alceste* all'imperatrice d'Austria ne è la doverosa dichiarazione d'intenti, inalberando «la semplicità, la verità e la naturalezza» come «i gran principî del bello in tutte le produzioni dell'arte», nel richiamarsi al «buon senso» e alla «ragione», nel manifestare la volontà di evitare «di far pompa di difficoltà in pregiudizio della chiarezza», di ricercare «il contrasto bene assortito de' lumi e dell'ombre». Ciò che è suscettibile di arrecare turbamento all'ordinato quadro estetico (l'ombra appunto) viene cioè contenuto e dislocato in modo da svolgere la sua corretta funzione senza intaccare la struttura nell'armoniosa disposizione delle sue parti. Tale constatazione non assumerebbe particolare rilievo se non si contrapponesse all'evoluzione della musica in termini di linguaggio e di ideale estetico. Già la sua ambizione «di restringere la Musica al suo vero ufficio di servire alla Poesia per l'espressione, e per le situazioni della Favola, senza interromper l'Azione», al di là della rivendicazione di rigore e di disciplina nella depurazione della condotta vocale, rivela una pretesa restaurativa che ignora deliberatamente il corso evolutivo dell'arte dei suoni. Nell'attaccare la prassi della vocalità figurata fine a se stessa egli non combatteva tanto gli abusi, quanto un'espressione di vitalismo liberato, che tendeva a degenerare nella vacua esteriorità ma che rimaneva la novità maggiore acquisita come fondamento della concezione dialettica intesa come motore del modo moderno di intendere la funzione musicale. Non è questa una mancanza di comprensione degli elementi che si contrappongono nello svolgersi dell'azione sonora, e che al contrario egli arriva a esporre in forma addirittura estremizzata. L'ouverture a *Iphigénie en Aulide* esibisce un assetto bipolare opponendo in modo vivido una zona di composto sentire a un'altra di sfrenata passione, senza tuttavia che nell'una si rispecchi l'altra e che si metta in moto quel processo di intreccio dei contrari maturato nelle forme-sonata così determinante per lo sviluppo della musica tra Settecento e Ottocento. L'aria, in cui Agamennone è confrontato con l'atroce richiesta di sacrificare la figlia quale prezzo per conseguire la vendetta su Troia, espone in termini di indubbia efficacia il contrasto tra il dovere verso il popolo greco e la natura, cioè l'amore paterno e l'istinto di salvare la propria creatura. Ma si tratta appunto di un'esposizione di distinti sentimenti, capaci di innalzare l'espressione a esito lacerante per il valore che rappresentano, ma non di scendere nell'intimo di un destino individuale a mettere a nudo lo spazio di ambiguità in cui tali valori cercano e non trovano risposta. Tenerezza e determinazione rimangono caratteri scolpiti nel suono senza possibilità, in virtù della didascalicità dell'esposizione, di sciogliersi l'uno nell'altra a cogliere la verità psicologica del sentire nella doppiezza di significati inafferrabili la cui portata derivi più dalle relazioni di movimento che dai singoli profili. Come ha notato il Rosen, in Gluck «l'organizzazione delle frasi è articolata in modo classico [inteso come concezione affermata dal Classicismo viennese], mentre i singoli tempi della misura possiedono un'individualità molto limitata, abbastanza vicina alla continuità barocca». In altre parole ci troviamo di fronte a materiali tematici dalla fisionomia simile a quella della scrittura mozartiana, con la differenza che, anziché concedersi alla dinamica di un discorso travolgente con capacità di transizione tra ritmi diversi, essi vengono disposti in statico presidio di spazi espressivamente omogenei. Anziché seguire la direzione di un materiale che (per dirla con Rosen) scopre la sua natura «pre-verbale», agendo a livello di sollecitazione dei nervi, Gluck si richiama alla sua funzione «post-verbale», di effetti a livello di sentimenti, dove tuttavia la prospettiva di una musica "serva de l'oratione" non scopre più la sua portata propulsiva, ma diventa frenante rispetto al corso di un'espressione che già riflette la coscienza individuale non più allo stadio di esternazione emblematica del sentimento bensì del suo problematico mutare di stato. In verità è proprio tale resistenza di Gluck alla prospettiva liberatoria dell'individuo confrontato con se stesso a chiarire la sua posizione. Non si tratta certo di incapacità a superare l'immobilismo rappresentativo di cui rimane ancora improntato sulla linea dell'opera barocca e della *tragédie-lyrique*, ma si tratta proprio del senso che la sua scelta assume come rifiuto di seguire l'evoluzione naturale del corso stilistico verso la discontinuità. In altre parole non vi era ammesso il sopravvento delle pulsioni individuali, con tutto quanto di instabile portavano con sé, sulla ricerca di valori affermativi da inalberare didascalicamente. Tipica è la figura di Oreste in *Iphigénie en Tauride*, personaggio divorato dal rimorso per il parricidio di cui si è macchiato, il cui tormento non ci giunge come espressione diretta di stati d'animo bensì come raffigurazione di una punizione invocata attraverso il ragionamento, in un'aria dai gesti sconnessi che scatenano una tempesta tanto iperbolica quanto assoluta nel riguardare (in quanto minaccia) più la collettività di chi ascolta preso nella rete dell'esemplarità morale che la vicenda del singolo personaggio. Così, sempre nel secondo atto ma nella scena terza, ancora Oreste, ossessivamente schiacciato dall'orrore della visione degli dei avidi di sangue, sul finire del recitativo muta il raccapriccio in tranquillità per iniziare un'aria ("Le calme rentre dans mon cœur") che non corrisponde ad animo effettivamente sollevato dal senso di colpa, ma alla proiezione visionaria di un sentimento guidato dalla volontà, in un atto di espressione dimostrativa. Sarebbe infatti inopportuno interpretare tale sentimento in termini soggettivi, di immedesimazione. Per quanto riguarda il personaggio di Oreste, esso rappresenta un atto volontaristico, l'appello a un super-io chiamato ad annullare i travagli individuali a un livello simbolico, ma soprattutto a far risaltare il valore del sentimento in sé. Il passaggio indicato è proprio fra i più significativi in questo senso, come risulta dall'episodio della sua prima esecuzione ricordato in *De l'Allemagne* (1810) dalle parole di Madame de Staël:

> Oreste, nell'*Ifigenia in Tauride*, mormora "Le calme rentre dans mon âme [sic]", e l'aria che canta esprime questo sentimento, ma l'accompagnamento è triste e agitato. Gli orchestrali, sorpresi dal contrasto, volevano addolcire l'accompagnamento durante l'esecuzione; ma Gluck s'irritò e gridò loro: "Non dovete ascoltare Oreste: egli dice d'esser calmo, ma mente".

Ciò che conta in questo tipo di estetica non è la passione effettivamente provata dal personaggio, bensì la sua emblematicità: il personaggio non interessa nel suo individuale divenire, sibbene come portatore di sentimenti esemplarmente esposti e in definitiva autonomamente delineanti una teoria di affetti e di passioni esibite con funzione di ammaestramento, di termine di confronto con cui l'individuale soggettività dello spettatore viene chiamata a misurarsi. In questo senso Gluck non esce dal raggio d'azione dell'opera barocca e dei suoi significati allegorici, con la differenza che quella concezione estetica non corrisponde più a una modalità di spettacolarizzazione, di esteriorizzazione esaltata da carica edonistica, bensì ad austero imperativo morale, rigoroso nella selezione delle situazioni additate allo spettatore in un recupero di ritualità iniziatica, come introduzione all'acquisizione di solidi principî esistenziali. Nell'assetto del secondo atto di *Orfeo ed Euridice*, dove alla terribilità notturna degli inferi segue la pace suprema dei campi elisi, Giorgio Pestelli ha ravvisato addirittura il paradigma illuministico del passaggio dalle tenebre alla luce. Ma in generale il contesto di esemplarità nel teatro gluckiano è definito dall'ordinato senso espositivo che alle arie assegna univoca funzione lirica, mentre la declamazione provvede di gesti unidirezionali i recitativi. Ne risulta un senso di immobilità che, fissando cifre espressive essenziali in un procedere che dell'animo non coglie il vero turbamento ma che semplicemente lo rappresenta, dichiara la sua resistenza alla china su cui si stava disponendo la musica dell'epoca come affermazione del divenire dei moti d'animo attraverso una dialettica esplicita di contrasti e sfaccettature, inevitabilmente orientata a far emergere la dinamica psicologica, sottomettendo alle sue pulsioni la forma stessa. Viceversa in Gluck la forma mira a garantirsi il controllo delle forze espressive già inquadrate dal libretto in uno schema che non concede divagazioni e che, in un esegeta sicuramente ben disposto nei suoi confronti ma più sensibile agli aspetti istintuali che stavano alla base dell'arte dei suoni, poteva dar adito a riserve:

> Non conosco opera in cui le passioni siano meno varie che nell'*Alceste*: pressoché tutto vi ruota intorno a due soli sentimenti, l'afflizione e il terrore; e questi due sentimenti sempre protratti, hanno dovuto costare pene incredibili al musicista per non cadere nella più pietosa monotonia (Rousseau, *Fragments d'Observations sur l'Alceste de Mr. Gluck*, 1777).

La divergenza è palese e sintomo di una situazione conflittuale tra due diverse concezioni estetiche, in cui quella gluckiana non esita a sfidare quella dominante e che avrebbe mantenuto il sopravvento, dando corpo alle aspirazioni dei classicisti e osando appunto imporsi una disciplina richiamante l'espressione a un contegno consono all'elevatezza di un messaggio che pretendeva di essere valorizzato in prospettiva storica: «Che se niuna facoltà o arte a' giorni nostri di ciò abbisogna [di essere richiamata alla condizione delle origini], la Musica è dessa; tanto ha ella degenerato dall'antica sua gravità» (Algarotti). La scelta era tra l'agitazione della passione capace di infiammare la struttura musicale stessa (riproducendo i vari gradi del suo ardore) e la sua espressione nei termini imperturbabili di un superiore sguardo, in condizione di cogliere il senso del suo tumultuoso manifestarsi senza tradurlo sismograficamente nella scrittura. La prima corrispondeva alla prospettiva ormai aperta di un'arte dei suoni chiamata a mettere a nudo l'individuale sentire nel libero flusso del suo svolgersi, nel differenziato percorso della dinamica psicologica confrontata con l'accidentalità anche minuta della sua articolazione. La seconda costituiva soprattutto il riscontro di chi non era ancora pronto a riconoscere nella musica la portata eversiva di un'espressione non più accessoria, ma destinata a conquistare il primato sulla parola e quindi a sconvolgere un equilibrio da secoli vigente e che nelle trattazioni teoriche perdurava, benché nella prassi fosse confrontato a smentite incalzanti. Era l'atteggiamento prevalente dei letterati, inevitabilmente trattenuto dalla prospettiva di assistere al decadimento della parola come portatrice dei valori della ragione ed evidenziante un conflitto diventato ormai strutturale tra le due arti sorelle che si ritrovavano polarizzate in opposte sponde, e il cui consorzio in base a un ordine di precisa subordinazione dell'una rispetto all'altra era coltivato e si reggeva ancora in virtù di antica memoria. Di una tensione giunta all'estremo limite rendeva conto l'Algarotti:

> Potrà ancora ciascuno avere assai volte avvertito che il sentimento dell'aria sarà concitato e furioso; ma scontrandosi in essa le parole di padre o di figlio, non manca quivi giammai il compositore di tener le note, raddolcendole il più ch'ei può, e di rallentare a un tratto l'impeto della musica. Con che si persuade, oltre all'aver dato alle parole quel sentimento che si conviene, di aver anche condito la composizione sua

> di varietà; ma noi diremo piuttosto che egli l'ha guasta con una dissonanza di espressione da non potersi in niun modo comportare da chi ha fior di ragione; ché già non si ha da esprimere il senso delle particolari parole, ma il senso che contiene il tutto insieme di esse, e la varietà ha da nascere dalle modificazioni diverse del medesimo soggetto, non da cose che al soggetto si appiccichino e sieno ad esso straniere o repugnanti.

L'impeto della musica appunto, inteso come una prospettiva che metteva in luce fattori sfuggenti alla ragione e che sull'arte dei suoni gettavano il sospetto di essere un'espressione attentante all'integrità morale dell'individuo, nel secolo dei lumi viene a costituire problema e a richiedere misure di regolamentazione. È significativo infatti il parallelismo tra l'idea di riforma dell'assetto statuale che percorre la filosofia del tempo nella ricerca di un migliore equilibrio fra diritti e doveri dei cittadini e l'idea di riforma che si fa largo nella pratica operistica come lotta contro gli abusi introdotti in funzione edonistica e considerati una degenerazione. Innanzitutto tale processo estetico, rispetto all'evoluzione espressiva dal Cinquecento in poi, è orientato in termini di contenimento e addirittura di sottrazione. Le conquiste espressive dei secoli precedenti, tutte condotte lungo una linea di sviluppo che ne aveva esaltato l'espansione, vengono per la prima volta circoscritte nella portata. L'appello ai valori del Classicismo a questo livello non ha valore celebrativo di sorta, bensì funzione epurante. La continuità tra l'opera mitologica di stampo barocco e di derivazione rococò (fino e compreso Metastasio) e l'opera riformata di Gluck-Calzabigi e compagni sta solo nelle apparenze e non può celare il modo diverso di rapportarsi al patrimonio culturale dell'antichità greco-romana, che nella prima è punto di partenza per operazioni di amplificazione immaginifica e nella seconda per la conquista di stoico rigore. Il rapporto che è stato individuato tra la coralità monumentale di Händel e quella di Gluck ne dovrebbe ad esempio tener conto. L'universo artistico neoclassico settecentesco trova infatti una delle sue principali motivazioni nella riduzione all'essenzialità, nell'eliminazione di tutto quanto si rivela superfluo in una configurazione espressiva identificata allo stato di purezza della forma, in un processo dai precisi risvolti ideologici. In gioco non sono infatti solo le regole della partita estetica. Un ideale di vita morigerato si accompagna al modello di abbigliamento e di arredamento neoclassico che si impone sul finire del secolo, in perfetto corrispettivo al richiamo alla sobrietà melodica nella scrittura vocale depurata dall'eccesso di ornamentazione, che non per niente l'Algarotti, nel combattere la tendenza esclusiva a blandire sensualmente le orecchie anziché a «scaldar l'immaginativa di chi ascolta», impostava in termini addirittura morali: «La prima cosa è piena veramente di pericolo, se uno guardi al buon effetto della melodia che, stando anch'essa nel mezzo, tiene maggiormente della virtù». Ricerca di medietà, in un contesto che nell'evoluzione artistica degli ultimi tre secoli assisteva in un certo senso per la seconda volta a un esercizio ideologico di moderazione espressiva, di «virtù» ritrovata, come era già stata la presa di coscienza controriformistica nel Cinquecento, nelle musiche «tridentine» e nella semplificata polifonia «borromaica» di Vincenzo Ruffo, dove la riduzione stilistica assumeva espressamente una funzione morale, d'esempio di vanità esorcizzata. La stessa necessità di purgare l'opera teatrale dall'inanità dell'esibizionismo canoro, inteso come vizio e non solo come semplice abuso, si poneva come problema a coloro che nel Settecento consideravano la riforma del teatro d'opera come riforma dei costumi: «Allora solamente saranno i virtuosi sotto regola e governo; e noi potremmo sperare a' giorni nostri di veder quello che a' tempi de' Cesari e de' Pericli vedeano Roma ed Atene». Non solo estetica, sibbene integralistica era la posizione che l'Algarotti condivideva con gli intellettuali più illuminati che all'immaginario classico si rifacevano come a un modello di equilibrio tra valori etici e valori estetici, «quando le antiche repubbliche intendevano per via delle sceniche rappresentazioni di accendere il popolo alla virtù o di tenerlo almeno divertito per la quiete dello stato».

Evidentemente tale prospettiva, in quanto ideologica, configgeva in modo clamoroso con le abitudini, come risulta dalla constatazione dell'abate Arnaud:

> Il est des gens qui n'ont jamais senti, et qui ne sentiront jamais, il est impossible que ceux-là aiment *Alceste*; ils voient d'un oeil sec la vertu malheureuse, de véritables traits de générosité et de grandeur d'âme ne les touchent point; et vous voudriez qu'ils fussent émus par des fictions! Ils pouvaient se plaire aux autres Opéra, ils venaient voir les Actrices, les Danseuses; leurs sens engourdis avaient besoin d'être excités,

> d'ailleurs on pouvait entrer et sortir, parler de ses affaires; mais que voulez-vous qu'ils fassent ici? (*Le souper des enthousiastes*).

E se la dedica di *Alceste* a Maria Teresa d'Austria non superava il livello generico del riconoscimento d'obbligo dei meriti dell'autorità encomiata come protettrice delle belle arti: «fatte risorgere dalla generale oppressione [...] in una Città ch'è stata sempre la prima a scuotere il giogo de' pregiudizi volgari per farsi strada alla perfezione», la prefazione all'edizione parigina dell'*Iphigénie* in cui Gluck si rivolgeva a Luigi XVI si preoccupava appunto di svolgere l'argomentazione secondo cui «le arti soltanto presentano il vantaggio di addolcire gli uomini senza corromperli e di disporli alla sottomissione senza avvilirli».

Mistericità

Che tale motivazione rimanesse un dato di circostanza, una formula scontatamente elogiativa di un potere a cui era inevitabile adeguarsi, trovando il pretesto per coinvolgere la gerarchia nella concezione di un organico rapporto tra arte e organizzazione della società, è possibile. Dati tuttavia i riscontri con altri testi programmatici, e soprattutto considerando il marchio che la sua cifra stilistica avrebbe lasciato impresso sulle musiche che avrebbero costellato la straordinaria trasformazione sociale e politica della Francia, v'è da ritenere che una coscienza più profonda lo muovesse. Ne abbiamo già un segno con l'esecuzione della "Marcia dei sacerdoti" dell'*Alceste* di Gluck nel rito funebre tenuto nella loggia de Les Neuf Sœurs il 28 novembre 1778 per la morte di Voltaire, la cui apoteosi non poté essere celebrata dall'Académie française a causa del consenso negato dai frati francescani presso la cui chiesa si sarebbe dovuta tenere la cerimonia. La severa processionalità di questa musica rivelava cioè la sua dimensione ammonitoria proprio in questo contesto di impegno civile e di meditazione sui valori fondanti del patrimonio di idee progressive, in un movimento che deterministicamente si trovava a subire una relazione di necessità con la musica, incorporando nelle proprie manifestazioni «les accords harmonieux [qui] répandaient au loin les respectables symboles de l'union intime et de la douce intelligence» (Abbé Pérau, *Les secrets de l'ordre maçonnique*, 1742). Lo slancio universalistico della massoneria, il principio di un dovere morale che innalza l'uomo alla misura dell'immensità del mondo, collocandolo nell'ordine di una gerarchia superiore, stabiliva un rapporto di necessità tra ricerca della verità, dimensione dilatata del tempo e arte dei suoni. L'idea della verità da conquistare attraverso l'iniziazione, cioè attraverso un percorso di prove che poneva l'individuo solo di fronte all'assoluto, proprio togliendogli il sostegno della liturgia chiesastica (regolatrice del rapporto di fede in termini di comportamenti collettivi approntati al punto di esorcizzare la portata misterica della religione) creava la premessa della sua resa ai valori del sacro, della sospensione dei rapporti concretizzati nel quotidiano e allargati alla profondità del tempo e al conseguente recupero di memoria antica. Proprio alla musica, nella capacità di operare sulle categorie temporali, fu attribuito il compito deregolante per mezzo del quale predisporre le condizioni in cui fosse chiamata ad agire la teoria di simboli attraverso cui prende corpo il processo di illuminazione interiore. Da una parte quindi l'antichità che, prima di identificare il mito fondante di re Salomone e del tempio di Gerusalemme e di alimentare esotericamente l'*egyptomanie*, fu l'antichità ellenica e romana, e dall'altra la musica che vi si coniuga strettamente. Lo dimostra il *Carmen saeculare* di Philidor, presentato alla Freemasons' Hall di Londra nel 1777, eseguito nel 1780 a Parigi e innumerevoli volte altrove in distinte cerchie massoniche, fino in Russia per interessamento di Caterina II, dedicataria dell'edizione a stampa. Il testo oraziano era colto in relazione ai *ludi saeculares*, indetti dall'imperatore Augusto per celebrare le divinità tutelari di Roma. Ecco quindi che, con quest'opera, il massimo tempio dell'ordine massonico inglese si ritrovava analogicamente a lasciar risuonare inni ad Apollo e a Diana che, con diversa musica in lontano passato il terzo giorno dei *ludi*, erano stati intonati nel tempio di Apollo sul Palatino in cui erano custoditi i *libri sibillini*. L'opera di Philidor apriva una finestra su quell'età aurea, sul senso di comunitaria partecipazione a un'armonia di rapporti, sulla luminosità dei simboli fecondanti i semi di una vita chiamata a seguire la strada della virtù. Anni dopo lo storiografo Burney avrebbe scritto che l'opera «was attended by all persons of learning and talents, in expectation of a revival of the music of the ancients, and by many, of its miracolous powers». In verità una precisa intenzione restaurativa era nella mente di Giuseppe Baretti, lo scrittore italiano emigrato a Londra e promotore di questa singolare iniziativa che, alla ricerca di un degno maestro adatto a rivestire di suoni il testo oraziano, lo trovò nel compositore francese:

> Io cercavo una persona non solo dotata di una grande conoscenza della musica, ma anche disposta a condividere in pieno le mie idee. Avevo deciso, in ogni caso, che dovevano essere evitati tutti i luoghi comuni e i passaggi che, chi è abituato alle opere italiane, ha ripetutamente ascoltato e può anticipare nella propria mente non appena la prima battuta esce dalla bocca del cantante; né volevo permettere ad un maestro di cappella di offrire ad un cantante troppe occasioni di suddividere una vocale in mille parti, come se egli volesse emulare il migliore dei violini o l'usignolo più selvatico (Joseph Baretti, *The Introduction to the* Carmen saeculare, Londra 1779).

Il discorso è chiaro e apparirebbe persino scontato da parte di un letterato, nel suo allinearsi ai preconcetti diffusi nell'ambito intellettuale nei confronti dell'edonismo operistico italiano, se non fosse per l'esplicita dichiarazione di incompatibilità tra la moderna e predominante sensibilità musicale e la testimonianza artistica di illustre latinità che lo impegnava nella ricerca di un modello musicale consono e tutto da creare: «In breve, io volevo un uomo di buon senso, un uomo di gusto, un entusiasta, fecondo di idee e di inventiva, e capace di temperare la solennità della musica da chiesa con lo splendore della musica teatrale».

Ciò evidenzia il valore sperimentale dell'operazione, in cui si rifletteva l'insoddisfazione verso la musica profanizzata del tempo e il tentativo di mettere a punto una nuova forma espressiva che, preservando con la spettacolarità i risvolti didascalici, li fecondasse di aura sacrale. Più che significativo è il fatto che la presentazione dell'ode a Londra il 26 maggio 1788, davanti alla nobiltà e alla famiglia reale, avvenisse in forma rappresentativa con costumi all'antica, come il compositore stesso testimoniò in una lettera alla moglie (26 maggio 1788):

> Il y aura des décorations dans le Panthéon, où l'on verra dans le fond un soleil éblouissant, une statue d'Apollon formant un autel, une Cerès et une Diane. Les chanteurs seront habillés et les 27 jeunes filles et les

> 27 garçons seront en comparse dans l'orchestre sur le devant formant spectacle.

Philidor fece dunque al caso, benché la sua partitura non andasse del tutto esente dalla tentazione di qualche infiltrazione di virtuosismo vocale (come l'aria tenorile "Roma si vestrum est opus Iliaeque") e da una festosità soverchiamente squillante nel finale. Il referente è riconoscibile nello stampo gluckiano, confermato in tutto e per tutto come passaggio obbligato e risolutivo della problematica neoclassica in musica. Lo si avverte fin dal prologo, dal piglio apostrofante del corifeo sulla solenne scansione di marcia ieratica e nella stupefazione del numero che segue ("Spiritum Phoebus mihi, Phoebus artem"). Soprattutto ce se ne rende conto nell'ouverture, *in primis* nella condotta degli strumenti ad arco, che liberano un'alta tensione drammatica da scale precipitosamente percorrenti l'intero campo sonoro e che rimanda subito ai più spiritati episodi del suo teatro. Vi siamo inoltre immediatamente confrontati con la terribilità di un crescendo a cui concorrono in modo fragoroso i timpani, a fissare un termine di misteriosità in cui è dichiarata la ricerca di elevatezza. Tale ouverture comprende anche una terza componente chiamata a completare, al di là della tragicità richiamata dalle due precedenti, il quadro di riferimento a una classicità che si sforza di conformarsi a ipotetiche modalità antiche. Nell'episodio centrale compare la cifra auletica nella forma di divagazione concertante che parte dal fagotto e che si estende ai flauti, significativa non solo nella misura in cui conferma una costante stilistica identificante una precisa area estetica, ma anche in quanto ricorrente nell'intera composizione. In "Deliae tutela deae" il musicista accoglie l'esortazione ai giovani e alle vergini di declamare nella giusta misura ("Lesbium servate pedem, meique pollicis ictum") un inno ad Apollo, liberando i flauti in concertato su un danzante ritmo del coro. In evidenza con gli oboi, gli stessi strumenti ricompaiono in disteso ritmo ternario nel momento eufonico dell'evocazione della musa ("Doctor argutae fidicem Thaliae"), mentre la combinazione di questo insieme di fiati con i corni nell'esplicita celebrazione di Diana non sfugge alla moderna sonorità che ha fissato il *topos* della caccia. Flauti e oboi tornano a intrecciarsi e a contrastarsi nel momento dell'evocazione di Cerere sul filo dell'idillio campestre, seguiti nell'episodio successivo dell'invocazione ad Apollo e alla Luna da una fluente distesa sonora in cui si annullano tutte le tensioni, di placidità programmatica, come riferimento all'olimpica altezza dello sguardo divino rivolto agli imploranti. Nell'esplicita gara a individuare i tratti di scrittura più consoni a dar voce al classico messaggio poetico oraziano il posto di rilievo è tuttavia occupato da "Alme Sol", l'inno al sole che in un'ascensione di suoni abbagliante, nella combinazione di basso solista, coro e orchestra, approda a una cifra sonora inedita, di potenza immaginativa, che alle nostre orecchie smaliziate rimanda all'alba che illumina il finale del *Guillaume Tell* rossiniano. Si tratta di poco più di un'istantanea la quale tuttavia, come la realizzazione dell'idea del caos in *Les Éléments* di Rebel o nella conturbante pagina d'apertura de *La creazione* di Haydn, si manifesta chiaramente in posizione di scarto rispetto ai tracciati stilistici obbligati, quale immagine sonora fortemente alternativa e per l'eccezionalità della forte carica simbolica. Anche se essa non è riuscita a diventare un *topos* paragonabile alle scene oracolari o di furia del teatro gluckiano, ne manifesta la portata per il fatto di inalberare l'emblema sonoro della luce portatrice di verità in una forma fino ad allora mai vista, corrispondente al nuovo clima ideologico instaurato dalla cultura illuministica e soprattutto dalla sua laicità. Sul significato massonico del *Carmen saeculare* di Philidor non dovrebbero sussistere dubbi, non solo per i tre accordi con cui si apre l'ouverture e nemmeno per la scansione di "Alme Sol" in tre sillabe ripetute nove volte, ma, al di là dell'astratta componente numerologica, per la soluzione sonora inedita che non ha nulla in comune con i precedenti chiesastici e teatrali, e che rivela la volontà di uscire dal binario della tradizione e l'impegno a dar vita a un nuovo lessico musicale, se non proprio esemplato su precedenti storici consacrati da una civiltà tramandata, nobilitato dagli alti versi di un poeta che quella civiltà rappresenta e il suo valore di monito, come dichiarazione di rispetto dell'ordine universale riconducibile alla luce benefica dell'astro del giorno.

Alla massoneria va riconosciuta un'importanza primaria, nell'idea di plasmare una propria espressione musicale alternativa, distinta dalle manifestazioni tradizionali distanziandosi dalle quali ha messo in evidenza la loro configurazione organica all'*ancien régime*. Alla base vi troviamo la "colonne d'harmonie" proveniente dalla musica militare e dalla combinazione di oboi (sostituiti poi dai clarinetti), corni e fagotti, adottata nei riti delle logge in organico più ampio e vario costituito di legni e ottoni ma, quel che più conta, chiamata a disporsi in un procedere per accordi nell'affermazione del principio della verticalità, che da una parte simbolicamente rende esplicita in termini sonori l'idea del fondamento "architettonico" dell'esperienza e della conoscenza con i suoi pilastri (le sue colonne appunto), mentre dall'altra, nella riduzione del discorso a placida successione di armonie, ritrova la dimensione eufonica della musica antica come la descrissero gli autori classici nei suoi poteri taumaturgici. La "colonne d'harmonie" appare nel secondo episodio di *Le Déluge* di François Giroust, proprio a evocare la maestà del grande architetto dell'universo a cui si confronta l'angoscia dell'uomo. Scritta nel 1784, tale cantata corrisponde a un rituale funebre in memoria di un adepto della loggia parigina Le Patriotisme. Raro caso di partitura illustrante un intero cerimoniale massonico, essa ci fornisce il quadro completo del relativo immaginario sonoro, comprendente appunto la cifra musicale della "colonne d'harmonie" nella sua portata di simbolo di edificazione morale stagliata sullo sfondo del caos, da cui si stacca ma che sempre incombe come sotterranea minaccia attraverso il senso del destino che immancabilmente percorre questo genere di composizione. L'episodio di apertura, coi suoi accordi fatali scossi dal rullo di timpani, tesse la condizione dell'oscurità, fattore di agitazione nella tenebrosa animazione orchestrale di palese ascendenza gluckiana, che, a diverso titolo, ispira anche la calma olimpica della luce ritrovata nella seconda parte del lavoro, dominata dalla perorante presenza di strumenti solistici (fagotto e violoncello) disposti in misurati fraseggi e in una scrittura dimostrativamente orientata a svolgere un esercizio di temperanza.

Nonostante tale programmata sobrietà, coltivata in nome del rifiuto di confondersi con la mondanità delle sgargianti manifestazioni sonore del teatro operistico allora dominante, alla massoneria va il merito di essere all'origine della rapida fioritura delle nuove organizzazioni concertistiche sull'asse Londra-Parigi nella seconda metà del secolo. O forse è proprio l'impossibilità di identificarsi con la svagata profanità del melodramma all'origine della pratica concertistica pubblica, affermata come manifestazione, in forma più raccolta e meditata, dell'esigenza di affidare ai suoni un messaggio di civiltà. Altra spiegazione non ci sarebbe al vistoso fenomeno, che vide il moltiplicarsi di simili iniziative sotto l'egida e con una vasta partecipazione di personalità impegnate sul fronte massonico, a partire dal Concert Spirituel, fondato nel 1725 e progressivamente monopolizzato da aderenti al movimento, dagli strumentisti ai solisti, ai direttori, agli autori, ai librettisti, continuata nel Concert des Amateurs, nella Société du Concert d'Emulation, nella Société Académique des Enfants d'Apollon, nel Cercle de l'Harmonie e in altre iniziative. La pratica musicale in quanto tale sembra addirittura configurarsi in ambito parigino come un aspetto, un modo d'essere della massoneria, come se ne costituisse lo specifico, tanto massiccia appare la quantità dei suoi aderenti nelle attività concertistiche. È evidente che nell'assemblea di ascoltatori adunata ai concerti, nell'idea stessa di riunione di individui chiamati a prestare attenzione all'esecuzione di una composizione strumentale, in un luogo che diversamente dalle sale teatrali differenziate in palchi non concedeva distrazioni e libertà allo spettatore, la concentrazione richiesta era maggiore e sotto il profilo di un rapporto caro ai portatori di quell'ideologia costituiva un grado spontaneo di iniziazione. Indipendentemente dall'oggetto in sé dell'ascolto, già la relazione instaurata col pubblico in quei termini assumeva una valenza egualitaria che in Francia soprattutto, dove i musicisti (diversamente dallo statuto di "gentlemen" riservato in Inghilterra ai membri della cappella reale) erano considerati alla stregua dei commedianti, assumeva il significato di un riscatto sociale.

Ma è anche impensabile che in tali condizioni l'oggetto dell'attenzione, cioè la composizione, rimanesse indifferente al senso di tale processo di trasformazione delle condizioni di ricezione. In verità se propriamente non si può parlare di stile massonico, non sfugge la specificità e la costante del filone strumentale parigino a cui già abbiamo fatto cenno, cioè il modello della sinfonia concertante per strumenti a fiato rappresentata da almeno due personalità di rilievo, Giovanni Giuseppe Cambini, autore di ben 82 composizioni del genere, e François Devienne, compositore impostosi come solista di flauto e di fagotto, ambedue membri della loggia L'Olympique de la parfaite estime. Orbene, il significato che già abbiamo attribuito alla relativa dimensione auletica, come metafora sonora di antica classicità, acquista ulteriore spessore con riferimento alla simbologia sonora della pratica massonica. Quegli strumenti solistici erano gli stessi che cooperavano alla "colonne d'harmonie", di cui in un certo senso si possono considerare un'emanazione giacché, solisticamente parlando, non si presentano solo individualmente in contrapposizione all'orchestra, ma spesso appunto si combinano in intrecci di due, tre, quattro strumenti nell'affermare la derivazione da una cifra sonora inconfondibile. In un'epoca di grandi trasformazioni soprattutto sociali il semplice carattere d'uso assegnava inevitabilmente a uno strumento un profilo legato alla destinazione sociale corrispondente. Violino e clavicembalo predominavano sicuramente come strumenti legati a una pratica aristocratica. Gli strumenti a fiato – pur con tutte le distinzioni del caso (per esempio del re di Prussia, Federico II, apprezzabile compositore e solista di flauto) – potevano vantare un'origine certamente "democratica" e, pensando alle combinazioni di fiati largamente praticate negli anni della Rivoluzione, addirittura "repubblicana", sia per il carattere di quel regime, sia per l'ascendenza della "colonne d'harmonie" che ne sta alla base, per il richiamo alla *polis* sottinteso alla severa temperanza di quell'originale formulazione di arcaismo.

La musica per strumenti a fiato nella forma di serenate, partite, notturni, cassazioni, divertimenti, era particolarmente diffusa in area asburgica, soprattutto per l'azione capillare degli strumentisti di origine boema e di provenienza contadina i quali, nella circostanza di esecuzioni che avvenivano spesso all'aperto, si trovavano a dar voce a espressioni in una certa misura emananti dalla natura, presupponendo riferimenti a un'armonia non più semplicemente musicale relativa alla scrittura (a un ordine sancito da un codice) bensì a un'armonia sostanziale in cui immergersi come per rinascere, come per sfuggire al tracciato di regole espressive integrate nello scontato quadro sociale e culturale ereditato, alla ricerca di una risonanza del mondo nel suo simbolico manifestarsi al di là dell'orizzonte della condizione operativa e nell'aspirazione a coglierne i valori perenni. Se parrà troppo audace attribuire un simile significato a un filone di musica per fiati di prevalente funzione di intrattenimento, non ne mancano le conferme. Una di queste è certamente l'*Armonia per un Tempio della Notte* composta da Antonio Salieri nel 1794 per Peter von Braun, aristocratico dilettante di musica il quale nel parco della sua residenza di Schönau aveva edificato un padiglione chiamato appunto "Tempio della Notte", ornato di statue, di simboli e qualche anno dopo provvisto di iscrizioni non a caso dettate da August von Kotzebue, drammaturgo massone (autore di un dramma, *Die Freimaurer*). Orbene, per un luogo destinato a intrattenimenti musicali, diventato evidentemente anche sede per adunanze di adepti alla massoneria per non dire di sette segrete ed esoteriche, la rispettiva musica composta da Salieri fu effettivamente un ottetto, una composizione auletica dall'impianto derivato dal filone per strumenti a fiato, dall'*Harmoniemusik* di cui si erano dotati i casati più facoltosi per arredare lo spazio acustico delle loro residenze di campagna, musica capace di respirare con l'ambiente circostante, di muoversi al battito di una pulsazione che a quella prospettiva faceva riferimento. Da qui essa ricavava, oltre alle sonorità, il procedere di "andante un poco sostenuto", di movimento pacato, riflessivo e soprattutto tendente a rallentare il tempo mirando a uno stato di sospensione, che dimostrava di potersi sottrarre al ritmo dettato dalle smaniose attività dell'uomo e di affacciarsi, attraverso l'umbratile timbrica, su una dimensione carica di ignoto.

A quel livello maturavano significati nuovi rivolti a un orizzonte arcaico richiamante antichi valori, da una parte grazie alla spoglia disposizione delle parti e dall'altra all'introduzione di timbri inediti in grado di testimoniare la portata del nuovo progetto e di costituire fattore di iniziazione, come risulta dal clarinetto e dal corno bassetto praticati da Anton Stadler, l'amico di Mozart con il quale condivideva la fratellanza nella stessa loggia, strumenti che per la novità in quelle condizioni inevitabilmente detenevano un peso ideologico. Il riconoscimento da parte di Mozart di quei termini sonori introduce in non poca parte della sua opera motivi di richiamo a quella dimensione, che mostra anche momenti di programmatica evidenza quale la *Maurerische Trauermusik* KV 477, l'effettiva e definitiva congiunzione tra la semplice resa alla contemplatività della natura come si presenta nell'incantata romanza della *Gran Partita* KV 361 (probabilmente non a caso dedicata nell'edizione postuma all'esoterico barone von Braun che già abbiamo incrociato) e il messaggio catacombale che, attraverso il plumbeo tremore dei corni bassetti, innerva la fiera manifestazione di ritualità statuaria scandita da fatali accordi che segnano lo scorrere di un tempo remoto.

Mozart è sicuramente colui che più di ogni altro fu capace di scendere nella profondità di tale dimensione, restituendone la severità e soprattutto il senso di mistero, ma anche vivendola come confronto problematico tra uomo moderno emancipato (o aspirante all'emancipazione dalle ipoteche sacrali) e una concezione che trasmetteva i suoi *exempla* nell'aura di uno spiritualismo che, al pari di quello chiesastico, faceva prevalere la comunità sul sentire individuale. Di questa situazione bifronte la *Maurerische Trauermusik* è specchio eloquente, allentando progressivamente l'iniziale ieraticità nell'animazione delle parti interne e nel basso della scrittura degli archi, che alla fissità meditativa e ammonitoria dei fiati contrappongono la spinta del movimento a premere come rivendicazione di una libertà di espressione, in quanto tale rispondente solo all'individuo. Per Mozart la parte ieratica di tale composizione significava l'incorporazione consapevole di una dimensione arcaica percepita in prospettiva, in relazione al punto d'osservazione che rimane acquisito come dinamica espressione individuale dell'oggi, la quale sempre prevale rispetto alla situazione alternativa, delineante una precisa funzione come portatrice di valori soprannaturali naturalmente integrati nella sua visione e nella sua scrittura. Il caso più lampante, a fronte dell'estremizzata pulsione vitalistica quasi selvaggia connotante la rappresentazione di Don Giovanni, è l'alternativa del richiamo oltretombale rappresentato dal Commendatore, al quale è concesso il più ampio spazio per stupire ma al quale, anche nello svolgimento drammatico, non è dato di prevalere di fronte alla ripresa fisiologica della vita in un finale tutt'altro che banalizzato dalla morale spiccia con cui è chiamato a concludere, rinforzato proprio per aver superato il confronto con la prodigiosa evocazione degli inferi.

Tutte queste chiamate in causa della dimensione sovrumana – dall'immaginario massonico che ha il suo vertice nella monumentalità del tempio di Sarastro nella *Zauberflöte* all'ammonitoria apparizione del Commendatore – si configurano nei termini stilistici fissati da Gluck come luoghi drammatici di impianto orientato secondo i principî della tragedia classica. La tappa che collega Mozart a Gluck è costituita dall'*Idomeneo*, in cui sono esibite le due canoniche stazioni della terribilità: lo spaventevole effetto della natura scatenata e l'episodio oracolare. Quest'ultimo rappresenta il momento di più diretta adesione al modello gluckiano e, benché all'epoca il salisburghese non pensasse probabilmente ancora di aderire alla massoneria e nemmeno ne conoscesse i riti, fornisce direttamente lo stampo di una verticalità armonica scandita al suono di una funesta profondità di ottoni che tale e quale, per la didascalicità, è stata assunta nelle composizioni massoniche. Viceversa la tempesta marina che infuria su Idomeneo e sui suoi compagni al ritorno dalla guerra, pur nella plasticità monumentale della rappresentazione (con la contrapposizione di piani sonori differenziati tra coro vicino e coro lontano), manifesta un minor vigore e una minore esemplarità a causa dell'eccesso di agitazione. Se tremoli, figure sfreccianti attraverso il pentagramma, acciaccature e mordenti erano riuniti da Gluck in una somma destinata a estremizzare il gesto nell'evidenza dimostrativa di un quadro di sublime ammaestramento, in Mozart l'animazione prevale al punto di spostare decisamente le energie sulla rappresentazione dell'instabilità, di condizione che tende a svuotarsi del contenuto simbolico e a riempirsi di funzioni psicologiche, di stati espressivi incerti e cangianti la cui natura, lungi dall'esaltare la portata metaforica della messinscena, ne accentua l'impatto drammatico. L'*Idomeneo* è appunto l'opera che si muove equivocamente sul crinale che separa la pratica di un teatro che affonda le radici in densi valori simbolici nutriti di classicità, da una concezione decisamente proiettata in avanti sulla spinta di una sensibilità obbediente a motivazioni espressive, direttamente misurate sull'esperienza individuale. Se quindi da una parte la voce d'oltretomba che giunge pietosa a liberare Idomeneo dal voto di sacrificare il figlio a Nettuno risuona arcana in una scansione attonita di resa al destino – se, fra i bagliori dei fulmini che plasticamente (attraverso la timbrica degli strumentini) infiammano la scena dell'apparizione devastante del mostro marino, il coro si ferma davanti ad atterrite pause dell'orchestra in suprema sottomissione al fato – dall'altra la tensione che innalza la partecipazione a eventi sovrumani si allenta nel confronto con la prospettiva di sentimenti di cui l'uomo rende conto solo a se stesso. Già il successivo coro d'azione, in cui i Cretesi fuggono davanti al pericolo, addensa un complesso di vibranti figurazioni drammatiche che non lasciano varco alcuno, dove cioè il movimento travolgente non concede soste e sembra reagire all'*horror vacui* che impedisce a Mozart di aderire a quel senso della contemplazione dell'assoluto nel tempo fermato che è proprio di Gluck e della sua visione della classicità. Si consideri la scena del Gran Sacerdote nell'atto terzo, invocante la necessità del sacrificio: si tratta di un recitativo obbligato con accenti di torva solennità, scolpito in taglienti unisoni come si conviene a un grande quadro di classica sacralità, dove tuttavia la turbata esortazione è accompagnata da figure di sostegno, sia negli archi sia nei fiati, eccessive per varietà e per fugacità, che spostano il discorso dall'impassibilità proclamatoria ai moti d'animo che poi coinvolgono la folla. Mentre tale moltitudine, protagonista dell'esagitata pagina corale successiva ("O voto tremendo"), arresta le voci sulle parole "Già regna la morte", le pause che seguono, anziché lasciar risuonare nel vuoto l'eco di quel terreo tremore, vengono ad accogliere una serie di morbide interiezioni dei legni (flauto, oboe, fagotto), come se Mozart, di fronte alla paura del vuoto (dell'abisso spalancato sugli inferi evocato nei versi cantati), si fosse ritratto a guardare altrove, ad allontanare lo sguardo dal richiamo della dimensione funesta in cui si spegne la vita, per dirigerlo là dove una traccia di tenera vitalità fa nascere la speranza. Si tratta di un significativo momento d'incontro di due diverse concezioni estetiche, che nell'opera si dispongono anche in modi contrapposti, in cui si rivela la difficoltà di farli confluire in un modello omogeneo. Sul lato della formalizzazione espressiva in gesti spersonalizzati troviamo ad esempio le spiritate figure dettate agli strumentini nel recitativo di Idamante del primo atto ("Ah qual gelido orror"), dove, in base al principio della teoria degli affetti, Mozart riesce addirittura a coniare immagini musicali sue proprie. Sul lato opposto troviamo come sigla conclusiva, per mostrare da che parte stesse veramente il musicista, l'aria "Torna la pace al core" la quale, pur iscrivendosi stilisticamente nell'ideale olimpico di un'espressione capace di conciliare tutte le tensione nell'ampio e apollineo disegno, nella spinta modulante che piega la melodia in inflessioni sfumate svela gradi di sensualità che orientano l'espressione verso tutt'altra direzione. Vi fa da riscontro in termini ancor più chiari la scena dell'atto terzo, in cui Idomeneo offre i voti a Nettuno per placarne l'ira, preceduta da un'olimpica marcia rituale sfociante in un lento e sospeso episodio contrassegnato dai violini che vi agiscono in arpeggi pizzicati, i quali palesemente mimano il gesto sonoro di elleniche lire, e che nella sobrietà d'impianto offrirebbero il destro a un'austera scena gluckiana, se l'animazione nei fiati non spostasse l'equilibrio sulla sensuale ricerca timbrica dei legni, nella tendenza del colore a prevalere sul disegno, ad aprire un varco per una lettura psicologica del messaggio. Con l'asse che, nonostante l'aulicità dell'assunto, attraverso il soggetto messo in scena risulta spostato verso una drammatizzazione coinvolgente, coerentemente si spiega la libertà d'azione che Mozart si concede nello sciogliere gli elementi di scrittura vocale virtuosistica. I tratti di bravura, ad esempio nell'aria di Idamante ("La morte non pavento"), in tal caso non sono un semplice pretesto esibizionistico ma si presentano come rivendicazione di un'espressione che a quei mezzi si appoggia per liberare il proprio incontenibile empito, al di fuori dei termini di un contegno stabilito in ossequio all'elevatezza del soggetto. Le arie di Elettra ne sono la spia migliore, tutte di furia ma, al di là della necessità rappresentativa, di dichiarata coloratura rispondente più al prorompere di un'anima in pena che alla necessità di tratteggiare canonicamente un esteriore profilo drammatico. Lo dimostra nella prima aria ("Tutte nel cor mi sento") il ribollire di fagotti e bassi che pulsano come sangue nelle vene a infiammare dal di dentro il gesto vocale esagitato.

Messo alla prova, Mozart fatica a vestire i panni di personaggi assegnati a ruoli emblematici. Se ad esempio ne *La clemenza di Tito* Sesto parte alla vendetta su parole di sfida, nell'intonazione musicale l'apparizione del clarinetto in funzione concertante contraddice la disposizione eroica del testo in un processo che in fin dei conti è orientato in base all'umanizzazione dei ruoli. Ciò detto, e appurato come Mozart sia un compositore ormai proiettato oltre il versante estetico classicistico, egli seppe tuttavia interpretare anche le ragioni di quella esemplarità concedendosi alla rappresentazione di una sorte che sovrasta le vicende umane, all'espressione della distanza tra la piccolezza dei casi terreni e l'enormità del destino che tutte le comprende. La grande scena dell'incendio del Campidoglio nella sua ultima opera ne è un vertice. Nel Quintetto con coro che conclude il primo atto, nella stupefazione dei personaggi che assistono impotenti alla devastazione del fuoco in cui si suppone perito l'imperatore, si fa largo una nozione musicale che, attraverso la dislocazione in lontananza del coro e il rallentamento del tempo che irretisce i protagonisti in una specie di azione sospesa, salta al di là di ogni possibile psicologia per individuare una dimensione in cui il dramma non è faccenda di singoli individui ma assume portata universale. Il rapporto tra quintetto in primo piano e coro in luttuosa profondità, con accenti dolenti sulle armonie diminuite, delinea una situazione di smarrita resa all'assoluto, in cui risorge la prospettiva del coro come spettatore attonito della tragedia attica. Nella misura in cui la tragedia euripidea è un dramma della reazione e non dell'azione, dove ciò che è rappresentato non è la catastrofe bensì l'effetto su coloro che la subiscono (Carl Dahlhaus), questa grande scena è sicuramente un vertice del genere operistico, che qui celebra uno dei rari momenti di congiunzione con lo spirito del teatro antico a cui sempre ambì richiamarsi senza mai veramente conseguire l'obiettivo a causa della disparità delle premesse. La stessa musica che in Mozart ha il potere di scorrere come tiepido flusso sanguigno, portatrice di calore umano nei luoghi più remoti del sentire, alla soglia dello sguardo confrontato con l'infinito ne congela il fluire in statuaria disposizione, paralizzato sotto il peso di una superiore e imperscrutabile ragione. Se in questo contesto richiamato ad antica storia essa riceve giustificazione dalla terribilità di un evento funesto (secondo un corretto percorso catartico), con la stessa fisionomia di attonita soavità in cui si scioglie ogni turbamento (e di nobile e suprema elevatezza) essa assicura un approdo di luminoso equilibrio classico nella scena ultima de *Le nozze di Figaro*, all'apparizione risolutiva della Contessa. Qui l'episodio procede dal silenzio effettivo, da una pausa generale, innalzandosi, alla richiesta di perdono da parte del Conte, a uno stato di beatitudine che cancella ogni eco delle debolezze e degli errori che hanno movimentato la vicenda, la quale a quel punto assume i lineamenti della commedia umana. La musica anche qui sospende il tempo in uno stato di grazia che programmaticamente si instaura appagato nel coro dei sette personaggi ("Ah tutti contenti saremo così") e che, nel significato che Massimo Mila ha definito «di un'assoluzione generale, una specie di gioioso lavacro della macchia del peccato originale, che consenta il ricupero dell'età dell'oro», nella dilatazione al di là della storia verso remote radici della coscienza rivendica in termini spirituali il diritto alla felicità. Rispecchiando i valori del giusnaturalismo i princip̂î della razionalità immanente che concedono all'uomo la capacità di definire il quadro dei propri diritti e dei propri doveri (e soprattutto il fine nella ricerca del benessere e della felicità), a questo stadio Mozart perveniva all'innocenza, al sentimento di una dimensione epurata dall'eredità dello stesso pensiero cristiano in un apollineo e pagano equilibrio che allontana da sé ogni travaglio o tormento di colpa in fiduciosa prospettiva di conquista del bene.

Anche qui si manifesta la coscienza di un mondo perduto, in termini che perlomeno sancivano lo scostamento dai prevedibili tratti della musica corrente, che si rivela in quanto sintomo di una relazione costante tra ideale di progresso umano e ritorno d'ispirazione al passato e alle sue forme espressive. È un fatto che generalmente le ragioni filantropiche che hanno mobilitato gli spiriti più illuminati del tempo a unire le loro energie per gettare idealmente e concretamente le basi di una più ordinata convivenza, al fine di concedere in favore dell'uomo i giusti margini all'irradiamento dei suoi valori positivi, si coniugassero obbligatoriamente con la ricerca di conferme nei modi in cui si riteneva che gli stessi valori fossero stati proclamati nel passato. Benché la sostanza di quegli slanci ideali fosse ardentemente, più che mai, proiettata nell'idea di una conciliazione delle contraddizioni dell'esistenza tutta a venire, la loro espressione era derivata da esempi di più o meno remote origini, ritualmente, cioè nel recupero di valori emblematici inalberati didascalicamente, se non proprio sacralmente, poiché si riteneva che nell'antico si celassero i principî universali e che, sopiti, potessero essere richiamati a nuova vita. L'idea dell'illuminazione, del risveglio, della rigenerazione, proprio in quanto profondamente morale era predestinata a trovare compimento nella dimensione estetica del Classicismo, quali che fossero le sue forme. Nella cerchia massonica del barone Gottfried van Swieten Mozart trovò appunto il luogo in cui nuove idee maturavano nella prospettiva di un'impegnativa ricerca musicale d'*élite*, riservata ma di grande portata per l'allargamento delle prospettive di sviluppo della musica viennese. Dalla sua specola di prefetto della Hofbibliothek, quindi confrontato col dovere della conservazione, il dotto barone ispirò il recupero di Händel, l'autore che per primo si impose nel nuovo fenomeno del culto musicale del passato. Ciò avveniva nel 1778, quando la Tonkünstler Sozietät presentò tre cori händeliani. Non è probabilmente un caso il fatto che Händel, e non solo a Vienna, spiccasse nella nuova relazione col passato musicale, che era venuta a instaurarsi nel Settecento nei termini di una vera e propria riesumazione. Se la pratica musicale antica in casa van Swieten si configurava in una dimensione domestica, regolata dal metodico appuntamento domenicale consacrato alla pratica di mottetti, canoni e corali alla cui polifonia Mozart prestava la sua voce di "alto", la predilezione del barone per l'Händel degli oratori individuava in quella massiccia configurazione corale l'espressione della partecipazione di tutta l'umanità all'edificazione del proprio destino, l'esaltazione di valori significativi in quanto comuni, collettivamente generati. Van Swieten non promosse infatti solamente l'esecuzione del *Messia*, dell'*Ode a Santa Cecilia*, dell'*Alexanderfest* ecc., ma fu anche all'origine, col sostegno della Gesellschaft der associirten Kavaliere da lui creata, della determinazione di Haydn a comporre i suoi due grandi oratori, di cui fu autore del testo ma che soprattutto, per quanto riguarda *Die Schöpfung* (nell'introduzione orchestrale che musicalmente disegna il caos primordiale), ispirò l'idea illuministica del passaggio dalle tenebre alla luce in un'opera che non per niente si affermò immediatamente come manifestazione di radiose speranze oltreché di espressione di una sublime grandiosità.

Istituzionalizzazione

Nei decenni precedenti, il culto händeliano era cresciuto in Inghilterra attraverso gli oratori e le partiture chiave di *Samson*, *Judas Maccabaeus*, *Messiah*, *Alexander's Feast* e *Acis and Galatea*, gli ultimi tre non a caso ricorrenti nella cerchia di van Swieten, il quale ne aveva affidato a Mozart la direzione e l'adattamento con significative modifiche alla parte strumentale. Tale processo era sfociato nel 1784 nella commemorazione di Händel celebrata con la memorabile esecuzione del *Messia* nell'abbazia di Westminster, che registrò la colossale partecipazione di 525 esecutori, cioè con una manifestazione che sulla base di questo grande monumento corale instaurava il culto del musicista vate, punto identitario della comunità ormai organizzata in nazione, in uno stato in grado di stabilire con i cittadini vincoli profondi di reciproco riconoscimento e reciproca responsabilità. In verità, benché l'opera vantasse un argomento sacro, nelle 56 esecuzioni documentate dal 1742 (data della creazione) all'anno della morte del compositore (1759), solo una fu tenuta in una chiesa, le altre avvennero in teatro o in grandi saloni di rappresentanza, a significare la portata civile di una composizione la cui fortuna postuma derivava dal fatto di essere diventata un monumento alla nazione inglese. Essa qui ci interessa proprio per la durevolezza, per l'aspetto nuovo rappresentato da un'opera musicale che sopravvive di decenni al suo autore e che entra in concorrenza con composizioni di fresco conio, divergenti nello stile, chiamandole a misurarsi con una compiutezza e una saldezza garantite dal suo perdurare nel tempo. Ciò avveniva in un contesto che aveva dato vita ai Concerts of Ancient Music, un'associazione fondata nel 1746 e che sarebbe stata attiva fino al 1848, dove il regolamento prescriveva che le musiche presentate non avessero meno di 25 anni. Al di là del fatto di gusto, indice di indisponibilità verso le espressioni del tempo, l'aspetto nuovo e significativo vi è dato dall'organicità di una scelta estetica retrospettivamente orientata e soprattutto nella sistematicità del riferimento ossequente a canoni stilistici remoti non più praticati, con cui confrontarsi nel riconoscimento della loro superiorità sulle moderne pratiche. Il momento di volta si situa nei primi anni del secolo, con l'apparizione del concetto di antica musica riferita alle manifestazioni inglesi del Cinquecento e del primo Seicento, soprattutto al madrigale elisabettiano coltivato per interesse accademico e di insegnamento (più studiato che eseguito), ma ben presto in grado di costituire un repertorio praticato come portatore di valori anche morali, da preservare come modello per il rinnovamento del gusto. William Weber (*The Rise of Musical Classics in Eighteenth-Century England*) ha studiato a fondo tale capitolo di storia musicale inglese, che semplicemente anticipa ciò che sarebbe avvenuto in altri luoghi come stabilizzazione di un repertorio di musica del passato conservato quale memoria viva di una tradizione riconosciuta nel significato fondante della civiltà. In verità, mentre le altre arti erano chiamate a misurarsi con gli *exempla* dell'antichità convenzionalmente riconosciuti all'origine della cultura dell'Occidente, la musica, in mancanza di riferimenti paralleli altrettanto rilevanti seguiva la tendenza in termini traslati, fissando i modelli in epoca sufficientemente lontana per stabilire una distanza che ne rilevasse il senso di tradizione interrotta e il conseguente valore di recupero, ma sufficientemente vicina per riconoscervi una fisionomia musicale differenziata dall'indistinto profilo delle epoche precedenti. L'epoca elisabettiana, oltre alla significativa fioritura musicale, rappresentava una tappa di rilievo nella storia inglese come momento determinante per lo sviluppo imperiale del paese, tale da surrogare una mitica età dell'oro. In modo significativo, proprio con riferimento al patrimonio musicale di quella storica stagione, nel 1731 l'Academy of Vocal Music mutò il nome in Academy of Ancient Music, determinando nella cultura musicale inglese l'ampliarsi della coscienza della distanza storica dei modelli celebrati e proposti all'imitazione, tanto più intensamente riveriti quanto più lontani si annunciavano rispetto al presente. Un'importanza particolare fu detenuta dai chierici, il cui culto della tradizione della musica ecclesiastica si collegava a un profondo senso di stabilità delle gerarchie riconosciute. Propugnando l'esecuzione della musica di tradizione anglicana, Henry Aldrich (distintosi per l'adattamento di testi inglesi ai mottetti di Palestrina e di Carissimi) radicò la sua fede musicale più che il suo gusto nei nomi di Tallis e di Byrd, mentre la collezione di «antica musica da chiesa» in sette volumi curata da Thomas Tudway per la biblioteca del conte Harley andava al di là dell'assecondamento del gusto antiquario di musicisti di professione, riguardando il prestigio di un'importante famiglia nobiliare.

Nel trattato intitolato *The Great Abuse of Music* nel 1711, al culmine di questo processo di riesumazione, Arthur Bedford si trovava già a contrastare nei nomi di Byrd e di Tallis il dilagare dell'opera italiana. Nel momento in cui essa conquistava la scena londinese, installandovi uno dei suoi più solidi presidi europei, il compositore inglese era sollecitato a farvi fronte rivendicando la supremazia di ragioni estetiche universali: «Our antient church musick is lost, and that solid grave Harmony, fit for a Martyr to delight in, and an Angel to hear, is now chang'd to a Diversion for Atheist & Libertines». In questa indignazione, nell'indicazione di un principio compositivo irrinunciabile riconosciuto nei compositori inglesi da chiesa risalenti a oltre un secolo (Gibbons, Rogers, Child) e ai loro «*excellent, solid*, and *grave* as well as *harmonious Anthems*», ritroviamo l'alternativa allo sfarzo e alla vanità profana dello stile operistico condannati dai pretesi sostenitori dell'ordine classico, che (in più o meno uguale misura) miravano attraverso la riforma dell'opera a trasformarla in un veicolo di ammaestramento del gusto e dei costumi. Tale premessa dichiaratoria divenne regola operativa nell'attività dell'Academy of Ancient Music la quale, pur ispirandosi alle accademie filarmoniche italiane, era meno interessata a elaborare competenze teoriche e più a sviluppare una pratica esemplare in grado di consolidare nei musicisti mobilitati una precisa coscienza compositiva, come dimostra il protocollo della prima seduta: «A Music Meeting being held at the Crown Tavern near St Clement's Mr Gaillard at ye head of it, and chiefly for Grave ancient Vocal Musick. Wee begann it wth ye two motets of Luca de Marenzio». La differenza fra antico e moderno, fra maniera degna di essere imitata e stile divagante non meritevole di imporsi quale esempio, era determinata dal concetto della gravità, che ricorreva insistentemente e significativamente anche là dove polemicamente si pretendeva di difendere la moderna sensibilità, come nel *pamphlet* di un autore (non identificato) difensore di Händel (*Harmony in a Uproar*, 1734) elogiante ironicamente le composizioni di Johann Christoph Pepusch presidente dell'Academy per «such vast Resemblance to the regular Gravity of the Ancients». Non v'è chi non veda l'analogia tra questi concetti guida e i criteri che maturavano negli stessi anni nell'approdo neoclassicistico dell'arte plastica e figurativa, nell'estetica dell'impassibilità, della severa regolarità delle forme riconosciute nei modelli dell'antichità ellenica a cui si ispirava. In musica non si risaliva tanto lontano, ma il principio era simile e comunque sufficiente a selezionare un repertorio che veniva a costituirsi sempre più corposamente come «true and solid music» alternativa alla vacua mondanità dei «theatrical affairs», secondo la dichiarazione di un documento dell'Academy del 1732 in cui è possibile leggere le intenzioni «of searching after, examining, and hearing performed the Works of the Masters, who flourished before and about the Age of Palestrina: however, not neglecting those who in our Time have become famous». Forse era nell'intento di conciliare il principio della classicità e i suoi limiti musicali che Thomas Warton nel 1752 a proposito del repertorio dell'Academy parlava di «modern-ancients». Al *corpus* sempre più estesamente praticato degli antichi, comprendente (oltre ai già citati e ad altri inglesi quali Morley, Wilbye, Bennet, Farmer) Lasso, Victoria, Allegri, Colonna, Marenzio, Ruffo, Pizzoni, de Macque, Carissimi, Stradella, si aggiungevano quindi compositori del tempo selezionati tuttavia per il carattere retrospettivo della loro musica e soprattutto, come Agostino Steffani e Antonio Lotti, per la loro maestria nel percorrere forme ormai arcaiche come poteva essere il madrigale. La musica di Händel vi fu ammessa ad esempio per quanto concerneva le composizioni religiose, dalla fisionomia conservatrice in rapporto al più recente stile italiano. L'aspetto di distinzione rimaneva infatti il culto di valori non più correnti, il cui ristabilimento era propugnato come necessità di recupero di una dimensione persa di civiltà, atteggiamento che per lungo tempo rimase marginale alle pratiche e alle abitudini, ma che verso gli anni Ottanta si impose in più vasto raggio, coinvolgendo in profondità la comunità cittadina ormai posta di fronte a un repertorio consolidato di autori del passato più o meno recente (oltre a Händel vi furono acquisiti Purcell e Corelli).

È significativo che la prima istituzione concertistica quale ancora oggi la intendiamo, precorritrice delle successive società filarmoniche nel ruolo di enti intorno a cui veniva ad aggregarsi la comunità riconoscendo alla musica una funzione civile, fosse il Concert of Ancient Music, cioè lo stadio in cui l'esperienza maturata in autoriflessivo circolo chiuso dall'Academy sboccò in un'iniziativa direttamente aperta sul fronte della città, sollecitando l'interesse di notabili e famiglie motivati da ragioni filantropiche ed evangeliche. Con ciò avveniva il passaggio da un orientamento fondamentalmente religioso e retrospettivo a un'ideologia in grado di riconvertirne l'afflato spirituale in un messaggio comunitario, sullo slancio delle idealità che spingevano nuovi strati della società ad assumere un ruolo guida nella gestione della cosa pubblica. Ciò avveniva sulla base di una distinzione netta tra la tradizione operistica, che continuava ad affermare la propria vitalità sul versante della profanità, di una pratica di alto intrattenimento funzionale rispetto a un assetto sociale conservativo (evasiva rispetto alle tensioni intellettuali fomentatrici di riforme), e la nuova organizzazione musicale che attraverso il concerto inteso come severo rito, sottintendendo nella scelta di opere storiche riconosciute nella loro capacità di sfidare il tempo un profondo significato umanistico, si affermava come valore morale. Non per niente a Parigi la pratica del concerto era sorta come "Concert spirituel", come prassi di elevazione risultante da una scelta individuale. In tale contesto originario era riconoscibile un aspetto iniziatico che il concerto in senso moderno avrebbe mantenuto per lungo tempo, instaurando da parte del pubblico quel rapporto di riverenza congruamente chiamato ad assecondare l'immortalità delle opere eseguite. Non per niente a essere rovinata dalla Rivoluzione francese non fu l'opera, che d'allora in poi avrebbe allargato il suo pubblico a componenti di massa, bensì il concerto, la cui ambizione spirituale e l'esclusivismo estetico e sociale, che lo lasciavano riconoscere come emblema aristocratico e alto borghese, ne decretarono l'emarginazione nella Parigi repubblicana degli anni Novanta (Dahlhaus). La componente iniziatica del concerto è attestata dal ruolo patriarcale delle nobili figure dei "directors" del Concert of Ancient Music, sottolineato anche dal trattamento simbolico loro riservato. Benché non si sappia a quando ascendesse esattamente, nel 1810 è documentato il cerimoniale che prevedeva una marcia eseguita dall'orchestra mentre i "directors" entravano in processione a occupare i loro scranni di fronte a essa. In questo senso, al di là del diverso orientamento ideologico, siamo indotti a riconoscere in questi aspetti la stessa componente "liturgica" presente nei raduni massonici. Benché nel Concert of Ancient Music dominassero esponenti del movimento evangelico della chiesa anglicana (nel 1782 fra i sottoscrittori erano registrati sette vescovi) e non sia possibile trovare testimonianza di un rapporto diretto con la massoneria, un'uguale motivazione è identificabile nella ricerca del valore fondante assegnato alla musica e nella sua capacità d'azione collettiva sulla base di un'espressione sottratta alle lusinghe della mondanità del tempo. Uno stretto regolamento imponeva ai "direttori" di escludere dai programmi la musica di compositori viventi e stabiliva una multa per coloro che avessero programmato una composizione non risalente almeno a 25 anni prima. Nel senso della distanza era stabilito un principio che costringeva a sviluppare una visione del mondo in termini sciolti dalle coordinate del presente nella sua ristrettezza di punto d'osservazione e, giacché una parte del messaggio proveniente dal passato rimaneva fatalmente indecifrabile o enigmatica, tentata da significati di valenza esoterica e comunque con la pretesa di aprire l'ascolto su una totalità nutrita di significati spirituali.

Era questa la base motivante dell'associazionismo musicale diffusosi a Londra negli ultimi due decenni del secolo, sulla spinta dell'esempio che veniva dalle esperienze storicizzanti descritte. Fra i numerosi circoli è da menzionare almeno l'Anacreontic Society fondata nel

1766, inizialmente dedita al repertorio delle *catches* e dei *glees* esteso in seguito alla musica corale e strumentale; il Glee Club nato nel 1788 in cui era coltivato il madrigale del XVI secolo; l'Handelian Society e la Cecilian Society, primi esempi di canto corale organizzato sulla base della pratica amatoriale allargata che negli anni Novanta assicurava la diffusione dell'oratorio; la Concentores Society a cui (a partire dal 1798) aderivano musicisti che impegnavano la loro maestria nella composizione di brani in stile antico (canoni, *catches*, *glees* e *anthems*). In tale situazione di tempo fermato, di prevalenza del senso normativo del culto del passato, si faceva largo alla fine del secolo il termine "classico" applicato appunto alla musica, la cui affermazione stette alla base dell'impresa che significativamente coronava quella stagione, la *General History of the Science and Practice of Music* (1776) affrontata da John Hawkins come risposta all'esigenza (dichiarata nella programmatica prefazione) della ricerca di quella composizione che «must, like the writings of the classic authors, be looked on as the standards of perfection». Nel suo *Treatise on the Art of Music* nel 1784 William Jones ugualmente parlava di «classical taste», come risultato della pratica formativa dello studente di musica «by showing him in the course of the work what rules and restrictions were observed by those who arrived at the greatest perfection in this art». Una chiara area ideologica basata su una scelta di valori si era formata e, se da una parte consolidò la presenza della musica nel contesto della società e della cultura predisponendo l'affermazione inglese di Haydn e degli altri maestri viennesi, dall'altra (proprio nell'ambito del Concert of Ancient Music) in virtù della pratica retrospettiva ritardò l'integrazione del nuovo stile strumentale la cui normatività solo decenni più tardi avrebbe portato alla nozione di Classicismo viennese e che invece, all'abbrivio del secolo XIX, si manifestava con regole che, per la sollecitazione della dinamica liberata dalle nuove strutture compositive, venivano a contrastare più che ad assecondare i lineamenti formali di riesumati modelli. Questi venivano in tal modo a ritrovarsi doppiamente antichi: per l'effettiva retrodatazione e per il modello di emblematicità non più proponibile a fronte della forza dirompente prodotta dalla nuova tipologia viennese, che veniva a costituire lo stadio più avanzato di modernità. C'è anche da chiedersi se proprio il costituirsi di una concezione della musica così storicizzata e fondata sull'*exemplum* non stia all'origine dell'incapacità dell'Inghilterra (dopo Purcell) di produrre personalità trainanti nel campo della creazione musicale, senza dipendere da figure guida importate dal continente. È come se nel Pantheon dei propri grandi compositori del passato l'eccesso di riverenza avesse causato un rapporto di dipendenza a senso unico, venendo a spegnere lo slancio a suscitare regole nuove. È un fatto comunque che la traccia percorrente la monumentale *History* di Hawkins fa riaffiorare la vasta diramazione delle creazioni musicali del passato non già per rafforzare le fondamenta della pratica del presente, bensì per biasimarla. La sua considerazione dell'arte musicale coeva era legata a una visione di decadenza: un aspetto rilevante e determinante per l'evoluzione successiva e inevitabile della scrittura strumentale, quale l'attivazione del discorso nei registri estremi ad esempio, era visto come una semplice dimostrazione di vanità tecnica equivalente al virtuosismo canoro corruttore del gusto. Significativa era in particolare la condanna del «rumore senza armonia» e dei «noisy vulgar allegros» che lo studioso identificava nella frammentazione delle note in valori minimi istantaneamente scanditi in trentaduesimi rispetto al «time which it would take moderately to count four». Proprio il riferirsi a una diversa temporalità della musica, il rifiuto di accettare la tendenza dell'epoca a rispecchiare l'attivistica dimensione esistenziale imposta dal progresso, lo profilava nella posizione che, indipendentemente dal grado di profondità prospettica del riferimento alle testimonianze del passato, ne ricavava la costante che portava tutti i classicisti a ritrovarsi intorno agli stessi valori di rigore, moderazione, calma e gravità, che abbiamo visto più volte rivendicati come necessità manifesta in un filone dell'arte del tempo di sottrarsi alla presa dei bisogni che in modo sempre più pressante salivano da una società ormai laicizzata. Nel caso di Hawkins, della sua cultura accademica e clericale, tale scelta corrispondeva a un rifiuto frontale del patrimonio di modernità racchiuso nelle «symphonies, periodical overtures, quartettos, quintettos, and the rest of the trash daily obtruded on the world». Sì, *trash*, rifiuti, spazzatura, proprio il termine che oggi, in epoca ormai definitivamente profanizzata, è evocato per designare le manifestazioni espressive di quart'ordine o l'arbitrarietà assoluta indotta ad accettare la volgarità senza discrimine, nella cui considerazione veniamo a registrare la totale caduta del senso del sacro. Ma proprio questo ci dà la misura della spinta che stava dietro la mentalità classicistica la quale, se da una parte poggiava sull'inerzia dell'accademismo neutro a ogni epoca, dall'altra era il prodotto della stessa epoca nel senso di corrispondere all'esigenza di sottrarla al dominio di espressioni artistiche puramente funzionali, dal corto respiro e semplicemente aderenti alla domanda sociale, e di dotarla di una capacità di elevazione che permettesse di sfidare il tempo alle nuove e grandi idealità di cui era portatrice.

Il paesaggio sonoro repubblicano

In questo senso, paradossalmente, anche gli artisti e i teorici che contribuivano a rafforzare l'orientamento storicistico della cultura, che operavano cioè spesso consapevolmente con intenzioni conservatrici, inconsapevolmente gettarono le basi di una concezione artistica che avrebbe trovato il momento di maggiore organicità nella Rivoluzione francese, allorché la sfida al tempo si tramutò nel concreto abbattimento dell'ordine costituito, quando, aprendo il campo alla progettualità, furono liberate proprio quelle specifiche forze restauratrici. In pratica il passato più antico venne chiamato in causa per sconfiggere le miserie del passato più recente. «Rallumer le flambeau de l'Antiquité»: nella formula di Quatremère de Quincy non c'è più solo la manifestazione del rapporto di riverenza rispetto alla grandezza di una storia illustre, bensì il senso di una missione. La fiaccola dei valori esaltanti le qualità morali dell'uomo veniva rivendicata al presente attraverso la storia, come se il suo libro fosse ancora aperto e come se l'esortazione a praticare le virtù civili da parte degli antichi maestri riguardasse direttamente la nuova moderna nazione. La lettura degli antichi era sempre meno determinata dall'interesse per la definizione di un' ordine estetico, aprendosi a significati simbolici dal risvolto sociale. La regolarità delle forme elleniche veniva percepita come espressione dell'*égalité*, mentre l'ornamento veniva ridotto all'essenziale, a semplice elemento di distinzione da cui scompariva ogni e qualsiasi accenno al lusso e alla sovrabbondanza. La laconicità diventava la regola che governava l'eloquenza dei giacobini e che controllava la tensione didascalica della loro foga ammonitoria. Da modo esemplare di vita la semplicità era additata come valore estetico contro il decorativismo delle forme cortigiane, per cui uno stile "repubblicano" si delineava in un processo di riduzione, di sottrazione che contrastava il moltiplicarsi delle invenzioni di dettaglio e l'addensamento di elementi che turbavano la trasparenza.

Su questa linea venne riscoperta l'essenzialità della natura non solo nell'ordine immutabile dei suoi cicli vitali, ma anche nel delineamento di forme obbedienti alla dinamica di forze superiori al potere dell'individuo di piegarle al suo volere. In base a tale primato fu bandita la bizzarria e ogni rivendicazione dell'arbitrio individuale prevalente sui principî regolanti la gestione democratica del collettivo, richiamato al dovere di farsi carico di risollevare l'arte alla dignità del suo compito dopo la snervata condizione e l'infiacchimento in cui era stato trascinato dall'aristocrazia nell'*ancien régime*:

> La bizzarria implica una conformazione viziosa [...] [Essa] origina un sistema distruttore dell'ordine e delle forme dettate dalla natura; [essa] attacca le forme costitutive dell'arte [...] L'esperienza ha provato che il gusto nasce normalmente dalla lassezza delle cose migliori; che nelle nazioni come negli individui, esso proviene talvolta dalla sazietà prodotta dalla stessa abbondanza; che è dall'ambiente della ricchezza e dei godimenti di ogni genere che si sviluppa questo disgusto funesto che avvelena i piaceri, rende insipide le bellezze semplici della natura, e sollecita il mascheramento dell'arte perfida, che cerca meno di accontentare che di stuzzicare ed ingannare i desideri (Quatremère de Quincy, 1798).

L'esaltazione dell'equilibrio naturale, la «grandeur *proportionelle* [...] du tout avec les parties et de chaque partie avec le tout» è giudicata come una conquista, una «grandeur morale». L'ordine geometrico si impone, il cerchio e il quadrato sono riconosciuti da Claude Nicolas Ledoux come gli elementi costitutivi di un' espressione alternativa alle «lignes mollement prolongées, de ces formes brisées à leur naissance qui s'écrasent sous le poids du faux goût, de ces corniches qui rampent comme des reptiles du désert». In verità dietro l'immagine inquietante e persino demoniaca dell'animale maligno scopriamo l'azione del risvolto fatale della visione perfettamente ordinata della città ideale, dove l'utopia non lascia nulla al caso e dove «dopo d'allora ogni sovrappiù, ogni irregolarità appare come un'intrusione del male» (Jean Starobinski). D'altra parte la tensione illuministica che approda a quello stadio si giustifica proprio in base alla dialettica tra luce e ombra, dove la potenza delle tenebre in quanto resistenza all'ascesa della luce ne esalta il definitivo trionfo. Più profonde erano le tenebre, più abbagliante sarebbe stato il sole al suo sorgere: le parole di Fichte, sostenitore della Rivoluzione nel discorso di saluto ai tempi nuovi in *Heliopolis* (1793), sottolineano l'interdipendenza tra i due estremi, che Starobinski ha fissato nella definizione dell'atto rivoluzionario inteso come «coalizione imprevista della luce (o, se si vuole, del riformismo illuminato) e della spinta oscura delle folle irritate». Sorto dall'ombra, il fulgore della rivoluzione subisce la minaccia dell'ombra che permanentemente lo segue e che si allunga fino al suo cuore proprio quand'esso pare innalzarsi all'intensità massima del suo irradiamento. La luce della nuova verità si accorge di essere tale di fronte al nemico che la vuole spegnere, mentre le difese approntate per proteggerla finiscono per generare altra ombra: «Per aver voluto instaurare il regno della virtù, la ragione rivoluzionaria ha reso inevitabile il regno del sospetto, e presto quello del terrore» (Starobinski).

La luce, di cui si sarebbero dovute rischiarare le forme altere di un'espressione sovranamente appagata dalla propria esemplarità, si fa sepolcrale e spalanca abissi di domande senza risposta sulla dimensione della morte, trascinata dall'incalzante succedersi degli eventi nel cuore della società. Toccata con mano, inevitabilmente presente come rovescio dell'azione chiamata a tradurre dimostrativamente i principî purificatori della società, alla sua evocazione non bastava più la pompa funebre della tradizione barocca la quale ne liberava il fremito in spettacolarità paludata, esorcizzata nel regolato quadro di un ordine liturgico scandito in base alla gerarchia ecclesiastica investita dal compito di mediarne l'effetto distruttore. Le esequie di Marat non erano infatti riconducibili a un rito funebre in semplice funzione cerimoniale ma, attraverso il corpo esposto nell'Église des Cordeliers a metà scoperto per rendere visibile la ferita e la camicia intrisa di sangue, divennero spettacolo vero e proprio dove il sublime, richiamato dal cenotafio coperto di fiori e dalla testa dell'eroe contornata da una corona di foglie di quercia, si univa all'abiezione della ferita sanguinante e del livore del corpo in putrefazione. L'appello al raccapriccio era indice di valore tragico, trasferito dalla scena del teatro al vissuto di un'intera società al punto che, sicuramente segnato dal funebre avvenimento, Leclerc de Lyon, nella descrizione della statua della libertà incatenata dal fanatismo, pochi giorni dopo così evocava il sentimento da essa suscitato: «une secrète horreur me pénètre, mes sens se glacent au spectacle effrayant qui s'offre à mes regards et je récoule d' épouvante» (in «L'Ami du peuple», 20 luglio 1793).

Dai resoconti non risulta quale musica esattamente accompagnasse le esequie di Marat. L'esposizione spaventevole del suo corpo sanguinante incuté un'impressione tale da non lasciare spazio ad altri particolari. Sappiamo solo che «les morceaux du célèbre Gluck» furono eseguiti dai musicisti della Garde nationale. Troppo poco per identificare il luogo musicale gluckiano, tuttavia sufficiente a determinare un'area di significati in cui la musica è portata a esplorare la realtà del destino che detta all'uomo le sue leggi senza appello.

In verità la continuità espressiva tra la musica rivoluzionaria e la *tragédie-lyrique* è palese non solo nel reimpiego a scopo dichiaratamente politico dei testi dei libretti operistici inneggianti ai valori primordiali di libertà ecc. (come fu il caso del coro composto da Gossec nel 1791 per la traslazione delle ceneri di Voltaire al Panthéon sui versi "Peuple éveille-toi", tratto dal libretto da lui scritto per l'opera *Samson*), ma soprattutto nell'altrettanto immediato adattamento delle relative musiche a una situazione che si trovava a tradurre in termini reali i principî ideali da essa espressi. L'ouverture del *Démophon* di Johann-Christoph Vogel, in mancanza di una musica funebre di nuovo conio, fu eseguita da una moltitudine di strumenti a fiato il 20 settembre 1790 per quella che fu forse la prima cerimonia civica a carattere funebre, la commemorazione dei soldati della guarnigione di Nancy rivoltatisi contro i loro ufficiali e caduti sotto la repressione del marchese di Bouillé. La sua introduzione lenta scandisce gli accordi nel potente rilievo drammatico di silenzi in cui vediamo il modello dell'espressione di fatalità che sarà quella della marcia funebre rivoluzionaria. La funesta intonazione in minore in cupa sonorità, lo stupore che sale dalle pause generali, l'individuo che si arresta nel tempo fermato, cioè quei tratti che Gluck aveva delineato nella terribilità delle scene sacrificali del suo teatro ambendo alla sublimità dell'antica tragedia, trapassavano nella teatralizzazione della vera morte degli eroi della Rivoluzione.

Nel corteo che il 4 aprile 1791 vide sfilare per Parigi la salma di Mirabeau, scortata da 400 mila persone, risuonarono le note della *Marche lugubre* di Gossec, «une musique déchirante», come annotava l'«Orateur du Peuple» rilevando l'estremizzazione dei sentimenti suscitati che richiamavano le coscienze alla tensione tra la mortale condizione terrena e l'immortalità dell'eroico esempio di vita del tribuno celebrato che spalancava la visione verso l'assoluto, oltre il confine della morte. La *Marche lugubre* di Gossec non mancò di echeggiare il 30 maggio dello stesso anno in occasione della traslazione delle ceneri di Voltaire nella chiesa di Sainte-Geneviève di Soufflot, divenuta Panthéon, paganizzata e ricondotta al passato monumentale romano allo scopo di meglio eroicizzare, nel processo di antichizzazione, le glorie nazionali. Il corteo funebre descritto dalla «Chronique de Paris» rendeva conto eloquentemente del grado di teatralizzazione raggiunto da tal genere di cerimonia:

> [...] quelli dei teatri precedevano la statua di Voltaire circondata da giovani allievi delle accademie di pittura e di architettura, vestiti all'antica, portando stendardi sui cui medaglioni si leggevano i titoli delle principali opere di Voltaire. La statua d'oro, coronata di lauro, era portata da uomini vestiti all'antica; seguivano gli uomini di lettere, famiglia di Voltaire, portando la sua lira e la sua tromba; essi precedevano il forziere d'oro, dov'erano racchiuse le opere del grande uomo. Un corpo di musica vocale e strumentale, con strumenti di nuova forma e cantando inni nuovi, precedeva il carro che portava il sarcofago (12 luglio 1791).

Più oltre è precisato come tali strumenti di nuova foggia fossero «des instruments antiques, copiés sur la colonne trajanne, qui produisent le plus bel effet», dove il riferimento è alla "tuba curva" impiegata nella *Marche lugubre* e alle "Petites" e "Grandes Trompes antiques" sempre da Gossec previste nel già citato coro "Peuple éveille-toi". Il triplo ideale che l'arte perseguiva in quel frangente, cioè l'idea di patria, dominata da un irresistibile bisogno di fede, unita al richiamo dell'antichità eroica depositaria dei valori fondanti, aveva indotto il musicista a praticare un'improbabile operazione filologica ricreando letteralmente uno strumentale immaginario. Della "tuba curva" che aveva un suono grave si disse che valeva da sola la forza di sei serpentoni, mentre la "buccina" o "buccin", altro strumento a fiato di tessitura medio-acuta creato sotto l'influenza delle pittoriche rappresentazioni di romanità proposte da David, produceva un suono nuovo e terrificante, udibile fino a mezzo miglio. Questo strumento appare nell'autografo dell'opera *Œdipe et Jocaste* (1791) di Nicolas-Jean de Méreaux e nelle partiture di Méhul per *Timoléon* (1794) e *Joseph* (1807).

Se tale risuscitamento di arcaica sonorità si limitò al breve decennio in questione (lasciando allo strumentale di più moderni ottoni il compito di testimoniare il senso di un destino fatale a cui l'umanità era chiamata a confrontarsi) l'insistenza con cui fu proposta rivela il forte significato simbolico legato al richiamo dell'antichità. "Tuba curva" e "buccina" furono impiegate da Gossec nell'*Hymne à la loi* per la Fête de la Loi del 3 giugno 1792. Per la Fête de la Raison del 10 novembre 1793 Charles-Simon Catel introdusse la "tuba curva" nella sua *Ode patriotique*. I due strumenti risuonarono l'8 giugno 1794 nell'inno per la Fête de l'Être Suprême composto da Gossec, che lo impiegò anche nella *Symphonie en ut* scritta per celebrare l'anniversario della presa delle Tuileries il 10 agosto successivo. Qualche mese dopo, il 21 settembre, in occasione della traslazione delle ceneri di Marat al Panthéon, Méhul fece ricorso alle "buccine" per il suo *Chant des Victoires* su versi di Chénier. Il 7 novembre Lesueur introdusse la «tuba curva» nel *Chœur patriotique* presentato all'Institut National de Musique. Per le feste del 10 agosto 1795 "tuba curva" e "buccine" ricomparirono nelle due composizioni predisposte da Catel (*Hymne du 10 août 1795*) e da Cherubini (*Chant républicain*), mentre dell'uno e dell'altro strumento Gossec si servì il 29 maggio 1796 per le Fêtes de la Reconnaissance des Victoires (*Hymne à la Victoire* e *Chant martial*), feste per le quali anche Cherubini compose un *Hymne à la Victoire* affidandosi al suono della "tuba curva". Il 14 luglio 1800 segnò una delle ultime occasioni per ascoltare gli antichi strumenti, quando al Temple de Mars risuonò il *Chant national* di Méhul.

In verità l'ambizione di accompagnare la rinascita dei valori repubblicani con la ricostruzione di un antico paesaggio urbano era dichiarata fin dalla prima manifestazione celebrativa della Rivoluzione, la Festa della Federazione, con la trasformazione dei Champs de Mars in un'immensa arena e con l'erezione dell'arco di trionfo ornato di fregi romani. È interessante rilevare come, in tale contesto di pretesa immedesimazione nei termini dell'antica realtà sacralizzata, la sollecitazione a immaginare un suono antico, in assenza di appigli a disposizione dei musicisti per ricrearlo, si presentasse piuttosto alla mente degli esponenti dell'arte della figura attraverso i modelli che consentivano loro di accedere alle remote origini. Per la festa con cui il 18 floreale 1794 si intese riservare l'onore del Panthéon a due martiri della Rivoluzione, Bara e Viala, David sottopose un piano alla Convenzione in cui l'artista (oltre a descrivere nel dettaglio l'ordine del corteo, la disposizione dei partecipanti in rapporto ai luoghi percorsi, i costumi delle comparse, le loro evoluzioni, l'addobbo dei monumenti ecc.) vi integrava strettamente la componente sonora, secondo un ideale chiaramente esemplato sulle testimonianze di ellenica tragicità:

> Da distanza in distanza i tamburi faranno sentire i loro rulli funebri e la musica i suoi suoni laceranti. I cantanti esprimeranno i nostri rimpianti con accenti lamentosi, – i danzatori, con pantomime lugubri e militari.

La nuova musica nasceva quindi in rapporto organico con una mobilitazione di tutte le forze della nazione, simbolicamente chiamate a professare la fede patriottica contrapposta alla tradizionale fede religiosa. Ai cantori riuniti sulla piazza del Panthéon, David prescriveva un coro «d'un effet large e sombre dans lequel s'exhalent les plaintes et l'horreur contre le fanatisme et le fédéralisme» (Julien Tiersot). Per «fanatisme» si sa, si intendeva la religione e specificamente la religione cristiana sorta dalla storia e quindi accusata di essere responsabile dell'oscurantismo imposto ai credenti, privandoli della coscienza sociale. Rivoluzione significava quindi in questo caso esautoramento della fede cristiana e delle sue compromesse manifestazioni artistiche. La prescrizione musicale di David è chiara nell'indicazione di una sacralità da recuperare su un altro fronte, impegnato ad aggirare il filone di arte religiosa prodotta nei secoli fin dal Medio Evo, dalla cui minacciosa ombra offuscante la ragione cercava di tenersi lontano (quel Medio Evo che viceversa avrebbe più tardi nutrito l'immaginario romantico, anche per quanto riguarda il risvolto politico che vi si sarebbe collegato come scelta restaurativa). Lo chiarisce la programmaticità con cui la questione fu affrontata da Lesueur durante la composizione dell'opera *La Mort d'Adam* destinata a essere rappresentata al Théâtre de la République et des Arts (nuova denominazione dell'Académie Royale de Musique), al cui amministratore il 7 marzo 1799 egli scriveva:

> Occorrono decorazioni (benché molto semplici) e l'esposizione del soggetto, mettendo l'ascoltatore in un sito e in un secolo dove egli stesso sia indotto a chiedere i canti della prima età del mondo. Bisogna che questo stesso ascoltatore, messo in questa situazione, possa sentire che i costumi patriarcali di questo secolo e le diversi trasformazioni delle passioni hanno dovuto (in quest'epoca) agire e cantare con questa sorta di melopea. È per questo che, evitando con cura tutto ciò che potrebbe risvegliare la minima idea di musica gotica, io mi sono al contrario applicato scrupolosamente passo per passo a non seguire altro che il grande gusto dell'antico; ho fatto i miei sforzi affinché ogni periodo, ogni verso e anche ogni parola del poema fossero intesi distintamente [...] Le passioni delle anime calde, elevate e ardenti, sono il pilastro del soggetto trattato da Guillard, e questo soggetto è fondato su tutte le sorti d'amore, sulla religione naturale, e la morte.

Allo stesso modo, in una lettera al librettista Nicolas-François Guillard, egli opponeva il «genre gothique» (inteso come stile contrappuntistico che nella musica di chiesa certificava la discendenza dall'ideale medievale) al «grand goût de l'antique» di cui «Gluck nous a donné de si grands exemples», attestante la qualità semantica acquisita dalla cifra sonora tramandata dal grande riformatore dell'opera, riconosciuto quindi come riformatore dello spirito. Sul significato anticristiano della scelta di Lesueur valgono le parole conclusive della lettera all'amministratore del teatro parigino:

> La sola grande e unica idea che regna in quest'opera è che ciascuno (di qualsiasi stato sia) vi troverà grandi esempi di costumi probi e puri, di condotta giusta e integra [...] con la sola idea della religione naturale e della morale universale di tutti i popoli.

L'ellenicità veniva quindi a surrogare la valenza religiosa con la sua spiritualità pagana, la forza astratta delle idee, di principî riscoperti nell'abbagliante maestosità regolatrice della collettività degli uomini, contrapposta alla tormentata condizione del prostrato animo cristiano. Ciò che è significativo e rilevante ai fini del nostro discorso è che la modalità indicata da David, generalizzata nella prassi della Garde nationale e degli altri corpi musicali militanti, era quella gluckiana, riconosciuta per convenzione come manifestazione sonora dell'aulica classicità, come espressione che di diritto si presentava quale rivelazione di valori radicati nel lontano passato e perciò carichi di dignità storica proprio nel senso della gravità, nel significato di densità del messaggio nelle sue ragioni fondanti di civiltà.

Una costante di tali espressioni ad alto contenuto epico-drammatico era costituita dalla gravità appunto. Da una parte lo slancio di speranza verso i nuovi orizzonti spalancati dalla Rivoluzione inducevano a concepire «une musique éclatante», così era previsto da David nel piano per la Festa dell'Être suprême del 20 pratile 1794. «Le caractère énergique qui convient à un peuple libre» era riconosciuto da Barère davanti alla Convenzione, l'11 messidoro 1794, alla musica «devenue nationale et républicaine», predisposta per celebrare l'esito vittorioso della battaglia di Fleurus. Ma l'aspetto più nuovo e originale delle espressioni musicali calate in quei frangenti era sicuramente la severità. «La musique n'exécutera que des airs majestueux et sévères», fu prescritto alla musica della Garde nationale che nel luglio del 1792 accompagnava la sfilata militare nelle cerimonie che l'Assemblea nazionale ordinò dopo aver decretato ufficialmente lo stato di pericolo per la patria minacciata d'invasione. Un «appareil sévère et grave», così un contemporaneo citato da Tiersot definì il corteo organizzato per richiamare le coscienze all'orgoglio della riscossa. È significativo che, prima di suscitare accenti battaglieri di sfida, l'immagine della guerra alle porte inducesse a rivolgersi alla massa con un'espressione compunta. In verità, proprio giacché il messaggio riguardava l'insieme degli individui (la collettività quindi), la severità intesa non solo come tono generale ma anche come riduzione della forma a spoglio e sobrio profilo si imponeva. In qualche modo essa era di nuovo preannunciata dall'opera di stampo gluckiano che di quella severità aveva fornito il modello stilistico, contrastando in particolare gli aspetti virtuosistici del canto, non tanto in quanto espressione di frivolezza, ma piuttosto come liberazione incontrollata dell'empito individuale. Se la Rivoluzione segnò un momento storico cruciale, come trasformazione radicale della società, essa vi riuscì anche assoggettando l'espressione a un nuovo ordine, contenendo tutto ciò che potesse determinare il prevalere della pulsione individuale e favorendo il sorgere di un' espressione collettiva.

La severità di stile, il prevalere della staticità dei tratti maestosi, misurati e patriarcali sulla dinamicità dell'infiammato slancio melodico del canto lirico, sta a significare il rafforzamento della dimensione comunitaria come fondamento dei nuovi destini democratici. Pur situandosi in ambito aristocratico, fu Gluck a delineare quello sviluppo tanto determinante come mobilitazione della coscienza collettiva. Come ha indicato Elvidio Surian, si tratta in particolare del coro "Partons, volons à la victoire", intonato dai Greci alla partenza per Troia nell'*Iphigénie en Aulide*. Oltre all'unisono che in un solo gesto abbraccia voci e orchestra in una semplificazione linguistica che scolpisce plasticamente le parole nell'essenzialità del loro didascalico prorompere, oltre ai fatali colpi di grancassa che proprio in quest'opera fa la sua comparsa storica per installarsi definitivamente nell'immaginario sonoro a cogliere il rimbombare del sovvertimento di popolo, è l'*Andante maestoso* dettato dal musicista a questa pagina a contare come mirabile ed eloquente coniugazione di eccitazione comunitaria e misurata imponenza in grado di corrispondere alla natura dei grandi eventi dell'epoca. Ciò spiega sicuramente in parte la lunga permanenza di quest'opera sulla scena parigina (428 riprese tra il 1775 e il 1824), tra cui il 5 aprile 1796, una sua rappresentazione significativamente combinata con una grandiosa esecuzione del *Chant du départ* di Méhul, e soprattutto il diretto rapporto di filiazione tra Gluck e i musicisti direttamente coinvolti nell'avventura rivoluzionaria. Di chiaro stampo gluckiano fu ad esempio la *Messe des morts* composta da Gossec nel 1760, le cui tenebrose atmosfere da una parte annunciano con trent'anni di anticipo i foschi toni delle musiche rivoluzionarie e dall'altra rispecchiano l'espressione immaginifica del teatro di Gluck proprio attraverso la ripresa dei suoi precisi luoghi deputati, profetici di sventure. Non poté quindi passare inosservato il procedimento di teatralizzazione della composizione chiesastica tentato da Gossec nel "Tuba mirum", con la stereofonizzazione degli ottoni ben prima che Berlioz la praticasse nel suo *Requiem*, e nel "Mors stupebit", annunciato dal tenebroso rullio dei timpani e con la parola "mors" scolpita come un'invettiva, di cui egli stesso riferì in questi termini l'esecuzione avvenuta nella chiesa di Saint-Eustache il 18 dicembre 1784 con duecento musicisti:

> On fut effrayé de l'effet terrible et sinistre de trois trombones réunis à quatre clarinettes, quatre trompettes, quatre cors et huit bassons cachés dans l'éloignement et dans un endroit élevé de l'église, pour annoncer le jugement dernier, pendant que l'orchestre exprimait la frayeur par un frémissement sourd de tous les instruments à cordes. A cet effet terrible succéda bientôt dans l'orchestre un effet doux, suave et consolateur, produit par la réunion des flûtes aux clarinettes et cors dans le cantabile "Spera in Deo" de l'offertoire (riferito da Fétis, «Revue Musicale», 1829).

Che tale sgomento provenisse dal modello di tragicità superbamente elaborato nella terribile ieraticità di un teatro impegnato a ritrovare la sublimità della tragedia antica, è fuori dubbio. Che esso riguardasse lo specifico presentimento di un evento epocale, come sarebbe stata la Rivoluzione, si potrebbe anche credere di fronte alla visionarietà suscitata dagli organisti lanciati nelle improvvisazioni sul *Te Deum* che secondo Antoine Jacques Labbet, abbé de Morambert (*Sentiments d'un harmoniphile sur différents ouvrages de musique*, 1756) scaricavano «les plus pathétiques accords», capaci di «faire frissonner» gli uditori: nell'illusionismo di una catastrofe naturale il flauto esprimeva «il fischio dei venti» e l'orchestra «una tempesta che fa rabbrividire» nel momento prefigurante il Giudizio universale. D'altra parte non può sfuggire un senso di premonizione nei modelli compositivi dettati alla musica religiosa da Jean-François Lesueur, compositore che avrebbe svolto un ruolo rilevante nei turbolenti anni rivoluzionari a seguire, che giungeva a suggerire il modo in cui esprimere «la collera inevitabile di un Dio vendicatore» in questi termini fatali:

> [...] que l'orchestre emprunte des accents semblables au fracas d'un tonnerre exterminateur; que la mesure ait une marche accélérée, quoique majestueuse, et que le rythme soit tranchant. On aura rempli

> son objet, si le ton général, résultant de l'ensemble de ce morceau, est frappant, terrible, foudroyant, de manière à porter la crainte, la terreur, la consternation dans les âmes (*Exposé d'une musique une*).

In particolare, nel piano di una musica adatta alla Festa dell'Assunta, come imitazione del «coup de foudre», per la resurrezione gloriosa della Vergine egli vi prescriveva che dall'orchestra dovesse sortire «un bruit sourd et formidable, semblable à un coup de tonnerre inattendu, qui semble devoir toujours précéder les accents imposants de la Divinité». È singolare come qualche anno prima dello scoppio della Rivoluzione francese si acuisse nelle espressioni artistiche il senso di qualcosa di sconvolgente, in termini spinti oltre quanto fino a quel momento esperito. Nel piano per una musica appropriata alla festa pasquale, la rappresentazione del Cristo che ritorna fra i vivi rovesciando la pietra tombale, indotta dal testo "Quis revolvet nobis lapidem ab ostio Monumenti", è una scena immaginata da Lesueur in questi termini: «La peinture du tremblement de terre, au moment de la Résurrection, se retrace ensuite, ainsi que la crainte et la terreur des Gardes qui investissaient le Tombeau», mentre per la terza parte della messa di Pasqua, nel momento che porta all'elevazione, l'orchestra è mobilitata con le sue risorse contrastate a dipingere «l'arrivée du Très-Haut, précédé du Tonnerre, et porté sur l'aile des Vents; la chûte de ses ennemis expirants, et tombant de toutes parts, sous sa foudre brûlante; les monts fondus à son aspect; le tressaillement de la Terre étonnée» (*Suite de l'Essai sur la musique sacrée et imitative*).

La stessa percezione di una forza superiore alle azioni dell'uomo, che sovrastava il suo destino come un potere travolgente, era misurabile nel *Te Deum* (1779) di Gossec, proprio nello "Iudex crederis" che, a detta di Michel Brenet, riuscì a sorpassare e a far dimenticare la bravura di Antoine Calvière e di Louis-Claude Daquin nelle risorse messe in opera per dipingere il terremoto e lo sconvolgimento della natura, davanti alle quali tutti concordavano nella convinzione di aver ascoltato «poca altra musica il cui effetto fosse così terribile e così spaventoso».

Una sorta di predestinazione tale evocazione del giudizio universale sottendeva per un compositore che ebbe la vita letteralmente e imprevedibilmente cambiata dalla Rivoluzione. François-Joseph Gossec, musicista dal passato ragguardevole per i ruoli assunti nell'*establishment* parigino – come animatore del Concert des Amateurs prima e del Concert Spirituel dopo, come autore teatrale nel campo dell'opéra-comique e partigiano del partito gluckiano nell'opera seria, come pedagogo ben assestato all'École Royale de chant – nel luglio 1789 (ormai ultracinquantenne) venne coinvolto nella cerimonia celebrativa delle vittime della presa della Bastiglia, in cui furono eseguiti alcuni brani della sua *Missa pro defunctis* composta nel 1760. A trascinarlo nell'operazione fu Bernard Sarrette, ufficiale di basso rango incaricato di organizzare la musica della Guardia nazionale parigina dislocata nello stesso quartiere della sua scuola, il quale gli affidò la guida artistica del complesso che, dopo una prima uscita il 9 agosto con l'esecuzione di arie marziali, il 27 settembre già prestava solenne servizio in Notre-Dame per la cerimonia della benedizione delle bandiere. In seguito, dopo la nomina di Sarrette a capitano, Gossec ricevette il grado di tenente-maestro di musica, a sancire il compito militante che la sua musica avrebbe dovuto avere. Con tanto di uniforme (che non era più quella di lacchè che Haydn era tenuto a indossare al servizio degli Esterházy), egli si trovava nella condizione del cittadino soldato, padrone del proprio destino. La forza travolgente degli eventi faceva sì che nelle nuove situazioni i comportamenti si adattassero prima ancora di prenderne coscienza, per cui la regolata esistenza di un maturo musicista dell'*ancien régime* venne a essere sconvolta senza essere programmata da scelte precise.

Da quel momento in poi la presenza di Gossec nelle manifestazioni pubbliche fu dominante e proporzionale all'importanza che la musica sempre più assumeva in cerimonie che si moltiplicarono a creare l'idea di popolo, essenziale alla natura del nuovo regime. Uscendo dalle residenze nobili e dai teatri, nei grandi spazi aperti alla partecipazione delle masse, l'arte dei suoni era spinta al cambiamento radicale in un orizzonte sonoro anch'esso rivoluzionato, in una sfida che Gossec raccolse prima di ogni altro. Una geografia del tutto nuova, di nuovi suoni non ancora esorcizzati, avanzava minacciosa per il fatto di essere percepita come manifestazione di una realtà incombente, dal *Te Deum* cantato «al rombo dei cannoni» a Rouen il 2 aprile 1791 alla festa civica di Namur nel dicembre 1794, quando il corteo si mise in marcia «al rombare del cannone e al suono della campana».

A dire il vero il cannone aveva già fatto la sua comparsa all'Académie Royale de musique nel 1783 nella *Péronne sauvée* di Nicolas Dezède, dove un prigioniero inglese fa esplodere una torre imbottita di polvere da sparo con effetti fragorosi d'orchestra. Due anni dopo, nel *Pizarre*, Pierre-Joseph Candeille attraverso simile orchestrazione militare rappresentava la distruzione a cannonate di un tempio peruviano da parte degli spagnoli. Un nuovo paesaggio sonoro, che rifletteva la portata degli eventi tragici in procinto di cambiare la storia, imprimeva il suo marchio sulla musica dei tempi nuovi. Non per niente durante gli anni Ottanta, a tradurre il senso del destino sovrastante i casi umani, nell'opera francese si profilò il *topos* della tempesta consolidata nel decennio successivo proprio in seguito agli eventi dell'89. Effetto ottenuto disarticolando lo schema armonico parallelamente alla detonazione orchestrale, in *Paul et Virginie* (1791) di Rodophe Kreutzer esso occupa lo spazio di ben 415 battute, mentre, ad aumentare la forza del contrasto, sta il suo interrompersi nel silenzio di *Mélidor et Phrosine* (1794) di Méhul o lo sfociare in una straordinaria dissonanza (accordo di 10 note) nella *Sapho* (1794) di Jean-Paul-Égide Martini. Il tutto è da considerare in relazione con la portata del rivolgimento epocale, di uno scenario di eventi travolgenti immediatamente impressi nella memoria collettiva. Anche i fatti non direttamente collegati con la trasformazione storica mostrano di risentirne. Ne *La Caverne* (1793) di Lesueur, il rifugio dei banditi che dà il titolo all'opera crolla con insolito fragore orchestrale. La furiosa battaglia tra tartari e polacchi accompagna l'incendio che distrugge il castello nella *Lodoïska* (1791), come una «symphonie guerrière» costruita da Cherubini sul brivido del pericolo che, partendo dal tremolo degli archi di gluckiana memoria, si moltiplica nel giganteggiare di sonorità spinte alla dimensione del catastrofico. Anche *Élise* (1794) vede il compositore italiano concepire una vicenda in cui la valanga che si abbatte sul protagonista supera le proporzioni richieste dal caso individuale per suscitare un fremito di portata epica.

L'urgenza di tale processo è verificabile nel livello della «musica fragorosa [bruyante] che si può chiamare rivoluzionaria», così definita da Grétry, e nei suoni del reale direttamente assunti nella scena operistica. Tale si presenta il quadro dell'Ospizio del San Bernardo in *Élise*, dove l'*Ave Maria* è evocata dal suono di campana, qui presente come segnale rassicurante del rifugio alpino, altrove come segnale di morte, percepita come agente di turbamento. Nuovi rapporti sonori, nuove combinazioni timbriche, nuovi strumenti si manifestano a testimoniare la portata di una rivoluzione che è stata tale negli spiriti prima ancora che nei fatti. Dai resoconti emerge inequivocabilmente il collegamento fra suono e realtà, in cui prende forma una semantica musicale inedita, capace di destare nuovi sentimenti. Riferendo della Festa dell'Unità e dell'Indivisibilità celebrata il 10 agosto 1793, il «Mercure de France» annotava: «Il suono dei cannoni, prolungato in eco nelle arie, si è fatto sentire: una musica dolce, di canti armoniosi e civici sono usciti da questo tuono di libertà». Compreso il valore mobilitante e insieme terrorizzante dei colpi di cannone e delle fanfare, esso fu immediatamente preordinato da Jacques-Louis David nel piano di svolgimento della Festa dell'Ente supremo (8 giugno 1794):

> Il giorno è appena annunciato dall'aurora che il suono di una musica guerriera echeggia da tutte le parti, e fa seguire alla calma del sonno un risveglio incantatore [...] Una salva d'artiglieria annuncia il momento desiderato: il popolo si riunisce al Giardino nazionale [...] il rumore dei tamburi si fa sentire, il suono penetrante della tromba esplode nelle arie.

Caricandosi di significati mobilitanti, il paesaggio sonoro era mutato a tal punto da suggerire il trasferimento pari pari di quelle sonorità in composizioni musicali vere e proprie. Dello "ierodramma" di Marc-Antoine Désaugiers (*La Prise de la Bastille*), allestito in Notre-Dame il 13 luglio 1790, dove una possente orchestra, colpi di cannone, bordate di ottoni ed esplosione finale evocavano l'assalto alla fortezza, è rimasto il ricordo vibrante di uno spettatore (riportato da Tiersot):

> L'ouverture fu un pezzo nobile che penetrò gli animi e li condusse attraverso una penosa ansietà a un recitativo che suscitava ricordi terribili; questo pezzo era seguito da un coro di strumenti e di voci che fecero risuonare la volta del tempio e gelarono i cuori di spavento; ma il terrore arrivò al massimo quando si elevò il suono lugubre delle campane a martello. Tutti si guardavano con fare inquieto e si credevano ancora al 14 luglio 1789.

È la campana che ossessivamente si era insinuata nella mente di Grétry, al punto da lasciare un'impronta nella sua coscienza dell'epoca: «Da quattro anni che dura la Rivoluzione, durante la notte (quando i miei nervi sono in movimento) ho nella testa un suono di campana, un suono di campana a martello, e il suono è sempre lo stesso». La fatale sonorità metallica intrigò al punto che nel 1793 Ignaz Pleyel, allora residente a Strasburgo, coinvolto nella festa per il secondo anniversario della presa delle Tuileries, arrivò a requisire dalla fonderia (in cui erano state portate per essere convertite in cannoni) sette campane (come le note della scala diatonica) per associarle al gigantesco apparato di orchestra, coro, tamburi, trombe, pifferi e artiglieria, facendole addirittura protagoniste nell'allestimento della *Révolution du 10 Août ou le Tocsin allégorique*, che non solo impressionò la moltitudine adunata nella cattedrale della città alsaziana ma provocò addirittura lo svenimento dello stesso compositore.

A effetti nuovi corrispondevano nuove e sorprendenti reazioni, anche involontarie e comiche come fu il caso di *Le Pont de Lodi* di Méhul rappresentato il 15 dicembre 1797 al Théâtre Feydeau, per festeggiare il ritorno di Napoleone dalla Campagna d'Italia. I colpi di cannone sparati, oltre a spaventare vari spettatori, produssero un fumo tale da oscurare lo svolgimento dell'azione sulla scena (come fu testimoniato da «La Décade»). Al di là della dimensione epica, declinata nel quadro di una tragicità che si richiamava a antichi modelli, ma nei termini della storia che il pubblico percepiva nell'atto del suo svolgersi, un genere nuovo di spettacolarità sonora si imponeva come trionfo di effetti speciali suscitatori di meraviglia per un pubblico nuovo e poco scaltrito, ingenuo e facilmente impressionabile. In occasione dell'allestimento di *Le Siège de Lille* di Rodolphe Kreutzer il 20 novembre 1792, «Le Moniteur» lodava «les détails du siège, le bruit des canons, les marches militaires, les pétards et les bombes, et surtout les incendies fort bien exécutés».

Campana a martello e cannonate scuoterono anche la partitura de *L'Offrande à la liberté*, la composizione di Gossec a cui arrise maggiore fortuna, presentata scenicamente all'Opéra il 30 settembre 1792. Tale quadro patriottico, coreografato da Pierre Gabriel Gardel, si apre sull'esortazione di un cittadino a far fronte ai nemici coalizzati contro la nazione. Al ritornello "Veillons au salut de l'Empire" (tratto dall'opera *Renaud d'Ast* [1787] di Nicolas-Marie Dalayrac) a cui si unisce il coro, segue l'incitamento di un altro cittadino a prendere le armi, sfociante nella *Marseillaise*, qui elaborata in strumentazione differenziata per ogni strofa, capace di far sussultare gli ascoltatori fissando il drammatico fremito sonoro che sarebbe rimasto nelle successive orchestrazioni più o meno ufficiali (di Berlioz e di altri).

Il momento che più impressionò i contemporanei fu la "danza religiosa", in cui la voce palpitante del clarinetto solo accompagnato dagli archi si libra in una variante dell'inno di Rouget de Lisle, a introdurre l'ultima strofa ("Amour sacré de la patrie") sommessamente intonata dal coro, mentre uno stuolo di fanciulli in tunica bianca si dispone intorno alla statua della Libertà, spandendo aromi d'incenso.

Era l'atmosfera sacrale ufficializzata nelle nuove feste repubblicane, che ritroveremo nella Festa dell'Être suprême voluta da Robespierre e concepita da David in un progetto presentato il 7 maggio 1794 all'Assemblea nazionale, in cui l'artista riservava alla musica un ruolo primario in questi termini:

> Un profondo silenzio regna in ogni luogo; i toccanti accordi di una musica armoniosa si fanno sentire; i padri, accompagnati dai loro figli, cantano una prima strofa; giurano insieme di non deporre le armi finché non saranno annientati i nemici della Repubblica: tutto il popolo ripete il finale.
>
> Le giovani assieme alle madri, con gli occhi fissi alla volta celeste, cantano una seconda strofa; le figlie giurano di sposare soltanto uomini che abbiano servito la Patria, le madri orgogliose cantano la loro progenie: i nostri figli, dicono, dopo aver purgato la terra dai tiranni coalizzati contro di noi, torneranno per adempiere un dovere grato ai loro cuori; essi chiuderanno gli occhi di chi li diede alla luce. Il popolo ripete queste espressioni di sentimenti sublimi, ispirati dal sacro amore delle virtù. Una terza e ultima strofa è cantata da tutto il popolo.

L'8 giugno tale scena si concretizzò sulla "montagna" eretta nel Champ de Mars come un enorme altare, su cui i membri della Convenzione nazionale, i corpi musicali, il popolo si disposero gerarchicamente intonando alla fine in massa l'*Hymne à l'Être suprême* di Gossec sulle parole di Théodore Désorgues adattato alle esigenze di un coro monumentale, preparato da tutti i musicisti disponibili nei giorni precedenti nelle sezioni di Parigi, per istruirvi l'intera popolazione. Una cinquantina di cantori per ognuna delle 48 sezioni in cui era divisa la città significava 2400 voci alle quali nel ritornello, in un gigantesco unisono, si sommavano le voci delle migliaia di cittadini presenti.

Era l'ideale di Robespierre, coltivato nel segno di una repubblica risorgente dalla memoria tramandata dagli spiriti liberi:

> L'uomo è l'oggetto più grande che ci sia nella natura; e più magnifico di tutti gli spettacoli è quello di un grande popolo riunito in assemblea. Non si parla mai senza entusiasmo delle feste nazionali della Grecia: tuttavia esse non avevano per oggetto che dei giochi in cui brillavano la forza del corpo, la destrezza, o tutt'al più il talento dei poeti e degli oratori. Ma la Grecia era là: era dato di vedere uno spettacolo più grande dei giochi, erano gli spettatori stessi.

In alternativa all'aborrito "fanatisme", la religione civile richiedeva un patrimonio illustre di riferimento che non si esitò a individuare nell'antico mondo pagano, da cui venivano recuperati i riti collettivi mediati dalla cultura umanistica del tempo fin nei dettagli delle scene e dei costumi attinti ai magazzini del teatro dell'opera. Se di azione di propaganda è lecito parlare, nella misura in cui vi si rifletteva un modello culturale corrente, il fenomeno delle feste repubblicane era anche un prodotto che andava al di là della politica in un clima di rinascita registrato dalla stampa del tempo:

> Jadis, sous le beau ciel de la Grèce, dans ces fêtes où l'Attique célébrait sa liberté, les jeunes Athéniennes allaient solennellement déposer, sur la tombe chère au pays, une offrande religieuse: puis aux yeux de l'enfance qui souriait, et de la vieillesse attendrie, tous ensembles, comme une couronne de roses, autour du monument sacré, elle chantaient leurs frères absents, leurs frères combattants pour la patrie: et la patrie émue, frémissante de joie, répétait avec enthousiasme les nomes de Marathon, de Salamine, de Platée. Beaux jours de la Grèce libre, vous renaissez donc pour nous; et nos yeux ont vu ce spectacle! («Chronique de Paris», 18 giugno 1792).

L'*Offrande à la liberté* tuttavia elettrizzava i cittadini soprattutto grazie alla versione data della *Marseillaise* (diventato simbolo dell'orgoglio nazionale e la cui esecuzione era spesso prescritta dalle autorità stesse), che spiega le sue numerose repliche (almeno fino al 1799). Nel dicembre 1792 essa fu addirittura al centro di una missione "artistica" che la Convenzione affidò a Gossec, che prevedeva la presentazione della sua composizione, insieme con l'*Oediphe à Colone* di Sacchini e il *Tancrède* di Voltaire, a Bruxelles e in altre città belghe a scopo propagandistico.

Visione tragica del presente

Il teatro fu subito individuato dalle nuove autorità come mezzo di diffusione delle nuove idee. Soprattutto con l'avvento della Repubblica, la partecipazione attiva della cittadinanza (essendone la giustificazione) doveva essere tenuta viva. Oltre alle feste e alle cerimonie funebri per gli eroi della nazione, il teatro ne era il luogo deputato, tanto più efficace quanto più vi era possibile (suscitando l'entusiasmo per i nuovi ideali) orientare l'opinione pubblica in favore del nuovo potere e tenerla sotto controllo. Come nacquero nuovi inni di carattere incitante e di facile impiego corale, così sorsero nuovi modelli di rappresentazione scenica vocati a esporre la nuova realtà a scopo didascalico. L'*Offrande à la liberté* ne fu l'incunabolo che, sancito dal successo, fece da esempio ad altri spettacoli che vedevano l'attualità irrompere direttamente sulle scene. È il caso del successivo esperimento teatrale di Gossec, *Le Triomphe de la République ou le Camp du Gran Pré*, composto sulla scia dell'emozione collettiva alla notizia della vittoria dell'armata guidata da Kellermann nella battaglia di Valmy contro le truppe della coalizione antifrancese condotte dal duca di Brunswick, il 20 settembre 1792. Il modo in cui questo "divertissement lyrique" era legato agli eventi in corso è dimostrato anche dal titolo, che divenne definitivo solo dopo l'accettazione dell'idea dell'abolizione del regno decretata il 21 settembre 1792, per cui dapprima Marie-Joseph Chénier, autore del testo, la intitolò *Le Triomphe de la Liberté* e anche *La trève interrompue.*

Il lavoro, allestito il 27 gennaio 1793 all'Opéra con la coreografia di Gardel, riprende anche alcuni brani precedentemente composti (o con testo mutato) in un assetto didascalico che allinea soldati, cittadini, autorità a rappresentare la nuova realtà civile.

Nell'ouverture echeggiano il cannone (gran cassa) e le trombe che incitano alla battaglia; ma è anche attraversata da un passaggio in minore con salti di settima che introduce il senso di fatalità nei modi tenebrosi ereditati dall'opera seria. Dopo una marcia notturna per le pattuglie di ronda e la diana per il risveglio dei guerrieri, i soldati intonano un inno al Dio dei popoli e dei re. Entrano i cittadini di Grand Pré con gli ufficiali municipali e il sindaco in testa a celebrare la vittoria sui tiranni. Il trio in cui si uniscono il sindaco, il generale e l'aiutante di campo e che sfocia nel coro, è emblema del senso di collettività e di destino condiviso nella nuova dimensione solidale intorno all'albero della libertà.

Il maggiore cambiamento estetico portato dalla Rivoluzione è però misurabile nella scena successiva, in cui il recitativo di Thomas, cantore del villaggio, è introdotto e intercalato da accenni alla gioiosa danza contadina che segue. È la fisica mescolanza del nobile gesto espressivo con l'accento popolaresco, programmatica affermazione di un modello democratico valido anche per la musica sfociante nel rondò, che nella turbinosa circolarità della danza contadina in cui si alternano simbolicamente l'uomo (Thomas) e la donna (Laurette), esalta la gioia di una vita liberata. È la dimensione di popolo, che fin dal Medioevo aveva trovato eco proprio nella *chanson* francese ma rimanendo ai margini della musica dotta, e che in quel momento si pone al centro della scena col suo gesto rude e leggero insieme. L'evidenza che Gossec gli concede è dimostrata dalla successiva *Danse villageoise* dei pastori, ma soprattutto nel finale quando, dopo il coro inneggiante alla libertà (rappresentata da una figura femminile che discende dal cielo su una nuvola accompagnata dai geni delle arti e dell'abbondanza), entrano in scena le diverse nazioni, tutte identificate dal lato popolare. Tale balletto "internazionale", oltre al valore simbolico, è un capolavoro di semplicità e schiettezza, come emergenza di un mondo non più idealizzato nell'immaginario arcadico (come ancora avveniva nelle danze del *Don Juan* di Gluck, per non dire delle danze nelle opere di Rameau), ma restituite negli svolazzi liberatori dei legni e in generale nella fantasia di temi squadrati e fortemente identificati, in cui spiccano l'impacciato *Rans des vaches* degli svizzeri e la ghironda (*Vielle*) resa in modo onomatopeico con tanto di bordone e tipica cifra sonora nasale. *Anglaise ou Bostonienne* rappresenta l'oltre Manica e l'oltre Oceano in una contraddanza sfrenata, mentre numerosi sono i riferimenti ad altri stili nazionali e regionali in cui non manca l'entrata degli africani (dei «nègres»), precisamente con «i loro piccoli tamburi formati da una scorza di frutto simile a una zucca tagliata a metà sulla quale è tesa una pelle, battendo i tamburi con le dita». Tale carrellata finale dei popoli, chiaramente programmatica, non solo lo è per il messaggio ideologico sotteso (di libertà, uguaglianza, fraternità), ma esteticamente segna l'annessione consapevole e deliberata di modi stilistici provenienti dal basso della società. Questi modi musicali (danze in primo luogo) dettavano legge da tempo nel teatro musicale leggero, ma appunto come realtà separata dall'ambiente dotto e aristocratico. Non a caso nel *Triomphe de la République* invece la schiettezza di tali modi è presente, congiuntamente all'evidenza riservata alle posture solenni sull'esempio dell'opera seria. Ne fa stato il "retour du combat" del generale che giunge al villaggio a ridestare la voglia di danzare, annunciando la sconfitta dei tiranni. Ciò dà luogo a un'ampia scena articolata sul modello delle contrastate arie descrittive del grande teatro musicale, di cui Gossec ben conserva il senso di maestosità nella liberazione delle energie scomposte dei fenomeni di natura (di "turbini" e "procelle") esibite come metafore delle tempeste scatenate nell'interiorità dell'animo. Qui le stesse figurazioni laceranti rimandano al racconto dell'epico scontro di eserciti, realmente sanguinoso e di fresca memoria, quindi vissuto quasi in contemporanea con un senso di fatalità ben maggiore. La vivacità immaginifica dell'evocazione, avvalendosi di un'orchestra fragorosa, fissa la cifra sonora del tempo; mentre, attraverso le rotture ritmiche in cui trovano il varco frammenti di marcia e di inni patriottici, prende già forma un abbozzo di ciò che sarà il poema sinfonico.

L'acquisita condizione democratica produce anche forme nuove, quali la terza scena in cui (sull'appello alle armi) si snoda una vasta sezione da cui sono banditi i soli e di esclusivo impianto corale: nei cori distinti (di giovani, vecchi, donne, bambini), il compositore esalta il senso di comunità, mentre la ricerca di spontaneità espressiva non gli impedisce di sfruttare con opportuno dosaggio del contrappunto le risorse del concertato. Tale dichiarata policoralità evidenzia (già nella scrittura) il fattore spazio, che è gestito in modo differenziato nella scena successiva, aperto su una marcia a passo di carica con la precisazione affinché «on diminue le son à mesure que les Troupes deffilent». Con ciò si impone il concetto spaziale sottolineato dal cannone «che si fa sentire da lontano», nell'introduzione strumentale al coro dei vecchi (i quali rimpiangono la forza perduta della giovinezza che impedisce loro di correre alla battaglia per difendere la Repubblica). Lontananza dichiarata successivamente dalle trombe che «dans le plus grand éloignement sonnent la charge ou l'ordonnance» (come recita ancora la didascalia in partitura), mentre un "coro da lontano" (in alternanza ai soli) inneggia alla patria e alla gloria. Nella scena quarta, in cui i repubblicani festeggiano la vittoria, Gossec indica "coro di guerrieri fuori del teatro" e, come se non bastasse, appone sul pentagramma la didascalia "doux dans les coulisses" (dolce dietro le quinte).

L'effetto è evidentemente teatrale, così come la «décharge terrible de canons et de mousqueterie; fracas épouvantable» prevista nella terza scena. Tuttavia non si tratta solo di spettacolarità, ma soprattutto del riposizionamento della musica di fronte agli eventi della nuova epoca, alla percezione dell'instaurarsi di nuovi rapporti ormai coinvolgenti la società nel suo insieme, quindi anche nella dialettica delle sue componenti, metaforizzate stilisticamente nella molteplicità dei livelli e spazialmente nell'interazione di distinti agenti sonori, a dar forma alla rappresentazione di una realtà segnata dalla cifra del molteplice.

Di questo coinvolgimento era parte integrante il recupero dell'esempio delle antiche repubbliche, alle cui virtù civiche si commisurava la nuova realtà. Qualche giorno dopo la cerimonia funebre sul Campo di Marte per la morte del generale Hoche (condecorata dalle musiche di Gossec, Cherubini e Paisiello) «Le Conservateur» (4 ottobre 1797) si chiedeva se non sarebbe stato opportuno a scopo morale e civile estendere tale cerimonia ai teatri:

> [...] il me semble que ce serait un moyen de plus d'exciter une noble émulation, d'honorer, à l'exemple des Grecs et des Romains, nos modernes théâtres, et d'en diriger les effets vers le but qu'ils doivent, surtout, se proposer, inspirer le véritable amour de la gloire, de la patrie e de la liberté.

La risposta non si fece attendere, tanto che il Ministero degli Interni dispose che l'Opéra e il Théâtre Feydeau predisponessero l'evento. Secondo il programma del 10 ottobre del Théâtre Feydeau ciò avvenne in forma pantomimica con il momento saliente rappresentato dalla deposizione nel tempio dell'urna contenente le ceneri dell'eroe, mentre nel cambio a vista appariva «sur des nuages éclatants de lumière, Hoche, en habit de général, avant sous les pieds l'hydre du fanatisme, la trahison et la guerre civile, représentés sous les formes que leur conviennent: la République française, qui lui offre la palme de la reconnaissance; la Victoire, qui tient, sur la tête du héros, une couronne de laurier; la Renommée, qui le mène au temple de l'immortalité; la Gloire, qui le conduit par la main; et enfin, les Génies de la France, qui lui présentent, de tous côtés, des trophées et des fleurs». Ma la forza dello spettacolo risiedeva soprattutto nel fatto di essere prolungato nella sala, dove (secondo il resoconto delle serate all'Opéra nel «Conservateur» del 12 ottobre) la presenza del padre dell'eroe circondato dai familiari, nell'emozione del vero lutto condiviso, stabiliva un rapporto di idenficazione tra scena e vita vissuta.

Di come la musica non sarebbe più stata la stessa dopo gli eventi rivoluzionari ebbero esatta percezione Gossec e Méhul in un rapporto del 1803 dell'Institut, in cui troviamo chiaramente definito lo spirito del tempo che ha trasformato dall'interno l'arte dei suoni, consegnandola al continente intero come strumento di mobilitazione della moltitudine di uomini portati alla consapevolezza di cittadini:

> Armée d'une puissance irrésistible, une musique d'un caractère extraordinaire se fait entendre dans un mouvement séditieux, elle se dissipe. De nouvelles épreuves sont faites, même succès. Alors on sentit la nécessité de l'associer aux événements et aux circonstances; elle devint au besoin absolu. La multitude attirée par ses accords harmonieux, s'empressa de marcher à sa suite. Cet art sublime varié dans ses mouvements, ses caractères, ses accents, ses couleurs et ses nuances, se lia à tout, anima tout, et devint l'âme de tous les genres de solennités.
>
> [...] Telle fut la musique nationale, énergique et intacte, au milieu des orages de ce tourbillon révolutionnaire qui porta la désolation dans toute la France et l'agitation dans toute l'Europe.
>
> Cette musique sera sans doute mentionnée dans l'histoire, tant par son caractère d'originalité que par ses effets extraordinaires. Toutes les nations de l'Europe l'ont recueillie; les peuples du Nord en font usage,

soit dans leurs temples, soit dans leurs armées (*Rapport à l'Empereur sur le progrès des sciences, des lettres et des arts depuis 1789*).

Di fronte a una realtà in sommovimento la musica non era più neutra. Anche il filone dell'immaginosità popolare, quella che impensieriva l'arcivescovo di Parigi quando proibì a Claude Balbastre nel 1762 di suonare l'organo alla vigilia della festa di Saint-Roch a causa dei disordini suscitati dalle sue improvvisazioni, concorse a creare una maniera che dopo la presa della Bastiglia si sarebbe caricata di significati decisivi. In virtù dei suoi esplosivi adattamenti degli inni rivoluzionari eseguiti nella cattedrale di Notre-Dame trasformata in "Tempio della Ragione", Balbastre riuscì a mantenere la sua funzione.

«La musica francese odierna ha improvvisamente preso uno slancio terribile», annotava Grétry, confermando nell'aggettivo il senso di destino segnato dall'idea della morte incombente. Era un nuovo immaginario sonoro a essere consegnato alla storia, come dimostrano molte composizioni ottocentesche, a partire dalle campane che rintoccano a morto nel *Songe d'une nuit du Sabbat* della *Symphonie fantastique* di Berlioz (ma anche la *Marche au supplice* nella percussione fragorosa e nel calcato ritmo fatale che ricorda il corteo che esibiva alle invettive del popolo i condannati alla ghigliottina, condotti in massa al patibolo solo qualche decennio prima), fino agli atti quarto e quinto degli *Huguenots* (1836) di Meyerbeer come segnale d'avvio dello sterminio nella Notte di San Bartolomeo.

È la stessa idea fatale che domina nei quadri didascalici di David, dell'appello alla leggenda antica del sacrificio per la patria, del *Serment des Horaces* così acutamente analizzato da Starobinski. Il giuramento si presenta come l'atto fondante della nuova società: «Il giuramento rivoluzionario crea la sovranità – mentre il monarca la riceveva dal cielo». Soprattutto si tratta di un «atto puntuale, evento breve, iscritto in un minuto passeggero: esso impegna un avvenire e lega delle energie che, senza di lui, si disperderebbero». Nell'istantaneità del simbolo la cerimonia repubblicana oppone la sua essenzialità alla festa aristocratica, caratterizzata dalla «profusione vertiginosa» di spunti divaganti di piacere. Ed è significativo che per la prima grande festa rivoluzionaria, la Festa della Federazione (14 luglio 1790), la prima musica a essere stata presa in considerazione per «produrre il più grande effetto dopo che i deputati di ventiquattro milioni di uomini liberi avranno fatto giuramento di conservare la loro libertà o di morire» («Chronique de Paris») fosse un coro dal *Dardanus* di Sacchini, da un'opera classicheggiante dunque, sui cui versi si cantava:

> Grand Dieu! De mille maux accablez le coupable / Qui trahit ses serments, / Et dans son cœur, pour comble de tourments, / Faites tonner la voix impitoyable / Des remords dévorants.

L'esempio di un'antica virtù morale, lo stoico atto di determinazione al sacrificio, aveva dato luogo a una formulazione musicale risoluta e battagliera che lasciava definitivamente dietro di sé le blande e sussiegose intonazioni aristocratiche dei decenni precedenti. Anteriore all'89 era anche la musica del *Serment républicain* di Gossec, eseguito il 21 gennaio 1796 nella cerimonia della festa nazionale che celebrava l'anniversario dell'esecuzione di Luigi XVI. Presentato anche in una precedente versione su testo di Marie-Joseph Chénier davanti alla Convenzione, esattamente un anno prima e nella stessa ricorrenza, si trattava di un coro ricavato dalla musica di scena per una rappresentazione dell'*Athalie* di Racine allestita nel 1785 a Fontainebleau davanti al re, il quale non immaginava certo che le stesse emozioni in cui si compiaceva in quel frangente avrebbero infiammato i nemici della monarchia contro di lui.

Rilevabile come precorrimento di un atto risolutore, esso avrebbe fissato un emblema per i decenni successivi. Musicista in posizione chiave nell'evoluzione dello stile e dei concetti estetici, fu Rossini in *Tancredi* (1813) ad aprire l'opera su un coro di cavalieri che, se vi è adottato un andamento genericamente marziale, viene apostrofato e trascinato da Argirio alla dichiarazione di fedeltà alla patria siracusana: il coro si impenna appunto nell'atto del giuramento che sfocia nella scalpitante esortazione ad affrontare i mori in battaglia. Che ciò aprisse una nuova stagione all'opera italiana è documentato da Stendahl, proprio nel senso di registrarla come termometro delle tormentate vicende della contemporaneità:

> De toutes les passions généreuses, la tyrannie ne permettant en Italie que l'amour, la musique n'a commencé à être belliqueuse que dans *Tan-*

> *crède*, postérieur de dix ans aux prodiges d'Arcole et de Rivoli. Avant que ces grandes journées eussent réveillé l'Italie, le nom de la guerre et des armes n'était employé en musique que pour faire valoir les sacrifices faits à l'amour (*Vie de Rossini*, 1824).

È a quell'incunabolo, derivato dai modelli repubblicani francesi e messo a punto esemplarmente nella scena del giuramento dei congiurati dei tre cantoni svizzeri nel *Guillaume Tell* (1829), che occorre ricondurre il filone risorgimentale percorrente non poche opere di Verdi, ma anche altre opere che, nello spazio spalancato sugli eventi storici, si confrontarono con la drammaticità della violenza guerresca, sacralizzandola in un rito di religione civile chiamato a emendarla dalla componente maligna, come avviene nella scena della «bénédiction des poignards» degli *Huguenots* di Meyerbeer.

Allo stesso ambito insurrezionale appartiene un'altra opera precorritrice, *Giulia e Sesto Pompeo* (1818) di Carlo Soliva, nella scena del giuramento in cui i rivoltosi si preparano a rovesciare l'imperatore Ottavio. Per i termini di solennità sacerdotale in cui si manifesta l'esortazione di Pompeo ai compagni, il fremito modulante e l'analogo precipitare verso la stretta finale, sembrerebbe testimoniare che l'autore fosse a conoscenza dello spavaldo tratto conclusivo dell'*Hymne du Panthéon* di Cherubini. Questa composizione, composta dal maestro italiano per coro e orchestra di fiati nel 1797, in onore di Marat, salda infatti l'esemplarità del giuramento con l'azione fatale del destino e, dopo l'introduzione di marcia funebre percorsa dal fremito del raccapriccio nel rimbombo dei timpani e nelle sparse e attonite omoritmie corali ("ombres sublimes"), sfocia direttamente nell'idea di vendetta per "les martyrs de la liberté" in un incitato procedere che conduce all'esultanza coinvolgente del giuramento finale ("Nous jurons tous, le fer en main, de mourir pour la République et pour les droits du genre humain"). La coniugazione tra l'ideale estetico di purezza formale e la contrastata vicenda terrena, tra l'armonia verso cui converge lo spirito alla ricerca del placido approdo e la tempestosa sfida nella reale minaccia di distruzione dei valori civili appena conquistati, costituisce l'ultimo alto momento della concezione classicistica dell'espressione, salvata in un certo senso da se stessa, dallo stato letargico di calma inespressiva verso cui la spingeva il rigoroso desiderio di esemplarità propugnata da Winckelmann. Starobinski vi rileva il soprassalto di un «ritorno nell'ombra» capace di destabilizzare l'immobilità del «règne insubstantiel de la transparence», confrontato con la propria purezza che la forza travolgente degli eventi distoglie definitivamente dall'atto narcisistico che la preservava dai rischi del divenire. È così che anche ad altri livelli, nelle incisioni di Flaxman ad esempio, «la violenza, il furore eroico, il terrore, lo spavento vengono a turbare con la loro intensità *espressiva* la calma idealità delle forme». Significativamente, nel fatto che il disegno al tratto dell'artista inglese gli si imponesse tra l'attività di decoratore per la manifattura di Josiah Wedgwood e la commissione di scultura funeraria, il critico ginevrino coglie altresì l'intrigante rapporto «tra la gratuità elegante e un'arte del dolore e della consolazione eternizzati». Un nuovo rapporto di necessità si instaurava sullo slancio di avvenimenti tragici che segnarono profondamente il secolo nell'ultima sua fase, a fissare il modello che avrebbe trovato la sua realizzazione suprema nella *Marcia funebre* dell'"Eroica" di Beethoven, nel desolato senso della morte che si salda come ombra indissolubile all'immagine epica di conquista dei valori assoluti di civiltà, in una dimensione che stabilisce una sintonia con l'eroica elevatezza della tragedia attica, antica esemplarità che incombe inevitabilmente nel momento del bisogno impellente di modelli morali da additare a un'umanità facilmente smarrita di fronte al succedersi tormentato e frenetico degli eventi.

Che la Rivoluzione francese avesse innescato un processo che tendeva intenzionalmente ad assolutizzare i valori al di là del tempo, in un confronto organico con l'antichità greco-romana, è evidenziato da come, in occasione della petizione sostenuta il 20 novembre 1793 dai banchi della Convenzione in favore della creazione dell'Institut National de Musique, Bernard Sarrette presentò il «citoyen Gossec» (autore dell'*Hymne à la Liberté* su poema di Marie-Joseph Chénier eseguito dimostrativamente davanti ai deputati), chiamandolo «le Tyrtée de la Révolution».

È questa la ragione per cui il riscontro nella lezione degli antichi lasciava definitivamente le ispirazioni mitologiche e si focalizzava sui soggetti storici attraverso i quali venivano proiettate in forma traslata le vicende del presente. Tale realtà era toccata con mano da August von Kotzebue di passaggio a Parigi nel 1799, in tempo per rendersi conto del singolare coinvolgimento del pubblico oltre la finzione di un teatro in cui Bruto intonava la *Marseillaise* e veniva applaudito come se fosse La Fayette o Mirabeau. Nell'opera di Jean-Baptiste Lemoyne, *Toute la Grèce ou Ce que peut la liberté* (1794) su libretto di Louis Abel Beffroy de Reigny, i soldati greci mandati a combattere Filippo re dei Macedoni sfilavano sulla scena con le moderne insegne patriottiche: "Vive la République", "La liberté ou la mort", "Ordre et discipline", "Haine aux tyrans", erano le iscrizioni che identificavano i contingenti di Atene, di Lacedemona, di Corinto e di Delfi. In *Denys le tyran maître d'école a Corinthe* (1794) di Grétry, il tiranno di Siracusa veniva smascherato e cacciato dalla città al suono della *Carmagnole*. Per *Mélidore et Phrosine* (1794), opéra-comique di Méhul, il librettista Antoine-Vincent Arnault dovette affrontare il censore del Bureau de la Commune di Parigi che fece interrompere le repliche obiettando: «Ma non è abbastanza che un'opera non sia contro di noi, occorre che sia per noi» (*Souvenirs d'un sexagénaire*, 1833). Per adattare meglio il lavoro allo spirito repubblicano vi fu introdotta una dozzina di volte la parola "Liberté", mentre un nuovo soggetto fu scelto per una più stretta aderenza alle circostanze politiche di quell'anno (1794) come ancora testimonia Arnault:

> Per conformarmi al tempo, senza derogare dai miei principî, immaginavo di scegliere nella storia un soggetto analogo alla posizione in cui la Francia si trovava rispetto all'Europa coalizzata contro di lei, ciò che, fatta astrazione dai principî del governo, mi dava l'occasione di lodare nel patriottismo di un popolo quello che animava le armate francesi. I tratti reali o immaginari attribuiti dalla tradizione a Muzio Scevola, a Orazio Coclite, mi sembrarono di tale natura.

Ma la musica non era da meno assumendo un profilo che, al di là dell'eredità dell'opera seria di stampo gluckiano già rilevata e che similmente rilevava il «Journal de Paris» del 23 febbraio 1794 («Il gusto del canto vi è severo e di un dolore forte, e felicemente adattato alle passioni che esprime»), trovava equivalenza nella monumentalità dell'arte plastica:

> La musica di quest'opera [composta da Méhul per *Horatius Coclès* appunto, aggiungeva Arnault] – è di un'estrema severità; è musica di ferro, per servirmi dell'espressione del suo autore, che, studiandosi di

> caratterizzare nelle sue composizioni i costumi del popolo che faceva cantare, e l'epoca in cui si svolgeva l'azione, aveva questa volta spinto forse un po' troppo oltre l'applicazione di un sistema eccellente. Così lo giudicarono gli orecchi dei più esigenti dei repubblicani, gli orecchi di David.

La nozione che qui si affaccia è interessante nella misura in cui implica due concetti. «Musique de fer» allude certamente a un modo di percepire il suono nella compattezza dei suoi volumi, nella stabilità della sua struttura armonica, melodica e ritmica, nella rigidità anche delle componenti e delle proporzioni in cui esse si dispongono. In questo senso una sua parentela con le manifestazioni neoclassiche della pittura, della scultura e dell'architettura appare evidente. Tanto più lo è quanto meno la musica nel suo svolgersi nel corso temporale, per pervenire a un tale grado di stabilità ieratica, è costretta a resistere alla logica del suo stesso linguaggio. Nella misura poi in cui la dialettica sonatistica aveva già allora significato un'accelerazione del cinetismo, un incremento della sua energia dinamica, tale orientamento diventa più significativo come ricerca di un valore il cui assecondamento si profila immediatamente nel suo risvolto restaurativo, nell'indurimento di una scelta retrospettivamente volta. In secondo luogo la metafora metallica sta a indicare l'impassibilità, meglio il controllo delle emozioni, gerarchicamente sottoposte al primato della virtù morale e della ragione, di sentimenti contenuti nell'essenzialità dei gesti e quindi estranei all'uso sovrabbondante di ornamenti. L'algida dimensione neoclassica era già un concetto musicale nelle parole di difesa di un ammiratore (probabilmente Beaumarchais) di Salieri, lanciate sul «Courier d'Europe» (9 febbraio 1787) in occasione della rappresentazione a Parigi degli *Horaces* su libretto di Nicolas François Guillard:

> Si la froideur patriotique a fait proscrire le poème, ce n'est pas la faute du musicien qui n'a pas pu mettre une gavotte dans son opéra où il s'agissait du salut de Rome.

Proprio l'evocazione della frivola alternativa danzante svela in questa presa di posizione qualcosa che va ben oltre il semplice luogo comune stilistico. In una musica che non è semplicemente ideologica come qualsiasi musica, nella misura in cui non si lascia riconoscere a posteriori come specchio del sistema di pensiero del proprio tempo ma che forse per la prima volta lo è per scelta, la forza dell'idea patriottica tende a trasformare l'espressione in atto dimostrativo, irrigidendone i tratti e contenendone l'empito. Di qui un'impressione di freddezza, di una modalità che viene a contrassegnare la stagione artistica neoclassica. La portata ideologica di tale fase si palesa anche nella repentina semplificazione dei caratteri adottata dai librettisti dell'opera francese repubblicana durante il periodo rivoluzionario, i quali, confrontati con un pubblico borghese meno raffinato, tendevano a tratteggiarli in maniera categorica, in bianco e nero, come riflesso dei principî morali, buoni o cattivi, esaltati. Giacché lo sviluppo del linguaggio musicale procedeva proprio nella direzione opposta (dell'incremento della possibilità di modulare il passaggio da uno stato emotivo a un altro), tale approdo era tutt'altro che iscritto nella sua logica evolutiva e va spiegato in base alla pressione esercitata in forma diretta o indiretta dalla mutata concezione politica.

A determinare la scelta artistica restaurativa fu il precipitare degli eventi, l'abbattimento dell'*ancien régime*, che consegnò repentinamente il potere nelle mani della borghesia. Impreparati ad assumere la guida in tutte le situazioni, ai nuovi *citoyens* non rimaneva altro che ricorrere al filone nobile già per tradizione orientato a legittimare i propri valori nell'antico patrimonio di cultura, per fondare nel recupero delle remote virtù repubblicane i principî della nuova epoca. Il processo a ben guardare è paradossale, riferito a un contesto rivoluzionario che per logica interna non al passato bensì al futuro avrebbe dovuto volgersi. In quel caso l'arte rivoluzionaria non solo si nutriva di simboli addirittura arcaici, ma adottava *in toto* intere porzioni di arte aristocratica, privilegiando al servizio del nuovo potere del popolo quei compositori maturati attraverso l'esperienza dell'opera riformata, i quali nella rappresentazione musicale dei casi tragici di antichi eroi avevano trovato gli accenti di fatalità e la gravità di un'espressione sacrale consoni alla svolta epocale che si era determinata, nell'incertezza di un destino tornato a mettere in moto la ruota del mondo, indecifrabile nella scelta dei destinatari delle sofferenze inflitte. Cherubini fu sicuramente il più importante fra i compositori di impronta gluckiana, la cui maturazione tra il *Démophon* del 1788 e la *Médée* del 1797 avvenne proprio sull'arco temporale che vide lo scatenamento degli eventi rivoluzionari. Non così Grétry, il quale proveniva dalla sentimentalità dell'opéra-comique, al cui *Guillaume Tell* in quel frangente veniva richiesta un'esemplarità drammatica irraggiungibile: nella scena dell'insurrezione, che conclude il secondo atto, di fronte a una musica che tenta invano di gonfiare le gote il compositore si appella al coro, esortandolo a cantare «avec une fureur sourde et une rage concentrée», non bastandogli nemmeno la risoluta presenza sulla scena dei «braves sans-culottes de la nation française» mandati anacronisticamente a rinforzare la «levée de masse» dei patrioti svizzeri. Ora rabbia e furore erano appunto le risorse espressive che non mancavano a Cherubini, il quale, in quei sentimenti ridotti a istinto offensivo nella Parigi del sospetto e della vendetta che aveva eretto il rituale della ghigliottina, ritrovava il vigore di una maniera che sembrava tramontata con le artificiose *querelles* intellettuali tra gluckisti, piccinisti e simili. *Médée* costituisce un vertice di terribilità sicuramente anche in virtù del contesto, confrontato con la smisuratezza del suo furore non come in scontato atto contemplativo, ma profondamente segnato da una situazione di laceranti conflitti non ancora appianata. Mai come in un'opera di quella natura e di quel periodo i gesti di furia nutriti di livore e di disperazione, quali egli scatena attraverso le figure precipitate di un'orchestra abbagliante e in una scena risolta in scontro di invettive come si presenta il duetto Giasone-Medea ("Ennemis sans cœur"), non erano percepiti quali semplici connotati di personaggi di finzione, ma si profilavano nel clima esistenziale di generale inquietudine, di anni in cui sopravviveva l'eco della precarietà della stagione del Terrore. Se è vera la conclusione di Carl Dahlhaus il quale individua l'affinità tra l'opera in musica e la tragedia di Euripide nel dramma incentrato sugli affetti e le situazioni più che sui caratteri e il loro sviluppo (sui personaggi esposti ai contraccolpi di situazioni soggette a mutamenti bruschi e improvvisi non dotati di caratteri unitari coerentemente sviluppati bensì in preda a passioni irrompenti dall'esterno, in base a una logica dettata dal destino), allora un'opera quale *Médée* ne è la testimonianza più eloquente, nel senso tragico che pesa come atmosfera al di là della tragicità stessa del personaggio. Non a caso in quel contesto riacquista il dovuto peso la presenza del coro il quale, esemplato sulla brutalità drammatica e musicale che distinse Gluck da ogni altro nel rivaleggiare col coro dei Greci, scatena la sua ira nel finale come spettatore impotente della vendetta annunciata. In verità, in quanto metafora della massa adirata, già con Gluck «l'invisibile minaccia divina sospesa sull'azione si trasforma in una minaccia visibilmente umana» (Dahlhaus), concretizzata nell'ultimo decennio del secolo nella percezione del reale potere della massa di agire incarnando addirittura il destino. È un fatto che l'enormità di quanto successo con la Rivoluzione infranse il pregiudizio che imponeva all'opera per convenzione il lieto fine, mentre «il finale tragico poteva trovare una motivazione morale se si rappresentava Medea come una strega, più istigatrice che vittima della tragedia», a ricordare il grado di responsabilità individuale nonostante tutto riconosciuto in una temperie travolta da gigantesche spinte fatali.

In questo senso riacquista significato l'idea del caos, del confronto dello spirito con l'informe, capace di ridestare le forze titaniche. È ciò che si configura in apertura del terzo atto quando, a preparare l'invocazione di Medea agli dei degli inferi chiamati a sostenerla nell'ultimo suo atto scellerato, provvede un'introduzione orchestrale cupamente spiritata nel suo disarticolato dispiegarsi in gesti incompiuti fra pause e spazi che dividono le sezioni strumentali, scomponendole in membri sparsi. È la coscienza che si affaccia sul disordine percepito nella smisuratezza di un'ingestibile realtà che, sfuggente al potere dell'uomo di domarla, si carica di valenza metafisica e si pone al livello di inafferrabile dimensione soprannaturale. Dal punto di vista estetico è anche il momento maggiormente critico che, svolgendosi al limite della costituzione della forma, decide del suo approdo o meno all'armonia risolutiva. La pagina più programmatica in questo senso, esplicitante l'intuizione che negli stessi anni fu di Haydn in apertura a *Die Schöpfung*, è il prologo di Salieri a *Tarare* (1787) in cui Natura e Genio muovono convulsamente gli «atomes perdus dans l'espace» come un roteare di venti tempestosi sopra il caos primordiale, nello sregolato contrasto di gesti sfigurati e di tonalità selvaggiamente scisse tra maggiore e minore, per dar voce a un coro di ombre intonante in rarefatta omoritmia la vaga aspirazione all'esistenza umana. Qui era l'estremo limite, lo spartiacque che nella vertigine del perduto senso dell'ordine costituiva la premessa del superamento del Neoclassicismo che, nei lividi colori dei registri estremi dei fiati nella rappresentazione del delirio finale di Medea e nella distanza visionaria del coro fuori scena stupefatto e incantato nel rendere conto della morte di Glauce, è già sicuramente esposto sul versante del secolo successivo, consegnato all'ineffabilità del sentimento resistente all'abbraccio della forma. Ma *Médée* non sfugge all'impronta di un vissuto collettivo che ne marchia in termini addirittura deterministici la componente rituale. Non è infatti difficile riscontrarvi gli echi della dimensione sonora rivoluzionaria, stagliata nell'inconfondibile disadorna severità. È la scena aperta dal corteo che si avanza verso il tempio nella cerimonia delle nozze che uniranno Glauce a Giasone, in cui sono richiamati i due termini della dialettica attraverso la quale ha preso forma l'espressione musicale della moderna coscienza civile. "Dieu de l'Amour, ah! Descends du ciel", l'invocazione del coro a Imeneo sale nel contorno di una "colonne d'harmonie" in cui l'insieme patriarcale dei fiati si contrappone ai tromboni fatali, perfettamente esemplati sull'appello al sentimento comunitario come era venuto configurandosi nei sovvertimenti successivi alla presa della Bastiglia, sboccante nell'incitata risolutezza marziale del coro conclusivo ("Ah, pose sur la chevelure") di altrettanto inconfondibile piglio. «L'arte greca sembra essere stata di casa sia negli studi di Méhul e Cherubini sia nell'atelier di David»: le considerazioni di Halévy, il quale credeva addirittura di udire un «colore greco» nella musica della *Médée*, rivelano lo stadio di organicità al quale l'ideale di classicità era pervenuto nel momento in cui il radicale mutamento delle condizioni politiche consentì l'illusione di restaurare nella forma (presunta) oltre che nella sostanza, le antiche virtù civili. Se è vero che nella tipologia dell'opera dopo la Rivoluzione dominerà la "pièce à sauvetage", se, sulla spinta della manifestazione di nuove e più estese forme di oppressione, nella rappresentazione irromperà la stessa realtà del tempo nei suoi tesi rapporti di sfida ideologica, non per questo perderà vigore l'immaginario antico il cui ricorso era permanente e che proprio con Cherubini mostra la costanza del suo richiamo. A fronte delle vicende di privazione della libertà al centro della nuova problematica (*Les deux journées*, *Faniska* che anticipano il *Fidelio* di Beethoven), di fronte alla rappresentazione di singole sofferenze che, nella messa a nudo del vissuto individuale lasciato a se stesso, per quanto grandeggiante nel sacrificio poteva apparire riduttiva, la portata mitica delle evocazioni di una materia all'origine della civiltà rimaneva insostituibile per capacità di irradiare l'esempio. Assume addirittura una valenza programmatica la concezione di un'opera che mette in scena un poeta antico, *Anacréon* (1803), figura identificata ai confini tra piacere e bellezza, tra Dioniso e Apollo, trascesa in un ideale di «obliosa armonia», vista come quella di un «liberatore dalle nostre servitù terrene» (Giulio Confalonieri). Cherubini, l'abbiamo visto, aveva addirittura tentato un'operazione impossibile di immedesimazione nelle sonorità di scandita prosodia derivata dalla messa in musica delle sue odi in lingua greca nell'appendice alla traduzione dell'accademico Gail, mentre al decennio precedente risaliva una cantata espressamente designata come «alliance de la musique à la Maçonnerie», quell'*Amphion, élevant les Mures de Thébes au son de la lyre*, la cui ouverture offrirà temi che sarebbero stati dal compositore desunti per essere utilizzati nell'*Anacréon* appunto. In verità se l'Anfione della cantata, quale protettore delle arti ma soprattutto come edificatore di una città attraverso il suono del proprio strumento, costituiva nel 1786 un referente perfettamente mirato nel contesto rigeneratore in cui le arti si preparavano ad agire, nell'*Anacréon ou l'amour fugitif* il poeta è colto nell'esperienza senile, declinante nel vigore, in una condizione nostalgica di perduti equilibri che rivela forse la consapevolezza del tramonto di un'epoca a cui era riuscito di mantenere l'accordo tra l'uomo e le sue passioni, tra l'uomo e la natura, che stava però per essere travolta dalle forze individuali che la Rivoluzione aveva trattenuto in un fascio di volontaristica applicazione e sottomissione all'interesse collettivo, ma che ingigantendosi erano destinate a svincolarsi in singole e scomposte pulsioni. L'ouverture stessa presenta un taglio sottolineante un divario tra la visione cherubiniana di un'ideale conciliazione e la logica dell'instabilità, rappresentata dalla musica d'azione propria del principio sonatistico già largamente impostosi. Il numero dei temi (tre) non deve infatti trarre in inganno, poiché si succedono nella stessa tonalità (in re maggiore) riducendo in modo palese le ragioni di contrasto. Opportunamente il Confalonieri vi ha ravvisato il prevalere di una cornice unitaria sul dramma antagonistico, che viene invece appianato e che lascia avvertire «un'immobilità non umana», un senso di catarsi già identificato nel *Largo assai* introduttivo, un'elevazione socratica, una nobiltà che si sottrae malinconicamente allo scompigliato agitarsi di un'espressione ormai volta a rappresentare il tempo non più nell'approdo epocale di un progetto di ragionata e armoniosa convivenza tra gli uomini, bensì nell'incalzare di eventi risultanti dalle loro azioni, imprevedibilmente capaci di amplificarle fino a travolgere gli stessi artefici.

L'idea di un ordine supremo è ricercata da Cherubini anche in quelle opere che apparentemente non forniscono nessun appiglio al processo restaurativo che stiamo indagando, cioè quelle opere prodotte dal contesto rivoluzionario che avevano portato sulla scena fatti di cronaca ed episodi vissuti nel pieno degli eventi drammatici del tempo (come *Les deux journées*, *Eliza*, *Lodoïska*) in cui Carli Ballola ha acutamente individuato la presenza del «principio di un Dio provvidenziale [che] si esplicita come guida e fine imperscrutabile delle azioni umane, garanzia di un superiore ordine di giustizia, fortezza e consolazione del debole e del perseguitato». Ora, al di là del Dio cristiano della tradizione popolare, che in Cherubini viene insediato al posto di quello dei *philosophes* e dell'Ente supremo surrogato da Robespierre, proprio in tale peculiare sentimento religioso Fedele D'Amico ha ravvisato «la radice di quell'ascetismo creativo che controlla tutta l'opera sua: cioè l'anomalia di una musica che, pur gravida di novità rivoluzionarie innumerevoli, di tensioni irresistibilmente romantiche, in una sorta di pudore storico si vieta poi di esibirle, romanticamente, a voce spiegata; riducendone così la comunicativa». Evidentemente Cherubini si trovava a vivere in un contesto di transizione problematizzato dal fatto che l'evento dell'89 aveva impresso un'accelerazione imprevista alla storia, con conseguenze che inevitabilmente mettevano a nudo la difficoltà di operare organicamente il passaggio da un'epoca all'altra, da concezioni vecchie a concezioni nuove, da comportamenti modellati sulla tradizione ad atteggiamenti radicali. Nella sua musica è misurabile la spinta verso un nuovo orizzonte di sensibilità e nel contempo il freno che la trattiene in un ordine che si impone per preservare all'individuo l'integrità dei valori così faticosamente acquisiti. È una condizione condivisa con Beethoven, con le sue manifestazioni volitive che non si profilano tanto quali atti di affermazione di un discorso basato sui principî, quanto come gesti perentori calati su una materia ribollente allo scopo di contenerne e disciplinarne la forza detonante. È come se quella generazione di artisti avesse vissuto una doppia esperienza, perfettamente in grado di presentire la liberatoria esplosione del sentimento ma eticamente impegnata a garantire forme di autocontrollo, che si affidavano all'esempio dei valori umanistici tramandati attraverso la storia per domare la forza delle passioni portate dal rapido avvicendarsi di eventi tumultuosi a travalicare oltre il decoro.

Olimpicità celebrativa

Ancor di più tale condizione è riscontrabile in compositori incapaci di dominare gli eventi nel senso che, essendone stati "attraversati" anziché aver scelto di attraversarli prendendo posizione, il modo in cui la loro musica è stata premuta e trascinata verso determinati obiettivi rivela il vasto spettro d'azione in cui si imponevano le scelte e il grado di contradditorietà che ne derivava. La vicenda degli *Orazi e Curiazi* di Cimarosa, esemplarmente posta sotto la lente da Giovanni Morelli ed Elvidio Surian, è lì a dimostrarlo, nella composizione e ricomposizione di un'opera teatrale andata in scena a Venezia nel 1796 e riproposta fino al 1830 in tappe in cui è possibile decifrare il lavoro di metamorfosi del "dramma serio" dell'*ancien régime* in neotragedia romantica.

L'opera nasce per il Teatro La Fenice (per una Venezia in procinto di assistere al tramonto definitivo della sua serenissima nobiltà), viene ripresa nell'era aperta dalla democrazia da cantanti designati quali "cittadini", poi riproposta ancora, pochi mesi dopo Campoformio, per una platea non più "cittadina" con musiche rifatte da Marco Portugal, attutita nei trasporti di fede repubblicana e ripieganti nei toni patetici e intimistici. Assunta da Napoleone come opera favorita, dopo averne ascoltato le arie interpretate a Milano nel 1800 da Giuseppina Grassini diventata sua amante, essa approda a Parigi adattandosi alle sorti del Primo Console innalzato a Imperatore, adibita sia all'inaugurazione di teatri "cittadini" e "imperiali" sia ai privati concerti riservati al riposo del guerriero, in una corte dove il tragico stile moderno della Grassini (Orazia) si stempera nel canto sentimentale *fin de siècle* del castrato Crescentini assunto alla parte di Orazio. Inoltre nel 1813 la Grassini trionfa in un suo ulteriore allestimento nell'inaugurazione del Théâtre Italien, come opera-manifesto del rilancio europeo dell'opera italiana internazionale. In tale arco di sviluppo *Gli Orazi e i Curiazi* camminarono per conto loro, modificando i rapporti interni ai significati sentimentali e ideali, subendo rifacimenti, interventi nel testo e adattando gli allestimenti al passare delle mode, uscendone sempre all'altezza della situazione per una fungibilità di base che ne garantiva il passaggio dalle eroiche posture prevalenti nel momento del suo concepimento alla disposizione interiorizzante che venne a prevalere quando l'ondata di passione collettiva non trovò più alimento in condizioni votate al consolidamento dei poteri costituiti.

Tale mutazione della coscienza sentimentale è il risultato della dialettica instaurata con l'apparizione del ruolo del cittadino, nei confronti della cui esibita integrità si profila (nella gamma dei suoi comportamenti insinuanti e della sua sensibilità autoriflessa fino alla perdita del rapporto con la realtà) la figura del borghese:

> Nel cittadino (neoclassico, patriota, giacobino, filantropo egualitario ecc.) il comportamento è una religione (civile: tradizionale o rivoluzionaria) espressa come deduzione della vita dalle idee e come riapplicazione delle stesse idee alla vita (fino alla comprensione emozionante delle "qualità" della propria devozione). Nel *bourgeois* il movimento vitale è perfettamente opposto: il comportamento è infatti il complesso degli atti che estendono (prolungano, allargano, diffondono, dissolvono) l'interesse privato, la motivazione personale, il desiderio già sensibilizzato dal "vissuto" così come le cose lo hanno già portato ad essere (sia *Ehrsucht*; sia *Habsucht*; sia *Sehnsucht*; sia *Machtsucht*) al gruppo sociale intero, allo stato, alla nazione, in forma generalizzata (Morelli-Surian).

È indubbio che nel classicistico progetto del librettista Antonio Simone Sografi la drammaturgia de *Gli Orazi e i Curiazi* intendeva celebrare l'affermazione del nuovo spirito eroico che, nella derivazione archeologica di una vicenda fondante di storia romana, riviveva l'esempio del sacrificio alla patria dell'interesse di famiglia, in termini di categorica rivendicazione di rigore in cui attraverso la monumentalità (la riduzione dell'espressione a tratti fondamentali, a profili fermati nel tempo) prevaleva la manifestazione dell'idea.

Quando nel 1803, in una delle frequenti dimostrazioni del teatro musicale di mettere in scena se stesso, Francesco Gnecco presenterà a

Venezia *La prima prova degli Orazi e Curiazi*, egli non attesterà solo il successo dell'opera ma soprattutto la sua trasformazione di segno: al centro dell'interesse e dell'attenzione vi è posta la cavatina "Quelle pupille tenere" intonata da Orazio, dall'originale destinazione a un castrato già passata a una prima donna pronta in quei termini a sancire la vocalità femminile dei ruoli travestiti rossiniani, in grado di catturare la commozione allo stato puro al di là dell'organicità delle loro funzioni.

In verità la metamorfosi dell'opera negli anni successivi alla sua composizione non fu solamente il risultato dell'evoluzione delle vicende politiche che vi sedimentarono le loro esigenze ideologiche, ma era in fondo già scritta nella difficoltà di Cimarosa di tenere a bada il prorompere del suo vitalismo istintivo di fronte al contegno didascalico richiesto dall'affermazione dei valori di elevazione alla sfera dei principî morali e civili. Non vi mancano i richiami all'esaltante gesto proclamatorio, condensato di esplosiva forza collettiva, affermato nel tratto di slancio guerresco nel capolavoro innodico di Rouget de Lisle. Come inconfondibili accenti del nuovo tempo battagliero risuonano gli squilli annunciati dal coro nella prima scena: "Ma quai risuonano / giulivi canti! / Quai trombe s'odono / che mai sarà?". E nel Finale primo ("Al campo! All'armi!") l'incitato passo è sostenuto da sonorità in cui la posizione scoperta dei clarinetti fa letteralmente eco alla musica della Garde nationale. Sennonché l'assunto emblematico, che in Gossec avrebbe dato luogo a una disposizione per quadri sonori, in Cimarosa è travolto dalla concezione fondata nella situazione, per cui il richiamo delle trombe che vi si aggiunge solo in secondo tempo e che si sviluppa mobilmente in concertato non reca certezze ma inocula piuttosto un senso di instabilità nell'animo dei personaggi. Cimarosa in altre parole, pur essendo chiamato a plasmare l'azione in stazioni di precisa valenza simbolica, ne subisce al contrario la pressione, traducendo l'energia liberata in un vortice di movimento, capace di sgelare la manifestazione (emblematicamente statica al servizio dell'affermazione dei principî) in espressione completamente sciolta e consegnata agli impulsi dettati dai moti d'animo dei personaggi. L'amor di patria dichiarato da Marco Orazio all'inizio della scena sesta del primo atto in corretti termini marziali, dopo l'intervento del coro che gli reca la notizia della designazione degli Orazi a sostenere la gara di sfida al nemico innesca tumultuosamente un'accelerazione, dove lo stato di eccitazione individuale prevale nettamente sul ruolo rappresentativo del personaggio, traducendo la circostanza direttamente in termini di articolazione musicale e al di là di un semplice atto di retorica degli affetti ("Amici io son confuso / palpitante"), affrontando inoltre un terzo e più stringente cambiamento di ritmo sulle parole "Nel cimento, or or nel campo". L'impianto che ne risulta è quindi quello perfettamente predisposto per la varietà di trasporti sentimentali che nell'Ottocento innerverà l'opera in forma esclusivistica, documentando ormai la difficoltà di contenere il ruolo nel suo formale assetto.

Lo prova il modo in cui è attuata musicalmente la scena dell'atto secondo situata nella caverna nel Tempio di Apollo da cui sono attese le risposte degli oracoli. Qui l'evocazione della notte non manca di suggestione, ma rimane una vibrazione di natura che non raggiunge il livello simbolico del soprannaturale, alla quale manca il senso arcano che Gluck aveva acquisito alla musica. Alla manifestazione dell'oracolo ("Trema il suol") il coro appunto vibra, risolto in agitazione esteriore anziché rimanere sgomento e paralizzato. Il raccapriccio dichiarato nel testo ("Tal discese in quest'orrore la suprema volontà") non vi traspare; la sonorità dei corni e dei legni al posto dei tromboni rivela una diversa sensibilità rispetto alla classica dimensione della tragicità: ne deriva un'atmosfera silvestre pronta, attraverso la profondità allusiva di campo sonoro, a mettersi a disposizione delle scelte estetiche del successivo secolo, del suo trepido soggettivismo, del suo mutevole sentire. Se ne *Gli Orazi e i Curiazi* non mancano momenti di solennità ieratica, di cerimoniale andamento che nel richiamo ad antica ritualità si impegna a elevare il messaggio ad aulica altezza, non vi si delinea con sufficiente coerenza quella particolare concezione dell'arte che rispecchia il mondo classico come ideale immutabile, eternizzato, e la materia artistica giunta con le sue forme morbide e levigate al punto massimo d'equilibrio. Sciolto il linguaggio musicale dalla dialettica sonatistica in cangiante corso di moti dell'animo che nella sua mutevolezza conta più dell'emblematica e ossessivamente univoca passione, le motivazioni del fare artistico ormai poco potevano concedere alle esigenze rappresentative, palesemente legate alle circostanze politiche che, con l'avvento dell'impero napoleonico, avevano addirittura intensificato il processo di specchiamento dell'ideale del tempo nello storico riscontro classicistico.

Tale segno resta visibile nelle opere di teatro musicale, assai meno nella musica strumentale proprio per la sua minore esposizione a funzione di pubblico riconoscimento. Chiamata a trasmettere valori che pretendevano di essere modelli per la società, l'opera era indotta a rinforzare la rappresentazione e ad assicurarne l'omogeneità. La resistenza delle forme chiuse, la funzionalità dell'aria rispetto al recitativo, che nell'opera italiana soprattutto si manifesta tenacemente fino a Ottocento inoltrato, ne sono la conseguenza. Tale esito quindi non pertiene solo e tanto agli aspetti costitutivi del teatro musicale, a ragioni di natura drammaturgica, ma anche all'esigenza proclamatoria di un messaggio morale e civile agente pure in epoca democratica come specchio degli interessi del potere e della società dominanti e che soprattutto necessitava in certo qual modo di essere sacralizzato. Tale aura sacrale, che detiene un'importanza enorme in un autore come Verdi il quale alla virtù e ai valori morali riserva una posizione motivante nel suo teatro, continua anche nell'Ottocento a configurarsi secondo la stessa logica di nobile e statica plasticità e di cifra sonora alimentata dalla profondità dei fiati (soprattutto degli ottoni) a cui è affidata la spinta a elevare in senso spirituale l'espressione. Orbene non è un caso che nel *Grand Traité d'instrumentation et d'orchestration* (1844) di Berlioz il gruppo più rilevante di citazioni da opere altrui, accanto a Beethoven, sia quello di Gluck (17 esempi). La distanza ormai grande, che lasciava riconoscere l'affermarsi di una ben diversa sintassi, non impediva al compositore francese di ammettere l'esemplarità gluckiana, ancora valida soprattutto nella dimensione evocativa del sacro, della dimensione sovrastante le passioni che nell'esperienza romantica rimanevano zavorra non facilmente superabile in una struttura espressiva spesso lasciata alla loro mercé.

A Gluck e al suo modello ineguagliato di soprannaturalità sonora aveva ancora fatto ricorso Spontini nella scena del "champ d'exécration" de *La vestale*, il luogo dove sorgono le catacombe in cui venivano rinchiuse le sacerdotesse sacrileghe condannate a essere sepolte vive. Se lo spiritato tremore dei legni che si accompagna al presago risuonare dei tromboni già predispone l'assetto orchestrale alla manifestazione dell'orrido come sarebbe stata attuata dalla magica scena della "Gola di lupo" del *Freischütz* di Weber, egli è trattenuto dall'approdare a quell'esito romantico dal prevalere della sensibilità neoclassica, evidente nell'organizzazione simmetrica delle frasi che, nonostante l'esasperata spinta evocativa, è impegnata a mantenere la rappresentazione sotto il lucido controllo di un atto simbolico. L'impianto classico de *La vestale* è addirittura rigoroso grazie al predominio della declamazione ammonitoria, grazie a un recitativo fatto di pose dichiaratorie dove l'intenzione prevale sul sentimento frammentato in incisi e accenti che ne frenano il libero dispiegarsi. La grande scena conclusiva presenta un assetto di solenne recitativo rotto da due grandiosi momenti corali: il primo ("Le forfait les rassemble") libera l'ira del popolo contro i sacrileghi in un incalzante prorompere di voci; il secondo ("Ô terreur! Ô disgrace!") è la terrifica scena dello scatenamento degli elementi naturali ritenuto segno della volontà degli dei, ottenuto grazie a uno schieramento di potenza orchestrale senza precedenti, decifrabile come variante proporzionata alla grandezza e all'ambizione dell'impero, in un'opera esteticamente iscritta nella drammaturgia gluckiana da cui trae il modello ieratico. Lo dimostra l'inquadramento della collera punitiva del pontefice ("Dieux puissants de cet empire") nei termini della cupa sacralità della "colonne d'harmonie" chiamata a sostenere la sua invocazione. Lo evidenzia soprattutto la scena del sacrilegio, che scatena la furia degli dei in un'accumulazione sonora colossale, di fanfare di ottoni squarcianti lo spazio acustico fino al vibrare fatale del tam-tam il quale, alla cifra della terribilità misurabile nella scomposta agitazione corale del popolo sullo sfondo, aggiunge la grandiosità tellurica di una visione che per quella via continua la ricerca del sublime tragico. La raggiunge sicuramente proprio per il fatto di non soccombere al peso delle forze sonore liberate, che in definitiva rimangono inquadrate nella «cornice di un aulico *décor* coreografico» (Carli Ballola), trattenendo organicamente Spontini nell'area della *tragédie-lyrique* e nel cerimoniale di aristocratica estrazione, appagato nella sontuosità celebrativa di un equilibrio impegnato ad allontanare dall'orizzonte qualsiasi tentazione di concedersi al fascino delle oscure sirene del sentimento già dilaganti. Per molti aspetti *La vestale* è un'opera che si trova a far da argine a un'alternativa espressiva iscritta nella sua interna tendenza ma contrastata da un diverso calcolo che, nella misura in cui si presenta aderente all'ideologia politica determinata dalla svolta autocratica di Napoleone, può essere addirittura equiparato a una "ragion di stato". In verità già nell'ouverture, che stabilisce una posizione di grande nobiltà e distacco, quando il discorso entra nel vivo animatamente all'italiana viene richiamato al contegno dalle dolenti inflessioni dei tromboni che ne frenano lo slancio. All'apice del duetto del primo atto tra Licinius e Cinna ("Ô toi, de mes périls le compagnon fidèle") il piglio eroico di già noti accenti repubblicani è ormai sul punto di debordare nel preannuncio del febbrile ardore risorgimentale, ma non vi sbocca. La tormentata scena di Julie nel secondo atto, divisa tra il casto dovere sacerdotale e il delirio dei sensi, appare sul punto di spalancarsi su un'interiorità di nuovo tipo grazie alla dimensione timbrica sfumata del corno concertante sul vibratile tessuto dei legni; ma la minaccia della punizione («La mort est sous tes pas, la foudre sur ta tête»), con la torva e paralizzante percussione del tam-tam, riporta quell'inclinazione del sentire alla dimensione simbolica del religioso sgomento. L'imponente apparato strumentale poi (con la banda fuori scena), al di là della plastica spazialità che lo evidenzia, non si manifesta senza sottintesi di profondità sonore rasentanti l'ineffabilità. Il significato della monumentalità spontiniana fu subito colto da Berlioz nel riconoscervi (nel finale secondo della *Vestale*) una «scena olimpica, dove tutto freme, il pubblico, gli esecutori, l'edificio stesso che metallizzato dalla base alla sommità, sembra diffondere, come un gong colossale, sinistre vibrazioni». L'olimpicità vi è addirittura dichiarata nella scena conclusiva, i *Chants d'allegresse* intonati dai sacerdoti e dalle sacerdotesse sull'arcaizzante accompagnamento di arpe e di fiati, senza l'intervento diretto degli archi quasi a riconoscere i confini del sacro, non varcabili da parte di strumenti a corda qui considerati portatori della sensibilità moderna a cui nel momento cruciale è chiesto di tenersi in disparte per non contaminare la pretesa purezza originaria di quell'ispirazione. La cifra più rilevante di quest'esperienza è costituita dalla sacralità ritrovata nella fatale verticalità accordale della *Marche funéraire* che accompagna la Vestale alla condanna, la quale ricava profondo senso tragico dall'essenziale scansione che, oltre a trovare «il suo ideale plasticismo coreografico-musicale nella processionalità da bassorilievo» riscontrata da Carli Ballola nella *Marche religieuse* dell'*Olympie* paragonata «a una traduzione classica montiana per il suo eloquente e favoloso trasporre l'immagine antica sopra un piedistallo di commossa e veramente religiosa retorica celebrativa», rende conto di una portata del sacro sciolta dai significati sedimentati dalla tradizione cristiana per affidarsi a una dimensione antirealistica e atemporale. La visione neoclassica che vi riscontriamo è appunto un fattore di universalizzazione di cui necessitavano i poteri recenti, alla cui legittimazione (l'aver conquistato all'uomo i diritti fondamentali) non bastava la dimostrazione di aver lottato sulle barricate per assicurarli al patrimonio della civiltà, ma che proprio richiedeva il loro riconoscimento come filiazione di ideali di remota origine benedetti dalla storia e quindi assunti a valori universali. In questo senso la Rivoluzione, indotta a coltivare un immaginario arcaico, nutriva in sé componenti di facile rivendicazione reazionaria, per l'orientamento retrospettivo assunto e la portata irrigidita dell'*auctoritas* emanata. È l'esame che Marx propose in *Il 18 brumaio di Luigi Bonaparte* (1852), interrogandosi sul paradosso costituito dal peso del passato che diventa maggiore nel frangente rivoluzionario ponendo un'ipoteca sul suo sviluppo:

> La tradizione di tutte le generazioni scomparse pesa come un incubo sul cervello dei viventi e proprio quando sembra ch'essi lavorino a trasformare se stessi e le cose, a creare ciò che non è mai esistito, proprio in tali epoche di crisi rivoluzionaria essi evocano con angoscia gli spiriti del passato per prenderli al loro servizio: ne prendono a prestito i nomi, le parole d'ordine per la battaglia, i costumi, per rappresentare sotto questo vecchio e venerabile travestimento e con queste frasi prese a prestito la nuova scena della storia. Così [...] la rivoluzione del 1789-1814 indossò successivamente i panni della Repubblica romana e dell'Impero romano [...] tanto gli eroi quanto i partiti e la massa della vecchia Rivoluzione francese adempirono, in costume romano e con frasi romane, il compito dei tempi loro, quello di liberare dalle catene e d'instaurare la moderna società borghese [...]. Ma per quanto poco eroica sia la società borghese, per metterla al mondo erano però stati necessari l'eroismo, l'abnegazione, il terrore, la guerra civile e le guerre tra i popoli. E i suoi gladiatori avevano trovato nelle austere tradizioni classiche della repubblica romana gli ideali e le forme artistiche, le il-

> lusioni di cui avevano bisogno per dissimulare a se stessi il contenuto grettamente borghese delle loro lotte e per mantenere la loro passione all'altezza della grande tragedia storica.

Per il carattere palesemente restauratore alla ricerca di una nobiltà surrogante quella non ereditata, il momento di massima utilizzazione politica della rappresentazione della classicità fu quello napoleonico, significativo giacché metteva freno a un corso della musica imboccato verso tutt'altra direzione. *Le Triomphe de Trajan* era il titolo dell'opera di Lesueur che nel 1807 faceva il paio con *La vestale* nell'aprire l'orizzonte di una romanità sontuosa, perfettamente funzionale ai fasti di un impero che si pretendeva rinato, in grado di captare durante la sua fulminea esistenza i residui del Classicismo operistico a cui seppe dare una prospettiva di sopravvivenza anche in tempi che stavano già voltando pagina dal punto di vista estetico. Sul senso del passaggio parla da sé il cronista di «Le Moniteur universel» (23 maggio 1816):

> Un vecchio frequentatore dell'opera antica diceva di non amare le opere di Gluck, poiché gli impedivano di dormire tranquillo. Quelle di Mozart l'avrebbero probabilmente tenuto sveglio del tutto, per cui egli avrebbe lasciato il posto.

La marmorea configurazione dell'*Achille* di Ferdinando Paer, alla cui rappresentazione Napoleone assistette incantato a Dresda invasa dalle sue truppe, lo indusse a prendere il compositore italiano al suo servizio e a portare l'opera a Parigi, a confermare l'aspetto di regime che le gesta di antichi eroi riportate in auge detenevano. Un doppio binario dove il vecchio coesisteva accanto al nuovo, dove la stagionata opera seria rinnovava le sue pretese accanto al vitalismo del dramma giocoso e alla scrittura d'azione della *pièce à sauvetage*, contribuiva a tenere in vita l'ideale neoclassico anche durante la temperie romantica garantendogli l'effetto di onda lunga. Librettisti i quali, pur avendo voltato le spalle a Metastasio, continuano ad attingere soggetti nel mondo classico con spirito volto a Monti e a Pindemonte, procacciano versi nobili al maturo Giovanni Simone Mayr che tra il 1817 e il 1824 infila quattro eloquenti titoli: *Ifigenia in Tauride*, *Le Danaidi*, *Fedra*, *Demetrio*. Tale situazione risulta particolarmente evidente nella Milano napoleonica, cioè la parte d'Italia più sensibile e pronta a reagire alle prospettive politiche aperte dal vento rinnovatore proveniente dalla Francia. Sebbene il Teatro alla Scala divenisse da subito la tribuna del genere dell'opera semiseria, con la sua dinamica emozionalmente coinvolgente, è significativo come vi prosperasse l'ideale neoclassico didascalicamente dichiarato dai numerosi libretti di ambientazione romana. Un carattere programmatico vi detenne l'azione dominante del Romanelli, deliberatamente schierato contro le «peregrine invenzioni» (*Melodrammi del professore Luigi Romanelli*, Milano 1832) dei *coups de théâtre*, suscitatrici di reazioni scomposte nello spettatore aggirato dagli autori rispetto alla parte controllata dalla ragione. Come ha evidenziato Paolo Rossini, è a questo ideale di ordine e d'armonia che dev'essere ascritto il fatto che in quel periodo l'inaugurazione della stagione il 26 dicembre fosse affidata quasi sistematicamente a opere di stampo classicistico, che assumevano quindi una veste ufficiale benché quantitativamente meno rilevanti rispetto ai prodotti già convertiti alla nuova moda.

Tali esiti all'apparenza susciterebbero l'idea del tempo fermato, se gli stessi soggetti in mano a Rossini non subissero uno stravolgimento che, valga per tutti l'esempio di *Semiramide*, ne esorcizza la monumentalità. Il vino nuovo del pesarese, in altre parole, poteva tranquillamente essere travasato in otri vecchi di oltre un secolo (Carli Ballola) in piena epoca di restaurazione, ricorrendo a soggetti da tempo installati sulle scene che avevano perso la foga rivelatrice di battaglie combattute per generose cause e finito col rappresentare prevedibili repliche di luoghi comuni ormai addomesticati. L'epoca stessa, programmaticamente volta a ricucire lo strappo prodotto dalla scossa rivoluzionaria che aveva messo a soqquadro l'intero continente, non poteva più imporre il vecchio vestito diventato stretto a corpi definitivamente cresciuti di volume, i quali l'avrebbero indossato sotto la minaccia della sua ferula, ma accumulando nel contempo nei muscoli un'energia che, prima di scoppiare nuovamente nella successiva fase del 1848, lasciava riconoscere la tensione interna. Non più dissimulabile, tale energia trovò il punto di equilibrio nell'«armoniosa quanto paradossale convivenza di un messaggio conservatore entro forme innovatrici» (secondo l'efficace immagine di Mila riferita a Rossini) che spiega la sopravvivenza dei soggetti aulici in più di un seguace del cigno pesarese. In testa vi figura

Mercadante con un impressionante elenco di titoli: *L'apoteosi di Ercole* (1819), *Anacreonte in Samo*, *Scipione in Cartagine* (1820), *Andronico* (1821), *Aminta e Argira*, *Didone abbandonata* (1823), *Le nozze di Telemaco e Antiope* (1824), *Nitocri*, *Ipermestra* (1825), *Ezio* (1827), *Adriano in Siria* (1838), ma ancora *La vestale* nel 1840, *Gli Orazi e i Curiazi* nel 1846 e *Medea* nel 1851. Uguale gusto antiquario fu regolarmente scandito anche da Giovanni Pacini con *Cesare in Egitto* (1821), *La vestale*, *Temistocle* (1823), *Alessandro nelle Indie* (1824), *L'ultimo giorno di Pompei* (1825), *Niobe* (1826), ma ancora *Saffo* (1840) e *Medea* (1843).

Tale situazione bifronte caratterizzò lo sviluppo della musica europea sull'arco di almeno quattro decenni, a partire da *La clemenza di Tito* mozartiana, che la critica ha avuto sempre la tendenza a considerare come opera anacronistica di circostanza in forma di omaggio all'incoronazione di Leopoldo II a re di Boemia nel 1791, ma la quale conobbe una grande diffusione nei tre decenni successivi, superiore a quella riservata alle altre opere di Mozart. La storia della sua recezione parla da sé, a partire dal corrispondente dell'«Allgemeines Europäisches Journal», il quale così ne documentava una rappresentazione praghese nel 1794:

> È una certa semplicità greca, una quieta sublimità in tutta la musica che tocca piano piano il cuore e per questo più profondamente [...] in breve, la sublimità solenne di Gluck è unita all'originale arte di Mozart, col fluire del suo sentimento e con la sua deliziosissima armonia.

Una consapevolezza decisamente winckelmanniana aleggiava intorno a un'opera su cui la vedova Constanze puntò, promuovendone una serie di esecuzioni da concerto tra il 1794 e il 1796 nel rendersi probabilmente conto di quanto corrispondesse alle attese dell'epoca. *La clemenza di Tito* con la sua fortuna critica delineò la prima immagine di Mozart in termini classicistici. Niemetschek le riservò un posto di rilievo, innalzandola a modello assoluto atemporale:

> *La clemenza di Tito* è ritenuta, dal punto di vista estetico, un'opera d'arte di bellezza perfetta, il lavoro più compiuto che Mozart abbia prodotto. Ha colto con finezza la semplicità, la grandezza silenziosa

> del carattere di Titus e di tutta l'azione del dramma, e l'ha interamente trasferita nella sua composizione. Ogni elemento dell'opera, anche la ridotta strumentazione, presenta questo carattere e si subordina nel modo più bello all'unità dell'insieme.

È d'altra parte significativo che negli anni Trenta del secolo successivo una personalità erudita ma di prima fila quale Giovanni Simone Mayr continuasse a coltivare tale ideale compositivo, assimilando Mozart al sobrio impianto drammaturgico riconosciuto in Gluck:

> Guardate mo' le partiture del Maestro Gluck, anche di Mozart, quale semplicità e di quanti incantevoli effetti! Perciò vorrei consigliare ad ognuno di essere parco nel segnar al principio gli stromenti; quanto mai è soddisfacente di operar molto con poco, quanto opprimente di ottener poco con molto. Cosa produce effetto nella musica? È forse il continuo movimento dei Violini, il canto dato spesso con sudar di Violoncello, il Basso sempre ascendente e discendente, il trambusto – groviglio – de' stromenti di fiato di cui alcuni tengono l'accordo, altri trillano, altri accompagnano il canto in 8a, sono forse i Tromboni che si muovono in crome, o le botte, or piane or forti, ed il rollo dei Timpani? (*Trattatello sopra agli stromenti ed istromentazione*).

È un fatto che il pubblico londinese, il più moderno e aggiornato, ancora nel 1812 sorprendentemente acclamava *La clemenza* preferendola a *Le nozze di Figaro*, che rimase nel repertorio del King's Theatre senza suscitare entusiasmi. Proprio il coefficiente di classicità evidente nell'ultima opera mozartiana, il suo orientamento retrospettivo, spiega la sua vasta circolazione fino agli anni Venti del nuovo secolo, significativamente documentata da Emanuele Senici. In Germania essa poté adattarsi alla realtà napoleonica permettendo di interpretare la magnanimità dell'imperatore come gesto attualizzato nel ruolo di Bonaparte, conciliatorio in un Europa unificata ma rispettata nelle differenze, come dimostra l'esecuzione del 1807 a Kassel, divenuta capitale del Regno di Westfalia affidato da Napoleone al fratello Girolamo, dove la rappresentazione fu preceduta da un prologo in cui il Genio dell'Assia disceso su una nuvola ad annunciare l'arrivo del beneamato re

> [...] fa il giusto elogio delle grandi qualità di questo Principe e presagisce la fortuna di cui godrà il paese sotto il suo regno. Il popolo fa esplodere la sua gioia e forma dei voti ardenti per la felicità del suo nuovo Sovrano, pregando il Cielo di colmare di prosperità il suo augusto capo e di cospargere di fiori tutti i sentieri della sua vita.

Anche dopo la Rivoluzione non scomparvero le condizioni celebrative del potere assolutistico, che poteva essere quindi tuttora adeguatamente servito da un'opera ancor più sulla misura del restaurato ordine asburgico, come dimostra la messinscena milanese del 1817, in cui l'apice della fortuna di Mozart quale compositore austriaco nelle rappresentazioni scaligere coincide proprio con la restaurazione imperialregia. Proprio alla Scala la *Clemenza*, che si avvalse della spazialità neoclassica delle scene del Sanquirico, fu ritenuta dal cronista della «Gazzetta di Milano» (30 dicembre 1818) «sublime nella sua semplicità» mentre ne «Il raccoglitore, ossia Archivi di viaggi, di filosofia, d'istoria, di poesia, di eloquenza, di critica, di archeologia, di novelle, di belle arti, di teatri e feste, di bibliografia e di miscellanee» (I, 1819) leggiamo che «il maestro colse con fino sentimento la semplicità, la calma e la tranquilla sublimità di questo imperatore e le trasfuse nella sua composizione». È assai significativa la persistenza di un giudizio che, al di là del fatto di cogliere il carattere dell'opera in modo appropriato, interessa come costante messaggio in termini inequivocabili, in cui prevale l'ideale neoclassico, «cette gravité douce», «une harmonie puissante», regolante le transizioni «moins brusques, moins forcées» rispetto alle precedenti composizioni mozartiane, rilevati dal cronista del «Moniteur universel» (23 maggio 1816) in occasione della ripresa al Théâtre des Italiens di Parigi, definita «produzione bella e dotta, dove regna un grande carattere di nobiltà, dove la declamazione è espressiva e giusta, il canto di un'elevatezza sostenuta, e nella quale il lusso strumentale non è portato all'eccesso».

Ciò che nel quadro evolutivo generale di Mozart oggi appare caduco, come tributo pagato alle convenzioni conservatrici, in realtà detenne una valenza che per vari decenni dopo la morte del musicista contribuì a vincolarne l'immagine al filone classicistico della cultura, a dimostrazione di come la molteplicità delle forze in campo solo a Ottocento inoltrato riuscisse a registrare il prevalere di quelle energie, che scioglieranno definitivamente la soggettività dalla subordinazione al primato dei principî formali garanti di disciplina morale e civile. Non per niente in un'incisione a colori di John Chapman sull'*Encyclopedia Londoniensis* del 1817 non solo Mozart venne raffigurato come un eroe dell'arte comica e tragica insieme, dalla fisionomia modellata in tratti romani, ma esibendo accanto a sé come capolavori due volumi, quelli del *Don Giovanni* e de *La clemenza di Tito*. Per quanto annesso all'area di giurisdizione estetica neoclassica, nei due titoli che identificano gli estremi della sua opera Mozart appare come figura bifronte, dallo sguardo gettato in direzioni opposte. La sua materia espressiva era lì per essere interpretata in modi divergenti in un'epoca profondamente tormentata e scossa nelle fondamenta. Niemetschek aveva dato avvio nei suoi confronti a un'esegesi classicistica; Friedrich Rochlitz, il quale ne curò la versione tedesca a Dresda nel 1796, della *Clemenza* colse la profondità tragica a un livello destabilizzante, chiamando in causa addirittura Shakespeare, nel rilevare uno scenario non più in grado di rendere ragione delle tensioni scatenate e di riportarle a un ordine supremo garante della possibilità di dominare i sentimenti e le passioni, soffermandosi sul cruciale finale primo,

> [...] una composizione che [...] pur essendo nel complesso modellata su una scena del suo *Idomeneo*, per giunta testimonia inconfondibilmente l'onnipotente forza shakespeariana di Mozart (nella grandezza, nello splendore, nella terribilità, nello spaventevole, nella commozione), fino al punto da far rizzare i capelli, cosa che gli riuscì appena nel famoso finale del primo atto del suo *Don Giovanni (Anekdoten aus W. G. Mozarts Leben*, 1799).

In verità due direzioni erano date in una situazione posta troppo precipitosamente di fronte alla scelta, in cui quindi il tentativo di opporsi al disordine di un'espressione esclusivamente affidata ai sensi e alle loro pulsioni era inevitabile. L'ideale neoclassico ebbe questa funzione, bene espressa dal cronista del già citato «Raccoglitore», il quale proprio in occasione della rappresentazione milanese de *La clemenza di Tito* nel 1819 era indotto a considerare che

> [...] se l'uomo comincia a gustare e ad anteporre quel piacere a cui precede un atto di riflessione, egli ha fatto un passo avanti, e sente e

> giudica nello stesso tempo, e si distingue con ciò dal gusto rozzo ossia *sensuale*. Nella musica (mi sia concessa questa espressione) è d'uopo sentire anche coll'intelletto.

È superfluo sottolineare cosa ciò significasse proprio negli anni dell'esplosione dell'elettrico vitalismo rossiniano, ma anche del tellurico Beethoven e della conturbante forza prometeica della sua musica. Beethoven, sulla scia di Mozart e della sua scrittura d'azione, agiva in modo dirompente e liberatorio, contrastando le posizioni di chi pretendeva di fermare il tempo. Eppure l'epiteto di classico che gli sarebbe stato attribuito, unificandolo insieme a Mozart e a Haydn nella *Wiener Klassik*, ne coglie un aspetto essenziale, benché di omogeneità classica in verità non si debba parlare bensì piuttosto di un'aspirazione, di un anelito. Il quadro di riferimento è dato dalla *Weimarer Klassik* sul cui modello fu concepita la parallela nozione musicale, quel «Classicismo tedesco» che, abbandonato il criterio dell'imitazione degli antichi, nei nomi di Goethe e di Schiller aveva solidificato i valori umanistici e i princìpî morali in un processo di rigenerazione degli illustri esempi al di là del ricalco stilistico, congiungendo alle storiche sopravvivenze la rivendicazione di impellenti motivazioni dello spirito moderno. A questo pensava Schumann nel 1835, «quando a ragione l'epoca artistica di Goethe e di Mozart viene indicata come la più alta», seguito da Johann Gottlieb Wendt il quale l'anno dopo assicurava la definitiva adozione della categoria di «classica» alla musica dei viennesi, nel riconoscimento della rispondenza perfetta tra forma e contenuto, di unità nella molteplicità e di universalità dell'espressione (Ludwig Finscher). In verità, già fondato nella concezione hegeliana della storia artistica, il Classicismo qui si presenta come categoria storica realizzata fuori d'ogni vincolo di scuola, di esempio o di tradizioni nella libera indipendenza dell'insieme, nell'equilibrio basato sulla riconosciuta natura dell'uomo tesa tra l'autorità oppressiva dei simboli e l'arbitrio della spiritualità assoluta. Nella definizione di Goethe la musica si delineava addirittura al livello più alto di dignità artistica, «poiché essa non ha una materia da superare. Essa è totalmente forma e contenuto e nobilita tutto ciò che esprime» (*Maximen und Reflexionen*).

In questo senso è nelle forme strumentali depurate dalla parola e dall'immagine che per la prima volta nella sua nuda indeterminatezza la musica si poneva al centro della speculazione sulla condizione dell'arte, dove tuttavia di fronte al pericolo di fuga nell'effimero il principio classico poteva essere riaffermato con il richiamo all'unità dell'*ethos* che nella versione moderna si traduceva nel carattere. *Sulla rappresentazione dei caratteri in musica*, il saggio di Christian Gottfried Körner pubblicato nel 1795 sulla rivista di Schiller «Die Moren», documenta come nel carattere unitario riconosciuto in musica (in senso estetico e non psicologico), il Classicismo tedesco stabilisca la sua legge fondamentale che, nella forma capace di sintetizzare i modi d'essere e di sentire, trascende la dimensione dei puri moti dell'animo, liberandoli dalla soggettività e acquisendoli a un valore universale caricato di significati morali e religiosi. È una concezione che non poteva darsi senza la sollecitazione di un esempio e la cui formulazione non poteva rimanere senza conseguenze nella musica del tempo. Heinrich Besseler vi ha visto il rispecchiamento dell'affermazione della serrata elaborazione tematica portata a maturazione da Haydn nell'op. 33 e da Mozart sviluppata a partire dal 1781 in forme tanto più complesse quanto meno divaganti, orientate dalla riduzione dei nuclei tematici basilari a un grado di essenzialità esaltato dalla rinata forza del contrappunto, della severità e del rigore programmaticamente inalberati nel finale della Sinfonia in do maggiore KV 551 ("Jupiter"). Che tale inesorabile disciplina compositiva fosse la regola e non l'eccezione non è evidente e che attraverso il suo dispiegamento l'oggetto della musica non fosse la "passione" bensì il "carattere", com'era nell'ideale di Körner, non è dimostrato. Il linguaggio dei viennesi, capace di regolare ogni registro espressivo, era facilmente in grado di neutralizzare qualsiasi eccesso di straboccante emozione, ma parimenti deteneva i mezzi per liberare (nella cinetica spinta all'azione del principio dialettico che guida l'azione tematica) l'energia pulsionale di un sentire ormai irrimediabilmente fondato nella psicologia individuale. Il vaso di Pandora era già stato aperto quando il richiamo all'ordine veniva suonato e quando l'aspirazione all'elevazione, alla dimensione sovrapersonale, urgeva sotto la spinta congiunta di artisti consapevoli e dei *laudatores temporis acti*. La musica era invece già pronunciata in altro modo nel corso dettato da esigenze sensuali e meno dall'intelletto, in un contesto che ne misurava la nuova travolgente capacità di infiammare le passioni attraverso la distanza che la separava da momenti espressivi sobriamente regolati, assunti a una dimensione di culto, che dell'esperienza neoclassica a cavallo di due secoli svela l'impotenza e la velleità del voler essere e potere solo nella condizione di rinuncia a valori individuali ormai definitivamente acquisiti. Armonia ed equilibrio tra sensi e intelletto erano possibili solo come sublimata rappresentazione, irrigidita in tratti che rivendicavano il primato luminoso della ragione, celebrata come supremo valore dell'uomo nel momento stesso in cui essa doveva soccombere davanti alle prove della sua rovinosa applicazione e al sorgere di un'espressione consegnata a oscure forze ingovernabili, sul cui sfondo l'idea neoclassica, ultima resistenza al Romanticismo, verrà assorbita per alimentare la nostalgia di perduti splendori aurorali.

II. Melodia e armonia dell'anima

Evoluzione della sensibilità musicale nella seconda metà del Settecento

> La bellezza è un'armonia visibile, che sorge dall'anima come un accordo da un suono fondamentale.
>
> (Wilhelm Heinse, *Aphorismen* [*Von der italienischen Reise*], 1780-83)

Più delle altre discipline artistiche la storia della musica ha dovuto subire esigenze di classificazione fondate su concetti preliminarmente verificati in pittura o in letteratura. Gli stessi termini ormai ineludibili di Barocco e di Classicismo non sono nozioni che l'estetica musicale abbia desunto direttamente dalle riflessioni sul proprio oggetto di studio, ma provengono da altri settori. Che dire quindi di concetti quali Manierismo e Liberty, comparsi negli ultimi decenni come risposta all'esigenza di mettere a fuoco i tratti specifici del madrigalismo di fine Cinquecento e determinate espressioni del Decadentismo ottocentesco con l'ausilio di strumenti critici chiesti in prestito alla tradizione delle arti figurative? Si tratta di orientamenti che riscontrano palesi difficoltà di assestamento critico, che saranno sempre destinati a far scorrere fiumi d'inchiostro nel tentativo di far corrispondere dati stilistici inconfondibili a concetti calati sulla musica da posizioni esterne. Per quanto precaria, si tratta di un'esigenza che non è possibile ignorare e che, se fosse puramente e semplicemente repressa, non potrebbe rendere conto di fenomeni artistici anche vistosi, spesso più ricchi di interrogativi delle esperienze più consolidate e portanti ai cui margini si situano.

Uno di questi concetti è quello di *Sturm und Drang*, con il quale è designato lo spontaneo sodalizio letterario che prese il nome dall'omonimo dramma di Friedrich Maximilian Klinger (1776) e che trova l'altro punto di riferimento ne *I dolori del giovane Werther* (1774) di Goethe come improvvisa liberazione del fuoco delle passioni dal quadro formalizzato e formalizzante delle retoriche espressive, con una netta dominante per la loro soluzione interiormente sofferta. I nessi con una particolare congiuntura musicale sono supposti e non desumibili da nessuna forma di programmato intento. È tuttavia accertabile che, dalla metà degli anni Sessanta del XVIII secolo, e per un buon decennio, un'area particolare della musica austriaca sperimentò lo stesso tipo di rottura. Tale problematica emerse in forma articolata in una memorabile relazione tenuta da H. C. Robbins Landon al congresso di Parigi del 1956 sulle influenze straniere nell'opera di Mozart, il cui discorso partiva da Joseph Haydn, che nelle sinfonie di quell'epoca visse una concentrazione di *pathos* messo a nudo in tutta la sua virulenza che non esitava a sconvolgere l'assetto della forma. Che ci troviamo di fronte a un fenomeno reale e non apparente lo dice anche la distribuzione statistica delle tonalità all'interno del *corpus* sinfonico haydniano, che copre l'arco di più di un trentennio (dal 1757 al 1795). Orbene, di fronte alle 96 composizioni in tonalità maggiore ne stanno 11 in minore, 7 delle quali concentrate nel periodo in questione.

È innegabile quindi l'identificazione di una stagione ben delimitata e un'uniformità di carattere espressivo che, nel segno della tonalità minore, introduceva la costante del sentimento liberato come fattore. La convergenza non può essere casuale soprattutto giacché i lavori haydniani di quel periodo non sono che la punta dell'iceberg di un orientamento compositivo che attraversa prepotentemente la "scuola austriaca". Nell'isolamento di Salisburgo, nel 1773, Mozart concepì la Sinfonia in sol minore KV 183, la quale, pure isolata nel contesto di una creatività non ancora dedita a compiti fondamentali, sembrava subire il contagio di una febbre e diventare il termometro di una situazione coinvolgente un'area vasta al punto da costringere a porre la questione nei termini di «crisi emozionale collettiva». La svolta diventa aspetto generale di un intero contesto culturale dopo il preannuncio di Franz Beck, il quale negli anni Sessanta raccolse le energie della "scuola di Mannheim" in un'idea di sinfonia che rinunciava al sorridente equilibrio di una forma condizionata dalla funzione di distraente divertimento, rimasta in fondo ferma a quelle manifestazioni di cortesia verso il pubblico non ancora trascinato *in medias res* dall'ouverture operistica, e che si tuffava nella ribollente sostanza liberata dagli spazi aperti dalla tonalità del sentimento in una scrittura contrastata da accidentato procedere. Non solo allora è significativa la tonalità minore, preannuncio della passione e del dolore (non riscontrabile nelle sinfonie preclassiche, tutte in maggiore), ma anche il peso che nell'economia della composizione assumeva lo sviluppo tematico, nel grado di tensione che nella forma-sonata giustifica la sua soluzione nella ripresa.

Dittersdorf scoprì il sol minore in una sinfonia composta verso il 1770, i cui temi subiscono la nevrotica azione di bruschi e ampi salti d'intervallo. Carlos d'Ordoñez, esponente altrettanto in vista della musica viennese, fu autore nella stessa epoca di una fremente Sinfonia in sol minore. Johann Baptist Vaňhal abbandonava la morbida cantabilità che aveva decretato il suo successo negli anni precedenti per affrontare una serie di sinfonie che, tra il 1770 e il 1773, allinearono mi minore, do minore, re minore, la minore e sol minore. Quest'ultima soprattutto si avvicina a quelle scritte da Mozart e Haydn nella stessa tonalità per l'ansia introdotta dalle sincopazioni nel quadro ritmico, per abbondanza di lamentose appoggiature semitonali, per il trasalente arco disegnato dagli intervalli diminuiti. Il peso poi acquisito dall'ultimo movimento della sinfonia, equiparabile a quello del primo movimento, ne eleva la dimensione drammatica.

L'agitazione passionale, innescata come sussulto di coscienza spinta a mettere in crisi la regolata e prescritta concezione formale, è un punto in comune con il movimento letterario che, in un'azione fugace durata alcuni anni, aveva gettato il seme d'idee dirompenti. L'espressione incitata da gesti rapidi e violenti, e l'apparizione della dissonanza come accento simile al grido dell'anima che i poeti cercavano nel suono lacerante di verbi incalzanti, consentono di stabilire un legame con lo *Sturm und Drang* letterario, il quale in verità conobbe risvolti estranei a qualsiasi musica del tempo, soprattutto come negazione dell'artificiosità del comune senso del gusto e come esaltazione *tout court* del cattivo gusto nelle forzature del grottesco. Tenendo conto della lontananza geografico-culturale della Vienna cattolica dall'asse Strasburgo-Francoforte, attraverso il quale, e intorno a Goethe, si era coagulato il movimento, può darsi che la congiuntura musicale descritta in ambito austriaco fosse il risultato di una propria maturazione interna. D'altra parte sappiamo quanto un clima spirituale possa essere determinato da sottili relazioni a distanza e dall'effetto moltiplicatore di tenui differenziazioni, quand'esse comincino a destabilizzare la complessità di un sistema.

In verità più che di movimento si tratta di un processo quasi sotterraneo che si lascia individuare proprio nel modo in cui il castello razionale delineato nel secolo dei lumi mostra la faccia nascosta. Significativamente, fra gli antecedenti troviamo la figura del filosofo greco come si profila nelle *Sokratische Denkwürdigkeiten* (1759) di Johann Georg Hamann, dove il genio regolatore delle azioni dell'uomo è visto come un «daimon» che non porta alla luce la trasparenza delle leggi ma addirittura vi sfugge, rivelando l'oscurità dei moti d'animo da cui sorge il sentimento in una prospettiva aperta al divino, percepito non come garante di un ordine in cui trovare la giustificazione dei comportamenti ma come una dimensione insondabile, misteriosa, al confine con l'irrazionale. È in tale prospettiva che il teorico di Königsberg, pur partendo da una posizione teologica, approda alla logica del sentire dove il linguaggio umano inteso come creazione dell'uomo è posto come valore risolutivo e dove la manifestazione artistica si sostituisce a quella filosofica come strumento della conoscenza. Su questa linea troviamo poi Herder il quale, pur provenendo da uguali riflessioni teologiche e motivato da prospettive trascendentali, si muove pure partendo dall'espressione intesa come segno dell'anima che esiste soltanto in quanto parla. Nel saggio *Über den Ursprung der Sprache* (1772), individuando il linguaggio come espressione organica dell'anima del popolo, non solo veniva ad abolire il dualismo tra pensiero e parola, ma nel linguaggio coglieva la traccia della vibrazione dell'anima nella sua immediatezza e sincerità. Il linguaggio, come affioramento della dimensione profonda del sentire, è con ciò sempre poesia e, nel processo di perfezionamento cui è sottoposto, è considerato una realtà terrena affrancata da sovrastrutture religiose e dogmatiche. Come organismo in divenire, esso partecipa della storia, come il popolo di cui è la voce, e come il popolo progredisce nei termini in cui la natura lo consente attraverso le forze che essa sviluppa. Era la reazione a forme artistiche cresciute all'ombra delle corti, nell'artificiosità di una condizione sottoposta al controllo di atteggiamenti dove il contegno prevaleva sull'immediatezza del sentire e dove l'espressione era intesa come un codice formalizzato, come sistema chiamato a rappresentare più che a liberare i moti d'animo e le pulsioni. La teoria degli affetti, cui si riporta globalmente l'arte dell'epoca aristocratica, si presenta tale appunto in funzione delle relative necessità di classe, del valore del simbolo nell'imposizione di una gerarchia implicante il rispetto dell'autorità, impegnata a stabilire percorsi obbligati anche all'espressione, da una parte erigendo gli emblemi a primato e dall'altra a mantenere distanze nette dai modi delle classi subalterne. Un principio di ordine sociale era dunque sotteso a forme retoriche che, per quanto articolate e raffinate, implicavano una forte dose di esemplarità in grado di governare a vasto raggio pratiche artistiche innumerevoli da esse dipendenti. Fin che l'autorità nobiliare fu riconosciuta come unico potere fu questa funzione mediatrice dell'arte a prevalere. Nella misura in cui la classe borghese giunse a ricavarsi spazi d'azione sempre più ampi, proprio i modelli artistici cominciarono a vacillare nel loro carattere di esemplarità.

Non fu però (né poteva essere) una sostituzione pura e semplice di modelli, dove i nuovi non esistevano ancora. Dapprima fu essenzialmente una spinta proveniente dalla visione dialettica in cui Herder collocò l'idea di popolo, che contrapponeva l'autenticità di un'atavica realtà (fondata nel mito) alla finitezza sostanzialmente terrena dell'artificiosa manifestazione della bellezza di cui era depositaria l'aristocrazia. Tale visione, responsabile di sviluppi incontrollati di posteriore nazionalismo (devastante anche a distanza di molti decenni per il totalizzante concetto di popolo che implicava), all'origine in fondo fu determinata come rivendicazione di una distinta sensibilità rispetto al dominante modello aristocratico. Tutto partiva dall'equivalenza tra popolo e natura da una parte (cui ci si appellava contro l'artificio aristocratico) e popolo e tedesco dall'altra, dove al concetto di "tedesco" esteso fino a comprendere il retaggio proveniente dai popoli "germanici" venivano assimilati i celti, Ossian e Shakespeare. In tali termini ovviamente era facile contrapporre tale ragguardevole *corpus* all'"innaturale" realtà cortigiana dominata dagli agghindati modelli francesi imitati dalle corti tedesche, creando la premessa di un fondamento etnico-nazionale alla polemica contro le maniere galanti, diventata poi contestazione delle idee illuministiche provenienti dalla Francia. Goethe s'inserisce in questo processo di recupero della memoria di gotici secoli oscuri, del culto della germanicità radicata nel Medio Evo contrapposta alle regole della cultura cortigiana, all'esteriorità corruttrice appresa dai modi francesi, rivendicando il primato del sentire naturale.

La raffigurazione del viandante è in questo senso programmatica. Nel *Wanderers Sturmlied* il poeta è sorpreso da una tempesta di pioggia e di grandine che giunge a metterlo in pericolo di vita. Ne uscirà invocando il proprio genio che lo porta a incontrare Apollo e a elevarsi a uno stadio di purezza cosmica; ma la vittoria sulle forze distruttrici della natura è da riportare all'individuo, al suo ardore, che giunge fino a dio che gli concede la grazia perché sente il calore del suo cuore: «La sostanza genuina dello "Sturm und Drang" goethiano è nei grandi momenti di ebbrezza lirica, in cui egli sperimenta il demoniaco delle forze della natura ed il demoniaco che sente fremere nella propria anima; e, quel che più conta, sperimenta la loro sostanziale identità, realizzando con ciò un nuovo sentimento dell'Uomo-Tutto, in cui il genio e la natura diventano una cosa sola» (Ladislao Mittner).

Il primato del sentire s'impone al di fuori delle regole, richiamandosi con ciò alla natura nella sua oscura e caotica apparenza, aprendo un varco nel mondo classico che continua a rimanere sullo sfondo con tutti i suoi riferimenti simbolici ma come turbata visione. In tale contesto è l'individuo soprattutto a essere posto al centro dell'attenzione, il viandante che diventa il metro con cui è misurata la natura nella sua estensione, nella sua forza e nella sua trascendenza, l'uomo solo davanti all'imponente dimensione di una realtà che lo induce a ergersi demiurgicamente in contrapposizione ad essa, in virtù della sostanza che si agita nel suo intimo, di una ricchezza di sensazioni di portata incommensurabile (nella misura in cui esse non si lasciano incanalare in un prescritto corso espressivo ma sempre più si sottraggono indomitamente a ogni prevedibile prospettiva di ordine). All'antico *pathos*, modello di sentimento che nella maestosità della rappresentazione neoclassica congelava l'emozione, si sostituisce una passionalità diffusa capace di sfuggire al tentativo della forma di imbrigliarla in un gesto esemplare, da contemplare in ammirata stupefazione. È l'approdo del *Werther* goethiano, divorato dalla passione spinta fino all'annullamento della sua persona. Il suo successo europeo venne a mettere a nudo uno stadio del sentire a cui il vecchio ordine sentimentale non era più in grado di rispondere. Vi si evinceva una modalità che le regole aristocratiche non potevano ammettere e che la stessa borghesia avrebbe avuto difficoltà a governare, ma che (attraverso la liberazione di una turbolenta intimità) lasciava emergere una dimensione soggettiva a caratterizzare la persona nei termini di una responsabilità individuale e il grado protagonistico della condizione borghese dell'uomo. Anche la vita borghese possiede le sue regole – è proprio in virtù di quelle che Carlotta (fidanzata a un altro uomo) è negata a Werther – ma, lasciando essa l'individuo solo a confrontarsi con la propria interiorità, non ha nulla da opporre al sentimento che vi nasce, che diventa dominante fino a occuparlo tutto e a indurlo a dar voce alla passione in termini irrefrenabili.

Soggettivizzazione

Il nuovo tipo di espressione ha origine quindi in un ambito di sensibilità legato alla condizione sociale. In musica esso è certamente legato alla pratica sempre più diffusa dell'esecuzione individuale ridotta alla dimensione privata, non finalizzata all'esibizione di fronte a terzi. Non è un caso che di *Empfindsamkeit* si parli prevalentemente riguardo alla musica per strumenti a tastiera, quelli che non richiedono di essere integrati in un collettivo e la cui pratica può essere ridotta a un dialogo dell'interprete con se stesso. Perlomeno questo è lo stadio indispensabile da cui l'interprete deve passare per essere credibile, secondo la teoria esposta da Carl Philipp Emanuel Bach nel celebre *Versuch über die wahre Art das Klavier zu spielen* (1753), il cui principio guida è il seguente:

> Un musicista commuove gli altri soltanto se egli stesso è commosso: è indispensabile che provi tutti gli stati d'animo che vuole suscitare nei suoi ascoltatori, perché in tal modo farà loro comprendere i suoi sentimenti e li farà partecipare alle sue emozioni.

È significativo che la verifica sull'applicazione di tale principio possa essere fatta su composizioni che di lì a poco avrebbero alimentato la diffusione di edizioni a stampa di pezzi per tastiera, scritti anche per essere accessibili da parte di esecutori dilettanti, non necessariamente provvisti di tecnica superlativa. Proprio l'aprirsi di un mercato di consumatori di musica individuali crea la premessa a una concezione della musica commisurata non al suo ruolo di trasmissione di valori rappresentativi della classe sociale al potere (lo "stile galante" in questo senso ne è la perfetta vetrina, non a caso incoscientemente esibita proprio alla soglia del tramonto dell'aristocrazia), bensì allo stadio del privato sentire maturato nel familiare nucleo borghese sempre più affermato come luogo di elaborazione di nuovi comportamenti. È in quello stadio che si assiste alla mutazione graduale di un sistema di retorica musicale ereditato dall'esperienza rinascimentale, regolato come un codice di comportamento prescrittivo, verso una prospettiva che liberava l'espressione alla ricerca di una verità al punto da ammetterne la sregolatezza.

> Suonate con l'anima e non come un uccello ammaestrato, se vorrete farvi apprezzare più di chi si limita a cantare o suonare in maniera stravagante.

Con C. Ph. E. Bach il metro di misura dell'espressione non è più riconosciuto in un modello stabilito esteriormente e calato sul messaggio musicale come sovrastruttura imposta, ma è determinato da un intimo sentire chiamato programmaticamente in causa attraverso il concetto di "fantasia". Apparentemente si tratta di un semplice principio esecutivo teso a rinnovare la pratica improvvisatoria alla tastiera, documentata storicamente fin dal Cinquecento attraverso la "toccata" (l'esibizione delle capacità tecniche dell'esecutore nell'associare idee musicali in forma estemporanea). Ciò che però all'origine era un fatto di stile messo a punto in termini di modalità esecutiva, esercitato allo scopo di assicurare all'interprete il riconoscimento della propria bravura (di una qualità esteriore), con Emanuel Bach acquisisce un significato in relazione non alla professionalità dell'esecutore ma al valore della sua interna motivazione espressiva. La sollecitazione riguarda quindi anche i dilettanti, se non loro soprattutto, cioè coloro che si dedicano alla musica non con lo scopo primario di suscitare ammirazione da parte di un pubblico, ma per loro stessi, considerando essi stessi *in primis* il pubblico. Il referente borghese, da tempo in azione ma sul punto di prevalere solo negli ultimi decenni del Settecento, introduce il principio di un'espressione meritevole di attenzione e di apprezzamento anche quando sia a sé bastevole, corrispondendo essa non all'affermazione di un esempio formalizzato del sentire collettivamente condiviso nella sua dignità, ma all'emergere di un moto dell'animo significativo per la sua autenticità, prima ancora che per l'originalità. Il riferimento di Emanuel Bach all'"anima" non riguarda più la rappresentazione del sentimento secondo il codice retorico dell'*Affektenlehre* (regolato in un preciso sistema di attese e di risposte preordinate), ma un sentire individuale manifestato in forme imprevedibili.

> [...] unicamente chi suona strumenti a tastiera può esercitare la sua supremazia sugli altri musicisti con le Fantasie. Queste non consistono in passaggi imparati a memoria o in frasi rubacchiate, ma devono sgorgare dall'anima in forma eloquente, passando rapidamente e senza preavviso, da un'emozione all'altra.

È nel privato quindi, nell'individuale esercizio della musica come meditazione su se stessi, che nasce una nuova direzione espressiva, prospettata come campo d'azione in cui può finalmente delinearsi una cultura borghese, di una classe che anche a livello affettivo s'impone per la reale sostanza dei propri apporti individuali al contesto sociale, la quale, negando il valore del simbolo, dichiara la possibilità di ricondurre l'espressione a misura dell'uomo inteso come essere non condizionato dai ruoli e dalle gerarchie rivestite nella società, identificato esclusivamente nella sua individualità. La Fantasia non è più semplicemente il luogo generico dell'ispirazione, ma diventa allora il fattore liberatorio di pulsioni che hanno il potere di rompere la logica dei percorsi espressivi obbligati, della cerimoniosa riproduzione di modelli di tradizione. "Fantasieren" diventa un procedimento che esalta la soggettività dello slancio sentimentale, nella sua accensione inventiva e soprattutto nella sua incostanza. La novità, rispetto a ogni precedente storico che chiamava in causa la Fantasia, non è tanto la sua capacità di moltiplicare le idee e di suggerire le più svariate soluzioni alla loro elaborazione, ma il modo di sfuggire al prevedibile, la sua resistenza ai tentativi di ridurla entro forme proporzionate e soprattutto il suo svolgersi irregolare in quanto a scansione della battuta, al delineamento delle figurazioni, alla necessità di garantire le simmetrie melodiche e armoniche.

Il sentimento come motore dell'espressione non si qualifica più come manifestazione di sensibilità legittimata da patente di nobiltà, corrispondente ad atteggiamenti garantiti dal consenso sociale, ma appare come lo specchio di una realtà psichica indagata in tutte le sue instabili reazioni agli stimoli cui è sottoposta, in termini che rispondono in tutto e per tutto alla relatività della dimensione soggettiva dell'individuo. Non a caso con la Fantasia in fa diesis minore (1787) intitolata *C. Ph. E. Bachs Empfindungen* si giunge a un deliberato grado di personalizzazione, sottolineato dal dato immedesimante affidato all'indicazione *Sehr traurig und ganz langsam* e all'accidentato procedere tra lamentose figurazioni cromatiche, dissonanze insistite, contrasti ritmici esibiti come il protocollo di una mente tormentata. Ciò era possibile sul clavicordo, strumento che, per la sussurrata pronuncia del suono e il flebile vibrato prodotto dall'oscillazione del dito sul tasto (*Bebung*), sanciva una dimensione d'ascolto sottratta alla verifica collettiva di un pubblico di cui conquistare l'attenzione, affidata invece alla capacità del singolo ascoltatore di penetrare nelle pulsazioni intime del suono, interrogandolo a tu per tu in una condizione quasi diaristica. Lo documenta il musicografo Charles Burney nella tappa ad Amburgo dell'ottobre del 1772, durante il suo viaggio nei Paesi Bassi e in Germania, riservando a C. Ph. E. Bach un posto di rilievo nelle sue relazioni: un Bach maturo ormai liberato dai lacci che alla corte di Prussia gli avevano procurato fortuna e onori senza soddisfare la sua ricerca di verità espressiva in un mondo regolato da obblighi e regole artificiosi. Raccolto nella sua privata sala di musica, in dialogo immaginario con i centocinquanta ritratti di musicisti che lo mettevano in un virtuale contatto con l'Europa della cultura e con i valori della musica sciolti dai doveri di servizio ai potenti,

> [...] il signor Bach fu così gentile da sedersi al suo strumento favorito, un *clavicordo Silbermann* e suonò per me tre o quattro sue composizioni tra le migliori e più difficili, con la delicatezza, la precisione e lo slancio che lo distinguono. Nei tempi lenti e patetici, egli riesce a trarre dalle note lunghe un grido di dolore o un lamento: questo effetto è soltanto possibile col clavicordo, o forse ne è capace lui solo.

Burney si rendeva conto della novità di una musica che lo metteva in relazione non con un'interiorità rappresentata in una forma compositiva che la trasfigurava in una prorompente esibizione offerta alla ricerca di sensazioni esteriori, ma con un modo di comunicare che al contrario chiedeva all'ascoltatore di tendere l'orecchio a cogliere l'impercettibile vibrare del suono tra gli stessi righi del pentagramma, in una tensione psichica che lo induceva a scoprire i lati nascosti e più profondi della dimensione emotiva. In quella memorabile visita, di fronte al grado d'immedesimazione dimostrato dal musicista rapito dalla sua stessa musica, egli registrava un atteggiamento nuovo, preannunciante un'epoca che alla sensibilità individuale avrebbe assegnato un'importanza primaria e il compito di smantellare il codice delle certezze espressive che attraverso la musica (operistica soprattutto) garantiva l'educazione sentimentale della società:

> Mentre suonava si era tutto trasfigurato così da sembrare ispirato. Il suo sguardo era fisso, il suo labbro inferiore cadeva, e il suo viso era imperlato di sudore. Egli disse poi che se avesse potuto spesso mettersi all'opera in quelle condizioni sarebbe ridiventato giovane.

Con ciò il musicografo inglese testimoniava uno stadio soggettivizzato dell'espressione a un livello problematico, registrando esso atteggiamenti di esibita teatralità senza che questi corrispondessero a una ragione teatrale, com'era il caso dei cantanti sulla scena operistica o dei solisti strumentali di fronte a un pubblico in ammirazione. Solo la situazione interiore dell'esecutore nel dialogo privato col suo strumento giustificava tale specie di condizione alterata, costituendo essa il passaggio dalla concezione genericamente sentimentale della musica all'estetica musicale romantica nei termini descritti da Jean Paul nei suoi romanzi, dove la musica, come «Vorklänge der zweiten Welt», assurge a dimensione metafisica.

È evidente che, riguardo all'arte dei suoni, in quei decenni era in corso un'accelerazione nella sua trasformazione di senso. Come luogo di spettacolarizzazione dell'ideale aristocratico, la rappresentazione iperbolica degli affetti nell'opera di stampo barocco perde di significato per una borghesia in via di emancipazione, cosciente di detenere valori e modi propri, maturi al punto da essere affermati in autonomia. La domestica dimensione del Lied e la pratica degli strumenti a tastiera che gli fa da contorno delineano uno spazio espressivo che rivaluta l'essenzialità di modi legati al sentire individuale, non inficiato dalla necessità di indossare la maschera del decoro nella traslata dimensione di sentimenti esibiti come emblemi di un modo d'essere chiamato a stabilire la misura della dignità. Ciò non impedisce alla borghesia di ereditare – con sinfonie, sonate e pezzi solistici – una pratica strumentale dalla funzione di passatempo, intesa come «rumore vivace e non spiacevole o un chiacchiericcio garbato e divertente ma che non impegna il cuore». Il giudizio di Johann George Sulzer (in *Allgemeine Theorie der schönen Künste*, 1773), che mette in opposizione il sentire la musica col cuore (da una parte) col suo uso dilettevole (dall'altra), rivela come fin dall'inizio la borghesia si sia districata tra due concezioni diverse dell'arte dei suoni, quella dipendente dal suo impiego in società e quella in grado di conquistarsi l'autonomia nella pratica solitaria, alimentata a tal punto dalla sollecitazione dell'interiorità da perdere il senso della misura degli stessi sentimenti che metteva a nudo. Nella condizione solitaria il processo di soggettivizzazione, determinato dall'investimento emotivo nei semplici dati stilistici della scrittura per strumenti a tasto destinati alla pratica individuale, orientata in direzione opposta alla proiezione sentimentale delle spettacolari ed esteriori forme operistiche, si sottrae al confronto con quella dimensione rappresentativa e descrittiva per disvelare una profondità al grado ineffabile dei valori assoluti della musica, la sua quintessenza.

Su quella strada l'astrattezza dei sentimenti (il fatto di viverli sempre più come un'esperienza individualmente fondata anziché socialmente condivisa in forme codificate) apre la porta all'affermazione della musica strumentale come campo d'azione dei puri valori musicali, nella dimensione metafisica riconosciutale dal Romanticismo. È ciò che Dahlhaus ha chiamato un «cambio di paradigma» – il passaggio della musica strumentale, da uno stadio percepito come deficitario (priva di «concetti, oggetto e scopo» rispetto alla musica vocale formalmente demandata all'espressione dei sentimenti), al livello della musica assoluta che riconosce in quella dimensione apparentemente manchevole la sua struttura intimamente autonoma, non gravata dalle attribuzioni di senso provenienti dai condizionamenti sociali. Si tratta di una condizione determinata dall'instabilità di valori che accompagna l'ascesa della borghesia, la quale si affaccia sulla scena nell'originalità di una nuova dimensione del sentimento, individualmente fondato, in grado di tracciare una rete di condivisione sulla base dello stesso grado di emotività diffusa (quindi di spiccato rilievo sociale) ma nel contempo ripiegato su se stesso, facilmente preda di una logica che lo allontana dalla realtà e quindi foriero di un modo di intendere l'espressione sempre più sganciato dai contrappesi sociali ed esposto a sfasature tra concezione compositiva e grado di ricezione.

Tale dimensione solitaria del sentire trovò nella forma del romanzo epistolare lo strumento della generalizzazione di un atteggiamento che, corrispondendo a una situazione matura e a un'ampia aspettativa, fu tramutato facilmente in moda. Da questo, come dal diffondersi della pratica musicale casalinga – il concetto di musica da camera, che definisce un genere in base alla privatezza del luogo cui è destinato, è di quell'epoca – con caratteristiche che indussero i compositori a tenere sempre più in conto non solo le limitate capacità d'interpreti dilettanti ma soprattutto lo stato di raccoglimento che accompagnava la situazione esecutiva, derivò una situazione sempre più tesa fra l'interiorità e l'esteriorità del sentire, rispecchiata nell'instabilità di forme sempre meno consolidate e soggette a un alto grado di mutabilità. Non è quindi un caso che uno dei primi romanzi epistolari di fortuna europea, *Pamela, or the Virtue Rewarded* (1741) di Samuel Richardson, storia di una servetta sedicenne virtuosa insidiata da un signorotto libertino che riesce a commuovere e a innamorarlo fino a farsi sposare, abbia trovato la via della musica. Al fatto già significativo di una tematica svolta nella forma epistolare di una narrazione condotta sul filo della confessione, dell'apertura dell'animo all'intimo dialogo con i propri parenti, si aggiunge qui la dimensione femminile, che sposta il centro dell'espressione sul lato più fragile del sentimento, là dov'esso è meno inquadrabile in perentorio assetto di rappresentanza, ma dove rivela piuttosto il rovescio della medaglia di una visione della società colta non nell'aspetto dell'ordine esibito bensì sul fronte delle sue contraddizioni nascoste. La carica di commozione offerta dalla vicenda, oltre ad aver intenerito il cuore del pubblico del tempo, per la portata comunicativa ne predisponeva l'impiego teatrale.

Nel 1750 Carlo Goldoni ne ricavò una commedia (*Pamela nubile*), subito trasformata in libretto per essere musicata nel 1756, col titolo di *La buona figliola*, da Egidio Romualdo Duni per il Teatro Ducale di Parma, e quattro anni dopo da Salvatore Perillo per il San Moisè di Venezia, prima di approdare alla versione rimasta nella storia col nome di *Cecchina*, presentata al Teatro delle Dame a Roma nel 1760 con la musica di Niccolò Piccinni. Significativo è che proprio dalla versione musicale sorse una vasta corrente di costume testimoniata dal Florimo: «le mode e le insegne dei caffè erano alla Cecchina; la casa Lepri acquistò una villa nelle vicinanze di Roma e la chiamò Villa Cecchina; e i ragazzi di strada non ripetevano da mattina a sera che le melodie della Cecchina». Effettivamente nulla meglio della musica poteva cogliere la nuova dimensione espressiva che del sentimento rivelava la faccia nascosta, la quale si contrapponeva ai gesti e alle maniere che caratterizzavano l'ufficialità dell'espressione sancita dalla gerarchia sociale, mentre l'esteso successo mostrava come tale riuscita entrasse in sintonia con stati d'animo ormai affermati nella società. Significativamente l'opera di Piccinni non si apre su una scena d'assieme, bensì sul personaggio solo di Cecchina giardiniera, che mescola la gentile convenzionalità del suo ruolo estasiato nella cura dei fiori alla riflessione sulla sua condizione di trovatella. Il fatto di aprire il sipario su di una situazione similmente introspettiva ha un che di programmatico, confermato nel tono languido e dimesso degli interventi della protagonista. È come se l'intero svolgimento dell'opera avvenisse su due piani distinti, quello dell'azione che coinvolge tutti i personaggi (dai toni variati secondo le situazioni) e quello di Cecchina raccolta nei suoi pensieri, procedente nell'immutabile registro di una tenerezza affidata alla semplicità di frasi corte e morbide, appena turbata da sospiroso ansimare e da intervalli che, come increspature, introducono nella melodia la metafora di sommessi singhiozzi, siglata nelle cadenze da cromatiche inflessioni declinanti in minore. Due mondi vi appaiono a confronto, espressivi innanzitutto ma (attraverso questa dimensione) rappresentativi di due diverse condizioni sociali, fondandosi l'azione sul conflitto che oppone il Marchese alla sorella per la sua intenzione di sposare la giardiniera rompendo l'ordine della distinzione di classe. Infatti la semplicità quasi elementare del tenero melodiare di Cecchina non è solo la cifra di uno stato d'animo dolente, ma è anche la manifestazione di un'umanità capace di esprimersi attraverso l'essenzialità di modi esibiti in una disposizione di sincerità caratterizzata da toni smorzati, corrispondente a un senso del pudore tipico di chi non vive il sentimento come ostentazione. La novità e l'importanza del capolavoro di Piccinni stanno proprio qui, nella divaricazione tra il mondo dei nobili (esposto dai suoi protagonisti nelle forme quasi protocollari del loro stato) e quello borghese (presentato nei modi spontanei e dimessi della propria condizione). Non si tratta della generica vivacità espressiva dell'opera buffa, che da decenni aveva già portato in scena il prorompente slancio vitalistico delle classi popolari (comunque ben rappresentato nella *Cecchina* da personaggi come Sandrina, Paoluccia e Mengotto, cioè la servitù, latrice di comportamenti astuti e maliziosi, finalizzati all'emancipazione attraverso l'azione diretta basata sui rapporti di forza contrattuali tra gli individui, dove la concretezza del loro rapportarsi alla vita si rivela sempre vincente rispetto allo statico e improduttivo comportamento nobiliare). È la dimensione spiritosa che ha celebrato il proprio campione nella *Serva padrona*, nella calcolata regia dei sentimenti, chiamati in causa non tanto per qualificare un'identità distinta ma per accendere un gioco d'inganni e di mercanteggiamenti condotto dai più furbi, a mettere in luce realisticamente da che parte stessero i valori destinati a dominare. Se ciò evidenzia il punto in cui la dinamica sociale si lascia ormai decifrare, riconoscendo la dimensione raggiunta dall'intraprendenza delle classi in stato di sudditanza, non vi troviamo però ancora la dimensione parallelamente maturata dalla borghesia a livello dell'approfondimento del sentire, nei termini di una sincerità affermata dapprima con se stessi e quindi rinforzata dal fatto di chiarirsi innanzitutto come autocoscienza. Ciò avviene nell'apparire del personaggio della Cecchina, la cui presenza solitaria (tale spesso anche nelle scene d'assieme, in cui si situa quasi come un ruolo *a parte*) si combina con il ripiegamento introspettivo affidato al modo lacrimevole che, pur derivato dalla letteratura e dal teatro, ha trovato la sua cifra epocale soprattutto in quell'espressione musicale, ad affermare l'individualità del sentire nella capacità di commuovere se stessi, prima ancora di esserlo come esempio agli altri.

Il salto di livello è tale per cui l'opposizione dei due modelli detiene una rilevanza drammatica, che Piccinni sfrutta facendo seguire, alla scena in cui Cecchina si dichiara nella sua arresa sincerità *larmoyante*, direttamente lo sfogo della Marchesa nei confronti del fratello, venuto meno nella sua responsabilità aristocratica cedendo alla seduzione della ragazza. Orbene, l'aria di furia della nobildonna ("Furie di donna irata"), nell'emblematicità della risposta altezzosa, non può che apparire ormai caricaturale di una condizione espressiva che sopravvive come gesto ripetitivo esteriore, inalberato per dovere di casta e quindi perdente di fronte alla novità dell'autentica capacità d'impietosire propria dei modi della "buona figliola", che portano in scena una dimensione psicologica capace di spostare il baricentro espressivo verso tale schietta e trasparente apertura d'animo. Significativo è il finale del primo atto, in cui sorprendiamo Cecchina in procinto di trasferirsi (su ordine della Marchesa) al servizio di un'altra nobildonna. Il modo in cui la ragazza si compiange detta il tono alla scena, dove s'innesta il suo contrario, a partire dal petulante commento delle servette, dall'intervento di Mengotto e da quello del Marchese, che si lascia andare in frasi di classica collera per il presunto tradimento, ma che alla partenza dell'amata si manifesta intenerito come fosse contagiato dai modi dolci e sommessi della ragazza. In effetti tale modalità pudica, virginale, non ha solo funzione caratterizzante: essa non si limita cioè a dar voce al personaggio centrale ma, in determinati momenti, si estende anche ad altri personaggi a significare l'apertura espressiva sull'interiorità, acquisita come coscienza di un sentire liberato da una parte dalle pastoie del decoro e dall'altra dall'esteriorità degli sbrigativi modi popolani. Nel secondo atto ad esempio, Mengotto, indotto a compiangersi, ormai certo di non essere ricambiato da Cecchina, assume gli stessi toni della ragazza, per non dire le stesse parole: "Ah, Cecchina ... il tuo Mengotto... / Si ferisce ... e per te more... / ma mi sento a dir dal core: / Poverino non lo far". Stesse parole e stessi toni nella prima entrata di Sandrina ("Poverina, tutto il dì / faticar deggio così!"), la quale, prima di manifestare la sua maliziosa invidia, è colta nella condivisione della condizione sottomessa. Quando poi nel terzo atto il Marchese svela alla ragazza la sua origine aristocratica ("La Baronessa amabile / Idolo mio, sei tu") i toni non s'innalzano al piano nobile dell'espressione aulica da opera seria, ma si abbassano al livello della modestia e del sentimento ritrovato nella sincerità di un animo che rende conto solo a se stesso. Il momento ha il valore di un manifesto, poiché, se nella soluzione della vicenda prevale la regola della nobiltà, sul piano del cuore si afferma la dimensione borghese, cui in quel momento bastava tale mezza vittoria, rimandando ad altro termine la rivoluzione vera e propria.

È comunque individuato per sempre un registro che nella modestia, nella semplicità dei modi e soprattutto nella dimensione introspettiva, mette a fuoco un dato espressivo destinato a farsi sempre più largo non solo nell'opera, a testimoniare l'affermarsi di una sensibilità non più considerata monopolio di una classe privilegiata. È significativo il fatto che l'affiorare di tale modalità corrisponda sempre a umile stato di subordinazione, come espressione di personaggi privi di lignaggio, come appare Sandrina ne *La finta giardiniera* di Mozart, giardiniera appunto prima di scoprirsi nobile alla fine, secondo l'obbligo del riscatto sociale imposto per essere accolta tra i protagonisti, la quale in un'incantevole cavatina ("Geme la tortorella"), riconoscendo la propria rassegnata sottomissione nella fragilità del volatile che le è affidato in cura, ritrova il tono dimesso e ingenuo del sentimento naturale. Ancor più canonico è il patetismo di Barbarina nell'apertura del quarto atto de *Le nozze di Figaro*, in cui, alla perdita della spilla consegnatale dal Conte per Susanna come risposta consenziente all'appuntamento, non reagisce con disperazione, bensì con una simile e altrettanto deliziosa cavatina, singhiozzante e contratta su se stessa nel lamentoso canto in minore chiamato a identificare l'autenticità del sentimento di un'innocente figlia del popolo.

Schiettezza del sentimento

Una categoria sentimentale si era quindi diffusa nella musica teatrale nel corso di quei decenni, ma non a integrare la teoria degli affetti di secentesca concezione bensì in un certo senso a metterla in questione. La rappresentazione dei sentimenti fino a quel momento era stata infatti attuata tramite un codice che stilisticamente li traduceva in gesti sonori riconoscibili nella loro tipologia, di volta in volta riprodotti come stampo di singole arie. In quanto atti espressivi essi corrispondevano a moti di estroversione, a ciò che in forma deliberata l'individuo manifestava del proprio animo. La *comédie larmoyante* caricava invece il sentimento di valenza opposta, non facendolo ragione di un confronto tra sentimenti diversi bensì introiettandolo, cioè portandolo a misurarsi con la propria interiorità. Nell'opera *larmoyante* il momento introspettivo corrisponde infatti a una specie di sospensione dell'azione, comunque della continuità drammatica, spostando il corso della vicenda dal piano del confronto esterno dei personaggi a quello interiore del singolo personaggio ripiegato in se stesso. In questo senso non è un caso che tale sviluppo turbativo dell'ordine drammaturgico venisse a essere associato a un evento patologico. Nella *Nina ou la folle par amour* (1786) di Nicolas Dalayrac – meglio nota nella versione di Paisiello *Nina pazza per amore* basata sullo stesso libretto di Benoît-Joseph Marsollier des Vivetières tradotto da Giuseppe Carpani – ripropone il registro estatico che abbiamo visto al livello del reale vaneggiamento di un personaggio che si muove al di fuori della percezione del reale. Curiosamente, nel salto stilistico, avveniva qualcosa di simile a ciò che era capitato all'origine della storia dell'opera, quando la situazione innaturale di personaggi cantanti (non parlanti) sulla scena per essere credibile veniva fatta corrispondere da una parte a vicende mitologiche, dove i personaggi (Orfeo, Apollo, le muse, gli arcadi ecc.) si manifestavano attraverso il canto appunto nella loro eccezionalità d'interpreti dell'ispirazione poetica, e dall'altra a stati alterati della coscienza, a manifestazioni di furore, di disperazione al limite della pazzia, dove l'"innaturalità" della musica combinata con la sregolatezza della connotazione scenica acquisiva valore di verosimiglianza. Più di un secolo dopo, codificati tali atteggiamenti, il fronte della normalità espressiva si sposta nuovamente, questa volta alla soglia dell'interiorità del sentire, percepita come dimensione straordinaria non esprimibile attraverso i codici fino a quel momento noti, a esplorare modalità inedite attraverso la forzatura del linguaggio acquisito, chiamando in causa la pazzia come stadio limite della sollecitazione della coscienza individuale. In quella fase infatti la pazzia non è più rappresentata attraverso i segni esteriori di un esagitato gesticolare del corpo, ma come uno stato tutto interno alla persona, che la disgiunge dal rapporto col mondo verso cui manifesta solo la chiusura su se stessa, la ricerca di un confronto con la propria memoria, la coscienza di dover fare i conti solo con la propria interiorità.

Chi nella pazzia di Nina ha individuato il risultato di un «eccesso di sensibilità» più che uno stato patologico (Stefano Castelvecchi), ha colto la componente culturale di un'epoca sempre più orientata verso il riconoscimento della dimensione affettiva come luogo di misura della natura umana indipendente dalla condizione sociale e istituzionale. È vero che l'uscita di senno della protagonista dell'opera è stata indicata nella supposta morte dell'amato Germeuil (Lindoro in Paisiello), ma essa va anche considerata per il fatto di essere avvenuta per mano del nuovo "più ricco" e "più potente" pretendente voluto dal padre della ragazza, nei termini della consuetudine del matrimonio imposto dalla famiglia contro le ragioni del cuore. Nell'opera, come ha sottolineato Francesco Degrada, non solo si riflette la problematica del contrasto tra il sentimento e l'interesse legato a ragioni economiche o di casta (tema significativamente assai diffuso nella letteratura, nel teatro e nell'opera del tempo), ma anche la cultura illuministica votata alla ricerca del benessere, nella visione dell'uomo considerato come individuo degno di essere preservato nella sua integrità e quindi meritevole di sostegno e di aiuto nella misura in cui le condizioni materiali e sociali gli impediscono la naturale estrinsecazione delle sue potenzialità.

Infatti nello sviluppo dell'opera la protagonista è condotta a rinsavire attraverso il confronto diretto con Germeuil redivivo, in una messinscena cui partecipano il padre e i testimoni del caso deflagratore della follia in una ricostruzione che, riannodando passo per passo i fili recuperati alla mente annebbiata, ristabilisce la logica dei fatti riportandola alla ragione. Ci troviamo quindi palesemente di fronte a uno "psicodramma", non ancora definibile nei termini moderni con cui è conosciuto ma consapevolmente messo in opera alla luce delle pratiche delle scene teatrali chiamate a esplicitare mimicamente i contenuti traumatici della psiche dei pazienti allo scopo di liberarli dalle ossessioni, che Marsollier conosceva tanto quanto Philippe Pinel, antesignano della psichiatria moderna (con il quale è documentato il rapporto). Siamo quindi di fronte a una vera e propria messinscena del sentimento individuale, moto dell'anima identificato nei tratti che inteneriscono il cuore ma, in quanto fatto oggetto di rappresentazione deliberatamente posta sotto osservazione, circoscritto e controllato. È il limite oltre il quale avrebbe debordato il Romanticismo come abbandono sfrenato alle pulsioni covate nella profondità dell'intimo, al di qua del quale si svolge il tortuoso percorso di acquisizioni sentimentali della coscienza borghese durante un Settecento, la cui idea di ordine non era ancora confrontata con l'ipotesi di una rivoluzione. Paisiello non mancò di dar corpo alla dimensione estatica di Nina che si lascia andare al flusso della propria coscienza. L'aria che annuncia la sua entrata in scena ("Il mio ben quando verrà") produce una melodiosa dolcezza che dilata il tempo a centellinare la prelibatezza di ogni nota, mentre l'incontro in forma di duetto di Lindoro con Nina, che riconosce l'amato uscendo a poco a poco dall'annebbiamento della mente, nel ricordo dell'antica dichiarazione d'amore si blocca sul reiterato "T'amo" della ragazza, incantata dalla sua stessa parola in un gesto smarrito. La profondità di tal grado del sentire è indubbia e non inferiore per impatto ai deliri di figure ottocentesche quali la *Sonnambula* o *Lucia di Lammermoor*. L'esemplarità della rappresentazione è tuttavia palese al punto da focalizzarla in una cornice formale sicura, capace di resistere a ogni eccessiva spinta espressiva.

La didascalicità è implicita nella stessa rappresentazione che inquadra l'isolamento mentale della ragazza nel contorno compassionevole di villani e villanelle, servi e guardie di caccia che entrano direttamente in dialogo con lei. La scena cruciale che mette a nudo il pensiero ossessivo per l'amato perduto si sviluppa come una lezione di canto di Nina con un gruppo di villanelle impegnate a intonare il suo stesso sospiroso lamento ("Lontana da te"). È un vero e proprio esperimento di verità espressiva, che mette alla prova non tanto i personaggi in scena quanto essenzialmente il compositore, in un percorso struggente che si consuma nel pianto delle ragazze che fanno da corona alla languente protagonista, in un episodio che rasenta il delirio ma che nel contrappeso del coro femminile fa salvo il comportamento giudicante. Ciò rende evidente il processo di "de-teatralizzazione" della scena nello sviluppo dell'estetica francese, sull'onda degli scritti di Diderot, tendente a superare i concetti di "artificio" e di "manierato" legati alla nozione di *théâtre* e di *théâtral* affermata come manifestazione esteriore di decoro, mentre l'attore viene isolato come se non esistesse il confronto col pubblico; pubblico il quale, d'altra parte, viene a essere coinvolto emotivamente al punto da sottrarlo alla condizione passiva e da creare l'illusione di essere partecipe dello spettacolo.

Tale grado di coinvolgimento, prefigurato dalla cornice corale che avvolge l'azione sullo sfondo di un paesaggio in cui la vegetazione si distende sul pendio verso un villaggio popolato da contadini rappresentati in armonia con la natura, acquista un significato particolare nella misura in cui siamo a conoscenza del fatto che la prima rappresentazione avvenne in un teatro artificiale allestito all'aperto nei dintorni di San Leucio, presso il belvedere della reggia di Caserta, per iniziativa dello stesso re Ferdinando IV di Borbone, che in quella località aveva dato inizio qualche anno prima a un esperimento economico-sociale ispirato da idee di progresso. Come ha ben messo in luce il Degrada, nel gennaio del 1789, poco prima di ospitarvi la *Nina* di Paisiello, il monarca aveva illustrato il progetto nella pubblicazione delle *Origini e progressi della popolazione di San Leucio*, stampata insieme con le *Leggi per buon governo della popolazione di San Leucio*. In un'operazione che combinava in modo singolare gli slanci utopici dell'Illuminismo con il paternalismo aristocratico, era stata costituita una comunità di artigiani intorno a una fabbrica di manufatti di seta, la cui esistenza e il cui lavoro erano regolati da statuti particolari direttamente elaborati dalla corte, che prevedeva la concessione gratuita della casa e degli strumenti di lavoro, la formazione professionale in scuole maschili e femminili dalla frequentazione obbligatoria e integrata con l'apprendistato, il salario garantito, incentivi vari per stimolare ulteriore qualificazione, il beneficio della pensione in base all'età, indennità per l'inabilità al lavoro, garanzia di cure mediche, premi nuziali e di natalità, l'abolizione della dote per le donne (sostituita da un corredo gratuito) alle quali veniva concessa la piena libertà nella scelta del marito. La rappresentazione dell'opera di Paisiello veniva con ciò a stabilire una relazione tra la finzione scenica e la realtà (per quanto straordinaria) di quel contesto, che a quella attribuiva una valenza programmatica, celebrativa di comportamenti avvaloranti una dimensione umana esaltata nel senso appagato di bontà, di virtù e di amore per il prossimo. L'allegrezza intonata nel finale dal coro villereccio, spettatore della ritrovata ragione della protagonista ormai prossima a coronare il sogno dell'unione con Lindoro, non può allora non ricordare la descrizione del modo in cui la legislazione di San Leucio prevedeva la celebrazione del matrimonio, in particolare i «canestri pieni di mazzetti di rose, bianche per gli uomini, e di color naturale per le donne» portati all'altare per la benedizione e per essere distribuiti dai pretendenti alla ragazza pretesa che contraccambierà col suo in segno di accettazione sotto l'occhio dei «Seniori del Popolo» e per essere portati in petto sino a sera «quando, dopo della Santa benedizione accompagnati da' rispettivi genitori si porteranno dal parroco, che registrerà i nomi e la parola». È evidente la programmaticità della rappresentazione che richiama nel dettaglio il significato morale dei comportamenti descritti nel documento legislativo, a esaltare la stessa schiettezza di un sentimento collettivo inquadrato in un immaginario apparentemente modellato sugli aspetti bucolici della tradizione arcadica, ma in cui l'idillio non ha più valore edonistico di godimento dei benevoli aspetti della natura, ma assume il valore simbolico di un ideale di vita semplice, misurato, morigerato, da cui è bandito il lusso e in cui sono cancellate le ingiustizie.

V'è di più: una delle scene cruciali dell'opera è rappresentata dal canto del pastore che chiude il primo atto, in cui Nina ravvisa la voce di Lindoro. Il compositore ha provveduto ad accompagnare tale Siciliana (in 12/8) con zampogna e ciaramella. L'andamento della Siciliana segue lo stampo elaborato in sede dotta del modello popolare, ponendosi da un punto di osservazione distaccato rispetto al referente folclorico. Sennonché le specifiche sonorità dei due strumenti contadineschi obbligano l'ascoltatore al confronto diretto con la realtà contadina, a inquadrarla non come ragione di semplice divertimento bozzettistico ma come modo d'essere profilato nell'esemplarità di un'esistenza più autentica e più profonda rispetto a quella che la tradizione aristocratica ha costretto entro la sovrastruttura di forme cerimoniali divaganti al punto da risolversi nella pura esteriorità. Nel sobrio canto del pastore, alternato alle sonorità sorgive del suo mondo, è la natura stessa che parla e che si manifesta direttamente come valore portatore di un messaggio di civiltà non contaminata dalla vanità delle pratiche mondane del piacere fine a se stesso e del lusso. Il fatto che Paisiello abbia espressamente indicato alla voce di chi interpreta Lindoro il dovere di intonare il canto del pastore assume una portata simbolica: significa «che questi non solo è vivo e potrà ricongiungersi con Nina, ma potrà farlo solo se a entrambi i giovani verrà restituito il diritto di secondare le "naturali" inclinazioni del sentimento e del cuore, il loro insopprimibile diritto all'amore» (Degrada). L'opera di Paisiello si configura con ciò come un manifesto del sentimento liberato dai manierismi e dagli orpelli imposti all'espressione dalle relazioni artificiose tra gli uomini. In questo senso la dimensione della pazzia in cui vaneggia il personaggio di Nina, inerme e spaurita, corrispondendo a una sospensione del suo rapporto col mondo d'origine, collega il suo modo di esprimersi al contesto umano elementare che spontaneamente lo accoglie, al mondo contadino riconosciuto come portatore di valori di solidarietà e di una sensibilità misurabile nel profondo grado di commozione che sa produrre. Non per niente quando il grande musicista napoletano, nel 1815, ormai carico di anni, fu interrogato dal principe Leopoldo di Borbone su quali fossero le sue opere migliori fra le decine da lui composte, a detta dell'allievo Giacomo Gotifredo Ferrari: «Altezza Reale, non saprei se *Il barbiere di Siviglia*, *Il re Teodoro in Venezia* o *La Nina* [...] E nell'articolare *La Nina* gli caddero le lacrime dagli occhi».

La capacità d'intenerimento della relativa musica, maturata nel solco del filone *larmoyant*, aveva stabilito una frontiera espressiva degna di fissare un traguardo ben altrimenti significativo rispetto alla generica declinazione al femminile, facile alla commozione, che ne sta alla base. Se la vicenda traeva la sua forza dalla capacità d'introspezione del personaggio, chiuso nella sua privata meditazione che lo sottraeva alla spettacolarità (agli accenti che tracciano all'espressione la via dell'esibizione), essa allargava la sua portata nella misura in cui metteva in luce una dimensione più vasta, che coinvolgeva un modo d'essere non solo individuale ma condiviso con un ambito di società rimasto ai margini e che, nella marginalità, poteva vantare il privilegio di pulsare al battito delle forze primigenie della natura, di quei valori che la cultura aristocratica aveva perso di vista o ammaestrato nei gesti esornativi della finzione arcadica. Questo si dava nella rappresentazione della *Nina pazza per amore* il 25 giugno 1789 a San Leucio, venti giorni prima della presa della Bastiglia, stabilendo una relazione ovviamente non immediata ma significativa nella misura in cui il sovrano illuminato che aveva dato vita all'esperienza "democratica" di quella colonia sperimentale, resosi conto della possibile direzione rivoluzionaria sottintesa a quelle idee, sarebbe di lì a poco diventato il protagonista della drammatica repressione del movimento di riforma cresciuto nel suo regno.

Diritti del cuore

Resta il fatto che l'opera di Paisiello mette bene in luce un livello di sensibilità esposto come condizione anelata, come un modo d'essere che rimanda idealmente a una perfezione perduta, a un'innocenza percepita come valore fondamentale da contrapporre alle corrotte espressioni moderne, esperibile nella misura in cui (attraverso il delirio della follia) viene in un certo senso sospeso il gravame del pregiudizio feudale nel personaggio, lasciando sgorgare la sua espressione come semplice e diretta manifestazione di natura. Orbene qui egli si muoveva sulla linea della rivalutazione del sentimento e delle passioni propugnata da Rousseau, che con la rivendicazione dei diritti del cuore aveva probabilmente anche ispirato Goethe per quanto riguarda l'ardore amoroso *stürmisch* di Werther. Più precisamente, il riferimento al filosofo ginevrino s'impone nella misura in cui il grado di autenticità dell'espressione è determinato dalla vicinanza alla condizione di natura, dove la prima presa di coscienza di sé passa dal sentire e solo in secondo luogo dal pensiero:

> [...] l'origine delle lingue non è per niente dovuta ai primi bisogni degli uomini; sarebbe assurdo che dalla causa che li separa derivi il mezzo che li unisce. Da dove può dunque provenire quest'origine? Dai bisogni morali, dalle passioni. Tutte le passioni avvicinano gli uomini, mentre la necessità di cercare di che vivere li costringe a fuggirsi. Non furono né la fame, né la sete, bensì l'amore, l'odio, la pietà, la collera a strappare le prime voci. I frutti non si sottraggono alle nostre mani, possiamo nutrircene senza parlare, s'insegue in silenzio la preda di cui ci si vuole cibare, ma per commuovere un giovane cuore, per respingere un aggressore ingiusto, la natura detta accenti, grida e gemiti: ecco le più antiche parole inventate, ed ecco perché le prime lingue furono canti e voci appassionate prima d'essere discorsi semplici e metodici (*Essai sur l'origine des langues*, 1755-1761).

L'evocazione immaginaria dei tempi antichi (ai confini della preistoria) non ha solo valore dimostrativo ma corrisponde a una proiezione ideale da cui discendono i modelli estetici, che Rousseau propone nel contesto coevo come alternativa alla pratica musicale sofisticata ereditata dalla tradizione cortigiana. Tanto più che la sua difesa della musica italiana contrapposta alla musica francese fa appello al modo in cui nei paesi meridionali, baciati dal calore del sole, la civiltà si è sviluppata nelle forme perfette consentite dall'armonia tra uomo e natura che vi si determinarono. In quello stadio egli ritrovava la parentela con la condizione primigenia dell'espressione, non ancora dominata dalla ragione: «On ne commença pas par raisonner, mais par sentir». Ne risulta che, nel corso evolutivo della civiltà, di ciò che si configura come progresso (acquisizione di conoscenze e di risorse da mettere a frutto per il benessere materiale e spirituale dell'uomo), dal punto di vista espressivo vi sarebbe stato un impoverimento, misurabile nel prevalere dell'artificio sui valori della sensibilità. L'unione di musica e parola, che contraddistingueva il linguaggio dei Greci, «l'accent et l'harmonie de la poésie» capace di governare le passioni, scomparve in favore della ragione. Con il primato dei filosofi e dei sofisti «en cultivant l'art de convaincre on perdit celui d'émouvoir». Qui non è in gioco il fattore storico, per cui nel passaggio a forme di vita organizzata in cui è imposta l'operosità in forme integrate e associate il sentimento viene represso in favore della razionalità attivata per risolvere i problemi. Ciò sarebbe anche il prodotto della condizione geografica, che nelle zone del settentrione, dove il clima è ostile e la natura impervia, occupa gli abitanti a ingegnarsi nella difficile sfida della sopravvivenza, negando loro il privilegio degli uomini del mezzogiorno, confortati dal clima temperato e dall'accesso immediato ai beni naturali che concedono loro il tempo e la voglia di manifestare i sentimenti e le passioni che attraversano il loro animo.

> Ma nel Nord, dove gli abitanti si logorano su un suolo ingrato, gli uomini, soggetti a tanti bisogni, sono facili a irritarsi; tutto ciò che avviene attorno a loro li inquieta: poiché riescono a vivere solo con fatica, più sono poveri, più tengono a quel poco che hanno; avvicinarli è attentare alla loro vita. Di qui viene loro quel temperamento irascibile, così pronto a volgersi in furore contro tutto ciò che li ferisce. Così le loro voci più naturali sono quelle della collera e delle minacce, e queste voci si accompagnano sempre ad articolazioni forti che le rendono dure e fragorose.

Di lì l'associazione della fatica e della difficoltà del vivere al lato macchinoso della manifestazione musicale, all'armonia intesa come rispecchiamento della ricerca laboriosa della purezza espressiva, che è invece possibile cogliere solo nella melodia allo stadio di libera e spontanea consonanza con la natura. L'asprezza delle articolazioni del linguaggio che Rousseau attribuisce alla fase barbarica della storia, cui andrebbe fatta ascendere la deformazione della linearità melodica in suoni sordi, nasali e sgradevoli, lo porta ad affermare «que notre harmonie est une invention gothique», di popoli condannati a «prolungare così la loro miseria, in questi luoghi in cui la terra non offre niente se non a forza di lavoro e in cui la sorgente della vita sembra essere più nelle braccia che nel cuore». L'armonia, come manifestazione di calcolo e di artificiosità nella musica, viene con ciò contrapposta alla melodia, intesa come traccia di ciò che viene dal cuore, da quella condizione goduta dalle popolazioni meridionali nel loro rapporto disinteressato con la natura, la cui benignità li predispone all'ozio, alle «passions voluptueuses qui tiennent à l'amour et à la mollesse», a quello stato del sentire che lo mette in vibrazione con le risonanze colte in profondità nel mondo circostante.

> Se anche tutta la natura fosse addormentata, chi la contempla non dorme, e l'arte del musicista consiste a sostituire all'immagine insensibile dell'oggetto quella dei movimenti che la sua presenza suscita nel cuore di chi contempla.

La comunicazione sgorga dunque dal sentimento che alberga nel cuore dell'uomo in forma di suono attraverso la voce, di parola che all'origine non era disgiunta dal canto e che il corso della civiltà ha spinto alla divaricazione. Nella misura in cui l'uomo si allontana dalla natura, in cui i bisogni crescono, la mediazione attivistica e meccanica del lavoro prevale sulla contemplazione, il linguaggio si precisa in funzioni pratiche, «il substitue aux sentiments les idées, il ne parle plus au cœur mais à la raison», assumendo una forma sempre più indurita dalle consonanti, perdendo la luminosità vocalica, cancellando gli accenti e livellando la periodizzazione delle quantità della struttura linguistica più antica. Il progresso, che ha portato a una lingua più fredda e più monotona, non permette più di ricostituire l'unità espressiva di canto e parola dato nell'antichità. L'unica prospettiva concessa è quella di ritrovare l'eco delle palpitazioni primigenie nella lingua cantata che più si avvicinerebbe alla sostanza melodica delle espressioni antiche, che non è quella francese («plus exacte, plus claire, mais plus traînante, plus froide, plus sourde») bensì quella «douce, sonore, harmonieuse et accentuée plus qu'aucune autre», cioè l'italiana (*Lettre sur la musique française*, 1753).

A questo punto il discorso di Rousseau abbandona il terreno delle ipotesi per confrontarsi con la realtà del tempo, di una musica italiana che era venuta ad assumere parvenze distinte in contrapposizione alle tendenze che egli deplorava nella musica francese, accusata di chiudersi nell'accademismo. Ovviamente il filosofo, notoriamente provvisto di profonda competenza musicale, conosceva sufficientemente la storia della musica per sapere che all'origine non era distinguibile una musica italiana da quella delle altre nazioni.

> Ci fu un tempo in cui l'Italia era barbara: e anche dopo il rinascimento delle altre arti, per cui l'Europa le deve tutto, la musica più tardiva non ha per nulla acquisito quella purezza di gusto che vi si vede brillare oggi.

Il riferimento è all'intermezzo italiano che proprio in quegli anni aveva conquistato la Francia, o meglio la parte illuminata dell'intelligenza francese che si opponeva ai tradizionalisti e che nel 1752, in occasione dell'esecuzione al Théâtre des Italiens della pergolesiana *Serva padrona* (peraltro già presentata a Parigi sei anni prima con scarsa risonanza) fomentò la storica "Querelle des bouffons". In quella stagione in cui si moltiplicarono le occasioni di tale presenza comica italiana – da *Il maestro di musica*, *Livietta e Tracollo*, *Il paratajo* pure di Pergolesi, a *Il marito giocatore e la moglie bacchettona* di Orlandini, a *La donna superba* di Di Capua, a *Il cinese rimpatriato* di Selletti, a *Gli artigiani arricchiti* di Latilla, a *Bertoldo in corte* di Jommelli, a *La zingara* di Ciampi – s'impose prepotentemente il gusto che esaltava la novità realistica della chiassosa rappresentazione popolare di stampo napoletano e la naturalezza dell'eloquio, facendone uno strumento polemico di opposizione alla sontuosità e alla cerimoniosità dell'opera barocca identificata nella figura di Rameau. Il fatto che tale disputa più che dai musicisti di professione fosse alimentata da filosofi, letterati, matematici, saggisti vari indica la portata di una questione che toccava i fondamenti dell'espressione a livello quasi antropologico.

È in quel contesto che Rousseau mette a punto la *Lettre sur la musique française* in cui oppone chiaramente la musica francese, appesantita da dottrina e pedanteria, «méthodique, compassée, mais sans génie, sans invention et sans goût, qu'on appella à Paris *musique écrite* par excellence», alla musica degli italiani che «hanno reso l'armonia più pura, più semplice, e consacrato tutte le loro cure alla perfezione della melodia». In particolare la distinzione è tra primato della melodia, individuata come nucleo portatore dell'intima sostanza dell'espressione individuale, e costrutto compositivo con valore di esibizione dottrinaria, intendendo «l'abuso o piuttosto l'uso di fughe, imitazioni, doppie figure e altre bellezze arbitrarie e di pura convenzione» che il filosofo registrava come «resti di barbarie e di cattivo gusto, che, come i portali delle nostre chiese gotiche, sopravvivono solo per la vergogna di chi ha avuto la pazienza di farli». La melodia diventava perciò la chiave per ritrovare la dimensione della natura contrapposta all'«armonia» intesa come prodotto laboriosamente elaborato della civiltà, come manifestazione della ragione che prevale sul sentimento.

Pochi concetti hanno avuto una fortuna paragonabile a questo binomio rousseauiano, immediatamente replicato a tutte le latitudini come nucleo di una concezione che nell'abbinamento di natura e sentimento gettò le basi al nascente Romanticismo.

> La melodia non ha bisogno di tanto profonda dottrina, come il contrappunto, ma esige però un gusto finissimo e una somma discrezione di giudizio. Una prova di ciò sono gli intermezzi in musica, e quell'operette buffe le quali piacciono più dell'eroiche, perché la musica è in quelle più semplice ed esprime meglio l'argomento del tutto e delle parti. A queste operette si pone più semplicità, perché si ha ordinariamente da fare con caratteri mediocrissimi, ai quali non si possono far seguire tutti i segreti dell'arte, ed i tesori della scienza. Sono perciò i maestri obbligati d'attenersi al semplice, e col semplice imitare la natura. È l'opera burlesca, *La serva padrona*, che ha fatto trionfare in Francia la musica italiana.

La riflessione di Francesco Milizia (*Trattato completo, formale e materiale del teatro*, 1794) fa stato del grado in cui la teoria di Rousseau si generalizzò, benché sul campo il processo di assimilazione del modello italiano fosse meno diretto. Lo stesso filosofo ginevrino, autore di *Le devin du village* (1752), iscritto programmaticamente nell'idea di ritorno alla natura, più che riprodurre la sanguigna dimensione dell'intermezzo italiano (da cogliere nel risvolto sociale sotteso alla disputa tra padroni sciocchi e beffati e servi astuti e impudenti), si rivela compromesso con la tradizione delle pastorellerie galanti che spiegano il successo della sua presentazione alla corte di Fontainebleau, dove l'ideale di semplicità, anziché risolversi nella liberazione spontanea delle pulsioni che vengono dal cuore, rifluisce nel quadro del cerimonioso idillio arcadico. Pur avendo di fronte un modello compiuto («È in questa grande regola [dell'«unité de la mélodie» che egli paragona per importanza all'«unité d'action dans la tragédie»] che occorre cercare la causa dei frequenti accompagnamenti all'unisono che riscontriamo nella musica italiana, e che, rafforzando l'idea di canto, ne rendono nello stesso tempo i suoni più morbidi [*molleux*], più dolci, e meno faticosi per la voce», leggiamo nella *Lettre sur la musique française*), non era così semplice calarsi in una realtà compositiva tanto nuova e smettere le vecchie maniere. L'importante era tuttavia il consolidamento della nuova prospettiva, che a livello concettuale rappresentava una radicale mutazione, sia sul piano culturale, sia su quello sociale. Ne registrava l'avanzamento Francesco Algarotti nel *Saggio sopra l'opera in musica* (1755), proprio riflettendo sulla difficoltà di equilibrare le due componenti, musica e poesia:

> La Musica nell'altro secolo [...] entrava nel cuore e vi rimaneva dentro, veniva ad incorporarsi colle parole e a farsi verisimile, era insomma affettuosa e semplice, quando la Poesia era tutta fuori del vero, iperbolica, concettosa, fantastica.

Al letterato, che replicava esattamente la concezione di Rousseau, era chiaro come il progresso andasse colto nel lato in cui non era la dottrina a vincere con le sue smaglianti sovrastrutture ma la forza dell'espressione elementare, individuata nella «verità» delle nuove forme teatrali napoletane.

> Ne sono in esempio singolarmente gl'Intermezzi e le Operette buffe, dove la qualità principalissima dell'espressione domina assai meglio, che in un qualunque altro componimento che sia. E ciò forse dal non potere quivi i maestri, essendone mediocrissimi i cantanti, dispiegare a loro talento tutti i secreti dell'arte, tutti i tesori della scienza; onde loro malgrado sono costretti ad attenersi al semplice e a secondar la natura. Da qualunque causa ciò venga, a cagione appunto della verità che in sé contiene, ha la voga e trionfa un tal genere di musica, benché riputata plebea. E dessa pur fu che estese la nostra riputazione di là dall'Alpi nel bel paese di Francia, rivale in ogni bell'arte coll'Italia. A niuno può esser nascosto come nel campo singolarmente della Musica durava tra le due nazioni viva da gran tempo ed accesa la guerra. Non si trovava la via da accordare col nostro canto le orecchie dei Francesi, ed era da essi loro rigettata all'oltremontana reggenza. Quando ecco fu udito in Francia lo stile naturale ed elegante insieme della *Serva padrona* con quelle sue arie tanto espressive, con que' suoi graziosi duetti e la miglior parte de' Francesi prese partito a favore della musica italiana. Così che quella rivoluzione che non poterono operare per lunghissimi anni in Parigi tante nostre elaboratissime composizioni, tanti passaggi, tanti trilli, tanti virtuosi, la fece in un subito un Intermezzo e un paio di buffoni.

V'è un paradosso in questa rivelazione della dimensione di natura attribuita al nuovo genere operistico napoletano, nella misura in cui a propagandarla si trovò impegnata la parte più raffinata di un pubblico noto per essersi identificato nel «coin de la reine» («des vrais connaisseurs, des gens à talents, des hommes de génie» che all'Opéra si riunivano sotto il palco della regina) in contrapposizione ai tradizionalisti che si riunivano sotto il «coin du roi» («composé des grands, des riches et des femmes, soutenait la musique française», precisava Rousseau nelle *Confessions*). Pubblico interessato a fare di queste occasioni più motivo di discussioni sofisticate che di reale ascolto immedesimato. La cronaca che Melchior Grimm ce ne offre in *Le petit prophète de Böhmisch Broda* (1753) in questo senso è pungente:

> [...] è là che si ascoltano le parole che affliggono i cattivi poeti e le cose che fanno tremare i cattivi musicisti. E ci si annoia raramente, perché quasi non si ascolta: ma si parla molto, benché la sentinella dica: "Si-

> gnori, abbiate la bontà di abbassare la voce, Signori, abbiate la bontà di abbassare la voce!". E nessuno fa caso a ciò che dice la sentinella, perché si preferisce conversare che ascoltare quello che essi chiamano cantare.

In senso proprio, era la parte di pubblico più pensante ad aprire il varco verso gli orizzonti inaccessibili alla ragione, a sostenere una concezione della musica che, nella ricerca dell'espressione originaria dell'uomo, approda alla rivalutazione del primitivo, per non dire del selvaggio, superando il concetto d'imitazione per porre in primo piano il concetto di espressione e creazione.

Il discorso risale a Houdar de La Motte nell'indicazione della musica come espressione di pura irrazionalità nell'umanità primitiva prima della conquista della ragione, ma soprattutto a Giambattista Vico, nel quale la dimensione del canto come fase aurorale della vita interiore dell'uomo non è considerata necessariamente legata all'evoluzione della civiltà ma a una primordialità sempre presente nella natura umana, ritenuta come un valore che è opportuno ritrovare come preservazione dell'immediatezza delle origini. D'altra parte tale rivalutazione del primitivo, del selvaggio, era presente in Jean-Baptiste Dubos, nell'origine poetica e non razionale del linguaggio, nel «génie de la langue» che una lingua come il francese, artificiosamente evoluta, aveva perso; lo stesso rimprovero che le riservava Edmund Burke rilevando la mancanza di forza nell'assetto della sua superiore chiarezza. Il filosofo inglese collegava direttamente il linguaggio poetico all'espressione musicale, esaltando la sua capacità di rivolgersi al sentimento e non all'intelletto, sfidato nella misura in cui giunge ad affermare che la chiarezza nuoce alla poesia in quanto essa ricava la sua forza dall'oscurità. La teoria di Rousseau, risalendo alla condizione primigenia in cui le prime voci si manifestarono sulla spinta delle passioni (quando non esisteva distinzione tra il canto e la parola, quando la lingua prima delle idee comunicava i sentimenti e le immagini grazie al ritmo e al suono sotteso alla sua articolazione) si colloca quindi in una corrente ormai organicamente delineata.

> La melodia, imitando le inflessioni della voce, esprime i pianti, le grida di dolore o di gioia, le minacce, i gemiti; tutti i segni vocali delle passioni sono di suo dominio [...] essa non imita soltanto, parla, e il suo

> linguaggio inarticolato, ma vivo, ardente, appassionato ha cento volte più energia della parola stessa (*Essai sur l'origine des langues*).

L'espressione non è più un processo fondato sull'imitazione della natura, una forma di mediazione tra la verità dei sentimenti e la loro rappresentazione attraverso un codice che li effigia in formule replicabili e ordinate in una struttura prevedibile di discorso, ma è la realtà stessa del sentimento colta nel suo prorompere. La poesia fu trovata prima della prosa: «cela devait être, puisque les passions parlèrent avant la raison». Nella sua visione di civiltà cresciuta moltiplicando i fattori di corruzione, allontanandosi dall'autenticità della natura originaria, le regole della ragione applicate all'arte distillarono il sentimento in forme che ne sacrificarono la verità in favore di una bellezza astratta. Solo la capacità di ritornare ad ascoltare la natura consente di ritrovare la vibrante sostanza che è andata persa nell'evoluzione della musica nel processo di apparente perfezionamento attraverso le epoche.

Concludendo il suo articolo chiave dedicato alla voce "Musica" nell'*Encyclopédie*, Rousseau poneva la domanda «Che la musica antica era più perfetta della nostra?». Ecco la risposta:

> Credo al contrario che la nostra è senza paragone più sapiente e più piacevole; ma ritengo che quella dei Greci era più espressiva e più forte. La nostra è più adatta alla natura del canto; la loro più vicina alla declamazione; essi non miravano ad altro che a commuovere l'animo, e noi non desideriamo che piacere all'orecchio.

La civiltà ha in un certo senso addomesticato l'espressione artistica, incanalandola entro i binari della convenzione, fissando regole e proporzioni, modalità dettate da esempi da replicare, in una successione di traduzioni sempre più lontane dall'origine.

Verso l'indeterminatezza

Non è un caso che la ribellione al regolato assetto dell'arte ereditata sia maturata nel Settecento, alla soglia di una profonda rivoluzione sociale e politica. Prima di quello scoppio, proprio la contrapposizione della verità dell'espressione del sentimento al godimento ricavato dalla sua rappresentazione sanciva un confine di gusto che, per il ruolo dell'aristocrazia nella definizione di stili ordinati per essere apprezzati in rapporto contemplante, stabiliva anche un confine culturale e di classe sociale. Tale limite è enunciato nella voce "Génie" dell'*Encyclopédie* (attribuita a Saint-Lambert):

> Il gusto è spesso separato dal genio. Il genio è un puro dono della natura: ciò che produce è un'opera di un istante. Il gusto è prodotto dello studio e del tempo; dipende dalla conoscenza di una quantità di regole stabilite o presupposte e produce bellezze soltanto convenzionali. Perché una cosa sia bella, secondo le regole del gusto, bisogna che sia elegante, rifinita, ben lavorata, senza sembrarlo; per esser geniale, occorre a volte che sia trascurata, che abbia un aspetto irregolare, scabro, selvaggio.

La distinzione di due ideali di bellezza qui formulata è l'indice del punto di volta cui era arrivata nel Settecento la riflessione sulla realtà estetica, sempre più al centro dell'attenzione in quanto non si trattava unicamente di opinioni sottoposte ai consueti confronti dialettici, ma, nella misura in cui il concetto era relativo, ne risultava un effetto destabilizzante anche per il risvolto sociale che implicava come venir meno di tradizioni e abitudini. La polemica di Rousseau (e degli Enciclopedisti in generale) contro Rameau ad esempio – contestando al grande teorico la pretesa di ancorare la sua idea di musica alla tradizione pitagorica che, partendo dal chiarimento dei fondamenti fisici dell'armonia, la assegnava all'ordine delle leggi eterne sottraendola alla realtà storica – toccava anche un nerbo sociale, introducendo al contrario l'idea di un'arte che, come manifestazione dell'uomo in tempi e in condizioni determinate, evolve e si trasforma. Stabilire a fondamento dell'estetica musicale la teoria armonica come scienza immutabile nelle sue regole significava ormai imporre un vestito stretto a un corpo cresciuto oltre misura. Pur concedendogli credito a livello di indagatore della sostanza tecnico-musicale, gli Enciclopedisti contestavano a Rameau la pretesa di riconoscere il primato dell'armonia sulla melodia, proprio nella misura in cui quest'ultima evidenziava al contrario poteri superiori nella sollecitazione della sensibilità. Nella voce "Fondamentale" stesa da D'Alembert per l'*Encyclopédie* leggiamo:

> [...] riconosciamo nella maggior parte dei casi la melodia come la fonte principale di piacere per l'orecchio. Preferire gli effetti dell'armonia a quelli della melodia, con il pretesto che una è il fondamento dell'altra è come se si volesse sostenere che le fondamenta di una casa sono il luogo più piacevole per abitarci perché sopra vi poggia tutto l'edificio.

La categoria del piacere, collegata alla sensibilità a scapito dell'intelletto, è la differenza che apre alla musica una prospettiva d'azione che la pone al centro dell'interesse per la capacità di rompere le convenzioni stabilite dalla concezione razionalistica fino allora dominante, e che, in nome della sua origine come libera espressione delle passioni, la riconosce nei suoi aspetti mutevoli da paese a paese, da epoca a epoca, da individuo a individuo. Se l'operazione di Rameau fu di tentare l'ultima possibilità di mantenere la musica nel quadro derivato dalla sua collocazione tra le arti liberali come scienza a formare il quadrivio (insieme con aritmetica, geometria e astronomia) in opposizione al trivio (grammatica, retorica e dialettica), con gli Enciclopedisti si compie l'ultima tappa del processo che dall'ambito tecnico-specialistico la recupera a una visione umanistica, inserita in modo vitale nella dinamica della cultura e della società. Il titolo *De la liberté de la musique*, il *pamphlet* pubblicato nel 1760 da D'Alembert, in questo senso rilevava chiaramente la portata del processo di messa in discussione dei valori assodati:

> Mi meraviglio che in un secolo in cui tanto si è scritto sulla libertà del commercio, sulla libertà nel matrimonio, sulla libertà nella pittura, nessuno abbia ancora pensato di scrivere su *La libertà della musica*. Per usare l'espressione di un filosofo, essere schiavi dei nostri divertimenti sarebbe una degenerazione, non soltanto della libertà, ma della stessa servitù. "Avete una mente ben limitata", ribattono i nostri grandi uomini politici, "tutte le libertà sono legate tra loro e sono ugualmente pericolose. La libertà della musica presuppone quella di sentire, la libertà di sentire porta con sé quella di pensare, la libertà di pensare quella di agire, e la libertà di azione è la rovina degli Stati. Facciamo quindi in modo che l'opera rimanga qual è, se vogliamo conservare il nostro regno; e poniamo un freno alla libertà di cantare, se non vogliamo che questa sia seguita ben presto anche dalla libertà di parola".

Dietro l'atteggiamento ironico lo studioso non celava il suo scetticismo, non esitando a starsene fuori («Si stenterà a crederlo, ma è assolutamente vero che nel dizionario di certa gente, buffonista, repubblicano, frondista, ateo (dimenticavo materialista) sono altrettanti termini equivalenti»), ma in definitiva il fatto di alludere al problema era sufficiente a testimoniare come la situazione determinata dall'evoluzione artistica e del gusto toccasse un nervo ormai scoperto. Lo rileviamo anche alla lettura della voce "Poésie lyrique" dell'*Encyclopédie*, in cui Grimm prende definitivamente le distanze dall'opera francese, dalla «declamazione arbitraria», dal «canto freddo e soporifero», dalla «monotonia insopportabile», ma soprattutto dalla falsa elevatezza cercata nel «meraviglioso», nella scelta di far cantare «solo esseri fantastici i cui accenti non trovano alcun modello nella natura», giungendo inevitabilmente a considerazioni che toccano la responsabilità sociale:

> Quando uno spettacolo non serve che di divertimento a un popolo ozioso, cioè a un'*élite* nella nazione che si chiama la *buona società*, è impossibile che assuma una certa importanza; per quanto sia geniale il poeta, l'esecuzione teatrale e mille dettagli del suo poema risentiranno inevitabilmente della frivolezza della sua destinazione. Sofocle, scrivendo le sue tragedie, lavorava per la patria, per la religione, per le più auguste solennità della repubblica.

Un'idea di società è quindi abbozzata dietro una realtà espressiva, una realtà e un'idea che possono anche essere diverse da quelle comunemente ammesse e che Rousseau nell'*Essai sur l'origine des langues* s'incaricò di screditare quando affermava che le nostre lingue moderne «sono fatte per il brusio dei salotti», esaltando «le lingue sonore, prosodiche, armoniose» vicine alla condizione arcaica come quelle «che si accordano con la libertà», nel rapporto schietto con cui gli antichi si facevano ascoltare facilmente dal popolo sulla pubblica piazza («Ora io dico che una lingua con cui non ci si possa fare intendere davanti a un popolo riunito, è una lingua servile; un popolo libero non può parlare questa lingua»). L'evoluzione del discorso estetico portava gli esponenti dell'Illuminismo non solo a rilevare le deficienze dell'*ancien régime* e della chiusura della classe aristocratica nel suo sterile edonismo da cui la plebe era bandita, ma anche a prefigurare i nuovi rapporti cui dopo la Rivoluzione il popolo sarebbe stato associato, nelle feste civiche e negli spettacoli di massa. Negli *Entretiens sur le fils naturel* (II) Diderot giunge a vagheggiare un teatro popolare con quaranta-cinquantamila spettatori che rende possibili «le grandi passioni, le forti emozioni, i grandi ideali e solo la musica può stabilire quella profonda unità tra gli uomini per cui una folla anonima e multiforme si trasforma in un corpo solo, teso negli stessi sentimenti, quasi parte integrante dello spettacolo» (Enrico Fubini). Parallelamente Grimm, consapevole del grande effetto che un coro può produrre anche solo con un'esclamazione o un grido inarticolato di gioia o di spavento quale metafora di tutto un popolo, giudicava tale prospettiva come caratteristica di una civiltà organica, negata alla condizione decaduta dei tempi moderni, una civiltà che può ritrovare tali qualità solo attraverso il recupero di un rapporto di pienezza con la natura:

> Questo era l'uso del coro nella tragedia antica; ma com'erano diversi quei cori dalle fredde e rumorose strofette che recitano i coristi dell'opera francese, senza azione, le braccia incrociate, con uno sforzo dei polmoni da stordire l'orecchio più agguerrito.
>
> Il buon gusto dunque bandirà i cori dal poema lirico fino a che l'opera non si sarà sufficientemente riavvicinata alla natura per riprodurre i grandi quadri e i grandi movimenti con la verità da essi richiesta.

Significativa in questa riflessione è la constatazione della relatività delle prospettive di sviluppo della civiltà. Anche se l'allusione ai Greci è debitrice della pratica mitizzante, spesso di maniera e improduttiva ai fini di concrete applicazioni, qui essa è chiamata in causa nella coscienza di trasformazioni sociali e culturali, a rivelare la consapevolezza di appartenere a uno stadio di civiltà in procinto di essere superato, e alla storia individuata come necessario corso da seguire quale compimento della progettualità insita nell'idea di natura.

La consapevolezza di situarsi in una dinamica aperta e la disponibilità all'osservazione neutra e al confronto d'idee consentì quindi agli Enciclopedisti francesi di provocare un'accelerazione conoscitiva in grado di aprire orizzonti forieri d'importanti sviluppi, al di là delle loro stesse previsioni. Se Rousseau ad esempio aveva sottratto la musica alla sistematizzazione razionalistica di Rameau appoggiandosi al canto, recuperato alla sfera emotiva dell'uomo in nome dell'espressione primigenia (indicando con ciò una direzione al teatro musicale), meno determinanti risultano le conseguenze della sua riflessione sulla musica strumentale, rimasta in ombra, subalterna, nella sua teoria, benché le premesse per lo sviluppo straordinario di questo versante fossero già in evidenza. Se ne sarebbe incaricato Diderot, non a caso autore della voce "Strumenti" dell'*Encyclopédie*, dove si riconosce che «non vi è nessun fenomeno della natura, nessuna passione, nessun sentimento nel cuore dell'uomo che non si possa imitare con uno strumento». In verità nella concezione di Diderot l'idea di arte come imitazione della natura (ereditata dagli antichi e impostasi d'autorità come ricerca dell'equilibrio e di forme proporzionate) viene superata nel riferimento a ciò che nella natura si svolge in profondità, percepito a livello istintivo, quasi inconscio («l'anima ha le sue conoscenze senza esserne cosciente»). Nelle *Lettres sur les sourds et muets* (1752) egli si chiede:

> Come mai delle tre arti imitatrici della natura, quella la cui espressione è più arbitraria e meno precisa, tuttavia parla con più forza alla nostra anima? Forse che la musica mostrando meno direttamente gli oggetti lascia più spazio alla nostra immaginazione, oppure avendo noi bisogno come di una scossa per commuoverci, essa è più atta che non la pittura e la poesia a produrre in noi quest'effetto di tumulto?

Il passaggio è assai importante, poiché evidenzia una concezione che non considera più l'arte come un processo integrato o parallelo al progresso della civiltà in una visione razionalistica (dall'oscurità alla luce) fatta propria dal Neoclassicismo, ma il contrario. Quando nel *Discours sur la poésie dramatique* afferma che «la poesia esige qualcosa di enorme, di barbaro e di selvaggio» sostenendo che «in generale più un popolo è civile e raffinato, e meno i suoi costumi sono poetici: tutto si affievolisce addolcendosi», Diderot raggiunge l'estrema conseguenza del pensiero di Rousseau nel riconoscimento dell'arte (e in particolare della musica) come linguaggio proprio della società più primitiva. Il concetto di musica come «cris animal», serpeggiante nelle varie fasi dei suoi approfondimenti sull'arte dei suoni fino alle *Leçons de clavecin* (1771), rompe la linearità di uno sviluppo, la cui logica è rovesciata: la ragione, che aveva portato a indagare il fenomeno fino alla soglia delle remote origini, veniva smentita nella sua onnipotenza dall'evidenza di una manifestazione espressiva che le si presentava non nella compiutezza di un ordine decifrabile, ma nelle sembianze difformi di una realtà imperscrutabilmente persa nell'oscurità degli istinti. Su questo versante, che alimentò alcuni giudizi radicali (come quello citato di Saint-Lambert alla voce "Génie" sulla bellezza fondata nell'aspetto «irregolare, scabro e selvaggio»), il fronte avanzato degli Enciclopedisti si compattò proprio intorno all'idea della musica individuata come fattore d'indeterminatezza, per la prima volta riconosciuto non come deficienza, ma come valore specifico.

Diderot vi perviene attraverso il confronto con l'arte figurativa. Disquisendo su schizzo e quadro, paragona il primo alla musica strumentale nella sua allusività e il secondo alla musica vocale nella sua finitezza, nella sua delimitazione del sentimento a unità espressiva. Addirittura egli giunge a illuminare il problema dall'altro lato della percezione, che, attivando il ruolo del ricettore, viene a sottolineare la funzione dialettica dell'immaginazione, essenziale non solo per chi a essa fa capo per creare, ma anche al fruitore il quale (senza di essa) non riuscirebbe a ricomporre la logica di un processo in parte sottratto al controllo del suo creatore:

> [...] nella musica vocale bisogna ascoltare proprio ciò che essa vuole esprimere. A una sinfonia ben fatta, posso farle dire ciò che più mi piace ... Avviene all'incirca lo stesso per lo schizzo e per il quadro. Vedo in un quadro la cosa pronunciata; ma quante cose che sono solo annunciate immagino in uno schizzo.

Ciò che era considerata una carenza semantica della musica strumentale sganciata dalla parola – riassunta una volta per tutte nella celebre *boutade* di Bernard Le Bovier de Fontenelle («Sonate, que me veux-tu?») – viene ad acquisire un valore non indifferente nella misura in cui, di fronte all'indeterminatezza apparente, l'immaginazione è stimolata a scavare nel profondo a un livello dell'espressione che sfugge al controllo della ragione e che, affidandosi alla spinta delle passioni, svela l'irriducibile dimensione conturbante (selvaggia, scabra e irregolare) che Saint-Lambert imputava al «genio» non mediato dalle convenzioni stilistiche, riconosciuto come prodotto dell'istintualità. L'orizzonte spalancato da questa concezione è tale per cui Diderot ne tentò la messa a fuoco attraverso il procedimento dell'*alter ego*, nel dialogo con *Le Neveu de Rameau*, in cui egli si confronta con un personaggio degenerato nella miseria materiale e morale, dal quale è attirato per la sua capacità di reagire al conformismo sociale, dal suo sprezzo dei principi governanti una bellezza intesa come adornamento, mascheramento di una sostanza oscura, delle passioni incontrollate, della verità di natura che si esprime attraverso l'istinto, il «grido animale». Evidentemente egli si rendeva conto della portata ribellistica della liberazione dell'inconscio, tanto più inquietante quanto più il personaggio che gli si contrapponeva, spregevole per la condotta morale, manifestava lo stesso gusto per l'opera italiana (per Vinci, Leo, Pergolesi, Duni). In questo caso l'umanesimo illuminista, regolatore attraverso l'esemplarità di comportamenti miranti al miglioramento della società richiamata alla schiettezza dei rapporti naturali, si trovava a fare i conti con i risvolti brutali delle passioni scatenate, dell'istinto che prevale senza remore, di forze barbariche di cui la musica diventava il veicolo principale come espressione artistica sciolta dalla tutela del *logos* e lasciata in balìa delle spinte del *pathos*, di emozioni oscure che ne fanno, nella mente del nipote di Rameau, «l'arte più violenta di tutte».

Con ciò Diderot si spinge alle soglie del Romanticismo, nella misura in cui il riconoscimento di una forza espressiva autosufficiente alla musica sciolta dalla parola sposta la comunicazione dal piano dei valori collettivi, di un codice valido per l'intero corpo sociale (campo d'azione prioritario per la motivazione che animava gli Illuministi), a quello individuale, «di linguaggio rivelatore dell'essere, uno strumento metafisico di conoscenze privilegiate» (Fubini). In questo senso, pur partendo dalle stesse premesse fornite da Rousseau, riconducenti le radici della musica allo stato aurorale della civiltà, egli lo supera, perlomeno nella prospettiva indicata. Non per niente, alla voce "Sonate" dell'*Encyclopédie* il filosofo ginevrino, riconoscendo anche la musica come «un'arte d'imitazione» e richiedendole quindi di essere portatrice dell'immagine dell'oggetto imitato, non la può ammettere che in forma di canto («Con le parole tale oggetto ci è presentato, con i suoni toccanti della voce umana, insieme alle parole, questo stesso oggetto porta sino ai nostri cuori il sentimento che deve produrre»), al punto da porre la musica strumentale in posizione decisamente subalterna:

> Chi non avverte quanto la musica strumentale sia lontana da questa intima forza e da questa energia? Tutte le follie del violino di Mondonville non mi commuoveranno mai come due suoni della voce di M.lle Le Maure.

In questo senso, con tutta la loro carica sovvertitrice, gli Illuministi non oltrepassarono il limite di ciò che era concesso dall'impostazione razionalistica del loro discorso, tutt'al più ammettendo, al di là del livello primitivo della sua dimensione imitativa ridotto all'onomatopea, la sua evoluzione come una lingua capace di esprimere i diversi sentimenti dell'anima, o meglio le diverse passioni. Era la posizione di D'Alembert, la più avanzata concepibile in virtù di tale apertura sentimentalistica, che gli consentiva tutt'al più di ammettere esperienze strumentali quali le sonate di Tartini, dichiaratamente ispirate a versi del Petrarca o di Metastasio posti come intestazione, con riferimento particolare alla sonata dal titolo *Didone abbandonata*, di un «monologo assai bello in cui assistiamo al rapido succedersi di sentimenti di dolore, di speranza, di disperazione, d'intensità e sfumature sempre diverse», cioè dalla struttura procedente per analogia con lo svolgimento del discorso poetico. In *De la liberté de la musique*, dopo essersi compiaciuto del fatto che almeno nel campo della sinfonia i francesi sono in grado di dare lezione agli italiani (soprattutto in fatto di musica per danza capace di ergersi allo stadio di «scena muta», come dimostra il «Ballet des fleurs» delle *Indes galantes* di Rameau), egli giunge ad aprire la prospettiva delle

> [...] sinfonie espressive, cioè in cui il senso e lo spirito fossero sempre espressi esplicitamente con la scena, o con l'azione o con lo spettacolo; bisogna che le arie di danza siano sempre legate al soggetto, siano ben caratterizzate, e in altre parole siano sempre pantomime, progettate dal musicista in modo che egli possa fornirne, per così dire, la traduzione in musica e che la danza sia esattamente conforme a questa traduzione. Una sinfonia, ad esempio, che volesse dipingere qualche grande soggetto come la fusione e la separazione degli elementi deve essere spiegata e sviluppata allo spettatore per mezzo di una decorazione adatta, in cui

> il gioco e i movimenti corrispondano agli analoghi movimenti della sinfonia; in altre parole, occhi e orecchie devono collaborare in comune accordo nell'interpretazione della musica strumentale.

Ciò dà la misura della difficoltà di ammettere un autonomo sviluppo della musica strumentale e le varie occasioni che ancora nella Londra di fine Settecento, luogo della consacrazione delle grandi sinfonie di Haydn, prevedevano la loro esecuzione come accompagnamento di «animated pictures», documentate dalla presentazione al King's Theatre della Sinfonia n. 73 ("La caccia") il 19 maggio 1791 diretta dallo stesso autore «with dances and decorations». In una situazione di ampio dispiegamento di mezzi comunicativi, si può ben capire come l'attivazione simultanea dell'occhio e dell'orecchio fosse considerata lo stadio della maggiore pienezza espressiva, soprattutto in una fase dell'evoluzione estetica che, per quanto si fosse lasciata alle spalle la fondamentale tappa rappresentata dal teatro musicale barocco, continuava a fare i conti con la sollecitazione dei sensi che come funzione vi primeggiava.

Laboratorio dell'espressione

In fondo la vasta trattatistica cresciuta intorno all'opera tra Sei e Settecento, nella sua denuncia delle contraddizioni formali, di arbitri e di abusi, non era solo e sempre il prodotto di una *pruderie* accademica che si richiamava al rispetto del modello originario aulicamente individuato nel dramma antico, ma era principalmente il tentativo di mantenere l'equilibrio tra i fattori in campo, da valorizzare nelle loro potenzialità. Il problema in fondo era sempre quello del "recitar cantando", del compenetrare due livelli diversi dell'espressione senza sacrificarne alcuno. Persino lo stilizzato Metastasio si era reso conto di questa necessità ergendosi contro «cotesti rosignoli inanimati» solleticanti solo le orecchie quali erano diventati i virtuosi del canto: «attori che suonano invece di rappresentar cantando, non possono lungamente sussistere sulla scena» (scriveva a Hasse il 20 ottobre 1749). Significativamente però il poeta era il primo a riconoscere la forza autonoma della musica proprio come contraltare necessario dell'espressione verbale, raccomandando al musicista il massimo dispiegamento dei mezzi nel recitativo accompagnato: «i piani, i forti, i rinforzi, le botte, ora staccate ora congiunte, le ostinazioni or sollecite or lente, gli arpeggi, i tremuli, le tenute, e soprattutto quelle pellegrine modulazioni delle quali sapete voi solo le recondite miniere». Qui siamo al di là della questione posta dal motto «prima la musica poi le parole», tanto che, «acciocché l'attore non sia obbligato ad aspettare, e si raffreddi così quel calore ch'io desidero che si aumenti», Metastasio attirava l'attenzione del musicista sul fatto che

> [...] in grave meditazione, è necessario che gl'istrumenti lo prevengano, l'assistano e lo secondino, finché il personaggio rimane a sedere: tutto ciò ch'egli dice sono riflessioni, dubbi e sospensioni, onde danno luogo a modulazioni improvvise e vicine, a qualche discreto intervallo da occuparsi dagl'istrumenti; ma subito che si leva in piedi, tutto il rimanente dimanda risoluzione ed energia: onde ricorre la mia premura per l'economia del tempo [...] Gl'istrumenti debbono tacer quando parlano gli altri personaggi [...] variando peraltro di movimenti e di modulazione, a seconda non già delle mere parole [...] ma a seconda bensì della situazione dell'animo di chi quelle parole pronuncia.

Non v'è chi non veda il parallelismo con quanto esposto da Rousseau nella voce "Acteur" del *Dictionnaire de musique*, dove è riaffermata tale concezione integrata delle manifestazioni espressive:

> All'attore d'opera non basta essere un eccellente cantante, se egli non è anche un eccellente pantomimo; poiché non deve solo far sentire ciò che egli stesso dice, ma anche ciò che lascia dire alla sinfonia.
>
> L'orchestra non riporta [*ne rend pas*] un sentimento che non debba uscire dalla sua anima; i suoi passi, i suoi sguardi, il suo gesto, tutto dev'essere in accordo con la musica, senza tuttavia che egli mostri di farvi caso: deve sempre interessare, anche stando in silenzio: e, benché impegnato in un ruolo difficile, se egli dimentica per un momento il personaggio per occuparsi del cantante, non è che un musicista sul palcoscenico; non un *attore*.

Rousseau era un intenditore troppo competente per non conoscere le particolarità dei generi. Ciò che lo distingueva dai contemporanei tradizionalisti era l'abbandono del loro rispetto formale (l'adeguamento ai percorsi obbligati dell'espressione) per aprire un fronte in cui i vari livelli espressivi potessero interagire evidenziando la ricchezza di pensiero, di senso morale e di emozione racchiusa nell'animo umano. Nulla egli esclude di queste forze prorompenti; semplicemente la sua analisi è orientata a identificare le vie predisposte al loro sboccio, contemplando anche l'effetto moltiplicatore derivante dalla loro somma, affrontando l'aborrito rischio della contaminazione. La riflessione è sviluppata già nell'*Essai sur l'origine des langues*, in cui il problema non è affrontato in termini di ordine estetico ma principalmente comunicativo, di urgenza espressiva e dove quindi il risultato non è misurato in base alla bellezza dell'effetto bensì alla sua penetrazione e alla sua efficacia:

> Si parla dunque agli occhi assai meglio che agli orecchi [...]. Ma allorché si tratta di commuovere il cuore e di accendere le passioni, è tutt'altra cosa. La sequenza temporale del discorso, ove le voci si susseguono, suscita ben altra impressione che la presenza dell'oggetto stesso colto con un colpo d'occhio. Supponete una situazione di dolore perfettamente nota, vedendo la persona afflitta difficilmente sareste commossi fino a piangere, ma lasciategli il tempo di dirvi tutto ciò che prova e subito vi scioglierete in lacrime. È così che le scene di tragedia producono il loro effetto. La sola pantomima, senza discorsi, vi lascerà quasi tranquilli, il discorso senza gesto vi strapperà le lacrime [...]. Concludiamo che i segni visibili rendono più esatta l'imitazione, ma l'interesse si risveglia meglio attraverso i suoni.

Di lì proviene l'idea, che accompagna i tanti tentativi di riforma teatrale moltiplicatisi all'epoca, di dar vita a un dramma musicale che, allo scopo di aggirare la degenerazione del canto operistico trasudante di retorica e rinforzato da accompagnamenti complessi graditi solo alla tortuosa sensibilità dei popoli "civilizzati", si affida al gesto legato alla parola recitata per riscattare la musica all'intensità comunicativa. È il principio che a Rousseau dettò il *Pygmalion*, un'azione che vede in scena due attori recitanti alternati agli interventi di una piccola orchestra regolati da un accurato piano registico. Per quanto nato in modo frettoloso durante un soggiorno a Lione nel 1770 con la collaborazione di un musicista dilettante (Horace Coignet, autore della maggior parte dei brani), tale *mélodrame* rivela una dimensione programmatica già nell'argomento ripreso da Ovidio, la storia della statua Galatea portata a vita dallo scultore Pigmalione. La figura fermata nella pietra, che già di per sé dovrebbe esprimere ciò che è consentito all'arte della scultura, si anima per agire nel decorso temporale adottando le regole dell'espressione teatrale e nello stesso tempo musicale. Il programma è nelle parole stesse del protagonista:

> Quels traits de feu semblent sortir de cet objet! ... et cependant (hélas!) il reste immobile et froid, tandis que mon cœur embrasé par ses charmes, voudrait quitter mon corps ... pour aller échauffer le sien ... Je crois dans mon délire, pouvoir m'élancer hors de moi ... Je crois pouvoir lui donner ma vie ... et l'animer de mon âme ... Ah! Que Pygmalion meure pour vivre dans Galathée ...! Que dis-je ...? Ô ciel! ... si j'étais elle, je ne la verrais pas ... je ne serais pas celui qui l'aime ... non ... que ma Galathée vive et que je ne sois toujours un autre ... pour vouloir toujours être elle ... pour la voir ... pour l'aimer ... pour en être aimé!

La problematicità della fusione delle espressioni non è quindi elusa, introducendo in ambito estetico non solo ipotesi di sviluppo che matureranno fino alla wagneriana "opera d'arte totale" e oltre, ma anche (se non soprattutto) il principio dello sperimentalismo, di regole applicate indipendentemente dalla verifica, affrontando l'incognita di risultati fortemente motivati sul piano soggettivo ma inefficaci nella pratica sociale.

In verità il lavoro ebbe un'immediata fortuna europea, giungendo a Vienna nel 1772 con la musica di Franz Aspelmayr. Dopo una probabile apparizione a Milano nel 1771, andò in scena a Venezia nel 1772 e a Napoli l'anno successivo, sicuramente con le stesse musiche di Aspelmayr. Georg Benda ne assicurò la musica in una versione per Gotha nel 1779, mentre Goethe già nel 1776 a Weimar se ne era ispirato per allestire un monodramma intitolato *Proserpina*. Tale forma, che ancor oggi definiremmo ibrida (poiché in fondo non giunse mai a essere omologata per costituire un filone artistico continuativo), ebbe comunque vasta risonanza contribuendo ad allargare le prospettive estetiche e gettando le basi per il riconoscimento dell'autonomia della musica strumentale.

In questo senso è significativo proprio il modo in cui il lavoro venne accolto in Italia, testimoniato dal traduttore nella prefazione al libretto napoletano del 1773. Benché questi per mentalità ne auspicasse una versione cantata affidata a un valido maestro di cappella italiano, non mancò di riconoscervi un modello per certi aspetti superiore in efficacia espressiva al teatro musicale com'era allora per tradizione concepito:

> Il Pigmalione di Gio: Giacomo Rousseau è una scena in prosa animata di così belli poetici caratteri, che la musica, indivisibil compagna per altro della poesia ha potuto ancora ajutarla, con piacere de' concorrenti spettatori. Non potrebbe figurarsi maggiore inverisimilitudine, che accompagnare o preparare con un ritornello di stromenti, una declamazione dell'attore, che non canta, ma parla. Eppure l'esattezza della comica, la vivacità, la passione del valentissimo attore, l'opportunità delle poche note musiche del signor Aspelmayr, a tempo con saviezza disposte, destavan negli ascoltanti un maggior diletto, che le ricercate, lunghe, spesso nojose musiche de' teatri presenti italiani.

Se in Italia fu in un certo senso inevitabile che il lavoro fosse tradotto in una versione tutta cantata adattata in italiano nel 1790 a Venezia da Antonio Sografi per il compositore Giovanni Battista Cimador (in una struttura comunque mobilissima tra brevi incisi ariosi e recitativi accompagnati), è d'altra parte anche vero che il piano funzionale previsto da Rousseau per quanto concerne i ruoli delle componenti espressive assegnava alla musica compiti di estrema intensità comunicativa. L'edizione a stampa del libretto in tal senso arrivava a una precisione senza precedenti. Esso era diviso in tre colonne: nella prima (da sinistra) è indicato ciò che la musica deve esprimere (e in che modo), nella seconda viene stabilita la durata dell'intervento musicale (addirittura al limite di pochi secondi), nella terza è riportato il testo recitato con le istruzioni sui toni, sui movimenti, sui sentimenti che l'attore deve esprimere. Col senno di poi (riferendoci al genere del melologo che da questo esempio si sviluppò, proprio compenetrando anche parlato e musica e con esiti anche più drammatici grazie a tale articolazione) il fatto che l'autore alterni i momenti musicali al discorso parlato, evitando la simultaneità delle espressioni, ci appare come un limitarsi al procedimento elementare. In realtà proprio la separatezza delle componenti in ruoli distinti evidenzia l'attribuzione di un valore autonomo alla componente musicale (strumentale), la quale non solo non è più ancella della parola ma la completa a un livello per quella inaccessibile.

Ma c'è di più. È vero che da una parte l'orchestra è chiamata a sottolineare con accenti precisi i gesti visibili sulla scena, a partire dal primo colpo di scalpello dato dallo scultore:

> Un seul coup d'archet marque le premier mouvement de la statue.
>
> Coups d'archet isolés et de différents caractères qui désignent les moments où la statue continue à se mouvoir.

Ma dall'altra ben più significative sono le didascalie riferite ai gesti interiori, al tormento del protagonista, agli slanci che la passione crescente (indotta dalla bellezza della sua creatura) provoca in lui.

> Une musique fréquemment coupée par des soupirs et des demi-soupirs, peint l'irrésolution de l'artiste, sa démarche incertaine, son agitation.
>
> Une douce mélodie peint le sentiment d'une âme tendrement pénétrée.
>
> Enfin [...] la musique exprime tout à tour, l'ardeur du désir, et l'abattement d'un cœur détrompé d'une illusion flatteuse.

Qui siamo al riconoscimento del potere della musica (più precisamente della musica strumentale) di riprodurre i moti dell'animo, che ha il suo apice nel momento già descritto (del delirio di Pigmalione di fronte all'immobilità della statua che non risponde al suo ardore crescente), dove, nella pausa che Rousseau prevede prima del gesto impetuoso con cui il protagonista cerca di liberarsi dal fuoco che lo consuma («Transports ... tourmens ... vœux ... rage ... impuissance ... amour terrible ... amour funeste ... tout enfer est dans mon cœur agité ...!»), la didascalia per l'orchestra prevede che

> La musique parle; elle présente, avec éclat, l'expression rapide et véhémente des mouvements les plus tumultueux.

La musica addirittura «parla», giunge ad appropriarsi di un livello espressivo non suo; ma ciò succede significativamente nel punto in cui la passione eccede. Ed è proprio quel punto in cui, nella *Lettre à M. Burney*, si parla di un nuovo «genre de drame», in cui

> [...] la violenza della passione frammezza la parola con propositi iniziati e interrotti, tanto a causa della *forza dei sentimenti che non trovano*

> *termini sufficienti per essere espressi*, quanto a causa del loro impeto che li fa succedere tumultuosamente gli uni agli altri, con una rapidità *senza seguito e senza ordine*.

È quindi individuato un limite oltre il quale la coerenza discorsiva non regge più sotto la spinta dell'urgenza espressiva, dove la musica si pone come dimensione insostituibile ad assicurare sbocco a ciò che lo svolgimento della parola nel suo lineare inquadramento non è più in grado di accogliere. L'idea era già formulata in verità nella voce "Récitatif obligé" del *Dictionnaire de musique*, definito come intercalazione del canto con ritornelli e «traits de symphonie» che obbligano il recitante e l'orchestra a stabilire un rapporto di necessità, considerato da Rousseau come ciò che esiste di più toccante, di più affascinante e di più energico nella musica del suo tempo («L'attore, agitato, trasportato da una passione che non gli permette di dire tutto, s'interrompe, si ferma, fa delle reticenze, durante le quali l'orchestra parla per lui, e questi silenzi in tal modo colmati colpiscono infinitamente l'ascoltatore più di come l'attore direbbe egli stesso tutto ciò che la musica fa ascoltare»).

Se la tradizione in Francia non era ancora pronta ad assegnare alla musica strumentale una portata primaria, è evidente che la riflessione teoretica stava giungendo a un grado tale da lasciar scorgere dietro l'angolo lo sviluppo straordinario che di lì a poco essa avrebbe avuto, anche se Rousseau stesso non lo intravvedeva ancora, considerando i suoi caratteri autonomi come complementari alle potenti risorse della musica vocale. Sennonché il fatto di ricavare novità di senso non più dal rapporto tra musica e parola bensì tra musica e gesto, segnava una strada prescritta. La capacità attribuita all'orchestra di surrogare la parola, per giunta riuscendo a dar senso al silenzio (secondo la definizione di «recitativo obbligato» del filosofo), era l'esaltazione di quell'indeterminatezza della musica, così bene espressa da Grimm nella voce "Poésie lyrique" dell'*Encyclopédie*, dove è sancito il primato del musicista sul poeta nel suggello espressivo che la musica imprime sulla parola.

> Un linguaggio universale, dal momento che colpisce immediatamente i nostri organi e la nostra immaginazione, è anche per sua natura il linguaggio del sentimento e delle passioni. Le sue espressioni raggiungendo direttamente il cuore, senza passare per così dire per lo spirito, de-

> vono produrre effetti sconosciuti a qualsiasi altro linguaggio, e la stessa indeterminatezza che impedisce di dare ai suoi accenti la precisione del discorso, sollecitando la nostra immaginazione a interpretarlo, gli conferisce un potere sconosciuto a qualsiasi altro linguaggio. Questo è un potere che la musica ha in comune con il gesto, altro linguaggio universale.

In verità non ci sarebbe molto da meravigliarsi, pensando all'origine dell'autore di queste parole, il barone Melchior Grimm, figura centrale del *milieu* illuminista parigino ma proveniente dalla Germania, da un paese dove la musica strumentale aveva già raggiunto una maturazione ragguardevole, in procinto di affermarsi oltre i confini. Anche se con meno scalpore rispetto agli esponenti italiani dell'opera buffa, nello stesso momento i musicisti dell'area tedesca destarono l'attenzione dei francesi. È del 1751 l'apparizione di Johann Stamitz (Jan Václav Stamic) a Parigi, dove ritornò rimanendovi un intero anno tra il 1754 e il 1755. Alla capitale francese egli affidò l'edizione a stampa della maggior parte dei suoi trii e delle sue sinfonie, tanto da far parlare del nuovo genere delle "sinfonies d'Allemagne". Nel 1758, per i tipi del parigino J.-B. Venier, tre sinfonie di Stamitz, unitamente ad altre tre di cui erano autori Franz Xaver Richter, Georg Christoph Wagenseil e Josef Kohout vedevano la luce sotto il titolo, in italiano, di *La melodia germanica.* Con ciò è misurabile l'immediata ripercussione internazionale di quel laboratorio di musica strumentale cresciuto alla corte di Mannheim sotto l'egida del principe elettore Karl Theodor che, nel nome di Stamitz, padre e figlio (Carl, ma anche Richter, Ignaz Fränzl, Anton Filtz (Antonín Filz), Alessandro, Carlo Giuseppe e Giovanni Battista Toeschi, Ignaz Holzbauer, Franz Beck, Christian Cannabich), diede forma a un modello di sinfonia non solo e non tanto d'impianto strumentale allargato (con corposo impiego di fiati), quanto di articolazione straordinariamente variata, capace di stimolare l'attenzione dell'ascolto, a partire dalla chiara definizione della battuta e degli accenti, alla base di un criterio di composizione delle diverse unità in frasi ordinate per simmetrie, ma anche per contrasti e spiazzamenti, che dilatano l'arco di sviluppo e che soprattutto ne fanno un campo di elaborazione estremamente differenziato, punto di partenza per l'acquisizione graduale di un lessico e di una sintassi in grado di assicurare una densità espressiva autonoma. In questo senso i membri del discorso, ridotti a veri e propri gesti strumentali, consentivano un impatto diretto dell'ascolto, una forza d'urto inabituale in grado di scuotere gli ascoltatori.

Sulla portata di tali innovazioni ci ragguaglia Burney, che nel suo *tour* europeo non mancò la tappa di Mannheim, celebre proprio per il fatto di essere stato il luogo del perfezionamento della musica strumentale nel contesto dell'opera coltivata nel grande «Teatro nazionale», ma soprattutto nei concerti, «dove quest'orchestra straordinaria ha spazio sufficiente e autorità per dispiegare tutte le sue possibilità e produrre effetti rilevanti senza correre il rischio di distruggere le più delicate bellezze proprie della musica vocale». Nonostante lo sviluppo ormai autonomo della pratica strumentale, il musicografo inglese evidentemente non si scostava ancora dal principio che vedeva la prima linea della musica occupata dalla produzione vocale, tanto da considerare l'evoluzione innescata dalla "scuola di Mannheim" come un prolungamento della pratica operistica:

> Fu qui che Stamitz, stimolato dalla produzione di Jommelli, per primo superò i limiti delle solite ouvertures operistiche, che a teatro finora avevano assolto all'incirca lo stesso ruolo di un annunciatore di corte che con un "Oh, sì!" richiama l'attenzione e impone il silenzio all'entrata dei cantanti. Con le innovazioni che si devono al genio di Stamitz, fu tentato ogni possibile effetto che un insieme di suoni può produrre; ebbero così origine il *Crescendo* e il *Diminuendo*, e si scoprì che il *Piano*, che era stato usato quasi sempre come un'eco di cui era in genere sinonimo, così come il *Forte* sono colori musicali con le loro *sfumature* al pari del rosso o dell'azzurro nella pittura.

In queste parole è documentata non tanto la novità costituita da modalità compositive sorprendentemente nuove ed efficaci, quanto la loro capacità di acquisire alla musica strumentale significati che andavano al di là del semplice livello del suono organizzato. La dichiarata analogia con la pittura rende conto di un'evoluzione che registra l'acquisizione da parte della musica strumentale di una dimensione espressiva bastante a se stessa al punto da rivaleggiare con le altre discipline artistiche in portata immaginifica. Christian Friedrich Daniel Schubart ne rendeva conto in modo eloquente:

> Nessuna orchestra al mondo ha mai sopravanzato quella di Mannheim in abilità. Il suo *forte* è un tuono, il suo crescendo una cataratta, il diminuendo un mormorio di acque cristalline in lontananza, il *piano* un sospiro primaverile. Gli strumenti a fiato sostengono, o colmano e animano la tempesta dei violini.

Certamente i termini di confronto usati da Schubart e da Burney soprattutto mirano ad attribuire dignità alla musica strumentale in nome del principio dell'imitazione della natura che in ambito classicistico sanciva l'autenticità del prodotto artistico. In questi termini, parallelamente, era maturata la consapevolezza di Christoph W. Gluck, la cui riforma teatrale riguardava anche tale dimensione articolata della musica, come esplicitamente risulta dall'epistola dedicatoria di *Alceste* al granduca di Toscana (1759):

> Pensai di restringer la Musica al suo vero ufficio di servire alla Poesia per l'espressione, e per le situazioni della Favola, senza interromper l'Azione, o raffreddarla con degl'inutili superflui ornamenti, e credei ch'ella far dovesse quel che sopra un ben corretto, e ben disposto disegno la vivacità de' colori, e il contrasto bene assortito de' Lumi e dell'ombre, che servono ad animar le figure senza alterarne i contorni.

Qui già si va al di là del semplice ed elementare rapporto descrittivo praticato come aneddotica sonora fin dal madrigalismo cinquecentesco. Lo registrava anche Charles Avison nell'*Essay on Musical Expression* (1752), quando scriveva: «Così come un'appropriata mescolanza di luce e di ombra, o ciò che si ha cura di designare come chiaroscuro, produce un nobile effetto in pittura [...], così è pure essenziale l'intelligente mescolanza di suoni concordanti e di dissonanze in una composizione musicale».

Musica e natura

Con lo sviluppo della musica strumentale, la sua capacità metaforica non riguardava più singoli episodi di natura trasposti in suono, ma il pulsare stesso della natura nel suo espandersi, nel suo vitalismo. La musica stessa, nella sua articolazione sempre più ramificata, era percepita come un divenire biologico, come uno scorrimento di linfa vitale in cui facilmente si poteva identificare il prorompere dell'anima umana nel suo manifestarsi, al punto che il rapporto poteva venir rovesciato fino a far supporre un ascolto virtuale della musica nella stessa manifestazione di natura. Non è un caso che Wilhelm Heinse, «quando le onde irrompono nel porto [...] e schiuma e mare come un nubifragio si accalcano nuovamente» in *Ardinghello und die glückseligen Inseln* (1787) viva tal esperienza in termini musicali («[...] come vive la natura nel mio intimo [*Sinn*] e s'impossessa del mio essere con la sua musica»). Egli ascolta la «musica» di una cascata, intesa dalla sua amata come una vera e propria opera d'arte:

> Una forte corrente [...] si deve abbattere a precipizio per duecento piedi [...]. Il frantumarsi in rimbalzante pulviscolo d'acqua produce eroicamente un dolce suono, rinvigorendo gli orecchi con musica tonante mai prima udita e mutazione di suono e movimento [...] – Si tratta di un'opera d'arte e talmente perfetta nella sua specie da uguagliare quella di Omero, Pindaro o Sofocle, Prassitele e Apelle, cui madre natura ha prestato materia e tecnica.

E lo stesso autore, di fronte allo spettacolo della cascata del Reno presso Sciaffusa, ne ricava un'impressione esemplata in modo ancor più preciso sulla forma musicale («il suo rumoreggiare in lontananza sembra un'armonia, in cui le singole ondate fanno la melodia»). La costante immaginifica in questo senso è rappresentata dall'acqua, certamente nella misura in cui essa si materializza nel movimento, nel definirsi in rapporto al suo scorrere, nell'agire in dimensione temporale richiamandosi al movimento dei suoni nel loro fluire, nel loro intersecarsi in concordanze e nel loro urtarsi in discordanze che nelle sonorità della natura trovano l'analogo, testimoniata da Heinrich Wilhelm Gerstenberg (*Vermischte Schriften*, 1815) nell'armonia del mondo com'egli immaginò nella percezione di Pitagora:

> Con rinnovato entusiasmo sto qui sulla collina che dà sul mare e guardo in basso verso l'incommensurabile profondità, sempre più in basso sull'azzurra distesa, fino al punto in cui si chiude l'estremità del cielo. Che cosa provo, o dèi? Un santo entusiasmo sospinge la mia anima

> verso le costellazioni più lontane, che sopra la mia testa e nei flutti sotto i miei piedi sovranamente nuotano. I loro estesi carichi navigano velocemente su rotte imprevedibili, meravigliosamente intrecciati tra di loro [...]. Soli incandescenti si avvicinano ruotando: oceani attraversati da onde fiammeggianti – un'immagine oscura: sul loro cammino lasciano, immemori, oceani di fuoco. Mondi più piccoli – tuttavia comparabili a mondi solari – ballano sulla spiaggia dell'etere, cosicché l'aria tempestosa lacerata dietro di loro sibila come quando il tuono squarcia l'atmosfera del globo terrestre: un'impressionante ridda apparì allora al vegliardo di Samo, quando la sinfonia del manto sonoro toccò il suo orecchio più sensibile e lo invogliò a salire, nella pace della mezzanotte, sulle isolate cime delle montagne.

Nella misura in cui la sensibilità del tempo veniva a essere turbata dalle manifestazioni della natura, la musica strumentale era percepita come il mezzo più adatto a rispecchiarne la dimensione sonora e, attraverso di essa, a riportarne la sostanza imperscrutabile.

Si trattò di un passaggio estetico cruciale ma anche ambiguo. È a quel livello che la musica strumentale fece le prime prove della propria emancipazione, ricavando la spinta verso la sua autonoma organizzazione dalla portata immaginifica che le era sempre più riconosciuta grazie all'affinamento delle proprie capacità imitative. Il concetto era perfettamente presente a Rousseau quando affermava:

> Il tuono, il mormorio delle acque, i venti, le tempeste si riproducono male con dei semplici accordi. Comunque sia, il puro e semplice rumore non dice nulla allo spirito; bisogna che gli oggetti parlino per farsi intendere; è sempre necessario in ogni imitazione che una specie di discorso supplisca alla voce della natura. Il musicista che vuol rendere un rumore con del rumore, si sbaglia [...] non basta infatti che egli imiti, deve toccare l'animo e piacere (*Essai sur l'origine des langues*).

La musica strumentale si emancipa quindi grazie al suo inquadramento sinestesico, ma alla condizione di raggiungere direttamente il «cuore», come abbiamo già visto in Grimm, «senza passare per così dire per lo spirito», concetto che ancor più appassionatamente è stato formulato da Rousseau:

> Non solo egli [il musicista] agiterà il mare, accenderà le fiamme di un incendio, farà scorrere i ruscelli, cadere la pioggia e gonfiare i torrenti; ma descriverà l'orrore di un terribile deserto, oscurerà le mura di una prigione sotterranea, calmerà la tempesta, renderà l'aria tranquilla e serena e diffonderà dall'orchestra una freschezza nuova sulle radure ombrose. Non rappresenterà direttamente queste cose, ma susciterà nell'anima gli stessi sentimenti che si provano vedendole.

Non l'oggetto della rappresentazione è importante quindi, ma il soggetto chiamato a proporla, dal quale dipende il significato proveniente essenzialmente da vibrazioni interne, apprezzabili nella misura in cui rendono conto della profondità del sentire, sempre più inteso in termini che si affidano all'indeterminatezza della musica (in proiezione metalinguistica) per non circoscriverlo a un ambito di percezione dell'immediato vissuto. È ancora Heinse a definire la bellezza «una perfezione visibile, che tuttavia non è da vedere, bensì dev'essere compresa e sentita dall'anima» («la bellezza è un'armonia visibile, che sorge dall'anima come un accordo da un suono fondamentale»).

Si tratta di un concetto che non a caso nella seconda metà del secolo si diffonde sempre di più in Germania, proporzionalmente alla crescita dei modelli avanzati di musica strumentale tipici di quella tradizione. Nel 1780 il berlinese Johann Jakob Engel giunse addirittura a concepire un trattato intitolato *Über die musikalische Malerey*, che nel titolo sanciva lo spostamento dell'asse di sviluppo estetico in favore dell'arte dei suoni, la quale veniva a primeggiare in virtù dell'acquisito potere della musica di richiamarsi all'interiorità del sentire («cos'è la pittura?» – egli si chiedeva, per giungere a rispondere – «non il fatto di indicare alla comprensione un oggetto semplicemente attraverso segni arbitrariamente stabiliti, bensì il fatto di portarlo attraverso segni naturali all'intimo livello di sensibilità [*sinnliche Empfindung*]»), mentre Goethe sarebbe giunto ad affermare che «tutta la natura è una melodia, in cui è celata una profonda armonia», sempre sulla linea di un'equivalenza sinestesica ottenuta grazie a un processo percettivo dato dalla scelta di immergersi nella natura in stato di continuità tra l'io e ciò che gli sta intorno. Sosteneva Herder:

> L'anima percepisce se stessa dentro il mondo [...]. La poesia è qualcosa di più di pittura o scultura mute [...]. Essa è musica dell'anima [...]. Nella stessa successione di parole si manifesta e opera una melodia di rappresentazioni e di suoni, con ogni parola e suono l'energia agisce in profondità nell'anima.

La musica, il suono, stabiliscono i termini di una nuova dimensione, che rifugge dalle situazioni definite in piena luce per porsi alla ricerca di sottintesi, di una realtà non apparente ma solo intuita. L'interiorità dell'individuo giunge a mettersi in rapporto con l'esteriorità grazie alla consonanza, dove la «Melodie der Vorstellungen» è ormai una proposta di lettura della realtà in termini musicali. Con ciò ci troviamo di fronte a una concezione quasi panteistica, formulata da Friedrich Leopold Stollberg con riferimento all'opera del Creatore:

> Tutta la natura è un'armonia, e noi siamo creati per armonizzarci con essa. Ogni singola bellezza della natura, tutte le diverse bellezze della natura nelle loro differenti composizioni sono state predisposte dal creatore in modo da toccare le corde del cuore umano e da farlo risuonare.

Nella gara a esercitare l'ascolto della natura attraverso l'intima risonanza vanno annoverate le pagine fiammeggianti di Maler Müller:

> Le corde d'oro risuonavano maestose e sublimi; ora selvagge come il brontolio delle cime degli alberi quando la tempesta scompiglia le loro chiome, frustate dal tuono possente, ora grevi come i suoni di mezzanotte, il cui melanconico rintocco annuncia orrendi fantasmi, mentre i morti si risvegliano da putridi sogni, ora teneramente e dolcemente lamentose, simili al gorgheggio dell'usignolo, che la primavera attira dalle sorgenti [...].
>
> O come tutto ciò è ancora vivido nella mia anima, mentre lo osservo col cuore: rosso di sera a destra e a manca, la nube grigia della notte e poi le tenere fanciulle con le loro voci soavi e le vecchie canzoni e l'eco! Come tutto ciò continuava a risuonare nella mia anima.

Dal momento che la musica si determina al livello di tale «Seelenmelodie», il suono non necessita più di essere legittimato dalla parola in un rapporto complementare che lo vede chiamato a sostegno di concetti stabiliti al di fuori di esso. Esso precede addirittura la parola come rispecchiamento di una dimensione in cui l'individuo preserva le sue prerogative non ancora assoggettate alle necessità sociali. L'espressione che matura come riflesso della propria anima tende a sottrarre l'individuo al dialogo con i propri simili e con la società, per dirigerlo verso ciò che le si contrappone, cioè la natura, la quale per l'uomo borghese costituisce il luogo dell'emancipazione.

È in un certo senso paradossale che la fuga dalla città, cioè dal luogo deputato all'affermazione delle attività borghesi, diventi una prospettiva di conoscenza e del sentire soprattutto nel Settecento, nel secolo che assiste all'irresistibile ascesa della nuova classe. In verità è la natura selvaggia, che non porta i segni dell'intervento dell'uomo, a significare all'uomo borghese la prospettiva di libertà che non gli è concessa nei confini urbani giurisdizionali.

È significativa in questo senso la polarizzazione vissuta da chi più di ogni altro all'epoca si interrogò sul rapporto dell'uomo con la società, quel Jean-Jacques Rousseau delle *Rêveries du promeneur solitaire* che nel ritiro (per non dire nell'esilio) sull'Île Saint-Pierre, in profonda relazione empatica con la natura, prende coscienza di non avere più «de frère, de prochain, d'ami de société que moi-même», per di più consapevole di vivere un passaggio d'epoca: «Faccio la stessa esperienza di Montaigne, ma con un fine del tutto contrario al suo: poiché egli scriveva i suoi *Saggi* per gli altri, e io scrivo le mie fantasticherie per me stesso». La scelta di Salomon Gessner, autore degli *Idyllen*, è in questo senso programmatica:

> Spesso mi allontano dalla città e fuggo in regioni solitarie, poi la bellezza della natura sottrae l'intero mio animo al disgusto e a tutte le spiacevoli impressioni che mi hanno perseguitato in città; completamente rapito dal sentimento della sua bellezza mi ritrovo felice come un pastore dell'età dell'oro del mondo e più ricco di un re.

Non a caso il paragone è con il re, poiché il processo di emancipazione è portato avanti nel confronto con l'aristocrazia, la quale della natura manteneva un'opposta visione. L'arte dei giardini chiamati ad abbellire le residenze nobiliari era lì a testimoniare un piano di assoggettamento della natura impegnato a imbrigliare la forza dirompente delle sue ramificazioni in geometriche simmetrie, che quindi, esercitando il dominio delle forme razionali sulla materia vegetale, non detenevano solo una funzione estetica ma anche un valore simbolico. Le affinità strutturali tra natura e arte che l'uomo borghese riconosce non sono più riducibili all'imitazione della natura com'era intesa in ambito classicistico (del riconoscimento del senso dell'ordine percepito da una lettura statica e selettiva delle sue forme), ma sono individuate nella sua dimensione sfuggente, arcana, selvaggia cioè apparentemente sregolata, soprattutto libera in quanto incolta, in quanto non sottomessa al controllo e alla regolazione territoriale da parte dell'uomo. La natura, in cui si specchia la nuova sensibilità degli artisti circoscrivibili all'area *Sturm und Drang*, è il referente necessario alla presa di coscienza del loro potenziale spazio d'azione. La natura, come spazio incommensurabile di realtà prolungata oltre ogni possibile orizzonte, in questo senso è il regno della libertà, di fronte al quale tutti gli uomini sono uguali. Se il borghese, in quanto uomo di città, vi è vincolato per ovvie necessità sociali e professionali, tende a sfuggirle come luogo del suo assoggettamento alla gerarchia del potere negatogli dall'*ancien régime*. Se la nobiltà tendeva a trasferire nello spazio di natura il proprio ordine, tracciando confini di proprietà e soprattutto mettendo in riga (in senso proprio) piante e fiori disposti secondo un'architettura che nei giardini spettacolarmente simbolici riproduceva le forme in funzione del potere di classe derivante dalla parallela organizzazione urbanistica, la borghesia al contrario lo interpretava come luogo in cui era possibile risalire alle origini, sia per ritrovarvi la conferma dell'uguaglianza fra gli uomini di fronte al mistero da esso rappresentato, sia per saggiarne la superiore forza regolatrice dell'esistenza in grado di relativizzare ogni azione dell'uomo, riducendola all'insignificanza. Nella natura l'uomo del Settecento cercava la chiave per uscire dal quadro assolutistico predispostogli da una società che gli imponeva la tutela. Nella natura egli trovava la manifestazione della libertà, tanto più esaltata quanto più in grado di emanciparsi dall'immagine preformata della tradizione letteraria pastorale, che l'aveva popolata di un'umanità traslata (di ninfe, fauni e semidei) chiamata a riprodurre in quell'ambito le stesse gerarchie sociali dell'esistente.

In ambito tedesco soprattutto, la condizione borghese dipendeva rigidamente dall'ordine feudale, al punto che nel burocratico stato prussiano la regolazione dei rapporti riguardava specificamente la musica nella misura in cui essa era in grado di assumere una funzione equilibratrice. Rifacendosi al potere dell'arte dei suoni per tradizione e convenzione in grado di «placare i collerici, di confortare i depressi, di scacciare i cattivi umori [...], le affliggenti preoccupazioni e la tristezza mortale, di mettere l'animo in pace, e [...] di instillare contentezza, speranza e compassione», Christian Gottfried Krause (*Von der musikalischen Poesie*, 1753) giungeva a riconoscere come «bellezze della musica [...] i sentimenti nobili [...], che la natura ha posto in noi, [...] l'amore, la bontà, la riconoscenza, il piacere della concordanza. Queste inclinazioni hanno lo scopo di farci felici», con evidente sottolineatura della funzione sociale armonizzatrice della musica propugnata da Federico II, di cui Reichardt ha testimoniato l'attribuzione all'arte del compito «di essere piacevole e deliziosa e dell'espressione di non spingersi mai fino all'estrema commozione o addirittura all'agitazione» («Musikalische Kunstmagazin», 1791).

Alterazione degli equilibri

Ora, se è vero che in quel contesto era esaltata la funzione delle belle arti «di mirare al proprio dovere grazie all'*imposizione* [*Zwang*] *interiore* dell'uomo» (Johann Georg Sulzer, *Allgemeine Theorie der schönen Künste*), se è vero che tale interiorizzazione delle norme portava i commercianti di Lubecca ad andare in chiesa a bearsi di musica prima di andare in borsa, è anche vero che tra il 1770 e il 1800 si registra una sempre maggior diffusione dell'ipocondria e dell'insanità mentale come fenomeno borghese (come ha mostrato Max Becker in *Narkoticum und Utopie*). Quando un fenomeno raggiunge tali dimensioni è certamente spia di un disagio sociale, ma nella complessità dei rapporti che toccano la sensibilità individuale sarebbe superficiale non rendersi conto che non vi fosse anche una ragione culturale. Il quadro in cui veniva a collocarsi la sensibilità era sostanzialmente mutato e, proprio in merito alla follia, non possiamo non riflettere sulla concezione di dramma musicale proposta da Grimm nella ben nota voce "Poésie lyrique" dell'*Encyclopédie*, dove ciò che distingue la tragedia e la commedia dal dramma in musica è proprio questo:

> Se la commedia di Terenzio e di Molière è bella, bisogna che la commedia in musica sia splendida. La prima rappresenta gli uomini quali sono; la seconda conferisce loro un pizzico di brio e di genio in più, e li rende prossimi alla follia: per apprezzare la qualità della prima non ci vuole che l'udito e un po' di buon senso; ma la commedia cantata sembra essere creata per un'*élite* di persone dotate di spirito e di gusto.

In effetti se, come diceva lo stesso Grimm, le espressioni della musica raggiungono direttamente il cuore senza passare «per lo spirito», cioè sottraendosi al controllo della ragione, si esponevano alla possibilità (rischio) di corrispondere a uno stato alterato della coscienza. Non per niente, nell'esplorazione della condizione determinata dalla perdita del senno che Dalayrac (ma non solo lui) ebbe il coraggio di portare in scena con *Nina ou La folle par amour*, la musica diventa significativamente manifestazione di anormale stato psichico e nel contempo il mezzo per guarirlo. Ciò significa che il linguaggio musicale, in quanto strumento capace di sondare in profondità la dimensione interiore dell'individuo, è destinato a rifletterne i segni, comprese le ansie e le turbe, esplicite o latenti, che comunque delineano un quadro facilmente al limite della patologia. D'altra parte – come ha mostrato Hans Heinrich Eggebrecht – Johann Georg Sulzer giungeva a indicare nella melodia la via attraverso cui non tanto vengono esternati i sentimenti quanto, rispetto agli alti gradi di tensione accumulata, essi vengono scaricati (proprio come necessità di liberarsi del loro peso opprimente). In questo senso è significativa la distinzione in base alla quale, commentando il romanzo di Johann Martin Miller (*Siegwart*), Daniel Schubart vi rilevava la distanza rispetto al «sentimentalismo affettato di uno svenevole damerino» riconoscendogli il merito di saper dare forma al «vero traboccare di un cuore», mentre la fremente sostanza della sua prosa critica, portandolo a situarsi nel contesto descritto, gli faceva dire: «Dovevo comunicare o scoppiare». Inoltre ancora Sulzer non mancava di rendere evidente la facilità con cui Rousseau, il cui nervo espressivo su questo fronte era certamente più scoperto rispetto a qualsiasi altro contemporaneo, attraverso la musica perveniva a stati deliranti, citando la testimonianza fornita ne *La Nouvelle Héloïse*:

> [...] ma quando, dopo una piacevole *suite d'airs*, si giunge a quei grandi brani d'espressione che sono in grado di suscitare e di ritrarre il disordine delle passioni impetuose, andavo smarrendo le nozioni di musica, di canto e di imitazione, e credevo di udire la voce del dolore, del furore, della disperazione [...] e nello stato di agitazione in cui venivo gettato facevo fatica a trattenermi.

Se la musica non è più riconosciuta semplicemente come espressione di qualcosa, ma come espressione di sé (dell'io dell'artista), nello scenario connotativo più che denotativo che si determina tutto ciò che di preformato essa reca come retaggio non può che essere accantonato. Eggebrecht ha definito questa fase come il passaggio dalla «forma-struttura» alla «forma-espressione», dove con la prima è da intendersi una formulazione in cui le componenti del discorso rispondono a una struttura dalla configurazione equilibrata, misurabile oggettivamente nelle simmetrie e nelle proporzioni in cui sono disposte le relative componenti, mentre la seconda, nella misura in cui corrisponde all'esortazione del Bach di Amburgo («si deve suonare con l'anima»), risponde solo al soggetto creatore introducendo un fattore di arbitrio (dipendente dal riferimento prioritario alla psiche individuale), tale da accrescere la discontinuità formale apparente. Oltre all'impiego esteso delle tonalità minori portatrici di sentimenti di dolore, di patimento, di contrizione in forma interiorizzante, il musicologo tedesco ha identificato i caratteri dello *Sturm und Drang* musicale nelle conquiste della musica strumentale («la dinamica del crescendo, il contrasto tematico, il "decorso armonico inatteso", la libertà nell'organizzazione temporale della musica, l'individualizzazione delle parti strumentali, la drammatizzazione degli eventi sonori»). Egli ha tuttavia compreso che l'importante non è tanto stabilire una fisiognomica musicale del relativo movimento culturale (che oltretutto è costituita da elementi acquisiti stabilmente dal processo di maturazione della musica strumentale europea tra Settecento e Ottocento), quanto il modo in cui tali elementi comparvero e furono intesi all'origine. Tra l'altro è tutt'altro che secondario il fatto che, nonostante il concorso che venne alla nuova sensibilità dalle varie culture europee (francese, inglese, italiana), in Germania essa fosse percepita come manifestazione specifica di quella cultura, diventando un fattore di riscatto dalla sudditanza subìta fino allora a questo livello e rivelando il grado di tensione della molla nazionalistica messa in azione già in questo contesto a delineare una componente costitutiva del Romanticismo. La costatazione di Schubart del successo arriso al sinfonismo dei *Mannheimer* oltre Reno («tutta l'Europa ha riconosciuto il nostro talento; tutte le orchestre europee sono dirette da maestri tedeschi») lo porta alla conclusione secondo cui «solo il tedesco sa cantare le passioni impetuose, ribollenti, eroiche». La questione non era più quella di appropriarsi di stili, maniere, tecniche compositive altrui, di una concorrenza peraltro benefica fra tradizioni e scuole artistiche diverse, che da secoli interagivano pacificamente attraverso il sistema delle corti, tanto più solido quanto più internazionale, cioè in grado (sull'esempio della pratica degli incroci dinastici) di ramificare i propri modelli politici, sociali e culturali al di sopra dei confini statali. L'opera italiana ne era l'esempio conclamato, senza peraltro essere stata monopolio dei soli musicisti italiani (come dimostrano le testimonianze illustri di Händel, Hasse, Mozart ecc.).

L'idea nazionale penetra in campo artistico attraverso Rousseau, il quale, proprio riferendosi alla musica come linguaggio del cuore (e quindi universale) fa una distinzione tra armonia (struttura di base comune a tutti i popoli) e melodia la quale, concepita in quanto canto (cioè legata alla lingua), viene a costituire fattore di differenziazione:

> Poiché l'armonia ha il suo principio nella natura, essa è la medesima per tutte le nazioni, e nel caso in cui ci sia qualche differenza, questa è introdotta dalla melodia; pertanto è unicamente dalla melodia che si può trarre il carattere particolare di una musica nazionale, tanto più che, essendo dato questo carattere principalmente dalla lingua, il canto propriamente detto ne deve subire la maggior influenza (*Lettre sur la musique française*).

Il richiamarsi all'espressione dell'uomo allo stato di natura, confrontata poi con gli apporti della civiltà visti come alterazioni della condizione originaria (a opera delle classi dominanti che agivano internazionalmente appunto nei loro interessi senza curarsi della diversa coscienza identitaria maturata presso i loro sudditi), aveva portato soprattutto in Germania, sottoposta da decenni a una forte pressione culturale da parte della Francia, alla consapevolezza di valori specifici al livello del proprio patrimonio espressivo. La fioritura strumentale della "Scuola di

Mannheim", nel tormentato processo che porta alla ridefinizione delle funzioni espressive nella musica del secondo Settecento, venne con ciò (anche se a posteriori) ad assumere una valenza programmatica, registrata dall'Abbé Vogler nelle *Betrachtungen der Mannheimer Tonschule*, pubblicate tra il 1778 e il 1781, in cui è possibile leggere un passo come il seguente:

> Se il quadro è ben riuscito, le figure sono vivacemente descritte nei suoni, e noi ci sentiamo rapiti. La potenza dell'armonia ci solleva verso la sfera celeste; sentiamo cantare gli angeli e ci uniamo al loro canto. Là disfavilla lo splendore dell'Altissimo, e noi restiamo completamente abbacinati – dallo splendore abbacinati – abbacinati alla mercé del possente armonista. Se egli lo vuole, l'onnipotente creatore dei suoni, noi cadiamo rotolando a precipizio nell'abisso, all'infimo di ogni sprofondo – udiamo il Demonio ululare, per disperazione ululare – ma in tutta questa fantasmagoria forse non siamo noi stessi – fu solo un inganno che ci rapì le forze della ragione, sol per farci col sensibile cuore – non pensare, no – ma provare emozione. E cosa crea di più l'armonia, la possente armonia che ci penetra nelle ossa e nelle midolla? Non suoni soltanto, ma anche note; non suoni insinuanti, ma note mosse qua e là – nuove creature plasmate sorgono subitamente dal nulla, obbedienti al comando. Quanto più fitta è la trama delle idee, più dettagliata la visione, tanto maggiore è la fatica del pittore armonico e quella del nostro orecchio che in sé l'accoglie. Questo è anche il vanto che gli italiani non contendono a noi tedeschi e per il quale ci stanno indietro di gran lunga.

È perlomeno singolare che proprio le qualità della musica esaltate da Vogler, nei termini di un potere dei suoni che significativamente spalancava l'orizzonte sulla dimensione metafisica destinata a trovare organica collocazione nel Romanticismo, siano state negate alle sue composizioni («I suoi brani ecclesiastici sono misurati con aritmetica meticolosità; ma anche a questi manca elevazione dello spirito, suono delle sfere, giubilo angelico», affermava Schubart). Ciò che più conta è tuttavia la carica immaginifica attribuita al linguaggio dei suoni che, come ascoltatore, egli testimoniava a uno stadio di ricezione che in ambito tedesco si era effettivamente sviluppato proprio in virtù di quelle deficienze che Rousseau imputava ai popoli nordici, talmente pregiudizievoli da indurre Schubart a rimproverare a Vogler compositore di essere «ein harmonischer, aber kein melodischer Kopf» e alla sua musica di apparire «più risultato dello studio che del genio». Da una parte è la coscienza dell'individualità dell'artista, che si è liberato dei lacci imposti dalle gerarchie, maturata al punto da sfidare il creatore stesso nel produrre risultati prodigiosi nell'animo degli ascoltanti, attribuendo alla musica un potere spirituale che non aveva più bisogno della benedizione della Chiesa per giustificarsi, ma che era riconosciuto nella sua ontologica sostanza sacrale. Dall'altra è il grado di articolazione del linguaggio musicale che, con i *Mannheimer* appunto, era giunto a traguardi insperati, alla «Bewunderung der Welt durch Mannigfaltigkeit», a meravigliare il mondo per la varietà delle situazioni e delle combinazioni strumentali, che fecero dire a Klopstock, estasiato dopo un'esecuzione dell'orchestra palatina: «qui nuotiamo nella voluttà della musica», di nuovo sottolineando la dimensione trascesa che in quei termini vi si determinava.

L'esperienza musicale di Mannheim rappresenta una tappa fondamentale per l'asse che si stava costituendo sul piano estetico musicale in ambito austro-tedesco. È sintomatico che una nuova polarizzazione, giunta a rompere gli equilibri ereditati che sancivano ancora il primato italiano e l'importanza delle pratiche musicali francesi, fosse subito avvertita dagli spiriti sensibili. Schubart riporta la testimonianza di un nobile viaggiatore inglese che, dopo aver soggiornato in Germania durante il *grand tour*, avrebbe affermato: «La tattica prussiana e la musica dei *Mannheimer* collocano i tedeschi sopra tutti i popoli». In verità vi sono segnali precisi di un'evoluzione che non era più faccenda di corte, regolata nell'ambito degli scambi dinastici tra le cittadelle dell'aristocrazia europea, ma che aveva allargato le radici ai rispettivi contesti sociali e culturali, determinando un coinvolgimento destinato a caricare il fatto artistico di valenza nazionale come fino a quel momento non era successo. Mannheim infatti non è da considerare un laboratorio solo per le straordinarie risorse messe a punto dall'orchestra che vi fu creata, ma anche per l'accesso, benché sporadico, riservato alla borghesia, come annotava il Burney:

> L'Elettore, egli stesso ottimo suonatore di flauto traverso (occasionalmente suona anche il violoncello), le sere in cui non c'è spettacolo al

> suo teatro dà un concerto a palazzo; e in queste occasioni non soltanto i suoi sudditi ma anche i forestieri vi hanno ingresso gratuito.

Se il monopolio aristocratico perdurava nelle forme, nei fatti l'esclusivismo di una cultura di classe stava perdendo la sua ragion d'essere, dovendo ormai contare sull'apporto orientato ad affermare la concezione nazionale della cultura e dell'arte. Sull'irradiamento della musica del principe palatino merita attenzione la colorita e poetica testimonianza di Schubart, nel riferire sull'attività dell'orchestra di Mannheim quand'era chiamata a seguire l'elettore nella residenza di Schwetzingen riservata alle rappresentazioni teatrali, trasformata nella circostanza in un'«isola magica» di suoni e di canti di cui beneficiava la popolazione tutta:

> Dalle terme del suo giardino delle esperidi risuonava di sera una musica voluttuosa; da tutti gli angoli e dalle casupole del piccolo villaggio si udivano i magici suoni dei suoi virtuosi, che si esercitavano in ogni sorta di strumenti.

Date tali premesse si comprende come Mannheim fosse diventata un centro musicale e letterario finalizzato alla creazione di un'arte tedesca. Per quanto allineato al gusto francese l'elettore Karl Theodor, nella sollecitazione sperimentalistica che metteva in gioco le ipotesi compositive più audaci, si rendeva conto che la direzione dei nuovi sviluppi non poteva che essere la valorizzazione delle tendenze nazionali. Perciò nel 1775 fondò la "Società palatina tedesca per la difesa della lingua e della letteratura nazionale", mentre due anni più tardi già inaugurava un teatro nazionale tedesco, realizzando il sogno di Lessing. Non solo tale spazio fu riservato alla prosa di Schiller e di Iffland, ospitando le migliori compagnie teatrali del paese, ma indusse i validi musicisti che operavano in quel contesto a riorientarsi pure in senso nazionale. Nel 1777 vi andò in scena *Günther von Schwarzburg* di Ignaz Holzbauer, incunabolo dell'opera tedesca. Non è nemmeno da sottovalutare il fatto che il compositore viennese arrivasse a concepire messe cantate in tedesco (*Deutsches Lob Amt*), a indicare il grado avanzato in cui spinse questa sua coerenza di concezione.

Orbene proprio in quell'anno il diciannovenne Mozart giungeva a

Mannheim alla ricerca di una sistemazione e, assistendo alle rappresentazioni teatrali di Holzbauer, giudicava la sua arte «assolutamente eccellente» dichiarando incredibile «ciò che di focoso può esserci in questa musica» (lettera al padre del 16 novembre). È significativo che il salisburghese, notoriamente avaro di elogi per la musica altrui, riservasse una tale attenzione a questo anziano compositore, peraltro onorato dal fatto che il giovane Wolfgang nella prosecuzione del suo viaggio verso Parigi portasse con sé, a scopo di studio, un suo *Miserere*. Se si considera inoltre l'influenza che il *Günther von Schwarzenburg*, secondo Alfred Einstein, esercitò sulla *Zauberflöte*, ci si rende conto della portata del passaggio di Mozart a Mannheim che, se rimase infruttuoso come possibilità di un suo sbocco professionale, fu straordinariamente ricco di stimoli. In particolare egli vi maturò l'idea di impegnarsi nell'opera tedesca, in ciò che di più avventuroso poteva esserci per la possibilità di uscire dalle convenzioni cui lo spingeva la sua natura indomita, già sul punto di ribellarsi alla tutela di un signore di provincia quale il Colloredo. Non per niente quando l'anno successivo egli vi fece ritorno, la sua attenzione fu sollecitata da un melologo, la *Medea* di Georg Benda che gli rivelava una direzione del tutto sperimentale a partire dalla lingua nazionale. Il 12 novembre 1778 scriveva al padre:

> [...] ho visto a due riprese la messinscena di una di queste opere, con il più grande piacere – ed è certo che nulla non mi ha mai altrettanto sorpreso. – Poiché io mi ero immaginato che una composizione di questo tipo non poteva fare *effetto*. – Voi sapete che non vi si canta, ma che vi si declama, e che la musica è come un *recitativo obbligato*. – A tratti, si parla anche sulla *musica*, e ciò produce la più magnifica impressione. – Ciò che quindi ho visto era la *Medea* di Benda. Egli ha composto un altro pezzo: *Arianna a Nasso*. Ambedue sono veramente eccellenti [...] Amo talmente queste due opere che le porto con me.

Qui si apre un capitolo singolare e poco chiaro nella vicenda del giovane Mozart, roso dalle prospettive di liberarsi dalla tutela del padre (preoccupato per l'eccessivo tempo consacrato dal figlio in quel di Mannheim in progetti inconsistenti e che ne avrebbe voluto affrettare il ritorno ai suoi doveri alla corte di Salisburgo, presso di lui). Il confronto con i melologhi di Benda infatti lo intrigò profondamente. Quando il barone Herbert von Dalberg, ministro di stato e intendente del teatro della capitale palatina, lo incaricò di comporre un "duodrama" in quel nuovo genere, l'immediata accettazione non dipese solo dai quaranta fiorini d'oro promessi, ma soprattutto dal fatto che

> [...] mi sono sempre riproposto di affrontare un tal genere di dramma [...] Capirete la mia gioia d'avere l'occasione di scrivere ciò che mi sono sempre augurato per me stesso. – Voi sapete qual è la mia idea? Si dovrebbe trattare in questo modo la maggioranza dei recitativi nell'opera, e non cantare che di quando in quando questi recitativi, quando le parole sono atte a essere rese in musica (lettera al padre del 12 novembre 1778).

È evidente che la tendenza all'insubordinazione nel salisburghese, non rassegnato a seguire il padre al servizio del vescovo-principe, non era tanto il disagio di fronte alle regole della gerarchia, quanto il rifiuto all'adeguamento ai modi galanti che in quella corte allignavano particolarmente. Accenti di ribellione erano già stati testimoniati dalla Sinfonia in sol minore KV 183 (1773), dal modo patetico che s'impossessa di ogni suo movimento attraverso la tonalità minore, dall'impeto sferzante delle sue sincopazioni, dagli sbalzi dinamici che essa rivelava in comunanza con le coeve sinfonie in minore di Haydn, nella geografia *Sturm und Drang* che lasciava emergere apprensivi stati d'animo; mentre egli aveva già trovato il modo di adattarsi alla levigatezza esteriore dello stile galante, finalizzandola alla ricerca della naturalezza, rispondendo con la spoglia e stupefatta cantabilità dei suoi adagi (di cui il secondo movimento del Concerto per fagotto KV 191 del 1774 è il prototipo) allo stimolo che dopo Rousseau attraversava tutta la cultura europea. Orbene tutti questi segnali sono indici di una motivazione al cambiamento delle gerarchie espressive, che spiega altresì l'adesione al progetto del melologo proprio nella provvisorietà di una soluzione quasi sperimentale e che effettivamente non approdò a un risultato compiuto. Basata sul testo del barone Otto von Gemmingen, tale *Semiramis* ricavata da una tragedia di Voltaire evocava un immaginario di simboli massonici, a loro volta alimentando ipotesi creative di nuovo genere, com'era già stato il caso di *Thamos, König in Aegypten* KV 345/336a (1773 ripreso nel 1779):

> In questo momento sono occupato a scrivere, per amore del Signor von Gemmingen e per il mio proprio, il primo atto dell'opera declamata che avrei dovuto comporre – gratis. La porto con me e la terminerò a casa. Vedete da ciò quale passione provo per questo genere di composizione (lettera al padre del 3 dicembre 1778).

Non sappiamo se la mancata realizzazione del progetto sia da imputare all'effetto delle pressioni del padre che, di fronte all'inconcludenza del soggiorno a Mannheim (oltre alla sua disapprovazione dell'amore di Wolfgang per Aloysia Weber), alla fine ebbe la meglio ottenendo il suo rientro a Salisburgo e recidendo i suoi contatti con quell'ambiente stimolante. Può anche darsi che, a conti fatti, il tentativo di operare intorno al rapporto tra musica strumentale e recitazione parlata non sia andato a buon fine e l'idea di una "declamierte Opera" gli si sia rivelata fallimentare, come dimostrerebbe il fatto che, tranne l'impiego sporadico di tratti simili in opere successive, tale prospettiva scomparisse dallo scenario compositivo del musicista (così come la stessa composizione è andata perduta o distrutta). Rimane appurato che, proprio nel *Thamos* ristrutturato di qualche anno dopo, tra le modifiche figura l'intermezzo successivo al terzo atto, concepito come melologo appunto, dove l'orchestra accompagna gli stati d'animo cangianti di Sais, sola in scena all'inizio del quarto atto. Orbene, tale intermezzo fa stato di una scrittura esagitata, che obbedisce a gesti improvvisi e scomposti, che dà corpo alle pulsioni dell'animo emergenti in modo prorompente senza essere costretto entro una struttura preformata. Tale libertà e tale flessibilità espressive, unitamente alla naturalezza della parola parlata, furono sicuramente i fattori che attirarono Mozart verso questa singolare scelta compositiva, riconosciuta come alternativa alle consuete forme che, a diversi gradi, nell'opera cantata si presentavano quali soluzioni artificiose.

Sennonché la capacità del melologo di cogliere il gesto della parola nella sua nuda e immediata formulazione non poteva compensare il suo palese difetto, quello di svolgersi linearmente secondo il tempo realmente scandito tipico del teatro della parola, ma non del teatro musicale dove la nozione del tempo è invece fondata nella dimensione psicologica, in grado di rielaborarla in termini non misurabili da parte di nessun orologio, e che soprattutto è anche un tempo della memoria dove la musica, nell'articolazione parallela delle sue parti, è in grado di gestire simultaneamente il tempo del reale e quello del ricordo, il tempo del presente e quello del passato. Se Mozart ha segnato una tappa fondamentale del linguaggio operistico – per il modello di finale d'atto allargato in cui la dialettica teatrale trova la sua massima realizzazione nell'attivazione contemporanea di personaggi e situazioni diversi, di destini intrecciati grazie a una nuova forma di contrappunto (non solo e tanto di nota contro nota bensì di un personaggio contro un altro, di emozioni contro sentimenti, di cui la musica e il canto erano i portatori) – l'espressione puramente lineare dei moti d'animo tipica della recitazione parlata, per quanto in grado di registrare le sue più piccole intermittenze, rimaneva al di qua da quel traguardo fondamentale che si poneva come fotografia della nuova società d'individui, definiti attraverso i rapporti che si determinavano tra di loro anziché attraverso i loro ruoli formalmente intesi. In questo senso il teatro parlato, basato più sull'enunciazione che sull'azione (com'erano già l'opera buffa e quella semiseria), si trovava in posizione arretrata rispetto al teatro musicale. Più precisamente il melologo, subordinando la musica allo svolgimento lineare della parola, le precludeva lo sfruttamento delle sue potenzialità dinamiche, restringendo il quadro d'azione a un solo registro. Mozart dovette accorgersene e abbandonare l'impresa.

Ciò non toglie che egli vi abbia saggiato la potenza sferzante del gesto strumentale, come rivela il terzo intermezzo che in *Thamos* fa da sfondo alla recitazione appunto, il quale, nella convulsione dei tratti, replica l'agitazione della Sinfonia KV 183, significativamente richiamata anche nella tonalità, cioè quel sol minore riconosciuto come la cifra musicale dello *Sturm und Drang*.

Primato dell'individuo

È sintomatico che proprio da Mannheim, dov'era cresciuto alla scuola di Vogler, provenisse un altro importante autore di melologhi, Peter von Winter, che proprio in quegli anni produsse almeno tre lavori del genere (*Cora und Alonso*, Monaco 1778, *Lenardo und Blandine*, Monaco 1779, *Reinold und Armida*, Monaco 1780). Orbene Schubart, elencandolo come ultimo esponente della "Scuola di Mannheim", di lui affermava:

> Le sue sinfonie sono in parte lavorate in modo audace; in particolare egli sa trattare con arte e sapienza le tonalità minori, che tanto facilmente inducono al torpore.

Ci troviamo quindi di fronte a una somma di circostanze che, facendo fulcro sul concetto di espressione, mostrano come da tale nozione si diramassero ipotesi compositive intriganti, riportabili alla coscienza di vivere un momento esteticamente risolutivo, benché confuso e tutt'altro che programmato. Il fatto che i tentativi di programmarlo fossero spesso goffi per non dire improduttivi nulla toglie al significato di tali testimonianze, capaci di evidenziare un processo fondamentale. L'interesse di Schubart per le tonalità ad esempio, in conclusione del suo trattato, testimonia l'ambizione di vincolare definitivamente il messaggio a una struttura del discorso in qualche modo misurabile. Quando del mi bemolle minore parla come di fattore all'origine di

> [...] sensazione di timore, di profondissimo tormento interiore; di opprimente disperazione, di umore quanto mai tetro; dello stato d'animo più depresso. Ogni angoscia, ogni tremore del cuore assalito dall'orrore emana da questa sinistra tonalità. Se i fantasmi potessero parlare, si manifesterebbero più o meno attraverso questa tonalità,

è evidente che non c'è possibile dimostrazione di tale affermazione, se non il tentativo di tracciare una cesura rispetto alle concezioni estetiche del passato, contrapponendosi agli antichi sullo stesso terreno scelto per definire le caratteristiche dei vari modi alla base dei loro canti. Dall'indimostrata esattezza del carattere di ogni tonalità, ritenuto addirittura tale da «superare in precisione l'espressione poetica e quella pittorica», il teorico tedesco arriva a specificare la ricchezza di sostanza espressiva, ad esempio, della tonalità di mi minore:

> [...] *ingenua, femminile ed innocente dichiarazione d'amore, lamento senza ribellione; sospiro* accompagnato da poche lacrime; questa tonalità esprime qualcosa di vicino alla speranza della più pura beatitudine che si scioglie nel do maggiore. Poiché la natura l'ha provvista di un unico colore; così la potremmo paragonare a una fanciulla vestita di bianco, con un fiocco rosa al petto. Da questa tonalità si ritorna con

> discreto garbo alla tonalità fondamentale di do maggiore, dove cuore e orecchio trovano la più perfetta soddisfazione.

Le ultime parole indicano quale sia la via per verificare la verità espressiva: non l'assiomatica definizione assicurata dalla teoria fisica del suono (misurata attraverso l'orecchio), né l'arbitrio dell'interpretazione individuale (che fa appello alle ragioni del cuore), ma una posizione in grado di sintetizzare le due posizioni, nella coscienza assodata della relazione concreta e necessaria tra musica e anima, che ha indotto Eggebrecht ad ascrivere di diritto allo *Sturm und Drang* la determinazione con cui Schubart ha stabilito la reciprocità tra le due realtà affermando che «il cuore è in un certo senso la cassa di risonanza del grande artista» e che il clavicordo è «la cassa di risonanza del cuore». Tanto più che il concetto è ribadito in *Kalligone*, dove Johann Gottfried Herder non solo sostiene che «la musica suona in noi un clavicordo, che rappresenta la natura interiore che ci è propria», ma, stabilendo un'equivalenza tra il «movimento elastico» della fonte sonora e la stessa vibrazione del corpo nel momento in cui è percosso, giunge a definire la «nostra interna elasticità» come una «natura armonica» che rende l'uomo partecipe degli «eterni rapporti dati dalla consistenza e dalla forza di resistenza dei corpi». Benché inquadrata in una dimensione psico-fisiologica, l'argomentazione di Herder giunge addirittura a riconoscere un'identità tra musica e anima (parlando di «comunicazione simpatetica» e di «ascolto simpatetico») dai risvolti metafisici non indifferenti.

Inoltre qui non si tratta solo dell'affermazione di una nuova concezione della musica, ma anche della sua problematicità, nella misura in cui cuore e orecchio venivano a contrapporre la sensibilità individuale a quella collettiva. È infatti significativo che, proprio a conclusione del suo trattato, alla fine del capitolo dedicato al tentativo di sistematizzare il fondamento espressivo delle diverse tonalità, Schubart si sia premurato di considerare il possibile squilibrio nel caso in cui il prodotto artistico dell'individuo non trovasse condivisione nella società:

> Se contro questi caratteri delle tonalità si volesse obiettare: che, a causa delle innumerevoli varianti nessun suono possa avere un determinato carattere; così si deve considerare, che per ogni compositore è un dovere studiare esattamente il carattere delle sue tonalità, e di assumere

> nell'ambito del suo operare solo quelle con cui ha stabilito un rapporto simpatetico. Un buon compagno non sopporta caratteri bizzarri che perturbano la cerchia dei suoi confidenti; egli sceglie piuttosto uomini omogenei, che moltiplichino il piacere di essere in società.

In queste parole era posto il problema dei codici comunicativi, fino allora inesistente nella misura in cui il sistema di riferimento preesisteva chiaramente alle forme adottate, ma evidente nel momento in cui il musicista era invitato a dare ascolto a un proprio individuale criterio di identificazione di valori espressivi. Tanto più la loro omologazione avveniva attraverso il riconoscimento dell'efficacia delle relative manifestazioni, tanto più l'unità di misura per stabilirne la portata si fondava nella dimensione soggettiva, sia del creatore sia del fruitore. L'instabilità espressiva che si faceva largo nella seconda metà del Settecento non era in sé indice di crisi, ma, in quanto divaricazione sempre maggiore tra le aspettative collettive e le proposte individuali, essa si presentava sempre più come risultato di una perdita di organicità.

Il punto più esposto di tale instabilità riguardava la musica strumentale, la cui centralità costituiva un fatto nuovo. Non è un caso che sia avvenuto in quei termini. La musica operistica, nonostante il fatto di costituire bersaglio permanente di critiche al suo assetto spurio, è sempre riuscita a integrare ogni tipo di soluzione espressiva, grazie a un'evoluzione che non ha mai messo in discussione la gerarchia che stabiliva il primato del dramma, giustificando qualsiasi apparente eccesso come necessità illustrativa dell'azione teatrale, in rapporto di oggettiva funzionalità. Diversa è la situazione in campo strumentale, dove l'arbitrarietà apparente di una determinata combinazione di suoni non è funzionale a null'altro, al di fuori dell'autonomo contesto sonoro in cui si configura e che fatalmente ne riporta la responsabilità alla scelta del suo autore. Quando un'accumulazione di effetti dinamici predisposta per evocare una tempesta si sposa al suo prolungamento in termini di fulmini e saette scatenate illusionisticamente sulla scena, indipendentemente dall'audacia delle risorse messe in campo in orchestra, non si pone nessun problema particolare di ricezione. Quando lo stesso dispositivo sonoro è invece esposto senza dichiarata finalità rappresentativa, la sua estremizzata configurazione formale deve rendere conto direttamente di se stessa, o chiamare in causa inevitabilmente la motivazione espressiva dello stesso compositore. È in fondo la stessa problematica che si è determinata sul fronte delle scelte linguistiche radicali dell'avanguardia novecentesca. Non per niente quest'ultima si è delineata ed è cresciuta nelle forme autonome della musica da camera, nei pezzi per pianoforte, per quartetto d'archi di Schönberg, Berg e Webern (generi precedentemente praticati piuttosto da musicisti conservatori), mentre equivalente sostanza dissonante poteva già benissimo essere dispiegata in funzione della teatralità barbarica e allucinata di un'*Elektra* ad esempio, oppure nell'impianto descrittivo di un qualsiasi poema sinfonico di Richard Strauss, in cui l'urto dell'ascolto si giustificava per il referente letterario che lo orientava, senza metterne in questione la legittimità estetica. Come ha fatto notare il Dahlhaus, il fatto di portare il processo dell'«emancipazione della dissonanza» proprio nell'ambito strumentale significava un doppio atto di coraggio, nel senso di esibirla nella sua cruda realtà senza mascherarla dietro pretesti di soluzioni eteronome. Qui si determinò la cesura tra i *Moderne* (com'erano già recepiti Richard Strauss, appunto, Mahler ecc.) e i *Radikal-Moderne*, cioè la generazione successiva della modernità affermata nella sincerità di un ascolto senza coperture cercate al di fuori dell'ambito musicale.

Al punto in cui era pervenuta la coscienza musicale nella seconda metà del Settecento, nell'identificazione di un nucleo espressivo che ne fondava l'autonomia estetica nei sentimenti e nelle passioni in cui l'anima era messa a nudo prima che ogni possibile sovrastruttura li inquadrasse in un sistema interpretativo capace di ridurli alla misura degli interessi della società del tempo, avveniva qualcosa del genere. La musica strumentale veniva promossa da generico borbottio a tramite di valori che, in portata espressiva, superavano la stessa capacità del canto e in ogni caso le altre discipline artistiche con le quali, per mezzo di esso (nell'opera in primo luogo), risultava connessa.

> Nessun'arte tocca l'anima con tanta immediatezza come la musica; è come se il suono fosse fatto della stessa sostanza dell'anima, tanto istantaneo e totale è il suo congiungersi con essa. Pittura, scultura e architettura appaiono inanimate al cospetto di una voce soave, o finanche rispetto ad un suono (lettera di Wilhelm Heinse a Jakobi del 1780).

Tale riflessione, riportata da Eggebrecht, testimonia uno stadio avanzato della coscienza musicale che, riconoscendo una musicalità innata, non ha più bisogno di modelli precostituiti per governare la musica. Se essa è la manifestazione di «una parte della vita che è in noi», se il suono è «la rappresentazione dell'anima più legata ai sensi e, per così dire, l'immagine più vera della sua pura essenza che si agita in se stessa» – come Heinse scrive nel romanzo *Hildegard von Hohenthal* – egli può addirittura figurarsi un suono originario, «il Do centrale» che rappresenta «lo stato di natura, la purezza dell'innocenza, l'età dell'oro» e «il suono cui riferiamo tutti gli altri, e con il quale tutti gli altri stanno in contrasto». Ne nasce una dinamica che induce alla ricerca del significato nascosto, agente oltre le apparenze, nella misura in cui, ad esempio in un'esecuzione teatrale si diviene «preda dell'illusione, si viene attratti dalla magia della scena, senza che la musica che produce tali effetti venga notata per se stessa: tanto nuda è la rappresentazione musicale». È l'impronta dell'assoluto, di un valore che sta oltre il suono e che, nella metafora della nudità («Quando un uomo canta, è come se d'un tratto si liberasse delle vesti»), gli detta la conclusione: «la mera musica strumentale è propriamente ciò che nelle arti figurative è il nudo».

Il «nudo» della musica, la perfezione dell'essenzialità liberata dagli orpelli, mostrano la prospettiva aperta alla pratica strumentale che, in quelle coordinate estetiche, giunge a mettere a fuoco un assetto espressivo fondamentale per l'evoluzione del genere che, acquistando sempre maggiore centralità, nell'Ottocento segnerà la via maestra a tutta la musica. Con ciò non s'intende tanto la componente metafisica che ha potuto essere sviluppata da tali premesse ricavandosi uno spazio d'azione assai importante, ma piuttosto la concezione matura che alla musica strumentale è giunta ad attribuire una portata comunicativa incomparabile come manifestazione dell'individuo più che della società, nella misura in cui seppe realizzarvi un modello espressivo intimamente aderente alla dinamica spontanea dei moti d'animo, e nel contempo universale, nella misura in cui vi identificava uno stadio della sensibilità riguardante l'uomo indipendentemente dalle sue origini di classe.

Il fatto più significativo è che il messaggio artistico perde il valore di esemplarità come postura dovuta (secondo la volontà di inalberare modelli di dignità richiesti da comportamenti regolati prescrittivamente), per guadagnare in portata esistenziale, rispondendo agli strati emergenti della popolazione per i quali non sussiste più ragione di subire il monopolio della classe aristocratica, ma per i quali non esiste nemmeno più il motivo di contrapporsi al vecchio mondo con modelli semplicemente alternativi. La nuova espressività riguarda tutti: nel romanzo di Wilhelm Heinse, in cui l'autore non esita ad affrontare una teoria delle tonalità (quella maggiore «esprime un'esistenza piena», quella minore «indica che ci manca qualcosa, e inoltre denota tenerezza, commozione, tristezza d'ogni genere», quella diminuita «indica nell'essere un difetto tanto grande dell'esistenza, da renderne impossibile la sussistenza [...] una lacuna così grave nella perfezione, che tutto induce a colmarla al più presto»), la musica diventa la dimensione in cui si riflette l'esistenza *tout court*, nei suoi punti di forza e nelle sue debolezze, nei suoi alti ideali e nelle sue abiezioni, in una parola nella sua umanità determinata e fragile nello stesso tempo. Se la sinfonia beethoveniana ha potuto acquisire la forza proclamatoria che le riconosciamo, ciò non è dovuto solo alla risolutezza del suo gesto leonino chiamato a sfidare il destino riservato alla sua epoca, ma anche al terreno preparato di una musica strumentale sempre più articolata come specchio di un vissuto, dove l'io ha trovato la sua centralità e l'orgoglio di resistere ai tentativi di conformarlo alle convenzioni. La progettualità vi si sostituisce decisamente alle forme prestabilite, affrontando i limiti, le incertezze e le vanità delle soluzioni solitarie, correndo il rischio di perdere il contatto con il contesto di ricezione, in una parola incorporando nel messaggio il senso di relatività di un prodotto della creatività umana giunto a eleggere a oggetto della propria espressione il suo stesso slancio verso la perfezione, nella tensione inappagata verso un traguardo destinato a evidenziare più che la trascendenza lo sforzo per raggiungerne lo stadio anelato.

III. Il «giuoco filarmonico» di Joseph Haydn

> Haydn è l'Ariosto della musica. Passeggia il suo genio per tutte le regioni dell'arte [...]. Io credo che la grande magia di questo stile consista in un carattere di libertà e di gioia dominante che spicca in tutte le composizioni di questo maestro. Quando il contrappunto o altre regole vogliono trattenergli il volo e incepparlo, egli si ribella; segue il suo capriccio, e scrive al margine per conforto de' rigoristi: licenza.
>
> (Giuseppe Carpani, *Le Haydine ovvero Lettere sulla vita e le opere del celebre maestro Giuseppe Haydn*, 1812).

In che modo un artista può essere protagonista del proprio tempo? Assecondandone le correnti istituzionali, liberando le energie capaci di mettere in moto la macchina del progresso verso nuovi orizzonti espressivi, oppure scegliendo un appartato punto di osservazione dove, messo in condizione di riflettere i propri concetti nello specchio del passato e delle prospettive a venire, egli possa dominare le tensioni del mondo contemporaneo con giudizio di spettatore? Una risposta non può essere desunta da queste tre semplici enunciazioni, non in quanto esse non esauriscano il ventaglio dei traguardi aperti davanti all'operosità della creazione artistica, ma poiché mai si riuscirà a trovare personalità d'artista a cui possa bastare l'angolo limitativo di ognuna delle tre prospettive.

L'espressione estetica non è riducibile a pura manifestazione individuale ma, per quanto veda per protagonista il singolo, rimane il risultato del suo incontro con la società e con i modelli culturali in essa fermentanti recando nella sua apparenza anche il segno, consapevole o inconsapevole, di funzioni estetiche a volte perfino contrastanti.

Alle altezze più complesse è facile rendersi conto – Beethoven ne è sommo e tormentato esponente – dell'impossibilità di ridurre a unico denominatore la risposta all'interrogativo formulato nella nostra premessa. L'ambiguità mozartiana, solo per non oltrepassare i confini della dimensione viennese chiamata in causa, è testimonio ancor più palese del difficile e ineludibile rapporto di compatibilità-incompatibilità tra il prodotto artistico e il contesto che interviene al momento della sua comunicazione. Se possiamo concordare con Charles Rosen nell'assunto che sta alla base delle sue penetranti analisi sullo "stile classico", cioè nel principio di una riconosciuta identità di azione tra arte e scienza dove il campo di ricerca della prima sarebbe «il linguaggio che essa stessa ha creato, la cui natura e i cui limiti essa esplora, ed esplorandoli trasforma», ciò è ammissibile solo a patto di cogliere in tale funzione esplorativa non lo scopo ultimo dell'indagine estetica ma il termine di verifica di una somma di altre funzioni, agenti in nome dei significati che la cultura e la società assegnano alle operazioni artistiche; funzioni e significati divergenti non solo nel tempo ma anche nello spazio e che perciò ci inducono a rivedere il senso di ereditate gerarchie di valori, siano esse le coordinate dell'identità e della supremazia del modello classico viennese oppure la posizione delle personalità che furono protagoniste della sua fioritura.

A questa necessità di revisione non sfugge nemmeno Haydn, la cui pacifica disposizione patriarcale non è stata sufficiente a dettare quell'evoluzione lineare che gli si vorrebbe attribuire e che la sua compiuta parabola lascerebbe intravvedere. Diventato sicuramente il primo compositore a dimensione pubblica della storia dell'Europa, occorre considerare attentamente questo ruolo per poter capire come intorno a lui più che il giudizio sia sorto il luogo comune. Da questo non andò esente nemmeno Goethe il quale, in *Arte e antichità,* ricavò dalla sua musica una ragione proprio rovesciando il rimprovero che l'arte di Haydn fu costretta a subire in quanto «mancante di passione». In verità fu proprio riconoscendo nella passione il prodotto del caso e, secondo gli antichi, l'agente sfigurante della bellezza, che il poeta ormai approdato sulla sponda classicistica poté dichiarare che «da quasi cinquant'anni la pratica e l'audizione delle sue opere mi hanno ogni volta comunicato una sensazione di pienezza». Salutando «la sua arte come antica nel miglior senso del termine», Goethe predisponeva la formula capace di nobilitare nella figura di un musicista nato e cresciuto nella modestia l'immagine dell'artista apollineo, non estraneo alle turbolenze del secolo al cui confronto forgia le armi acuminate di un linguaggio libero di spaziare nell'intera gamma dei caratteri, ma impegnato poi a dosarne l'effetto in un equilibrio stabilmente votato a un tranquillo ideale di conservazione: «temperamento, sensibilità, spirito, umore, spontaneità, dolcezza, forza, infine i due segni stessi del genio, ingenuità e ironia, tutto ciò è già il suo patrimonio». Non è difficile stabilire in che misura il giudizio del maturo poeta mirasse tendenziosamente, attraverso l'esempio additato, a consolidare la soluzione classicistica dei propri problemi estetici, proiettando nell'opera del musicista la visione unificatrice della regola del bello con la pretesa di fornire anche per la musica lo stesso metro destinato a misurare la grandezza dei prodotti letterari, nella fattispecie il severo equilibrio dei luminosi modelli antichi.

In realtà, se la parabola di Haydn delinea un lungo cammino che, oltre ai ben noti traguardi stilistici, è indizio di un evidente processo di acculturazione teso tra i modesti iniziali compiti compositivi di musica funzionale e la densità di significati che via via si assommano nel progressivo dilatarsi della forma sinfonica, non per questo la sua traiettoria incontrò il percorso di speculazioni che, quando fecero sentire i loro effetti in campo musicale, si mostrarono più che altro come manifestazione di importazione letteraria non sempre esente da motivazioni mondane, in parallelismi più teorici che disvelatori di concreta sostanza artistica. Non tutta la teoria estetico-musicale dell'epoca è da considerarsi espressione letteraria e filosofica di osservatori che non vivevano in prima persona la prassi musicale. Quando Frederik Samuel Silverstorpe annotava che «l'estetica non era il punto forte di Haydn» (lettera dell'8 ottobre 1800), ciò non corrispondeva solo alle perplessità del diplomatico svedese a Vienna alle prese con la traduzione nella sua lingua del libretto de *La creazione,* la quale negli assunti descrittivi lo confrontava con ideali estetici di vecchia data, ma suona anche come considerazione radicata in un nuovo contesto di valutazioni che egli aveva maturato a contatto con il precoce e versatile genio di Joseph Martin Kraus, considerando ambedue come esponenti di una generazione di musicisti il cui orientamento anticipava i nuovi rapporti che la musica romantica sarebbe venuta instaurando con le altre espressioni artistiche, tracciando un confine netto non solo di stile ma ormai di concezione.

La mancanza di una formazione umanistica oltretutto non consente di collegare le intuizioni di Haydn a esperienze teoriche di qualsiasi genere, al punto che Albert Cristoph Dies, autore delle *Biographische Nachrichten von Joseph Haydn* (redatte e pubblicate nel 1810 in base ai suoi racconti orali), dopo aver constatato in Michael un'estensione del sapere superiore all'ampiezza d'interessi del fratello Joseph, allo scopo di volgere in suo favore tale carenza giunse ad affermare che «quest'ultimo possedeva facoltà straordinarie e, in particolare, era dotato di una notevole capacità di discernimento, dono di natura di cui egli iniziò a far uso dopo la sua uscita dal coro, ma sempre a modo proprio». Lo stesso Dies arrivava di conseguenza a concludere che nel caso di Haydn (come d'altronde per Mozart) si addicesse la definizione di «empirico», di maestro a se stesso, ma soprattutto di personalità non vincolata a necessità dimostrative e a prescrizioni di fondamento intellettualistico.

Obbligo sociale

Il vincolo subìto da Haydn fu quello dell'obbligo sociale (è lì che si determinava il suo orientamento culturale), ma anch'esso andrebbe rivisto al di là del luogo comune del lacchè in divisa. Il primo contratto stipulato nel 1761, che sanciva la sua posizione di vicemaestro di cappella al servizio del principe Esterházy, è spesso citato come emblema della condizione subalterna del musicista nell'*ancien régime.* In effetti a prima vista la successione degli articoli percorre una serie di obblighi a senso unico: «il vicemaestro di cappella e tutti i musicisti compariranno in livrea, [...] in calze bianche, incipriati, sia con codino sia con parrucca», egli si asterrà dalla «volgarità nel mangiare, nel bere e nella conversazione», «comparirà ogni giorno nell'anticamera prima e dopo il pranzo, e si informerà se Sua Altezza sarà disposta a ordinare un'audizione dell'orchestra», e via di seguito.

Dietro l'apparente rigidità di tale teoria della subordinazione c'è però da chiedersi in che misura l'enunciato, più che la reale condizione del musicista, non tenesse a sottolineare un principio di ordine gerarchico, una consacrazione della regola del rispetto dovuto alla classe dominante, a cui nessun artista – nemmeno colui che in nome del prestigio avrebbe potuto agire sciolto da legami con una singola corte – sarebbe stato in grado di sottrarsi. Nemmeno i musicisti italiani, contesi in ogni parte del continente e i quali potevano vantarsi di dettar legge nel campo del gusto, in fondo sfuggivano alla norma che a ogni livello confermava l'assetto di una società preoccupata di rispecchiare in vistose manifestazioni di formalità la portata del potere. Paradossalmente – e sarà opportuno ricordare che, presso gli Esterházy, i cantanti italiani erano gli unici a non essere sottoposti all'obbligo di portare la livrea – furono proprio essi a pagare lo scotto di una libertà relativa che, anziché permettere loro di individuare vie d'uscita a un sistema estetico in cui l'autorevolezza non corrispondeva più alla capacità di cogliere le forze vive dell'espressione, in un certo senso soccombeva sotto il peso dei benefici e degli onori di cui venivano colmati e non giunse mai a riscattarli dai condizionamenti delle attese in loro riposte dai committenti, confinandoli nel perimetro della loro replicata naturalezza espressiva. Se è vero che la svolta linguistica del secolo è invece rintracciabile nella ricchezza di sottintesi degli ardimentosi progetti di Haydn e Mozart, non è probabilmente un caso che essa sia imputabile a una categoria di musicisti che maturarono le proprie scelte in un rapporto di dipendenza dalla società costituita, il cui ostentato formalismo non impediva il determinarsi di spazi di reale libertà di concezione: «Ero tagliato fuori dal mondo – confidò Haydn al Griesinger – intorno a me non c'era nessuno che mi scoraggiasse o che mi facesse difficoltà; così dovetti per forza diventare originale». D'altronde se il contratto del 1761 concedeva a Haydn il diritto di consumare i pasti alla mensa del personale, non necessariamente (equiparando la funzione dell'artista a quella dei semplici attendenti) da ciò doveva conseguire motivo di degradazione.

Il documento, che porta, accanto alla sua, la firma del munifico principe ungherese, non conteneva nessuno dei famigerati articoli che in altre corti subordinavano l'ingaggio dei musicisti alla loro disponibilità a rivestire la funzione di *valets de chambre* ogni qualvolta le circostanze l'avessero richiesto. Sottoposto all'occhio inquisitore di un funzionario sindacale, il testo incriminato si adatterebbe esemplarmente a una lettura in chiave di moderno contratto collettivo di lavoro che oltre all'elencazione dei doveri, non riserva meno spazio ai diritti acquisiti, non solo per quanto riguarda la formulazione dell'onorario pattuito ma anche la sequela di benefici secondari dosati in un complesso elenco di premi in natura, non dissimile dalla regolamentazione delle indennità a cui oggi (artisti compresi) usiamo far capo in un rapporto di lavoro dipendente, a partire dal consumo dei pasti al tavolo della servitù (e, in mancanza, con la contropartita di mezzo fiorino al giorno) fino all'estensione dei vantaggi ottenuti dal contratto del 1779 il quale, al vino degli ufficiali e alla legna da ardere che a Haydn toccavano in qualità di *"Capellmeister",* vedeva aggiungersi il diritto (in qualità di organista) di garantirsi un'apprezzabile quantità di cibarie. Per non parlare del foraggio per due cavalli, che evidentemente confermano tutto fuorché il tenore di vita di un servitore. La puntigliosa contabilità superstite degli Esterházy è specchio non sottovalutabile di un'organizzazione del lavoro, che teneva conto di ineludibili risvolti umani e che si dimostrava altresì in grado di regolare il destino precario degli infermi, dei vecchi a carico, delle vedove e degli orfani, predisponendo assistenza finanziaria attraverso un regolato sistema di pensioni. Inoltre gli emolumenti riservati ai musicisti dai principi ungheresi si rivelavano superiori alla media e costituiscono probabilmente una delle più convincenti spiegazioni della fedeltà di Haydn a quel casato.

In definitiva, al di là del rapporto con lo spazio di risonanza della metropoli londinese che nel 1791 lo accolse come primo musicista d'Europa e che gli consentì verifiche più generalizzate, rimane da chiedersi in che senso l'appartenenza a una simile corte principesca potesse rappresentare un'ipoteca pregiudizievole al suo sviluppo artistico. Per Mozart certamente la sottomissione alla greve disciplina impostagli dall'arcivescovo salisburghese faceva violenza alla sua natura, e per Beethoven non era ormai più immaginabile il venire a patti direttamente con le forme aborrite dell'organizzazione sociale in un'epoca che, perlomeno nel rapporto di necessità con i nobili potenti, attraverso il sostegno disinteressato dei tre nobili viennesi (Kinsky, Lobkowitz e l'arciduca Rodolfo) gli concedeva un alibi ideologico. A Haydn, all'epoca in cui fu preso a servizio, lo stesso rapporto di necessità non lasciava altra scelta, è vero; ma è anche appurato che da quella fonte egli traesse molti benefici materiali, premessa indispensabile a una tranquillità di spirito che gli permise di gestire il proprio lavoro e la sua stessa fama al riparo dall'impazienza che avrebbe sollecitato le generazioni successive di fronte ai miraggi della produzione musicale messa a profitto in libero mercato. Se la posizione di compositore di camera del conte Morzin conseguita nel 1759 (oltre alla soddisfazione data al padre e sempre ricordata da Haydn di vederlo finalmente *Kapellmeister)* contava soprattutto per i 600 fiorini necessari al sostentamento della famiglia, l'entrata alle dipendenze del principe Esterházy nel 1761 poteva già essere considerata qualcosa di vicino al traguardo di una carriera. Perlomeno tale si rivelò qualche anno dopo, quando quella residenza divenne la cassa di risonanza di una produzione sinfonica che ben presto si irradiò in tutto il continente e si rivelò tutt'altro che stretta per le esigenze di un compositore che seppe farne specola da cui sorvegliare la circolazione esterna delle sue musiche, curandone la stampa e dando seguito agli inviti dei committenti.

Sappiamo che Haydn conquistò Parigi senza muoversi dal castello ungherese e che, se più tardi accettò di intraprendere l'avventura londinese, essa non è da considerare come apice di una parabola bensì come corollario, per quanto cospicuo, di un processo che poteva vantare di non aver atteso quel momento per conseguire la sua piena maturità. Haydn fu evidentemente musicista dei tempi nuovi – anche Goethe nella rivendicazione della sua personalità a ideali retrospettivi non poté esimersi dal riconoscere che «tutta la musica moderna si fonda su di lui» – ma la concezione che egli ebbe del suo ruolo rimase ancorata all'ordine dettato dalla vecchia aristocrazia la quale, prima ancora di subire i diretti contraccolpi delle rivoluzionarie vicende francesi, già aveva dato prova di non trascurabile capacità di adattamento all'affacciarsi di nuove condizioni nei rapporti di comunicazione artistica.

Non bisogna infatti dimenticare che, se la circostanza dei viaggi inglesi di Haydn fu la diretta conseguenza dello scioglimento dell'orchestra stabile di Esterháza alla morte del principe Nicola, non per questo egli dovette affrontare la situazione londinese a suo rischio e pericolo, ormai sciolto dai diritti e dai doveri stabiliti nel contratto che l'aveva legato al casato ungherese. Le gravi decisioni del nuovo principe Anton riguardo all'orchestra di corte infatti non comportarono per Haydn licenziamento di sorta: pur senza più dover prestarvi servizio regolare, il compositore si vide assegnato un salario e l'obbligo – non la libertà – di fregiarsi del titolo di maestro di cappella del principe Esterházy, il cui nome rimase in tal modo legato al suo, amplificandosi parallelamente all'estendersi della fama del compositore. Se Beethoven incarnerà in seguito un modello d'artista indocile, che in un certo senso porterà a termine quel processo di conquista dell'autonomia del musicista tentata ma fallita con Mozart, in questo contesto Haydn rappresentò una via parallela che, senza sconfessare il rispetto della gerarchia (ma senza nemmeno confermarvi quegli aspetti che negli ultimi decenni del secolo sarebbero potuti apparire motivo di umiliazione dell'artista subordinato) egli dimostrò ancora possibile.

Non mi sembra da sottovalutare il fatto che gli anni del soggiorno inglese del compositore (1791-1795) corrano in esatto parallelismo con i cruciali eventi indotti dalla sollevazione popolare in Francia. Con l'adattamento del proprio stile orchestrale alla circolazione della musica in pubblici concerti, avvenuto con l'indiretto beneplacito del proprio principe chiamato a concedere autorizzazione ufficiale al viaggio del suo maestro di cappella oltre Manica, Haydn inconsapevolmente formulava una risposta moderata al radicalismo della contemporanea situazione parigina la quale, sbalzando gli artisti dai loro piedistalli, non solo li gettava in balìa di un pubblico senza volto (che tale era già anche quello londinese di Haydn sollecitato dalle locandine e dagli annunci pubblicitari di Salomon), ma li confrontava con la sua emergenza "plebea" e col conseguente pregiudizio populistico che avrebbe dettato al linguaggio musicale sintomatiche regole semplificatorie. Tenendo conto di tale riscontro, che non sarebbe passato senza lasciare il segno su precisi aspetti del linguaggio beethoveniano, l'esperienza del maturo Haydn rende più esattamente ragione di ciò che i concerti di Salomon rappresentarono per il compositore: non già un salto di qualità destinato a lasciare dietro di sé le vestigia di un vecchio costume, bensì l'espressione di un progresso affrontato con consapevole gradualità e che in Haydn giunse a incarnare l'artista che potremmo chiamare – derivando il termine dalla moderna prassi del linguaggio politico – "riformista". L'emancipazione di Haydn dalla subordinazione cortigiana non si compì mai completamente, anche se alla fine la tutela principesca si ridusse a qualcosa di impercettibile, a comportare probabilmente più vantaggi per il benefattore che per il beneficiato, rovesciando in un certo senso il rapporto di dipendenza. Non è un mistero che la biografia del Dies abbondi nell'encomiare la liberalità e i meriti della nobile famiglia, essendo accertato che a sostenerne la pubblicazione fu il principe Nicola II, il quale sicuramente non a caso aveva provveduto a concedere all'autore la carica di direttore della galleria d'arte degli Esterházy.

Il fatto che la vita del musicista per il suo intero arco di sviluppo rimanesse iscritta nella parabola mecenatesca non è qui chiamato in causa per sminuirne la portata storica, bensì per contraddire le frequenti semplificazioni che pretendono di derivare la comprensione dell'evoluzione artistica dallo scontro dialettico di situazioni che in realtà nei loro effetti non si negarono mai completamente, ma a volte si integrarono a vicenda.

La residenza di Esterháza non fu mai per il musicista una clausura, benché capitasse che gli incarichi compositivi comandati in determinate circostanze lo distogliessero da interessi più personali. Né in fondo egli dovette subire la condizione di provincia, benché Haydn sentisse il bisogno di non mai abbastanza frequenti contatti con Vienna. Occorre infatti tener presente che gli Esterházy furono una delle prime famiglie nobili dell'impero e che l'appellativo di «le petit Versailles de la Hongrie», che in *Excursion à Esterház* (1784) un anonimo cavaliere gli riservò, era tutt'altro che usurpato. Oltre alla descrizione della bellezza e dell'opulenza del luogo capace di far invidia a una reggia, vi leggiamo tra l'altro: «Les Ministres étrangers et régnicoles, les Ambassadeurs des têtes couronnées, les savants de la première classe, les artistes renommés, ne négligent jamais pendant leur séjour a Vienne ou a leur passage, d'avoir la satisfaction d'aller contribuer personnellement aux éloges authentiques qu'on est forcé de rendre à cette seconde Île de Calypso». Al di là dell'attrattiva che ne faceva un passaggio obbligato del turismo altolocato dell'epoca («Esterház fourmille d'étranger pendant tout l'été»), ospitando personalità di rilievo della vita sociale e culturale europea del tempo, la residenza ungherese in realtà consentiva a Haydn di usufruire di contatti proficui e insostituibili nella prospettiva d'irradiamento della sua opera: se le sue composizioni riuscirono a imporsi come «les délices des Concerts anglois et françois», ciò va ascritto pure al ruolo propagandistico detenuto dai visitatori illustri che a Esterháza contribuirono a garantire una circolazione di idee sufficiente a stimolare l'alto livello della produzione artistica. Dall'elogio dell'autore del *pamphlet* del 1784 («L'Orchestre est nombreux et aussi parfait qu'il ne peut manquer de l'être sous la direction d'un Musicien aussi *théorétique* que le celèbre Hayden») non è ormai più possibile ricavare l'immagine di un compositore consacrato al cosiddetto stile galante, poiché le sinfonie che egli destinava all'audizione del suo principe non erano più cosa da ascoltare distrattamente.

In ambito cortigiano molte ragioni del far musica rimanevano ancora legate a un fondamento di funzionalità: a Haydn incombeva ancora il compito di comporre le marce per i granatieri del principe, mentre l'opportunità di intrattenere ospiti di riguardo – oltre che con concerti e opere anche con balli, fuochi d'artificio, illuminazioni, feste campestri – stabiliva rapporti di diretto interscambio tra arte e vita, scandendo ricorrenze che periodicamente siglavano l'anno principesco come privato ciclo stagionale. Con ciò è possibile anzi affermare che la musica, svolgendo la funzione regolatrice dell'intera giornata (scandendo quasi ogni ora del giorno), nell'insieme dei suoi interventi vi delineava in termini rituali un percorso estetico che, sussunto nel ruolo organico e unitario affidato a Haydn, indurrebbe addirittura a parlare di *Gesamtkunstwerk ante litteram*. Ne saremmo stimolati alla lettura del resoconto dei festeggiamenti per la principessa Maria Ermenegilda nel giorno del suo onomastico a Eisenstadt, testimoniato nel diario del principe Ludwig Starhemberg, ambasciatore austriaco alla corte inglese:

> Mercredi 8 Septembre [1802]. C'était le jour de fête de la Princesse, en conséquence de 10 heures nous allâmes chez elle dans le grand uniforme d'Eisenstadt, puis en grand cortège de beaucoup de voitures à la Messe. – Messe superbe, nouvelle musique excellente du fameux Haydn et dirigée par lui (il est toujours au service du Prince). – Rien de plus beau et de mieux exécuté; après la messe retour au château et cour plénière des souverains pour leurs nombreux sujets, qui vinrent les complimenter. (C'est réellement comme à St. James). Ensuite dîner immense et magnifique, aussi excellent que nombreux, musique pendant le repas. Santé de la Princesse portée par le Prince, et répondue par les fanfares et canons, – plusieurs ensuite, telle que la mienne, et celle de

Haydn dînant avec nous et proposée par moi.

Après le dîner on se mit en frac pour le bal, qui fut réellement superbe, comme un bal de Cour, la princesse Marie l'ouvrit par un menuet à quatre avec sa fille. On ne fit ensuite que valser [...]

Jeudi 9 Septembre. On partit à 9 heures pour la chasse, après avoir réveillé par les cors [...] nous eûmes ensuite un concert superbe dirigé par Haydn et composé des plus beaux morceaux de la messe de la veille. Après le souper je pris congé des habitants d'Eisenstadt, et revint fort content de mon voyage, à 4 heures du matin, chez mon père en ville, et me couchais.

Una tendenza a mantenere la corte come luogo chiuso, come universo autosufficiente chiamato a specchiarsi in se stesso, fu tipica dell'*ancien régime* anche in epoca tarda, quando già si manifestava l'azione di nuovi centri di potere, per cui pure Esterháza non ne andò esente. Nel 1773 la *Relation des Fêtes données à Sa Majesté l'Imperatrice par S. A. M.gr le Prince d'Esterházy* registrò la visita di Maria Teresa d'Austria e del suo seguito, ricordando con bella evidenza l'apprezzata rappresentazione di *Philemon und Baucis,* il Singspiel che Haydn aveva composto per il locale teatro di marionette, che meravigliò per la ricchezza della messa in scena e per la rapida mutevolezza degli scenari, uno dei quali rappresentava «une vue des jardins et du Parc d'Esterház [...] dans le point de vue le plus riche, le plus naturel». Per essere al riparo dal resto del mondo sembra d'altronde essere stato creato questo teatro di marionette, ricavato in una grotta di pietra viva, rivestita di conchiglie, innaffiata da getti d'acqua e da fasci luminosi riflessi magicamente da polvere brillante, capace di circoscrivere ciò che vi veniva rappresentato in una dimensione al di fuori del tempo. Così si possono capire le sopravvivenze pastorali che ammorbidiscono la musica di questo Singspiel, che non per niente l'imperatrice volle far rimettere in scena qualche anno dopo a Schönbrunn.

Ma sbaglierebbe chi volesse cogliere a questo solo livello gli stimoli culturali che Esterháza riservava a Haydn. La sua carica di maestro di cappella comportava l'impegno di dirigervi gli allestimenti operistici che si avvicendavano giornalmente alle rappresentazioni di teatro di prosa, cosicché una mole considerevole di lavori musicali e letterari passò inevitabilmente sotto i suoi occhi, garantendogli quei punti di riferimento che a volte solo le grandi città avrebbero consentito. Sotto Nicola I si arrivava fino a tre rappresentazioni diverse ogni settimana, tanto che persino il teatro di corte a Vienna non contemplava un numero così alto di nuove produzioni. Nel 1775 vi si rappresentò il *Werther,* mentre altri lavori di Goethe vi fecero apparizione accanto al *Barbiere di Siviglia* di Beaumarchais e a numerose novità del tempo che puntualmente vi venivano riprese (tra cui Shakespeare in traduzione tedesca). L'opera italiana vi teneva banco con Anfossi, Piccinni, Sarti, Gazzaniga, Guglielmi, Paisiello e, a dimostrazione di un gusto elevato che difficilmente scadeva nella moda dozzinale, con l'*Orfeo ed Euridice* di Gluck.

Il teatro poteva contenere 500 persone a cui era assicurata «l'entrée libre et gratuite», compiacendosi di aprire le porte a una molteplicità di opinioni che dovevano far nascere discussioni non necessariamente risolte nel senso unico delle preferenze del principe. Oltretutto, se fosse stato altrimenti, non sarebbe immaginabile l'evoluzione della produzione sinfonica haydniana che, fino ai capolavori "parigini" compresi, passò al vaglio del consenso di Nicola I che, come spettatore privilegiato a cui per contratto toccava il piacere dell'audizione, evidentemente non poteva non essere uomo di larghe vedute.

In realtà il rapporto di dipendenza – e ciò non vale solo per Haydn – non va visto in modo meccanicistico come fattore di dirigismo: anche in una società gerarchica come quella del Settecento era inevitabile il mantenimento di una certa dialettica, fosse solo come piccante motivo di condimento delle schermaglie fra i sostenitori dei gusti di una moda fluttuante. Per la nobiltà del tempo – e di ciò si tiene poco conto quando si usa discettare troppo sbrigativamente sullo "stile galante" – la cultura costituiva una gara alla raffinatezza, senza esclusione di colpi: principio ben reso nell'*Excursion à Esterház,* quando la definizione dell'effetto degli spettacoli memorabili offerti agli ospiti è appunto messa a fuoco come «enchaînement de plaisirs marqués au coin de la splendeur et de la joye la plus epurée». In questo gioco di superamenti, di distillazione intellettualistica del piacere, era ricavato uno spazio capace di alimentare gli stessi sviluppi stilistici dell'Haydn sinfonista, il quale certamente non reca nessun vistoso segno esteriore dell'ideologia cortigiana ma che, orientando la sua arte verso un equilibrio di serenità basato su un principio di fondamento edonistico, iscriveva il suo discorso in un campo di attese perfettamente organico a quel mondo. Il colpo di timpano che inaspettatamente fece sussultare gli spettatori londinesi nel secondo movimento della Sinfonia n. 94 (1791) è una trovata rivelante l'instaurarsi di un astuto rapporto con il nuovo pubblico, ma non scopriva certamente per la prima volta il gusto eccitante della "sorpresa" che quasi dieci anni prima nella residenza degli Esterházy, e a uso del loro palato sopraffino, aveva generato quell'accordo secco del *tutti* orchestrale isolato da lunga pausa come segnale in apertura della Sinfonia n. 81. Nell'uno e nell'altro caso è possibile trovare conferma alla concezione che Kant tramandò della musica come «arte del gioco delle sensazioni» che in quanto tale il filosofo, nella sua lucida visione razionalistica, tese a svalutare riconoscendola «piuttosto godimento che cultura», ma che d'altra parte come «lingua universale della sensazione» egli circoscriveva in un ambito gravido di tutti quei significati a venire che nell'arte dei suoni avrebbero celebrato la raggiunta identità tra forma e contenuto e la soluzione della dicotomia tra soggetto e oggetto nell'operazione estetica.

Già da questa costatazione è possibile arguire la difficoltà di focalizzare in modo sufficiente non solo, nella fattispecie, i referenti estetici che sovrastano l'Haydn cortigiano rispetto all'Haydn "pubblico", ma in fondo le stesse contrastanti conclusioni delle elaborazioni filosofiche dell'epoca le quali, pur articolandosi sullo stesso solido assetto razionalistico, si vedevano immancabilmente sfuggire di mano un concetto di musica che nemmeno in termini teorici era possibile ridurre a unico denominatore.

A partire dal *Parallèle des Italiens et des Français* (1702) del Raguenet, nessuno degli innumerevoli tentativi di dare sistemazione definitiva al concetto musicale riuscì ad approdare a conclusione convincente, dopo aver colto in opposizione la trasparente razionalità francese e l'istintiva musicalità italiana, artificio e natura, armonia e canto, esibizione di dottrina e piacevolezza galante. Il concetto di natura sembra essere stato il punto su cui immancabilmente si trovavano ad accapigliarsi i teorici della musica del Settecento, alla ricerca di un fondamento capace di liberare l'arte dei suoni da ipoteche metafisiche. Ma natura in quanto liberazione di energie primarie nei termini musicali, se poteva voler dire rivalutazione della componente istintuale dell'ascolto, implicava nel contempo un risvolto edonistico che ne recuperava il senso al livello del consumo cortigiano, generalmente aborrito per affettazione e artificiosità.

Finché vi gravò la sovrastruttura razionalistica, la teoria estetico-musicale del tempo non riuscì quindi a sbloccare il circolo vizioso di un ragionamento che ritornava immancabilmente su se stesso. Per uscirne non bastò nemmeno la prospettiva dell'*Empfindsamkeit,* che sembrò spianare la via a una musica vibrante sotto la pressione dei moti d'animo: «Mi sembra che la musica debba toccare soprattutto il cuore», aveva sentenziato Carl Philipp Emanuel Bach. Non bastava l'epurazione degli ornamenti sottratti all'arbitrio esibizionistico degli interpreti a rivendicare immediatezza a una musica sconvolta nella quadratura, che tuttavia nelle componenti lessicali continuava a obbedire a un codice formalizzato. In fondo fu lo stesso limite che non seppe valicare la riforma gluckiana, la quale non ebbe effetto oltre i confini naturali del secolo, proprio per il fatto di non introdurre nessuna vera nuova concezione e di mondare semplicemente dalle impurità uno stile datato nella funzione metaforica che lo vincolava indissolubilmente a una cultura aristocratica compiaciuta nella sua aulicità. Finché non si giunse a cogliere nel concetto di natura la porta aperta sul mistero e a fare della musica un mezzo per esplorare l'indicibile, non ci si sottrasse al fatto di considerare l'attività espressiva come puro esercizio di bellezza formale a base di conferme di un ordine che non poteva portare che a soddisfazioni di tipo intellettualistico. Perciò "galante", nel senso di atteggiamento inattaccabile nella sua regolata, prescritta e manierata autosufficienza, non è un attributo che ben si attaglia solo alle manifestazioni stilistiche sovraccariche di ammiccamenti esteriori, ma andrebbe esteso a una ben più consistente fetta del patrimonio musicale del secolo, compresa la teoria sulla musica giacché anch'essa si attuava spesso come abitudine all'elegante esercitazione verbale, come giudizio distaccato e iperbolico che valeva più come sfoggio di destrezza argomentante che come fattore di chiarimento e di contributo allo sviluppo di un'arte, la quale effettivamente dimostrò di poter evolvere indipendentemente dal sostegno diretto di un pensiero che si accontentava di conoscerla quale oggetto di disquisizione accademica.

Scienza orchestrale

Il primo a dimostrare la grande capacità di crescita della musica al di fuori di teoriche giurisdizioni fu Haydn appunto, il quale rimase uomo del Settecento per ordinata disposizione mentale, ma che l'estraneità di fondo alla preoccupazione di verificare il proprio risultato su modelli nobilitanti pose nella condizione di recepire quegli spunti preclusi alle formulazioni estetiche del tempo e già capaci di cogliere un trapasso di concezione. In questo senso la già citata definizione di "empirico" trova riscontro nella diretta asserzione che il musicista rilasciò a un altro biografo, il Griesinger: «Il mio Principe era soddisfatto di tutto il mio lavoro e ne ricevevo approvazione; come capo di un'orchestra, potevo intraprendere esperimenti, potevo osservare ciò che faceva crescere un effetto e ciò che lo indeboliva, così da perfezionare il risultato, aggiungendo o togliendo, e affrontando il rischio di soluzioni inaspettate».

A questo punto non possiamo più leggere tale dichiarazione come semplice conferma di una presunta sprovvedutezza di riferimenti colti, ma siamo costretti a riconoscere il delineamento di un metodo compositivo che, come accertata capacità di cogliere nella musica la preponderanza della sua estrinsecazione sonora, assume portata culturale primaria in quanto dimostrazione della possibilità di superare le ipoteche lasciatevi dal razionalismo dominante sotto forma di prassi deduttiva, che in ogni opera d'arte era portata a vedere l'attuazione di un teorico precetto di bellezza. Il metodo haydniano, profilato come costante orientamento verso una comparata resa fonica, abbozzava chiaramente la concezione di un'autonomia espressiva della musica la quale, per quanto riconosciuta in determinati aspetti della teoria del passato, non aveva ancora trovato formulazione adeguata e avrebbe dovuto attendere gli sviluppi romantici, con il rovesciamento del rapporto di subordinazione nei confronti dell'arte della parola e della figura, per dettare nuove organiche valutazioni.

Della modernità dell'atteggiamento di Haydn ben si rese conto il Carpani il quale non mancò, nella scontata aneddotica sul musicista, di porre in evidenza tale aspetto: «So da taluni di quei professori che vivevano con lui a *Esterházy,* che bene spesso, interrompendo il suo lavoro, usciva di camera, raccoglieva l'orchestra, provava un passo o l'altro su diversi strumenti; e, fatto l'esperimento, si rimetteva a tavolino, e proseguiva allora con sicurezza la sua composizione». Se qualcuno ritenesse che, nel riportare la testimonianza, il letterato italiano abbia calcato romanzescamente la sua penna, soccorrerà direttamente lo stesso compositore con la significativa lettera del 29 settembre 1782 all'editore Artaria:

> Finalmente Le mando le attese 5 sinfonie, nitide, correttamente scritte e altrettanto ben costruite [*Correct geschriebener und gut verfaster Sinfonien*]. Le ho provate io stesso con la mia orchestra [*mit meinen orchest probiert*].

Ora qui poco importa stabilire in che termini esatti avvenisse tale «pratica cognizione» (Carpani); anche se Haydn avesse inteso semplicemente alludere, più che a prove preliminari, all'esecuzione pubblica vera e propria delle sue composizioni, rimane acquisito il principio che, a determinare emergenti qualità estetiche in un'opera musicale, non bastassero più identificabili e topiche caratteristiche di linguaggio, bensì occorresse una dimostrazione persuasiva, a livello dell'atto sonoro, del valore che il discorso musicale riusciva ad assumere nel rapporto diretto con l'ascoltatore, al di là di qualsiasi recondita intenzionalità. Su questo aspetto, non a caso, si concentrava l'acuta osservazione del Carpani:

> La purezza e la solidità del contrappunto, sostenuta da una fecondità d'idee inesauribile e da un accortezza tutta sua, lo rende padrone dispotico dell'uditore. Egli vi strascina a sua posta per vie inusitate e vi fa percorrere degli spazi indefiniti ed ignoti, vi precipita in abissi, dai quali voi non sapete come potrete uscirne; ma una tale confidenza vi inspira e con tale fascino vi circonda, che vi lasciate in balìa di lui, sedotto dalla magica forza del piacere sempre rinascente.

Nell'epoca in cui il letterato italiano dedicava alla memoria del musicista pagine forbite di squisita prosa, le condizioni della diffusione musicale erano avanzate ormai a grandi passi nella direzione del contatto generalizzato con il pubblico, accettando la verifica di un consenso completamente sottratto alle ipoteche di codici di lettura sovrastrutturali. Tuttavia è più che significativo il fatto di situarne i nuovi termini proprio in un discorso sul compositore che di questo processo fu il motore principale, non solo in quanto per primo fu portato dalle circostanze al ruolo di moderno musicista in rapporti senza mediazione con gli uditori, ma poiché la sua disposizione ad attribuire nuovi significati ai valori fonici si determinò assai presto nello stesso contesto cortigiano degli inizi. Se una soluzione strumentale, come quella suscitata dalla tempesta nel finale della Sinfonia n. 8 "La sera" (1761), nei lampeggianti passaggi di flauto non si scosta fondamentalmente dal descrizionismo codificato dalle aperture espressive del concerto vivaldiano, ben presto assistiamo al progredire di una pratica della strumentazione capace di creare un proprio codice, al di là della pretesa di rivaleggiare con pittura e poesia nella ricerca di esattezza mimetica.

L'idea di natura che si fa largo nel Trio del *Minuetto* della Sinfonia n. 25 (1761 ca) non esita a cercare attuazione nella spazialità reale del rapporto tra corni e oboi, individuati non già come metafora di sostanza peregrina, ma in quanto sorgenti di sonorità custodite dalla memoria come sentimento del reale attraverso pure associazioni di suono. Per quanto ineffabile, è questa la base del nuovo concetto di orchestrazione haydniano, a cui evidentemente non poteva bastare il livello (anche se spesso assecondato) dell'evoluzione timbrica di situazioni naturalistiche. Attraverso la presa di coscienza della possibilità di organizzare il suono al di là di ogni simbologia, partendo dall'immediato rispecchiamento di esperienza vissuta, Haydn elaborò una tecnica dell'orchestrazione capace di trascendere tale stadio primario fino a raggiungere vertici di maestria strabiliante, senza che mai il peso specifico delle sue sonorità orchestrali potesse venir percepito come fuga dalla dimensione del sensibile. Un coefficiente di veracità segna nella sua musica l'intrusione tutt'altro che infrequente di eventi che, dal punto di vista dell'orchestrazione, alterano i rapporti prevedibili: le trombe in funzione melodica del Trio del *Minuetto* della Sinfonia n. 41 (1769 ca) documentano eloquentemente il sapore di una danza tirolese, ma nella capacità di porsi rispetto alla compagine degli altri strumenti in posizione eterodossa al limite del divisionismo, rivelano probabilmente proprio uno di quei passaggi che Haydn cercò di saggiare sperimentalmente in privati riscontri.

Ma anche quando non è in gioco l'obiettivo immediatamente evocativo, l'orchestrazione si rivela come mezzo primario per controllare l'espressione in uno stadio che la vincola al respiro della fisicità, sottraendola alla dimensione astrattamente concettuale. Il tocco di intensità vissuta nella delicata malinconia del Trio del *Minuetto* nella Sinfonia n. 54 (1774) sarebbe impensabile senza la calda voce del fagotto chiamata a doppiare i violini e capace di introdurvi un respiro quasi organico, lo stesso respiro che nel finale della stessa sinfonia, ancora una volta attraverso il fagotto, detta il fraseggio agli archi. L'orchestrazione di Haydn in verità non si presenta né come problema di colore né di atmosfera, benché l'adattamento alla mentalità parigina amante delle combinazioni concertanti avesse indotto il compositore a soluzioni come quella che si determina nella Sinfonia n. 85 "La reine" (1785-86), dove il tema della canzone *La gentille et jeune Lisette* nella *Romanza* è sottoposta a variazioni di colore esteriore in una progressione che fa appello a tutto lo strumentale, fra cui spicca il candore esornativo del flauto; e benché, a conferma che nessun grande maestro si lascia inquadrare in una definizione unidimensionale, l'effervescenza timbrica di un brano quale il *Presto* iniziale della Sinfonia n. 67 (1778 ca) derivi dal vortice dei giochi di rimbalzo tra gli strumentini in uno sviluppo che rasenta la mendelssohniana frenesia del fantastico. In generale l'arte della strumentazione in Haydn è invece un problema prettamente espressivo, nel senso che l'estensione della paletta sonora integra progressivamente la famiglia dei fiati, i quali non contano solo in quanto allargamento del ventaglio timbrico, ma soprattutto (per caratteristica di emissione) in quanto fattori di rottura di quella logica che, per mezzo delle risorse degli strumenti ad arco, aveva dato luogo nel linguaggio barocco ad ampie articolazioni tematiche di fondamento costruttivistico.

La ristretta autonomia di respiro nei fiati da una parte contribuiva all'affermarsi del processo di articolazione delle frasi in membri simmetrici, e dall'altra, agendo secondo gli stessi principî dell'emissione vocale, acquisiva il senso che la produzione del suono come diretta emanazione corporale implicava in termini di "musica humana". Per questi aspetti, lo sviluppo della tecnica di strumentazione rappresenta un fattore determinante nella formazione del cosiddetto "stile classico", che meriterebbe sicuramente assai più attenzione di quella che usualmente gli si concede. Se è vero che lo stile classico segna un'epoca come passaggio radicale di concezione, lasciandosi dietro un sistema di statiche tipologie espressive, ciò avvenne non solo in virtù di acquisita flessibilità nell'organizzazione armonica, ma anche attraverso l'orizzonte dischiuso sul tessuto di mutevoli equilibri fonici in un'orchestra equiparabile a diagramma di espressività tumultuosa, da leggere non più solo nel senso di consuetudinaria disposizione degli strumenti ma soprattutto nella varietà delle funzioni dinamiche che la trasformavano in organismo pulsante. In un tema come quello dell'*Allegro di molto* della Sinfonia n. 55, "Il maestro di scuola" (1774) l'originalità non sta certo nella sua configurazione, bensì nello sbalzo di livello dinamico all'interno dello stesso tema, con un *forte* che, anche grazie alla pausa, isola l'iniziale salto d'ottava e con un *piano* su cui si distende il resto della melodia. La predominanza della funzione dinamica si conferma poi nell'intero assetto del brano che ricava il suo slancio dall'efficace dosaggio di *f* e *p*.

Nel campo della dinamica, componente attraverso la quale Haydn capta la vibrazione fisica del suono, egli modellò soluzioni da maestro con piena padronanza di gusto, capace di evitare la pletorica esibizione degli effetti di *crescendo* e *decrescendo,* che troppo spesso presero la mano a coloro che li misero in circolazione come risorse del nuovo stile. I musicisti formatisi a Mannheim non andarono infatti mai del tutto esenti o da un uso scopertamente dimostrativo del procedimento inedito, oppure da un suo esagerato impiego esteriore e in certo senso tendente a paralizzare il discorso in formule irrigidite, anziché usarlo come fattore di accresciuta flessibilità espressiva. Non per niente Haydn ne fece parco uso, preferendo esercitare la sua penna sui contrasti diretti, quasi a voler rivaleggiare con la vetusta concezione della dinamica a terrazze, che non era ormai più una tentazione per un compositore in grado di rompere la logica di un linguaggio formalizzato, riportando il suono alla sua dimensione prioritariamente acustica ed esperibile nella materica consistenza di vibrazioni, sollecitato spesso dalla brusca prassi dello *sforzato* la quale, in quanto invenzione sua autentica (*fz*), conferma la tendenza a individuare prioritariamente la realtà sonora nella sua fisica determinazione.

La mancanza di nitidezza tematica in Haydn, caratteristica che gli è sempre stata riscontrata come difetto nel paragone con Mozart, in realtà spesso non è altro che rinuncia a una linearità melodica evitata come pericolo di levigata staticità formale. Dal punto di vista melodico egli affronta invece anche la prospettiva di temi inesistenti: la frase con cui si annuncia il tema dell'*Adagio* nella Sinfonia n. 57 (1774), oltre a presentarsi come precario equilibrio tra vuoti e pieni nella disposizione delle pause, comincia con tre note pizzicate e si completa con cinque note eseguite con l'arco, tanto da apparire, più che un tema, una semplice delimitazione di territori timbrici alla ricerca della definizione di punti di incontro. In un caso come questo e altri tale materiale non è poi che l'esposizione del principio di elaborazione del pezzo, che qui fa del periodico ritorno della breve cellula in *pizzicato* un elemento interlocutorio, dapprima discreto e che a un certo punto entra in dialogo diretto con il *tutti* orchestrale costretto a rispondere per le rime, immedesimato nella stessa figurazione, la quale tuttavia sigla il sopravvento della singolare idea timbrica iniziale assicurandosi la cadenza finale. D'altronde nella frequente struttura monotematica dei movimenti sinfonici haydniani non è raro trovare, al posto del secondo tema, una situazione definita solo per caratteristiche timbriche dove, ad agire come fattore d'identificazione, troviamo la combinazione sonora primeggiante sulle altre funzioni. E che dire della lunga transizione sospensiva che collega primo e secondo tema nell'*Adagio* della Sinfonia n. 99 (1793), dove proprio la mancanza della funzione modulante su un passo di tonalità acquisita attira decisamente l'attenzione sul sottile impasto timbrico di flauto, oboi e fagotto, percepito come evanescenza coloristica di emancipata carica espressiva. In verità sicuramente i traguardi raggiunti da Haydn costituiscono la prima grande esperienza della storia musicale, in cui l'aspetto sonoro non solo si presenta in stretta compenetrazione con gli altri parametri, ma a volte si rivela come principale agente propulsore del discorso.

La dimensione del timbro è ovviamente sempre esistita, ma è solo con Haydn che essa si conquista quella autonomia che non ne fa dipendere l'uso dalla configurazione melodica e armonica della composizione. Il processo d'acquisizione si può seguire nello sviluppo del suo sinfonismo, che agli inizi lascia riconoscere lo stampo barocco non solo nella funzione formante delle progressioni armoniche, ma anche nella stereotipata assegnazione di ruoli distinti alle diverse compagini strumentali, degli archi, su cui maggiormente grava il peso dell'impegno compositivo, e dei fiati, la cui prospettiva di autonomia era tutt'al più rappresentata dalla predilezione per gli episodi concertanti. Gradualmente l'evoluzione della nuova concezione sinfonica si profila come emancipazione dei fattori timbrici, che in fondo, solo in questa prospettiva di uno strumentale capace ogni volta di reinventare la propria norma, potevano dirsi pervenuti allo stadio del vero e proprio concetto di orchestrazione. La distinzione tra archi e fiati allora rimarrà non per assecondare l'instaurarsi di rapporti prescritti e prevedibili, bensì per portare il confronto a livello delle molteplici possibilità di fusione.

Dopo avere ereditato un'idea di orchestra collaudata nel suo ruolo al servizio della sinfonia, a Haydn può bastare un semplice aggiustamento di dettaglio per raggiungere un fine espressivo di grande rilevanza. È difficile per esempio dire se il possente accordo di semibiscrome ribattute in *ff* che interrompe la prima variazione e che, come colpo fatale, incombe su tutto il *Largo* della Sinfonia n. 88 (1787 ca), raggiunga unicamente lo scopo per mezzo di un inquietante rapporto di dissonanza creata dalla martellante persistenza dell'appoggiatura tripla di dominante dell'accordo di re maggiore, e non piuttosto dando vita a un agglomerato a piena orchestra (con trombe e timpani fino a quel momento assenti) dove l'equilibrio sonoro si sposta sensibilmente verso il re dei fagotti in registro profondo, a introdurre un oscuro trasalimento nella compagine. Parimenti, se non stupisce l'abbinamento fagotto-violoncello e basso nella partitura de *Lo speziale* (1768) che propone la snellezza funzionale dell'orchestra impiegata nelle opere buffe, la scansione che accompagna il quartetto al termine del secondo atto sembra un'intuizione prevalentemente dettata dall'impiego dello strumento a fiato, il cui suono cupo (accentuato come inesorabile rintocco di premonizione) si presenta quale fattore capitale di sviluppo di una scena culminante, contemporaneamente organizzata nell'incertezza dell'imbroglio che vi si svolge. L'opera buffa – e in questa scena lo conferma il controcanto mellifluo e insinuante dell'oboe – oltretutto era il luogo deputato dove lo strumentale, pur non trovando eccessivo spazio alla ricerca di nuovi rapporti, si adattava volentieri alle necessità di fraseggio di un discorso vocale riportato a misura d'uomo in contrapposizione alla vocalità dell'opera seria infiorettata di virtuosismi, dal canto disumanato in una configurazione echeggiante (in un rapporto rovesciato rispetto all'opera buffa) le virtualità degli strumenti, principalmente i grandi salti d'intervallo e le lunghe frasi senza respiro. Il rapporto tra stile classico e teatro musicale comico, accertato in tutti i contributi critici che investono il problema, è da individuare fondamentalmente a tale livello, che riportava le premesse del linguaggio a possibilità espressive determinate dalla coscienza di un approccio individuale e diretto al fatto musicale.

A questo riguardo quindi l'episodio di Haydn che tratta la scienza orchestrale come una chimica, a cui è indispensabile fondare i suoi progressi sul risultato di verifiche sperimentali, travalica l'aneddotica per apparire come sintomo di una situazione in cui il compositore, facendo dipendere la fisionomia della propria musica dalle conferme o meno che possono intervenire in fase di auscultazione, matura la consapevolezza di dover rendere conto dell'esito a un pubblico giudicante non più in base al rispetto del principio di adeguamento a un rapporto artistico inteso come rito e perciò regolato da prevedibili formalità esteriori, ma a una reale aspettativa di novità e di invenzione. Quando il Carpani parla di Haydn come di «padrone dispotico dell'uditore» non esprime ancora un concetto condizionato dall'epoca in cui fu redatta la sua monografia sul musicista – epoca in cui i compiti che l'estetica romantica assegnava all'artista creatore effettivamente (nell'idea di arte equivalente a rivelazione di sostanza soprasensibile) adombravano l'identificazione nella sua personalità di qualità demiurgiche – ma individua perfettamente la posizione di un musicista al quale incombeva il compito di "dilettare" attraverso l'offerta di soluzioni nuove e inaspettate.

La circolazione delle musiche attraverso il nascente canale del pubblico concerto andava fatalmente incontro all'imporsi di un giudizio "quantitativo": a formare l'opinione non contribuiva più in maniera esclusiva l'apprezzamento dell'autorità di un destinatario quale poteva essere ancora il principe Esterházy, ma la somma delle valutazioni individuali di una folla anonima di interlocutori, che per le loro posizioni non potevano essere indotti a tener conto del grado di adeguamento di un'opera a obblighi cerimoniali e a relativi simboli privi di senso nel nuovo contesto. Dopo le prime esecuzioni delle sinfonie "parigine", nel 1787 il «Mercure de France» non misurò i termini nell'esaltare il genio di Haydn: deprecando le comuni composizioni sinfoniche, le quali «entassent mécaniquement des effets sur des effets, sans liaison et sans goût», il cronista dell'epoca aveva buon gioco a sostenere che «les symphonies de M. Haydn, toujours sûres de leur effet, en produiraient encore davantage, si la salle était plus sonore [...]». Il nuovo rapporto di comunicazione spostava decisamente l'equilibrio dei valori verso l'effetto, che da una parte certamente significa avvisaglia del pericolo di assecondare la grammatica di facili e solleticanti sensazioni, ma la cui importanza è indubbia in quanto affermazione del principio della verifica delle qualità musicali nella mobilitata attenzione a una sostanza capace di far leva direttamente sui meccanismi della percezione. Se la sinfonia, la sonata, il concerto diventarono il campo d'azione di tensioni coinvolgenti, ciò fu appunto il risultato di un linguaggio che prese corpo in un rapporto di comunicazione in cui il fruitore era indotto a prescindere da quelle chiavi di lettura di fondamento simbologico (quali ad esempio le ragioni che sovrastavano al gusto per l'opera italiana) e a orientarsi in una dimensione che sollecitava le funzioni psicologiche.

Se Haydn era impegnato a dosare gli ingredienti della sua "chimica" pozione in assaggi privati, era lo stesso pubblico poi a compiacersi degli esiti del processo di causa e effetto, esperiti a un grado di fisicità dichiarata, se è vero che il cronista parigino non mancò di individuarli come eventi timbrici capaci di aprire interrogativi sulla costituzione acustica dei nuovi ambienti in cui la musica era posta in circolazione («si la salle était plus sonore et si sa forme étroite avait permis au Directeur de ce Concert d'en disposer l'Orchestre plus avantageusement»).

Immanenza della realtà sonora

Racconta il Carpani che Haydn, dopo essersi «posto di buon'ora a osservare attentissimamente l'effetto dei tuoni, [...] aveva trovato, per servirmi della sua frase, *ciò che fa bene, ciò che fa meglio,* e *ciò che fa male*». E continua:

> Ma ciò che parrà strano, ed è verissimo, si è, ch'egli, erigendo queste sue osservazioni in regole, ne aveva, per via di certi suoi calcoli numerici, stabilito un metodo, con cui reggeva l'artificio della sua composizione. Il valente maestro *Giuseppe Weigl*, stato per qualche tempo suo scolaro, mi assicurò più volte che l'*Haydn* non volle mai comunicare ad alcuno questo suo magico ritrovato.

Benché il poeta si premunisca di precisare che «d'altronde egli non si serviva di questo metodo che per tessere l'ossatura del componimento», è significativo il fatto che avesse potuto dar credito a una simile storiella da quattro soldi che oggi nessuno si sognerebbe di evocare seriamente.

In verità non terremo mai in sufficiente conto la portata delle regolamentazioni estetiche che a quell'epoca agivano ancora prescrittivamente e che inculcavano nella mentalità corrente la convinzione che il prodotto artistico, nella sostanza, fosse l'incarnazione di una legislazione superiore. Ora appunto il fatto di prendere in considerazione la leggenda dei numeri non era altro in fondo per Carpani che l'ammissione di pregiudizi datati, al punto di accontentarsi di un surrogato qualsiasi di fronte alla mancata possibilità di rivendicare l'opera del musicista a un'identificabile cosmologia. Non per niente pure il Dies non poté sfuggire alla tentazione della domanda:

> Cercai di orientare la conversazione in un'altra direzione. "Avete mai sviluppato un sistema o delle regole che vi assicurassero il favore del pubblico?"; Haydn taceva. Proseguii nel mio discorso: "Sapete", dissi, "che i nostri filosofi analizzano tutto e non si accontenteranno di un 'questo piace' finché non avranno trovato la ragione per cui piace. Una volta che avranno scoperto tale ragione, conosceranno anche i principî del bello, e potranno ricavarne delle regole che dovranno essere seguite il più scrupolosamente possibile da coloro che avranno intenzione di produrre qualcosa che deve piacere".
>
> Haydn rispose: "Nell'entusiasmo della composizione non ci ho mai pensato; scrivevo ciò che mi sembrava buono, poi lo correggevo secondo le regole dell'armonia. Non ho mai avuto bisogno di altri stratagemmi".

Ambedue le testimonianze in verità non hanno in comune solo la stessa preoccupazione teorica, ma rilevano altresì la costante che per Haydn costituì l'unica norma e che si tradusse in priorità accordata al risultato rispetto a qualsiasi possibile assunto teorico. In tale evidenza, nell'affermazione del principio induttivo («erigendo queste sue osservazioni in regole»), Haydn si impone come rappresentante di un'ideologia "laica" che, pur essendo cresciuta in privato colloquio con se stesso al di fuori della portata di altisonanti proclami, si lascia integrare alle più vive e attive correnti intellettuali del Settecento impegnate a rimettere in discussione le basi del pensiero filosofico, per assegnare alla ragione un ruolo che tenesse conto del valore conoscitivo dell'esperienza.

> «Un paio di volte mi sono preso la libertà di offendere non l'orecchio, ma le regole dei trattati, e ho sottolineato quei passaggi con le parole: con licenza. La gente si metteva a gridare: "un errore!", e cercava di provarmelo utilizzando il trattato di Fux. Io chiedevo ai miei avversari se con il solo udito erano in grado di provarmi che c'era un errore, ed essi non potevano che rispondermi di no» (Dies).

All'origine sta evidentemente una pratica artigianale, la stessa che gli aveva permesso fortunosamente e con mezzi individuali (tranne l'apprendistato con Porpora) di acquisire un mestiere compositivo che non si lascia mai vincere da tentazioni teoriche. Artigiani furono senza dubbio anche i compositori della tradizione che lo precedettero, i quali tuttavia della sapienza ricevuta "a bottega" attraverso la disciplina individuale fecero uso per consolidare una *forma mentis* conseguente a un generalizzato modello culturale, anziché cogliere nella materia sonora le forze interne da cui rilevare nuovi articoli di legge di una giurisprudenza finalmente relativizzata. Se, per quanto rimanga una *boutade,* possiamo concedere fondamento all'affermazione di Stravinsky secondo cui Vivaldi avrebbe composto 600 volte lo stesso concerto, nessuno potrebbe mai sostenere che Haydn abbia composto 100 volte la stessa sinfonia. Al contrario la prima conseguenza dell'approccio "empirico" all'operazione compositiva (cioè della negazione dell'assolutezza di modelli esteriori) fu appunto l'individuazione di regole talmente compenetrate a ogni specifica opera da non risultare applicabili al profilo di un'altra, destinata a godere autonoma e diversa vitalità. «Parmi le grand nombre d'ouvrages qu'il a publié, aucun ne se ressemble – scriveva nel 1779 il «Mercure de France» – chacun a son caractère distinctif; et le plus souvent on ne reconnaît Haydn qu'à ses menuets». Una nuova regola si diffondeva dunque nell'intero continente come acquisizione di un principio di originalità, che avrebbe messo in più feroce concorrenza non solo i compositori ma in un certo senso ciascun autore all'interno della sua stessa opera, accelerando quel processo autoriflessivo sulla condizione dell'artista creatore che avrebbe innescato i motivi della profonda crisi delle prospettive espressive nella musica del secolo successivo.

Con Haydn non siamo ancora a questo livello, ma è chiaramente profilata una prassi che a ciascuna composizione chiede ormai di giustificare la sua distinta fisionomia. Ogni composizione haydniana pone e risolve problemi specifici che, in una situazione che non poteva trovare esatto riscontro nella tradizione, indussero il Carpani a tentare improbabili paralleli con la tecnica di disegno dei Carracci, un presunto gioco d'azzardo a partire da quattro punti estemporaneamente fissati sul foglio con la scommessa di sistemare, nello spazio delimitato dalle linee rette che li congiungono, figure che vi si adattino in tutta naturalezza:

> Haydn gettava egli pure all'azzardo alcune note sulla carta di musica, e ne segnava le battute. Queste note dovevano servire di note fondamentali, e riempirsi dovevano le lacune con altre note a piacere; del che poi ne riuscisse tutto insieme un pensiero musicale regolare e vago.

Ancora una volta siamo nell'aneddotica più discutibile, ma capace di cogliere la sostanza di una lezione che il letterato localizzava forse meglio di altri, come delineamento di un processo in condizione di mirare alla regolarità, all'organicità e alla perfezione per forza d'intuizione e attraverso l'accidentalità di rapporti che si determinavano di volta in volta nello spazio di ogni specifico atto creativo.

L'accertamento di tale natura artistica poteva avvenire ad altri livelli e in fondo portare alla stessa conclusione. Il rapporto personalizzato con gli esecutori non era per esempio cosa nuova: innumerevoli e quasi sistematici furono i casi di compositori che in quanto interpreti si confezionavano opere su misura (i virtuosi italiani del violino), oppure gli operisti costretti a fare i conti con le pretese delle prime donne che trasformavano ogni occasione in pretesto di bravura. Haydn tenne conto di questi presupposti, non solo a Esterháza quando usava caricare di note la parte del primo violino dei suoi quartetti, che sapeva affidata alle cure del fedele quanto abile Luigi Tomasini, ma anche a Londra quando nel Trio del *Minuetto* della Sinfonia n. 97 (1792) fece entrare il violino solo con sottolineature che in partitura portano la didascalia «Salomon, ma piano», alludendo al celebre esecutore, ideatore e protagonista dell'audace impresa orchestrale che l'aveva portato nella capitale britannica.

D'altronde anche a Londra Haydn scrisse la *Scena di Berenice* (1795) su misura delle estese possibilità vocali di una famosa cantante, Brigida Banti, dove seppe fondere in sapiente equilibrio maestria di voce spiegata a nobiltà espressiva.

Ma non è qui, in quello che era semplicemente un segno dei tempi, che è possibile toccare il fondo di una verità che non sfuggiva invece all'intelligente cronista del «Mercure de France»: «Il semble même avoir le secret d'animer les Musiciens; l'orchestre paraît se complaire et s'identifier avec lui; jamais il n'est plus attachant que dans l'exécution de ses chef-d'oeuvres». In altre parole Haydn non agiva semplicemente ossequiando la prassi che spesso relegava il compositore in uno stato di subordinazione rispetto alle prestazioni che erano richieste agli interpreti di spicco, ma, prendendo coscienza che ogni corda del suo discorso concorreva a esito espressivo, riusciva ad associarla all'idea di orchestra concepita come organismo vitale in tutti i sensi, a partire dal vibrante rilievo di ogni sua singola componente. Quando il musicista scrisse la Sinfonia n. 90 (1788) per il Conte di Ogny già sapeva cosa avrebbe potuto chiedere all'orchestra parigina in fatto di prestazione, ma non è solo con l'intenzione di approfittare dei mezzi che gli erano messi a disposizione che egli elabora lo sviluppo dell'*Allegro assai* portato a uno stadio parossistico di scrittura degli strumenti ad arco: la concentrazione di energia che vi si accumula è infatti direttamente ricavata dall'effetto spasmodico di possibilità strumentali toccate nei loro limiti fisici e che rivelano la costituzione di un linguaggio profondamente modellato sulle risorse delle singole componenti strumentali, non per valorizzarle all'interno di uno scontato quadro di utilizzazioni accademicamente omologabili, ma per sollecitarle in funzione dell'esibizione di una capacità d'urto dove l'espressione possa determinarsi con forza di impatto diretto sull'ascoltatore.

Il concetto espressivo era ormai destinato a prendere corpo in una situazione di immediato coinvolgimento del pubblico, che per Haydn non fu mai quella sfinge impenetrabile che avrebbe tormentato i compositori del secolo successivo, ma che fu interlocutore reale con cui riuscì a stabilire un *modus vivendi*, che nelle grandi sale di Parigi e di Londra preservava in fondo la stessa relazione coinvolgente vissuta con i privilegiati frequentatori della corte di Esterháza e dove, a ovviare all'inconveniente numerico della folla degli spettatori, interveniva appunto lo spostamento delle funzioni del discorso verso i valori del sensibile. Era quindi senza traumi che il musicista poteva scrivere ad Artaria (lettera del luglio 1782): «Oltre a molte altre persone, il Sig. Barone van Swieten mi ha fatto capire chiaramente che in futuro dovrò dedicare le mie composizioni direttamente al pubblico» (ciò che sarebbe stato fonte di drammatico senso di incompatibilità negli artisti romantici, che si rivolgevano all'uditorio non per cercare conferme e ricavarne in un certo senso stimoli, bensì per imporre senza condizioni la loro individuale *Weltanschauung*). Quale disponibilità e umiltà è invece leggibile nella dichiarazione di un Haydn, pronto anche qui ad affermare il principio della supremazia della legge dell'esperienza:

> Non posso spedire a Vostra Grazia la sinfonia che Le è dedicata, per le seguenti ragioni: primo, poiché intendo modificarne l'ultimo movimento e perfezionarlo in quanto risulta troppo debole rispetto al primo. Di ciò ero convinto io stesso e così il pubblico, quando venerdì scorso avvenne la prima esecuzione (lettera del 2 marzo 1792 a Marianne von Genzinger).

Un'operazione di cui Haydn è storicamente responsabile o corresponsabile è il trasferimento all'orchestra della densità espressiva che lo strumento solista aveva accentrato su di sé nello sviluppo della forma del concerto. L'orchestra di Haydn è infatti moderna non già nei termini quantitativi di assestamento a famiglie di strumenti, combinate secondo un preciso rapporto di proporzionalità, bensì per l'affermazione di mobilità interna, che da una parte carica ogni componente del discorso di responsabilità espressiva precedentemente sconosciuta e, dall'altra, la dota di un vigore di gesto portato allo stadio di massima tensione. In questa maturazione inoltre è probabilmente da ricercare l'incapacità palesemente manifestata dal musicista di assumere un ruolo di protagonista nello sviluppo del concerto solistico: il vero sbocco di tale sviluppo fu per lui la vivace sostanza dialettica delle tarde sinfonie, che del concerto ereditavano altresì la luminosità di smaltata scrittura solistica distribuita a tutti i livelli dell'azione orchestrale. Ciò spiega pure il modesto risultato della *Sinfonia concertante* in si bemolle maggiore, frutto del primo soggiorno londinese, giustamente rimasta in ombra per l'impossibilità di mantenersi all'altezza delle sinfonie consorelle della stessa epoca. Il principio concertante infatti, anziché funzionare come fattore liberatorio di capacità inventive, vi cristallizzava una struttura arretrata che delimitava gli opposti fattori del discorso (orchestra e strumenti solistici) in campi distinti e in articolazione di breve e insufficiente arco drammatico, quando già da molto tempo il musicista era pervenuto nella messa a punto della sua concezione orchestrale ad avanzato grado di fusione, e parimenti di articolazione tale da contenere in sé pure la risposta agli obiettivi che la pratica del concerto si prefiggeva.

Tutto ciò valga quale argomentazione addotta a evidenziare nell'orchestra haydniana il livello di un pensiero che afferma il principio dell'equivalenza tra manifestazione musicale e manifestazione del sensibile, con cui non già si negava alla musica la capacità di accedere a compiti di alta dignità intellettuale, bensì le si garantiva quel grado di credibilità necessario a fondarla come espressione di esigenze spontanee, naturali, di una società ormai arrivata a liberarsi del peso di prescritti cerimoniali della comunicazione.

Il linguaggio haydniano non si sottrae evidentemente ai compiti formali, anzi li esalta nel suo mirare a trasparenza razionale; ma solo in parte possiamo coglierne il punto di riferimento nelle premesse della tradizione in cui si formò. D'altra parte l'origine della sua concezione sinfonica proviene dal fatto di cogliere nel prodotto del proprio lavoro il risultato di un processo non mai esattamente estrapolabile e legato in modo immanente all'opera, dove non a caso la configurazione più che derivare dalla spiccatezza dei temi scaturisce dal loro lavorio. A dimostrazione potrebbero essere portati innumerevoli movimenti di composizione orchestrale, in ugual misura significativi in quanto manifestazione "fenomenica" di un evento sonoro che trova le ragioni del suo ordinamento in rapporti fisici a esso interni.

Ma, a illuminare nel modo più paradigmatico una concezione ormai non più in grado di prescindere dalla sostanza materica del suono, si porrà il giudizio sull'introduzione a *Die Schöpfung* (1798), pagina troppo spesso unilateralmente decifrata come immaginifico richiamo alla nascita del mondo. In verità non si tiene mai abbastanza conto che Haydn avrebbe potuto iniziare l'oratorio con una normale ouverture, adeguata nel tono alla circostanza come avrebbero ancora fatto autori a lui posteriori, e affrontare gli aspetti simbolici e descrittivi nelle scontate relazioni dettate dalla parola cantata. Orbene egli decise invece di piombare *in medias res* fin dalle prime battute affrontando "Die Vorstellung des Chaos" per forza di sola orchestra. Nella decisione dovette aver avuto un peso determinante il barone van Swieten, il quale non fu solo autore del testo (almeno nel senso che non lo si può chiamare semplice traduttore del presunto libretto originale inglese), ma ne sorvegliò la concezione tracciando a Haydn l'itinerario che avrebbe dovuto seguire la sua musica e che in parte il compositore adottò. Van Swieten era una personalità troppo dotta e troppo vicina al musicista per non rendersi conto che lo stile sinfonico haydniano per sua natura, cioè per il modo in cui di volta in volta era chiamato a costituirsi, già era in grado di circoscrivere la materia nella sua sonora fisicità, elaborando regole di svolgimento a partire dalle tendenze interne al materiale messo in opera. Il caos, l'oscurità delle tenebre che avvolgevano la terra prima della creazione, musicalmente parlando potevano essere riconosciuti nella stessa dimensione in cui Haydn si ritrovava nel momento in cui si accingeva ad abbozzare le prime battute di una qualsiasi sinfonia. In verità, di fronte a una tematica che nella sua musica è più che mai ridotta ai minimi termini, la fase dello sviluppo comportava l'elaborazione delle idee emerse nell'esposizione in rapporti determinanti una dialettica imprevedibile di scontri e incontri, di convergenze e divaricazioni, di fusioni e dissociazioni configuranti un cosmo di forze in azione, dominabili non già in base a regole che ne esorcizzassero l'effetto ma per intervento demiurgico che lasciava all'artista creatore l'arbitrio di decidere le modalità in cui strutturare il corso risolutivo.

Nell'introduzione orchestrale a *La creazione,* nonostante l'effetto michelangiolesco di un affresco di sonorità possenti che non mancarono di strappare l'applauso nelle esecuzioni dell'epoca, la sostanza si rivela profondamente sinfonica, nel senso non già di prendere a modello le situazioni operistiche (dove la consuetudine aveva efficacemente quanto formalisticamente collaudato l'evocazione del soprannaturale nella statica convenzione di armonie fatali), bensì in quanto la pur dilatata scansione sottintende una tensione che l'inesorabilità del procedere amplifica e che si rivela fattore di concezione dinamica; prima che in termini di valori simbolico-rappresentativi, già a livello di funzioni foniche. Per quanto mascherato da profilo cromatico e contorto, vi ritroviamo infatti un tema immediatamente proiettato nel pieno di uno sviluppo di estremo interesse, poiché Haydn, certamente sotto l'impulso dell'assunto rappresentativo che lo spinge a soluzioni estreme dal punto di vista dell'orchestrazione (scale del flauto e del clarinetto equivalenti a glissandi, e differenziazioni di modi d'attacco in cui si incontrano e si respingono *crescendi* e *decrescendi),* integra al normale processo di svolgimento il potere analitico della variazione, che di questa specifica e inconfondibile pagina fa quasi un'anticipazione dell'ultimo Beethoven. Oltre al fatto che molti Adagi iniziali nelle ultime sinfonie (soprattutto in quelle in cui si instaura una parentela tematica ciclica) accumulano lo stesso tipo di tensione in virtù della lentezza e del carattere incompiuto di motivi che sciolgono i loro dubbi negli Allegri successivi, Haydn aveva già realizzato un embrione di idea equivalente nella Sinfonia n. 6 "Il mattino" (1761), in un *Adagio* d'introduzione rilevante come tocco d'atmosfera brumosa e opaca, capace di evocare in poche battute la sfuggente dimensione dell'alba, ma soprattutto in grado di documentare come la forma sinfonica di Haydn fin dai primi acerbi compimenti si adattasse, al di là della metafora, a esprimere il principio del divenire della materia organica. Haydn era perfettamente cosciente del potere del suo linguaggio di strutturare l'informale apparizione della materia sonora, come dimostra l'"Et incarnatus" della *Missa in tempore belli* (1796) in cui compare una formulazione assai prossima alla configurazione musicale del caos ne *La creazione,* capace di cogliere la sostanza concettuale del testo al di là quindi del superficiale livello delle esigenze di pittura sonora.

Ciò era in fondo un modo per evidenziare l'aspetto di maggiore pregnanza in un linguaggio che, nel momento stesso in cui riservava al compositore sensazioni di orgoglio demiurgico, lo poneva di fronte a forze di natura più grandi di lui, sollevando sintomaticamente la stessa problematica che sarebbe in un certo senso risorta in quella componente tutt'altro che marginale che pretende di leggere nella dodecafonia la cifra di una metafisica, confermata nel ricorso di Schönberg alla teoria di Schwedenborg (nell'ideologia implicita a *Die Jakobsleiter)* e nella celebre asserzione del compositore: «io sono il megafono di un'idea». Haydn non rivolse una simile presa di coscienza nella direzione mistica che comunque si sarebbe posta come problema a Beethoven, ma, pur restando fermo nella certezza di perfetta compatibilità tra potere soggettivo ed energia oggettiva, visse sicuramente quello stadio di incertezza tipico di tutte le radicali mutazioni di linguaggio in quanto prospettiva dai labili confini tra ordine e disordine.

Un passaggio come quello che si verifica da battuta 117 in poi nel finale della Sinfonia n. 100 (1794), di note isolate in *pianissimo* da pause sospensive, lascia emergere l'intervento a terzine del timpano (sfociante in accordi energici a piena orchestra) come scatenamento di irrefrenabile forza di natura, mentre l'interruzione su frase ascendente (a battuta 39 delle stesso movimento) sembra affrontare il silenzio per ascoltarne l'eco nel vuoto della dimensione acustica. Altre volte, a battuta 197 del primo tempo della Sinfonia n. 101 (1794) il musicista si trova a cercare l'orientamento negli stessi rapporti sonori, tentando di dominare direttamente l'esito di rarefazione rispondendo con note profonde (*p*) a scanditi accordi in *ff,* mentre a battuta 97 dell'*Andante* della stessa composizione tocca probabilmente il limite del territorio sonoro con sguardo che segue arrendevole l'estinzione di una fase ascendente nel silenzio da cui poi, impercettibilmente, riprende avvio nei bassi il celebre rintocco di pendola che diede il nome alla sinfonia e che proprio in questo punto rivela l'intenzionalità dell'allusione allo strumento di misura del tempo, chiamato in causa come mezzo capace di organizzare nell'ordine di unità metriche fondamentali la dimensione informale dello spazio acustico che Haydn poteva concepire solo come immanenza della realtà sonora. E a chi non sapesse leggere tra le righe soccorrerà il cupo rimbombo di timpano che apre la Sinfonia n. 103 (1795), esibito niente più che come rumore di natura, vibrazione di materia organica che si trasmette al serpentino e lento movimento di ottave che successivamente sale dal profondo dei bassi alla ricerca di una forma in cui assestarsi. Non per niente la solare e per molti tratti sorridente solidità di questa sinfonia è costretta a confrontarsi con il fosco richiamo di informale sostanza materica, la quale non solo determina la ripresa dell'inquietante *Adagio* al termine del primo movimento, ma riappare nello sviluppo sotto forma di disarticolata agitazione in *pp* nei registri bassi degli archi; con echi che non risparmiano i movimenti successivi, in particolare nell'*Andante,* dove il rullo di timpano a più riprese introduce un sommesso dubbio al momento di passaggio delle variazioni dall'aura contrita del minore alle certezze del tono maggiore.

Senso del retaggio

A tale concezione, chiamata a concretizzarsi entro un quadro formale sciolto da riferimenti a strutture già date, è importante associare la disciplina di un musicista i cui compiti di individuazione di un *iter* compositivo, di volta in volta ripensato in base alle condizioni di partenza, facevano pesare sul solo sforzo concettuale l'onere del processo creativo allungandone i tempi di completamento. La dichiarazione al Griesinger è eloquente: «non fui mai rapido nello scrivere [*ich war nie ein Geschwindschreiber*] e sempre composi con riflessività e diligenza», che il biografo integrò con utili precisazioni statistiche («Ciascuna delle dodici sinfonie che Haydn compose in Inghilterra, gli richiedeva – naturalmente accanto alle altre occupazioni – un mese, una messa tre mesi»). Il disagio maturato negli ultimi anni di permanenza a Esterháza derivava proprio da qui, dalle difficoltà di mantenere un ritmo di produttività fondato sui principî del vorace consumo aristocratico in una situazione che già imponeva diverse responsabilità e nuove regole. «Egli travagliava con stento, il che non proveniva da aridezza di fantasia, [...] ma da delicatezza di gusto», rilevava il Carpani, già in grado di rendersi conto del sostanziale vallo che in fatto di metodologia compositiva divideva Haydn dai predecessori, togliendogli il sostegno che in termini di ricetta di scrittura era rappresentato dalle forme chiuse.

Il movimento sinfonico, di quartetto, di sonata era invece una forma aperta dove il principio dell'elaborazione tematica costituiva fattore di struttura in divenire. Ora Haydn fu in condizione di incarnare questo divenire in una trasparenza formale fin dall'inizio capace di rinunciare alla tranquillità di profilo tematico fondato su melodie definite nella loro quadratura.

Riprendendo un'annotazione colta in un articolo dell'«Allgemeine musikalische Zeitung», Giovanni Simone Mayr, nel commento alla prima esecuzione italiana de *La creazione* avvenuta a Bergamo nel 1809, affermava: «Non hanno questi Allegri talvolta neppure un *tema,* e sembrano di cominciare in mezzo; e nulladimeno trovasi in essi a onta di tutta la leggerezza una fluidità, un ordine, che annunziano sempre la mano maestra». Nella forma-sonata, come era attuata da Haydn, non era quindi la spiccatezza dei temi a prevalere bensì erano i rapporti che intercorrevano fra di loro a vantaggio di una struttura che rimaneva aperta a cogliere l'azione di forze sonore naturali, riconosciute nella loro autonoma costituzione da un autore il quale, più che marcare la sua presenza costringendole in predisposta cornice, le assecondava controllandone semplicemente la direzione. Benché formulata sicuramente come eco diretta del commento di Mayr, l'osservazione del Carpani rende conto eloquentemente dell'effetto che l'irrequieta sostanza del discorso haydniano produceva sui contemporanei: «Talvolta, sia gli *allegri* che gli *andanti* di Haydn sembrano non aver tema. Si direbbe che il lavoro comincia dalla metà; ma per pazzi che sembrino questi cominciamenti, nel progredire che fanno, si vanno via via ordinando e spiegando per modo, che ne risulta un tutto armonioso, e dotato di tanta ragione, che in ogni parte la maestria ne attesta dell'autore». Con tutto quanto è intercorso a distanza di due secoli è difficile ammettere il senso d'arbitrio rilevato di primo acchito in pagine che alle nostre orecchie assuefatte a ben altri conturbanti esperienze oggi suona come regolato movimento di perfetto meccanismo a orologeria. È comunque accertato che la strada aperta da Haydn non fu dissodata senza lasciare strascichi di perplessità, nella disposizione mentale del tempo che usava della luce del sole per rischiarare gli equilibri esteriori di un edificio formale che solo con senso di inquietudine lasciava scrutare ciò che nascondeva al suo interno.

Nel 1776, in un testo di C. L. Junken pubblicato a Berna (*Zwanzig Componisten, eine Skizze*), la figura di Haydn emergeva con questa fisionomia: «[...] la musica viennese [...] la quale godette di dignità sotto Wagenseil [...] è precipitata [sotto Haydn] nella più bassa banalità... Hayden [*sic*] è eccentrico e bizzarro; e la sua musica è concepita senza controllo [...] il capriccio di Haydn, dissi prima, ha evidentemente avuto effetti diabolici sulla musica». Sicuramente non erano giudizi del genere a far testo: è appurato che in ogni tempo ai teorici, come ai legislatori, incomba il compito di cristallizzare regole già collaudate dall'opera del passato, tutt'al più del presente e che la prospettiva del futuro, proprio in quanto non ancora formulabile in norme, sfugga loro assai più facilmente che non ai semplici ascoltatori. È però pur vero che apprezzamenti di tal fatta, appunto per lo stesso presupposto, riescono a rilevare nel modo più eloquente la reale portata innovativa di processi di sviluppo la cui enorme capacità d'impatto a distanza di secoli potrebbe apparire sbiadita. In verità proprio in quanto il pregiudizio dell'eccentrico e del bizzarro si ripercosse fino agli anni del Carpani, è importante considerare nel loro valore pareri che colgono lo stacco tra epoche diversamente orientate. Solo in presenza di simili testimonianze possiamo accogliere la riflessione che il Rosen dedica alla differenza di fini estetici tra Barocco e Classicismo, dove l'inconciliabilità che nell'età più antica rimaneva aperta fra potere dirompente dell'espressività e perfezione formale si sarebbe risolta nell'opera di Haydn e Mozart in cui «l'effetto drammatico appariva nello stesso momento sorprendente eppure motivato logicamente», soluzione accettabile ovviamente solo da parte di coloro che rinunciarono ad arroccarsi in quelle posizioni estreme scelte per lanciare strali contro una presunta invadente forza dell'arbitrio. Comunque è proprio la sopravvivenza delle posizioni conservatrici a costituire fattore di verità, nella misura in cui nessuno degli autori chiamati in causa poté giungere di botto a simili esiti.

Il lungo itinerario haydniano è ghiotto oggetto d'indagine proprio in quanto riflette a ogni passo contraccolpi di un'evoluzione che non poteva eliminare immediatamente consuetudini di scrittura anteriori, e in cui sarebbe assurdo sceverare tra retaggio del passato e conquista del presente quando il rapporto tra i due termini, nel momento in cui ogni singola opera prendeva corpo, non fu mai di antitesi bensì di fecondazione. Vano sarebbe intervenire con pesante bisturi analitico nella coesistenza tra nuovo e vecchio che, per esempio, del finale della Sinfonia n. 11 (1760 ca) fa un saggio appariscente, con trilli e figurazioni ornamentali di chiara origine cortigiana messi a fermentare in una struttura contrastata la quale, pur essendo basata ancora sulle tipiche progressioni armoniche barocche, le fonde in effetto di cicaleccio il cui sapore comunicativo è in ugual modo debitore dei diversi livelli che vi interagiscono. Lo stesso discorso dovrebbe valere pure per quei capolavori della maturità, dove il riconoscimento di raggiunta perfezione in visione statica vi paralizza in un certo senso la decifrazione di ciò che effettivamente costituisce ragione della loro grandezza, vale a dire l'azione degli assaggi retrospettivi accanto alle componenti anticipatrici. Se vecchio e nuovo non coesistessero nell'opera d'arte, non sarebbero suscitate quelle reti di relazioni che al capolavoro, in quanto dimostrazione di profondità, ricchezza e varietà realizzate in equilibrata sintesi, consentono di essere tale.

Non si tratta quindi di stabilire un confine tra una prima e una seconda maniera, poiché in tal caso le tappe del lungo itinerario haydniano sarebbero ben più di due e tutte profilate in un loro senso e in una loro organicità. Il pericolo inoltre di giudicare secondo un drastico spaccato sincronico sta nel considerare ciò che può essere rilevato come contrassegno stilistico barocco alla stregua di incrostazione o fardello di sopravvivenze, anziché parte di un *humus* da cui lo "stile classico" è tutt'altro che dissociabile. Se veramente il linguaggio dei viennesi, nella sua fase più avanzata e più completa, consacrò il recupero del principio contrappuntistico, non si vede come sia possibile delineare il rapporto tra le due nozioni storiche in termini di incompatibilità. Se ribaltamento di significati e di funzione vi fu, ciò corrisponde a fasi di presa di coscienza propiziate da un'evoluzione linguistica che in quanto tale affermava certo non la preminenza, ma la costanza dei riferimenti al codice passato. Gli ampi salti d'intervallo nel tema dell'*Adagio* della Sinfonia n. 5 (1759-1760 ca) sono una chiara impronta di scrittura violinistica barocca senza con ciò decidere l'appartenenza del brano all'orbita di quello stile, che vi è pure rappresentato da inconfondibili progressioni armoniche a loro volta sfuggenti alla categoria stilistica, poiché non funzionanti come struttura preordinata dall'esterno ma inserite in un sistema assai più flessibile nel controllo della precipitosa azione prodotta. Parimenti la compattezza del *Presto* finale della Sinfonia n. 3 (1759-1760 ca) si regge su una fuga di saldo impianto e con un tema a valori lunghi di palese risvolto accademico, che non per questo deve indurre a retrodatarne l'ispirazione: la densa sostanza contrappuntistica delle ultime sinfonie è lì a dimostrare il valore del recupero polifonico della matura configurazione di Haydn, in un rapporto di dare e avere con l'età barocca che – si pensi anche all'adattamento della sonata da chiesa ad alcune delle prime sinfonie che anticipano le lente e meditative introduzioni dei tardi capolavori – nel libro mastro della sua contabilità non può registrare solamente saldi attivi. Se poi tutte le sinfonie giovanili potessero esibire una riuscita come l'*Allegro* finale della Sinfonia n. 14 (1763 ca), con il serrato contrappunto raffinato negli intrecci ed esaltato dal frequente appello alla tecnica del canone, si potrebbe dimostrare che lo stile classico non sarebbe altro che lo stadio avanzato dello stile più antico. In verità non si tratta di commettere l'errore contrario e con ciò di minare l'identità dell'Haydn "classico" che rimane intangibile, ma di ricavare maggiore dose di verità dal riconoscimento di rapporti meno schematici tra il musicista maturo e il contesto dei suoi primordi.

Fino alla soglia del settimo decennio del secolo l'opera di Haydn mostra un'irrequietezza tale di soluzioni da non poter essere sottovalutata, per ampiezza di ambito di ricerca e per cogliere ancora una volta e da altra ottica l'orientamento "empirico" del suo metodo. I suggerimenti gli provenivano da ogni parte: dalla pratica concertante che a un certo momento sembrerebbe indicare una vera e propria strada maestra alla sinfonia, dalla moda galante che nell'*Andante moderato* della Sinfonia n. 3 muove il discorso in punta di piedi con passi pieni di sussiego; dalla maniera italiana che gli dettava pagine elegiache di sapore pergolesiano (*Andante cantabile* della Sinfonia n. 11), alle soluzioni di palese ripensamento della forma come la struttura tripartita (*Adagio-Presto-Adagio*) della Sinfonia n. 15 (1759-1760 ca) fino al preannuncio di quegli aspetti che contribuirono a creargli la fama di artefice di stranezze quale, nell'*Allegro* della Sinfonia n. 40 (1763), l'indugio degli archi su una nota che si estingue in pausa distruggendo l'aspettativa del secondo tema e rompendo bruscamente la continuità del discorso. Quest'ultimo è già un caso limite, ma sufficiente a denotare come la coscienza critica della forma in Haydn si determini nel momento in cui essa viene disarticolata e a stabilire che la sua feconda pratica, pur rifacendosi a esperienze precedenti, non le subisca come ipotecante eredità.

Da questo punto di vista occorre dar ragione a Stravinsky, il quale nota che nel XVIII secolo «Haydn fu la personalità più cosciente del fatto che essere perfettamente simmetrico significava essere perfettamente morto». Se è esagerato affermare che il secondo movimento della Sinfonia n. 7 "Il mezzogiorno" (1761) possa essere un preannuncio di soluzione equivalente nella *Nona* beethoveniana, lo straordinario *Recitativo* (tale è anche denominato) del violino accompagnato sembra cercare addirittura un'ascendenza melodrammatica, certamente suscitata dall'esigenza di una composizione orchestrale che, per dimensioni e importanza assunta, subiva l'urgenza di spinte tendenti ad assicurarle una caratterizzazione "parlante", di espressione nobilitata da qualificante allusione a sostanza letteraria.

In questa direzione sembra muoversi la Sinfonia n. 22 (1764), la quale non per niente è la prima a recare un titolo ("Il filosofo") che non sia di pugno dell'autore (come è invece il caso della serie delle tre sinfonie del 1761, "Il mattino", "Il mezzogiorno", "La sera") bensì esito di pubblica attribuzione, a evidenziare una carica espressiva trascendente l'astrattezza del linguaggio strumentale, risultante troppo ricco di riferimenti per non spiccare al di là del semplice livello edonistico dell'operazione messa in opera dalla sua orchestra. L'austerità dell'*Adagio* iniziale non conosce infatti regola a cui riferire la tenebrosa presenza dei due corni inglesi al posto degli oboi se non, a posteriori, il colore di funesto annuncio che l'insolito strumentale introduce nella cavatina di Euridice nell'ultima e isolata opera inglese di Haydn (*L'anima del filosofo*, 1791). Ce n'è comunque abbastanza per appurare l'intenzione del musicista di riservarsi spazi notevoli di ricerca in una concezione della sinfonia mirante all'affermazione di espliciti significati: il corale che vi si alterna tra fiati organizzati a gruppi assegna al serioso andamento di derivazione barocca un'autorevolezza liturgica implicante risvolti simbolici prevalenti sulla possibilità di omologarne la struttura in stabile categoria stilistica.

Un tentativo di radicare tale procedimento si ripresenta comunque nella Sinfonia n. 26 "Lamentatione" (1768 ca), dove il problema dell'identificazione espressiva scompare di fronte all'evidente e accertata destinazione alla Settimana Santa e dove il corale grava ormai anche come principio di struttura. La configurazione dell'*Allegro assai con spirito* combina infatti l'allegro in forma-sonata bitematica con il preludio corale: dopo un'introduzione dolente di arcaico movimento per sincopi fa la sua comparsa un *cantus firmus* vero e proprio di presumibile ascendenza gregoriana che, dispiegato negli originali valori lunghi, non impedisce l'instaurarsi di moderna tensione dialettica. Vi si associa l'*Adagio* che, nella scansione inesorabile del procedere dei bassi, ricorda l'andamento di un'aria bachiana: barocca risulta la strategia degli oboi e la perorazione di un nuovo corale in un brano i cui accenti di dolore in ugual misura provengono dall'elaborazione della lamentazione gregoriana e dal variegato spettro orchestrale di moderno assetto, capace di impiegare allo scopo adeguate spinte armoniche.

La sinfonia può essere raggruppata insieme a una quindicina di altre composizioni del genere che videro la luce tra il 1766 e il 1774 e che nell'opera di Haydn costituirono un nodo centrale oggi considerato sotto la denominazione convenzionale di *Sturm und Drang*, la categoria stilistica già considerata nel capitolo precedente. Oltre all'aspetto delle tonalità in minore, il dato unitario di tale produzione è rivelato dal fatto incontrovertibile riguardante le titolazioni. È noto che sull'arco di 107 sinfonie – tale è l'estensione del *corpus* sinfonico haydniano – 32 portano titoli che vi furono associati in prevalenza dai primi stampatori e in ultima analisi dal pubblico che ne decretò il successo. Orbene, delle 15 sinfonie rientranti nel cosiddetto periodo *Sturm und Drang* ben 7 si videro assegnare un titolo che in generale ne rivelava la valenza espressiva: "Lamentatione" in re minore, (n. 26), "Il mare turbato" (n. 39 in sol minore, 1768 ca), "del fuoco" (n. 59 in la maggiore, 1768 ca), "La passione" (n. 49 in fa minore, 1778 ca.), "Mercurio" (n. 43 in mi bemolle maggiore, 1771 ca), "Funebre" (n. 44 in mi minore, 1771 ca), "Gli addii" (n. 45 in fa diesis minore, 1772).

Proprio non essendo Haydn direttamente responsabile della titolatura delle sue opere, diventa importante un titolo che ben presto si accompagna all'esecuzione delle rispettive sinfonie indicando al pubblico la chiave di lettura con cui affrontarle. Al problema dei titoli avremo modo di dedicare altre considerazioni, ma in questo caso è certo che la denominazione è indice di urgenza immediatamente avvertita al momento della circolazione di tali composizioni, come radicale spostamento d'equilibrio da esigenze di perfezione formale a connotazione espressiva che, pur di raggiungere l'obiettivo di un *pathos* messo a nudo nella sua virulenza, non esitava a sconvolgere l'assetto della forma. Significativo appare il gesto scapigliato della mozartiana Sinfonia in sol minore KV 183 (1773), in cui Mozart sembrava trasferirvi l'insopprimibile desiderio di insubordinazione che, come risposta alla frustrazione a cui lo condannava l'angusta corte del Colloredo, lasciava con ciò supporre di cogliere il livello in cui negli *Stürmer* lo slancio liberatorio individuale veniva ad assumere senso come ribellione a oppressivo ordine sociale. Nel caso di Haydn tuttavia il valore di protesta in termini anti-istituzionali degli *Stürmer* non trovava riscontro in una musica comunque costretta a passare al vaglio del giudizio di diretti o indiretti committenti. Non è infatti immaginabile che le sinfonie composte da Haydn in questo cruciale periodo siano state sottratte all'egida del principe Nicola, eseguite altrove o addirittura tenute in un cassetto. Viceversa in questa maturazione non poté essere estranea una parallela crescita del gusto negli ascoltatori che nella residenza principesca si trovavano a giudicare la natura di prodotti tanto avanzati, offerti come spettacolo ai loro orecchi. È anzi sintomatico che l'unica testimonianza raccolta dai biografi sull'apprezzamento di una composizione di Haydn da parte del suo signore riguardi proprio una delle sinfonie "incriminate". È noto l'aneddoto concernente l'esecuzione della Sinfonia "degli addii", esplicitamente mirante a captare la benevolenza del principe in favore dei musicisti dell'orchestra desiderosi di ottenere il congedo invernale per raggiungere le loro famiglie, che Haydn assecondò con l'accorta messa in scena riservata all'ultimo movimento, facendo tacere progressivamente le voci, invitando gli esecutori ad abbandonare uno dopo l'altro il leggio e a spegnere la candela in supplichevole affievolimento di suono. Ora se il principe, appunto in seguito a tale episodio, allentò la sua autorità nei confronti dei musici da lui dipendenti, significa che un contributo alla sua disposizione d'animo venne proprio dall'ascolto della sinfonia, figurante tra le più convulse (sferzata come risulta dal fatale gesto del tema discendente del primo tempo) e la quale, più unica che rara, si muove nella più impervia fra le tonalità scelte da Haydn (fa diesis minore). Nessun risvolto che nell'intimismo adombrasse un'ammissione di incompatibilità tra la natura di tale espressione e la condizione di subordinazione al potere aristocratico si sarebbe potuto insinuare come sospetto in una composizione la quale, proprio per essere chiamata ad agire come richiesta di magnanimità, più di ogni altra era tenuta a confermare anche in termini musicali il rispetto della gerarchia sociale. Parlare di *Sturm und Drang* come di tendenza musicale è accettabile quindi solo a patto di attribuire alla denominazione un valore di convenzione, necessaria a delimitare il territorio di un'espressione unitaria, tuttavia non direttamente assimilabile al senso originale del termine.

Ai caratteri stilistici delle sue manifestazioni abbiamo già in parte accennato. Per completare il discorso è necessario sottolineare il balzo in primo piano delle risorse dinamiche: non solo si moltiplicano le graduazioni tra *pp* e *ff*, ma per certi versi la funzione dialettica, che nella concezione sinfonica è faccenda tematica e armonica, si applica alle intensità come opposizione di *forte* e *piano* all'interno di una stessa frase, desumendone correnti di forza che (in una pagina magistrale quale l'*Allegro con spirito* della Sinfonia n. 41, 1760 ca) rappresentano il motore principale dell'incalzare del discorso. Altro fattore è la funzione del silenzio nel rapporto tra vuoti e pieni, dove una pausa può acquistare lo stesso peso di un *ff*: le pause che spezzano in cellule ansimanti il tema d'inizio dell'*Allegro con brio* della Sinfonia n. 44 strutturano già a dimensione di unità di base la frantumazione del discorso che seguirà, mentre nell'*Allegro* finale della Sinfonia n. 43 il tema isolato da pause viene in un certo senso a essere ritagliato come segnale psicologico ogni volta in cui è riesposto (punto fisso in un mondo che cambia).

Più in generale è il principio dell'esasperazione che vi domina e che riappare a tutti i livelli, quello dell'incremento cinetico basato sulla frequenza e sulla rapidità delle modulazioni e quello della stasi quasi ipnotica in passaggi di movimento puramente illusorio, frenato da una specie di fissità tonale (nell'*Adagio* della Sinfonia n. 45), che a volte possono addirittura amplificare l'effetto interferendo direttamente l'uno sull'altro: nell'*Allegro assai* della Sinfonia n. 52 in do minore (1772) la precipitazione ritmica si spezza alle soglie del secondo tema per far posto a un'enunciazione attonita e flebile. In fondo pure i salti di intervallo oltre l'ottava sono il risultato di spasmodica sensibilità che, nell'ultima sinfonia menzionata, si manifesta come spinta interna capace di sviluppare l'articolazione della frase d'inizio appunto come progressiva dilatazione intervallare lacerata dal salto di si bemolle sotto il rigo a fa acuto. Il tipico tema d'avvio della Sinfonia "degli addii" (che ritroviamo in apertura della Sinfonia n. 56, 1774, e altrove) non produce forza trascinante solo per la caduta verso il basso di un tema ricavato dalle note fondamentali dell'accordo di tonica, nella fisionomia di insistito e graffiante arpeggio che precipita fatale, ma accumula energia maggiore tendendo l'arco del proprio svolgimento tra altezze acute e torve sonorità di bassi. Esasperante può essere la stessa impostazione tonale, che nella Sinfonia n. 49 subisce la pressione del potere gravitazionale delle cadenze in minore moltiplicate proporzionalmente alla brevità delle frasi, e imperversante con l'armatura di fa minore nella chiave di ciascuno dei quattro movimenti che ne risultano implacabilmente dominati.

È nel quadro di questa esasperazione che d'altronde occorre interpretare l'apparente arretratezza di questa sinfonia, soprattutto nel *pathos* di tipo barocco dell'uniforme e lamentosa melodiosità del primo tempo, dove i fiati risultano relegati a funzione di "pedale". Non è certo il caso di parlare di arretratezza, né qui né in tutti gli altri luoghi haydniani dell'epoca in cui si profila il ricorso a moduli datati: il problema si chiarisce in modo ben più illuminante come risultato di impulso espressivo sovrabbondante che, non potendo essere contenuto entro normale schema formale, urge in altre direzioni fra cui quella del recupero di arcaismi. Proprio in quanto a questo stadio si aprono prospettive addirittura contrastanti tra nuovo e vecchio, audacia e conservazione, tale fenomeno non è interpretabile come prevalenza di visione retrospettiva bensì come sintomo di rottura di una continuità formale insufficiente di fronte ai nuovi compiti.

La riflessione si chiarisce meglio considerando la serie dei Quartetti op. 20 (1772) i quali, oltre a segnare una tappa fondamentale nel processo di equiparazione raggiunto dalle quattro parti, contano forse maggiormente in rapporto alla problematica dello *Sturm und Drang*. Già esteriormente la loro collocazione è inequivocabile: rispetto ai Quartetti op. 1, 2 e 3 (tutti in tonalità maggiore), rispetto all'op. 9 e all'op. 17 (uno solo su sei in minore), qui compaiono un sol minore (op. 20 n. 3) e un fa minore (op. 20 n. 5). Ciò che comunque spicca è la ricerca di un assestamento formale che, oltre a rifiutare una preordinata regolamentazione, esita a delineare soluzioni definitive. L'orientamento generale conduce a sbocchi polifonici significativi per ciò che sarebbe stato il quartetto come nozione stilistica moderna; ma l'incremento del profilo contrappuntistico insinua riferimenti ai modelli barocchi, implicanti una specificità che non si accontenta di rilevare un principio ma anche precisi contrassegni formali. All'attacco imitativo dell'op. 20 n. 2, il quale oltre ad affermare una chiara indipendenza delle parti coagula un nucleo tematico di rigida brevità che potrebbe essere materiale di assai più arcaica elaborazione, fa eco il gesto retorico da cui prende avvio l'*Adagio* che, prima di sfociare nel *cantabile,* libera in perentori tratti all'unisono di reminiscenza barocca un episodio "recitativo" capace di rivendicare in tortuose figurazioni la necessità del ricorso a determinati aspetti del precedente storico, alla ricerca di una maggiore aderenza del fatto musicale ai sentieri dell'emozione. È come se, sulla soglia della definitiva affermazione dei caratteri dello stile "classico", il musicista se ne ritraesse stimandoli inadeguati a farsi veicolo dell'intero ventaglio espressivo.

Probabilmente la verità secondo cui lo stile classico affonderebbe le proprie radici nell'agilità d'azione tipica del linguaggio dell'opera comica trova qui la sua controprova: il momento avanzato della fase linguistica a cui Haydn era pervenuto in quegli anni aveva infatti precisato le sue coordinate in un impulso cinetico a cui concorrevano tutti i parametri (ritmici, melodici e armonici) e tendente a risolvere il fatto espressivo in estroversione. Il vortice dei finali haydniani, il turbinoso rincorrersi delle idee liberate in un gioco di motti ribattuti argutamente e vincente su qualsiasi tentativo di richiamarle all'indugio lirico, è un dato acquisito del giovane Haydn, un punto di partenza (più che una conquista) intorno a cui prese corpo uno stile che ricavava la sua capacità comunicativa dalla rapidità tutta esteriore del gesto espressivo. Orbene, nel momento di crisi, dell'emergere di un livello di coscienza più intimamente nascosto, tale configurazione linguistica non pareva in tutto bastante e nell'incrinatura si aprì lo spazio in cui penetrò la maniera antica già collaudata e adeguata al fine espressivo. Il terzo movimento dell'op. 20 n. 1 (*Affettuoso e sostenuto*) distende l'arco di una melodia omoritmicamente sostenuta che rivela il calco del corale, in un rapporto di compattezza tra le parti che recupera l'intensità di più antica funzione. Così la Sonata in do minore per pianoforte (1771 ca) trabocca di accenti dolenti nell'opacità della forma-sonata, su cui prevale il disegno estemporaneo di incisive figurazioni toccatistiche capaci di cogliere le sfumature di ogni minimo sussulto emotivo. Qui il calco si imprime addirittura con prepotenza verso la conclusione dell'*Allegro* finale, dove si impone un insistito andamento di semicrome che trasmettono l'inquietudine attraverso la nervosità incalzante di disegni ripetuti, rovesciati e disposti a sequenza rivelante tecnica inconfondibile; mentre la linea instancabilmente sostenuta dalla mano sinistra nell'*Andante con moto* sembra persino sottintendere un percorso di basso continuo. Un altro procedimento, che il delineamento di nuovi rapporti nell'orchestra aveva esautorato, risorge nello sviluppo del primo movimento della Sinfonia n. 44, dove il discorso ritrova la spinta della progressione tracciata dalla rincorsa a imitazione fra le parti.

Non può essere un caso che, in un'epoca in cui il principio propulsivo della progressione armonica e gli altri stilemi configuranti il linguaggio barocco erano già stati superati da uno stile capace di articolare la frase periodica e la modulazione al di fuori di rigidi schemi, si assistesse al ritorno per certi versi massiccio di processi desueti. Il fatto è che la via aperta dalla recente mutazione stilistica, proprio in quanto manifestatasi nel campo della musica di intrattenimento (sinfonia, sonata ecc., non già nell'opera seria, nell'oratorio, nella messa), fu naturalmente portata a perfezionare uno specifico registro espressivo. Se Haydn è protagonista nell'acquisizione di maggiore peso specifico alla sinfonia, da forma di distratto consumo promossa a campo di drammatico confronto di idee, la sua funzione non è misurabile solo nello sviluppo di una scrittura agile e spigliata, ma si rivela pure nella ricerca di un complemento espressivo implicante aperture che potevano spalancare la strada a recuperi apparentemente contraddittori. Ciò avviene all'inizio della Sinfonia n. 25 (1761-762 ca), da cui esplicitamente desumiamo come la definizione di "serio" per Haydn a quell'epoca fosse categoria di uno stile anteriore: non è solo la presenza di un *Adagio* in apertura quale adozione del taglio formale della sonata da chiesa a rappresentare un momento significativo, ma soprattutto l'avvio imitativo e il gioco dei ritardi di arcaica fattura determinanti il grave incedere meditativo. Spia più appariscente di tale situazione è la via battuta dai Quartetti op. 20, come orientamento dove il contrappunto non esita a risorgere nelle formulazioni più accademiche: tre dei finali sono configurati quali altrettante fughe. La fuga in posizione di quarto movimento è indice della volontà di spostare l'equilibrio del quartetto verso accentuazioni di carattere serio e riflessivo, con appello alla dottrina allo scopo di elevare il livello degli obiettivi introducendo una valenza espressiva conseguente. L'intenzione è palese e leggibile in una certa incertezza che, se è meno evidente nella scorrevolezza danzante della *Fuga a 4 soggetti* dell'op. 20 n. 2 e nella levità dell'individuazione melodica che nella *Fuga a 3 soggetti* dell'op. 20 n. 6 getta il germe di quello che in seguito sarebbe diventato il fecondante incontro tra sapienza contrappuntistica e snellezza dello stile più avanzato, non si sottrae alla scelta della severità dell'impostazione arcaica nella *Fuga a 2 soggetti* dell'op. 20 n. 5, capace di assecondare il principio nel modo più rigoroso. Benché a quell'epoca Haydn avesse già in un certo senso esorcizzato la fuga – il primo esempio ci riporta anzi al finale della Sinfonia n. 3 (1759-1760) che già sapeva realizzare in questa cornice un modello di compattezza strumentale, mentre l'altro precedente riguarda la Sinfonia n. 40 (1763) con un *Allegro* finale che pur non lasciandosi soggiogare dai vincoli della lezione accademica respira aria di severità – occorrerà in fondo attendere fino al 1779 per sorprendere, nel finale della Sinfonia n. 70, la capacità di superarvi l'ipoteca del rigore dottrinale che avviene con il celiante ticchettio del re ribattuto cinque volte dai violini soli, al quale per tre volte risponde un brontolio di minime negli archi prima che diventi uno dei soggetti della fuga, il cui svolgimento regolare è controllato a distanza dall'autore per mezzo di ricorrente richiamo alla facezia iniziale. Negli anni dello *Sturm und Drang* un simile inquadramento sarebbe stato inconcepibile e mostra soprattutto l'esistenza di un problema d'integrazione di formulazioni espressive rimaste fino allora piuttosto marginali nell'ambito della sinfonia.

Se l'opera buffa aveva influenzato in modo determinante il nuovo stile strumentale, così non si poteva invece dire dell'opera seria la quale era tuttavia depositaria di un patrimonio espressivo che nel processo di espansione della sinfonia non avrebbe tardato a porsi al centro dell'attenzione. Il linguaggio dell'opera seria aveva seguito un processo di sviluppo che, da questo punto di vista, non può essere paragonato a quanto finora abbiamo inteso come stile barocco; ma esso si presentava talmente come prodotto di una cultura statica che tramandava rigidamente le sue convenzioni, da risultare assai poco adattabile al di fuori del contesto originale. Eppure l'esperienza del momento di crisi indusse Haydn a guardare anche a quel modello, che egli echeggiò soprattutto nel tratto fatale di disegni tematici esclamativi, di melodie cariche di accenti sospensivi, eredità opposta alle figurazioni discorsive tipiche dell'opera buffa.

È soprattutto la forza di espressione scolpita negli unisoni a tutta orchestra nei recitativi accompagnati quella a cui alludiamo, che costituiva categoria stilistica distinta persino all'interno della stessa struttura melodrammatica. Orbene, il burbero vigore addensato in simili tratti perentori, pronunciati da personaggi i quali riflettendo sui propri casi riportavano l'azione al circolo chiuso della memoria o della meditazione, si ritrova in momenti haydniani significativi, per la collocazione nel periodo storico cruciale e per la dimostrazione di saper scioglierne l'energia concentrata in struttura dinamica. Il gesto rapido del tema dell'*Allegro molto* con cui si conclude la Sinfonia n. 39 è lacerato da un salto d'intervallo di quasi due ottave, ripreso pari pari dallo schema di un'aria di tempesta ma poi svolto con un impeto e un'immaginazione talmente travolgenti da ricavarne duraturo modello di sapienza orchestrale. Il tema iniziale della Sinfonia n. 46 (1772), che come già nella Sinfonia "Funebre" risulta costruito su interiezioni separate da una pausa, tiene fede in tutto lo svolgimento a questa sostanza interrogativa di origine aulica efficacemente integrata all'esigenza del discorso sinfonico.

Emancipazione dalla parola

Benché a quel tempo non fosse ancora assorbito dai compiti teatrali a cui lo costrinsero in seguito le predilezioni del principe Nicola, Haydn aveva perfettamente assimilato tale aspetto emergente di cultura italiana, che di lì a poco sarebbe stato messo a frutto nell'oratorio *Il ritorno di Tobia* (1774-1775). È lì infatti, più che in opere serie vere e proprie a cui si accinse anni dopo, che possiamo verificare il grado di dimestichezza con cui il musicista era in condizione di affrontare la maniera italiana più nobile e più austera: il risultato vi è rilevante per elevatezza di stile, ampiezza di respiro, generosità dell'impegno vocale. Ora, al di là della maestosità del raggiungimento, ai fini del nostro discorso conta rilevare la capacità di assecondare nello stile italiano non solo l'iperbolico equilibrio delle forme d'aria tripartita con *da capo,* ma soprattutto l'abilità di tradurre in arroventata sostanza l'immaginosità di fosche e fatali metafore di angustia, dove l'espressione, pur mantenendosi nei binari di obbligato codice, sapesse alimentare lo scatto nervoso di irosi gesti strumentali. È in questa direzione che occorre individuare una delle ascendenze di un linguaggio orchestrale che, grazie all'integrazione di simile livello, procurarono alle composizioni concepite a cavallo del settimo decennio del secolo la cupa pregnanza del gesto drammatico.

Non per niente a suffragare la nozione di uno *Sturm und Drang* musicale si è voluto chiamare in causa il balletto delle furie del *Don Juan* di Gluck (1761) per il quale, se vale l'affermazione di Giorgio Pestelli il quale vi ravvisa «la pertinenza strumentale più che vocale della nuova corrente», occorre essere cauti a vedere ciò che non è, vale a dire un prodotto situabile oltre il dominio di quelle forme di irrigidita aristocrazia dell'espressione rappresentata dalla tradizione teatrale italiana internazionale: proprio questa composizione gluckiana, la quale di fronte a sé non aveva nessun modello orchestrale altrettanto drammaticamente configurato da cui poter essere penetrata, è forse, data l'indubbia collocazione del suo autore, la dimostrazione del fecondante punto di raccordo tra la recente esperienza strumentale e il filone illustre del teatro musicale italiano.

In conclusione, più che il profilarsi di una tendenza fiancheggiatrice del movimento letterario, ciò che si è voluto vedere come *pendant* musicale dello *Sturm und Drang* fu soprattutto e probabilmente il risultato di una maturazione interna allo sviluppo della musica strumentale, come presa di coscienza della possibilità di pervenire a traguardi che consentissero alla sinfonia, al quartetto, alla sonata di compiere il balzo definitivo oltre la dimensione funzionale dell'intrattenimento e delle conseguenti valenze espressive, facendo capo ai riferimenti che allora si imponevano come veicolo di gravità e profondità di significati, cioè la maniera barocca dei predecessori e l'opera seria. La controprova dell'asserzione si ha proprio nel fatto che, mentre la "rivoluzione" espressiva si manifestò nella sinfonia, nella sonata e nel quartetto – Robbins Landon, oltre che in Haydn, individua un incremento nell'uso della fuga come movimento finale anche nelle coeve composizioni di Gassmann e Ordoñez – essa non determinò nessun sostanziale mutamento di scrittura nella prassi teatrale e in quelle pratiche rimaste tributarie di più antiquato stile (la musica ecclesiastica). In una fase in cui l'obiettivo dell'espressione era la riconsiderazione della gravità del sentire, tali forme ne uscivano automaticamente rivalutate, già appagate in un certo senso dalla loro autosufficienza stilistica e quindi terreno che poteva abbisognare di tutto fuorché del seme di una pianta che già vi attecchiva.

Da questo punto di vista può essere fuorviante la rivendicazione dello *Stabat Mater* (1767) allo *Sturm und Drang* proposta da Robbins Landon, non in quanto l'opera non raggiunga il vertice espressivo che si proponeva, ma in quanto la contrizione di cui è percorsa si iscrive in un quadro emotivo prefisso, che d'altronde Haydn rispetta proprio rinunciando a scatenarvi quelle energie dirompenti e destabilizzanti tipiche della maniera nata dalla citata congiuntura: il discorso non vi si diparte dal tono generale grave e lamentoso che riporta la composizione al filone "affettuoso" dai precedenti illustri e che, se ad esempio ammette un minimo di animazione ritmica su "Pro peccatis suae gentis", rinuncia poi a ricavarne spunti che infieriscano con veemenza di accenti esacerbati sulla continuità di un sofferto lirismo. Semmai, pur rimanendo nei termini di una tradizione già portata a esiti di altrettanto alta sostanza comunicativa, un contraccolpo più diretto della nuova fase è riscontrabile nel modo in cui Haydn scava nel sol minore del *Salve Regina* (1771), inteso come personale tributo alla Vergine per essere scampato alla grave malattia dell'anno precedente e che si articola a un livello di più evidente e sorprendente drammaticità, sfiorante, per mezzo dei tocchi di organo concertante sciolto in devota melodiosità di canto, il limite dello schema formale.

La fase *Sturm und Drang,* proprio nel riconoscimento di margini posti da abitudini culturali ancora rigide nelle loro manifestazioni e nelle loro implicazioni, più che sciogliere il nodo di emergenti esigenze espressive di nuovo tipo, poneva quindi problemi che solo in seguito, trascorso l'arco di infuocata stagione, sarebbero stati avviati a soluzione. Il superamento della discontinua ricerca dello *Sturm and Drang,* che nel contempo facesse tesoro delle sue conquiste, fu lo spostamento d'asse nuovamente sulla linea della commedia, di espressione che fosse funzione di una concezione retta da un equilibrio fondato sull'affermazione di valori ottimistici, alimentati da volontà vitalistica e capace di riassorbire il segno negativo di incontrollate passioni. Fu solo in quel momento che il dramma trovò nella musica il veicolo adatto a restituirne la sostanza profonda, al di là dell'emblematica proiezione nei gesti di retorica trasfigurazione del dolore che aveva fino allora mantenuto l'espressione sotto la cappa di vetro di un supremo concetto di dignità.

Più che seguire cronologicamente le tappe del corso che ne derivò, può essere illuminante un balzo in avanti di un decennio per ammirare il singolare ciclo strumentale *Die sieben letzten Worte unseres Erlösers am Kreuze* (1785-1786), il quale ci può fornire la misura del grado di maturazione di un'elaborazione orchestrale sciolta dal gravame di percorsi stilistici obbligati conseguente alla scelta di registro espressivo e che, proprio per non essere una sinfonia, è indizio di un grande potere d'irradiamento al di là di un prefissato schema formale. Di fronte alla destinazione alla Settimana Santa, la composizione non sfugge infatti all'interrogativo su come essa si sarebbe configurata se l'invito del vescovo di Cadice di comporre una musica orchestrale da eseguirsi negli intervalli a inframmezzare il commento del predicatore sulle sette parole pronunziate dal Cristo sulla croce, anziché successivamente alla conquista della fama europea di Haydn gli fosse giunto dieci e più anni prima, quando già per altre circostanze egli aveva affrontato, con mezzi puramente strumentali, l'argomento della passione del Salvatore (Sinfonia n. 26). Orbene *Le sette parole,* che non a caso furono indicate dal loro autore come l'opera preferita fra tutti i suoi brani vocali e strumentali, realizzano in un certo senso l'esito maggiore come espressione di un assunto altamente drammatico, senza più soggiacere al peso di un codice formalizzato o della sua eredità.

A dire il vero tale asserzione sembrerebbe contraddetta dalle prime battute dell'*Introduzione,* sferzate da un'esclamazione a piena orchestra attonitamente sospesa a un intervallo ascendente di settima diminuita che disegna una scultorea figura retorica del patrimonio espressivo dello stile aulico. Sennonché non è questa la sigla di un andamento meditativo che invece se ne appropria diluendola in un discorso il quale non subisce più l'emblematicità del gesto, ma che si avvale della sua sostanza fatale per caratterizzare il respiro di orazione fluente, veicolo di gravità di pensiero senza che questa pesi sulla compagine orchestrale in modo da toglierle quell'empito che invece la percorre in tutte le voci. Proprio in quanto non si tratta di sinfonia, è sintomatico come in questo ciclo la concezione sinfonica riesca a prevalere sul rapporto di dipendenza dalla parola, che Haydn assecondò senza più temere il pericolo di effetti paralizzanti. Non per niente la versione corale che ne fu più tardi derivata non fece che esaltare la supremazia di un discorso che rimane orchestrale e che nella sua logica di svolgimento configura uno stile unitario, omogeneo in tutto e per tutto. Frequente è l'uso di tecniche esclamative, che sappiamo di origine inequivocabile ma che perdono il rigido connotato di maniera antiquata: le terze discendenti isolate da pause nella *Sonata III,* proprio nella versione vocale che rende esplicite le parole "Mutter – Jesu, – die du trostlos – weinend – seufzend – bei dem Kreuze standst", rivelano una sostanza del tutto sciolta da un modello di canto amplificato in gesticolante esteriorità. Il tema potrebbe essere quello di un qualsiasi Adagio di una sinfonia della maturità, capace di profonda introspezione proprio per la rinuncia alla posa di espressione fermata in statuaria soluzione, ma nello stesso tempo penetrato dalla forza plasmante di tocco riservato a elevato sentire. La grandezza di queste pagine sta nella doppia possibilità di lettura di una scrittura di profondo stampo retorico, che non si manifesta tuttavia in orientamento retrospettivo, né segnata da tratti di troppo violento impatto dimostrativo rispetto alla trasparenza e alla snellezza del nuovo stile strumentale: stile che si presenta invece in tutta la sua maturità per la capacità di saldare la spiccata vocazione discorsiva con la nctta evidenza di disegni espressivi di grande pregnanza. Il flebile lamento dell'intervallo di terza minore passa dai violini, al flauto, ai fagotti e via di seguito in una concezione che nella fatale lentezza della progressione non perde la nozione temporale, ma che anche in queste condizioni di sofferta contemplazione subisce la spinta del principio discorsivo. *Le sette parole* sono palesemente il ricettacolo di una preziosa arte retorica ormai pervenuta alla fase di accademico assestamento, che la circostanza della destinazione alla chiesa rinvigoriva in ossequio alla severità della tematica religiosa.

Da questo punto di vista la componente simbologica vanta una prepotente presenza che non si limita al materiale tematico ma che affonda radici fin nella forma, in quella specie di recitativo accompagnato in cui si presenta ad esempio la *Sonata IV*, dove il sentimento è vissuto come distacco attraverso l'azione riflessiva delle pause. Sennonché l'integrazione "sinfonica" a cui è sottoposto, che nella trasparenza del tessuto non significa semplificazione dell'apporto orchestrale, permette di leggere un sinuoso quanto discreto movimento di parti strumentali implicante una concezione di fondo comunque di tipo argomentante e perciò indubitabilmente moderna. Il quadro trova poi il suo risvolto più provocante nel *Terremoto* suscitato alla fine del ciclo, che al di là del clamore delle soluzioni timbriche – per la prima volta nella storia della musica compare un *fortissimo* con tre *f* – è un campionario di intuizioni inedite (dalle scatenate forzature della sincopazione alle torve e stregonesche acciaccature che anticipano addirittura Berlioz). È evidente che, se vi si può intravvedere il modello rappresentato da iperboliche tempeste melodrammatiche che venivano puntualmente e per convenzione scatenate da furiosa animazione di strumenti ad arco, qui la portata immaginifica coinvolge (per mezzo dell'intera orchestra con fiati, trombe e timpani) la dimensione del suono al di là del simbolo. Un inquietante grado di sensibilità materica vi si affaccia come preannuncio dell'oscuro percorso del caos in *Die Schöpfung,* in inedito equilibrio di rapporti sonori.

Nel senso di fedeltà a un patrimonio espressivo ereditato ed esibito in riformulazione adattata a sensibilità e ad aspettative moderne e addirittura precorritrici, *Le sette parole* rappresentano un momento centrale e insostituibile della creatività haydniana. Il suo fiducioso sguardo senza sottintesi verso il passato e il presente dell'espressività musicale da un crinale su cui era ormai possibile mantenere una posizione di equilibrio, lo poneva in una situazione che, al di là del significato di questa singola tappa, vale in fondo per spiegare il ruolo storico della sua intera opera. *Le sette parole* costituiscono una delle più superbe realizzazioni, e delle più rappresentative come intuizione di una religiosità prodotta da una concezione eminentemente laica dell'espressione, liberata dai vincoli di liturgica osservanza (evidente soprattutto nella tarda versione vocale dove il *pathos* che percorre la scrittura orchestrale trapassa nel coro, diluendo la forza dei contrasti suscitati in respiro semplice, capace di configurare innocenti e melodiose linee vocali in una ricerca d'armonia, che da una parte risponde all'essenzialità delle intonazioni a cappella delle sette parole sacre, e dall'altra prefigura l'attonita armoniosità di inconfondibili pagine schubertiane).

Un ulteriore aspetto di questa composizione è costituito dalla circostanza della sua presentazione, riferita da Haydn stesso al Dies:

> Tutta la chiesa, anche l'altare e le finestre erano state coperte da un telo nero. Un solo grande lume, al centro, rischiarava questo luogo di dolore. L'oratorio doveva iniziare con i rintocchi della campana di mezzogiorno. La chiesa, una volta esauriti i posti destinati ad accogliere gli ascoltatori, avrebbe dovuto essere chiusa prima dell'inizio della cerimonia.

Rispetto al prevalere nelle abitudini del tempo (come abbiamo visto e come ancora vedremo) del rapporto immaginifico con il linguaggio musicale, indotto dal suo impiego teatrale e dall'affinamento delle sue capacità evocative, in questo caso rileviamo un'indicazione sorprendentemente anticipatrice della condizione d'ascolto a occhi chiusi, di estrema concentrazione, come si sarebbe imposta solo un secolo dopo. In altre parole era l'idea di "musica assoluta" a farsi avanti, a mettere in valore la sua capacità di imporsi in totale autonomia. *Die sieben letzten Worte*, che già costituivano un *unicum* rinunciando alla parola cantata, facendo precedere le singole sezioni musicali dalla recitazione e dal breve commento («così la musica avrebbe potuto indurre con facilità un cuore già commosso in uno stato di estrema malinconia e mantenervelo»), liberavano in tal modo una potenzialità che sorprendeva lo stesso Haydn:

> La chiesa, immersa nella tenebra, non offriva distrazione alcuna agli occhi: Cristo sulla croce era il solo oggetto visibile sul quale potevano soffermarsi. Il fasto esteriore che di solito accompagna il culto cattolico era del tutto bandito; gli ascoltatori sarebbero rimasti sorpresi da quell'impressionante semplicità, e il loro senso religioso ne sarebbe stato fortemente toccato.

In questa presa di coscienza il compositore intravvedeva una dimensione nuova di accesso alla musica, rendendosi conto di come essa si prospettasse quale apertura verso un pubblico nuovo, non condizionato da atti consuetudinari. Non c'è dubbio che Haydn avesse colto l'occasione per concepire una composizione di ispirazione religiosa ma di portata comunicativa che, grazie alla trasparenza di linguaggio garantita dai tempi lenti e ad accenti drammatici che vi si imprimevano esemplarmente, non si limitasse a un ambito privilegiato di "musica reservata". Scrivendo all'editore londinese Forster (8 aprile 1787) a cui proponeva la stampa di un florilegio di opere sue, il musicista descriveva *Le sette parole:* «Ogni Sonata, o ciascun testo, è espressa semplicemente per mezzo di musica strumentale, ma in modo tale da suscitare la più profonda impressione presso gli ascoltatori più inesperti» (*dass es den unerfahrensten den tiefesten Eindruck in Seiner Seel Erweckt*). Quale conquista definitiva della dimensione laica, di fronte a cui cessa ormai il potere dell'autorità ecclesiastica, suona poi quella straordinaria *Harmoniemusik* introdotta da Haydn tra la *Sonata IV* e la *Sonata V* nell'edizione corale del 1796 come meditazione che, nella rinuncia alle sonorità appaganti degli archi, innalza la gravità patriarcale della compagine dei fiati in un raccoglimento il quale, più che lasciarsi delineare come momento di liturgia cattolica, lascia riconoscere l'impassibile esemplarità morale del rito civile o più precisamente (per parentela con specifiche pagine mozartiane) il sottinteso riferimento all'attualità delle pratiche massoniche alle quali, si sa, Haydn fu tutt'altro che estraneo. Non per niente nel passaggio della *Sonata II,* in cui il coro proferisce "Ganz Erbarmen Gnad' und Liebe", l'intonazione prefigura con incredibile esattezza (come ha ravvisato il Robbins Landon) quella che sarebbe poi diventata una frase del *Gott erhalte,* cioè dell'inno imperiale che non a caso il musicista usava chiamare «la mia preghiera» e che, se non trovò in Haydn l'autore capace di cogliere lo slancio di una umanità tesa a profondo rinnovamento sociale e politico, vi sorprese comunque e senza riserve la riflessione sulla moderna e civile idea di nazione.

L'enorme diffusione conosciuta da questo ciclo per la Settimana Santa, soprattutto grazie alla versione per quartetto d'archi che si affiancò a quella per pianoforte, lo destinava inoltre a una circolazione sottratta all'egida della Chiesa per penetrare, in rapporto di diretta e persino privata comunicazione, fra cerchie di ascoltatori i quali, in quanto dilettanti, ebbero certamente un ruolo rilevante non solo come agenti di diffusione quantitativamente enorme della musica strumentale prodotta a quel tempo, ma soprattutto quali interlocutori di una trasmissione di significati che scendevano all'altezza della comune capacità di sentire dell'uomo borghese. *Le sette parole* furono certamente una risposta a quest'esigenza e, se per i dotti rappresentarono l'occasione per una verifica astratta del potere del linguaggio dei suoni di farsi veicolo delle stesse virtualità della parola – «Perhaps, the most sublime composition without words to point out its meaning that has ever been composed» fu il giudizio di Burney – esse con ciò spostavano il quesito della comunicazione al di là dell'aspetto della dignità del sentimento, che comunque Haydn era in grado di garantire. Prima ancora che nelle necessità di adeguamento all'affacciarsi della realtà di concerti aperti a larga udienza, che mettevano a confronto il sapere del compositore con le aspettative di un pubblico sempre più qualificabile come anonima collettività, è qui che si decise il corso vincente di una musica che cominciava a ricavare sostanza dal dialogo diretto con individui in condizione di praticarla in un rapporto di immedesimazione, senza più riferimento a riti culturali di sorta.

Che il quartetto e la sonata dal settimo decennio del secolo in poi accumulassero prestigio su un ceppo di attività musicali dapprima svolte come funzione di puro intrattenimento, è significativo per due motivi: innanzitutto per la dimostrazione di poter sviluppare un'espressione musicale ponderosa a partire da un contesto di pratiche frequenti e perfettamente integrate ma sulle quali, proprio per la modesta levatura, non gravava il peso di un modello culturale profondamente radicato nel livello gerarchicamente più importante della società. In secondo luogo per l'individuazione conseguente di uno spazio, quello della musica strumentale, in cui la mancanza del vincolo della parola non solo segnava l'assenza dell'azione di controllo in quanto adeguamento a consacrato equivalente letterario (come succedeva nell'opera seria e nell'oratorio), ma soprattutto mobilitava le risorse estetiche in un rapporto che gradualmente accentrava sul linguaggio strumentale responsabilità espressive che erano anche quella della parola cantata.

Per quanto riguarda il primo aspetto non è superfluo ricordare che, nello schizzo autobiografico steso da Haydn nel 1776 per una specie di dizionario degli illustri uomini d'Austria, egli menziona i titoli di quattro opere teatrali, di un oratorio, di una composizione religiosa, senza nemmeno parlare della sinfonia e riservando alla musica da camera una concisa menzione: «Nello stile strumentale da camera sono stato abbastanza fortunato da piacere a quasi tutte le nazioni, tranne che ai Berlinesi». Evidentemente nell'epoca in cui egli aveva già composto una sessantina di sinfonie, più della metà quindi della sua produzione in questo campo, il pregiudizio culturale era ancora forte al punto da indurlo a misconoscere la parte più generosa e più originale del suo sforzo compositivo. Da qui tuttavia desumiamo il motivo per cui il compositore trovò nella sinfonia, che rappresentava quindi una testimonianza ufficiosa e non ufficiale di ciò che in fatto di produzione artistica usciva dal casato degli Esterházy, quella libertà d'azione la quale, soprattutto agli inizi, sviluppò in lui la curiosità combinatoria che nei primi lavori si compiacque nel tentativo di fondere concerto grosso, divertimento, suite, sinfonia e che più in generale stava alla base delle sviluppo di quella *forma mentis* "empirica" di cui già si è discusso.

Per quanto riguarda il secondo aspetto, una tappa centrale del processo di sviluppo della musica strumentale, da umile stadio funzionale a forme capaci di porsi obiettivi globali, fu la presa di coscienza di poter bastare a se stessa senza il sostegno della parola, anche in compiti percepiti come se dovessero implicarne la funzione. Tratti recitativi affiorano appunto nella Sinfonia n. 7 di cui abbiamo già parlato e nei quartetti giovanili (op. 9 n. 2, 1769 ca, op. 17 n. 5, 1771, op. 20 n. 2, 1772) come ricerca di un'identità parlante che, nel caso della frase che interrompe due volte l'*Adagio* nell'op. 17 n. 5, si svolge nel perfetto illusionismo del primo violino gesticolante come voce di soprano in grado di ridurre gli altri tre compagni alla disciplina di sostegno strumentale tipico del recitativo accompagnato. Ma non è necessario verificare il calco di profilo cantante per stabilire la vocazione della musica strumentale a una comunicazione provvista della stessa densità semantica di cui la musica vocale, per mezzo della parola, poteva godere. Il fatto che l'estetica musicale del tempo, rispettando le gerarchie, elaborasse i suoi concetti con riferimento alla musica vocale non aiutava certamente la rapida emancipazione della disciplina sorella, ma contribuiva al contrario a vedervi sviluppate quelle caratteristiche d'espressione pertinenti della parola cantata. Poco importa che la musica mancasse di un sistema referenziale attraverso cui cogliere l'esattezza del reale dietro le sensazioni suscitate: finché le forme strumentali non avessero conquistato la preminenza, sinfonia, quartetto e sonata avrebbero dovuto affermare la loro perfezione proprio dimostrando di possedere le stesse armi che erano prerogativa del canto.

Alla Sinfonia n. 103, alla realtà sonora scrutata nei suoi risvolti materici a partire dal rullo di timpano isolato da cui prende avvio, abbiamo già accennato; orbene, proprio questa sinfonia fu oggetto d'analisi di uno dei primi e per altri versi stimolanti teorici della musica strumentale, capace di dedicare le osservazioni più pertinenti alle funzioni strutturali del nuovo linguaggio in perfetta conciliabilità con una lettura sovrastrutturale che oggi giudicheremmo del tutto arbitraria. Nel *Cours Complet d'Harmonie et de Composition* pubblicato a Parigi nel 1806, quando Haydn era quindi ancora in vita, così l'*Adagio* iniziale è commentato da Jérôme-Joseph de Momigny:

> Ceux qui ne se sentent pas saisis d'un saint respect, des ces douze premières mesures, ceux-là n'ont pas une âme sensible, et n'ont jamais goûté le plaisir religieux et touchant de prier avec leurs frères, sous les voûtes retentissantes d'un temple vaste sacré, dans un danger commun. À la cinquième et à la sixième mesure, une exclamation, qui semble partir du fond du cœur de quelques jeunes vierges, est peinte par la flûte et les hautbois. Elles ne disent, que deux mots: grand Dieux! Mais ces mots sont tellement empreints du sentiment qui les anime, qu'ils font répandre les larmes.

Quando poi attacca l'*Adagio con spirito* la sottintesa azione parlata si fa concitata:

> Le premier violon dit encore en se moquant: *Ah, mon Dieu! Ah, mon Dieu! Que vous avez eu peur!* La Flûte à l'octave du second violon répond: *Je n'ai pas eu peur*; puis le Hautbois à l'octave de l'Alto répond de même.
>
> Les Cors et les Trompettes disent: *Ce n'est pas vrai, ce n'est pas vrai, non non, non, non.*
>
> Les Clarinettes: *Bon Dieu, bon Dieu! quelle frayeur! oui, oui.*
>
> La Timbale: *non, non.*
>
> Les Basses: *Que vous avez eu peur; oui quelle peur, quelle peur! oui, oui.*

L'analisi del Momigny, si sa, non è un caso isolato e può apparire perfino stucchevole che le si attribuisca un'importanza chiarificatrice quando essa potrebbe essere facilmente ridimensionabile a una semplice manifestazione del costume d'epoca, per non dire di sottocultura in cui si sedimentavano residui di antiquate concezioni che tentavano di interpretare con inadeguati strumenti del passato la realtà del presente. Eppure, dato e non concesso che la questione stesse in questi termini, non è possibile ritenere tali giudizi circoscritti al punto da non avere in qualche modo condizionato gli stessi compositori nel loro operare. Qui non si tratta ovviamente di scendere nei dettagli banali, ma di prendere in considerazione quella tipica qualità che fra i contemporanei suscitava analogia tra pratica strumentale e azione del conversare. Così il «Morning Chronicle» presentava il resoconto dell'esecuzione di una sinfonia di Clementi (17 marzo 1795): «[...] the Andante was an animated conversation, in which the cherrful, the serious, and occasional touches of the grand, were charmingly intermingled, yet the subject preserved». Questa semplice citazione, non gravata dal peso delle dotte responsabilità di un teorico, ma tolta dalla distaccata opinione di un cronista di giornale che si faceva portavoce di una maggioranza, ci dà la misura di premesse estetiche generalizzate, certamente ancora assai lontane dalla sostanza mistica che nell'Ottocento avrebbe investito la sinfonia. Al contrario nel Settecento la musica strumentale agì come fattore per eccellenza di richiamo alla realtà proprio grazie all'analogia con l'azione parlata che a William Jones (*Treatise of Music*, 1784) consentiva di distinguere Haydn e Boccherini (per l'affabilità di una musica paragonabile ai lieti conversari dei frequentatori di un *tea-table*) dall'oratorio di Händel che si muoveva all'altezza di sontuosi sermoni, civili o religiosi che fossero.

La natura conversevole di questo tipo di musica è un fatto ineludibile, non solo per la pressione di testimonianze che vanno evidentemente al di là della semplice nota di costume, a cui si somma l'autorevole giudizio di Goethe per il quale il quartetto fu assimilato a una «conversazione fra quattro persone ragionevoli», ma poiché è da tale aspetto che derivano sia la sostanza argomentante della cosiddetta forma-sonata, sia la connotazione borghese del messaggio di cui essa si faceva portatrice. È importante soffermarci sul secondo aspetto giacché esso implica una messa a fuoco di funzioni che permettono di distinguere abbastanza chiaramente fra due epoche. La più cruciale di queste funzioni è rappresentata dal legame che ben presto si stabilì tra i praticanti di musica per diletto e le composizioni strumentali quali la sonata, il trio, il quartetto e anche la sinfonia, giacché è accertabile uno sfruttamento editoriale di composizioni sinfoniche in trascrizioni per piccoli complessi. La diffusione sempre più massiccia di tale modello soppiantò le vecchie forme vocali e strumentali, non per semplice ragione quantitativa ma per il salto di qualità costituito dalla radicale modifica nei riferimenti della comunicazione. Se fossimo capaci di considerare la musica barocca nel contesto del complesso e regolato cerimoniale in cui veniva trasmessa, ci renderemmo conto che la fisionomia di facciate sonore riccamente ornate corrispondeva perfettamente a una situazione in cui netta doveva essere la separazione tra musici esecutori e ascoltatori, nella maggior parte dei casi rappresentanti di una classe sociale dominante per dinastia e per censo. Ora nel Settecento l'umile pratica delle piccole forme strumentali si emancipò parallelamente a una nuova classe sociale, emersa fornendo in abbondanza non solo ascoltanti ma esecutori dilettanti, la cui partecipazione diretta al fatto musicale diventò implicita alla stessa produzione del repertorio, modificandone fondamentalmente la funzione e perciò lo stile. La musica barocca era fattore di spettacolarità in quanto l'estetica di quell'epoca induceva gli artefici del fatto artistico a mirare alla pompa e alla solennità, ma anche nella condizione che poneva gli ascoltanti nella posizione di spettatori in un rapporto statico con l'opera d'arte. L'eccezione di nobili, o addirittura di regnanti dediti alla musica come compositori o esecutori, confermava la regola proprio in quanto questo ruolo a tale livello fu sempre inteso come pratica individuale e non socialmente condivisa (l'immagine di Federico II musicista non veniva pubblicamente dichiarata come fatto esemplare). L'attività musicale della borghesia al contrario prescindeva addirittura dalla pubblica verifica, finalizzando il proprio risultato a ristrette cerchie familiari o a consessi in cui, non sussistendo più distinzione tra esecutore e spettatore, l'opera smarriva conseguentemente le ragioni della solennità lasciandosi penetrare da impellenti esigenze di quotidiana comunicazione. In un certo senso avveniva per la musica ciò che si era determinato, e in seguito rimase acquisito, come attività di lettura (di romanzi e in minor misura della poesia); con la differenza che, tranne il caso della sonata per clavicembalo o pianoforte, anche nei minimi termini la pratica strumentale comportava l'apporto di più persone, impostando immediatamente una rete di relazioni collettive la quale, nel convergere di uguale disponibilità, gusto e capacità espressiva, era fatalmente destinata a stimolare i fruitori del prodotto artistico in situazione di dialogo aperto. Forse non è azzardata l'ipotesi secondo cui, a determinare la definitiva emancipazione delle parti strumentali dei maturi quartetti haydniani, avesse contribuito la componente sociologica dell'azione esercitata dalla condizione di parità in cui venivano a riconoscersi i partecipanti ai privati consessi musicali. In tal caso sarebbe qualcosa di più che una divagazione immaginosa la riflessione del Carpani il quale, guardando al passato remoto, vedeva nella musica «una monarchia» («sovrano il canto, sudditi gli accompagnamenti») mentre in «quel genere di musica, in cui non entra l'umana voce, ma di soli strumenti è composta» riconosceva l'effetto di moderna costituzione di «repubblica di diversi suoni e insieme uniti, nella quale ogni strumento ha diritto di figurare e figura».

Il discorso evidentemente riguarda tutta la musica strumentale, giacché le relative forme compositive presentate in pubbliche accademie, con l'abolizione degli aristocratici cerimoniali, depauperavano il messaggio musicale di valori emblematici più o meno appariscenti, togliendo ciò che impediva il coinvolgimento degli ascoltatori al loro livello colloquiale. Non fu casualmente che il quartetto penetrò nella sala di concerto accanto alla sinfonia; beninteso non sempre come corollario integrativo ai cartelloni, se è vero come è vero che nel quinto dei concerti londinesi organizzati da Salomon nel 1794 (10 marzo) figurava un quartetto di Haydn ripetuto «by desire» dei fedeli sottoscrittori dei concerti precedenti. L'osmosi tra quartetto e sinfonia è un aspetto che riguarda quindi Haydn in prima persona, derivando la seconda dal primo qualità conversevoli non solo apprezzate in circoli ristretti di intenditori ma già generalizzate come principio in grado di captare il consenso di una massa di ascoltatori, mentre dalla sinfonia (dalla capacità di impressionare il pubblico con effetti trascinanti) il quartetto ricavava suggerimenti per un'articolazione più brillante e più attenta ai tratti esteriori. Nella serie di quartetti op. 71 e op. 74 composti nel 1793 per l'impresa concertistica di Salomon, il Robbins Landon riscontra un venir meno della *Gemütlichkeit* dei cicli precedenti, senza che ciò comporti una perdita della capacità colloquiale che al contrario in tale contesto subiva l'ultima verifica. Tutti cominciano con una più o meno estesa cadenza introduttiva (l'op. 71 n. 2 addirittura con il preambolo di un *Adagio* che, come in una sinfonia, dichiara evidenza di maestosità), mentre l'attacco è sempre in *f* o *ff* secondo il codice segnaletico che per la musica destinata a vaste platee richiedeva il gesto perentorio.

Se la regola londinese che ammetteva quartetti accanto a sinfonie e ad arie d'opera non attecchì nelle accademie di Vienna, non è d'altra parte da sottacere il fatto che in terra austriaca fin verso la fine degli anni Sessanta, quando sotto la spinta del generale rinnovamento espressivo a cui abbiamo già alluso il quartetto si impose come prodotto prestigioso per raffinatezza di stile, sia appurabile la prassi dell'esecuzione "orchestrale" dei quartetti: l'ambivalente praticabilità non sarebbe allora che il risvolto esteriore di una parentela tra composizioni strumentali "minori" e pratica sinfonica, già riscontrabile a fondamentale livello di scrittura.

Il fronte di un'espressività fondata sulla caratteristica dei nuovi modelli culturali borghesi, determinata dall'affermata capacità di un dialogo alla pari tra le parti, era quindi ormai abbastanza ampio da far apparire il nuovo stile strumentale come sintomo di profonda emancipazione sociale. L'emancipazione, anche se non gli si presentò mai sotto forma di urgenza radicale e perlomeno come fierezza di appartenere a una umanità liberata dalle regole a cui era invece tenuta la classe nobiliare chiusa nella propria storia e nel proprio destino, fu un aspetto che Haydn avvertiva nei contatti sempre più frequenti con l'aristocrazia, soprattutto durante il suo soggiorno londinese: «Sono stato in compagnia di imperatori, di re e di molti importanti gentiluomini, ricevendo da loro complimenti a profusione: ma con queste persone non è mio desiderio vivere in rapporto di intimità e preferisco ritrovarmi con la gente del mio stato» (Griesinger). Di fronte alla "sacralità" dell'ordine imposto dall'aristocrazia, Haydn scelse la "profanità" di quell'umanità subalterna che non a caso Momigny, nella sua immaginifica lettura del primo tempo della Sinfonia n. 103, vedeva prendere il sopravvento sulle passioni scatenate da pericolo incognito e quasi soprannaturale, in un finale dove la preghiera nel tempio perde la sua ragion d'essere di fronte all'esaltante e incontrollato istinto di vita risvegliato dalla prospettiva della tempesta che si allontana:

> [...] on abrège l'hymne commencé pour retourner à la danse. Mais cette fois parmi le fracas que la joie occasionne, on n'entend plus les accents de la discorde, la paix est rentrée dans les cœurs, les cris de la fureur sont remplacés par l'ivresse du contentement: tous sont heureux et le tableau d'Haydn est achevé.

È qui – nell'immediatezza della connotazione popolaresca – che il musicista ritrova la sua identità, benché un profondo senso di disciplina l'avesse sempre messo in condizione di adeguarsi a ogni forma di richiesta che gli provenisse dall'esterno.

Rispetto di un genere

Proprio mentre a Londra mieteva successi a ripetizione con le sue sinfonie, egli componeva per l'impresario dell'Haymarket Theatre, Sir John Gallini, *L'anima del filosofo* (1791) su un libretto di Carlo Francesco Badini ricavato dal mito di Orfeo ed Euridice (opera completata ma, per vicissitudini organizzative, non mai eseguita sulle scene dell'epoca). Lo stesso anno in cui Mozart, per sopravvivere, era costretto a riporre nel cassetto le prospettive della moderna drammaturgia per rivestire di note la metastasiana *Clemenza di Tito* composta per celebrare l'incoronazione di Leopoldo II a re di Boemia, Haydn accettava quindi senza patemi di mettere in musica una vicenda di dignità puramente aulica, corrispondente a un gusto dai giorni contati e verso la quale non poteva ormai non tradire una certa estraneità. Non era certamente il fatto di non vivere trent'anni prima, all'epoca di Gluck, che gli impedì di centrare musicalmente il registro che un libretto di pregevole fattura gli sottoponeva, mettendo in bella evidenza una concezione drammaturgica basata sul coro come personaggio (non solo come commentatore di eventi) e sui coristi in funzione di interlocutori durante i recitativi. Egli rispose alla sollecitazione con una musica calata come prezioso manto trapuntato su una trama di sentimenti austeri, al di fuori della portata di diretta commozione. L'arpa incantata, che percorre il recitativo accompagnato in cui Orfeo venuto in soccorso di Euridice placa le belve, all'altezza dell'epoca ha solo il modo in cui il tema è ripreso nella successiva aria "Cara speme", in una concezione che tradisce appunto la modernità attraverso la compenetrazione degli elementi formali; ma, nella distillata carezza di ornamenti che il timbro dello strumento riflette come risonanza celestiale, tocca la misura della staticità di un lavoro nato al di fuori del tempo. Non si tratta tanto di valutare l'opera paragonandola a un capolavoro comunque datato quale l'*Orfeo* di Gluck, benché la rigorosa drammaturgia rimanga un merito del libretto e non di una musica in fondo incapace di grandezza tragica e costretta a cercare vitalistico alimento nel recupero spesso incontrollato di divagante virtuosismo vocale. La lezione più vera è ricavabile dal confronto con i traguardi allora già raggiunti nella musica strumentale da sostanza tumultuosa in grado di "muovere le passioni", ben oltre quel margine di contegno dietro il quale il lamento di Orfeo per la morte di Euridice ("In un mar d'acerbe pene") si fissa nell'aura di canto di contemplatività non scalfita dal dolore, e che all'irrimediabile perdita dell'amata dopo il viaggio agli inferi replica con un sentimento di maniera ("Mi sento languire, morire mi sento") abbellito dall'esteriore sinuosità della melodia.

Niente di paragonabile alle sinfonie coeve – se non la sicurezza della scrittura orchestrale – appare in un'opera nata sulle basi e con le stesse caratteristiche del *Ritorno di Tobia.* A distanza di due decenni il tempo era passato solo per un'esperienza strumentale maturata sotto la spinta dell'affacciarsi di un nuovo *humus* sociale, mentre a livello di statica impenetrabilità venivano vissute le manifestazioni di cultura aristocratica a cui il musicista si adeguò solo esteriormente senza in fondo condividerne le premesse. Il parallelo con Mozart si impone non tanto per riscontrare la stessa difficoltà a parlare la lingua ormai straniera dell'opera seria, ma per mostrare invece come, nella capacità del salisburghese d'introdurre nella severa impalcatura drammaturgica de *La clemenza di Tito* una dimensione di trasalente sensibilità, egli sapesse in qualche modo intaccare anche le strutture di preformato rigore. E ciò non è tanto da considerare come risultato di minore o maggiore genialità, ma serve a individuare in Mozart colui che paradossalmente, pur essendosi ben presto liberato dal giogo della servitù, coltivò in fondo sempre l'ambizione di rimanere interlocutore favorito dei potenti: indipendentemente dal *pensum* rappresentato dall'ultimo suo cimento nell'opera seria, la priorità che egli sempre riservò all'attività melodrammatica è rivelante giacché essa, anche nelle forme più moderne e vitali, era ancora un'istituzione completamente gestita sotto il controllo dell'aristocrazia.

Mentre Haydn, il quale fu capace di accettare di buon grado la subordinazione all'ambiente cortigiano, in realtà riusciva a prescinderne distinguendo perfettamente ciò che gli derivava dall'obbligo e ciò che per lui rappresentava personale e cospicuo investimento di creatività.

Alla luce di queste considerazioni l'opera teatrale va interpretata come il banco di prova per eccellenza della sua scarsa predisposizione ad esaurire le proprie ambizioni nell'ambito pur privilegiato della cultura aristocratica. Le composizioni sceniche di Haydn concepite a Esterháza – si tratta di una ventina di lavori – nacquero praticamente come opere di circostanza scritte con dovizia ma non mai sviluppate e promosse al punto da competere con le pietre miliari di questo genere. Il musicista stesso ne era perfettamente cosciente quando (presumibilmente nel dicembre 1787), all'invito del notabile praghese Franz Roth, che gli fece pervenire la richiesta di un'opera buffa, così rispose:

> Più che volentieri, se Lei desidera avere per sé una delle mie composizioni vocali. Ma se intende allestirle in teatro a Praga, in questo caso non posso esserle utile, poiché tutte le mie opere sono troppo strettamente connesse con la situazione specifica di Esterháza (in Ungheria), e inoltre esse non produrrebbero l'effetto, che io ho calcolato in rapporto al luogo [*nach der Lokalität berechnet*].
>
> Tutt'altra cosa sarebbe se io avessi l'insperata fortuna di comporre un libretto del tutto nuovo per il vostro teatro. Ma anche in tal caso dovrei osare troppo, considerando che il grande Mozart non ammette paragoni con nessun altro.

Nell'autosufficienza della residenza ungherese il servizio di Haydn non mostrava pecche. Proprio in quanto il maggiore dei passatempi del principe era l'opera, il musicista curò il modo di confezionarglielo su misura. Poiché sappiamo che «niente era troppo lungo» per il principe Nicola, «le opere di Haydn si muovono lentamente» (Robbins Landon) e non conoscono quella rapidità risolutiva che era prerogativa di Mozart il quale ciò facendo, si sa, sottrasse l'opera al monopolio della classe nobiliare, legittimamente preoccupata di mantenerne la continuità, e la fece diventare specchio di moderno e libero sentire. Può essere che Haydn mancasse delle necessarie virtù drammatiche, e sarà vero poiché non era possibile dimostrare il contrario, cioè che sia giunto agli esiti teatrali del salisburghese. Ma conoscendo l'ampio arco di sviluppo della sua sinfonia non è possibile liquidare la modesta levatura della sua produzione operistica come una semplice questione di talento. Il Rosen preferisce spiegare il «fallimento» operistico di Haydn rifacendosi al giudizio sulla carenza teatrale di Beethoven formulato dal Tovey, il quale aveva sottolineato come il suo linguaggio non fosse «troppo poco drammatico per il teatro, bensì lo fosse troppo»: pure Haydn, maestro di colpi di scena, mostra la superficie di una musica «semmai più drammatica di quella di Mozart, non meno». Sennonché criticare il *Fidelio* in base ai criteri che valgono per il *Don Giovanni* è lecito per l'esistenza di precisa dipendenza cronologica, mentre non lo è nel caso della produzione haydniana che è appunto anteriore al capolavoro mozartiano, il quale è anzi responsabile della sua decisione (rotta solo dal londinese peccato di vecchiaia) di rinunciare del tutto a nutrire velleità in campo teatrale. In tal caso un confronto con Mozart, preoccupato più del problema della qualità artistica che della collocazione storica che ne costituisce premessa, può essere fuorviante. In realtà Haydn rispecchiava in questo campo il miglior livello di ciò che era in circolazione a quel tempo, esemplato ovviamente sugli autori italiani e sensibile all'articolazione nello stesso contesto espressivo di elementi seri ed elementi comici. Il nucleo di questo processo è già rintracciabile ne *Lo speziale,* nell'aria di Volpino ("Amore nel mio petto") che parte tumultuosamente drammatica per poi giungere a una mescolanza di caratteri opposti. Le opere successive (*Le pescatrici*, *L'infedeltà delusa*, *L'incontro improvviso*, *La vera costanza*, *Il mondo della luna*, *La fedeltà premiata*) sono drammi giocosi che, pur senza giungere a cruciale approfondimento, delineano la costanza di una direzione che si sarebbe rivelata vincente come fusione della sostanza emotiva del filone serio con la capacità d'azione del filone buffo. È ciò che rende certi finali haydniani una testimonianza del massimo interesse. Alle opere menzionate, che in più o meno uguale misura presentano episodi confermanti tale stadio di crescita, aggiungerei il rilievo particolare detenuto dall'ambizioso finale dell'atto primo dell'*Orlando Paladino* (1782), dove il fatto che si tratti di dramma eroicomico rende ancora più tesa la dialettica resa già inquieta dall'instabile presenza di personaggi in preda alla follia: l'acceso avvio provocato dall'impazzare di Orlando in cerca del rivale viene interrotto due volte e simmetricamente dall'entrata meditativa e lamentosa di Angelica e da un secondo arresto sull'arrivo di Medoro; per il resto l'animazione è giocata anche sugli interventi comici di Eurilla e Pasquale, spettatori allibiti (come Leporello) di fronte agli incantesimi di Alcina e la cui intrusione non è unidirezionale ma, come in Mozart, sfumata in risvolti sentimentali (Duetto dell'atto secondo). D'altronde questo era un orientamento captato da Haydn attraverso l'accoglimento a Esterháza de *La buona figliola,* di quel capolavoro cioè che poco dopo la metà del secolo si era imposto con enorme risonanza proprio come "dramma giocoso" dove, nella destabilizzazione dei riferimenti che vedeva gli umili parlare e ragionare nella lingua dei personaggi nobili, si infiltravano motivi sentimentali e compiaciuti languori che non tardarono a lasciare il segno e ai quali, l'anno stesso della rappresentazione dell'opera del Piccinni nella residenza ungherese, Haydn faceva eco con *La vera costanza,* inscenandovi parimenti la storia di una ragazza del popolo che sposa un cavaliere, uscendone trionfante dopo continue prove di umiliazioni e sofferenze.

La disinvoltura con cui Haydn si muove in campo operistico è inoltre confermata da *L'isola disabitata* (1779) su testo di Metastasio, la quale si avvicina alle ambizioni della riforma gluckiana nel prevalere della declamazione sulle arie, tendendo all'abolizione del recitativo secco ed estendendo la portata del recitativo accompagnato, incrementato in misura enorme e in proporzioni insolite. L'Haydn operista era quindi consapevolmente inserito nelle emergenti linee di sviluppo del teatro musicale dell'epoca, e non poteva essere altrimenti in una corte dove le preferenze ponevano l'opera al centro dell'interesse. Il mancato balzo in avanti fu probabilmente dovuto a una sorta di atteggiamento di onesta passività, strettamente limitata al compito ricevuto, troppo poco interessata e spettatrice nei confronti del prodotto per eccellenza di quella cultura per poter risolversi in decisione di intervenire sul suo tronco con innesto di nuovo e più fertile seme. In tal modo la sua produzione teatrale non offre spunti a ricerche sulla collaborazione coi poeti e sui relativi chiarimenti estetici: rinunciando a svilupparsi oltre la prospettiva della ricomposizione di vecchi libretti, essa subì assai presto l'usura del tempo. Quando a Torino, in seguito alla falsa notizia sparsa per tutta Europa della morte di Haydn, per onorare la memoria del celebre compositore il Teatro Regio (allora Théâtre des Arts) il 27 dicembre 1804 rispolverò l'*Armida* (1783), la magnificenza dell'allestimento non riuscì a ringiovanire una musica che appariva irrimediabilmente invecchiata: «cette composition répond parfaitement à la grande réputation de l'auteur; elle est cependant un peu sévère, et toutes les parties en étant extrêmement savantes, sont faites peut-être pour n'être bien jugées que par un petit nombre d'auditeurs; car assez généralement, on aime entendre des airs qu'on puisse retenir facilement» (citazione dal «Journal de Turin», 29 dicembre 1804).

L'attività operistica di Haydn risulta in particolare preclusa al fecondo contatto con la fiorente attività orchestrale, la cui evoluzione in definitiva sembra essere stata possibile proprio per essersi svolta autonomamente nella sopravvivenza di una mentalità che a distinti generi assegnava distinti ambiti e distinte funzioni. Il musicista in altre parole accettava consapevolmente una condizione di bilinguismo che, in una disciplinata organizzazione per generi, vedeva pesare sul filone melodrammatico i vincoli della tradizione e della moda, lasciando alla musica strumentale la possibilità di battere le vere strade del nuovo. In verità Haydn possedeva al più alto grado la scienza della concertazione delle voci e lo dimostrò negli *ensembles* degli oratori della maturità, dove un terzetto quale il n. 18 de *La creazione* è tutt'altro che lontano, nel concatenamento a volte serrato delle parti, da quello che da Mozart in poi era diventato il modello operistico della scena d'assieme. L'evidenza è ancora più clamorosa se consideriamo che qui l'impianto del libretto è descrittivo e non drammatico, e che solo il musicista quindi era responsabile di un esito di tale maturità. In realtà la vocalità degli oratori haydniani – e lo deduciamo soprattutto dalla castigatezza del livello virtuosistico – non aveva nulla in comune con l'esperienza melodrammatica e si apparentava al supremo modello mozartiano solo per la capacità di riformulare in campo vocale la funzione del supporto strumentale che, a una drammaticità ottenuta attraverso il concatenamento di momenti chiusi e distinti tutt'al più organizzati in sequenze incentivanti l'amplificazione dei contrasti, sostituiva un inarrestabile *continuum* di tensioni liberate e controllate su un ampio svolgimento, secondo quanto avveniva nella sinfonia. È significativo che l'obiezione emessa dagli italiani nei confronti de *Le stagioni* – testimoniata in uno scritto dell'inglese

John Crosse nel 1823 – sia il rimprovero di contenere poche arie e «di essere in effetti una composizione di musica strumentale con un accompagnamento vocale».

Nell'oratorio, in certo qual modo imparentato con le composizioni liturgiche dalla vocalità per tradizione meno spiccata e dove la sopravvivenza dei valori contrappuntistici per conto suo già determinava un discorso di vasto respiro e fondato sulla continuità, fu possibile quindi l'operazione che Haydn non attuò nell'opera per il rispetto portato al suo assetto tradizionale. È da questo senso di disciplina che il Carpani, assai poco incline verso i compositori del suo tempo incantati dalle «novità pericolose», ricavò la motivazione di un libro su Haydn, sul compositore cioè additato come esempio dell'ossequio dell'ordine a tutti coloro che «hanno confuso i generi, e volte le spalle alla natura». L'Haydn che ambiva a essere ammesso nelle cerchie nobiliari, di coloro che contavano, era capace di indossare il vestito di circostanza; salvo poi a toglierselo quando finalmente gli era dato di ritrovarsi fra la gente della sua condizione, fra cui recuperava anche la scioltezza espressiva di un idioma musicalmente libero dal peso di simbologie e di retorica solennità di sentimento.

Sapienza oratoria

Pure il Carpani non mancava di identificare nella musica da camera haydniana la dimensione del conversare a più voci in armonia d'intenti: il violino primo, come «uomo di spirito e amabile, di mezza età, bel parlatore che [sostiene] la maggior parte del discorso da lui stesso proposto e animato» interloquisce con il secondo violino, «intento a sostenere la conversazione più coll'adesione a quanto udiva dall'altro che con idee sue proprie», in mezzo agli interventi laconici del violoncello, «uomo sodo, dotto e sentenzioso» accompagnato alla viola, «matrona alquanto ciarliera». La dimensione conversevole è talmente presente in qualsiasi giudizio sui quartetti haydniani che persino il Rosen, nella sua metodologia centrata sull'analisi del testo più che del contesto, è costretto a tenerne conto, dedicandogli nel suo ben noto e determinante contributo allo stile classico, una pagina esemplare: l'inizio dell'op. 54 n. 3 allora non può sfuggire alla tentazione di vedere negli strumenti dialoganti la personificazione di caratteri secondo lo schema collaudato nelle azioni della commedia dell'arte, dove «il contenuto del testo passa in secondo piano rispetto all'umorismo della forma complessiva».

È un vero e proprio discorso in prosa che, tagliando le frasi musicali sugli accenti delle cadenze parlate, mette le basi di un'agile quanto ricca arte della conversazione in condizione di rivaleggiare con ciò che in ogni paese dell'Europa del Settecento era diventata, in termini a volte sofisticati, la prosa letteraria. In questo senso sarebbe errato insistere eccessivamente sulla fedeltà di Haydn alle umili derivazioni del quartetto. Quello fu il punto di partenza sul quale il musicista cercò di costruire passo dopo passo la dignità di una forma ad ampio respiro in cui affinare un idioma che in breve tempo avrebbe superato le ipoteche legate alla sua origine in un magistrale equilibrio fra accessibilità e sapienza, efficacemente messo a fuoco da Hans Georg Nägeli nelle sue *Vorlesungen über Musik mit Berücksicktigung der Dilettanten* (1823-1824): «Non profondo, ma anche non povero d'idee; conoscitore e maestro degli strumenti ad arco, anche del violoncello, attraverso le sue composizioni egli assicurò loro tanta più influenza quanto più – in una mescolanza abilmente dosata di omofonia e di polifonia – esse non erano troppo comuni per gli esperti dell'arte, né troppo dotte per i dilettanti». La scelta della musica strumentale, poiché tale alla fine fu per Haydn, conferma quindi un'altra volta la vocazione mediatrice di un compositore la cui autenticità non gli impediva di muoversi in ambito perfettamente integrato al rapido processo di acculturazione dell'esperienza borghese che in conclusione, pur di elevarsi, non disdegnò quindi di far capo alle stesse risorse dell'arte austera da cui si era distaccata.

La colloquialità della musica strumentale haydniana, benché schietta proprio per il richiamo alla semplicità della direzione che rasenta a volte il plebeo, in realtà si qualifica come una ricerca di alto livello la quale, dietro l'immediatezza dell'approccio, cela l'impiego di procedimenti raffinati e completanti un sistema capace di fondare una nuova retorica. Tale dignità di statura non sfuggi al Carpani:

> La musica di questo scrittore è un vero arsenale di armi oratorie, per quanto il presente sistema di musica lo può comportare. Voi vi trovate, siccome nelle ciceroniane orazioni, tutte quasi le figure retoriche messe in pratica. Ivi la gradazione, l'antitesi, la dubitazione, l'isocolon, la ripetizione, la congerie, l'epilogo, la sinonimia, la sospensione.

La retorica in quanto arte della persuasione esercitata attraverso singolarità e varietà di forme, e nella misura in cui la sua musica rifugge da interessi speculativi che la distolgono dall'azione e dal contatto, fu l'obiettivo prioritario di un compositore nel quale in fondo la capacità di esprimere conta più della stessa motivazione espressiva, dove la volontà del dire è già il messaggio di un'esperienza che alimenta il proprio senso in un rapporto di comunicazione fatto di imprevisti, giochi di astuzia, sorprese di ogni genere, la cui funzione è quella di destare l'attenzione aguzzando l'orecchio degli ascoltanti i quali, entrando nel meccanismo di una specie di gioco a rimpiattino, vi si riconoscono al punto da diventare loro stessi centro del discorso.

> Ma singolarmente tutto suo – continua il Carpani – è l'uso della reticenza e dell'aposiopesi, le quali, adoperate frammezzo a quella sua rapidità senza esempio, producono un effetto meraviglioso. Parlo di quelle fermate improvvise d'orchestra, per cui pervenuto, nella cadenza del periodo musicale, all'ultima nota che risolve e chiude la sentenza, egli s'arresta ad un colpo, e fa tacere ogni strumento. Voi v'aspettate che al ripigliare dei suoni la prima nota che sentirete sarà quella ultima, e mancante a coronare il periodo; nota che voi avete già sentito, per così dire, nella mente; ma no: Haydn v'esce allora per lo più alla quinta con un passetto grazioso, ch'egli aveva già indicato da prima, e dopo l'avervi gradevolmente trattenuto per poco in essa, ritorna al tuono principale e vi dà allora tutta intera e con pienissima vostra soddisfazione quella cadenza che solo vi aveva ritardata, perché più gradevole vi riuscisse.

In verità l'azione della sorpresa è messa in moto anche da meccanismi più audaci e più sottili di quello a cui si riferisce il poeta italiano: nel *Vivace* conclusivo della Sinfonia n. 71 (1780 ca) dalla cadenza in fa maggiore con cui termina l'esposizione lo sviluppo riprende dopo una pausa nella lontana latitudine di re bemolle maggiore, dove è solo il *pp* ad attenuare l'effetto di stravolgimento certamente previsto nelle parole vergate dal compositore a quel punto della partitura ("per licentiam").

La pausa è il mezzo che per la prima volta con Haydn non si presenta più come conseguenza collaterale di un discorso precedentemente articolato su superfici piene ma, nell'assetto di una musica dove già la funzione dinamica risulta integrata in posizione equiparata agli altri parametri, da semplice elemento di cesura (al massimo di discreta notazione espressiva nelle forme auliche) diventa componente primaria della costruzione. Negli Allegri essa è per lo più il segnale di una deviazione del discorso oppure l'elemento che, come effetto di vuoto, serve a potenziare l'esplosione del *tutti* in *ff*. Nei tempi lenti – ne è un episodio maestro il secondo movimento della Sinfonia n. 64 (1773 ca) – le pause interrompono il filo del tema seguendo non le regole di una punteggiatura, bensì lasciando ogni volta il senso d'inconcluso, agendo quindi sottilmente come fattore dinamico capace di rilanciare il discorso: nella fattispecie, poi, muovendosi in un contesto timbrico soffuso e impalpabile, diventa l'elemento fondamentale sul quale il linguaggio di Haydn, per il resto notoriamente concreto nella sua forza d'impatto, riesce a conseguire quelle soluzioni di astrazione che maggiormente interessano il sinfonismo posteriore. D'altra parte, a conferma del valore costruttivo della pausa in qualsiasi situazione, nella frase danzante dello *Scherzo* del Quartetto op. 33 n. 5, interrompendo la cadenza con effetto comico di inciampo ritmico, essa acquista maggior peso per l'immediatezza espressiva del risultato.

La sorpresa, sappiamo, ha dato anche il nome a una delle sue più celebri sinfonie, ma costituisce un principio fondamentale del suo linguaggio in generale come risorsa solleticante dell'attenzione, spesso attuata nella forma più diretta di evento timbrico (il clavicembalo che emerge a un tratto a chiosare il tema dell'*Andante* nella Sinfonia n. 29 (1765); oppure l'apparenza sfrontata del pizzicato che conclude la Sinfonia n. 23 (1764), e l'ancor più beffardo do profondo sotto il rigo del fagotto che rompe la pace generale conquistata dal lento e progressivo diminuire d'intensità verso la fine del *Largo cantabile* della Sinfonia n. 93 (1791) o di sghembe soluzioni ritmiche (lo spostamento d'accento che abusa dei mordenti nel tema del *Minuetto* della Sinfonia n. 65, 1773 ca). Non sempre l'effetto sorpresa è dato dall'imprevisto: a volte esso è maggiore nella misura in cui risulta preparato. Alla fine della Sinfonia n. 99 (1793), placato in una corona il solito vortice dell'ultimo tempo, il tema non riprende subito nel "tempo I" ma è balbettato in *ritardando,* poi addirittura a valori raddoppiati (*Adagio*): è appunto questa sospensione del movimento al rallentatore a tenere l'ascolto "su una gamba sola" ad attendere ciò che in fondo già sa e che dipenderà solo dal momento in cui il direttore d'orchestra darà l'attacco cruciale. La stessa cosa avviene nel finale della Sinfonia n. 94 (1791, chiamata "La sorpresa" già per il brusco intervento dell'orchestra col timpano in *ff* sulla cesura della prima tranquilla e innocente frase dell'*Andante*) dove alla fine dello sviluppo il tema, con cui dovrebbe succedere la ripresa, si blocca in un frammento ripetuto indefinite volte come avviamento che non porta mai a conclusione ma che, quando il movimento riparte, immancabilmente coglie l'ascoltatore alla sprovvista. Rosen ha fatto notare come in questi specifici casi che – come la tecnica altrettanto efficace della falsa ripresa – si ritrovano nei finali haydniani, il tema sia nella maggior parte delle volte in levare, cioè possieda maggior coefficiente di slancio e quindi anche d'inganno.

La sorpresa è anche il principio a cui occorre ricondurre le tipiche rotture di continuità che, per esempio nella Sinfonia n. 46, assistono all'interruzione dell'esplosione d'allegria del *Presto scherzando* causata dall'irrompere di improvvisa citazione del *Minuetto,* riprodotto in tutta la sua disarmante tenerezza (meno clamorosa ma altrettanto originale la ripresa delle note dell'*Adagio* nel Trio del *Minuetto* della Sinfonia n. 55). Giacché simili procedimenti servono a suscitare meraviglia senza intaccare la solidità dell'edificio formale si rivelano appunto come armi di raffinata arte oratoria rappresentante un fine in sé. Nella misura in cui essi introducono elementi destabilizzanti nella forma complessiva, appaiono invece come ricerca di un assetto ripensato di volta in volta in funzione di uno scopo che non si esaurisce nella forma. Ora non è sempre facile e possibile distinguere quale sia l'obiettivo di Haydn. È la complessità stessa del linguaggio allo stadio in cui era pervenuto a quell'epoca a frapporre ostacolo, un linguaggio che probabilmente per la prima volta nella storia riusciva a mantenere la propria omogeneità ammettendo anche l'integrazione di riferimenti a volte cospicui a locuzioni del passato (tanto per fare un esempio, l'avvio processionale di sapore händeliano della Sinfonia n. 72, 1763-1765), oppure ai suggerimenti di ispirazione popolare (assai numerosi come vedremo) nell'arricchimento della sua portata d'azione.

L'esperienza *Sturm und Drang,* nell'interferenza di soluzioni impreviste che lasciavano la forma in uno stato di messa in discussione come capacità di accettarne l'instabilità, esaltava l'autonomia dei valori emotivi: l'arte oratoria cedeva qui il passo a una concezione in cui l'interesse per il modo di dire decadeva per importanza rispetto all'emergenza prepotente di ciò che doveva essere detto. Sennonché il superamento di questa fase non significò (come in Mozart) un riequilibrio che, poste sotto controllo le forzature espressive troppo pronunciate, mantenesse il concetto di un'arte finalizzata alla libera dichiarazione dei moti d'animo; ma si presentò come un riassorbimento delle energie dirompenti, in una definizione di equilibrio che nella sua sostanza consentiva un recupero delle valenze retoriche, regolatrici del sistema espressivo.

Quando il sol minore ricompare nella Sinfonia n. 83 (1785) il tocco cromatico dell'intervallo di quarta eccedente che si insinua nell'arco del tema iniziale dichiara un peso specifico inequivocabile, ma, nonostante riesca a fermentare nella tensione contrappuntistica dello sviluppo, non gli è dato di tener testa all'azione ristabilizzatrice del secondo tema, ironico e addirittura beffardo. Il dramma del sol minore vi è quindi esorcizzato al punto da venire sostituito nel movimento finale con l'equivalente maggiore della stessa tonalità e da accettare l'incremento nella direzione del grazioso attraverso gli ammiccamenti del *Minuetto,* mentre l'epiteto "La gallina", che l'astuto editore parigino desunse come titolo dall'insistenza del ritmo puntato che innerva il nerbo al secondo tema del primo movimento, vi si adatta proprio per il tipo di orientamento ormai preso.

L'addio definitivo alla tonalità della passione nella Sinfonia n. 95 (1791) consente al do minore di estendersi dal primo tempo al *Minuetto*, ma non di impossessarsi del finale, benché una tempesta subito placata vi si faccia avanti a un certo punto in quella tonalità. Nel contesto del primo movimento invece, dove la seconda idea accentua il momento di letizia nella ripresa facendosi corteggiare dall'eleganza un po' esteriore del tocco solistico del primo violino (anticipatore della componente concertante e quindi ricreativa che percorre l'intera sinfonia), la fisionomia tragica del primo tema non riuscendo a dominare appare come evocazione di un gesto risolto in enunciazione di principio, estrapolata come dato retorico, in un certo senso riportato alla tipica formulazione del patrimonio lessicale dell'opera seria, attraverso l'inconfondibile tratto conciso ed esclamativo isolato nell'unisono delle prime due battute. In modo ancora più indiscutibile il tema fatale disegnato dal torvo precipitare delle note scandite dell'accordo minore già identificato nelle Sinfonie n. 45 e 56, emerge insospettatamente nello sviluppo del primo tempo della Sinfonia n. 85, volgendo a suo favore l'episodio centrale del movimento, senza tuttavia lasciare traccia nella riesposizione che ne riequilibra il segno negativo nel positivo di opposta tonalità. L'apparizione circoscritta di un gesto maturato all'epoca dell'incandescente stagione *Sturm und Drang,* qui ridotta a locuzione messa in opera nel processo di arricchimento del discorso, palesa il costituirsi di uno stile oratorio assai più flessibile nel modo di esplicarsi rispetto ai sistemi retorici del passato, ma ugualmente in grado di confermare la funzione equilibratrice di un autore persuasivo proprio per il modo in cui dimostra di controllare le passioni, di dosarne gli accenti in uno svolgimento da ammirare in primo luogo per l'armonia delle sue proporzioni.

Ancora una volta è il Carpani ad aiutarci a focalizzare il senso di un'arte il cui fine è la conciliazione degli elementi posti in gioco nel quadro di una dimostrazione di sapiente impiego dei collaudati strumenti dell'oratoria:

> Si chiama condotta l'arte di accordare l'idea principale (che nel linguaggio dell'arte si chiama *soggetto*) colle accessorie. Una composizione musicale è un discorso che si fa coi suoni figurati invece delle parole. Il *motivo* ne è la proposizione, l'assunto che s'imprende a provare. Alla stessa maniera che l'oratore, dopo d'aver proposto il suo tema, lo sviluppa, ne adduce le prove, ne stringe l'argomento, e, riepilogando il già detto, lo conduce alla conclusione, allo stesso modo progredir deve il maestro di musica nel suo lavoro. Egli di tanto in tanto ritorna al motivo, e lo fa risentire, affinché l'ascoltatore ne sia ben bene penetrato [...]; rinvigorirlo, aspreggiarlo talvolta, variarlo, rivoltarlo con dottrina e con garbo, e sempre più abbellirlo, questo è il vero distintivo del genio. Ne appello a quanti udirono le sinfonie di *Haydn*.

Di qui la necessità, nel caso di Haydn, di tenere sempre d'occhio l'arco generale del discorso; principio adottato dal Rosen per identificare quel «sistema di simmetria complessivo» che, dal 1780 in poi, mise il musicista nella condizione di controllare qualsiasi tipo di irregolarità o di sorpresa ritmica imponendo la regola di frasi articolate in otto battute, e dove le eccezioni costituite dal numero dispari risultano in un certo senso esorcizzate grazie al procedimento dell'accoppiamento di due frasi irregolari, in cui l'una possa compensare l'altra. Non per niente la principale osservazione del Momigny, la cui analisi come detto non si limitava all'interpretazione descrittiva, coglieva nella musica haydniana la realizzazione di un modello supremo di arte perfettamente regolata nella sua complessa articolazione:

> Il n'est point une seule note qui se perde dans son orchestre immense, parce qu'il n'en est aucune qui ne soit à sa place, soit comme principale, soit comme secondaire, soit comme accessoire. Un instrument n'y détruit jamais l'effet d'un autre, et tous ceux qui se font entendre à la fois concourent selon leur nature au même but.

Lo scopo non poteva essere altro che il primeggiare di un principio d'ordine e d'armonia superiore a tutte le occasioni d'instabilità, di squilibrio, di scompostezza, che non mancano mai nelle sue opere, non già allo scopo di spostare il discorso sui versanti tormentati dell'espressione, bensì per introdurvi quelle componenti di tensione indispensabili a ogni sistema "armonioso" per dimostrare, attraverso la loro risoluzione, il primato delle funzioni equilibratrici. Per quanto concerne la preghiera di cui crede di poter cogliere l'inizio nelle prime battute della Sinfonia n. 103, il teorico francese si rende conto che essa sarebbe stata

> [...] d'autant plus monotone qu'elle se fait entendre sur les cordes les plus graves. Il a senti le besoin d'une opposition, et pour le mieux motiver, il a imité la voix des assistants qui répondent aux officiants par un amen [nell'intervento dei fiati], ou par une réponse aussi courte.

L'armonia può affermarsi solo come sbocco successivo all'esigenza di opposizione, che nella fattispecie detta il corso dell'immaginosa interpretazione – «Que faut-il pour imposer silence à ces passions dont le fracas est si terrible? *Un coup de tonnerre*: il se fait entendre» – non solo accertando come l'elemento sorpresa in Haydn non possa mai avere carattere d'arbitrio, ma rivelando altresì il carattere sovrastrutturale della sostanza rappresentativa peraltro indotta dai fondati motivi che abbiamo considerato in un paragrafo precedente (chiave di lettura evidentemente *sui generis* se appunto, per essere costretta a modellare sulle funzioni sintattiche del discorso musicale lo svolgimento di azione evocata, in definitiva finisce con la perdita del suo senso e con il riconoscimento di un sistema espressivo la cui dimensione oratoria risulta più importante di ogni possibilità denotativa).

Con ciò perveniamo a quella nozione di «giuoco filarmonico» così chiamato dal Carpani allo scopo di sottolineare l'identificazione di una capacità e di una qualità di discorso addirittura dissociabile dalle stesse premesse espressive, giungendo ad attribuire a Haydn l'asserzione secondo la quale

> [...] ogni *motivo* era buono. – Tutto sta (diceva egli) nella maniera di trattarlo e condurlo. – Difatti avvenne talvolta che, mentre se ne stava a tavolino per principiare qualche lavoro, venendogli innanzi persona del mestiere, gli diceva: – datemi un motivo qualunque. – Dare un motivo all'*Haydn*! Chi l'avrebbe osato? – Animo (soggiungeva egli), dite su; quel che vien viene. – E che ciò fosse, può ravvisarsi in taluno di que' suoi stupendi quartetti, il quale comincia nel modo che nel motivo vi pare una celia, ma progredendo, la celia si fa seria, si rinforza, si solleva, s'ingigantisce, e diviene ben presto un lavoro sodissimo e squisito.

Non è evidentemente possibile – e lo ammetteva già il letterato italiano attento a circoscrivere la portata a «quando però non aveva in vista di esprimere un dato affetto, o colorire una data immagine» – pretendere di interpretare la musica haydniana alla luce di tale presunto metodo, come una suprema arte dell'indifferenza verso ciò che non fosse parvenza del suo oggettivo funzionamento. Come manifestazione della longevità del suo autore, prolungando essa i propri effetti nel secolo che passò lo scettro alle passioni, è pero certo che quell'arte sopravvisse proprio per dimostrare la diversa grandezza di un passato meno attento alla bellezza e alla dignità dell'assunto e capace per contro di realizzarla nella sapienza dell'elaborazione: «Vi sono per altro de' Rondò nelle Sinfonie di Haydn, i Temi dei quali appariscono ognor più belli e più nuovi nella loro ripetizione, a onta che non siano né nuovi, né di particolare bellezza: ma quale effetto magico non sapea produrre un Haydn, anche colle cose più triviali?» (Pietro Lichtenthal, *Dizionario e Bibliografia della Musica,* Milano, 1826).

D'altra parte se lo *Sturm und Drang* fu nodo cruciale nella maturazione della sua esperienza, esso contò proprio per essere stato superato in un ideale di equilibrio capace di immunizzarlo da ogni tentativo di riscossa dell'empito passionale. Qualche anno dopo, da tutt'altra visuale, il musicista affrontò il problema delle valenze emotive dell'espressione affermando l'insostituibilità delle passioni non in quanto verità del sentire, bensì come opportuno complemento a sentimento vitalistico: «Se è possibile ottenerli subito, gradirei ricevere 3 nuovi delicati [*zärtliche*] testi da mettere in musica, poiché quasi tutti gli altri sono di carattere allegro [*lustigen*]*;* il loro contenuto può essere melanconico [*traurig*]*:* così che possa avere luce e ombra, come nel caso dei primi dodici» (lettera del 18 ottobre 1781 all'editore Artaria nella trattativa riguardante la composizione di una serie di Lieder). Luce e ombra, gioia e dolore, in Haydn si presentano quindi come concetti immediatamente pensati in musica, avulsi dal contesto esistenziale che li rifletta come portati di impellente esigenza comunicativa, e praticati come riferimenti di un discorso che li assume quali elementi vitali della propria membratura, non in quanto tappe di biografica lettura dei sentimenti, bensì secondo la funzionalità di un rapporto che attraverso di loro possa garantire un vasto arco di articolazione all'atto del comunicare.

L'atto del dire prevale sulle capacità connotative già nella terminologia, se dobbiamo dar credito al Carpani: «Consiste la cantilena in quella successione e incatenazione di passi, i quali, derivano dal primo (che saggiamente gl'Italiani chiamano *motivo,* indicando con ciò, ch'egli dà moto e direzione a tutti gli altri), si legano, si avvicendano, si convergono per l'indole e carattere loro». È il moto e l'attività tematica che ne è funzione (e non viceversa) a essere importante in Haydn e in un certo senso a spiegare il tipico profilo della sua forma-sonata, in cui si delinea una dialettica controllatissima nelle energie liberate dai suoi vettori proprio grazie alla misura adottata nella caratterizzazione dei temi. Appunto in quanto privo di quella compiutezza e identità espressiva che detiene già superbamente in Mozart e ancor più fieramente in Beethoven, il tema in Haydn non possiede quasi mai da solo scultorea qualità e grado di pregnanza tale da profilare il dramma già nella sua apparenza: in questa direzione si muoverà Beethoven, radicalizzando la dialettica tra temi costituiti in opposta e incompatibile fisionomia. Haydn, benché nelle sinfonie londinesi agisca disinvoltamente nel contrasto di due temi, in generale evita di caratterizzarli nel disegno (cioè nella loro capacità di balzare in primo piano come enunciato) bastandogli la caratterizzazione come risultato della loro posizione nel discorso, principalmente grazie alla rispettiva definizione tonale. È il monotematismo allora a imporsi come principio e a creare in fondo l'impressione di un discorso che avanza tra contraddizioni, deviazioni, argomentazioni, concludendo positivamente il suo periplo senza in fondo sollecitare un'operazione significante al di là del dispiegamento di armi oratorie. Il monotematismo – il secondo tema che si presenta come semplice derivato del primo (finale della Sinfonia n. 71, oppure primo tempo della Sinfonia n. 88, 1787 ca) – è la conseguenza diretta di una concezione in cui la capacità argomentante aveva a che fare, più che con idee, con la funzione da esse detenuta in musica.

La terminologia del tempo è inequivocabile: il già citato «Mercure de France» (5 aprile 1788) encomiava le virtù di Haydn, nel «tirer [d'un sujet unique] les développements si riches et si variés: bien différent des ces Compositeurs stériles, qui passent continuellement d'une idée à l'autre, faute d'en savoir présenter une sous des formes variées». L'"idea" era quindi un concetto musicale diffuso, sicuramente desunto da precise analogie con la sostanza del discorso parlato, ma, proprio in quanto manifestazione di un modo diverso di intendere il processo compositivo rispetto all'antiquata teoria dei caratteri o all'*Affektenlehre,* più che designare qualcosa in sé era identificata come membro di un processo discorsivo al quale soprattutto era riservata l'attenzione. L'interesse del cronista francese non era infatti appuntato sull'idea in quanto veicolo di significati netti, bensì sui modi proposti per variarla e arricchirla. Se la parentela con il discorso parlato sicuramente con Beethoven sarebbe stata suggerita a livello di definizione dell'idea, qui è attuata nella messa a punto del contesto predisposto per la sua articolazione, il quale, più che porre in evidenza i punti di partenza del discorso, colpiva l'immaginazione come spazio riservato a «ces luttes si piquantes où quatre instrumens seuls s'efforcent tour a tour de déployer toute leur habilité» (giudizio di De Framéry sui quartetti del musicista in *Notice sur Joseph Haydn*, 1810) o a quella tecnica chiamata dal Carpani della «deduzione» la quale, in quanto «divagamento accidentale su d'una data idea da cui deriva, fa meglio sentire il carattere del tutto, e produce lo stesso effetto che nell'oratoria ottengono le ripetizioni della stessa figura».

Da ciò è facile evincere come lo stile classico, che nella storia del rapporto musica-parola rappresenta la fase più ambigua e sfuggente, accettasse di modellare le sue forme sulla struttura della lingua non a livello lessicale ma a livello sintattico. Allora non è solo la tendenza al monotematismo che riporta Haydn al centro di questa problematica, ma la già citata caratteristica (non sfuggita ai contemporanei) di composizioni prive di preciso riferimento tematico le quali, proprio per questa mancata caratterizzazione, sono indotte a un investimento massimo di energie negli aspetti dell'elaborazione. Il tema, se così si può chiamare, di quattro note cromatiche ascendenti con cui inizia l'*Allegro* della Sinfonia n. 91 (1788) è in realtà una cellula melodica che sembra più frammento di tema già digerito da un'elaborazione che soggetto vero e proprio (e in effetti riesce a propiziare uno sviluppo particolarmente movimentato). Altri esempi di motivi ridotti alla brevità di elementi costitutivi in sé privi di significanza sono rintracciabili nell'*Allegretto* della Sinfonia n. 62 (1780 ca), nell'*Allegro con brio* della Sinfonia n. 66 (1778 ca), nell'*Allegro* della Sinfonia n. 74 (1780) e in altre occasioni destinate a incrementare il lavoro tematico. Così il serrato ideale formale che al maturo Haydn detta la concezione tematica ciclica (particolarmente evidente nella disposizione intervallare dei soggetti nei quattro movimenti della Sinfonia n. 104, 1795), più che il preannuncio di esperienze ottocentesche va pure visto in questa direzione, in una sorta di processo d'asservimento del tema al discorso, funzionalizzato allo sviluppo in modo da essere non tanto strumento di affermazioni ideali, quanto termine di riferimento per una movimentata azione tendente a coinvolgere il pubblico, facendo direttamente leva sul riconoscimento di una dinamica suscitata all'altezza della sua coscienza d'ascolto («vi sono passaggi che non possono essere ascoltati senza provare eccitazione», così riferiva da Londra nel 1794 il cronista di un giornale viennese sull'esecuzione di una sinfonia). Il confine tra Haydn e l'esperienza mozartiana e beethoveniana è da cogliere proprio qui, nell'intenzione di sollecitare quelle cruciali funzioni dell'ascolto psicologicamente orientate allo scopo di decifrare un discorso la cui pienezza è già data in sé, nella membratura di un organismo esemplare per la prontezza con cui reagisce a ogni impulso, ma il cui scopo ultimo è quello di conseguire il proprio benessere e quindi di ricercare quell'equilibrio che l'accesa sostanza ideale, presente nei temi dei due eredi viennesi della sua esperienza, in un certo senso comprometteva. Dopo aver elogiato la piacevolezza e la naturalezza di una sua sinfonia, il cronista berlinese dell'«Allgemeine musikalische Zeitung» (25 ottobre 1800) se la prendeva con uno spettatore il quale, nel suo attaccamento a Mozart e perciò «dimenticando il padre per il figlio», osava rimproverare a Haydn di essere comico (*schnurring*), banale (*tändeln*) e puramente eccitante (*reizend*):

> È vero che in generale è possibile riscontrare maggiore passione in Mozart; ma è forse detto che ogni salvezza debba e possa venire solo dall'esplosione di una forte violenza? Non potrebbe fondarsi qui un'arte che operi pacifica e rinfrescante sull'immaginazione e che nondimeno sappia manifestare acuta intelligenza?

Delle passioni Haydn appariva come saggio regolatore, capace di sfoderare le più clamorose risorse compositive riassorbendone poi l'energia in un quadro in cui fosse confermato il prevalere del senso della misura. «L'effetto di sorpresa non può forse essere spinto più in là di così, quando nel secondo movimento veniamo improvvisamente sorpresi da una vera e propria musica di giannizzeri in minore»: il recensore («Allgemeine musikalische Zeitung», aprile 1799) della prima edizione a stampa della Sinfonia n. 100, giustamente nella sinfonia che faceva capo al più vistoso arsenale percussivo mai impiegato in una composizione orchestrale, si accontentava di registrarne la portata come abile invenzione senza potervi cogliere (nell'impianto militaresco) quegli echi di guerra che pure in quegli anni attraversavano l'Europa. Nemmeno gli eventi di una rivoluzione minacciosa che già nel 1794 (anno di composizione della sinfonia) avevano fornito più di un'avvisaglia di come negli anni successivi il continente sarebbe stato sconvolto, bastarono a dotare la composizione di quel sentimento eroico che meno di dieci anni dopo avrebbe trovato in Beethoven l'alfiere: la banda militare, che nella sinfonia di Haydn diventa immagine sonora inequivocabile, non vi testimonia tanto il carattere di parata delle allegrotte marce asburgiche del tempo non ancora contaminate dal fatale rimbombo delle musiche repubblicane francesi, ma opera come puro dato concettuale liberato nell'ultimo movimento in un contesto riverberato da innumerevoli e sorprendenti risorse impegnate a suscitare il fragore di festosa e positiva conclusione.

Suono immaginifico

La componente della sorpresa, lo stimolo quasi fisico dell'ascolto, subendo evidente incremento nel diffondersi della pratica dei pubblici concerti è un termine che occorre tener presente come fattore agente lungo l'intero arco dell'operosità haydniana. In fondo, anche se la concentrazione sul senso profondo del testo ce ne distoglie in qualche modo, l'episodio dell'"Und es ward Licht" de *La creazione,* con l'esplosione dell'intera orchestra sulla parola chiave preparata dal coro rimasto scoperto in *pp,* è senza dubbio l'applicazione più clamorosa di tale principio nella sua musica, la quale, se non mancava di colpire «ciascuno sì fortemente, che pareva proprio che mille fanali apparsi fossero a un tratto nel cupo seno di profonda caverna, o spezzata la rupe, il sole stesso vi si fosse messo d'improvviso, e tutta l'avesse irraggiata, e del grandioso ripiena» (Carpani), finiva poi per essere «coperto dalle grida entusiastiche dell'udienza». L'applauso a metà dell'esecuzione, possiamo star certi, non era tripudio di partecipazione a colossale evento biblico, ma espressione di compiacimento per i mezzi sfoderati dal compositore allo scopo di ricrearne la grandezza in statura sonora («c'est sublime», scrisse nel suo diario la duchessa di Södermanland), per l'esibizione di un'arte impareggiabile nell'esattezza delle immagini che sapeva suscitare. In altre parole, con tutto quello che l'oratorio haydniano rappresenta, quale realizzazione di possente impianto vocale-orchestrale in cui per la prima volta Haydn riesce a rovesciare il rapporto di dipendenza dello strumentale dalla voce, articolando il discorso vocale sulla base delle spinte liberate da un'orchestra riverberata con grande spaziosità in ogni sua parte, *Die Schöpfung* rimane un capolavoro del presente e non del futuro proprio per il prevalere del modo di dire sulla sostanza del discorso. Se il rapporto soggetto-oggetto dell'espressione dal Romanticismo in poi legò al primo termine il destino dell'operazione artistica, nel senso che da esso sempre più arbitrariamente sarebbero discese le regole di un linguaggio vieppiù individualizzato (e in fondo alla cui parabola l'Espressionismo sarebbe giunto ad abolire la stessa distinzione tra i due termini), l'oratorio haydniano appartiene al passato per il rispetto gerarchico di un assunto rappresentativo a cui l'espressione era tenuta a conformarsi, libera di tracciare il proprio corso ma all'interno di orbita ben definita, con l'oggetto fisso al centro e l'artista che vi gravita intorno riflettendolo da ogni parte in un gioco di rifrazioni, che porta talvolta lontano ma che lo riconduce immancabilmente in sua prossimità. È in questa condizione, di oggetto immutabile della rappresentazione, che l'espressione si configurò come codice di riferimenti stabilizzati in un gioco di simboli sottoposti alle regole della retorica, di un sistema basato sulla varietà combinatoria capace ogni volta di ricomporre in modo diverso le stesse apparenze, configurandole sempre in modo da effigiare lo stesso oggetto.

In questa situazione Haydn svolse diligentemente il suo lavoro di operista; e in fondo nello stesso contesto di relazioni si accinse a rinnovare i fasti dell'oratorio, che con lui risorse certamente a nuova vita ma che rinacque anche con tutto il suo patrimonio di virtù immaginifiche. È fuori dubbio che il barone van Swieten ebbe una parte rilevante di responsabilità nel vincolare il musicista a questo tipo di apparato dottrinale. Van Swieten, oltre che colto mecenate, era anche compositore e nella rielaborazione del testo in tedesco – il libretto originale scritto da un certo Lidley o Linley era stato tratto dal *Paradiso perduto* di Milton all'intenzione di Händel e fu dato a Haydn da Salomon prima che tornasse a Vienna dopo l'ultimo soggiorno londinese – si premurò di abbondare in indicazioni che avrebbero dovuto meglio predisporre la musica allo scopo. A commento del primo coro ("Und der Geist Gottes schwebte auf der Fläche der Wasser") il libretto precisava infatti: «In questo coro le tenebre potrebbero sparire a poco a poco; lasciando tuttavia un'oscurità sufficiente a permettere di percepire come molto violento il passaggio repentino alla luce. *E la luce fu,* ecc. non dev'essere pronunciata che una sola volta». Pur non attenendosi alla lettera alle minute e pedanti prescrizioni di van Swieten, Haydn dimostrò di condividerne la concezione estetica fondata sul parlare figurato e per immagini, innalzando con *Die Schöpfung* il più maestoso monumento del secolo votato all'imitazione della natura e siglando, nel compimento della sua grandezza, pure il tramonto di una concezione.

Al compositore non sfuggì il minimo pretesto descrittivo, nella tempesta scatenata dalla divisione delle acque, nell'agitazione delle onde schiumanti del mare, nei fulmini impressi in rapide scale discendenti, nel rombo del tuono nei timpani, nei cinguettii del flauto da cui si eleva il canto degli uccelli, nel movimento serpentino dei cetacei e dei rettili, nel ruggito delle fiere che sale dai tromboni, nel controfagotto che grottescamente si agita nel registro profondo a mimare gli esseri striscianti. Una concezione antica, articolata su un arco teso tra il simbologico e l'estetica dell'imitazione, trovava la definitiva consacrazione nel capolavoro haydniano. In verità *La creazione* fu la composizione di Haydn che più di ogni altra rende conto della fedeltà del musicista a concetti espressivi del passato, in parte già estinti e comunque in via di liquidazione. Non mancarono quindi il severo giudizio di Schiller («charakterlosen Mischmasch»), l'irrisione di Beethoven e in generale le riserve di chi era più impegnato sul fronte delle battaglie che si combattevano per schiudere le vie del nuovo secolo. Il principio di una musica servilmente modellata sui riferimenti indicati dalla parola non poteva pretendere di trovare consensi presso coloro che anelavano a un linguaggio dei suoni liberato da ogni sovrastruttura, pronto a diventare veicolo di espressione primigenia. Solo un pubblico in cerca di emozioni poteva accettare senza batter ciglio la varietà di suggerimenti che l'opera conteneva, destinati a indurre soddisfazione di tipo edonistico in fondo assai più pagana che cristiana. «Estatiche le menti, sorprese, rapite, ebbre di piacere e d'ammirazione – testimonia il Carpani della prima esecuzione – provarono per due ore consecutive ciò che provato non avevan mai prima: un'esistenza beata, prodotta da desideri sempre maggiori, sempre rinascenti e sempre soddisfatti.» Nella misura in cui le immagini musicali tracciavano un quadro evocativo teso a riprodurre la natura nella sua fisica vibrazione, non poteva mancare una possibilità di approccio dominato dal piacere sensibile, prevaricante i significati biblici. Sennonché la composizione non si lascia ridurre a un unico denominatore. Già a livello di compiti descrittivi il Carpani vi riconosceva due sorta di tecniche imitative, «la fisica» («diretta») e «la sentimentale» («indiretta»): la prima sviluppata al grado suo più elevato di «imitazione simulata» («che soltanto ci adombra, accenna e colorisce sfumatamente l'oggetto di cui si tratta, senza rendercene esattamente il suono tal quale è in natura»), la seconda più lontana dalla pittura «perché agisce in noi, dirò cosi, per vicinanza col risvegliare dei sentimenti analoghi all'oggetto che si vorrebbe, e non si può, coi suoni identici rappresentare». È in questo spazio di irrisolte relazioni che Haydn si mosse abilmente, assecondando l'assunto descrittivo quel tanto che bastava a ricavarne dignità in quanto vincolo ad auliche norme, e per il resto dotandosi egli stesso di mezzi evocativi che, per non essere risultato di tradizione meccanicamente riprodotta, si presentavano come soluzioni perfettamente compatibili con il maturo livello ormai raggiunto dalla sua scrittura orchestrale.

In che senso la rappresentazione del caos riuscisse a compenetrare l'esigenza di descrivere il lento coagularsi della materia con la fisionomia genetica della forma-sonata, già abbiamo detto. È questa senza dubbio la parte più interessante del vasto affresco, per la prospettiva di libertà e flessibilità formali paradossalmente indotta dall'obbligo rappresentativo. Vi si apparenta l'*Andante* (n. 12), a introdurre la divisione delle tenebre dalla luce mettendo in moto un recitativo che non ha confronti con nessun altro modello per il dilatato procedere di scala scandita a valori lunghi nei primi violini, contrappuntata da contorti e cromatici frammenti melodici nelle altre parti, in grado di ricavare dal disarticolato corso una tensione che esplode immediatamente in un *fortissimo.* La stessa densità e la stessa tensione del divenire configurano l'introduzione all'*Inverno* («Die Einleitung schildert die dicken Nebel, womit der Winter anfängt») dell'ultima sua impresa oratoriale (*Le stagioni,* 1801), dove il movimento di massa informe non è solo suggerito da contorsioni cromatiche e dal procedere legato per gradi contigui, ma è anche sfiorato da saettanti passaggi di flauto e di oboe che come folate di vento disegnano tratti puramente impressionistici ereditati dall'orchestra moderna come sperduti segnali di vita nell'evocazione romantica della natura. Non per questo dovremmo essere severi con le parti di più scontata imitazione; la predisposizione del pubblico d'allora a simili soluzioni era infatti maggiore di quanto si sia portati a ritenere e tale da non consentire interventi troppo drasticamente giudicanti.

L'associare titoli alle sue composizioni strumentali – siano essi spontaneamente emersi o imputabili all'iniziativa degli editori – era in fondo già indice del fatto che l'avvio di una pratica sinfonica di cospicua portata, e che con Haydn profilava l'avvento di un'epoca dominata dalla musica "pura", non consentiva l'immediato abbandono di atteggiamenti estetici compromessi con modalità antiquate di comunicazione, oltretutto capaci di sopravvivere ancora per lungo tempo. Il 19 maggio 1791 la Sinfonia n. 73 "La caccia" (1781 ca) fu eseguita a Londra al King's Theatre sotto la direzione dell'autore, rispolverata *pour cause* in uno spettacolo «with dances and decorations» di cui non si conosce l'esatto svolgimento ma, in quanto «animated pictures», chiaramente assecondante l'esigenza di un complemento immaginifico al fatto musicale. Ancora nel 1814 Stendahl, pur non conoscendo tale precedente, formulava una prospettiva simile. Nella sua *Vie de Haydn,* la quale per la maggior parte non è che uno sfacciato plagio del libro di Carpani, dopo essersi diffuso sulla pratica dei quadri viventi in Germania concludeva: «De tels tableaux sur le théâtre seraient un excellent commentaire aux symphonies d'Haydn, et les fixeraient à jamais dans la mémoire». Probabilmente non è necessario tirare in ballo le scariche di fucileria della beethoveniana *Schlacht bei Victoria* (1813) per riconoscere la vasta portata d'azione di un arcaico principio estetico anche in una fase dominata da ben altri intendimenti. La sopravvivenza di tali atteggiamenti è quindi un modo ulteriore per verificare la capacità di Haydn di non deludere mai le aspettative del pubblico, radicando il proprio stile in una mentalità in cui il nuovo non appariva come un tradimento e dove invece l'originalità si fondava accortamente sulle certezze di rapporti collaudati. La retorica degli affetti, i procedimenti imitativi, in realtà nella sua musica non detengono una posizione di monopolio, bensì coesistono senza interferire pesantemente con un sistema linguistico chiaramente fondato su nuove premesse, non rifuggendo dalla possibilità di integrarne la portata secondo un principio di gradualità che del musicista rimase la prerogativa.

Al centro di tale discorso, in quanto situata (data l'epoca di composizione) in una fase ancor meno esposta agli sviluppi maturi del sinfonismo e delle sue risorse drammatiche, troviamo la Sinfonia n. 60, nata non come brano di concerto, bensì come musica di scena per una commedia di Jean-François Regnard: *Le Distrait,* rappresentato in versione tedesca a Esterháza nel luglio del 1774. Evidentemente all'origine non si parlò nemmeno di sinfonia bensì di «musica originale per la commedia *Der Zerstreute*: i conoscitori la considerano un capolavoro» («Pressburger Zeitung», 6 luglio 1774). Esaminando la partitura della *Sinfonia per la Comedia intitolata il Distratto,* in sei movimenti appunto in quanto ricavata dall'ouverture e dagli intermezzi frapposti a ognuno dei cinque atti, non è un problema identificare la «magistrale varietà [che] eccita l'ammirazione degli esperti e non è avara di delizie per l'ascoltatore». Essa è da rintracciare in tutti quegli aspetti caratterizzanti la successione degli eventi della commedia da una parte, e dall'altra in quella somma di stranezze con cui il musicista contendeva a Regnard la capricciosa evidenza dell'amnesia di Léandre. Una teatralità spiccata si fa strada in questa musica e, nella necessità imposta a Haydn di inventare soluzioni rappresentative per la circostanza, assume una parvenza di originalità che non ha paragone con nessuna pratica melodrammatica dell'epoca. La cerimoniosità dell'attacco dell'*Andante,* secondo l'analisi tratteggiata da Robert A. Green, accompagnerebbe l'entrata di Isabella nell'atto primo a cui si atteggerebbe a risposta l'impettita frase con oboi e corni del Cavaliere. Ogni movimento d'altronde giostra tra riferimenti alla trama della rispettiva azione, riprodotta con esattezza cronologica sufficiente a stimolare il pubblico a voler scoprire cosa, nello svolgimento del successivo atto, stesse dietro l'ammiccante volto sonoro. L'atto terzo, il più intricato, avrà quindi (*Presto*) un prologo musicale tempestoso con frequenti e brutali rotture: a battuta 61 la danza dal passo greve fra Madame Grognac e il Cavaliere, più oltre (verso la fine) la martellante fanfara in cui si manifesta l'indignazione di Clarice quando scopre Isabella nascosta nella camera di Léandre.

Oltre questo livello, il rapporto della musica con il lavoro teatrale è però anche più sottile e in un certo senso più pertinente rispetto al fondamento estetico che regge il nerbo della commedia di Regnard la quale in verità, essendo andata in scena per la prima volta nel 1697, era di molto anteriore. Anche se non ne raggiungeva i vertici, la commedia presenta infatti il taglio di Molière la cui osservazione dei casi umani, pur rompendo gli schemi meccanici della farsa, segue un criterio basato sulla visione di tipi individuali distinti per categorie, dominati dai propri umori, dove la psicologia si garantisce spazio solo come dimostrazione dell'esistenza dei caratteri, sulla cui natura governata da forze astratte non esisterebbe in fondo capacità d'intervento. È inoltre accertato che il poeta francese ricavò il soggetto del *Distrait* da uno dei più noti *Caractères* di La Bruyère, quel Ménalque la cui smemoratezza, come spettacolo di gesti mancati e di reazioni assurde, già implicava irresistibile teatralità, ma la cui motivazione stava nel compiacimento di acuto esercizio di osservazione in cui dottrina si mescolava a finezza, impassibilmente fissata in atteggiamento morale risolto nell'ineffabile sostanza verbale.

Tale cristallizzazione tipologica si ritrova anche nella musica di Haydn, in quella frase del primo tempo paralizzata per incantamento e che la didascalia *perdendosi* porta alle soglie del silenzio, rotto poi da un *ff* che richiama il distratto ai doveri della realtà. Distratto è colui che smarrisce la via degli appropriati percorsi armonici e quindi ecco che a battuta 123 inizia, più che una modulazione, una brusca virata in direzione imprevista. Infine il principio di smemoratezza è generalizzato nel dato sonoro puro e semplice; ed ecco quindi che nel finale le quinte vuote a valori lunghi su cui si dispongono gli archi dopo il pomposo inizio dev'essere il momento in cui gli strumenti, partiti senza accordarsi, interrompono il discorso intonando le loro corde, ritornando quindi sui loro passi per cercare questa volta di batter la strada nel modo giusto. Su sollecitazione di un testo datato, Haydn in nessun'altra circostanza concesse a tale ideale estetico più di quanto si trova in questa partitura.

Sennonché il *Distratto* non si riduce a questo, alla cristallizzazione di quadri statici e di caratteri univoci. Se è vero che il Settecento creò la commedia di situazione proprio abbandonando la rigidità dei caratteri prescritti nel loro comportamento, centrando l'interesse «sull'andamento scenico puro e semplice» (Rosen) che attraverso Beaumarchais e Goldoni trapassò al nuovo teatro di Mozart-Da Ponte, allora la sinfonia di Haydn, rimbalzante da un'immagine all'altra di fantasia che non conosce stasi e percorsa da movimento turbinoso e sferzante nell'infierire degli accenti dinamici, è anche uno dei più chiari preannunci della rinnovata prospettiva. Con ciò la Sinfonia n. 60 è sicuramente l'opera del musicista che nel modo più vistoso documenta la sua vocazione "riformistica", la determinazione a subire l'incentivo delle spinte evolutive del linguaggio senza mai perdere di vista la necessità di assecondare la consuetudine e quindi di integrarne i valori in una prospettiva che perciò impone la sollecitazione di molteplici chiavi di lettura.

Familiarità con la natura

Die Schöpfung, per esempio, è più che un capolavoro bifronte: al di là di ciò che vi rappresenta un impianto orchestrale esteso alle funzioni vocali, al di là delle ramificazioni della *Tonmalerei,* esiste il livello attraverso cui l'autore dialoga direttamente con il nuovo pubblico di massa, per il quale l'immaginifica sostanza dell'oratorio veniva esperita prima di ogni possibile identificazione nel codice aulico di un sistema retorico. Quando l'oratorio fu presentato per la prima volta al Burgtheater (19 marzo 1799) – una precedente esecuzione era già avvenuta nel palazzo del principe Schwarzenberg in forma semiprivata – gli applausi, stando alle cronache, assunsero un che di tumultuoso intervenendo a sottolineare ogni sezione del lavoro con grida entusiastiche ed esclamazioni («Lunga vita a Papà Haydn») che lasciavano ormai dietro di sé a mille miglia la compostezza e la sprezzatura con cui la nobiltà usava salutare grandi e piccoli capolavori. Agli apprezzamenti di un osservatore attento ma impassibilmente *nonchalant* contenuti nel noto diario del conte Zinzendorf, erano già in grado di replicare le *Eipeldauer-Briefe* scritte in dialetto viennese da Joseph Richter:

> In tutta la mia vita non avrei potuto credere che polmoni umani e budelli di pecora [corde di violino] e pelle di vitello [timpani] potessero creare tali miracoli. Tutta la musica descrive da sola tuoni e fulmini e poi, caro cugino, avresti udito cadere la pioggia, l'impeto delle onde e persino i vermi strisciare per terra. Mai non mi sarà dato di lasciare un teatro più soddisfatto di così e tutta la notte sognai la creazione del mondo.

L'interesse messo in moto dall'immaginoso stile haydniano non si riduceva quindi a semplice operazione di conferma del potere della musica di dipingere le situazioni, che occupa una significativa pagina nella biografia del Dies, il quale in merito si compiacque di sollevare risapute questioni estetiche (la musica può sostituirsi alla poesia quando intende esprimere il soprannaturale; l'imitazione dev'essere accompagnata dalla nobilitazione), ma è misurabile nell'immediato consenso ottenuto presso gli spettatori più semplici i quali, come già si erano identificati nell'innocente umanità di Papageno e Papagena, ora rivivevano in Adamo ed Eva l'emozione di sentimenti naturali e schietti e, nel subire la grandiosa impressione degli eventi evocati, l'esemplare maestosità della natura maestra di vita.

Un sottile moralismo di origine massonica si insinua in queste pagine, al di là di circoscritti ma evidenti richiami stilistici alla *Zauberflöte:* la già citata esplosione della luce, oltre il procedimento sensazionalistico, si imprime nella mente come evento sonoro carico di premonizione, in tenebrosa dimensione sacrale che va ben oltre la regolata dizione che abitudinariamente gli riservava lo stile musicale liturgico, mentre le voci solistiche ridotte al perfetto numero di tre (e altrettante saranno ancora in *Die Jahreszeiten*) introdurrebbero una componente simbolica più che sospetta. Il finale de *Le stagioni* rivive la magia del numero nelle tre trombe che aprono il corale preannuncio di luce di verità e di bene ("Dann bricht der grosse Morgen an") dove, più che il sentimento religioso, è additata la responsabilità morale. Non è però necessario chiamare in causa il barone van Swieten, massone come Haydn e Mozart, a sostegno di una tesi di intenzionalità ideologica contrabbandata attraverso il libretto. L'evidenza si lascia sorprendere nella musica stessa, in quel coro de *La creazione* che, accompagnando la fuga degli spiriti del male all'apparire della luce, sulle parole "und eine neue Welt entspringt aus Gottes Wort" sollecitato dall'immagine di "un nuovo mondo" (un mondo di coscienze rinnovate), intona un inno di omoritmica naturalezza che, per quanto fuggevole, configura un'emozione chiaramente laica, la quale non solo non trova corrispettivo stilistico nella musica di chiesa, ma figura come matrice delle civili liturgie con cui l'Ottocento si impegnò a dar voce ai sentimenti legati alla più moderna nozione di popolo – Beethoven volente o nolente nella *Nona* gli è debitore.

In questo senso il prodotto autunnale della sua creatività (*Le stagioni*), l'opera che a torto si continua a voler considerare come pallido tentativo di rinnovare la fortuna generosamente arrisa al precedente e più celebre oratorio, reca con maggiore evidenza i segni della capacità del vecchio ma non senile Haydn di captare l'indirizzo che, sulla base dell'assunzione del filone popolare, già stava dando vita al Romanticismo musicale di radici nazionali. Il *Chor des Landvolks* (n. 2) ha ormai perso completamente lo smalto di accademico assetto che il coro ancora deteneva in *Die Schöpfung,* per respirare il piacere della musica all'aria aperta dei cantori dilettanti riuniti nelle *Liedertafel;* mentre l'esclamazione "Jauche! Der Wein ist da" non ha nulla di bacchico nel senso di formalistica visitazione di ideale pagano, ma al contrario approda a una coralità di massa incitata da profondo sentimento collettivo rigenerato su base di ritrovata identità etnica: la musica popolare che vi è direttamente chiamata in causa ("Nun tönen die Pfeifen") possiede ormai una connotazione inconfondibilmente tedesca introducendo nell'orchestra figurate movenze di Ländler.

Ne *Le stagioni* si rinforzano quei tratti che il Robbins Landon chiama «Papageno-like» a rendere conto della fondatezza dei motivi descrittivi nella musica di Haydn, all'origine suscitati dall'esigenza di qualificare culturalmente il proprio prodotto allineandolo ai gusti retorici della classe dominante, e infine rimasti al centro dell'interesse come possibilità di lettura da parte di più schietta sensibilità popolare che, per vie proprie, aveva sviluppato una tradizione parallela di iconografia musicale. La monelleria che fa capolino nelle scherzose parentesi del *Faunen-Flötschen* di Papageno ritorna nel clarinetto che Haydn associa a mo' di replica al Duetto (n. 22) tra Lukas e Hanne, il quale sintomaticamente presenta lo stesso taglio melodico e il tono scherzoso del *Lied* che nell'opera di Mozart caratterizza l'uccellatore. Tale prospettiva che per Mozart, membro di una famiglia di musicisti di dignitoso livello sociale, fu chiaramente una scelta, per Haydn non era in fondo che un indiretto recupero dell'autenticità delle sue origini, attraverso la memoria (confidata al Dies) del padre che accompagnava con l'arpa le canzonette preferite, e delle sue stesse imprese notturne di giovane scavezzacollo promotore di chiassosa *Nachtmusik* nel quartiere del Tiefer Graben o di frequentatore di fumose *Bierstuben* ad ascoltare i suoi «rechte Sau-Minuette» affidati alla rozza maniera di violinisti girovaghi.

Questi fatti, uniti alla già citata asserzione del musicista di essersi sempre trovato meglio con gli individui del suo stesso rango che con la nobiltà, svelano le premesse favorevoli all'adattamento alle esigenze delle vaste platee di pubblico che egli fu chiamato a rispettare al di fuori della corte ungherese. La natura contadina del musicista, benché tutt'altro che repressa durante gli anni della sua operosità presso il principe ungherese, trovò modo di fecondare i progetti sinfonici del periodo londinese proprio in quanto al tributo che era necessario pagare alle consuetudini nobiliari subentrò un rapporto col pubblico che abbandonava i convenevoli e che conseguiva immediatezza sulla base di una naturalezza espressiva che in quel precedente affondava senza dubbio parte delle sue radici. «Io [ho] fatto l'anno passato una grande impressione agli Inglesi», scriveva da Londra alla cantante Luigia Polzelli il 14 gennaio 1792, mostrando alla sua amante come la nuova situazione spostasse il discorso decisamente sull'effetto, sugli aspetti cioè che, al di là di quello che sarebbe potuto diventare esteriore e superficiale ricerca di pretesti sfoderati per colpire la fantasia dell'ascolto, mettevano in moto meccanismi di spontanea adesione al fatto musicale.

Ciò era coinciso con la fioritura delle edizioni a stampa a partire da Londra, che costituiva il mercato più cospicuo, e Parigi dove, con la scomparsa del monopolio regio a una sola casa editrice, la concorrenza stimolava una produzione quantitativamente incommensurabile. A ciò occorre aggiungere l'azione efficace dell'editore Breitkopf di Lipsia, dapprima con il cosiddetto "Catalogo Breitkopf", che durante gli anni Sessanta si fondava sull'incetta di copie manoscritte incanalate in sistematica e commerciale distribuzione, poi con la stampa secondo la tecnica tipografica (più a buon mercato rispetto a quella che si serviva dell'incisione) con la quale era possibile mettere in vendita volumi a prezzi più accessibili. Più tardi si fece avanti l'editoria viennese (solo nel 1779 Haydn stipulò un contratto con Artaria), che rimase tuttavia prevalentemente circoscritta alla produzione cameristica destinata alla vasta ma elevata clientela dei dilettanti, in contrapposizione alla produzione per le orchestre di Parigi e di Londra. Haydn fu certamente uno dei protagonisti di questa congiuntura che lo portò in primo piano a contatto con un pubblico europeo. Sebbene solo nel 1779 nel contratto con gli Esterházy cadesse la clausola della proprietà del principe sulle sue composizioni, la sua musica godeva già di vasta circolazione. E anche se le sue opere maggiori prima di uscire a stampa (in generale due anni dopo) venivano di regola dedicate a un committente, il pubblico a cui cominciava a pensare non era più quello formato dai frequentatori della corte, omogeneo, statico e sensibile alle necessità cerimoniali, bensì una categoria ormai dinamica e da catturare ogni volta attraverso la rete tesa del diretto coinvolgimento. Abbiamo visto come tale poetica dell'effetto oltre alla sinfonia abbia riguardato anche il quartetto. Il pubblico, che prima era situabile al di dentro (implicato o meno come esecutore), da quel momento è considerato al di fuori dell'opera, come spettatore in senso proprio, non più da assecondare nel gusto ma da affrontare con sorprendenti capacità di scrittura.

Tale atteggiamento estroverso si attenuò dopo il ritorno di Haydn a Vienna. Sensibile a un ambiente in cui la pratica dilettantistica manteneva il pubblico in un'orbita più vicina al momento creativo, i nuovi quartetti (sinfonie non ne comporrà più) riuscirono nell'intento di coniugare la colloquialità con il sorprendente slancio ritmico. Anzi, in questa sede si abbozzava un'evoluzione di nuovo tipo; mentre il vincolo con le nuove istituzioni concertistiche portava le opere strumentali ad assumere un evidente carattere di normatività (in particolare la stabilizzazione in quattro tempi), la produzione espressamente destinata agli amatori sfuggiva a queste limitazioni. Fra i maturi trii con pianoforte, caratterizzati da libertà formale e dal gioco volubile delle tonalità, il Trio in la bemolle Hob. XV:14 (1790) spicca ad esempio per le sonorità astrali campeggianti nell'*Adagio*, allusive di sensazioni non ancora vissute e cariche di capacità trascendente, sfuggenti al luogo comune di una classica visione fondata sul chiaro rapporto di luci e di ombre. Con ciò Haydn si rivelò un autore che subì i condizionamenti sociali del tempo senza mai assoggettarvisi, ma ricavandone la spinta per affermare una concezione sostanzialmente libera del comporre. Approfittando della vasta circolazione a stampa dei suoi lavori, fra cui primeggiava la *Collection complète des quatuors de Haydn* pubblicata a Parigi nei primi anni dell'Ottocento da Pleyel, la sua influenza si manifestò in ogni angolo d'Europa. Non sarà superfluo ricordare che al suo esempio attraverso quei veicoli è da far risalire la maestria strumentale di un Rossini, il quale tanto più conosceva di Haydn quanto meno conosceva di Mozart.

In verità non solo la sua musica strumentale si impose per l'icasticità e per energia d'impatto. Più che le sinfonie, celebrate proprio per il sagace dosaggio degli ingredienti che attiravano in massa gli ascoltatori (quelle «levity of airy transition, and the sudden surprises of abrupt rests» riscontrate dal cronista dell'«Oracle» nella *Sinfonia concertante* n. 102) e che in fondo amplificavano risorse messe a frutto già anteriormente per la meno nobile posizione della composizione strumentale nella gerarchia dei valori estetici, è un madrigale per coro e orchestra quale *La tempesta* (1792) a fornire più evidenza al trapasso verso un gusto fondato sul rapporto di "impressionabilità". Se consideriamo la statica grandiosità di tempeste mitologiche fissate in temibile affresco ne *Il ritorno di Tobia* (il coro "Svanisce in un momento") e percorse da frammenti stregoneschi nel *Coro di baccanti* a conclusione de *L'anima del filosofo*, *The Storm* costituisce un passo in avanti proprio per una spettacolarità capace di abolire ogni funzione metaforica e ogni residuo rituale. Nella tradizione melodrammatica gli episodi di tempesta erano quasi sempre il segno di minaccia soprannaturale, di incombente voce della divinità, mentre il madrigale di Haydn, composto su testo inglese, alla terribilità di istanza inappellabile sostituisce il fragore di gigantesche forze naturali in un'organizzazione della materia sonora che è già quella del rapporto con la natura esaltato da Mendelssohn, in ciclica alternanza di calma e di burrasca e dove il rullo di timpani che funge da avvisaglia, ammiccando in un certo senso a un pubblico che dal compositore aspettava l'"usual éclat", reintroduceva nell'evento una componente appariscente della finzione, sufficiente a riportare l'immaginazione alla dimensione del compiacimento di sensazioni acustiche.

Verso la fine dell'*Estate,* nell'oratorio *Le stagioni,* pure scoppia un temporale che non mancò di imporsi all'attenzione di Zelter in veste di recensore dell'edizione a stampa dell'oratorio («Allgemeine musikalische Zeitung», maggio 1804). Il musicista tedesco, che de *Le stagioni* colse immediatamente l'intenzione «sensuale» (*sinnlich*), nel temporale credé di vedere «un'enorme concentrazione di forza [*Kraftmasse*] che non è mai stata raggiunta da nessuno dei suoi predecessori nella storia dell'arte». In verità la scena è attraversata da un tremore già romantico nel fremito di quel "Weh uns" personificato nella parte distinta dei soprani, mentre il resto del coro si fonde con l'orchestra in tumultuoso e sferzante scatenamento degli elementi. Ora, nonostante l'importanza di simile tratto soggettivo, a nessuno potrà sfuggire ciò che in Haydn è già *topos* di sollecitante intenzione effettistica: il colossale *ff* su cui scatta l'incalzante coro "Ach, das Ungewitter naht", che piomba improvviso come tuono sulla sottile figurazione frastagliata del flauto mimante il fulmine, non è in fondo che una delle numerose varianti della situazione assai più prosaica su cui il musicista attua l'effetto della sorpresa, nel contatto a viso aperto con un pubblico stimolato nella fantasia, nella misura concessagli dal riconoscimento del procedimento dichiarato. In tutte le circostanze in cui Haydn fa appello all'immaginazione, in verità la simulazione non è mai spinta allo stadio del perfetto illusionismo come faranno i Romantici, ma risulta trattenuta in un gioco a carte scoperte simile alla condizione che si determinava nelle rappresentazioni popolari di piazza, dove la finzione era palesata da evidenza spesso esagerata di ciò che accadeva dietro le quinte. La cultura popolare, tratteggiando nella natura umana le costanti oggettivabili, sfugge alla trappola della problematizzazione e si assicura un distacco sufficiente a padroneggiare qualsiasi situazione.

Tale eredità è certamente presente in Haydn, in quell'umorismo che si lascia riconoscere come una specie di termometro della salute della sua intera opera che scompiglia la forma non per metterla in crisi, bensì per provarne la robustezza con la giovialità di rudi pacche sulle spalle. È anche il limite che, sulla soglia del nuovo secolo, lo trattenne dal penetrare nel mistero della natura che egli tuttavia già additava in una musica che sperimentava il lessico della lingua di Carl Maria von Weber, a partire da quella intonazione di clarinetti e fagotto del *Canto di gioia* nella *Primavera* de *Le stagioni,* che scioglie la solennità dell'invocazione a Dio in frase arresa all'ascolto di vibrazioni lontane. A quella soglia era predestinato ad approdare uno stile immaginoso quale il suo, nutrito appunto dell'aria respirata nei campi e che nella familiarità con la natura avrebbe provato anche il piacere di starla ad ascoltare: di impressionante modernità suona infatti l'inizio dell'*Estate* con l'oboe ridotto a conciso profilo di note ribattute e declinante cromaticamente, in pura vibrazione di organismo vivente. Alla stessa intuizione pervengono oboe e flauto nella *Cavatine* i quali, sul tessuto aggrovigliato di archi in sordina, riverberano le voci misurandone la distanza in una concezione prettamente e plasticamente spaziale. Tale dimensione prospettica del suono è ancor più garantita nel coro di *Landvolk und Jäger* dell'*Autunno,* in cui il segnale del corno di caccia risuona ormai assai lontano dalla resa a piena luce che deteneva nell'omonima sinfonia, ma si staglia in profondità di campo sonoro che suscita nell'animazione delle parti orchestrali variegature timbriche piene di sottintesi. In tale inquieto contesto rintocchi di campane e richiami di grilli, quaglie e altri animali restituiti dalle figure di un codice di retorica popolare, non esauriscono il loro significato nel superficiale livello descrittivo ma, nella stagliata insistenza di citazione, preannunciano quella nozione di *Naturlaut* come reminiscenza, tanto importante per una musica suscitata dalla memoria quale sarebbe stata quella mahleriana.

Di ciò che era già la configurazione del Romanticismo, e che a livello di sentimento della natura molto più di quanto non si creda gli è debitrice, Haydn rimase tuttavia spettatore, scrutando la foresta da lontano senza addentrarvisi. Quell'«umore inglese, cioè melanconico» che egli dichiarava alla Polzelli nella già citata lettera da Londra nel 1792, lo opprimeva e gli faceva rimpiangere quel «buon humore» che non gli era mai mancato nei felici anni di Esterháza: il sentimento a cui Haydn aspirò rimase quindi qualcosa di decisamente lontano dagli obiettivi del nuovo secolo.

Per quanto riguarda la componente popolare del suo linguaggio, che pure era veicolo di un'istanza che il Romanticismo avrebbe fatta propria, in verità essa fu assimilata solo in parte dagli esponenti della cultura tedesca del nord da cui geograficamente si diramò il filone ortodosso di quel movimento. Su un dizionarietto musicale del 1792 scriveva un anonimo cronista di Lipsia alla voce "Ditters": «Da quando Haydn ha cambiato lo spirito della musica viennese, imprimendole una nuova direzione, essa è diventata effettivamente più caratteristica di prima, sennonché dalla dignità di cui godeva sotto Wagenseil, è precipitata troppo nella banalità [*Tändeley*]». Il popolo che avrebbero cantato è sempre stato in fondo, per i Romantici, una proiezione ideale dove, se vi fu frequentazione, questa avvenne come approccio che in termini geografici rivelava distanza quasi esotica e che, nei termini storici della ricerca delle radici etniche, diventava qualcosa di ancora più ineffabile. A tale nozione sarebbe clamorosamente mancato quel coefficiente di veracità di chi, come Haydn, aveva la dote di saper viverci in mezzo e di assumerne gli atteggiamenti non in quanto se li imponeva ma in quanto erano i suoi propri. Per di più non erano la crassa risata e la volgarità in genere a interessare i Romantici, i quali non avrebbero raccolto la lezione di schiettezza umoristica contenuta ad esempio nell'*Allegro con spirito* della Sinfonia n. 86 (1786) dove il secondo tema recita la parte di gioviale soggetto alticcio in giravolta melodica verso l'alto, percepita a mo' di singhiozzo come errore di dizione in quanto variante del primo tema che vi funge da modello. Per arrivare a ciò occorreva un grado di immedesimazione ben diverso dall'intenzionalità di una riscoperta. Persino quando nella sua fase più matura il compositore perviene a una sorta di sublimazione, la semplice vitalità umoristica conserva il suo peso specifico, anche quando la grande sapienza di contrappunto e la dovizia di effetti strumentali, nel caso del finale della Sinfonia n. 102 (1795), potrebbero addirittura far parlare di umorismo al quadrato; e persino in quello stadio alambiccato dello stile popolare che predispone i termini dell'intellettualistica elaborazione dello scherzo beethoveniano già fissato nei Quartetti op. 33 (1778-81), in quegli *Scherzando* che liberano il *Minuetto* da ogni bardatura di espressione senza orpelli che consegue il saggio più superbo nella spoglia, concisa e svagata fisionomia del Trio del *Minuetto* nella Sinfonia n. 101. Un confine divideva tali aperture della "scuola austriaca" dalla severità dei tedeschi settentrionali, in posizione che ben presto mostrò la difficoltà di questi ad ammetterne l'evoluzione.

Al 1768 risale l'identificazione di uno stile viennese da parte del lipsiense Johann Adam Hiller, il quale vi si soffermò a più riprese nelle *Wochentliche Nachrichten und Anmerkungen, die Musik betreffend*:

> Il gusto del signor Ditters è molto incline al comico, o piuttosto è una costante miscela di elementi comici e seri che spesso non sembrano combinarsi in modo appropriato [...]. Negli ultimi tempi vi sono stati parecchi che, a causa del nuovo aspetto e delle differenze di stile spesso scivolanti nel comico e nel leggero, hanno quasi minacciato di liquidare [la precedente generazione dei sinfonisti]. Qualcuno pensa forse che intendiamo riferirci alle sinfonie dei signori *Hofmann*, *Hayden*, *Ditters*, *Fils*, ecc. È vero che vi si possono trovare movimenti ben scritti, elevati e patetici [...] ma questa curiosa mescolanza di nobile e di prosaico, di serio e di comico che spesso compare nello stesso movimento non è forse qualcosa che sia di per sé condannato al cattivo effetto?

In verità una componente popolare, nel caso di Haydn addirittura rustica, si era introdotta nella musica strumentale la quale, pur non essendo uno spazio monopolizzato dalla nobiltà, cresceva di statura anche sotto la sua egida con il risultato di trovarsi in un certo senso ad assecondarla. Il Minuetto, pur rimanendo come dicitura, da danza cortigiana si trasformava impercettibilmente in danza tedesca, in un gioco di rimandi che grazie allo stesso ritmo ternario per lungo tempo compenetrò la morbida eleganza del primo con l'accento calcato della seconda. In Haydn il processo si attuò a viso ancor più scoperto, se nella prima sinfonia in ordine cronologico, la Sinfonia n. 37 (1757), il Trio già vanta la movenza inconfondibile di Ländler, opponendosi in rapporto di sottintesa rivendicazione contadina al gesto agghindato del Minuetto. La danza tedesca afferma ancor più la propria giurisdizione sui minuetti e sugli scherzi dei quartetti, soprattutto a partire dall'op. 33, mettendo le basi del processo di democratizzazione della moderna lingua musicale che, al di là delle auliche eredità, identificò appunto le radici di una rinnovata maniera di sentire nelle espressioni di civiltà subalterna. Qui, più che la classe detentrice del potere, era la mentalità accademica a frenare un'evoluzione irreversibile a cui l'aristocrazia, entro certi limiti e compiacendosi della propria apertura, sapeva fare buon viso. Se occorre una prova in più oltre alle precedenti citazioni, possiamo riportare la lettera di un amico amburghese a Charles Burney risalente al 1772 e che desumiamo, come le molte altre testimonianze d'epoca in questo capitolo, dalla vasta ricognizione compiuta da Robbins Landon nelle sue fondamentali e insostituibili trattazioni su Haydn: «La sua mescolanza di serio e di comico è riprovevole, soprattutto quando nelle sue opere il secondo elemento primeggia sul primo, e in quanto a regole egli ne conosce proprio poche».

In verità fu proprio sul principio di tale mescolanza che il sinfonismo haydniano giocò la carta vincente, esattamente come in campo operistico avvenne con Mozart. Ciò che capitò nella sinfonia di Haydn non è che, in termini strumentali, ciò che nel teatro mozartiano fu prospettato nella fusione della profondità di sentimento del melodramma con la vivacità dell'opera buffa modellata sulla tipologia popolare del quotidiano. Haydn mira allo stesso obiettivo e il ricorso al popolare gli è quindi essenziale come per Mozart fu l'opera comica. Le sue sinfonie sono quindi l'equivalente del dramma giocoso, portando allo stesso fine un complesso processo di sedimentazione di elementi eterogenei, per farvi risorgere un'espressione all'altezza del tempo come specchio di una società in cui i rapporti gerarchici di classe stavano subendo profonde trasformazioni, non necessariamente solo come riscossa delle posizioni inferiori, ma soprattutto come fecondazione tra livelli precedentemente incompatibili. La maturità del teatro mozartiano non è infatti da cogliere solo nella mobilità della prospettiva drammatica capace di sciogliere l'assertiva rigidità emozionale dell'opera seria in flessibile apparato al servizio di ogni sfumatura del sentimento, ma grazie a ciò si svela in primo luogo come abolizione delle barriere espressive, per cercare nella fusione di atteggiamenti, guise, lingue che anteriormente possedevano vita distinta, la definizione di un'umanità finalmente giudicabile con la stessa unità di misura. Haydn compie uguale impresa nella musica strumentale.

Evidentemente vi è riscontrabile anche un aspetto popolare in senso statico, che secondo il Carpani gli valse «il primo posto fra i pittori di paese» e «della natura campestre». Gli effetti di pedale di cornamusa introdotti nel finale del Quartetto op. 71 n. 3 (1793) rappresentano squarci di pittura *naïve* che trovano il campione più colorito nel *Vivace* della Sinfonia n. 82 (1781), una vera e propria danza dell'orso che in seguito diede il nome alla composizione e che le ossessive acciaccature degli archi e le quinte vuote su cui si amplifica l'effetto di *Dudelsack* riportano all'origine zingaresca. Ma tutto sommato l'impiego del popolare nel senso caratterizzante è meno frequente di quanto si pensi. Il popolare come parte costitutiva della coscienza dell'artista è invece ormai un fatto acquisito e assimilato al di là di ogni possibile iniziativa tendente a documentarlo. Il gesto spiccio di danza tedesca che imprime il suo graffio nel *Minuetto* della Sinfonia n. 87 (1785) non fugge per esempio l'eleganza e nel Trio, nella monodica nudità dell'oboe, suona come qualcosa di etereo che non tocca terra: è come se l'autore avesse voluto addolcire la rozzezza dell'ispirazione all'intenzione del raffinato pubblico parigino al quale la composizione era destinata. In verità scendendo a un livello di evidenza meno sfacciata, nella musica di Haydn l'elemento popolare è presente come potere formante, a garantire quel taglio comunicativo di immediatezza e quella concretezza denotativa che le esperienze musicali anteriori in cui predominava la dottrina conoscevano in assai minor misura. L'importanza della contraddanza come schema ritmico valido soprattutto nei finali è stata analizzata dal Besseler, il quale ne fa risalire l'azione al periodo *Sturm und Drang,* che anche per questo motivo si lascerebbe una volta di più individuare come fase cruciale d'assestamento del linguaggio strumentale.

D'altra parte l'*Andante-canzonetta* che si impone come modello per il secondo movimento di sinfonia è da considerare in questa stessa ottica, di compenetrazione di semplicità popolaresca con fattori di più spiccato raffinamento linguistico. Così la definiva Mayr:

> Gli *Adagi* e gli *Andanti* hanno le forme più varie. Per lo più sono vasti, e mostrano una fisionomia di stile grande. Richiedono però un'esecuzione brillante e vivace, non essendo della specie sentimentale ed affettuosa, anzi respirando piuttosto uno spirito nazionale di gajezza e di umoristico, il quale non può restare lungo tempo d'un carattere serio e languente.

Nello «spirito nazionale di gajezza» è evidentemente individuata quella componente popolare non più generica ma radicata nello specifico *humus* del paese d'origine e che consente di comunicare già pensando ai destinatari. Riprendendo un concetto già in circolazione nei paesi tedeschi – la nozione di «kunstvolle Popularität» è riportata attraverso un articolo del Triest nella biografia di Dies – il Mayr (nel commento a *La creazione*, 1809) ne articola meglio il significato: «*artificiosa popolarità* = ossia *popolare* (intelligente, insinuante, trasfusibile) *pienezza di arte*», con un accento posto sull'aspetto comunicativo di dottrina non già limitata a circoscrivere l'ambito della sua portata a spazio elitario, ma capace di essere trasmessa e generalizzata in un quadro stilistico fondato sulla considerazione della componente popolare del fatto artistico. Popolare che, per il fatto di spingersi in territori lontani chiamati in causa dalle numerose incursioni slave, zingaresche e balcaniche tentate da una musica in grado di adattarvisi senza subire la seduzione dell'esotismo, appare sicuramente come la prima affermazione nella storia musicale del folclorico e della pretesa di codificarne l'oggettiva configurazione. Il tema slavo su cui è costruito l'ultimo tempo della Sinfonia n. 104 come sempre in Haydn non rimane un semplice spunto, ma solleva dalla memoria dell'osservatore infallibile il ricordo di innumerevoli procedimenti connessi di cui il musicista fa abbondante uso: per ritrovare le saltellanti combinazioni ritmiche che incentivano la modulazione al secondo tema occorrerà attendere addirittura Smetana e Dvořák. Così qualcosa di non fondamentalmente dissimile dall'orecchio scrutante di un Kodály o di un Bartók possedeva Haydn quando mise a fuoco la modalità zigana, sia che essa apparisse come abbandono a nostalgica scansione di danza (Trio del *Minuetto* nella Sinfonia n. 29, 1765), sia che vi rilevasse la forza di ritmica propulsione nella complessità del gioco degli accenti (Trio del *Minuetto* nella Sinfonia n. 88).

Abbiamo affermato che Haydn rifugge dal folclorico in senso caratterizzante e continuiamo a sostenerlo giacché non è possibile sorprendere il musicista in atto di compiacimento per l'identificazione di tratti peculiari, che egli mostra invece di integrare con oggettiva funzionalità al suo discorso. Se di caratterizzazione si può parlare è nel senso del compositore caratterizzato egli stesso dal materiale sonoro e non viceversa, poiché nel rapporto con tradizioni musicali di umili origini non v'è idealizzazione. E qui è necessario rimettere in discussione il tentativo di Rosen di collegare Haydn alle pastorali come genere letterario, con cui non c'è parentela per l'incapacità di queste ultime di liberarsi dalla maschera della finzione arcadica. In fondo non regge nemmeno l'accostamento del musicista contadino al Parini «poeta contadino», sollecitato da Luigi Magnani in funzione di critica alla carenza spirituale della società dominante del tempo. Dietro il poeta delle odi sta sì la stessa esigenza vissuta da Haydn come esaltazione della sanità fisica e morale del mondo rurale, ma non certo la determinazione di darle voce rompendo l'aulicità dei settenari e degli ottonari che resero *La vita rustica,* incapace di sconfiggere il paternalismo del ragionar per metafora, il meno felice dei suoi componimenti. Al contrario Haydn si libera dell'idillismo pastorale e di tutte quelle forme che alla musica e alla poesia erano servite come strumento di pretesa nobilitazione del popolare. Nella pastorale, popolare era il soggetto, e aristocratica la forma. Haydn ne rovescia i termini, servendosi del popolare proprio per sottrarre la forma alla tutela ideologica dell'aristocrazia. In una sinfonia quale la n. 94 non è difficile sorprendere come il Ländler, che si dichiara inconfondibilmente nel *Minuetto*, estenda a tutti gli altri movimenti la vitalità dei ritmi contadini, al punto che in questa sinfonia potremmo parlare di "apoteosi della danza" nell'ambito specifico dell'affermazione di agreste modello di vita.

La semplicità originata dal popolare rimane prerogativa di Haydn, a ogni livello. Anche quando la dottrina incombe con il peso di tutto il suo sapere egli riesce a umanizzarla al punto da renderla accessibile al profano: «i veri ammiratori della musica – cosi l'«Allgemeine musikalische Zeitung» del 5 ottobre 1803 recensiva la stampa delle sue messe – saranno sicuramente grati al buon Haydn per il fatto di essere quasi il solo a intraprendere la composizione di vaste fughe per il pubblico». Ciò basterebbe a riconoscere nel musicista una personalità all'altezza del tempo, sensibile agli spostamenti capitali di peso sociale e culturale di cui in un certo senso egli si fece diretto portavoce. Non per niente il suo modello di semplicità, di economia espressiva raggiunto nell'umiltà del sentire fissa un modello duraturo che resse almeno fino al compimento dell'opera di uno Schubert. L'intensità del procedere, lasciando parlare senz'altro sostegno le armonie spoglie (per esempio il bellissimo *Largo assai* del Quartetto op. 74 n. 3, 1793), è già un traguardo schubertiano, come la serenità sospesa a un filo che informa molti tempi lenti delle sue sinfonie. Nella Sinfonia n. 77 (1782) siamo addirittura attirati (*Andante sostenuto*) in prossimità di quella costante remissiva, implicata nella contemplatività nostalgica del tema e nella soffusa strumentazione appena sussurrata ai limiti dell'ineffabile, che distingue Schubert da tutti gli altri Romantici per azione di sentimento che non passa per la via obbligata della prepotente affermazione dell'io. Il pallido fantasma del viandante, capace di gelare l'anima di chi incontra sul suo cammino, aleggia su quell'aria de *Le stagioni* che dell'inverno non si limita più a riprodurre la poesia dell'uniforme biancore ma che, pur fuggevolmente identificando una delle più moderne categorie delle spirito ("Hier steht der Wand'rer"), dimostra di saperla vivere anche a livello profondo e pressoché onirico di coscienza ("Jetzt sinket ihm der Mut"), in sonora atmosfera attonita tenuta sospesa dalla perdita di referente ritmico nel sistematico gioco di contrattempi. Uno stupefacente Schubert *ante litteram* si fa largo nello *Spinnerlied* (n. 34) che nella circolarità ossessiva di identiche figure di accompagnamento potrebbe essere l'esatta e inquieta matrice di *Gretchen am Spinnrade,* nel moto dell'arcolaio che un occhio visionario decifrerebbe come inarrestabile ruota del destino.

Simili frementi avvisaglie non potevano passare inosservate, tanto da essere puntualmente registrate dal «Journal des Luxus und der Moden» (giugno 1801): «Il coro finale e [...] per esempio lo *Spinnerlied* [...] è la sola cosa che esprima emozione [*Empfindung*]». Questa era tuttavia ritenuta l'unica parte salvabile di un oratorio agli occhi di un cronista a cui non sfuggiva il limite invalicato della concezione haydniana:

> Un compositore può descrivere oggetti naturali, ma come? Egli deve descriverli non come sono – la loro assoluta apparenza come natura fisica – ma solo attraverso le impressioni che essi suscitano in noi.

Una cultura che stava spostando decisamente sull'individuo ed esclusivamente su di esso la responsabilità non solo del giudizio estetico ma anche della codificazione delle sue regole, non poteva ormai più aderire a una concezione che accettava ancora attraverso ascendenze simbologiche una normativa ipotecante l'espressione. L'estetica di Haydn in quell'abbrivio di secolo non risultava più vincente. Quando però E. T. A. Hoffmann affermava che la sua musica sembra essere stata composta prima del peccato originale non rilevava solo il determinarsi di un vallo storico fra il musicista e le generazioni successive, ma ormai anche l'incapacità del Romanticismo di preservare l'innocenza. Non sappiamo quale musica Haydn avrebbe potuto predisporre se il libretto de *La creazione* risalente al *Paradise Lost* di Milton ne avesse riportato l'episodio fondamentale dell'angelo caduto e dell'uomo cacciato dal paradiso per aver ceduto alle istigazioni del demonio. La coppia felice che nelle ultime battute dell'oratorio innalza lodi a Dio promette di non desiderare più di quanto già abbia, definendo con ciò, forse non del tutto inconsapevolmente, il confine ideologico della sua esperienza. L'esperienza di un uomo che il destino sollecitò confrontandolo con le vicende fondamentali dell'epoca moderna, che riuscì a destreggiarsi in un quadro estetico rinnovato e gravante con il peso di compiti individuali assegnati all'artista in uno stato di problematica aperta dall'acquistata libertà del ruolo, che le circostanze misero in condizione di prefigurare atteggiamenti e visioni di un mondo promesso, ma il quale riuscì a mantenere quel grado di distanza sufficiente a non subire i contraccolpi della crisi e a dominarla invece con la riaffermazione di organicità e di costanza delle funzioni della tradizione, conciliata con empiti di nuova espressione chiamati a fecondare, attraverso l'amore per il mestiere del musicista, un tronco di antica sapienza.

La doppia anima di Wolfango Amadeo Mozart

> Benché di solito ringrazi gli dèi di essere un uomo e non una donna, la musica di Mozart mi ha insegnato che è bello, confortante e ricco amare come una donna.
> (Søren Kierkegaard, *Don Giovanni: la musica di Mozart e l'eros*, 1843).

«Fu una meteora sull'orizzonte della musica, alla cui apparizione non eravamo ancora preparati.» Ernst Ludwig Gerber, nel suo dizionario biografico del 1813 dedicato ai musicisti, così si esprimeva sulla figura del compositore, quasi a farsi perdonare le riserve che, nella prima edizione del 1790 del suo testo enciclopedico (quando Mozart era ancora in vita) aveva avanzato in merito all'accessibilità del suo linguaggio: «anche gli ascoltatori più esercitati sono costretti ad ascoltare le sue composizioni più di una volta». In verità pure quando il sofisticato pubblico viennese cominciò a consacrare a Mozart un'attenzione meno distratta, quando dopo la sua morte, si credette di aver compreso il senso di una musica così sorgiva e appagante, non poté mai rimanere la certezza di aver capito il valore della sua esperienza.

Mozart riuscì a conseguire successi poco più che effimeri in vita: la diffusione della sua musica fu operazione quasi esclusivamente postuma, per cui la sua fortuna non affonda nelle radici dell'albero della sua esistenza. Se l'anno dopo la sua scomparsa fu la stessa Vienna di Mozart ad accogliere Beethoven, consacrandolo quale principe dei musicisti e assoggettandosi a ogni suo cenno temibile, non fu della stessa qualità la fortuna arrisa al primo. I capolavori di Beethoven parlavano dell'avvenire, quelli di Mozart palpitavano soprattutto nel presente: eppure Beethoven li impose innanzitutto ai contemporanei mentre Mozart avrebbe trovato solo udienza postuma. La possibilità di radicare l'opera nel presente voleva dire dettare le coordinate della sua comprensione futura; il contrario significava lasciare aperto il senso di un messaggio da integrare alla coscienza delle epoche successive. In tal modo la musica di Mozart sembra ancor oggi comunicare categorie al di fuori del tempo, archetipi di un'espressione che sembra avere toccato corde di sentimenti perenni. Di qui il processo che condusse presto all'immagine dell'artista angelicato, una tradizione di solida fortuna romantica perdurante nel nostro secolo e alla cui formulazione ha senz'altro contribuito la popolarizzazione di Mozart oltre l'ambito degli studiosi di musica. A partire da Goethe non si contano i letterati, i filosofi e i saggisti che si sono occupati della sua personalità di artista, grande e semplice a un tempo.

Mozart, uomo di incerta fede, riuscì perfino a trovarsi sulla strada di un grande teologo, Karl Barth, che gli dedicò questa sintomatica riflessione:

> Devo confessare che, semmai dovessi salire al cielo, mi informerei subito di Mozart e solamente dopo di S. Agostino, S. Tommaso, Lutero, Calvino e Schleiermacher. Di certo non so se gli angeli, quando glorificano Dio, suonano la musica di Bach, ma sono sicuro che quando sono tra di loro suonano Mozart, e che allora a Dio piace stare ad ascoltarli.

L'immagine dell'artista apollineo nasce dall'incapacità per lungo tempo invalsa nella critica di ricondurre il filo delle motivazioni compositive mozartiane al contesto in cui visse. La classica finitezza delle sue forme, la sintesi di grazia e di soavità a cui pareva prioritariamente mirare, venivano ricondotte a un fervore creativo sciolto da costrizioni e benedetto da divina felicità. Teoria che potrebbe benissimo essere confermata dallo stesso Mozart, secondo una lettura superficiale dell'affermazione che conclude la lettera al padre del 29 novembre 1777: «la beatitudine consiste puramente e semplicemente in ciò che ci si immagina», dove certamente l'immaginazione è considerata strumento di trascendenza, non già nel senso di una vera esigenza di evasione dalla contingenza, bensì come conquista di uno spazio di libertà nel contesto stesso delle difficoltà materiali dell'esistenza travagliata a cui lo preparava la carriera di compositore. Se all'inizio tale espressione di felicità venne effettivamente intesa come manifestazione di vitalismo in grado di sollecitare, come esempio, gli ascoltatori a farne proprio il metodo – la popolarizzazione immediata del *Flauto magico* lo attesta nell'attivismo indotto e testimoniato dal «Journal des Luxus und der Moden» di Weimar nel 1794 («ha portato in Germania in generale movimento, attività, desiderio e piacere») – più tardi (complice la distanza che ne favoriva la mitizzazione), da carattere fondato nel sentire e nella psicologia la "felicità" mozartiana assurse a categoria dello spirito. Nei *Musikalische Fragmente* (1802) Franz Horn esaltava la «vita intensissima e armonica» che fluisce nella *Zauberflöte,* nel *Don Giovanni* e nella *Clemenza di Tito,* non come riferimento ai fatti rappresentati ma al modo in cui il compositore sembra trascenderli, innalzandosi dallo stato di «necessità» a quello della «libertà» dove non sussiste più «alcun dissidio tra l'ideale e il reale». Schubert si muoveva in quest'orbita quando nel suo diario arrivava a contrapporre le «magiche note della musica di Mozart» all'«oscurità» del vissuto come «benefiche impressioni di una vita luminosa, migliore». L'apparizione di Beethoven, il suo modo di incarnare il dolore esistenziale, la profondità del suo vivere nella storia, incuteva persino terrore all'ascolto, al cui confronto l'inquietudine mozartiana impallidiva. E. T. A. Hoffmann nella sua sensibilità certamente non era solo affascinato dalla luce ma anche dalle ombre della musica di Mozart, eppure vi trovava il motivo per trascendere la dimensione delle sensazioni fisiche: «La paura ci avvolge, ma senza martirio, essa è più che altro intuizione dell'infinito» («Allgemeine musikalische Zeitung», 1810). Bastava poco, nel confronto col radicalismo delle esperienze successive, per attribuire a Mozart il ruolo di pacificatore di tutti i contrasti. Delacroix, che, come molti artisti di altre discipline, in musica faceva riferimento a un ideale di conservazione, indicava nella compiutezza della forma resistente al tempo la ragione «pour qu'une création de Mozart saisisse moins par cette abrupte nouveauté que nous trouvons aujourd'hui à Beethoven ou à Weber». Artista di passioni tumultuose, Mozart era diventato per il pittore francese il mezzo per evaderne alla ricerca di una dimensione conciliata che lo poteva illudere di trovare nella sua musica «le calme d'une époque ordonnée».

In verità Mozart si trovò a vivere in un'epoca tutt'altro che ordinata, ma certamente la sua vita fu un cammino verso la ricerca dell'ordine, verso la soluzione di tutte le tensioni, aspirante alla felicità, il cui manifesto è stato riconosciuto da Massimo Mila nelle *Nozze di Figaro* (1785-1786), che da questo punto di vista potrebbe essere interpretata addirittura come un'opera a tesi, se il compositore avesse osato articolare tale significato a livello sovrastrutturale. Ora è proprio in quanto Mozart pervenne a questo equilibrio senza programmaticità e con esito impareggiabile che fu possibile assegnargli quel significato aurorale che ne fondò e ne fonda ancora il mito.

Nelle *Nozze* la vita non è semplicemente rappresentata ma pulsa in ogni fibra del tessuto musicale; è una forza che fa vibrare dall'interno la variegata trama sonora che è già metafora dell'azione prima di trovarsi a rappresentarla. È ciò che risulta dall'ouverture, che non presenta riferimenti tematici o altro agli accadimenti che si succederanno al momento in cui si alzerà il sipario ma che, nel vortice di una frenesia di note, «è un'apoteosi dello sfrenato, lieto *Lebensdrang,* quale non si può immaginare più trascinante» (Abert).

Non è però solo nei termini dello slancio motorico che trova sbocco la rivendicazione mozartiana al diritto alla felicità: essa si manifesta anche nel suo contrario, nella stupefazione che da una parte, come sospensione dell'azione carica di attese, è un elemento strutturale del procedere drammatico necessario a rompere la prevedibile linearità di svolgimento (tale si presenta il Finale secondo delle *Nozze di Figaro* nella reazione ai colpi di scena che lo costellano), e che dall'altra a livello metaforico è la rappresentazione del tempo fermato, il momento in cui (scaricata la tensione) il suono sembra sciogliersi dall'attrazione della forza di gravità per innalzarsi verso cosmica dimensione, alleggerita dai gravami terreni, dove quindi l'espressione non si contenta più solo di registrare il sentimento appagato ma traduce un senso di beatitudine provato prescindendo dalla conquista degli oggetti del desiderio. L'ultima scena delle *Nozze* (l'apparizione della Contessa, che demiurgicamente chiude la "folle journée") ne è il culmine, con una musica dilatata nella cadenza temporale, in cui il battito della quotidianità cessa di fronte all'armonia e all'elevatezza di linee che si intrecciano e che ricreano l'equivalente di una sacra liturgia polifonica, pur restando nella geografia sonora dell'umano che nulla concede all'astrattezza di segno di quella del divino.

A Mila non è sfuggito come l'episodio, epurato di ogni accento mondano, potesse stare «tal quale, in una delle messe di Mozart», come la pace raggiunta nell'armonia producesse un senso di grandiosa assoluzione di valenza addirittura sacrale nel tono che si stacca dalla materialità, per invitare all'affratellamento in una dimensione di solidarietà umana. Con ciò ci troviamo sicuramente a uno stadio implicante in prospettiva la religione, la percezione del senso che collega la vita a un ordine superiore, non già sottomessa e intimidita di fronte alla divinità bensì aperta fiduciosamente sul mondo e sugli uomini. Non per niente Mozart è stato il musicista che più ha intrigato i teologi. A Hans Urs von Balthasar, al quale la sua enorme opera «appare come già nata senza alcuno sforzo, messa al mondo come un figlio già perfetto», nella consapevolezza del cristiano di essere «in cammino fra Eden e Cielo» Mozart è colui che nel *Flauto magico* ci guida «attraverso tutte le dissonanze dell'esistenza [in] un immenso presentimento d'amore, di luce e di splendore, di eterna verità e armonia».

Non stupisce quindi nemmeno che pochi anni dopo la morte del compositore ai monaci di Benediktbeuren venisse in mente di adattare brani di *Così fan tutte,* della *Zauberflöte,* persino del *Don Giovanni,* ad arie e cori che, su testo latino liturgico secondo il modello antico della contrafattura, davano corpo a "messe brevi", nelle quali certamente pulsava non poco della nostalgia dei parrocchiani di modeste cittadine bavaresi prive di impianto operistico, che nel rito di chiesa surrogavano la teatralità di testimonianze musicali altrimenti irraggiungibili, e che in fondo accoglievano senza contraccolpi il disteso fluire di una musica elevantesi dal ceppo laico come messaggio d'armonia dai risvolti spiritualistici. È la religione della felicità intesa come diritto dell'uomo a trovare il proprio equilibrio e il proprio benessere sulla terra, nella vita dei propri sensi. È il trionfo dell'Illuminismo che musicalmente ebbe inizio nell'opera buffa, nel suo dissociarsi dal mondo simbolico e trasceso dell'opera seria, dall'orizzonte sovraumano che esigeva dai personaggi l'eroismo, il superamento della propria imperfezione. Viceversa l'opera buffa aveva legittimato «un mondo che ha in se stesso la propria ragion d'essere e di divenire» come è stato ben messo in luce da Alessandro Baricco nel suo implacabile esame di tutto ciò che porta al rossiniano «genio in fuga». Ed è appunto nella messa a fuoco dell'«idea laica, immanentistica del soggetto» che si sviluppano le intuizioni di Mozart, la liberazione del desiderio e la costituzione della comunicazione orizzontale, non più condizionata dal rapporto verticistico con superiori entità morali ma spinta al dialogo tra simili e quindi portata a sviluppare musicalmente il concertato, il quale, prima ancora che conquista di vasta portata strutturale dagli sbocchi drammaturgici sensazionali, vale come punto d'incontro di soggetti emancipati, campo chiamato a mettere alla prova l'intersoggettività. Non è un caso che i finali di atto giungano con Mozart a polarizzare la funzione drammaturgica: venuto a decadere l'astratto potere del destino di regolare i rapporti tra i singoli, assistiamo alla liberazione della loro soggettività, riformata sulla naturalità in quanto non più garantita da forze a essa esterne, obbedienti alla spinta del desiderio di una non mai abbastanza appagata ricerca della felicità.

Felicità cercava lo stesso Mozart, lasciandosi dietro le spalle stadi creativi via via superati e condizioni di vita deprecate che non ammettevano l'accomodamento. Il desiderio di realizzare ciò che avrebbe potuto di volta in volta appagarlo era una molla di tale forza da indurlo alle più audaci scelte di vita e alle svolte più radicali. Libertà di creazione è sinonimo di felicità certamente; Mozart sentiva impellente, come fatto fisiologico, il fatto di creare. In occasione della composizione dell'*Idomeneo* l'immedesimazione nella composizione fu tale da indurlo a scrivere al padre: «Testa e mani le sento così piene del terzo atto che non mi meraviglierebbe se io stesso diventassi il terzo atto» (lettera del 3 gennaio 1781). Ma non necessariamente la creazione equivale a messaggio di felicità. L'espressione mozartiana nel suo fondo probabilmente nemmeno la intravvide e per questo, nel momento in cui ce ne rendiamo conto, inevitabilmente ci appare come maschera di se stessa.

Ritorneremo sul senso di questa componente di ambiguità; per ora potrà essere utile riflettere sull'avversione che Mozart non riuscì mai a nascondere per uno strumento che a molti parrà non solo favorito, ma addirittura simbolico di delizie assaporate nell'ebbrezza di irripetibili momenti creativi: il flauto. I quartetti con flauto e il Concerto per flauto e orchestra KV 313 furono composti con il solo stimolo dei duecento fiorini promessi dal ricco commerciante olandese De Jean che li aveva commissionati: «e voi sapete che quando devo scrivere per uno strumento che detesto, mi ritrovo completamente anchilosato» (lettera al padre del 14 febbraio 1778). Ma chi poté mai notare lo sforzo di volontà tra le suadenti linee di composizioni tanto apprezzate? D'altra parte il giudizio dello stesso musicista sulle musiche di danza che, in qualità di compositore da camera della corte imperiale, era tenuto a comporre per i balli in maschera nella Redoutensaal e per i quali percepiva ottocento fiorini all'anno («troppo per quello che fornivo, troppo poco per quanto avrei potuto fare») già rivela la doppia prospettiva che sempre gli si parò innanzi.

Prospettiva della popolarità

Non esiste probabilmente musicista più di Mozart condizionato da un complesso rapporto di attrazione-repulsione verso la società in cui visse. È noto l'episodio di insubordinazione con il quale troncò il servizio che lo teneva legato all'arcivescovo di Salisburgo, rapporto percepito a tal punto come vincolo da provocare nella comunicazione al padre dell'episodio (9 maggio 1781) l'emblematica esclamazione: «oggi comincia la mia felicità». In realtà la vicenda nel modo in cui si svolse – con lo storico calcio nel sedere con il quale il conte Karl Arco, segretario dell'arcivescovo, lo cacciò dalla sua residenza a Vienna – non solo si presenta ai nostri occhi in toni tutt'altro che eroici, ma soprattutto non deve essere interpretata come culmine di un processo di liberazione da uno stato servile, che certamente a quel tempo stava già modificandosi a favore dell'artista ma al quale non esistevano ancora alternative. Per questo motivo, se eroica oggi possiamo giudicare la drammatica vicenda umana di Mozart, negli anni successivi, dovendo egli subire nello *status* di libero musicista le conseguenze dei capricci del gusto viennese, certamente meno eroica appare la sua instancabile quanto vana corsa a procurarsi una posizione stabile di maestro di cappella presso un potente qualsiasi. Fin dal tempo del suo secondo viaggio in Italia, quando in seguito alla commissione dell'*Ascanio in Alba* per le nozze dell'arciduca Ferdinando (1771) gli sembrò possibile cullare l'illusione di entrare al servizio di un'importante corte principesca, l'esistenza di

Mozart si trascinò di città in città (Mannheim, Parigi, Monaco, Vienna) nelle anticamere delle residenze nobiliari in cui ricevette solo vaghe promesse e null'altro che inservibili tabacchiere d'oro come compenso alle sue dimostrazioni di bravura al pianoforte. Ma pure quando la rottura con l'arcivescovo Colloredo, liberandolo dal vincolo, gli avrebbe indirettamente aperto la prospettiva della conquista della Vienna musicale come pianista virtuoso, Mozart avrebbe perseguito obiettivi dove non è ancora possibile leggere la spinta di una pura motivazione ideale: l'«Ehre, Ruhm und Geld», che egli sperò di poter conseguire secondo l'audace ma non del tutto consapevole progetto di libero professionista di cui fece partecipe il padre nella lettera del 16 maggio 1781, non solo mostrano la legittima aspirazione a un benessere materiale («denaro»), ma soprattutto mettono in evidenza il peso che nell'esperienza mozartiana mantennero sempre «onore e fama», vale a dire quelle forme di gratificazione che solo potevano provenire da un rapporto di subordinazione sociale.

Certo, da un punto di vista estetico, Mozart mirò sempre in alto: non poche furono le sue concessioni a livelli umilianti, ma non per questo venne meno la sua determinazione nel portare avanti progetti compositivi ambiziosi (si veda soprattutto quello dell'opera tedesca). È però evidente che il consenso a cui Mozart mirava, anche nelle numerose volte in cui non gli riuscì di raggiungere il destinatario, fu sempre un'approvazione ricercata nel contesto di un ben regolato patto sociale dal quale era escluso il deliberato atto di sfida. Mozart, diversamente da Beethoven, almeno nelle intenzioni cercava di assecondare un interlocutore diretto. In occasione della laboriosa composizione dell'*Idomeneo* per la corte di Monaco, nota è la corrispondenza con il padre rimasto a Salisburgo a far da tramite con il librettista Varesco, cappellano alla corte del Colloredo. Preoccupato per le libertà estetiche che si concedeva il figlio, Leopold si raccomandava:

> Ricordati che non devi solamente lavorare per gli amatori di musica, ma anche per il grande pubblico. Devi sapere che per ogni dieci conoscitori puoi contare cento ignoranti. Non trascurare l'approvazione del popolo e cerca di solleticare le sue lunghe orecchie (11 dicembre 1780).

Al che Wolfgang rispondeva:

> Riguardo a ciò che si usa chiamare *popolare*, non nutrite preoccupazione. Nella mia opera si trova musica per ogni categoria di persone – senza eccettuare le lunghe orecchie,

dove, al di là della malcelata stizza per un'osservazione sconsideratamente trasudante l'interesse opportunistico, traspare una verità valida per l'insieme della sua opera.

Quando Mozart, dopo il successo senza speranza delle *Nozze di Figaro* ormai rimpiazzato nel cuore dei viennesi dallo strepitoso clamore suscitato da *La cosa rara* di Soler, accettò l'invito di recarsi a Praga per festeggiare l'inaspettata fortuna della sua opera che ancora teneva in stato febbricitante l'intera città, se ne rallegrò:

> Alle sei mi sono recato in carrozza con il conte Canal al ballo detto di Breitfeld, dove è costume che si riunisca il fior fiore delle bellezze di Praga [...] Io non ho però preso parte alle danze né ho fatto la corte a qualcuno – l'una cosa poiché ero troppo stanco, l'altra in seguito alla mia naturale timidezza – ma ho osservato con molta soddisfazione come tutte queste persone, così cordialmente allegre, si lanciavano nella danza sulla musica del mio *Figaro* arrangiato in vigorose contraddanze tedesche. – Poiché qui non si parla d'altro che di *Figaro*: non si suona, non si canta e non si fischietta che sui motivi di *Figaro*. Nessuna opera attira più di – *Figaro* e sempre *Figaro*. È sicuramente un grande onore per me (lettera a Gottfried von Jacquin, 14 gennaio 1787).

Non era quindi necessariamente al pubblico raffinato che Mozart guardava: i fatti stessi non potevano ormai più tenerlo fermo alla considerazione delle esigenze dei proprietari dei palchi nei teatri cortigiani. A Praga in particolare egli era costretto a constatare la realtà di un acclamante pubblico borghese ormai maggioritario, un pubblico che, alla fine del concerto del 19 gennaio 1787 in cui Mozart fece eseguire la Sinfonia in re maggiore KV 504 scritta un mese prima per questa occasione appunto, reclamava dall'autore improvvisazioni al pianoforte:

> Il suo viso era raggiante di felicità nel constatare l'entusiasmo suscitato dalla sua arte. Ricominciò allora con maggior slancio ed eseguì cose inverosimili davanti a un pubblico per la terza volta al colmo dell'entusiasmo; improvvisamente una voce salì dalla folla attonita: *Figaro!* Allora

> cominciò sul motivo dell'aria prediletta "Non più andrai" una dozzina di meravigliose variazioni improvvisate. È su questo che, fra ovazioni deliranti dell'uditorio, si concluse questo indimenticabile concerto, per lui il più trionfale della sua vita e, per i Boemi conquistati dalla sua musica, il più dilettevole (testimonianza di un contemporaneo citato da Johann Nepomuk Stiepanek nel 1825).

L'esperienza di Praga è cruciale poiché permette di chiarire contemporaneamente due aspetti. In primo luogo la questione della capacità della sua musica maggiore di ottenere largo consenso, fatto che mai si verificò al di fuori di Praga per una serie di pregiudizi che altrove gravavano sulla situazione musicale, ma che in linea di principio poteva dimostrarsi acquisito. In secondo luogo vi si dimostra la volontà dello stesso Mozart di mirare a tale integrazione, compiacendosi addirittura della risonanza ottenuta dalla sua opera oltre la stessa sua naturale destinazione teatrale.

La fortuna praghese delle *Nozze di Figaro* svela conseguenze sociali radicali:

> Ben presto seguirono trascrizioni per pianoforte, per strumenti a fiato, per quintetto da camera: le si trasformarono in danze tedesche, insomma, le arie di *Figaro* risuonavano dappertutto, nelle strade e nei giardini pubblici – sì, perfino il musicante dei ritrovi era costretto a intonare "Non più andrai" se voleva assicurarsi un uditorio (Franz Xaver Niemetschek).

Se si trattasse di un semplice episodio, lo rileveremmo puramente come fatto biografico senza conseguenze. In realtà Mozart si rese conto di aver individuato un livello di linguaggio estremamente articolato, al punto da non lasciare indifferente non solo l'abituale frequentatore di teatri e di accademie musicali, ma persino e soprattutto il musicante mendicante e il popolino dei sobborghi: ed è questo fatto da leggere innanzitutto nella sua dichiarazione di compiacimento.

La "popolarità" toccata con mano a Praga non è che la punta d'iceberg di una ricerca che ha un altro momento di emergenza nell'inverno 1779-80 a Salisburgo, quando Mozart vi incontra le compagnie di commedianti ambulanti dirette da Johann Boehm ed Emmanuel Schikaneder e ha occasione di discutere con loro le possibilità di sviluppo di un teatro musicale tedesco. Sulle premesse indiscutibilmente popolari di quel tipo di teatro sarebbe maturata nel tempo l'idea del *Flauto magico,* non a caso concretizzata con la collaborazione di Schikaneder nella forma di un'allegoria scenica, di una favola didascalica espressamente concepita in funzione di un pubblico di quartiere, quale quello che il 30 settembre 1791 riempì il Teatro Auf der Wieden. Poiché, se il suo capolavoro riuscì ad acquisire un posto di rilievo nella coscienza culturale tedesca al punto da indurre Goethe a ipotizzare una *Zauberflöte, Part II,* ciò non è da riportare al merito degli esponenti più accreditati di quella cultura bensì all'appropriazione della sua musica da parte delle cerchie popolari più attive. Mozart si pose in anticipo sul suo tempo facendo leva su forze non ancora entrate con ruolo protagonistico nello sviluppo della cultura nazionale.

Non per niente quando il *Don Giovanni* fu rappresentato per la prima volta a Berlino, ciò avvenne nel 1790 in versione tedesca, accolto con entusiasmo dal pubblico popolare ma con scarso esito da parte degli intellettuali. In fondo il fatto più rivelante, che l'anno stesso della sua morte veniva a coronare la carriera del compositore, fu l'imperiale appellativo di «porcheria tedesca», impietoso commento riservato da Maria Lodovica di Spagna alla *Clemenza di Tito,* ultimo atto mozartiano di riverenza al mondo delle glorie apparenti. Se l'epiteto non era sicuramente fatto per rallegrare l'animo seriamente provato di Mozart, il quale nell'ultimo viaggio a Praga collegato all'allestimento dell'opera destinata a festeggiare l'incoronazione di Leopoldo II a re di Boemia nutriva l'estrema speranza di ottenere la benevolenza della corte, è possibile che in cuor suo ne ricavasse paradossale soddisfazione.

È vero che i viaggi della sua formazione in Italia, Francia e Inghilterra gli avevano aperto prospettive tali e gli avevano permesso di assimilare lezioni molteplici che facevano di lui il compositore più cosmopolita del tempo; ciò tuttavia non può distoglierci dal rilevare un processo di maturazione parallelo che lo avrebbe sempre più fortemente vincolato ai destini culturali della nazione germanica. Così nel 1778, partito alla conquista di Parigi (scelta quale tribuna proprio in quanto riconosciuta come capitale della musica europea), di fronte alle incomprensioni di Le Gros (l'organizzatore dei Concerts spirituels) provò per la prima volta il sentimento di essere straniero nella grande città, a cui reagì con ritrovati accenti nazionalistici: «Prega Dio ogni giorno che mi dia la grazia di resistere con fermezza, di fare onore a me e a tutta la nazione tedesca» (lettera al padre del 1 maggio 1778). E quando la determinazione di tentare la fortuna a Vienna sarà miseramente ripagata, al punto che Mozart prenderà in considerazione l'eventualità di emigrare oltre i confini dell'impero, è nello stesso ordine d'idee che svolge il suo pensiero:

> I signori viennesi (fra i quali occorre comprendere, in testa, l'imperatore), non devono mettersi nel cervello che io sia al mondo solo per Vienna. Se la Germania, la mia cara patria di cui sono fiero (voi lo sapete), non vuole accogliermi, per Dio! Bisognerà dunque che la Francia o l'Inghilterra si arricchiscano una volta di più di un abile tedesco – per la vergogna della nazione tedesca (lettera al padre del 17 agosto 1782).

In Mozart è quindi già chiaramente delineato il concetto di appartenenza a una matrice nazionale, a quel tempo ancora discriminata sul piano della cultura musicale soprattutto.

Tra i musicisti dell'epoca egli fu sicuramente il più ricettivo: i viaggi a cui Leopoldo lo preparò fin dalla tenera infanzia furono senza dubbio la lezione fondamentale della sua vita d'artista, fecondandolo attraverso il contatto con le più avanzate esperienze internazionali. Oggi è luogo comune riconoscere influenze francesi o italiane sulla sua opera, eppure i suoi diretti destinatari non lo giudicarono mai abbastanza italiano.

Quando nel 1777 Mozart abbandonò Salisburgo alla ricerca di una sistemazione più prestigiosa, facendo tappa alla corte di Monaco si sentì rispondere dal principe elettore di Baviera: «Ora è ancora troppo presto. Deve partire, viaggiare in Italia, rendersi celebre».

Come se a nulla fossero valsi i viaggi in Italia tra il 1770 e il 1772, come se *La finta giardiniera,* commissionata direttamente da Massimiliano III e rappresentata a Monaco durante il carnevale del 1775, non avesse già dimostrato a sufficienza la maestria del compositore nel muovere un'azione secondo la maniera degli italiani. Evidentemente quelle componenti che lo facevano diverso da un Piccinni o da un Paisiello allora dovettero pesare assai più di quanto sia oggi percepibile, il moderno criterio di giudizio evidenziando proprio quegli elementi (funzione dell'orchestra, forma teatrale organicamente concepita, definizione psicologica dei ruoli) trascurati nel modello italiano. In realtà Mozart si era ben presto reso conto dell'insufficienza della lezione italiana, peraltro largamente ossequiata nell'abbondante produzione dell'adolescenza e sempre rispettata.

Proprio durante lo stesso infruttuoso soggiorno a Monaco, dopo aver ascoltato *La pescatrice* di Piccinni in forma di Singspiel, già immaginava di fornire al conte Seeau (intendente della musica e degli spettacoli alla corte di Baviera) quattro opere tedesche all'anno:

> E quanto ancora di più potrei piacere, se potessi partecipare alla fortuna del teatro nazionale tedesco in musica! Ciò arriverà certamente, poiché da quando ho ascoltato il Singspiel tedesco, mi sono sentito riempire dall'ardente desiderio di comporre (lettera del 3 ottobre 1777).

Poche settimane dopo Mozart giungeva a Mannheim in tempo per assistere al *Gunther von Schwarzburg* di Holzbauer, la prima opera tedesca su soggetto originale che si conosca. Se il lungo inverno trascorso a Mannheim, ritardando la partenza per Parigi, lo fu notoriamente a causa dell'amore per Aloysia Weber, alla luce dei fatti non si può negare che Mozart provasse il bisogno di rimanervi anche per chiarire in un centro così privilegiato di cultura tedesca una posizione estetica ormai fortemente delineata.

Fin dal 1775 Karl Theodor vi aveva fondato la Società palatina tedesca per la difesa della lingua e della letteratura nazionali, sorta appunto per creare uno spazio agli scrittori tedeschi, soprattutto di teatro, fino allora costretti a cedere il passo alla fortuna delle traduzioni di drammi e commedie di Francia soprattutto. Il principe aveva sciolto la compagnia di teatro francese facendo posto ad attori tedeschi già nel 1770, mettendosi in prima fila nella corrente che perseguiva l'affermazione dell'identità culturale tedesca. Poco prima dell'arrivo di Mozart a Mannheim vi aveva inaugurato il teatro nazionale tedesco, importante appunto per l'opera. Al musicista, reso sensibile a questa realtà proprio nel breve volgere degli anni precedenti, non poteva quindi rimanere indifferente una città che viveva nei suoi segni esteriori un appuntamento con la storia di tale portata. Senza contare il più vistoso fiore all'occhiello che quella corte poteva vantare in campo musicale: la celebre orchestra creata da Stamitz, fondatore in un certo senso della sinfonia moderna, la cui tradizione era più che mai viva nei nomi di Cannabich, Holzbauer e Wendling.

L'amicizia e l'affetto con cui queste personalità accolsero il giovanissimo compositore rivelano un immediato piano d'intesa che trasformò la tappa del viaggio predisposto da Leopold in un punto d'arrivo. Mai più, dopo Mannheim, Mozart avrebbe condotto con uguale accanimento la battaglia per ottenere un posto di maestro di cappella. Poiché a Mannheim non solo gli era lecito cullare il sogno di una sistemazione professionale dignitosa, ma sopratutto (caso probabilmente unico a quel tempo) trovare corrispondenza diretta alla sua aspirazione verso l'opera tedesca. Quando egli si raccomandava a Karl Theodor dichiarando che «il mio più grande desiderio sarebbe quello di comporre un'opera [...] io posso anche, Dio sia lodato e ringraziato, scriverla in tedesco» (lettera al padre dell'8 novembre 1777), l'affermazione sulla capacità di affrontare il genere nazionale non è ostentata mercantilmente per strappare al principe la decisione di prenderlo al suo servizio, ma al contrario suona veramente come soddisfazione di poter realizzare un progetto ormai prioritario nella sua mente. Non per niente due mesi più tardi, quando Karl Theodor gli avrà rifiutato ufficialmente il posto e (succedendo al trono di Baviera) avrà abbandonato Mannheim, Mozart, pur guardando altrove, rimarrà fisso alla stessa prospettiva: «Sono a conoscenza del fatto che l'imperatore ha intenzione di far mettere in scena a Vienna un'opera tedesca, e che cerca un giovane maestro di cappella che parli tedesco, che abbia del genio e che sia capace di rivelare agli occhi del mondo qualche cosa di nuovo e di efficace» (lettera dell'11 gennaio 1778).

A patti con la mondanità

L'invito al padre a far uso delle sue relazioni per mandare in porto il nuovo progetto non poteva immaginare che Leopold era a quel tempo indaffarato a smuovere persone influenti a Vienna, non già nella direzione intesa dal figlio bensì allo scopo di ottenere raccomandazioni per la corte di Francia:

> Va a Parigi! – E molto presto! – Cerca l'appoggio dei potenti – *Aut Caesar aut nihil*! – la sola idea di veder Parigi avrebbe dovuto preservarti da idee assurde e futili. È da Parigi che la gloria e la fama di un uomo si irradiano nel mondo intero. Là, la nobiltà tratta con la più grande condiscendenza gli uomini di genio; là si scopre un contegno che pone fuori considerazione le grossolanità delle nostre dame e dei signori tedeschi.

È evidente che Leopold in questa lettera del 12 febbraio 1778 calcava la mano: in realtà si tratta della sua prima risposta all'annuncio datogli dal figlio innamorato di voler partire con Aloysia Weber e la sua intera famiglia in un'avventurosa e improbabile *tournée* attraverso Italia, Svizzera e Olanda; per questo motivo il richiamo all'ordine assume un tono tanto (e fastidiosamente) seccante. Tuttavia era proprio in un'occasione come questa che in termini espliciti dovevano affiorare le ragioni di un conflitto generazionale latente da lungo tempo. Leopold non aveva mancato quindici anni prima di inserire la tappa parigina nel periplo attraverso cui aveva deciso di mostrare all'Europa il suo prodigioso figlio: cinque mesi vi si erano trattenuti, fino all'aprile 1764. A Parigi il piccolo Mozart aveva vissuto esperienze importanti: vi incontrò Johann Schobert e ne subì l'influenza, ma anche molti altri musicisti provenienti da tutti gli angoli del continente e chiamati a Parigi dalla fortuna promessa dallo splendore mondano di cui era ammantata la capitale più sofisticata d'Europa. Era solamente un ricordo di fanciullo ma, nella prospettiva del musicista ormai compiuto, esso non poteva andare disgiunto dal pregiudizio riguardo all'artificiosità e alla subordinazione della musica e delle arti in genere nel contesto dei rapporti cortigiani. Cosa poteva aspettarsi Mozart, il Mozart adulto che non possedeva più le risorse prodigiose con cui strabiliare il pubblico, da una Parigi monopolizzata da Gluck e da Piccinni e dalle loro rispettive fazioni? Su questi fatti dovette riflettere il giovane compositore, il quale nel frattempo non solo era cresciuto fisicamente, ma anche intellettualmente era già coinvolto in vicende che gli facevano apparire sempre più futile il cosmopolitismo dei parigini. Ormai sensibile al punto che abbiamo visto al problema della rinascita culturale tedesca, l'ultimo posto in cui cercare la ragione d'essere alla sua attività compositiva doveva essere proprio la capitale francese. Per questo motivo fu solo la docilità che gli ispirava ancora il padre a indurlo a salire in carrozza il 14 marzo 1778 e a lasciarsi trascinare verso quella che rappresentava ancora la scena musicale più importante del continente.

A Parigi non gli mancarono le occasioni per estendere le sue relazioni, ma non risulta che Mozart ne approfittasse appieno. Nei sei mesi trascorsi nella capitale francese Mozart più che allargare restringe i suoi contatti. Frequenta qualche ambiente mondano e aristocratico, mantiene rapporti con qualche musicista, ma – ciò che fa maggiormente specie – restringe la sua cerchia ai tre amici musicali di Mannheim che l'avevano preceduto sulla via di Parigi (Anton Raaf, Johann Baptist Wendling e Friedrich Ramm). In un certo senso riesce persino a stringere un rapporto di simpatia con Piccinni, l'esponente del partito estetico più lontano dalle sue idee, ma a che livello si situasse la relazione lo possiamo desumere dalla sua diretta testimonianza:

> Ho parlato con Piccinni al Concert spirituel! – È stato molto cortese con me ed io lo sono con lui – quando per caso ci incontriamo – D'altronde non intrattengo rapporti di conoscenza, – né con lui né con altri compositori. – Io so il fatto mio – loro anche – e basta! (lettera del 9 luglio 1778).

Praticamente Mozart vive in Francia con dei tedeschi parlando in tedesco. D'altronde egli non avrebbe mai imparato il francese in modo sufficiente anche per una forma d'avversione che gli impediva di considerarlo adattabile alla musica: «Se solamente questa maledetta lingua francese non fosse cosi abominevole per la musica! Il tedesco è divino a confronto» (lettera del 9 luglio 1778). Se a ciò aggiungiamo che in quei mesi fu probabilmente occupato nella lettura delle commedie di Molière, ma che tali testi gli furono regalati a Mannheim dal padre di Aloysia il giorno della partenza, si potrà meglio valutare quali spunti gli provenissero direttamente da Parigi. Mozart percepisce la grande città come qualcosa di estraneo; non solo si sente smarrito nella sua enorme estensione che lo costringe a lunghi spostamenti e perciò non gli facilita i contatti, ma soprattutto non riesce a trovare comprensione:

> I francesi non hanno più le stesse buone maniere di quindici anni fa. Rasentano la grossolanità e sono orgogliosi in modo insopportabile (lettera del maggio 1778).

A Parigi Mozart si interroga sul tipo umano prodotto dalla grande città, che si presenta ai suoi occhi non diversamente da come essa si presentava a Rousseau nelle celebri pagine della *Nouvelle Heloïse*:

> Sono circondato da bruti e da bestie (in fatto di musica s'intende). Ma come potrebbe essere altrimenti? Nelle loro azioni, nelle loro intenzioni, nelle loro passioni e nello stesso modo in cui si comportano – Non c'è un luogo in questo mondo paragonabile a Parigi!

Mai come in quei mesi Mozart condusse un'esistenza dissociata: la Sinfonia in re maggiore KV 297, composta per i Concerts spirituels, conosce un tiepido successo che nella sua mente diventa un trionfo, ma poi dovrà riscrivere l'*Andante* su invito diretto di Le Gros. Il musicista, il quale già si era adattato al gusto di quel pubblico che amava i contrasti esteriori, deve prendere coscienza che la sua linea estetica corre su altri binari, che non gli è permesso di essere libero nell'espressione. Proprio a Parigi, mentre prende conoscenza della priorità del suo compito di compositore («Sono un compositore, nato per essere *Kapellmeister*»), si scontra con una mentalità che vorrebbe vincolarlo al compito di fornitore di prodotti della più prevedibile gastronomia musicale.

In realtà l'atteggiamento di fondo con cui era giunto in Francia non gli aveva certo appianato il compito. Mozart in quegli anni viveva ormai nel pieno processo di emancipazione dallo stile galante a cui era chiamato ad accondiscendere dalla funzione di *Konzertmeister* ricoperta a Salisburgo e dalla necessità di trovare credito presso i committenti. Il soggiorno di Mannheim era stato l'elemento catalizzatore di questo processo che l'aveva nutrito di fierezza nel momento in cui si accingeva ad affrontare la capitale francese. Sulla sua chiarezza d'intenti nel viaggio parigino non ci sono dubbi: «Io so il fatto mio – loro anche – e basta». Per questo motivo egli non esita a consegnare a Le Gros come primo biglietto da visita la *Sinfonia concertante* per clarinetto, oboe, corno e fagotto KV 297b la quale apparentemente aderiva alla moda parigina del genere in voga da quasi un decennio, ma che qui il musicista non concepisce solo nel senso dell'esibizione di gradevole virtuosismo strumentale. La componente concertante che Mozart intende come contrassegno della dialettica interna al discorso musicale fornisce alla composizione un assetto destinato invece a deludere le aspettative del pubblico dei Concerts spirituels. Rendendosene conto immediatamente, Le Gros acquista l'opera rinunciando a farla eseguire e invitando Mozart a procurargli qualcosa di più consono. Di qui la sua comprensibile stizza: «I francesi sono e restano degli asini, non sono capaci di niente e sono obbligati a ricorrere agli stranieri» (9 luglio 1778). Troppo Mozart in passato aveva accondisceso alla moda francese, troppo questa moda gli ricordava gli anni trascorsi alla dipendenza del Colloredo per convincerlo a semplificare i procedimenti compositivi come era stato indotto a fare nei primi concerti per violino del 1775, praticamente privi di elaborazione tematica e ricchi appunto di spunti, ritmici soprattutto, cari ai francesi. Tre anni dopo egli ritrova nei parigini cambiamenti di gusto anche considerevoli: riguardo agli effetti dinamici soprattutto vi aveva fatto scuola il crescendo dei *Mannheimer.* Ma la sostanza di un'attesa della facile emozione estetica, che si riassumeva nella spensierata gaiezza di una frase fiorita o nel virtuosistico gesto di bravura offerto a sorpresa, rimaneva in tutti i suoi risvolti.

Non era quindi lì che poteva trovare risposta positiva alla tendenza che lo aveva da tempo reso cosciente della possibilità e della realtà di un'espressione personale sottratta all'obbligo del tributo da pagare alle convenienze sociali. Mai come in quel momento Wolfgang poté rendersi conto del carattere illusorio della scelta prospettatagli dal padre («Aut Caesar, aut nihil»), della perfetta inutilità dei cinquanta indirizzi di famiglie nobili che Leopold gli aveva messo in tasca credendo di assicurargli appoggio. Parigi diventò per Mozart un luogo che metteva a dura prova la sua coscienza artistica, il luogo della massima e più feroce spersonalizzazione, la sola città in fondo che egli avrebbe abbandonato senza alcun rimpianto. Ben altro luogo mentale avrebbe occupato Mannheim; e perfino da Vienna, la città dei dolori e delle ingratitudini, non sarebbe mai riuscito a staccarsi, nutrendo per essa un sentimento di amore-odio assai significativo.

Una sola città poteva essere paragonata a Parigi nel senso di luogo indesiderato: Salisburgo. Ma la città natale non a caso gli evocava il peso del servizio alla corte arcivescovile e la gretta mentalità di una borghesia incapace di elevarsi all'altezza di compiti dell'arte che andassero al di là della modesta funzione di ornamento quotidiano. Vincolo istituzionale e vincolo sociale si equilibravano nel soffocare l'iniziativa di un compositore che, ricondotto all'ordine remissivo, ormai si esprimeva in francese. Il Concerto in mi bemolle maggiore KV 365 (1779) per due pianoforti e orchestra, che egli dedicò a Nannerl al suo ritorno a casa, esibisce nel *Rondò* finale un tema d'arietta francese, secondo il modello prediletto dalla sorella. Salisburgo non gli consentiva uno spazio diverso da quello che in Francia aveva allargato il vallo delle incomprensioni: rientrato in patria senza aver conseguito nessun obiettivo professionale concreto, Mozart aveva la sensazione di ripiombare nell'anonimato e difficilmente gli riusciva di parlare un altro linguaggio che non fosse quello anodino dello stile galante. Non per niente il periodo di confino a Salisburgo (1778-80) fu quello meno prolifico: di fronte alla precarietà espressiva stava realmente la prospettiva del silenzio. E sul grado di incomprensione a cui era destinato ad andare incontro, sarà il primo compositore a lasciarci testimonianza diretta: «Se suono, o se si esegue qualcosa di mia composizione, è esattamente come se il tavolo e le sedie fossero i miei soli ascoltatori» (lettera del 26 maggio 1781).

Sennonché, come ogni atteggiamento mozartiano, niente si presenta irreversibile in lui. Ritrovata la ragion d'essere dopo la definitiva rottura col Colloredo e deciso a crearsi uno spazio a Vienna, Mozart non esiterà in seguito a percorrere pure le vie del compromesso, per esempio scrivendo un nuovo, più brillante e più esteriore finale per il Concerto in re maggiore KV 175 verso il quale mostrò evidente attaccamento avendolo composto nove anni prima (1773), ma con il quale ovviamente non riteneva di poter produrre abbastanza effetto. E di questa capacità abbisognava oltre misura se, nella lettera al padre del 2 giugno 1781, già chiaramente intravvedeva gli effetti della volubilità dei viennesi in fatto di moda musicale («si tratta di gente disposta ad abbandonare qualcuno al proprio destino in qualsiasi momento»). L'accondiscendenza al gusto mondano, combattuto in ogni possibile momento, è il tributo che Mozart è costretto a pagare a ogni occasione in cui gli si prospetta una possibilità di affermazione. L'affermazione individuale rappresentava una sfida alla società, che in caso di fallimento ben difficilmente consentiva di risollevarsi. L'esperienza parigina gli aveva già messo a nudo il meccanismo sociale con cui la sua scelta di diventare compositore doveva trovare un punto di contatto.

Ora l'impatto con Vienna gli svela il carattere impietoso insito in questo rapporto: «Occorre fin dall'inizio mettersi sul piede giusto – altrimenti si è perduti per sempre». E Mozart si impegna a misurare i suoi passi: forse presentendo che Vienna fosse il passaggio obbligato per ogni impegnativa operazione futura, accettò le condizioni dettate dalla situazione più di quanto non avesse fatto a Parigi.

In realtà egli non nutre più nessuna illusione sull'ambiente che lo circonda per cui, apprestandosi a dare alle stampe i concerti per pianoforte KV 413, 414, 415, lascia all'editore Sieber la libertà di pubblicarli sia con accompagnamento d'orchestra completa sia con l'aggiunta del semplice quartetto per archi: nessuna traccia quindi della preoccupazione di emancipare l'orchestra che l'aveva guidato nella composizione del Concerto in mi bemolle maggiore KV 271 del 1777. Ma ciò che più importa è che Mozart qui si sdoppia disinvoltamente in critico di se stesso:

> Questi concerti stanno esattamente a metà strada tra il troppo difficile e il troppo facile. – Sono molto brillanti – piacevoli all'ascolto, naturali, senza cadere nella povertà. Qua e là gli intenditori possono esserne contenti senza sapere il perché (lettera del 28 dicembre 1782).

Questa è la voce della stessa persona che un anno e mezzo prima si era sottratta al giogo del Colloredo cantando vittoria nell'immancabile comunicazione a Leopold: «oggi comincia la mia felicità» (9 maggio 1781). L'abbandono del servizio presso l'arcivescovo di Salisburgo non poteva rappresentare puramente e semplicemente la conquista della libertà e Mozart dovette rendersene direttamente conto se egli stesso ci descrisse con tanta dovizia di particolari la problematica vicenda dell'iniziazione viennese. Se la possibilità d'esprimersi come compositore, se l'esigenza di assumere questo compito in piena libertà fosse stata premessa inderogabile, non si spiegherebbe la calcolata prudenza con cui preparò la conquista di Vienna. Poiché assai meno prudente sappiamo che fu il suo comportamento con il Colloredo prima della rottura definitiva, una rottura che egli provocò pressoché consapevolmente. Nel fondo del suo animo doveva quindi covare un'altra motivazione capace di disporlo al compromesso, mostrandogli i vantaggi della situazione che si stava creando.

E la risposta viene dall'euforia a cui Mozart si abbandonò sull'onda del successo personale come pianista. Il pianoforte, strumento che durante l'avventura parigina aveva definito «un accessorio» («preferirei trascurare il pianoforte piuttosto che la composizione») si rivela risorsa indispensabile per attirare l'attenzione dei viennesi. Mozart riscopre il suo valore di cavallo di battaglia da cavalcare in un palio che promette al vincitore «Ehre, Ruhm und Geld», quella trinità di valori terreni che sicuramente ai suoi occhi non erano semplicemente garanzia di sopravvivenza, ma sicuramente qualcosa di più. In verità negli anni che lo conducono all'apice della parabola viennese Mozart stabilisce un rapporto d'intesa con le cerchie mondane della capitale tra i più armoniosi che fosse riuscito a conseguire fino a quel momento. L'estetica dei primi concerti per pianoforte e orchestra ne porta il marchio. È come se l'amara lezione parigina, la scoperta di una profonda radice di conflitto nel moderno rapporto di comunicazione col pubblico, non avesse più effetto. Eppure il tipo di tributo che il pubblico viennese gli chiedeva di pagare non era sostanzialmente diverso da quello che, con malcelata pena, dovette adattarsi a pagare ai parigini. Il fatto è che a Vienna Mozart riuscì a cogliere il momento giusto: mentre a Parigi fallì nell'impossibilità di farsi spazio in una situazione totalmente monopolizzata da altre forze, a Vienna egli si trovò davanti un uditorio in attesa di novità. A questo punto Mozart non esitò ad approfittarne e, pur presentendo il carattere effimero di tale momento, vi profuse tutte le energie.

Riflesso della città

L'approdo viennese non conta però solo come luogo dell'affermazione definitiva, ma anche come conquista della nozione allora sicuramente nuova della città, più esattamente della grande città moderna. È un sentore che già si affaccia nel contatto del giovane Mozart con Parigi, nell'osservazione di un'umanità brulicante, distaccata, anonima. È un luogo comune indicare nella musica di Haydn il richiamo della campagna individuata nel calco delle danze contadinesche che forniscono il profilo ai finali di molte sue composizioni strumentali. Lo conferma il modo in cui, confrontato con la metropoli londinese, Haydn annota nei suoi diari la sua estraneità (divertita, ma pur sempre tale) alla frenesia e alla frastornante concitazione della folla e dei veicoli per le strade: portato agli onori internazionali, la sua dimensione era rimasta quella dell'artista di servizio, interessato a rimanere inquadrato in un tranquillo e statico mondo appartato di una piccola corte. Haydn non cercò mai la città; la subì come necessità.

Viceversa Mozart la cercò e la visse come avventura, come scoperta. Il passaggio da Salisburgo a Vienna non fu semplicemente il trasferimento desiderato da una corte piccola al luogo che faceva riferimento a una grande corte. Questo era il destino dei compositori di servizio, come si presentavano generalmente gli operisti italiani che percorrevano l'Europa in lungo e in largo facendo tappa nelle residenze dei potenti, dove l'una riproduceva le condizioni e le caratteristiche dell'altra. Il rapporto di tali artisti con i loro ambienti di lavoro era organico, perfettamente integrato al punto da connotarli musicalmente: in tal senso sono da intendere il pacato sguardo di Haydn all'orizzonte di natura della residenza di campagna del suo principe o le movenze eleganti attraverso cui nella musica di Boccherini sono esemplati i luoghi cortigiani. Con Mozart muta radicalmente la geografia sonora poiché il rapporto con l'ambiente non è più un dato tranquillante di partenza.

È inutile cercare nella sua musica una caratterizzazione di luogo, traccia degli ambienti che hanno fatto da sfondo alla sua vicenda. L'ambiente non interessa mai in quanto tale Mozart, bensì in quanto teatro di un'azione. Per Haydn e per gli altri compositori del Settecento l'ambiente primeggiava in quanto era in grado di dettarne il comportamento. Con Mozart l'ambiente non è garante di nulla poiché l'individuo vi è chiamato a muoversi in libero arbitrio. La città, la metropoli lo interessa e lo attira come situazione ideale per il libero intreccio delle azioni dove l'individuo è lasciato imprevedibilmente di fronte alle proprie scelte. Con tutta l'insofferenza manifestata verso il Colloredo, risulta evidente come le composizioni del periodo salisburghese si circoscrivessero ancora in un orizzonte chiuso, che viceversa si spalancò oltre misura non appena a Vienna si trovò di fronte a una molteplicità di stimoli che non potevano essere semplicemente riassunti dalla corte imperiale ma che provenivano da ogni angolo della città, dai balli, dalla strada, dalle chiese dei sobborghi, dai teatri di quartiere, in uno scenario che ci aiuta a capire la vasta articolazione del quadro creativo di un musicista che si trovò a praticare ogni genere essenzialmente per aver rotto il vincolo che lo legava a precisi rapporti di dipendenza.

Se nella vita Mozart non riuscì a togliersi del tutto dallo stato di necessità che lo legava ancora ai committenti, nell'arte conseguì pienamente il risultato di un'espressione che in ogni sua piega esaltava la libertà dell'individuo creatore di fronte alle molteplici ipotesi. Sono lì a dimostrarlo i vari livelli di linguaggio interagenti nella sua opera e che ne fanno «un universo stilistico che così vario e coerente la storia musicale non conosceva più dal tempo di Bach» (Giorgio Pestelli). Vi entrano in fermentazione lo stile galante, lo stile *empfindsamer* che si riconduce a C. Ph. E. Bach, lo "stile osservato" che dalla generica origine palestriniana viene alimentato dalla riscoperta di Johann Sebastian Bach, il principio dell'elaborazione tematica nutrito soprattutto dall'esperienza dello stile di conversazione haydniano, lo stile eroico dell'opera seria italiana, lo stile comico della commedia musicale italiana, lo stile burlesco-vernacolare del Singspiel tedesco e viennese, e molti altri aspetti che non sono più presenti alla sua coscienza come richiamo alla situazione d'origine qualificata in quanto allineamento a univoca condizione, bensì come possibilità fra le tante concesse all'artista, che non entra più nell'orbita di poli diversi ma che è in primo luogo polo egli stesso capace di attrarre a sé, fondendole in un modello individuale, componenti stilistiche disparate.

Il teatro è il luogo dove la messa in scena chiarisce didascalicamente il senso di questa conquista mozartiana, poiché i personaggi che vi agiscono valgono per se stessi e non rimandano a nulla fuori di sé. Il carattere simbolico detenuto dai protagonisti delle opere della tradizione a lui precedente viene annullato. L'interesse di Mozart per «l'uomo così come è e non come dovrebbe essere» (Pestelli) non fa solo la differenza fra lui e Gluck per esempio, ma anche fra la sua esperienza e quella di Beethoven e del filone etico dell'arte moderna che, al là dell'apparenza radicale, restaurò in certo qual modo l'univocità di senso dell'antica arte di rappresentanza. Da questo punto di vista la funzione emancipatoria della musica di Mozart è quindi doppia. Essa vale non solo in rapporto con la rigida gerarchia dei valori stilistici ancora primeggiante nel Settecento, ma anche come correttivo rispetto a tutte le successive tentazioni di funzionalizzare l'arte in termini di messaggio di emblemi morali. Mozart è probabilmente uno dei primi creatori a essere stato chiamato a misurarsi solo con se stesso e a esprimere con ciò la solitudine dell'uomo moderno.

In questo senso va anche riconsiderata la difficoltà di riconoscere competenza intellettuale a una personalità che non si è mai lasciata decifrare al di là di atteggiamenti semplicemente determinati dal mestiere o più pittorescamente dallo sfrenato modo di vita. Per un uomo che più di qualsiasi altro a quell'epoca godette l'opportunità di attraversare l'Europa nei suoi principali centri, non può ad esempio non colpire l'indifferenza rispetto a testimonianze cariche di storia e di esperienza a cui si trovò inevitabilmente confrontato. Nulla o quasi nelle sue lettere dall'Italia trapela delle meraviglie dell'arte e della natura che infiammavano altri viaggiatori scesi al sud delle Alpi. Troppo sbrigativa sarebbe la conclusione di chi volesse derivarne l'immagine dell'uomo incolto, magari allo scopo di valorizzare il mito del genio inconsapevole a cui sulla scia di Tieck lo innalzarono i Romantici. Il fatto è che, come ha ben messo a fuoco il Mila, prima dello spettacolo della cultura fin da bambino lo appassionava lo spettacolo della vita, «lo spettacolo delle creature, degli uomini nelle loro relazioni, con le loro stranezze, i loro tic, le loro bizzarrie, magari le loro meschinità». In verità la mancanza di una giustificazione intellettuale, che in ogni caso è possibile dare a ogni suo atteggiamento, fa la differenza con la parte della cultura del tempo che egli si sentiva di poter superare, tipica di un'epoca irrigidita nella rete degli intellettualismi e delle dichiarazioni teoriche, la quale ebbe bisogno di un Gluck per incarnare le sue aspirazioni ma che poi dovette affidarsi a Mozart per sbloccare un quadro di relazioni altrimenti destinato a inaridirsi in vuota gestualità.

Eppure il disegno teorico, senza essere stato formalizzato in un programma, è leggibile nel processo di rinnovamento a cui Mozart sottopose le varie strutture compositive, dall'opera seria all'opera buffa, dal Singspiel alla musica sacra, dalla sinfonia al concerto, alla musica da camera. È un'intenzionalità implicita nella colossale operazione di convergenza e di sintesi degli stili, dove il grado di consapevolezza è perlomeno misurabile attraverso ciò che vi rimase escluso e che, nell'esaurimento oggettivo di quelle esperienze che Mozart trascurò, lo vide interpretare il ruolo del giudizio implacabile del tempo. Tali si rivelano il recitativo strumentale praticato da Haydn e da Gluck o il melologo che inizialmente lo interessò a Mannheim, abbandonati per l'incompiutezza sperimentale. Tale si rivela anche lo stile *larmoyant* che sopravvive nella cavatina di Barbarina nel quarto atto delle *Nozze di Figaro* nella disperazione per una spilla perduta, fatto che per la tipologia manierata scompare presto dall'orizzonte di Mozart il quale, secondo Pestelli, nella commedia in musica «una volta per tutte espunge l'Arcadia e quel residuo di pastorale torpore che c'è un po' sempre in Paisiello e negli italiani». In questo senso è indubbio che il musicista abbia attuato a ogni livello di esigenza le scelte capaci di raccogliere le forze nuove che si dimostravano in grado di rispondere alla nuova realtà umana e sociale configurata in una fine di secolo dove, pur rimanendo in piedi le istituzioni tradizionali, scosse di inaudita intensità venivano a metterle alla prova nelle fondamenta.

Se è all'istituzione nel suo assetto conservatore che il padre Leopold badò di circoscrivere la sua attenzione negli anni formativi, quando scarrozzava il figlio da una corte all'altra dell'Europa, Wolfgang Amadeus seppe guardare immediatamente oltre e fare tesoro di ciò che quegli stessi viaggi gli permisero di scoprire al di là di ciò che gli era stato predisposto. Il padre, che tanto si era prodigato per creare al figlio le premesse dell'affermazione presso le case regnanti nelle grandi capitali, dal contatto con la grande città usciva frastornato. Lo evinciamo dalla lettera del 30 ottobre 1762 all'amico Hagenauer:

> Ella penserà. Vienna fa impazzire la gente. Sì, infatti. A confrontare Salisburgo con Vienna sotto certi aspetti, cadrei in imbarazzo estremo.

Due anni dopo, durante il lungo soggiorno a Londra, di fronte alla prospettiva di installarvisi coi figli in modo permanente, si guardò bene dal lasciarsi tentare e rifiutò l'idea di educarli «in un luogo così pernicioso: dove i più non hanno religione e dove non si incontrano che cattivi soggetti» (lettera a Hagenauer del 19 marzo 1765). Nonostante fosse cosciente del fatto che la grande città si imponeva ormai come un passaggio obbligato per la conquista di una posizione di rilievo all'artista che intendesse uscire dall'anonimato, egli vi vedeva soprattutto insidie, al punto che, oltre a raccomandare a Wolfgang di guardarsi dall'astuzia delle donne francesi (comprensibile timore di un padre che non voleva in nessun modo vedere intralciata la carriera del figlio), giungeva fino a paventare il pericolo per la sua integrità fisica: «Se vai a piedi, guarda di far attenzione, col tempo umido i cubetti delle selci che hanno una superficie rotondeggiante si fanno molto lisci sicché si scivola» (lettera del 9 febbraio 1778).

Evidentemente l'epoca si trovava già nel pieno di grandi cambiamenti che non potevano essere accettati da tutti allo stesso modo e che soprattutto inquietavano per le ripercussioni inevitabili nel rapporto tra arte e società che veniva a modificare lo stesso assetto linguistico. Quando Leopold tentava di dissuadere Mozart dall'interessarsi alle sinfonie di Stamitz e all'esperienza dei *Mannheimer* giudicandola «musica rumorosa», non si rendeva conto che quella non era già un prodotto discutibile del gusto (per l'immediatezza e la pretesa rozzezza degli effetti) e che semplicemente apparteneva a un nuovo gusto incapace di ammettere la compassatezza dei toni arcadici e cerimoniosi di fronte all'incalzare di una realtà la cui vasta articolazione non poteva più essere servita da espressioni misurate a senso unico. La musica dei *Mannheimer* era nata come musica borghese nel senso "cittadino" del termine, e ispirandovisi Mozart dimostrava di valorizzare gli aspetti che stavano irrimediabilmente rovesciando le gerarchie sociali.

La mutazione avviene appunto con l'accoglimento del prorompere della velocizzazione del ritmo imposta dall'indaffarata condizione cittadina, aspetto che, in quanto non codificabile in forma chiusa, si pone a monte come motivo generatore di un principio più che di una forma, come sarebbe giusto intendere la forma-sonata che Mozart più di altri individuò al livello organico di integrazione alla commedia di situazione. La tipologia dei ruoli drammatici, in quanto emblemi di condizione sociale e psicologica, salta del tutto in un teatro come quello mozartiano nel quale è il ritmo degli avvenimenti a prendere il sopravvento sui personaggi. Circa il modo in cui si profilava tale prospettiva la dice lunga la recriminazione di lord Mount Edgcumbe, il gentiluomo scozzese cultore del melodramma che nel suo diario non mancò di prendersela con i librettisti convertiti alla nuova maniera:

> La costruzione di questi libretti di nuova invenzione è radicalmente diversa da quella antica. Il dialogo, che si usava condurre avanti col recitativo e che nelle opere di Metastasio è spesso così bello e interessante, è ora sminuzzato (e reso inintelligibile, nel caso valesse la pena di

> ascoltarlo) in *pezzi concertanti*, ossia lunghe conversazioni cantate, che presentano una tediosa successione di motivi sconnessi, sempre mutevoli, che non hanno nulla da fare l'uno con l'altro; e se un'aria soddisfacente viene per un momento introdotta, su cui l'orecchio avrebbe piacere di indugiare, di sentirla modulata, variata e poi ripresa da capo, essa viene spezzata prima che ci sia stato tempo di comprenderla o di ascoltarla a sufficienza, con un'improvvisa transizione verso un'altra melodia totalmente differente, in altro tempo e in altro tono, e non ricorre più: cosicché nessuna impressione si può produrre, nessun ricordo ne viene preservato.

Ora se appunto tutti sono d'accordo nel riconoscere come la precipuità del linguaggio operistico mozartiano sia quella di dar luogo allo «spettacolo della vita umana fatto musica», come (secondo quanto è stato ancora altrettanto ben detto dal Mila) «le figure di Mozart abbiano la mobilità cangiante e imprevedibile della vita», andrebbe precisato che ciò vale come presa di coscienza di un preciso modo di vita urbano, dinamico, frammentato a più livelli allo stesso modo in cui si presenta stratificata la moderna società urbana. Non di un generico modello di vita si tratta, ma di quello che nella moderna condizione cittadina intensifica i rapporti tra gli individui, spinti a interagire al di fuori di qualsiasi schema, cogliendo della realtà il fattore del movimento che la trasforma. Se la principale caratteristica della musica di Mozart è l'articolazione dell'espressione in situazioni affettive cangianti, in emozioni sfaccettate, essa rappresenta la prima organica manifestazione del superamento della visione aristocratica del reale, dove invece la musica, più che a situazioni, era chiamata a dare voce a stati affettivi individuati nella loro univocità in forme motivate più come atti retorici che come atti espressivi. Tali forme, saldamente profilanti un'espressione costante, inalberavano l'aristocraticità non tanto nella maestosità dell'esito quanto nell'ascendenza arcadica, nel riferimento alla tradizione della favola pastorale che aveva modellato l'immaginario sentimentale del teatro musicale sei-settecentesco, dove l'emblematicità della dimensione mitologica, attraverso la metafora pastorale appunto, si sposava con la staticità del mondo contadino. Infatti il richiamo alla serenità della campagna, che ci è trasmesso attraverso Haydn, solo in parte è conquista di una prospettiva nuova: solo nel venir meno della retorica degli andamenti pastorali. Viceversa, nella messa in evidenza di un'immagine sonora nutrita di rigorosa linfa rusticale, il sapore realistico dell'intuizione non basta a cancellare la persistenza dell'impianto ciclico, da Haydn ancora riferito a una sfera dove il tempo (pur con tutte le imprevedibilità) detta la cadenza a un movimento che rientra nell'ordine prefigurante un destino di cui l'individuo non è ancora padrone e quindi subìto. Era lo stesso compositore a rendersene conto quando, riferendosi alla presentazione del *Ritorno di Tobia* a San Pietroburgo di cui l'allievo Sigismund Neukomm aveva curato l'adattamento abbreviando i cori, così si confidò con il biografo Albert Christoph Dies:

> «Quando scrissi l'oratorio», disse, «le note lunghe valevano ancora qualcosa: ora tutto turbina in sedicesimi. Ci si comporta come con il denaro. Un tempo circolavano solo oro pesante e argento, ora non si vedono che *Kreutzer* in rame e *Pfenning*».

Il sentore della città in Mozart è invece senza rimpianti, non per la diversa geografia sonora bensì per la rottura definitiva del fattore ciclico che nello sviluppo temporale implicava l'allusione a un'entità regolatrice esterna.

Nella città il ritmo non è uno, ma è molteplice: anziché fattore d'ordine, nel moltiplicarsi affannoso delle scansioni diventa causa di disordine, di arbitrio, la cui logica non va cercata nei fatti ma nelle intenzioni degli individui. Un uomo diverso vi si affaccia, l'uomo "borghese", che vi trova campo d'azione proprio nel senso di liberarvi le proprie energie, non per adeguarvisi ma per esigere il contrario, che esso si adegui al moltiplicarsi dei suoi bisogni, cioè a trasformarsi. L'idea di modernità acquisita dalla città non sta infatti in quello che essa può esibire, nella verità della sua facciata, ma nel suo divenire che si contrappone al tempo fermato, ai corsi e ricorsi della natura che dominano l'esistenza dell'individuo nella campagna. È evidente che la somma delle sollecitazioni della dimensione urbana poteva essere già allora condizionante e persino oppressiva. Con Mozart non siamo ancora a questo punto: ciò che vi aveva appreso era appunto la possibilità di intrecciare e disfare relazioni senza obbedire ad altri che a se stesso. Il fatto che il suo agire imboccasse poi binari predisposti è secondario. L'importante era che potesse scegliere e ciò per lui assunse un significato reso ancora più grande dal fatto che ciò avvenne come doppio atto emancipatorio: la scelta della grande città (Vienna) fu simultanea allo scioglimento dalla tutela paterna, in un rapporto di cui rimarranno tormentati residui ma in qualche modo chiarito dalla separazione dei due destini familiari che avveniva in quello stesso momento.

La città significava indipendenza o perlomeno, nel momento in cui l'artista ne faceva l'oggetto della propria conquista, presenza di relazioni e di vincoli che, come potevano essere allacciati, così altrettanto facilmente potevano essere sciolti. Essa era lo sfondo su cui si esemplava il suo teatro, vale a dire un luogo non già determinato attraverso la morfologia e l'ordine dei suoi percorsi, bensì attraverso l'azione che vi si svolge, disegnato dalla dinamica delle vicende individuali e collettive che vi si sommano. Senza dichiararlo esplicitamente era ciò che evocava Lorenzo Da Ponte, impegnato nelle sue *Memorie* a descrivere la novità dei finali d'atto nelle *Nozze:* «Il recitativo n'è escluso, si canta tutto; e trovarvi si deve ogni genere di canto: l'adagio, l'allegro, l'andante, l'amabile, l'armonioso, lo strepitoso, l'arcistrepitoso, lo strepitosissimo, con cui quasi sempre il suddetto finale si chiude», dove l'ammissione del carattere fragoroso, già prefigurato (come visto) nella «musica rumorosa» dei *Mannheimer*, non può non far pensare alla dimensione della grande città che si manifestava anche nei suoi articolati, confusi e spesso assordanti intrecci sonori.

Che Mozart fosse sensibile alla novità di un mondo la cui regola per la prima volta era quella di sfuggire alle regole, è dimostrato a più livelli, dove il più significativo è sicuramente quello che proprio attraverso la musica mostra come anche nella finzione della commedia sia ormai lasciata alle spalle l'idealizzazione di un'umanità compattamente riverente nei confronti dei valori eroici proposti dall'etica ufficiale e come un emblema possa mutare a seconda del fatto di trovarsi nelle mani dell'uno o dell'altro. È ciò che chiaramente risulta dall'acuta analisi di Frits Noske dell'ambivalenza dell'uso del minuetto nelle *Nozze di Figaro,* nell'identificazione di due tipi di minuetto, quello aristocratico (rigidamente scandito in battere e privo di movimento melodico) e quello borghese (dall'inizio in levare e dal movimento sinuoso), usati non per connotare univocamente situazioni distinte, bensì come «arma sociale» da parte di personaggi indotti dai loro interessi a rompere i confini di classe e a mescolarsi in un continuo scambio di ruoli, che non può nascondere la tensione sociale che cova sotto questa musica, anche nel momento del suo più divertito esito. Il teatro di Mozart è il luogo dove la finzione non impedisce di percepire la realtà come un universo polarizzato, di accumulazione e di scarico di tensioni per le quali giustamente Da Ponte riteneva più adatta la musica della parola («In questo principalmente deve brillare il genio del maestro di cappella, la forza dei cantanti, il più grande effetto del dramma») e che fa la differenza tra l'originale commedia di Beaumarchais e la sua traduzione operistica da parte di Mozart, dove la prima, pur con tutte le denotazioni di situazione che ne hanno consentito l'esaltazione come *pamphlet* antiaristocratico, secondo la giusta osservazione del Noske crea meno tensione sul palcoscenico di quanto non riesca a Mozart, nonostante la cura di espungere nella riduzione a libretto i dettagli e le scene più compromettenti.

Il risultato fu possibile grazie al mezzo musicale che, com'era venuto a configurarsi dopo la metà del secolo e nella forma-sonata, giunse a maturare il principio del confronto aperto di tonalità, tra l'area che nell'esposizione viene governata dalla tonica e quella governata dalla dominante, quest'ultima percepita come dissonante e quindi richiedente la risoluzione. In questo senso Mozart rappresenta certamente l'apice di un processo che fondava le proprie ragioni sul contrasto, che passava dalla prospettiva antica (dov'era ammesso essenzialmente come fattore necessario a suscitare motivi di interesse in un quadro che poi si richiudeva secondo schemi prefissati) alla prospettiva moderna, capace di viverlo non come situazione aggiuntiva (una deroga che per il fatto di essere percepita in quanto sovrastrutturale finiva con il confermare l'ordinato impianto di base) bensì come dato centrale, strutturale, del linguaggio. L'opera buffa, con l'intensificazione dei contrasti tematici e le interruzioni a sorpresa nel tessuto dell'aria, ne rappresentò lo stadio avanzato con ricadute in campo strumentale, a sua volta ispiratore (grazie alle agili soluzioni di una forma che si faceva sempre più aperta) della concezione dinamica dell'azione che celebra il suo momento più compiuto nel teatro di Mozart appunto, che ormai non ha altro punto d'appoggio se non l'iniziativa dei singoli personaggi, il loro farsi spazio non più in forza di ciò che formalmente e per posizione rappresentano ma per quanto individualmente riescono ad affermare.

Lo si evince chiaramente dal modo in cui ne *Le nozze di Figaro* è individuata la figura del Conte di Almaviva, a cui Mozart nega la possibilità di beneficiare della tradizionale aria di sortita in cui esibire i termini della sua superiore posizione sociale, viceversa coinvolto fin dall'inizio nel corso degli eventi, impegnato a conquistarsi la sua posizione più che a inalberarla, a strapparla alla febbrile sequenza di situazioni e di colpi di scena che non esprimono semplicemente la continuità drammatica ma che costituiscono per ogni personaggio una specie di corsa a ostacoli, una serie di banchi di prova della capacità di affermare le qualità di cui la loro personalità è dotata. In tale contesto è evidente che il Conte ha tutto da perdere: a differenza delle nobili figure dell'opera seria egli è chiamato ad acquisire sul campo la patente di nobiltà, pena il rischio di fornirne la parodia. Anziché troneggiare al centro dell'azione costringendo la folla dei personaggi inferiori a orbitare intorno a lui, lo vediamo rincorrere come cavaliere disarcionato il destriero sfuggitogli di mano che gli permetteva di dominare sugli altri, sballottato tra accondiscendenze e tentazioni autoritarie, partecipazione e distacco dagli eventi, umanizzazione del sentimento e arroccamento. Egli non è più l'emblema del potere, ma ormai quello dell'impotenza e, proprio in virtù della musica di Mozart che lo fa scendere dal piedistallo trascinandolo insieme ai suoi sudditi nel vortice di un'azione di fronte alla quale tutti si ritrovano uguali, spodestato dai diritti acquisiti e con le stesse possibilità di vittoria o di sconfitta.

Viceversa sono Figaro, Susanna, i personaggi di basso rango, quelli che hanno tutto da guadagnare in un gioco privo di regole prefissate che a tutti offre le stesse opportunità, di vincere grazie ai mezzi leciti dell'intelligenza e a quelli illeciti dell'inganno, in ogni caso in virtù delle capacità di affermazione fondate nell'individuo, non più in valori a esso esterni. E non è cosa da poco come messaggio la cui sostanza rende oziosa qualsiasi disquisizione sul conto delle perdite ideologiche che la riduzione a libretto operistico della commedia di Beaumarchais avrebbe comportato. Non è infatti il dettaglio che conta in una metafora dell'ascesa della borghesia capace di coglierne la forza dirompente, di esaltare la conquista dell'autonomia rispetto a una gerarchia di valori (quella feudale) svuotata di senso e di efficacia in uno scenario di cui il musicista era perfettamente conscio. In una lettera al padre del 7 febbraio 1778, la notizia del matrimonio di un comune conoscente con una donna ricca diventò l'occasione per una profonda riflessione sul deprecabile fenomeno dell'opportunismo sociale e sull'autenticità del sentimento che non dipende dall'appartenenza di classe, «poiché il nostro regno si estingue solo con noi, poiché lo abbiamo nella nostra testa; e nessun uomo ce lo può togliere, se non tagliandoci la testa ma allora non avremmo più bisogno di nulla». È difficile trovare a quel tempo e in epoche precedenti un'attestazione altrettanto coraggiosa della consapevolezza del valore dell'individuo dato al di fuori di ogni investitura. Mozart visse profondamente il senso dell'autonomia dell'individuo, la dimensione esistenziale che si estende al di là dei rapporti di necessità. È persino lecito pensare che l'incultura e la rozzezza apparenti fossero atteggiamenti maturati in contrapposizione alle belle maniere e allo sfoggio di dottrina sempre pronto di Leopold, cioè come un mezzo inconscio per liberarsi dalla soffocante tutela paterna perdurata oltre ogni limite ragionevole.

Vita di società

Eppure, sul punto di diventare un modello addirittura ideologico di comportamento, il suo modo di situarsi nella società (esattamente come avviene nella sua musica) si nega all'univocità e alle schematiche deduzioni. A ogni livello la personalità di Mozart non rinuncia a presentarsi in doppia luce, capace di affermarsi anche all'opposto di come può apparire in una determinata fase. Non sarà mai abbastanza sottolineato il fatto che, al momento di lasciare definitivamente Salisburgo, cadono anche le riserve sull'alternativa mondana che fin lì aveva sempre gravato come pesante ipoteca a ogni fase del suo progresso stilistico; e anche nel comportamento il compositore diventa cittadino viennese, adottando le stesse regole di vita di una società fino a poco tempo prima ritenuta quasi estranea. Preparandosi il carnevale del 1783 Mozart e Constanze, sposati da qualche mese, danno un ballo in casa loro con la partecipazione di una folta schiera di amici e di conoscenti di rango (il barone Wezlar, la baronessa Waldstätten e altri). Conseguentemente al miglioramento della situazione finanziaria, garantito dai suoi successi, i Mozart prendono a servizio un domestico e ben presto si trasferiscono in uno spazioso e confortevole appartamento, destinato a meglio soddisfare le esigenze di chi si sente in dovere di ospitare frequentemente invitati. Quando Leopold farà visita al figlio nel 1785, sarà questa appunto la prima cosa che lo colpirà e che riferirà alla figlia Nannerl rimasta a Salisburgo: «Che tuo fratello possieda un bell'appartamento con tutti i mobili che si convengono è quanto tu immaginerai facilmente quando saprai che egli paga 460 fiorini d'affitto». Quando si pensa che 460 fiorini superano il salario che il Colloredo gli corrispondeva a Salisburgo, ci si renderà conto del senso che per lui deteneva la manifestazione esteriore della scalata sociale. D'altra parte dall'inventario cautelativo sui suoi beni stilato alla sua morte possiamo venire a conoscenza di come fosse fornito il suo guardaroba. In un momento per di più notoriamente difficile per quanto concerneva le sue condizioni economiche, il fatto che potesse ancora permettersi una simile scelta di abbigliamento rivela molte cose:

> 1 redingote bianca di panno, con panciotto in Manchester [cotone]
> 1 come sopra azzurra
> 1 come sopra rosa,
> 1 come sopra di nanchina [cioè di color giallo o scamosciato]
> 1 come sopra di satin marrone con calzoni ricamati in seta
> 1 abito intero di panno nero
> 1 pastrano color grigio topo
> 1 come sopra di tessuto più leggero
> 1 redingote di panno azzurro con pelliccia
> 1 come sopra Kiria con guarnizioni di pelliccia
> 4 panciotti, 9 paia di calzoni, 2 cappelli, 3 paia di stivali, 3 paia di scarpe 9 paia di calze di seta 9 camicie 4 fazzoletti da collo bianchi, 1 berretto da notte, 18 fazzoletti
> 8 paia di mutande, 2 camicie da notte, 5 paia di calze .

Si tratta evidentemente di abiti lussuosi, paragonati alla dotazione di un ricco commerciante da parte del Robbins Landon, il quale oltre a ciò ha attirato l'attenzione sul fatto che il 1791 non fosse affatto l'anno della miseria come comunemente si ritiene, ma il periodo in cui i guadagni di Mozart erano addirittura equivalenti alle entrate di Haydn durante la sua pregiata attività londinese. Il problema di Mozart non fu tanto quello dello scarso guadagno quanto quello dei debiti accumulati durante gli anni viennesi, il cui rimborso gli causò alla fine infinite e insormontabili difficoltà, soprattutto poiché egli non volle mai rinunciare a un tenore di vita degno di un artista che si riteneva capace di tener testa all'aristocrazia e all'alta borghesia della capitale imperiale, per non dire della stessa corte ai cui favori mirò sempre.

Tutte le lettere che il padre mandò a Nannerl da Vienna nei mesi del suo soggiorno presso il figlio, corrispondenti all'apogeo della stella viennese di Wolfgang, registrano la sua soddisfazione per il traguardo sociale da lui conseguito, leggibile nel ritmo di vita («Non andiamo mai a letto prima dell'una, non ci alziamo mai prima delle nove e pranziamo alle due, due e mezza»), nell'attività («il pianoforte di tuo fratello è già stato trasportato almeno dodici volte al teatro e in altre case [...] dal conte Zichy e dal principe Kaunitz») e nell'intensità con cui sono coltivati i rapporti umani:

> Abbiamo pranzato dal Sig. Lange e, domani, saranno loro ad essere nostri ospiti. La domenica di Pasqua pranzeremo in casa di un banchiere. Lunedì dal Dr. Rhab, martedì in casa del Sig. Adamberger, mercoledì presso il Sig. Lange, giovedì dal Sig. Ployer.

È come se Mozart avesse cercato di recuperare a Vienna il tempo perduto, gli anni infruttuosi della sua relegazione a Salisburgo trascorsi nel grigiore di un'esistenza monotona. Nonostante il fatto noto che il musicista per comporre avesse bisogno di una particolare disposizione d'ambiente («E ora che mi tocca costantemente comporre, ho bisogno di un cervello sereno e di uno spirito tranquillo», 9 giugno 1781), ciò che lo disgustava a Salisburgo era «che non si possa avere, con la gente, nessuna relazione conveniente».

Mozart sentì sempre l'esigenza del contatto umano nel contesto di un'intensa vita di società. Egli stesso ci descrisse i vantaggi dei viaggi come mezzo di conoscenza del mondo:

> Vi assicuro che senza viaggiare (almeno per coloro che si dedicano alle lettere e alle arti) saremmo veramente poveri diavoli! – E vi assicuro che, se l'arcivescovo non mi permetterà di fare ogni due anni un viaggio, non mi è possibile accettare l'impegno. Un uomo di mediocre ta-

> lento rimane sempre mediocre, che viaggi o no – ma un uomo di talento superiore (ciò che, senza essere empio, non posso negare di essere) sarà [...] imperfetto se deve restare sempre nello stesso luogo (lettera dell'11 settembre 1778).

Ma dobbiamo proprio credere che il viaggio per Mozart detenesse puramente e semplicemente un valore formativo? Certamente è impensabile immaginare Mozart come artista senza por mente all'effetto delle esperienze accumulate nei viaggi che lo videro in ogni angolo d'Europa fin dall'infanzia; ma se questi viaggi lasciarono un segno, non bisogna dimenticare che lo privilegiarono proprio nel senso di consentirgli l'accesso alla vita di corte nelle capitali che poté visitare. E se verso Salisburgo molto presto covò l'odio che avrebbe portato alla clamorosa rottura, ciò era dovuto anche al fatto che, a confronto con lo splendore delle regge di cui era stato ospite, l'austera corte del Colloredo gli appariva grigia e spenta, di una monotonia insopportabile per chi aveva modellato il ritmo della propria vita sulla cadenza del pendolo che segnava il tempo nei saloni dei più potenti signori d'Europa. Con tutti i motivi di risentimento che Mozart poteva nutrire contro principi, re e imperatori che a Mannheim, Monaco, Parigi e Vienna gli rifiutarono la posizione stabile a cui legittimamente aspirava il suo genio, non una parola appare nelle sue lettere a denigrare la futilità della vita di corte, luogo di intrighi e di vanità. Solo il calcio nel sedere con cui il conte Arco lo estromise dal servizio del Colloredo risvegliò in Mozart la coscienza di classe: «Non sono un conte, ma ho forse più coscienza dell'onore di molti conti, e, servo o conte, dal momento che mi oltraggia, è una canaglia» (lettera del 20 giugno 1781). Non diversamente Figaro ("Se vuol ballare, signor contino...") si sarebbe accontentato di covare nei confronti del conte d'Almaviva il sentimento di una ribellione tutta interiore, che non veniva a intaccare la realtà di un'esistenza carica di lusinghe. Tutt'al più Mozart tenne per sé precise riserve sui detentori del potere economico e sociale, aspirando egli tuttavia sempre (tranne forse negli ultimi mesi della sua vita, con le prospettive aperte dal successo "popolare" della *Zauberflöte*) ai fasti delle case patrizie il cui invito mai non declinò.

La vita dei primi anni viennesi di Mozart è interamente protesa in una comunicazione e in un commercio con l'ambiente del tutto disponibile. Non solo egli non faticò a adattarsi alla situazione, ma ne diventò volentieri e a volte protagonista, proprio nel senso di farsi promotore di iniziative mondane. Durante il carnevale 1783 non solo partecipò a una mascherata alla Redoutensaal, ma vi apparve travestito da Arlecchino in una pantomima ideata da lui stesso (soggetto e musica) accanto ad Aloysia nei panni di Colombina e al cognato Lange in quello di Pierrot (in una classica triangolazione che potrebbe anche essere metafora di significati sconfinanti dalla rappresentazione). Sempre in maschera lo ritroviamo nel carnevale del 1786, travestito da filosofo indiano, forse così agghindato nell'inconsapevole prefigurazione di Sarastro, ma comunque nell'euforia di un intrattenimento al quale gli era difficile rinunciare.

Quel che più conta è che negli anni della disgrazia, soprattutto quando, con l'avvento del nuovo imperatore Leopoldo II, era ormai evidente il tramonto della sua buona stella, egli si ostinò a voler mantenere il suo destino associato a quello della corte imperiale. Non gli bastava il fatto di non essere stato invitato ai festeggiamenti in occasione dell'arrivo del re di Napoli nel 1790. Di fronte allo smacco di non essere stato contemplato tra i diciassette musicisti chiamati al seguito dell'imperatore alle cerimonie della sua incoronazione a Francoforte, prese addirittura egli stesso l'iniziativa di andarci a proprie spese. A quel tempo Mozart non viveva più nel lussuoso appartamento che aveva provocato l'ammirazione del padre; a seguito della malattia della moglie in cura a Baden, egli aveva perfino passato l'estate con lei lasciando per economia l'appartamento di Vienna. Eppure per mettersi sulla via di Francoforte il 23 settembre non esitò a contrarre nuovi debiti. Poteva esistere certo una giustificazione a questo viaggio: approfittare del fatto che tutta la nobiltà era al seguito dell'imperatore per organizzare nella capitale nominale dell'impero un'accademia musicale, beneficiando della presenza di quel pubblico. Ma quello stesso pubblico già l'aveva abbandonato a Vienna e non c'era nessun motivo ragionevole che gli facesse mutare idea a Francoforte: il concerto che vi diede il 15 ottobre fu effettivamente un fallimento. Assai magra consolazione per un *kaiserlicher Kammerkompositeur* che aveva dovuto seguire l'imperatore a proprie spese!

C'è quindi un solo motivo che può spiegare questa assurda quanto inopportuna e controproducente iniziativa: l'ansia di fronte al fatto di vedersi definitivamente tagliato fuori dall'ambiente di corte dal quale non si attendeva solo benefici materiali ma anche gratificazione. Ciò che tentava Mozart a Francoforte era il gesto disperato di chi non solo vedeva il proprio destino dipendere da una classe sociale sulla quale non poteva vantare nessun potere, ma soprattutto di chi non sopportava l'idea di esserne escluso. Nella primavera dell'anno precedente, in una situazione economica altrettanto precaria, Mozart aveva contratto debiti per poter realizzare il viaggio a Berlino. In quel caso però si trattava di esplorare una direzione nuova, dalla quale era possibile attendersi qualche positiva novità (anche se a conti fatti l'impresa non diede frutti). Il viaggio a Francoforte fu invece essenzialmente un itinerario mentale senza ormai nessuno scopo pratico e sostanzialmente dettato dalla paura di rimanere solo di fronte all'alternativa di cercare sistemazione al di fuori del contesto cortigiano in cui, pur con alterne vicende, si era mosso fino a quel momento. Non può sfuggire all'evidenza il momento della verità rivelato in quella tappa disperata del suo destino, che a un esame attento e impietoso non appare fondamentalmente diversa dalla profetica caduta di colui che aveva cercato e trovato fortuna nella direzione sbagliata.

Tale catarsi mozartiana non può andare infatti disgiunta dalla riflessione sul carattere effimero dei successi che in musica si potevano cogliere a Vienna, riflessione contenuta nella menzionata lettera del 2 giugno 1781. E a questo punto potrà assumere valore emblematico la testimonianza del contemporaneo (citato da Johann Friedrich Reichardt) rettore della Thomasschule, dove il compositore che si accingeva a improvvisare sull'organo che fu del grande Bach gli si presentò «come un giovane di taglia media, vestito alla moda». Questa osservazione («vestito alla moda») non è di trascurabile rilievo se pensiamo che la sosta a Lipsia avvenne durante il citato viaggio a Berlino, compiuto in un momento di difficoltà finanziarie alquanto serie. La precaria situazione familiare non gli impediva di manifestare all'esterno il segno della sua volontà di appartenere al mondo di chi appunto usava vantare la prerogativa di comunicare attraverso il comportamento il segno del privilegiato grado sociale. Non è possibile quindi trasferire puramente e semplicemente l'immagine di compositore incompreso, come in larga misura effettivamente fu, alla realtà non verificabile di artista disadattato e rassegnato a operare ai margini della società. L'obiettivo di Mozart al contrario fu proprio quello di coltivare ogni relazione che gli permettesse di arrivare al cuore stesso della società, di non rinunciare a nessun tentativo che facesse balenare davanti ai suoi occhi la prospettiva di ottenerne il consenso.

Ora, nelle regole che dominavano la vita musicale dell'epoca, il consenso significava assoggettamento a ciò che noi oggi chiamiamo "stile galante", sostanzialmente caratterizzato dalla semplificazione del linguaggio all'uso che ne era richiesto dai committenti cortigiani. La produzione sociale di musica non si è data mai senza committente, per cui il problema non è nuovo. È però vero che, mentre lo statuto della musica nelle corti rinascimentali era quello di un'arte che per le sue ascendenze (sicuramente sulla scia della tradizione più antica che la collegava alle discipline del *quadrivium)* veniva costantemente discussa e confrontata nei suoi sviluppi, nel Settecento essa era essenzialmente ridotta a occasioni di intrattenimento. L'affermazione della musica strumentale – di quel tipo di musica cioè che per essere stato originalmente derivato dalla danza rimase circoscritto alla sua natura di prodotto funzionale – aveva infatti in un certo senso declassato l'interesse per il fatto musicale alla verifica del suo ruolo ornamentale. La condizione dei madrigalisti di fine Cinquecento, i quali oltre a mettere in musica la migliore poesia del tempo vivevano in continuo interscambio con i letterati cortigiani essendo considerati sullo stesso piano, non si era più ripetuta. Solo gli operisti rappresentavano il prolungamento di quell'esperienza, ma a un livello ormai sconvolto dal decadimento della funzione del poeta per musica, il quale non era più portatore di idee rinnovatrici ma prevalentemente esecutore di un mestiere asservito alle abitudini.

In tale contesto la musica non poteva certo emergere con proposte di trasformazione radicali. Al contrario una evoluzione si era abbozzata nella direzione della semplificazione dello stile, dell'abbandono delle complessità contrappuntistiche, della risoluzione dell'equilibrio nella voce superiore che, complice la moda concertante ripensata (da Johann Christian Bach soprattutto), veniva a essere predominante in una gerarchia riordinata secondo il grado di disimpegno raggiunto dall'ascolto, incurante del valore della dottrina. Dottrina che sopravviveva nelle composizioni degli sterili maestri di contrappunto o nei maestri di cappella chiamati a innalzare inni al Signore in uno stile che, suonando sempre più arcaico, sembrerà sempre meglio aderire a un ideale al di fuori del tempo. Quando a qualcuno fosse venuto in mente di mettere quella stessa dottrina a beneficio di compiti meno remoti, ne avrebbe tratto le conseguenze. Fu il caso di Johann Sebastian Bach che, con i *Concerti brandeburghesi* (1721), aveva offerto un alto esempio di applicazione allo stile concertante allora affermato dei principi antichi della polifonia: alto esempio di adattamento a una situazione di evidente ruolo funzionale della musica senza rinunciare all'apporto di conoscenze insopprimibili. La risposta all'operazione bachiana è leggibile direttamente nel destino dei sei concerti, che dopo la morte del principe dedicatario furono venduti per meno di sedici talleri. Ciò che era chiesto alla musica dalla società cortigiana del tempo aveva creato una frattura fra ciò che essa musica poteva dare e ciò che era tenuta a fornire.

Ovviamente l'accento sempre maggiore posto sull'aspetto funzionale della produzione musicale portava nel contempo a un deterioramento del ruolo sociale del musicista, sempre più assimilato alla condizione generica della servitù. Esempio che vale per tutti: le clausole del contratto regolante il rapporto di servizio di Haydn alla corte del principe Esterházy. Mozart non sfuggì alla regola: semmai (diversamente dagli altri) fu introdotto a questa realtà fin da fanciullo, per merito e demerito di Leopold che gli impose lunghe peregrinazioni mostrandolo come prodigio alle corti d'Europa. Ma dal modo in cui fu compiuta questa singolare *tournée*, esibito dal padre come semplice fenomeno di precocità, non solo non gli derivò alcun vantaggio per il miglioramento della condizione sociale, ma addirittura gli arrecò gravi pregiudizi. Quando nel 1771 l'arciduca Ferdinando apparve propenso a prendere il giovanissimo Wolfgang al suo servizio, intervenne con severità il giudizio della madre, l'imperatrice Maria Teresa:

> Dico questo affinché non vi carichiate di gente inutile e non attribuiate mai titoli a tal sorta di gente. Il servizio non ne beneficia, quando si tratta di persone che vanno in giro per il mondo come mendicanti.

Mozart aveva invece percorso l'Europa su iniziativa del proprio padre per imparare fin dalla tenera età ad accondiscendere alle abitudini imperanti. A otto anni, durante il lungo soggiorno londinese, fu messo in contatto con la personalità di Johann Christian Bach, colui che tra i figli di Johann Sebastian più si era allontanato dal modello di severità rappresentato dal padre. Essendo questi stato attivo per lungo tempo in Italia (tanto da essere chiamato "il Bach di Milano") aveva assimilato a fondo le maniere della musica italiana e, confermato nella predilezione per l'opera napoletana, passò il resto della sua vita in Inghilterra come maestro di musica della regina. Ora Johann Christian, l'esponente più mondano della famiglia Bach e il meno tedesco per la sua adesione alla moda internazionale, fu appunto il primo modello di Mozart. Sotto la sua influenza il piccolo Wolfgang scrisse le sue prime sinfonie, esemplate sullo schema tripartito della sinfonia italiana, ovviamente senza sviluppo. La partizione in tre tempi, che limitava il discorso entro una cornice più ristretta rispetto all'impegnativa ampiezza della sinfonia tedesca in quattro movimenti già in fase di avanzata costituzione, sarebbe infatti rimasta il modello prevalente delle sinfonie del primo periodo salisburghese (1771-72) e non sarebbe del tutto scomparsa nemmeno in seguito, se è vero che in tre tempi troviamo ancora il Quintetto in mi bemolle maggiore KV 452 per pianoforte e fiati del 1784, composizione matura e originalissima ma la cui architettura esteriore continua a rispettare la tradizione più scontata. Parimenti a Johann Christian si riferì quando con il Concerto in re maggiore KV 175 (1773) Mozart inaugurò il vasto ciclo dei suoi concerti per pianoforte e orchestra, individuando nel genere la chiave sicura dell'affermazione in una società che si stava preparando ad accogliere i messaggi della musica nei più grandi spazi richiesti dalle accademie.

Di fronte a queste nuove forme di organizzazione del pubblico, ormai anche borghese (poiché tramite il principio della sottoscrizione vi si poteva accedere a pagamento), il concerto si instaura come categoria privilegiata; e sarà Johann Christian a dettar legge, indicando nel pianoforte lo strumento più adatto alla situazione e insegnando a metterlo in evidenza subordinandogli servilmente l'orchestra e a modularne la voce secondo un tipo di tecnica virtuosistica che ovviamente sfuggiva all'espressione intima per lusingare «le lunghe orecchie» che Leopold non avrebbe mai mancato di far tenere presenti al figlio. Da parte sua Mozart, il quale nel Concerto in re maggiore aveva derivato dal modello conseguenze che andavano già assai oltre (nel peso dell'orchestra che nel finale a tratti prende l'iniziativa con temi secondari che sfuggono al solista), vi si adagiò in un modo che addirittura stupisce nel Concerto in si bemolle maggiore KV 238 (1776), arrendendosi esplicitamente allo stile galante, cioè riprendendo temi e formule del concerto che nella stessa tonalità Johann Christian aveva pubblicato l'anno precedente. Stile galante che troneggiava nelle vuotezze d'espressione del contemporaneo Concerto per tre pianoforti in fa maggiore KV 242 (1776) il quale, per essere dedicato alla contessa Lodron e alle sue figlie, molto ci dice circa i gusti della società salisburghese in cui il musicista era tenuto ad agire. A poco sarebbe servita la virata che la pianista francese Jeunhomme (la dedicataria di passaggio a Salisburgo) probabilmente gli ispirò nel Concerto in mi bemolle maggiore KV 271, dove riappare l'elaborazione tematica, dove si intensifica il dialogo fra i componenti e dove nell'*Andantino* si fa strada una severità di tipo tragico, annunciata da un preludio orchestrale insolitamente sviluppato come recitativo accompagnato. Quando a Vienna affronterà da artista libero il pubblico più sofisticato dell'impero con le accademie dell'autunno-inverno 1782, la prudenza lo richiamerà a Johann Christian. L'*Andante* del Concerto in la maggiore KV 414 si apre addirittura sulla citazione di un tema dell'ouverture de *La calamità dei cuori* che il "Bach di Londra" aveva composto nel 1763. Il fatto che Johann Christian fosse morto proprio nella primavera del 1782, e che Mozart sotto questa forma e in tale circostanza gli dedicasse una sorta di epicedio, ci indica a che punto il musicista fosse consapevole e riconoscesse l'ascendenza di uno stile con il quale non aveva ragione di rompere completamente. L'amabilità e la prevedibilità di linguaggio della citata serie di concerti ne è chiara conferma.

La posizione di Mozart evolverà a Vienna: la libertà di condizione fungerà da stimolo allo sviluppo di un'espressione assolutamente personale, ma tale libertà non sarà esattamente libertà di scelta. La notorietà non gli lascerà quasi più spazio privato: all'apice del successo in un mese comparirà ventun volte in pubblico. E di questo pubblico, un pubblico infido come egli aveva presentito nella lettera del 2 giugno 1781, doveva tener conto. In tal modo, conquistata la fiducia dei viennesi, nella più ambiziosa serie dei dodici concerti che vanno dal 1784 al 1786 Mozart innova nel linguaggio non rendendosi conto che, man mano che il suo stile ritrovava la propria coerenza, veniva meno l'attenzione di una Vienna impietosa con l'artista incapace di stare alle regole del gioco. Dopo i concerti del marzo 1786 (KV 488 e 491) non gli sarebbe più stata concessa la possibilità di presentarsi in veste di solista in un'accademia. Il successivo Concerto in do maggiore KV 503, di una densità di messaggio e di un volontarismo che lo pone all'altezza dell'ideale sinfonico nascente (effettivamente vede la luce assieme alla Sinfonia in re maggiore KV 504), mantiene tali caratteristiche poiché fu destinato a Praga, dove oltretutto poteva contare sulla solidarietà dei fratelli della loggia massonica che avevano tutto predisposto per la sua venuta.

Non è un caso che Mozart raggiunga nuovamente il pubblico di Vienna nell'ultimo tentativo, con il Concerto in re maggiore KV 537, eseguito a Francoforte di fronte alla nobiltà viennese in trasferta per l'incoronazione di Leopoldo II. Pur nella sua dignità, la fierezza a cui si attiene è di tipo alquanto esteriore ed è fuor di dubbio che l'obiettivo virtuosistico riemergente nella parte solistica corrisponda al tentativo di riannodare con quella specifica cerchia mondana un dialogo che si era interrotto. L'originalità dell'opera d'arte poteva essere tutto ma non doveva rompere l'equilibrio delle convenzioni. Ora Mozart si era già trovato di fronte a questo dilemma nel corso del 1773, certamente in modo meno consapevole, tuttavia con esito altrettanto dirompente. Nella serie delle cinque sinfonie succedutesi nella primavera di quell'anno KV 199, 162, 181, 182, 184) già è individuabile un punto di rottura nel conformismo impersonale, dettato dalla reazione a una situazione salisburghese senza chiare prospettive.

La Sinfonia in mi bemolle maggiore KV 184 (con i tratti lamentosi del primo tempo, le scansioni fatali del secondo e le modulazioni del terzo) preannuncia un senso diverso acquisito alla forma sinfonica. In verità la risposta sarebbe venuta l'inverno dello stesso anno con le sinfonie KV 200, 183 e 201 dove si impone definitivamente la partizione in quattro movimenti, di per sé già rivelante. Lo sviluppo vi dà un senso nuovo ai temi, dilatando lo spazio del loro confronto e innescando quel significativo processo di articolazione linguistica dove ogni unità espressiva (una figura ritmica, una pausa, una combinazione qualsiasi di note) diventa parte di un discorso il cui senso non si conclude nell'enunciato ma resta affidato al principio di un conflitto di elementi che si fissa nella memoria e che alimenta in termini puramente musicali la sostanza di un dramma.

Lo stile galante non possedeva contenuto drammatico: dove predomina l'ordine conciliante, l'esibizione di equilibri che l'ascoltatore di per sé già chiede, non può nascere alcunché di drammatico e quindi di significativo ai fini di un'espressione in rapporto non mistificante con l'epoca. Mozart vi perviene invece in quello scorcio di anni, vincolando la sinfonia (e prima ancora di Haydn) a un compito dove la priorità dell'espressione, di un discorso che obbedisce inequivocabilmente a un dettame interiore, non deve più essere intaccata da regole di comportamento imposte dal contesto sociale allo scopo di garantirvi, attraverso la pacificazione delle forme artistiche, l'immediato consenso ai suoi rituali. E vi perviene dunque con gli stessi esiti, con gli stessi intendimenti e in puntuale simultaneità con quel vasto e convulso movimento di idee che crebbe in Europa intorno al 1770 e che esplose in modo radicale in Germania tra la generazione che avrebbe preso il nome di *Sturm und Drang.* Il movimento accese furori patetici soprattutto sul fronte della letteratura (da cui uscirà esemplare il Goethe de *I dolori del giovane Werther*): vi è quindi un esito che, intensificando il processo di maturazione di una tormentata coscienza individualistica, avrebbe fatto parlare di Preromanticismo. In realtà la spinta in questa direzione nasceva sostanzialmente dal senso di limitazione che l'artista percepiva nell'impatto con le condizioni sociali, limitazione che gli parrà sempre più insopportabile. In questa accezione lo *Sturm und Drang* è conseguenza diretta delle ideologie che, superando vecchi schemi mentali, Rousseau, Diderot e il pensiero francese moderno avevano propagato con l'esaltazione dell'uomo nuovo non più asservito a gerarchie etiche, religiose, sociali e politiche a lui esterne, bensì libero nel confronto con le virtualità della propria natura.

Nessuno meglio di un musicista poteva essere sensibile a un movimento di coscienza che, per quanto indistinto e non programmato, implicava un atto di sfida alla società che ne aveva costretto il ruolo in forme di dipendenza tendenti esplicitamente a contenere la capacità creativa. È Haydn quindi che, captando l'annuncio di tempi nuovi, risponde alla disciplina impostagli dal contratto di servizio che lo legava al principe Esterházy, intensificando gli accenti patetici delle sinfonie di quel periodo e dando alla luce capolavori quali i “Quartetti del Sole” e la Sonata per pianoforte in do minore, forieri di importanti e radicali sviluppi futuri. Il primo a esserne contaminato sarebbe stato Mozart che avrebbe trasmesso lo stesso carattere infuocato ai sei quartetti composti a Vienna nell’estate del 1773. Ma è nel citato risveglio sinfonico che il salisburghese avrebbe colto nel modo più originale la portata di un’esigenza di emancipazione sua individuale, e soprattutto sociale, nei confronti di una provincia asfissiante nella ristrettezza delle prospettive concesse all’espressione artistica. Mozart è appena diciassettenne, ma possiede doti tali da porlo al passo della coscienza del tempo: i viaggi in particolare, stimolando la sua attenzione e consentendogli la conoscenza diretta di persone e situazioni, ne avevano accelerato la maturazione.

Non stupisce quindi la sua rapidità nel reagire alla forte tensione ideale che attraversava la Germania. Qualche anno dopo egli avrebbe manifestato le prime preoccupazioni per la creazione dell’opera tedesca, raggiungendo con ciò gli esponenti dello *Sturm und Drang* nell’aspetto di più diretta contestazione verso le corti tedesche, importatrici di moda e di cultura francese con cui avvilivano la stessa lingua della nazione.

È nella nazione appunto che cercava identità la nuova generazione, cosciente della necessità che solo con la lotta su questo terreno sarebbe stato possibile ridestare le capacità intellettuali frustrate da una rovinosa politica di imitazione di modelli. Ma nella realizzazione di tale obiettivo Mozart avrebbe incontrato difficoltà insormontabili: è quasi sicuro che, se fosse dipeso da lui, nella maturità non avrebbe mai scritto opere italiane, mentre il fatto che nessuno dei suoi capolavori “italiani” raggiungesse i clamorosi successi dei vari Anfossi, Salieri, Martin y Soler e altri esponenti di quella scuola impegnati a Vienna, dimostra quanto lontano si fosse spinto nell’interpretazione di un modello. Quanto al suo unico Singspiel messo in scena dalla Vienna ufficiale nel 1782 (l’*Entführung aus dem Serail),* l’operazione fu possibile grazie a un versante dello zelo riformatore di Giuseppe II, il quale al Teatro Nazionale creato nel 1776 aveva aggiunto due anni dopo una sezione d’opera tedesca. È in questo contesto che Mozart ne ricevette la commissione. Ma, nonostante il sincero e risonante successo del suo Singspiel che restò in cartellone fino all’anno successivo, il basso livello delle altre produzioni tedesche rappresentate e probabilmente la pressione della parte più retriva del pubblico (mobilitata per fronteggiare, attraverso la politica culturale dell'imperatore, anche la sua politica religiosa) portarono rapidamente alla chiusura dell'opera tedesca. Ciò puntualmente coincise con la riorganizzazione della compagnia d'opera italiana, affidata dall'imperatore ad Antonio Salieri il quale, con *La scuola degli amanti,* prese trionfale possesso della scena viennese il 22 aprile 1783.

L'ipoteca "galante" fu quindi molto pesante e tale da provocare riflussi a ogni tentato abbozzo d'alternativa alle radicate abitudini. Mozart vi si sottomise a più riprese: la virata più clamorosa è quella successiva alle sinfonie *Sturm und Drang* dell'inverno 1773. La Sinfonia in re maggiore KV 202 del maggio 1774 segna di nuovo uno stacco nell'evoluzione estetica del salisburghese e ritorna a una messa in opera che ignora la *Durchführung*, l'organicità del piano tematico, la funzionalità del Minuetto inteso come momento di riassetto delle idee prima di affrontare la risoluzione del discorso nel quarto tempo e qui regredente al convenzionale compito divagante. Non è difficile vedervi il risultato di una tacita imposizione, che gli veniva dalla mancata corrispondenza alle audaci aperture delle opere precedenti da parte del principe arcivescovo presso cui era a servizio e della mentalità in genere imperante alla corte salisburghese. In questo frangente è ancora il padre (con la vista corta tipica del musicista di provincia) a fargli da tutore. Suo è questo giudizio sulle sinfonie dell'inverno 1773:

> E meglio non far conoscere ciò che non ritorna in tuo onore. Per questo motivo non ho dato via niente delle tue sinfonie, sapendo in partenza che con il maturare degli anni e una maggiore perspicacia, sarai contento di pensare che nessuno le possieda, anche se, nel momento di scrivere, esse ti hanno procurato soddisfazione (lettera del 24 settembre 1778).

Leopold, per quanto modesto vicemaestro di cappella del Colloredo, era pur sempre musicista di solida formazione, per cui può stupire tale grado di insensibilità di fronte a quelli che per noi sono segni evidenti di precoce maturità. In realtà le preoccupazioni legate alla sua funzione e a quella del figlio gli impedivano di ammettere qualsiasi sorta di trasgressione all'estetica di una musica di tipo prettamente funzionale quale quella che si consumava alla corte di Salisburgo, non immaginando nemmeno il diverso spazio che il messaggio musicale si andava lentamente ricavando. Non per niente nelle accademie viennesi del 1782 Wolfgang avrebbe fatto eseguire volentieri le tre sinfonie che il *milieu* salisburghese aveva bocciato, rifiutandosi di assicurare miglior fortuna alla Sinfonia in re maggiore, quella che gli avrebbe dovuto «fare onore».

Il periodo salisburghese, da quello in questione fino agli anni successivi al viaggio parigino e precedenti la partenza per Vienna, rappresenta la fase del suo più disciplinato allineamento alle esigenze primarie di quella società. Per vederlo uscire dai toni impersonali di divertimenti, serenate, concerti e musica di chiesa, che leggiamo nel suo catalogo di quest'epoca, occorre attendere l'autunno 1779, quando vedrà la luce la *Sinfonia concertante* per violino e viola in mi bemolle maggiore KV 364, opera chiave che, per la complessità del dialogo, per l'estensione del discorso, per l'impianto drammatico (si presti attenzione alla straordinaria espressività nell'uso delle pause), traccia la via all'evoluzione dei concerti e delle sinfonie posteriori. Ma anche qui, per ritrovare successivamente una composizione strumentale a uguale livello di articolazione di forma e di senso occorrerà ancora attendere i primi quartetti dedicati a Haydn (1782), i concerti dell'inverno 1784-85 e le sinfonie del 1786-88, in periodi che (sebbene in termini più stretti) ripropongono il problema dell'alternanza di livello nella produzione mozartiana, corrispondente all'estrema sua sensibilità all'ago oscillante sul quadrante delle relazioni sociali.

In definitiva occorre rilevare l'estrema variabilità di Mozart al mutare di ogni minima circostanza. Ciò non è detto allo scopo di negare l'esistenza di un suo spazio interiore di ricerca, a cui in definitiva dobbiamo riportare l'origine di ogni suo balzo in avanti. Con ciò s'intende semplicemente sottolineare la coscienza e la volontà che egli sempre mantenne vive nello stabilire un rapporto esplicito con la società in cui agiva; un rapporto non mai contestato (come certa esegesi romanticamente determinata ha tentato di farci credere) e impostato invece da uomo del Settecento completamente e attivamente calato nel secolo in cui visse. Praticamente Mozart non scrisse nulla che non presupponesse in qualche modo un ascoltatore. Nessun concerto da lui scritto lo fu senza che egli ne conoscesse la destinazione (quasi sempre un'accademia viennese o uno strumentista di riguardo al quale è esplicitamente dedicato), nessun lavoro teatrale fu intrapreso senza la garanzia che sarebbe andato in scena (a onta dei suoi propositi sul teatro tedesco, non mise in opera nulla oltre i due capisaldi, *Entführung* e *Zauberflöte*, fin da principio composti in funzione di un allestimento). Anche per quanto riguarda le sinfonie, la mancanza di regolarità nelle scadenze della loro composizione trova la stessa spiegazione. Se non c'è la prova che le tre grandi sinfonie dell'estate 1788 (KV 543, 550, 551) siano state eseguite mentre Mozart era ancora in vita, non per questo è inevitabile tirare come conseguenza che l'autore non vi prevedesse nessuna destinazione. Jean e Brigitte Massin avanzano l'ipotesi che siano state richieste dai fratelli massoni che animavano i Concerti della Loggia Olimpica di Praga, che a quel tempo avevano appunto rivolto un invito del genere a Haydn. Ma non è necessario identificare il committente per capire che il musicista anche in quel caso pensava di rivolgere il suo messaggio a qualcuno. Se veramente nulla gli fosse importato delle ragioni d'ascolto che un pubblico qualsiasi poteva manifestare, nei tre anni che gli rimanevano da vivere Mozart avrebbe senz'altro composto altre sinfonie. Viceversa, non trovando l'occasione di rendere pubblica la voce dei suoi nuovi e così diversi capolavori sinfonici, egli sentì automaticamente venir meno lo stimolo al comporre e negli anni successivi avrebbe rinunciato del tutto a esprimersi in campo sinfonico.

Mozart fu dunque sensibile all'imperativo sociale e, per quanto avanzate e prefiguratrici fossero molte sue proposte, non mancò mai di sottomettervisi: non fu artista docile certamente, ma meno ancora fu colui che in nome del proprio diritto individuale spezzava gli obblighi che lo tenevano vincolato alle regole del consumo musicale com'erano dettate nell'*ancien régime.* Per veder realizzarsi qualcosa di simile bisognerà attendere almeno Beethoven e soprattutto Schubert, il cui intero destino di compositore sfuggiva non solo alla società ma in parte perfino alle ristrette cerchie dei suoi sostenitori. Schubert visse in permanente situazione di disadattamento: non per questo egli si sentiva paralizzato nella sua creatività, anzi vi reagiva proprio creando intensamente. Nei periodi di maggiore disadattamento Mozart invece ne risentì proprio a livello produttivo. Durante gli anni salisburghesi, successivi al fallimento della spedizione parigina, la totale mancanza di prospettive professionali lo vide praticamente occupato nell'attività compositiva a puro livello di sussistenza. Negli anni del declino della sua fortuna viennese lo vediamo cadere in una prostrazione di semisterilità: durante il 1790 diciotto composizioni solamente sono elencate nel suo catalogo. Ma anche quel poco che nasceva in tali momenti di angustia veniva alla luce proprio ed esclusivamente sotto la spinta dei committenti, siano stati essi il re di Prussia (ultimo ciclo di quartetti), il dotto barone van Swieten, o più modesti personaggi quali l'amico clarinettista Anton Stadler (committente del Quintetto per clarinetto e archi in la maggiore KV 581), il soprano Louise Villeneuve (per la quale compose varie arie di circostanza), il ricco amico Michael Puchberg che, per sdebitarsi dei prestiti ricevuti, riforniva abbondantemente di musica di consumo domestico; infine, per quanto riguarda Salisburgo, il Colloredo e le varie famiglie patrizie della città (Haffner, la contessa Lodron ecc.). È fuor di dubbio che Salisburgo, soprattutto dopo l'esperienza parigina, rappresentasse un periodo di forzata e sofferta relegazione. Scriveva al padre il 15 ottobre 1778:

> Vi assicuro che, se non fosse per il piacere di potervi abbracciare presto, certamente non tornerei a Salisburgo [...] Occorre che vi confessi in tutta libertà, che andrei a Salisburgo con cuore più tranquillo se non sapessi che devo rimanervi a servizio. Questo pensiero mi è insopportabile! – Riflettete a ciò – Mettetevi nei miei panni – A Salisburgo non so chi sono – sono tutto e – nello stesso tempo a volte niente del tutto.

Mozart vedeva il pericolo di dover sacrificare la parte migliore di sé in una città che dal modo di concepire la musica non gli prometteva altro che pesanti limitazioni. Due anni prima, nella stessa situazione, nella celebre lettera a Padre Martini (4 settembre 1776) esprimeva proprio questo:

> Vivo in un Paese dove la Musica fa pochissima Fortuna, benché oltra di quelli, chi ci hanno abbandonati, ne abbiamo ancora bravissimi Professori e particolarmente compositori di gran Fondo, sapere, e gusto [...]. Io mi diverto intanto a scrivere per la Camera e per la chiesa: e ne son quivi altri due bravissimi contrappuntisti, ciò e il Sgr: Haydn e Adlgasser. Il mio Padre è Maestro della chiesa Metropolitana, che mi da l'occasione di scrivere per la chiesa, quanto che ne voglio.

Sennonché, anche se qui emerge tutta l'amarezza proveniente dalla disillusione di rimanere confinato in uno spazio angusto, balza subito in evidenza quel grado di disponibilità permanente verso una qualsiasi possibilità di ottenere una risposta sociale che accompagna tutta la vita di Mozart: «io mi diverto intanto a scrivere [...]». La musica d'occasione che egli era chiamato a comporre per i nobili intrattenimenti salisburghesi non poteva essere esattamente una *corvée,* se il musicista stesso dichiarava di trovare sufficienti ragioni di divertimento in tale cimento. Il fatto è che Mozart era artista profondamente radicato nell'epoca che attraversò con lo sguardo dell'uomo del presente fermamente intenzionato ad agirvi accettandone le regole. Ciò non significa che gli mancasse la prospettiva per agire al di fuori del contesto sociale. Lo rileviamo dalla citata lettera a Padre Martini, il dotto maestro che a Bologna nel 1770 aveva accolto il quattordicenne Wolfgang fra i membri dell'Accademia Filarmonica, e al quale Mozart dal suo isolamento salisburghese inviò un mottetto di sua composizione per riceverne un giudizio:

> Carissimo e Stimatissimo Sgr: P: Maestro! Lei è ardentemente pregato di dirmi francamente, e senza riserva, il di lei parere. Viviamo in questo mondo per imparare sempre industriosamente, e per mezzo dei ragionamenti di illuminarsi l'un l'altro, e d'affatigarsi di portar via sempre avanti le scienze e le belle arti. Oh quante e quante volte desidero d'esser più vicino per poter parlare e raggionar con Vostra Paternità molto reverenda [...].

Cosa spingeva Mozart a rivolgersi a Padre Martini con queste parole? Cosa lo induceva a cercare il dialogo con una personalità tanto lontana nello spazio e nel tempo (l'accademica storiografia del dotto bolognese non era certo fatta per aiutarlo ad affinare le armi necessarie a farsi strada tra le più sofisticate corti d'Europa)? In risposta gli venne un riconoscimento delle sue capacità di contrappuntista, tanto scontato quanto cauto: probabilmente quanto egli stesso si attendeva. Ma ciò gli bastava per sentirsi partecipe di un altro livello di attività, più intimo e privato rispetto a quello che era tenuto a svolgere nella sua funzione: un livello dove gli fosse possibile penetrare più a fondo nella realtà del linguaggio dei suoni.

Inquietudine della ricerca

Non dall'Italia tuttavia gli poteva venire la risposta agli interrogativi che a questo stadio si poneva. L'esperienza chiarificatrice, che lo rese definitivamente consapevole dell'itinerario intrapreso dalla sua arte, maturò dal 1781 in poi a Vienna attraverso la frequentazione della casa del barone van Swieten, conservatore della biblioteca imperiale il quale, esponente unico a quell'epoca, faceva partecipe una ristretta cerchia di amici del suo culto per Johann Sebastian Bach. Con ciò Mozart ebbe quindi accesso a un'arte riservata, compresa da pochi, al punto che persino il promotore di questa iniziativa ingaggiò il giovane musicista per curargli la reistrumentazione del *Messia* e di altre opere di Händel, non ritenute, nella loro forma originale, sufficientemente degne di circolare. Oltre a Händel, per i concerti domenicali privati di van Swieten, Mozart trascrisse fughe di Bach ricavandone immediatamente impressioni fondamentali. In un certo senso possiamo sostenere che tale occasione di confronto con una concezione diversa e antica della musica fosse l'unico momento in cui l'attività compositiva di Mozart risentisse non di fatti a lei esterni ma di fatti inerenti il suo interno svolgimento. Nel principio del totale contrappuntistico bachiano il musicista toccava con mano le proprietà di un linguaggio capace di dimostrare vita al di là di ogni possibile compromissione con la società. Mozart, l'artista che fino allora non aveva mai concepito nulla se non in termini di comunicazione, di domanda e di offerta di un prodotto artistico motivabile attraverso l'uso diretto, Mozart si trovava di fronte alla prospettiva di una realtà estetica che dettava le sue leggi con riferimento ai valori assoluti, intraducibili nello stile musicale in cui la società d'allora trovava il suo momento d'aggregazione. L'approccio a Bach lo poneva ormai su un piano del rapporto individuale, di una responsabilità non più chiamata a rispondere alle esigenze del gusto determinato dalla dominante classe aristocratica, ma di una coscienza del fatto musicale inteso come momento di verifica della virtualità dell'espressione, verifica da eseguire quindi primieramente sul materiale.

Con ciò s'iniziava un processo di ricerca vera e propria, parallelamente e costantemente condotta a un livello meno esposto rispetto all'attività che il compositore continuava a condurre sul promettente suolo viennese. Si creava così una situazione che, in risposta al clamore suscitato dalle sue accademie e al successo dell'*Entführung* che si stava preparando, lo vedeva intensamente occupato da problemi di fondo ormai intravisti in una prospettiva ben diversa da quella vagamente intuita attraverso gli esercizi di contrappunto severo che anni prima aveva mandato a Padre Martini, anche se è probabilmente proprio sotto lo stimolo del grande teorico italiano che egli si rese conto per la prima volta di ciò che nel fatto musicale sfugge alla necessità comunicativa per lasciarsi riconoscere in un ordinamento padroneggiabile solo a patto di pervenire con la ragione a decifrarne l'interno meccanismo. Alla lettura della citata lettera al maestro bolognese del 4 settembre 1776 non sfugge la dichiarazione che accomuna l'arte e la scienza come campo in cui misurare l'idea di progresso («d'affatigarsi di portar via sempre avanti le scienze e le arti»). Stabilito che la redazione della lettera nell'originale italiano sia da ascrivere a Leopold, il quale non mancò di profondervi la propria illuministica convinzione («per mezzo dei raggionamenti di illuminarsi l'un l'altro»), non vi è messo a fuoco solo il profilo razionalistico del contesto educativo in cui Mozart crebbe. Al di là di quanto è già stato assai bene sottolineato da Georg Knepler con riferimento all'assetto conoscitivo che lo apparenta agli Enciclopedisti – l'ammirazione di Mozart per Haydn fondata sulla comprensione della sua tecnica compositiva intesa come «Kompositionswissenschaft» e il modo di rappresentarsi l'interlocutore ideale come colui che ascolta e pensa prima ancora di sentire – è la percezione di un livello ontologico della musica che va oltre e che comunque prima o poi l'avrebbe portato a misurarsi con l'oggettività bachiana. Ciò che Bach destava in lui in quegli anni viennesi era l'esigenza di trasferire direttamente il patrimonio espressivo di un linguaggio complesso (ormai percepito dalla società d'allora come desueto) nel proprio linguaggio, rendendolo cosciente del fatto che, per uscire dalle secche in cui lo trascinava l'obbedienza alla moda galante, l'unica via possibile era quella di ripristinare il filo diretto con la tradizione.

Le difficoltà che sorgevano nel dare avvio a questo processo sono evidenti nelle varie applicazioni mozartiane di contrappunto severo. Di fronte alle asperità dello stile "obbligato" non era Mozart musicista impreparato: il mottetto che da Salisburgo aveva mandato a Padre Martini fu una composizione senza dubbio stesa di getto con animo leggero. L'alternativa contrappuntistica che gli si presentò nel 1782, non più alla luce di un imperturbabile magistero accademico ma dopo l'incontro con Bach e Händel, non poteva invece non rappresentare un traguardo destinato a impegnarlo in ogni sua fibra. Sarebbe stato troppo a questo momento pretendere che la strada da battere potesse di punto in bianco apparire chiara e indicare l'esatta direzione da seguire. È fuori dubbio invece che Mozart conobbe un momento di smarrimento: non sarebbero altrimenti rimaste interrotte la fuga del *Preludio e Fuga* in do maggiore KV 394 e le composizioni per violino e pianoforte dello stesso anno (le Sonate KV 402, 403, 404 e l'*Adagio* in do minore KV 396), incompiute proprio là dove si abbozzava un piano contrappuntistico di vasta articolazione. A Mozart non mancava certo la capacità di portare a compimento una fuga, ma in tale momento – dopo aver sentito pulsare tra le sue mani di trascrittore il contrappunto bachiano e handeliano integrato in una concezione simbolico-espressiva proiettata in avanti, ripensato al di là del modello – egli non poteva più trovare motivo di soddisfazione nella semplice applicazione di uno stile completamente storicizzato. In altre parole, dato che l'interesse di Mozart a questo punto era ormai di prospettare l'integrazione della struttura contrappuntistica in un'affermata concezione della musica di segno quasi opposto (definita dal prevalere della melodia su un insieme spesso stereotipato di formule omoritmiche d'accompagnamento), gli si poneva in modo problematico la questione della compatibilità tra due matrici stilistiche diverse.

Era questa e nient'altro la ragione delle esitazioni mozartiane di questo periodo, sintomi di una ricerca silenziosa ma tenace di un'espressione matura e personale, rivendicata in nome della mai dimenticata esperienza vissuta nelle opere *Sturm und Drang* dell'inverno 1773. Sennonché questa volta le premesse per una riuscita erano assai più solide e concrete: oltre a poter attingere alle dotte frequentazioni bachiane, Mozart aveva alle spalle l'esempio tracciato da Haydn nella serie dei "Quartetti russi", punta di diamante di un'evoluzione mirante a restituire il primato alle prerogative di un linguaggio sciolto dall'aderire al livello di espressione inerte di un modello sociale immutabile.

Mozart riconobbe il debito verso il più anziano musicista e a Haydn dedicò il Quartetto in sol maggiore KV 387 con cui terminava appunto l'anno cruciale 1782. Nel momento della miglior fortuna, dopo le benefiche conseguenze del successo dell'*Entführung,* Mozart visse nell'esperienza intima dei quartetti la ricerca più personale, dove l'adozione del principio contrappuntistico si dava ormai senza più nessuna ipoteca o preoccupazione di regredire a posizioni al di fuori del tempo. Altri cinque quartetti seguiranno a distanza di tempo, a sottolineare il carattere laborioso di una nuova strada battuta e aperta da Haydn al quale Wolfgang, nella celebre prefazione all'edizione a stampa dei Quartetti (1 settembre 1785), attribuirà addirittura la paternità del suo parto. L'obiettivo di un linguaggio non più asservito alle distratte abitudini della società aristocratica, ma nel contempo desto nella sua capacità di rispecchiarne gli aspetti vitalistici, era raggiunto. È infatti giusto vedere in questa apertura mozartiana un diverso livello di penetrazione del linguaggio (un approccio di tipo privato, più profondo rispetto agli altri generi), ma non è esatto ricavarne argomenti per sostenerla quale operazione condotta come denuncia da parte del privato nei confronti del sociale. L'attività quartettistica mozartiana mette a fuoco senza dubbio il livello suo individuale più riposto: basti pensare che nella resa alla mondanità del periodo salisburghese egli non compose quartetti di sorta. I nuovi quartetti dedicati a Haydn furono però fatti pubblicare da Artaria; nacquero come opere profondamente personali ma implicitamente quindi con l'idea di estendere la loro risonanza oltre i confini di una pratica strettamente privata.

A differenza del destino silenzioso conosciuto da molta musica di Schubert, i quartetti mozartiani conobbero diffusione. Innanzitutto li interpretava egli stesso in casa sua (o di Nancy Storace) in una distribuzione di ruoli dove il compositore si riservava la parte della viola in compagnia di Dittersdorf (primo violino), Haydn (secondo violino), Vaňhal (violoncello): come dire, i più fini intenditori del genere nella Vienna del tempo. Inoltre Haydn li eseguiva nei salotti aristocratici, anche se sono note le difficoltà create dall'ascolto di combinazioni tanto inusuali da apparire dissonanti. Quando Haydn volle provare al principe Grassalkowicz (partitura alla mano) che non suonava note false ma che tutto quanto era eseguito vi stava scritto, si vide strappare i fogli furiosamente di mano. Artaria non ebbe miglior fortuna con la sua edizione a stampa; dall'Italia gli rimandarono gli esemplari poiché ritenuti pieni di errori. Non diversamente la critica, la quale li accolse con perplessità, ironia e aperta ostilità. Leggiamo sulla «Wiener Zeitung» (gennaio 1787): «I suoi nuovi quartetti sono troppo piccanti. Qual è il palato che alla lunga li potrà sopportare? [...]. Mozart ha una tendenza evidente per il raro e l'inusuale», sosteneva la rivista di Cramer. È chiaro che Mozart stava spingendosi troppo lontano, tanto lontano che un osservatore attento di cose musicali quale Giuseppe Carpani, nella sua biografia haydniana del 1812, lo indicava ancora accanto a Beethoven come modello di stranezza, imputabile al preteso abuso delle modulazioni che «produssero allora delle erudite intricatissime confusioni, piene di erudita ricercatezza e di studio, ma scarse d'effetto». A distanza di cinque lustri il letterato italiano ribadiva le stesse ragioni che avevano determinato la censura dei viennesi esercitata sulla musica mozartiana, manifestatasi almeno a partire da *Le nozze di Figaro* che il barone Zinzendorf liquidò con lo sbrigativo giudizio di opera «noiosa», che lasciava perplesso l'imperatore per la portata assordante dell'orchestra rispetto ai cantanti, e che Dittersdorf riteneva indispensabile leggere più volte per penetrarla in tutta la sua bellezza, come in genere le composizioni mozartiane. Il rimprovero di Carpani era preciso:

> Il Mozart, che era per altro feracissimo d'idee e pieno di gusto, cadde talvolta in questo errore, e viziò taluna delle sue belle cantilene, col renderla ora di soverchio intralciata, ora indecisa, ora stravagante, ora oscura per l'orecchio, sebben chiara per l'occhio. Questo abuso, agiunto a quello di porre negli accompagnamenti cantilene troppo diverse e distinte dalla cantilena principale della parte cantante, finirà col guastare totalmente la musica in Europa.

Come negare l'evidenza: l'interesse a sviluppare le parti interne della scrittura era manifesto nella preferenza data dal compositore alla viola, lo strumento che egli abitualmente sceglieva quando si trovava con amici a suonare in quartetto. Rimane paradossale il fatto che il Carpani condanni ciò che Mozart derivava non tanto da Bach quanto da Haydn, oggetto di venerazione da parte del poeta. In verità la differenza non stava tanto nella condotta delle parti altrettanto complesse in Haydn, quanto piuttosto nel modo in cui queste in Mozart giungevano a liberare le forze insinuanti dell'armonia. In Haydn tutto appariva sotto controllo, «chiaro per l'occhio»; in Mozart il controllo dell'occhio, organo privilegiato dell'ordinata mentalità razionalistica, è solo parziale e spesso deve cedere il primato appunto alla forza «oscura per l'orecchio».

Indipendentemente dal fallimento "commerciale" dei suoi quartetti, la società viennese che contava aveva seguito da vicino i frutti di questo suo lavoro; il suo lavoro più paziente, più privato e anche più sofferto, che nelle intenzioni era destinato a coronare un nuovo stadio del successo viennese e che invece rappresentò la sua prima grande sconfitta. Un'evidente incomprensione circondò queste composizioni le quali, tranne il ristretto gruppo di amici musicisti, trovarono un pubblico completamente impreparato a recepirle. Il giudizio di Hans Georg Nägeli, editore e pedagogo svizzero contemporaneo, fu probabilmente colui che meglio (anche se inconsapevolmente) colse la nuova realtà che vi si affacciava:

> I quartetti di Mozart cantano! Ora il quartetto nel libero avvicendarsi di suoni non dovette esprimere che uno stato d'animo libero; mentre quelli di Mozart esprimono delle passioni, dominio riservato alla musica vocale,

da cui ricaviamo due verità. La prima fornisce la ragione dell'insuccesso: Mozart non aveva ossequiato la convenzione che imponeva il rispetto dei generi confondendo le peculiarità della musica vocale con la musica da camera, il cui compito evasivo avrebbe dovuto indurlo a tenersi lontano dalle forti emozioni. È un aspetto che non mancò di sottolineare il Carpani, sollecito commentatore di vicende musicali ma fermo difensore dell'ordinata modalità classicistica del sentire, del tutto refrattaria agli esplosivi sviluppi ottocenteschi riservati a un'espressione che già Mozart trattava come campo libero d'azione:

> Tessere perciò le arie come Haydn tesseva le sinfonie, legare il canto collo strumentale in modo che *Udir non puossi una sol voce espressa*, come sembra aver fatto talvolta quel rarissimo ingegno del *Mozart*, e fanno in oggi molti compositori tedeschi, è non lodevole cosa, e tutt'al più da tollerarsi, quando ben poco o nulla si può contare sulla valentia dei cantanti.

La seconda è la sottolineatura che vi riconosce il valore del canto, che vi individua cioè un orientamento il quale, nella spinta verso l'espressione diretta e prorompente, contribuisce a qualificare i nuovi quartetti mozartiani quali opere di irrinunciabile carica comunicativa. Quartetti nati nel privato, ma non per essere destinati al privato; e composizioni maturate nella ricerca collegata alla meditazione sul valore del contrappunto bachiano, ma composizioni che vi affondano lunghe radici senza con questo esaurire le loro forze nell'interesse speculativo. La formulazione contrappuntistica a cui pervengono invece non solo riesce a integrare i moderni portati espressivi e lo stile obbligato, ma sicuramente accentua proprio l'urgenza comunicativa. Quando nel finale del Quartetto in sol sorprendiamo l'incalzare incessante degli attacchi per imitazione tra le voci, quando nel ribollire delle idee vi cogliamo un perfetto gioco di incastri in cui ogni particolare appare funzione della struttura, possiamo riconoscere la mano formatasi sulle trascrizioni delle fughe di Bach. Ma la prima emozione che suscitano in noi non ci riporta a Bach, bensì a Mozart *tout court,* il quale fece tesoro della pratica contrappuntistica non per sfruttarla in imprese speculative, ma per attivare il discorso in ogni singolo membro, facendo fremere l'espressione in ogni sua fibra, concedendo la massima espansione a una vocazione oratoria che effettivamente dimostra una suprema capacità di usare il linguaggio musicale come lingua parlata. A quale ideale si richiama l'instancabile attività delle quattro parti (il battere e il ribattere, le domande e le risposte, le frasi spezzate, gli incisi, i temi esclamativi, il tratto melodico risolutivo ecc.) se non a un'aspirazione alla vita nel confronto, al colloquio, a un'apertura sugli altri intesa come ricerca del calore nel dialogo? È provato che la società destinataria di questa esortazione al colloquio se ne ritraeva quasi impaurita, ma l'umanità che si esprime attraverso questo risorto ideale di musica concitata è altrettanto sicuramente la realizzazione di un progetto proposto da una mente socializzante, per la quale il privato non poteva essere il fine ultimo ma solo la tappa di un processo più vasto di circolazione delle idee.

Indipendentemente dagli esiti, spesso amari, Mozart cercava l'impatto con la società e in ciò egli era artista del Settecento, esponente tipico di un razionalismo cosciente di dover realizzare i suoi compiti nel sociale. Anzi proprio là dove sembrerebbe che il compositore si fosse lasciato prendere la mano dall'empito dell'espressione lamentosa e sconsolata, come avviene nel turbato sol minore dello straordinario Quintetto KV 516 (1787), troviamo l'artista che esemplarmente indica la strada per superare il dolore e la prostrazione. Come ha mostrato Georg Knepler, nel primo movimento della composizione Mozart dà forma al vacillamento e all'apprensione, alla ricerca della consolazione, alla speranza di una via d'uscita, che vi trovano espressione non come stato emotivo ma come processo e sviluppo di stadi del sentire che portano alla sconfitta della sofferenza nell'ultimo movimento. Una palese programmaticità guida la composizione, intensamente sentita ed elaborata, che nel carattere eroico della lenta apertura dell'ultimo tempo si rifà alla stessa atmosfera della scena del secondo atto della *Zauberflöte,* in cui i due giovani amanti annunciano la loro decisione di sottoporsi alle prove d'iniziazione. Nel finale del quintetto è la stessa progressione che si impone e che, operando un rovesciamento in positivo dell'afflitta configurazione tematica del primo tempo, fa prevalere la portata del processo mentale su quello emozionale, da intendere come manifestazione dell'Illuminismo, di quella concezione cioè che in forza della ragione guardava con fiducia al miglioramento della condizione dell'uomo nella società.

Falso, anche se intrigante, sarebbe invece assimilare l'isolamento a cui Mozart fu condannato negli ultimi anni al concetto di segregazione interiore inteso come nozione preromantica. D'altronde con Mozart non è possibile tracciare quella linea di demarcazione che in Beethoven ad esempio divide l'attività cameristica da quella sinfonica, il pubblico dal privato. Le moderne forme del quartetto e del trio non riuscirono a escludere del tutto i vecchi modelli galanti, per cui non deve stupire se un Trio d'archi in mi bemolle maggiore (KV 563) nel 1788 sarebbe ricomparso sotto le spoglie di un *Divertimento* in sei tempi, di una serietà di stile all'altezza della data in cui vide la luce ma pur sempre diluita in forma divagante. Così, dopo gli ultimi omaggi alla provinciale mondanità salisburghese che la *Posthorn-Serenade* KV 320 e il *Divertimento* in re maggiore KV 334 (1779) già trascendono verso strutture di imponenza tutt'altro che cortigiana, non stupirà nemmeno che una tappa significativa del sinfonismo moderno (la Sinfonia in re maggiore KV 385) sia nata dapprima come serenata, scritta su commissione del borgomastro di Salisburgo, Siegmund Haffner (1782). Il fatto poi che contemporaneamente Mozart giungesse a concepire la *Serenata* in do minore KV 388 non solo in quattro tempi come una sinfonia, ma pure in una tonalità minore capace di spostare l'equilibrio della composizione verso la dominante patetica, è indice di una compenetrazione di significati, di uno sguardo in ugual misura sensibile al sociale e al privato, da intendere come metafora del modo d'essere espresso dallo stesso suo ruolo di compositore.

Impulso di vita

In base a quanto esposto si rileva come la sostanza dell'espressione mozartiana non intendesse essere rivelata alla società direttamente contro di essa, bensì in una forma che sempre integra l'aspirazione individuale alla consuetudine. Niente di più pertinente, in quest'ordine d'idee, del finale del *Don Giovanni,* dove i Romantici avrebbero voluto che il sipario calasse sulla punizione dell'empio e che al contrario ricava il suo senso primario proprio dal concertato dell'ultima scena, in cui non tanto assume rilievo il giudizio edificante sul valore del castigo, ma la certezza che anche di fronte alla tragedia la vita continua. La legge che detta l'ordine delle cose, che condanna la temerarietà del protagonista, è la stessa che determina il comportamento dei personaggi che gli stanno a lato, la stessa che, dopo aver assistito alla morte di Don Giovanni, ricondurrà il loro destino alla normalità del quotidiano e che, soprattutto nel gesto risolutivo di Leporello ("E io vado all'osteria a cercar padron miglior"), induce fiducia nella vita capace di manifestarsi in Mozart altrettanto degnamente al livello più terreno. Alla grandezza nel negativo che contraddistingue la proterva figura del seduttore non si oppone infatti la fermezza e la costanza morale di Donna Anna (meno ancora l'astratta nobiltà di pensiero di Don Ottavio), bensì la verità sulla realtà della quotidiana esistenza che Leporello magistralmente e positivamente incarna. In questo senso fra i molti livelli di significato di *Don Giovanni* è possibile individuare anche e forse soprattutto la chiave del rapporto conciliante con il presente e con la società. Nell'affermazione in prospettiva ottimistica dei valori vitalistici il finale di *Don Giovanni* potrebbe essere considerato una soluzione di circostanza lasciata sedimentare dalla coscienza del tempo, alla quale ripugnava mandare a casa lo spettatore con la memoria fissa alla torva immagine dell'inferno che inghiotte il libertino irriducibile al pentimento. In realtà sono invece molte le costanti di un atteggiamento che in Mozart pongono in evidenza il sistematico rifiuto dell'idea di morte. Dall'indifferenza infantile di fronte a scene d'impiccagione a Lione e a Milano durante i suoi primi viaggi, dalla leggerezza con cui fu appresa la morte dell'amico di famiglia dottor Niederl (lettera del 15 settembre 1773), e un seguito di espressioni disinvolte che culmineranno nelle sbrigative parole con cui, rimasto solo a Parigi due settimane solamente dopo la morte della madre che l'aveva accompagnato in terra straniera finendovi i suoi giorni, Wolfgang chiudeva il capitolo sulla sua esistenza:

> Mio caro signor Padre, spero abbiate ricevuto le mie ultime lettere. – Ora non conviene spendere altre parole sul loro oggetto principale [cioè la morte di Anna Maria]. – Ora è passato – anche quando scrivessimo pagine intere su questo argomento, non potremmo cambiare nulla. – Lo scopo essenziale di questa lettera è di felicitare la mia cara sorella in occasione della sua festa [...] (18 luglio 1778).

Come per Leporello, anche per Mozart la vita ha il suo corso; e in un certo senso dimostra un potere superiore a quello della morte, nella capacità di annullare la forza dei privati sentimenti nell'ordine di segno positivo rappresentato dal prevalere delle regole che dettano i rapporti collettivi sul significato di ogni singolo atto individuale. In risposta a Leopold, il quale gli chiedeva notizie sulla malattia che aveva portato Anna Maria alla tomba, quattro settimane appena dopo il tragico evento il figlio rispondeva: «Li avrete, permettetemi solamente di essere un po' conciso e di scrivervi unicamente l'essenziale, essendo questa ormai faccenda del passato... e poi ho bisogno di posto per parlarvi di cose che riguardano la nostra situazione» (lettera del 31 luglio 1778).

Un altro momento ferale nella vita del musicista non sfugge alla constatazione della sotterranea rimozione della morte. La prima composizione scritta da Mozart dopo la notizia del decesso del padre alla fine del maggio 1787 fu *Ein musikalischer Spass* KV 522, terminato a Vienna due settimane appena dopo l'annuncio della scomparsa del genitore. In quei giorni la sua mente, anziché da motivi di abbattimento, risulterebbe con ciò occupata da opposti pretesti, da uno scherzo musicale dichiarato, dalla ricreazione dell'animo nella ricerca di un assetto parodistico per il sestetto che avrebbe ricevuto il sottotitolo di "Dorfmusikanten" e che effettivamente si ispira al vissuto musicale popolaresco riproposto calcando, per mezzo di dissonanze involontarie e impacciate semplificazioni, sullo scomposto profilo di un repertorio e di un modo di suonare tipico dei musicanti di strada e di osteria, di un luogo cioè dove Mozart stesso potrebbe essere andato a cercare rifugio e distrazione dopo la fatale notizia. All'ermeneutica psicanalitica di Wolfgang Hildesheimer non è sfuggita una simile clamorosa occasione suscettibile di fornire la chiave, al di la di possibili coincidenze, per penetrare al livello profondo dell'animo mozartiano:

> Ci sembra fuori di dubbio che la scomparsa di Leopold Mozart, figura un tempo dominante, debba aver provocato una qualche reazione inconscia nel figlio: è probabile che si trattasse di un senso di liberazione. Potrebbe essersi reso conto di questo sentimento? Avergli dato espressione? Esiste la possibilità che il *Musikalischer Spass* sia stato un intervento di autoterapia con il quale Mozart abbia voluto reprimere il dolore, oppure il senso di colpa per scarsa partecipazione emotiva.

In verità un istinto prepotentemente vitalistico accompagnò la vicenda terrena di Mozart, emblematica proprio per il fatto di aver esaltato i valori della vita e di aver aspirato all'instaurazione di un rapporto positivo con il mondo circostante. Ne è riprova estrema il *Requiem* rimasto incompiuto, non già per fatale intervento del destino venuto a troncare la sua verde esistenza, bensì per il prevalere di circostanze che distolsero il compositore da quel compito. Commissionatogli dal conte Walsegg tramite un misterioso intermediario, il fatto non mancò di suggestionarlo e – negli ultimi mesi, quando il suo stato di salute destò allarme – di agire su di lui come preannuncio della prossima fine. Eppure ciò non bastò a occupare il suo pensiero in modo esclusivo. Iniziata mentre ancora era intento al *Flauto magico,* la composizione del suo canto funebre venne interrotta alla metà di agosto 1791 quando Praga gli commissionò *La clemenza di Tito.* Mozart rimise mano al *Requiem* solo verso metà ottobre, dopo aver terminato il *Flauto magico* ed essere stato assorbito dai problemi riguardanti il suo allestimento. Poco più tardi egli compose il Concerto per clarinetto KV 622 e in seguito gli giunse la proposta di scrivere una cantata massonica per l'inaugurazione del nuovo tempio della Loggia della Speranza. Mozart terminò la Cantata *Das Lob der Freundschaft* KV 623 e il Lied massonico *Lasst uns mit geschlungenen Händen* KV 623a il 15 novembre. Il *Requiem* fu dunque interrotto una seconda volta e non poté essere più ripreso, dato il rapido deterioramento della salute che lo portò alla morte il 5 dicembre. Non fu quindi su parole di fosca meditazione intorno al trapasso che si concluse l'opera di Mozart bensì su un annuncio di luce, "la vera luce che viene dall'Oriente", la luce della "speranza", la luce della "virtù", la luce della "gioia" che nel Lied massonico è già percepita in senso beethoveniano ("intrecciamo le nostre mani, fratelli, terminando il lavoro nella sonora esplosione della nostra gioia"), ma soprattutto come fede in un valore umano e temporale che nel contempo è diritto affermato contro l'autorità della morte.

Ora, mentre la luce è riuscita a prender forma nelle citate composizioni nate negli ultimi mesi del 1791, la lunga ombra della morte proiettata sul lamentoso procedere del *Requiem* non è potuta giungere a delinearne irrimediabilmente la figura. Non v'è dubbio che Mozart negli ultimi mesi ormai sentisse il *Requiem* come il suo canto funebre, ma è anche probabile che nelle continue dilazioni subite dalla composizione si debba leggere l'azione della fondamentale incapacità del musicista di consentire all'evocazione dell'idea di morte in termini univoci. L'incompiutezza dell'opera non sarebbe quindi il prodotto di semplice fatalità. D'altronde non è alla leggenda risalente a Benedict Schack che possiamo prestar fede (con la quale si volle far credere che sul letto di morte Mozart avrebbe cantato il "Lacrymosa" intonato dagli amici riuniti intorno al capezzale, assumendo egli addirittura la parte di contralto, quando sappiamo che l'autografo di questa parte del *Requiem* non procede oltre l'ottava battuta). Non è la morte o l'al di là il pensiero che sfiorò il suo ultimo minuto, bensì il richiamo di vita riportatogli dal canto di Papageno: "Der Vogelfänger bin ich, ja", che alla vigilia del giorno fatale, a detta di Constanze, egli intonò con voce quasi impercettibile dopo avere espresso il desiderio di rivedere una volta ancora la *Zauberflöte,* che sulla scena del Theater Auf der Wieden continuava a essere acclamata da un generoso pubblico di periferia. Giunto al momento estremo, non era al modello di nobiltà d'animo e di eroica fermezza nell'ideale rappresentato da Tamino che la sua mente correva, bensì all'istintiva primitività dell'uomo, che sotto le piume animali di Papageno afferma una verità che nel *Flauto magico* interagisce senza mai lasciarsi relegare in posizione secondaria.

È l'esplosione di una forza naturale, l'umanità preesistente a ogni tentativo di teorizzazione quella a cui Mozart fa appello nel momento in cui è chiamato a superare la prova decisiva. Ed è un filo sotterraneo che egli raccoglie dopo averlo lasciato emergere qua e là nella sua opera, nello sberleffo di *Ein musikalischer Spass* su fino al *Galimathias Musicum* KV Anh. 100a composto a dieci anni nella visione di modelli (il contrappunto händeliano ecc.) tutt'altro che idealizzati, tenuti invece a distanza sufficiente a creare una prospettiva burlesca, quasi di musica al quadrato. Non sempre l'elemento della parodia è evidente come in questo caso, ma spesso, soprattutto in campo teatrale, l'orientazione del suo ago estetico ne tenne conto, spintovi dalla pulsione vitalistica liberata nel processo di negazione che la parodia sottintende. L'impatto con la realtà prodotto dall'operazione parodistica è infatti superiore rispetto a qualsiasi atto di affermazione positiva, e con ciò suscettibile di cogliere, messa a nudo, l'anima stessa del reale. È la lezione che ricaviamo dalle ben note lettere alla cuginetta di Augusta (la "Bäsle"), relegate ai margini delle monografie a causa del carattere indecente, e dove invece il tratto osceno va semplicemente interpretato come manifestazione di un bisogno di rivolta contro le convenzioni sociali allora spesso ridotte a dettami formali, come ricerca della provocazione proprio ai fini di saggiare il suo potere di ridestare l'umano oltre gli atteggiamenti di circostanza che Mozart più di ogni altro era stato indotto ad assumere nei rapporti col mondo. Non è un caso che Wolfgang allacciasse amicizia con la Bäsle dopo averle fatto visita nell'autunno 1777 ad Augusta, altra città sorda alla sua arte dove è noto l'episodio raccontato dallo stesso musicista dei notabili borghesi che si fecero beffe della medaglia di Cavaliere dello Sperone d'oro, di cui egli per la prima e unica volta nella sua vita si era fregiato in pubblico. E non è un caso che a incitarlo a ostentare il diploma di cavaliere, onorificenza di cui era stato insignito da papa Clemente XIV al tempo del viaggio in Italia nel 1770, fosse stato Leopold, il quale (e non sarà mai sottolineato abbastanza) fin dalla tenera età aveva guidato il figlio a farsi strada per mezzo di lettere di raccomandazione, dediche opportunistiche, patroni influenti e altri generici metodi di ipocrisia sociale.

Il carattere singolarmente scurrile del rapporto epistolare con la Bäsle assume quindi la fisionomia dell'insubordinazione al peso degli obblighi sociali da una parte, e all'ottusa pratica autoritaria del padre dall'altra: insubordinazione rivendicata non solo in nome del diritto a essere padrone delle proprie decisioni, ma soprattutto come dichiarazione di un'umanità liberata e affermata senza limitazioni in ogni sua possibile manifestazione. E questo è tra l'altro una conferma del fascino dell'uomo ricondotto alla sua primitiva essenza, che già abbiamo letto nella simpatia mozartiana per la figura di Papageno e che qui ci viene trasmesso nella sua più elementare forma fisiologica. Come ha mostrato Massimo Mila, la vera grandezza della *Zauberflöte*, a onta dei tentativi più elaborati di interpretarla come opera a tesi, sta proprio a questo livello. Non tra gli ideali morali antitetici rappresentati da Sarastro e dalla Regina della Notte si svolge l'azione, ma tra la condizione subalterna di Papageno, di un'umanità inferiore priva di aspirazioni, contrapposta alla superiore umanità di Tamino, il cui slancio eroico, al di là del bene e del male, si congiunge con gli ideali di astrattezza dei personaggi emblematici, disumanizzati nella loro funzione di figure simboliche. Non solo la Regina della Notte come incarnazione del male viene rappresentata in questa dimensione irrigidita nella regola, ma anche Sarastro e lo stesso palpitante sentimento di Tamino, la cui tensione a elevarsi lo fa partecipe dei gradi alti di un mondo dove la struttura gerarchica condanna all'insignificanza ciò che semplicemente esiste, per esaltare in primo luogo chi riesce ad affermarsi esercitando un potere, sia pur esso moralmente fondato.

Papageno è testimone di questo grado umile dell'umanità dove ogni giudizio è sospeso in nome del riconoscimento di dignità al primordiale istinto di vita. Gli spazi che attraverso la sua presenza scenica l'espressione musicale inferiore riesce a ricavarsi rappresentano la riscossa dei vinti, di tutti coloro i quali, senza nulla sacrificare all'ambizione di affermarsi, acquistano prerogative inalberando come unico valore quello della naturalità della vita. Indipendentemente dal primato che Mozart intendeva assegnare alla componente di manifesto morale presente nel *Flauto magico*, è il senso di rivincita dell'umanità elementare che vi predomina e che ne fa un capolavoro universale al di là del richiamo al valore storico della sfida morale degli ideali massonici.

Se la musica di Mozart, che è movimento incessante, non può essere facilmente trattenuta nelle immagini singole a cui dà via via luogo, è nella direzione in cui corre che è opportuno orientare l'orecchio. Nella scena relativa alle ultime prove d'iniziazione di Tamino, Mila non ha mancato di attirare l'attenzione sulla presenza degli uomini armati (*Geharnischten*), guardiani dell'acqua e del fuoco, presentati nella gravità ieratica e sacerdotale di un corale contrappuntistico, i quali tuttavia al sopraggiungere di Pamina si sciolgono dalla rigidità solenne per partecipare allo stupore del giovane principe e alla spontaneità del suo sentimento, come riconoscimento del senso (prima ancora dell'indivisibilità del destino dell'uomo) della «comunione della natura umana», del denominatore esistenziale che fa uguali i grandi e gli umili. Si può capire allora come poco importante possa essere l'anomalia rappresentata dal ribaltamento della figura della Regina della Notte, da personaggio all'inizio apparentemente positivo rovesciata nell'incarnazione del male. Al di là dell'identificazione di uno degli innumerevoli momenti di ambiguità mozartiana (o più prosasticamente del pretesto di ricerca di originalità che avrebbe indotto Schikaneder a modificare il piano drammaturgico per differenziare il *Flauto magico* da una commedia sulla stessa trama che era entrata in concorrenza e che ne insidiava il successo), non è tanto la moralità che vi primeggia (e che quindi attende di essere spiegata) quanto l'umanità, il valore assegnato a un'espressione che si affida alle risorse della musica per affermare l'unico potere da essa detenuto, quello dello spontaneo e libero sentimento. Nella *Zauberflöte* lo si tocca a livello quasi primigenio, selvatico, nella figura dell'uccellatore, dai tratti che confondono l'uomo con l'animale e che lo vincolano alla dimensione di natura, delle pulsioni e dell'inconsapevolezza, già vista come un traguardo ormai negato all'uomo civile, il quale può solo vagheggiarla idealmente. Mozart è dunque attratto da Papageno, la cui personalità non ha bisogno di farsi avanti per affermarsi, ma che si impone per la sua semplice presenza, per il suo scomposto ma autentico gesto. D'altra parte la sua dimensione buffonesca non si spiega solo col fatto di iscriversi nel filone aristofanesco tipico del teatro comico viennese, ma assume rilievo per l'accento che Mozart le riservò, apparentemente regredendo dalle fini articolazioni psicologiche (conquistate nella messa a fuoco dei caratteri nelle sue opere italiane maggiori) alla semplificazione tipologica di figure burattinesche. Qui egli vi cercò deliberatamente la sostanza di un sentire disinibito, non semplicemente manifestato come adesione a una tradizione ancora in atto nell'immaginario della sua città, bensì significativo per il fatto di essere recuperato al di là dell'orizzonte che Mozart stesso aveva prospettato a ben più complesse strutture del sentimento. Era il valore ludico, che non faceva semplicemente parte della sua indole austriaca, ma che veniva riattivato nel quadro di un ritorno alla natura di stampo rousseauiano, della ricerca di felicità intesa come diritto naturale dell'uomo. Si tratta di un processo che rimane tale; per certi versi più che sviluppo vi è costanza nella presenza in Mozart di questi richiami alla naturalità del sentire.

Non è però un caso che ciò si imponga in modo marcante verso la fine della sua parabola, nell'ultimo anno di vita quando, complici certamente le circostanze ma non per questo meno significativamente, viene calando l'interesse del compositore a cimentarsi con le grandi forme "istituzionali". Viceversa lo troviamo occupato in forme divaganti, nelle danze per la corte, nella *Fantasia* KV 608 e nell'*Andante* KV 616 per organo meccanico, nell'*Adagio e Rondò* KV 617 per Glas-Harmonica e nell'ancor più imprevista e stravagante impresa del *Flauto magico* nella quale, attraverso Papageno appunto (l'infantile tintinnare del Glockenspiel e la levità sonora del flauto di Pan), confluiscono organicamente tutte queste intuizioni disparate ma accomunate dalla ricerca di pienezza nella semplicità. Questo è il primo aspetto; il secondo è quello della grossolanità e della rozzezza, attraverso cui Papageno, sotto forma di buffoneria spinta ai limiti estremi, incarna l'attrazione dello stato di natura che si oppone alla condizione artificiosa del vivere civile. È il principio che in musica aveva già preso forma sconcertante nella serie dei canoni vocali del 1782 su testi di compiaciuta scurrilità, sottolineati dall'ostentata volgarità del canto.

Occorre evidentemente molta prudenza nel trarre conclusioni da fatti espressivi che da una parte si spiegano come atteggiamenti idiomatici e dall'altra si collocano al livello della comunicazione privata, familiare. Le lettere di Mozart al padre sono costellate di locuzioni e di immagini di una volgarità apparentemente sboccata ma certamente (almeno in parte) corrispondente ai modi di dire del contesto salisburghese, a un codice che il compositore metteva quindi in opera in atti comunicativi che esaurivano il loro fine nella cerchia familiare. Vi sono tuttavia momenti in cui tali caratteri espressivi non si configurano in semplici tocchi di maniera ma escono dalla prevedibilità, a testimoniare l'affacciarsi alla coscienza di Mozart di una dimensione del sentire alternativa a quella convenzionale da lui stesso riconosciuta e praticata, una specie di negativo fotografico (quindi a suo modo completo e organico) della propria individualità. È possibile identificarlo nella singolare lettera al padre del 14 novembre 1777, sciolta da ogni ritegno e lucidamente sviluppata come un manifesto:

> Io Johannes Chrysostomus Amadeus Wolfgangus Sigismundus Mozart confesso d'esser ieri e avant'ieri e già altre volte tornato a casa solo a notte fonda, cioè alle 12, e che io, dalle 10 fino all'ora suddetta sono stato da Canabich, in presenza e in compagnia di Canabich, della sua signora e della figlia, del Sig. Tesoriere, Raam, e Lang, e ho ripetutamente fatto rime e – senz'alcuna difficoltà, anzi con facilità estrema; intendo dire tutte porcheriole, del far popò, del leccare il culo, e l'ho fatto in pensieri e parole ma non in opere. Non mi sarei comportato come un empio se non mi avesse istigato la cosiddetta Lisel – Elisabetha Canabich – che mi stuzzicava a farlo; e confesso che mi sono divertito tanto. Confesso tutti questi peccati e omissioni dal profondo del cuore, nella speranza di aver altre occasioni di confessarli, e così non me ne importa un bel niente, perché il gioco andrà avanti lo stesso [...].

Siamo allo stadio della professione di fede, ormai provocatoria, certamente in linea con l'esigenza di contestare il perbenismo paterno sempre più invadente. Erano gli anni in cui Leopold cercava di tessere per il figlio un destino di successo dettandogli le mosse sulla scacchiera di un gioco per la sopravvivenza, comportante l'ossequio di regole e di convenzioni che Mozart percepiva come soffocanti, come ostacolo al dispiegamento del suo talento. La lettera da Mannheim non può essere interpretata come un atto di insubordinazione vero e proprio, poiché il compositore non tirò conseguenze dirette in questo senso, ma essa vale come manifestazione di una potente esigenza liberatoria, come assecondamento delle forze pulsionali che ponevano l'individuo in conflitto con l'ordine sociale.

In fondo, senza arrivare a un livello estremo, significativo non in sé bensì come segno di un'alternativa radicale nel contesto della musica dell'epoca ridotta a convenevoli e ad atti di cortesia, Mozart avrebbe affermato uguale istanza nel suo teatro dove, oltre a Papageno, la personalità di Cherubino (*Nozze di Figaro*) vive nella fiamma dell'amore adolescenziale che si scopre come istinto e desiderio allo stato puro prima ancora di individuare l'oggetto su cui fissare le proprie brame, mentre quella di Zerlina (*Don Giovanni*) presenta lo stesso livello di formulazione nell'emergenza di una natura erotica attiva al di là del riconoscimento di una qualsiasi gerarchia di valori etici.

Qui è misurabile la differenza con Beethoven, il quale dichiarò inaccettabile il *Don Giovanni* a causa della sua immoralità. È fuori di dubbio che Mozart fosse mosso anche da motivazione moralistica nel comporre quest'opera, in fondo non meno esemplare del *Flauto magico* nel suo taglio di dramma didattico. La messa in scena del seduttore ha il suo primo movente nell'*exemplum,* nella determinazione di additare a sdegno il libertino. Sappiamo infatti quale sia la portata del peccato di Don Giovanni, che non è solo quello del semplice seduttore ma che, in quanto sfida della giustizia divina, è anche e soprattutto quella dell'empio (peccato di cui Mozart stesso era ben cosciente se, trovandosi a Parigi alla morte di Voltaire, ne diede comunicazione al padre con queste parole: «E ora le dò una notizia che forse saprà già, cioè che Voltaire, quel birbo senza timor di Dio, è crepato come un maiale – ecco la ricompensa»). Sennonché nella realizzazione artistica non troviamo il trasferimento di questo pensiero, bensì la sua problematizzazione, sostenuta e contraddetta da una musica a doppia faccia, capace di inalberare i principî proclamati e nel contempo di compatire la debolezza di chi vi viene meno.

Beethoven, il quale nemmeno in musica riusciva ad ammettere la debolezza dei principî morali, non poteva quindi capire il *Don Giovanni* e paradossalmente, deprecandolo, veniva a circoscrivere il suo giudizio alla misura della mentalità del tempo. Beethoven, l'artista nutrito di potente ideale di civiltà proclamato in nome del progresso dell'uomo, guardando al futuro col respiro dell'universalità, a questo livello si rivelava uomo del suo tempo nel senso di subirne i limiti della visione.

Viceversa, nella sua apparente sprovvedutezza intellettuale, nel suo rispetto dell'autorità paterna e delle istituzioni, a Mozart era data attraverso l'identificazione dei valori istintivi e naturali dell'espressione la forza di fare della sua musica un messaggio in grado di sciogliersi dalle pastoie della società e della cultura dell'epoca per valere come promessa di un'umanità a venire, più libera e più compiuta. Caroline Pichler – la poetessa viennese che ricordava gli infantilismi di Mozart quando, dopo aver improvvisato sull'aria "Non più andrai, farfallone amoroso", scattava dal pianoforte e cominciava a saltare su sedie e tavoli miagolando come un gatto – comprese subito il senso nascosto di figure come quella del salisburghese che accomunava a Haydn in quanto

> [...] persone che dimostravano nei loro rapporti con gli altri nessun'altra straordinaria competenza intellettuale, una preparazione culturale quasi nulla e assenza pressoché totale di istruzione scientifica o superiore. Personalità banali [Sinnesart] scherzi stupidi e nel caso del primo [Mozart] un modo di vivere irresponsabile: questo era tutto quanto manifestavano al prossimo; eppure quali profondità, quali mondi di fantasia, armonia, melodia e sentimento si celavano sotto quell'apparenza modesta! Attraverso quale segreta rivelazione arrivavano a capire come far scaturire così splendidi effetti, esprimere con le note tali sentimenti, pensieri e passioni che ogni ascoltatore era obbligato – tanto profondamente era toccato il suo animo – a provare insieme a loro?

La molla amorosa

L'impulso di vita nel teatro mozartiano è la molla che scatta nel rapporto amoroso, la cui tensione viene scaricata dalla musica che ne raccoglie l'energia senza necessariamente dirigerla a esplicito fine edificante: la verità fondamentale della drammaturgia mozartiana non risiede nell'assecondamento di una tesi che vi può anche essere sottintesa, ma nell'afflato di una musica capace di subordinare ogni significato all'affermazione di una propria interna regola che, nell'estrema mobilità e sfaccettatura delle sue componenti, può compiacersi di riprodurre i moti d'animo più disparati come semplice dimostrazione del potere di attivare i sentimenti. La musica di Mozart è in tutti i sensi esaltazione della vita, riproducendo essa un organismo brulicante in ogni sua parte, un organismo vibrante in ogni fibra, in una somma di momenti di trepidazione in cui l'immagine esibita è la più palpitante metafora dell'uomo che si conosca. Ed è musica che non a caso aborre il silenzio, il vuoto immediatamente percepito come estinzione di vita; poiché la dimensione del discorso musicale mozartiano si determina nel movimento che non conosce sosta e dove l'attrazione al riposo nei tempi lenti è sempre apparente, recuperando nel calore della melodiosità il coefficiente vitale che essa perde nel rallentamento del moto.

In quest'ordine d'idee la scelta del musicista di comporre il *Don Giovanni,* di dare musica all'espressione più trionfale del desiderio della vita, appare paradigmatica e giustifica le interpretazioni che sul significato dell'*eros* del protagonista hanno consacrato il più universale dei miti moderni. *Don Giovanni* è la spontaneità assoluta, rappresenta l'istinto di vita allo stato puro: l'azione che esso determina è un vortice di situazioni dove nulla vale a trattenerlo e dove la memoria non ha potere, lasciando che la vicenda sia coniugata esclusivamente al presente. Fra i personaggi mozartiani Don Giovanni è colui che più di tutti si lascia estrapolare dalla funzione del ruolo sociale esibito (cavaliere in questo caso), per apparire in un denominatore umano che, con tutto ciò che di sconcertante può manifestare, è l'immagine della vita liberata dalle ipocrisie:

> Una vita mossa da forze così elementari, così demonicamente potente ed irresistibile, esiste nel *Don Giovanni.* Questa è la sua idealità e di essa mi posso rallegrare indisturbato, perché la musica me la rappresenta non come una persona o un individuo, ma come potenza.

Fu Kierkegaard il primo a cogliere l'esatta dimensione del mito di Don Giovanni e nel contempo a individuarne la capacità di risonanza nella dimensione puramente musicale che Mozart gli aveva acquisito. Don Giovanni non vive già come tesi: ogni opera mozartiana – dall'emancipazione del terzo stato in *Figaro* alle verità massoniche rivelate dal *Flauto magico* – si lascia ricondurre all'affermazione e allo svolgimento di una tesi. Per un verso *Don Giovanni* sembrerebbe assecondare più degli altri casi un assunto dimostrativo, in evidenza nella morale finale sbrigativamente intonata dai personaggi superstiti sulla condanna del libertino. In realtà nella sua collocazione musicale la vicenda non ha più storia, ma viene assorbita dal destino di Don Giovanni che si esprime e si decide in musica, nel tempo scandito da un ritmo che non ritorna mai su se stesso ma che spinge il protagonista ad assaporare in continuazione nuovi momenti di ebbrezza in un presente riprodotto all'infinito nel tempo:

> Don Giovanni è perfettamente musicale. Egli desidera sensualmente, seduce col potere demoniaco della sensualità. La parola, la frase, non gli appartengono; diventerebbe subito un individuo che ragiona. Egli così invece è completamente senza esistenza nel tempo; lo vediamo mentre va in caccia e si dilegua, proprio come la musica che è passata non appena si estingue, e rinasce solamente col suono (Kierkegaard).

Sennonché, proprio mentre Mozart realizza il personaggio suo musicalmente più consentaneo, l'opera in un certo senso gli sfugge di mano: il dissoluto di cui dovrebbe essere cantata la punizione non solo è il personaggio più vivo, ma nell'azione è il solo intorno al quale gli altri personaggi ruotano come satelliti. In particolare la sua condanna alle fiamme dell'inferno è ambigua proprio se consideriamo il finale che segue, per il quale già abbiamo fornito un'interpretazione e che alla luce di quanto detto sopra non fa che prolungare l'esaltazione della vita e del presente, gli unici valori che il libertino riconosca. Il significato dell'opera dovette lasciare un segno profondo nell'animo del musicista, se dopo la rappresentazione del *Don Giovanni* è possibile notare atteggiamenti nuovi nel suo comportamento. All'indomani del successo praghese dell'opera, Mozart comunicò la notizia a Jacquin. Venuto a conoscenza che l'amico aveva ripreso abitudini di vita piuttosto irrequiete, non gli risparmiò una moralistica paternale: «Il piacere di un amore leggero e divertente non si trova forse a una distanza astronomica dalla beatitudine procurata da un amore sincero e ragionevole?» (lettera del 4 novembre 1787). Come non leggere in queste parole una conseguenza indotta dalla riflessione sul soggetto svolto nel suo capolavoro? Parimenti un simile rapporto si riscontra nelle lettere alla moglie dell'anno successivo, traboccanti di tenerezza che in tale misura nemmeno nei primi anni del matrimonio aveva espresso e giungendo a dichiarazioni di un amore possessivo (lettera del 16 aprile 1789 da Dresda), eccessive al punto di diventare opprimenti. Di fronte all'indomito personaggio di Don Giovanni, di fronte alla spirale erotica che coinvolge la sua musica in un'espansione che non conosce freno, Mozart se ne ritrae e, togliendo bruscamente lo sguardo dalle incognite che il suo capolavoro aveva aperto, in riparazione tesse l'elogio del fascino discreto dell'amore coniugale. È forse un caso che nei due più significativi capolavori successivi egli si sia prodigato a umanizzare per forza di musica la cinica vicenda attraverso la quale in *Così fan tutte* Da Ponte calpestava programmaticamente la potenza trascendente dell'amore, mentre nel *Flauto magico* la sua musica dimostrò di poter essere conseguente all'impegno di risolvere l'amore di Tamino e Pamina in pura idealità? Don Giovanni aveva quindi aperto un profondo interrogativo nella sua coscienza e nei quattro anni successivi si sarebbero succedute le risposte. Ma sulla risposta fornita dal *Flauto magico* difficile non consentire al fondo della considerazione di Kierkegaard: «Come scopo della trama è stato messo l'amore a sfondo etico o l'amore coniugale, e qui sta l'errore fondamentale dell'opera; l'amore coniugale può essere ciò che vuole, in parole sacre o profane, ma non sarà mai musicale, anzi è assolutamente amusicale».

In realtà la vera risposta proveniva dallo stesso *Flauto magico,* dove rimane aperto il problema se il vero strumento magico sia il flauto di Tamino dal nobile suono, oppure il flauto pagano che Papageno usa per incantare le ragazze che cadono nella sua rete. Mentre, per quanto concerne il carattere musicale dell'amore coniugale, Mozart l'aveva appurato nell'impossibilità di portare a compimento qualsiasi composizione dedicata alla moglie (Alfred Einstein): il *Preludio e fuga* in do maggiore KV 394, la Messa in do minore KV 427, la Sonata per pianoforte e violino in la maggiore KV 402, tutte composizioni del 1782-83. È un caso che l'aria *In te spero, o sposo amato* KV 440, che sull'autografo del 1782 porta la dicitura "per la mia cara consorte", sia rimasta incompiuta? Come non pensarlo ponendo invece mente alla fastosa compiutezza dell'Aria da concerto KV 528 (1787), che, lasciando Praga all'indomani del successo di *Don Giovanni,* Mozart dedicò a Josepha Duschek a cui rivolge il saluto *Bella mia fiamma, addio!*. Un anno prima, con un'altra grande scena d'addio, egli aveva malinconicamente preso congedo da Nancy Storace (la prima Susanna del *Figaro)* che si accingeva a partire per l'Inghilterra: *Ch'io mi scordi di te?* KV 505, inizia il recitativo di questa composizione interamente risolta nel privato ("Für Mselle Storace und mich", reca il manoscritto), dove accanto alla voce il musicista introduce il pianoforte obbligato a dialogare teneramente allacciato al canto in quella che è probabilmente la più esplicita dichiarazione d'amore in musica che si conosca. Constanze non riuscì mai a infiammare niente del genere, anzi nell'*Allegro di sonata* KV 400 (1781) rimasto pure incompiuto la dedica addirittura la riguarda solo in parte: "Sophie–Konstanze" reca l'abbozzo della scherzosa composizione che Wolfgang ancora scapolo rivolge come atto di malizioso corteggiamento alle sorelle che sarebbero diventate rispettivamente cognata e moglie. Sul ruolo di dedicataria della figlia maggiore dei Weber (Aloysia, il primo amore), parlano invece le numerose arie di concerto composte su misura per la sua «voce bella e pura», che non manca mai di affascinarlo nemmeno dopo la disillusione.

A livello creativo Mozart è probabilmente il primo grande compositore sensibile allo scatto della molla amorosa che ne svela il modo d'essere nostalgicamente attratto dalla primavera della vita. In tali termini era destino che egli prima o poi sulla propria via incontrasse Don Giovanni. Quando il padre gli fece presente le preoccupazioni per le dicerie sul suo conto in relazione al soggiorno presso la vedova Weber e le tre figlie a Vienna, non aveva egli risposto: «Se dovessi sposare tutte quelle con le quali ho scherzato, ora potrei dire di avere duecento donne» (lettera del 25 luglio 1781)? Se non era direttamente l'idea del catalogo di Leporello a essere abbozzata in quel momento, era comunque una presa di coscienza della natura che Mozart divide con Cherubino nella forma della «sensualità come malinconia» così ben analizzata da Kierkegaard. A Girdlestone non è però sfuggito il fatto che il tema del catalogo di Leporello appaia nella sua prospettiva di opera buffa nel primo tempo del Concerto per pianoforte in do maggiore KV 467 (1785), a mostrare l'evidenza di un gioco di sottintesi che trova conferma nel Concerto per pianoforte in si bemolle maggiore KV 595 (1791) dove dall'aria di *Così fan tutte* ("È amore un ladroncello") il tema del Rondò ricava la sua sostanza primaverile. Questo fatto non è che il sintomo di un principio che in Mozart agisce profondamente e che intesse nella sua musica ramificazioni di senso, da leggere ovviamente in prospettiva ma che sempre si lasciano cogliere nell'atteggiamento di dedizione, nell'atto del darsi di una melodia la quale non può vivere semplicemente nel disegno da essa tracciato, ma che richiede per sua propria costituzione la carezza del gesto, la sonora morbidezza che solo consente l'atto dell'esecuzione, del trasporto verso l'ascoltatore. Il musicista non scrisse nessun trattato, ma una frase simile equivale a una dichiarazione di estetica in piena regola: «[...] né l'intelligenza elevata, né l'immaginazione, né tutte e due assieme producono il genio. Amore! Amore! Amore! Ecco l'anima del genio».

Potrà essere azzardato ricavare dal termine «amore» l'interpretazione del sentimento naturale che lega due persone sulla base del desiderio del piacere. Qualcuno potrebbe leggervi quel «puro amore fraterno» cantato in un verso del Lied massonico del 1791. Ma sarà utile anche sapere che la riflessione, che compare vergata da Mozart sull'album di Gottfried von Jacquin, porta la data dell'11 aprile 1787: è impossibile che il musicista, pochi mesi prima di iniziare la composizione del *Don Giovanni*, potesse usare il termine senza rendersi conto delle oscillazioni di senso a cui si prestava. Non per niente, cominciando il viaggio iniziatico, ai dignitari che lo interrogano Tamino risponde che egli viene a cercare amicizia e amore, e che egli è pronto a conquistarli a prezzo della vita, poiché la conoscenza della saggezza sarà la sua vittoria e Pamina la sua ricompensa. Pure nell'ideologia massonica della *Zauberflöte* il termine è simbolicamente aperto a combinazioni e a sensi multipli: ciò semplicemente conferma come la ricerca del piacere in Mozart corra parallela e addirittura si fondi con la ricerca della verità. Il personaggio di Pamina, suscitando il sentimento d'amore, ha il potere di trascinare Tamino verso l'alto. L'eterno femminino trova nella sua ultima opera la formulazione più nobile ma, per il fatto di aver agito in fondo fin dalle sue prime opere, a noi interessa proprio come riconoscimento esplicito del meccanismo di seduzione che vi è implicato e che ci riporta direttamente all'organizzazione interna del linguaggio musicale mozartiano, al potere allettante della musica di cui Mozart era il primo a essere consapevole. Quando, durante la composizione dell'*Entführung*, Mozart si trova a dar forma alla collera di Osmin, gli apparirà chiaro il fondamento della sua estetica: «le prime passioni, violente o no, non devono mai essere espresse fino a eccitare il disgusto, e la musica, anche nella situazione più terribile, non deve mai offendere l'orecchio, ma proprio lo deve dilettare [*vergnügen*] e dunque restare sempre musica» (lettera del 26 settembre 1781). Dove non tanto dobbiamo leggere i termini del "pudore" mozartiano come è stato messo in evidenza da certa esegesi (nel senso appunto di una musica che, rifuggendo sistematicamente dall'"eccesso", si tramuta in schermo nei confronti dei più remoti livelli d'espressione), quanto piuttosto la coscienza del potere della musica di agire come fattore di piacere, dove l'obiettivo estetico è perseguito come godimento in senso proprio.

A questo punto il quadro si completa efficacemente con la testimonianza del cognato Joseph Lange, secondo il quale Mozart «si compiaceva di far contrastare brutalmente le idee divine della sua musica con le volgarità della vita quotidiana e a divertirsi con una sorta d'ironia, verso se stesso», dove appare esplicito il collegamento (già discusso) che unisce la volgarità, il profano, con il sublime e il sacro in virtù appunto della capacità di seduzione della sua musica che non lascia all'ascoltatore possibilità di sfuggire all'allettamento e che configura il suo messaggio in modo aperto e ambiguo e anche per questo, universale. Universale come i caratteri del suo teatro, vero proprio laddove coglie il meccanismo della vita che fiorisce, del piacere che si espande; caratteri in cui Mozart specchiava la sua stessa esistenza a partire da quel fanciullo che Hasse a Milano nel 1769 aveva descritto così «vivo, gentile, [il quale] si comporta in modo tanto grazioso che è impossibile non amarlo», dove è già consentito di leggere la chiara prefigurazione del ritratto di Cherubino.

Stato di grazia

La grazia intesa come padronanza della forma raggiunta senza residui di sforzo o di applicazione è l'anticamera del sublime, concetto che nessun compositore più di Mozart si vide riservare *post mortem*. Esso non è solamente il prodotto di un processo di naturale mitizzazione, tanto più spettacolare nei suoi esiti quanto più esercitato sulla vicenda di un compositore tradito nelle promesse di vita. In quanto facoltà di dominare passioni ed emozioni, suscitate da sentimenti che indipendentemente dal loro modo di lacerare l'animo fossero in grado di tradurle in contemplazione, la tendenza al sublime è una categoria a cui l'opera di Mozart accedette prima che i Romantici la predisponessero come chiave di lettura del suo mondo creativo. In verità il grado di arricchimento psicologico a cui perviene la sua musica, l'enorme estensione del «registro sintetico-emozionale» (come l'ha chiamato Hildesheimer) non vanno solo ad alimentare la dimensione soggettiva del messaggio artistico, ma sono altresì all'origine della sua capacità di elevarsi al di sopra dei casi umani, delle azioni verso le quali era sollecitato attraverso la sua estetica teatrale a muoversi con compassione. In verità la ricchezza dello spettro emotivo mozartiano non sta solo nei vari modi in cui la sua musica incarna il sentimento, ma anche nei modi in cui lo mette tra parentesi e se ne distacca, rincorrendo una dimensione fuori del tempo e dello spazio ben presto attribuitale come luogo comune. Sicuramente egli fu il tipo d'artista che più ebbe a soffrire per le postume attribuzioni di senso che via via lo svelarono in ruoli e significati vari e anche contrastanti.

L'argomento ha appassionato critici e scrittori per decenni e continua a intrigarli. Qui non vogliamo raccogliere la provocazione al di là di quanto non sia direttamente riconoscibile nel profilo della sua scrittura, negli atti a cui il compositore affidò le sue intenzioni e nei ruoli che la società del tempo gli chiese di assolvere. Intorno alla *Clemenza di Tito* (1791) si sono ad esempio intrecciate ipotesi di opposta valenza. Al giudizio che la pretende un'opera museale, ultimo e involontario reperto dell'irrigidita realtà dell'opera seria, replica il tentativo di rivalutarla in nome dell'identificazione di un neoclassicismo che in musica non ha effettivamente trovato la chiara e univoca formulazione assicurata alle altre arti, da David, da Canova ecc. Mila fa parte di coloro che dell'ultima opera italiana di Mozart sottolineano l'accidentalità, l'occasionalità che ne avrebbe determinato la natura di frutto abnorme, e prende le distanze da chi nell'idea di morte che la percorre ha visto il sigillo della sua inattualità,

> [...] e solo la morte può essere la chiave per comprendere il sublime di quest'opera destinata a pochi. Il culto delle forme è di chi si è già distaccato da ogni sostanza terrena (Paolo Isotta).

Ora, senza volere integralmente far nostri gli iperbolici apprezzamenti contenuti in questa citazione, ci sembra che, a fronte del suo impatto, *La clemenza di Tito* si presenti in modo meno casuale di quanto comunemente ritenuto. È sicuro che senza l'invito dei praghesi, che attraverso di essa intesero rendere omaggio al nuovo imperatore, Mozart non avrebbe mai ripreso il filo del discorso dell'opera seria italiana rimasto fermo dopo l'*Idomeneo* (1781). D'altronde senza l'invito di Schikaneder non sarebbe mai nato nemmeno *Il flauto magico* e così tante altre composizioni che il musicista intraprese in un rapporto con la società che fu sempre organico.

Sennonché *La clemenza di Tito* non fu una semplice parentesi confinata nell'ufficiale occasione praghese. In verità l'opera metastasiana di Mozart ebbe una sua precisa fortuna durante l'ultimo decennio del Settecento, interpretando un livello estetico che aveva già preso il sopravvento nelle arti figurative e plastiche, con ricadute dirette in campo operistico per l'imporsi di impianti scenografici di dichiarato orientamento classicistico proprio per le opere di Mozart, da *Le nozze di Figaro* a *Così fan tutte,* persino al *Flauto magico.* Posta da Joseph Quaglio sullo sfondo di un paesaggio egizio nell'allestimento del 1793 a Monaco, nelle successive occasioni la *Zauberflöte* venne collocata nella figuratività dell'antichità classica, perlomeno a partire dai figurini che Franz Karl Wolff fece apparire nel «Rheinischer Merkur» (1794 e 1795) che prevedevano Sarastro senza barba e Tamino in tunica romana, fino all'allestimento viennese del 1798 dove lo stesso Schikaneder accettò la sobrietà monumentale di Vincenzo Sacchetti. Gernot Gruber ha opportunamente attirato l'attenzione sul ruolo de *La clemenza di Tito* nell'affermazione di questo stile scenico greco-romano che conobbe il suo apice nella famosa rappresentazione dell'opera a Francoforte nel 1799 affidata alle cure del milanese Giorgio Fuentes.

Se la prospettiva neoclassicistica si fosse limitata alla cornice scenica, la questione sarebbe di secondaria importanza. In verità i due livelli non potevano essere facilmente disgiunti e sono perciò significative le parole dell'anonimo cronista praghese che nel 1794 riferiva su una ripresa della *Clemenza di Tito* nell'«Allgemeine europäisches Journal», il quale in questo maturo esito mozartiano percepiva il delineamento di un moderno classicismo operistico: «È una certa semplicità greca, una quieta sublimità in tutta la musica, che tocca piano piano il cuore e per questo più profondamente [...] in breve, la sublimità solenne di Gluck è unita all'originale arte di Mozart, col fluire del suo sentimento e con la sua deliziosissima armonia». L'autore giunge a chiedersi «se *La clemenza di Tito* non sia migliore addirittura del *Don Giovanni*» che, al di là dell'enormità dell'interrogativo, registra il solidificarsi di una concezione neoclassicistica di nuovo conio (non vi si intende una semplice rivalutazione di Gluck, ma di una prospettiva che va oltre Gluck) a cui Mozart avrebbe dato un apporto non indifferente e che il Gruber rivendica non a sproposito, richiamandosi alla fisionomia del classicismo che Schiller nei grandi trattati di estetica proprio in quegli anni estendeva all'arte dei suoni («La musica nella sua più sublime perfezione deve diventare forma e agire su di noi con la forza tranquilla dell'arte antica»). Nessuno ci può dire se, nel caso in cui fosse vissuto dieci anni di più, Mozart si sarebbe inoltrato in un filone che per i suoi caratteri organici qualcosa riuscì pure a esprimere in musica. Se però comprendiamo la ritrovata staticità del *Tito* (la sua astratta linea di canto e la sua scarnificata trama strumentale che rinuncia all'ammiccante quotidianità della tavolozza orchestrale) in un più ampio quadro d'azione che lo colleghi al geometrico equilibrio strutturale di *Così fan tutte,* ne riuscirebbe rafforzato quel versante razionalistico già evidenziato in Mozart, che lo situa nella prospettiva solare dell'Illuminismo.

L'equivalenza ci è suggerita in negativo dal giudizio di Wagner, il quale dichiarò: «Quanto profondamente son grato a Mozart perché *non* gli fu possibile inventare per *Tito* una musica come quella di *Don Giovanni,* per *Così fan tutte* una musica come quella di *Figaro*!». In *Così fan tutte* non c'è nessun aspetto regressivo o restaurativo; non vi si replica l'esaltazione della forza vitale liberata nei molteplici destini che incrociano i loro casi (come avviene nelle *Nozze di Figaro*). Anzi, affrontando un soggetto suggerito dalla cronaca del tempo, l'opera si scioglie dalla prevedibilità implicita negli adattamenti operistici di argomenti teatrali già noti. Grazie anche a Da Ponte che ne firmò il libretto, *Così fan tutte* è un'opera-laboratorio che, nel dimesso contesto borghese, sperimenta la forza dei meccanismi che condizionano i comportamenti e le azioni dell'individuo. L'ordine e la simmetria esibiti a ogni livello (dalla dimensione in due atti all'articolazione in due coppie, maschile e femminile, alla complementarità all'interno di ogni coppia, compreso il binomio Don Alfonso-Despina ecc.) fanno prevalere i percorsi obbligati (che con i loro tranelli aspettano al varco gli individui) sulle libere intenzioni. In questo senso, anche se in tutt'altro paesaggio sonoro, *Cosi fan tutte* mantiene un punto in comune con l'opera seria, il vuoto guscio dei caratteri privo di motore interno e riempito dalle circostanze. Il confine tra autenticità e parodia viene annullato. La grande aria di Fiordiligi del primo atto ("Come scoglio immoto resta") nell'iperbolico profilo smarrisce il controllo della differenza tra l'essere e il voler essere, finendo con l'esaltare la capacità di simulazione della musica, unica e neutra linfa di vita calata in personaggi che si presentano come burattini.

Qui non si evidenzia solo il parallelo con il formalizzato paesaggio umano de *La clemenza di Tito*, ma anche l'equivalenza con la psicologia sommaria dei personaggi del *Flauto magico,* che Mozart rinuncia a scandagliare nella contraddittorietà dei moti d'animo usando i mezzi impiegati nelle *Nozze di Figaro* per la vasta esplorazione delle coscienze individuali, viceversa messi in luce come impronte di idee morali a esso collegate, come il burattino ai fili che gli dettano il movimento. Ciò che il Mila individua nel *Flauto magico,* il fatto che «le sue figure non sono più creature di ingenua gioia creativa», vale infatti anche per i personaggi di *Così fan tutte* e della *Clemenza di Tito:* in tutti e tre i casi il punto d'osservazione è portato all'esterno dell'individuo, con atto di straniamento che assume valore diverso dall'uno all'altro caso ma che mostra l'avanzare nell'«ultimo Mozart» della ricerca di un punto di equilibrio al di là del vissuto, il bisogno di allontanamento dalle cose del mondo. Probabilmente i Romantici furono i primi a comprendere e ad apprezzare questa dimensione mozartiana, come dimostra la considerazione di E. T. A. Hoffmann («la musica può racchiudere l'espressione della più fine ironia, com'è il caso della mirabile opera di Mozart: *Così fan tutte*»), dove, al di là dell'espressione di sentimento epurato, viene valorizzata la capacità di distacco dalle vicende terrene, preludio alla rivendicazione di Mozart alla dimensione dell'assoluto, alla geniale «estraneità» rispetto al mondo che gli riconobbe Schopenhauer. A questo livello il riso e la leggerezza non sono più espressioni di positiva apertura alla vita, ma di un atto di fuga dalle insufficienze della realtà.

A tale altezza ci risulta possibile leggere anche *Ein musikalischer Spass* dove la dissonanza, al di là della rappresentazione caricaturale delle goffaggini tipiche dei musicanti di strada, appare già come facente parte dell'«emisfero tenebroso» paragonato da Adorno

> [...] alla funzione che nella storia della *ratio* borghese ha nascostamente il concetto di inconscio. Se si ammette che i compositori erano attirati già assai prima dell'inizio del secolo ventesimo dalla dissonanza e che solo la convenzione li tratteneva dallo scrivere le sonorità del dolore oggettivo, il sestetto dei "musicanti del villaggio", detto comunemente scherzo musicale, acquista assai maggior peso che non intendendolo come un eccentrico trastullo. Proprio in Mozart, non solo all'inizio del Quartetto in do maggiore, ma anche in certi pezzi posteriori per pianoforte, si può documentare la tendenza irresistibile alla dissonanza: il suo stile appariva sconcertante ai contemporanei proprio per la ricchezza di dissonanze.

Lo apparì al punto da suscitare la riprovazione di un navigato operista quale Giuseppe Sarti che, proprio di fronte alle oscure combinazioni dell'*Adagio* introduttivo al Quartetto KV 465 e di fronte al «compositore che io non conosco e non desidero conoscere», lo giudicava «soltanto un tastierista dall'orecchio guasto» (*Esame acustico fatto sopra due frammenti di Mozart*). Al limite estremo la dissonanza (nel *Musikalischer Spass*), esibita come grottesca innocenza dei musicanti, si presenta come la prefigurazione di un mondo alternativo a quello comunemente accettato, recando quei motivi di inquietudine che hanno indotto Cristina Cano a identificare nello scherzo musicale mozartiano «il momento del trapasso dalla concezione propria della cultura popolare, dove il riso è fenomeno liberatorio ed esplosivo, alla concezione moderna, dove il riso diventa implosivo e funerario». Ciò si collega all'aspetto «luttuoso e insieme [...] asetticamente scientifico» rilevato da Alessandro Baricco in *Così fan tutte,* opera avanzata nell'orizzonte della modernità, in una rincorsa dell'«oggettività», di un concetto che gli rimase estraneo, poiché il suo universo non gli concedeva che due estremi («la soggettività da un lato, la natura dall'altro»), concetto che, nell'«orizzonte di una natura seconda che nasce come vetrificazione del soggettivo all'indomani dell'esplosione del soggetto», vi sopravvive allo stato di presentimento:

Al massimo giunse ad immaginarlo come una sorta di naturalità a cui però erano andati sottratti, come in conseguenza di un qualche peccato originale, il calore della vita e la tenerezza dell'umano. Accadde, ciò, in *Così fan tutte*: che è, infatti, una natura morta.

Libertà ed emancipazione

Il volgare e il divino, il plebeo e il sublime, che coloro che gli stavano intorno avvertirono nella natura di Mozart, non sono aspetti che possano essere esauriti senza por mente al sistema che allora stava mutando radicalmente il suo assetto politico e sociale. Già abbiamo alluso alle circostanze in cui il compositore si ribellò al giogo dell'arcivescovo di Salisburgo. È indubbio, pur non avendo tratto da questo fatto conseguenze definitive e avendo egli ristabilito con la società dell'*ancien régime* un rapporto di tregua, che la sua stessa musica rechi le tracce di quel vasto processo di coscienza collettiva che sfociò nella Rivoluzione francese. All'osservazione del compositore non sfuggiva la complessità di un reale che, con l'immancabile senso dell'equilibrio stilistico, egli si compiacque di cogliere nelle tre danze intonate dalle tre orchestre sulla scena durante il ballo mascherato nel palazzo di Don Giovanni al termine del primo atto dell'opera: la prima è un minuetto (la danza aristocratica), la seconda una contraddanza (danza borghese) e la terza un'allemanda (danza popolare), corrispondenti al diverso stato dei partecipanti all'intrattenimento, dove i contadini al seguito di Masetto si ritrovano con Donna Elvira, Don Ottavio e Donna Anna. È forse un caso che proprio nella scena che unisce il molteplice (alla fine le tre danze si sovrappongono intersecandosi in un gesto unico di amplificazione) Don Giovanni saluti i suoi ospiti cantando: "È aperto a tutti quanti, viva la libertà"? Sappiamo quale potesse essere il senso che il "dissoluto punito" intendeva dare alla parola, ma il concetto di libertà assume un'altra colorazione non appena tutti i presenti si uniscono a proferire in coro l'esclamazione.

Qui Mozart, che sappiamo attento ai simboli, non nasconde il significato di un gesto che è difficile non leggere come dichiarazione di volontà emancipatrice, proprio riferita alla gerarchia sociale e politica in cui la sua opera prendeva forma. In questo senso *Don Giovanni* non fa che prolungare quella linea corrosiva evidente soprattutto nelle *Nozze di Figaro* dove, nonostante l'abilità di Da Ponte nell'attenuare le spigolosità del testo originale di Beaumarchais, la vicenda del servitore del Conte d'Almaviva che contende al padrone la donna destinata a diventare sua moglie risulta metafora di una situazione ben più estesa nelle implicazioni. Senza che la sua musica subisca la prevaricazione di una tesi, Mozart giunge a tali corrispondenze di significato per cui è inevitabile porre la questione della sua consapevolezza sul ruolo sociale assunto. Non sono poche d'altra parte le testimonianze dell'alto grado di consapevolezza della disuguaglianza sociale e di una scelta ideologica di campo sicuramente netta nelle parole (come risulta nella lettera all'Abate Bullinger del 7 agosto 1778 da Parigi, in cui Mozart afferma che «gli amici migliori e più veri sono i poveri – i ricchi non sanno niente dell'amicizia»), viceversa svolta nella musica a un livello problematizzato, da leggere tra le righe. È una verità raggiungibile solo in seconda battuta e che i parigini non riuscirono evidentemente a decifrare quando le *Nozze di Figaro,* in una versione francese in cinque atti con i recitativi sostituiti dal dialogo originale di Beaumarchais, fecero fiasco all'opera nel 1793. Il clima di rivoluzione in atto evidentemente richiedeva contrapposizioni palesemente didascaliche e manicheistiche, al di là della possibilità di spianare la strada a un tale lavoro di impareggiabile sottigliezza di caratterizzazione. Solo in prospettiva e in situazione di tensioni meno prevaricanti sarebbe stato possibile leggere il messaggio rivoluzionario del *Figaro.*

D'altra parte non bisogna mai dimenticare che, secondo la testimonianza diretta del Da Ponte, fu lo stesso compositore a scegliere la commedia di Beaumarchais quale soggetto per un'opera, conoscendo benissimo le difficoltà a cui sarebbe andato incontro, fermo restando il veto imperiale alla rappresentazione del lavoro teatrale sulle scene di Vienna. Troppa fu la tempestività con cui Mozart giunse a comporre l'argomento che egli poté leggere in traduzione tedesca nel 1785 e che subito dopo sviluppò in "commedia per musica" rendendone possibile la messa in scena il 28 aprile 1786, troppa per non porre interrogativi sulla sua prontezza nel captare le spinte sociali che si muovevano ormai chiaramente anche dietro i fatti artistici. *Le Mariage de Figaro* aveva infatti avuto la sua prima rappresentazione a Parigi esattamente due anni prima, in un clima surriscaldato da polemiche, libelli e perfino azioni di forza. Ora, proprio mentre in Francia cresceva la tensione intorno alla commedia di Beaumarchais, il 4 dicembre 1784 Mozart aderiva alla massoneria assumendo il grado di apprendista nella loggia viennese della Wohltätigkeit e portando a compimento un segreto processo maturato senz'altro fin dai tempi di Mannheim e di Parigi.

Nel 1778 a Parigi il giovane Mozart aveva conosciuto Gossec, massone musicista, la cui dirittura fu una premessa al ruolo di compositore ufficiale che avrebbe assunto durante la Rivoluzione; e ne divenne amico. Nello stesso anno però già era entrato in contatto a Mannheim con il barone Otto von Gemmingen, la cui influenza è misurabile nel valore del suo ruolo di traduttore di Rousseau e di Diderot. Oltre ad aver fornito a Mozart l'adattamento di una tragedia di Voltaire (dal titolo *Semiramide,* la cui musica è oggi perduta) Gemmingen è da menzionare soprattutto quale fondatore a Vienna della Loggia della Beneficienza, la stessa appunto a cui Mozart aderì un anno solamente dopo la fondazione, avvenuta nel 1783.

La partecipazione del compositore a tale movimento non significherebbe nulla se non precisassimo che nel mondo tedesco la massoneria si richiamava in modo predominante all'esoterismo, alle scienze occulte, a meditazioni di tipo teosofico rivolte in direzione mistica con un'incidenza sul reale pressoché nulla. A questa posizione statica e di fatto regressiva della tendenza massonica, rappresentata principalmente dai Rosa-Croce, si opponevano invece gli Illuminati, ordine sorto nel 1776 in Baviera per accentuare l'impronta razionalistica del modello filosofico, il carattere antireligioso e antimistico opposto alla Chiesa combattuta come agente di oscurantismo, e la capacità di intervenire incisivamente (e non evasivamente) nella realtà, allo scopo di realizzare concretamente i principî dettati dalla legge morale. Mozart partecipò appunto alla corrente minoritaria degli Illuminati e nel 1786, nel primo momento di crisi vissuto dalla massoneria a Vienna – quando Giuseppe II rifiutò di seguire l'esempio di Karl Theodor che in Baviera aveva interdetto l'ordine, limitandosi a ristrutturare le attività delle logge riducendole da otto a due – ribadì la sua scelta entrando nella Loggia Zur neugekronten Hoffnung guidata dagli Illuminati, per la cui inaugurazione compose i soli e i cori KV 483 e 484. Successivamente, proprio nel 1791, quando il nuovo imperatore Leopoldo II con la censura imposta alle società di lettura animate dagli Illuminati iniziò la persecuzione della massoneria, Mozart compose il *Flauto Magico,* che, con l'evidente simbologia adombrata nel fantastico della favola, in tale circostanza assume il rilievo di un contributo diretto alla campagna inasprita, tanto da incidere sulle circostanze che videro il compositore sempre più isolato negli ultimi mesi della sua vita e che, dopo la morte soprattutto, scatenarono una campagna di maldicenze così furiosa da lasciare il sospetto di un'operazione promossa ad arte.

Jean e Brigitte Massin hanno ormai ampiamente esaminato questo problema, lasciando addirittura aperta l'ipotesi secondo cui sarebbe il fattore "massonico" a spiegare l'emarginazione a cui il musicista fu condannato da parte della corte imperiale. È un fatto comunque che il significato della scelta ideologica mozartiana si lascia leggere nell'opera stessa; e sono gli stessi Massin a riportare il senso dell'introduzione marziale così insistita nel Concerto per pianoforte e orchestra in fa maggiore KV 459 al fatto che esso fosse composto nel momento stesso della sua iniziazione (11 dicembre 1784), mentre l'accentuazione del carattere tragico, dell'espressione dell'umano oltre i termini individuali, che cogliamo soprattutto nel Concerto in re minore KV 466 (1785), sarebbe conseguente all'inevitabile approfondimento dell'esperienza indotta dalla risoluzione fondamentale. In verità non è solo a posteriori che possiamo misurare la portata delle aperture collegate alla tradizione massonica della corrente illuminata. Mozart stesso era già in grado di valutarne le conseguenze, sia a livello individuale di un'espressione musicale impegnata a rivelare le profondità di un pensiero di ampia prospettiva speculativa, sia a livello collettivo di organizzazione degli apparati di comunicazione. Fu nel 1778 a Parigi che Mozart, entrando in contatto con Gossec che ne era stato il fondatore otto anni prima, conobbe l'ambiente dei Concerts d'Amateurs, una delle associazioni più importanti a quel tempo per quanto concerneva la diffusione della musica strumentale presso un pubblico generico. Ora, il fatto che tale associazione mutasse più tardi il nome in Concerts de la Loge Olympique indica il peso dell'apporto dei frammassoni e nello stesso tempo la loro determinazione a portare avanti un'iniziativa di acculturazione presso il vasto pubblico borghese, fino allora estromesso dalla possibilità di influenzare ciò che noi oggi intendiamo per tradizione musicale.

Tale aspetto dell'esperienza parigina non fu senza conseguenze per Mozart se, tornato a Mannheim l'autunno dello stesso anno, fece parte al padre dell'intenzione di partecipare alla creazione di un'«Accademia dei dilettanti, come quella di Parigi» (lettera del 12 novembre 1778), partecipazione che non avvenne solamente a causa della necessità di rientrare a Salisburgo, imposta senza mezzi termini da Leopold al figlio. È a Vienna nella primavera del 1782 che possiamo sorprendere Mozart di nuovo intento a promuovere il "Concerto dei dilettanti" assieme a un certo Martin, il quale aveva ottenuto il permesso di tenere ogni domenica un concerto nel giardino dell'Augarten. Sette anni prima Giuseppe II, fra le altre manifestazioni della sua politica di monarca illuminato, aveva aperto al pubblico l'Augarten, facendo apporre sulla porta d'ingresso l'iscrizione "A tutti gli uomini dal loro protettore".

Quale migliore interpretazione del motto imperiale se non quella data da Mozart nel generoso sforzo di quell'anno, in cui i frutti del suo lavoro venivano messi alla portata di tutti! Per un musicista costretto a vivere unicamente grazie all'apprezzamento delle sue risorse artistiche l'iniziativa era naturalmente valutata anche sotto il profilo del profitto: «Ammettiamo il caso in cui non avessimo che 100 abbonati, tuttavia (anche se le spese ammontassero a 200 fiorini, ciò che è assolutamente impossibile) ne risulterebbero 300 fiorini di guadagno per noi» (lettera dell'8 maggio 1782). Ma è evidente l'interesse di Mozart per un'azione che coinvolgeva musicisti non professionisti («L'orchestra è composta di soli dilettanti, tranne che per i fagotti, le trombe e i timpani») e per un pubblico da raggiungere al di fuori dei confini abituali del consumo musicale («Questo Martin ha appena ottenuto, grazie a un decreto dell'imperatore e anche con l'assicurazione della sua altissima approvazione, l'autorizzazione di dare 12 concerti all'Augarten e 4 grandi esecuzioni serali sulle piazze più belle della città»). Ed era normale che il musicista si predisponesse ad accentuare nella musica, direttamente o indirettamente destinata a tali occasioni, quegli aspetti in cui non fosse più possibile alla minoranza detentrice del potere di rispecchiare esclusivisticamente il proprio gusto, e attraverso cui la musica riuscisse ad aprirsi al nuovo pubblico, rivelandosi come acquisizione di un livello di linguaggio universale.

Probabilmente Mozart nel 1782 non se ne rendeva ancora esattamente conto, ma due anni dopo, con la sua entrata nella massoneria e nelle discussioni di loggia, che non potevano non vertere anche sugli sviluppi della cultura e sulla promozione delle arti, dovette apparire ormai chiaro alla sua coscienza il problema della responsabilità del musicista nel disegno generale dell'emancipazione dell'uomo dallo stato di sudditanza. E in questo disegno rientra deliberatamente il *Flauto magico,* approdo definitivo della sua evoluzione, non tanto per il fatto di svolgere in coerente raffigurazione la simbologia di un sistema ideologico impegnato a indicare all'uomo le tappe del suo processo di liberazione, quanto per la conquista di un linguaggio musicale all'altezza della situazione e sorto proprio come mezzo per l'individuazione di un livello di coscienza collettivo.

Conosciamo l'interesse particolare che Mozart annetteva alla comprensione dei simboli della *Zauberflöte;* in una lettera alla moglie riferiva del tentativo (peraltro infruttuoso) di attirare l'attenzione di uno spettatore «su certe parole», mentre, per quanto riguarda Salieri e la Cavalieri invitati ad assistere allo spettacolo, dichiarava invece la sua soddisfazione costatando come fossero loro piaciuti «non solo la mia musica, ma il libretto e tutto l'assieme». È evidente chc in quest'opera il compito "dilettevole" (del *vergnügen*) attribuito alla musica non era tutto: come l'argomento fiabesco era veicolo del discorso didascalico, così la musica e l'intero suo apparato di lusinghe erano posti al servizio di una responsabilità di tipo chiaramente ideologico. Ogni sera Mozart si recava al Theater Auf der Wieden dove si replicava la sua opera a osservare il pubblico della platea e delle gallerie, a spiarne le reazioni, a cercare di stabilirne il grado di comprensione. L'opera era nuova per un pubblico nuovo e in questo senso non è infondato parlare di concezione sperimentale. Due anni più tardi (nel 1793), rappresentato a Francoforte, il capolavoro mozartiano produceva ancora novità e in questi termini ne parlava la madre di Goethe: «tutti gli operai, tutti i giardinieri ci vanno, e perfino la brava gente di Sachsenhausen [un sobborgo della città] i cui bambini partecipano all'opera nei ruoli di leoni e di scimmie. Non si era ancora visto nulla di simile qui».

In realtà il primo a rimanere stupito di fronte alla novità di un pubblico subalterno che cresceva nel consenso intorno al suo messaggio di luce e di verità, fu lo stesso Mozart, il quale quattordici anni prima non avrebbe mai osato concepire una simile evoluzione.

Quando nel 1777 egli fu ad Augusta, città che oltre a essere il luogo d'origine della sua famiglia era città libera (non soggetta a dinastie nobiliari ma amministrata direttamente dai suoi cittadini), di fronte alla faciloneria di quei borghesi sempliciotti che l'avevano deriso a proposito della sua medaglia di cavaliere se n'era risentito al punto di scrivere al padre: «Sarei ben contento di ritrovarmi in un luogo dove ci fosse una corte» (17 ottobre 1777).

Il tentativo di allargare il dialogo a strati sociali più larghi non fu quindi lineare per un compositore che era stato educato in ambiente cortigiano, in un'epoca in cui l'avvenire della cultura si decideva ancora nei centri di potere rappresentati dalle cittadelle principesche. Il riscontro mozartiano a una vasta e viva realtà sociale al di fuori delle situazioni di monopolio artistico si situa invece, come abbiamo visto, a Praga. Sennonché le esperienze praghesi sono marcate più dalla compiaciuta sorpresa di fronte alla novità della situazione che da una profonda presa di coscienza degli importanti e decisivi sviluppi delle nuove circostanze comunicative. Quando nella scena finale del banchetto di *Don Giovanni,* accanto alle citazioni di brani fortunati di opere di Sarti e Soler, l'orchestra di fiati che commenta il vorace appetito del libertino intrufola la melodia di "Non più andrai", ci troviamo davanti a un colpo da maestro a cui solo un musicista sensibilissimo al contatto con il pubblico poteva arrivare: la riapparizione dell'aria prediletta del *Figaro* non poteva non scatenare l'applauso e introdurre quel coefficiente supplementare di simpatia necessaria al successo dell'opera, semmai ne avesse avuto bisogno. La sottolineatura di Leporello che riprende la melodia ("Questa poi la conosco purtroppo") è un ammiccamento vero e proprio a una platea pronta a lasciare esplodere i suoi più diretti e ingenui entusiasmi. Nel *Flauto magico* qualcosa di simile si ripete nel Glockenspiel che Papageno suona alla fine del primo atto e che, in un'occasione, Mozart fece tintinnare dietro le quinte come sostegno a Schikaneder (il primo interprete) il quale faceva semplicemente finta di suonare, ma che fu scherzosamente ingannato dall'autore quand'egli intervenne fuori tempo producendo una situazione comica immediatamente approvata dagli spettatori divertiti.

Tuttavia fu proprio nella *Zauberflöte* che Mozart prese coscienza di una realtà della comunicazione al di fuori di ogni schema fino allora previsto e di trovarsi di fronte a un'udienza con la quale il rapporto era tutto da scoprire e da sviluppare in una direzione rivolta al futuro. Allora non è più sulla facile meccanica del successo che si sofferma la riflessione di Mozart, ma su qualcosa di più fondamentale:

> Rientro or ora dall'opera. Era pieno come le altre volte. Il duetto "Mann und Weib" e il "Glockenspiel" del primo atto ottennero il bis come al solito, come pure il trio dei fanciulli del secondo atto: ma ciò che più mi rallegra è il successo che si afferma attraverso il silenzio! Si vede molto bene come quest'opera a mano a mano salga nell'opinione (lettera dell'8 ottobre 1791 alla moglie).

Cos'è «il successo che si afferma attraverso il silenzio», se non l'inizio di un atteggiamento riverente di fronte a una musica portatrice di verità, un atteggiamento che nel grado di disponibilità poteva darsi solamente al di fuori dell'ambito fermo al trattamento della musica concepita come veicolo di distrazione? Anche i popolani dei sobborghi di Vienna riescono a divertirsi fra i lazzi di Papageno, ma contemporaneamente ne sono indotti a interrogarsi interiormente sul senso delle sue azioni e sul senso della nuova musica che le accompagna; una musica che suona familiare e lontana a un tempo. Mozart si rallegra di tutto ciò e ne conosce il perché. Già l'*Entführung* anni prima aveva soppresso nell'aria i connotati formalistici per ritrovare la semplice schiettezza del Lied. Nel *Flauto magico* il Lied, espressione di un'umanità innocente non intaccata dal peso di peccati originali, entra a pieno diritto in un'opera che per altri versi svela ancora di più il legame con la tradizione dotta (l'elaborazione del corale nell'episodio degli uomini armati ecc.).

Con quella spontaneità che dieci anni prima dovette faticare a ritrovare nel momento della messa a frutto della lezione bachiana, con rapida intuizione Mozart raggiunge nell'ultimo anno della sua vita una sintesi ancor più complessa tra elementi eterogenei provenienti da tradizioni antagonistiche. In realtà, l'abbiamo in parte visto, la *Zauberflöte* non costituisce testimonianza a sé ma risulta il momento più alto di un processo da considerare in lunga prospettiva. Il superamento dello stile galante non si era infatti esaurito con l'acquisizione del principio contrappuntistico, ma conobbe pure una fase più avanzata pronta a recepire l'alternativa che al dotto opponeva il popolare. Nel 1781, mentre era occupato nella composizione dell'*Entführung,* Mozart compose la *Serenata* in mi bemolle maggiore KV 375 all'intenzione del ciambellano di corte, senza dubbio allo scopo di ottenere più facile accesso agli ambienti vicini all'imperatore:

> [...] la ragione essenziale per la quale l'ho composta, è che volevo far ascoltare qualcosa di mio al signor von Strack. Così l'ho scritta con particolare cura (lettera del 3 novembre 1781).

Effettivamente questa serenata per strumenti a fiato tradisce copiosamente la maestria dell'autore. Nell'*Allegro* finale appare una sezione fugata che mostra la mano dell'intenditore in un genere di consumo sbrigativo. Ma questo non è che il tocco destinato a destare l'interesse del ciambellano sulle sue capacità. Ciò che importa è invece il grado di fusione tra componente dotta e componente popolaresca qui raggiunto. Nell'ultimo tempo soprattutto il taglio tematico ci riporta alla matrice popolare di una musica che si muove chiaramente in ambito subalterno. Lo stesso Mozart ci parla del successo della serenata eseguita più volte e in luoghi diversi la sera del 31 ottobre (giorno del suo onomastico) da umili musicanti che, per festeggiare Wolfgang, non trovarono niente di meglio che una sosta sotto le sue finestre per intonare la fortunata composizione: «Le sei persone che l'hanno eseguita sono poveri diavoli, che però suonano con precisione perfetta». La simpatia che in questo caso Mozart tradisce nei confronti di musicisti del popolo va al di là del semplice atto di riconoscenza. In altre parole con questo egli dimostra come non gli fosse indifferente il fatto che la sua musica suonasse altrettanto bene sugli strumenti di poveri musicanti di strada; una musica che per di più da tale contesto derivava la propria sostanza.

Ciò non era altro che la premessa all'esito riservato al *Flauto magico,* che nella storia della musica costituisce un caso senza paragoni di appropriazione popolare, già misurabile al suo apparire sulla scena viennese ed enormemente incrementata negli anni successivi in tutta l'area germanica. A Mozart sarebbe bastato un solo anno di vita in più per registrare il rovesciamento della sua sorte ingrata, non già grazie al riconoscimento lungamente cercato presso i potenti, ma quello che gli venne a poco a poco dal basso e che nel 1794 era già consapevolmente sottolineato dal «Journal des Luxus und der Moden» di Weimar:

> Quest'opera viene rappresentata ininterrottamente ormai da un paio d'anni su tutti i palcoscenici e su tutte le piazze, anche solo con un cantore e mezzo, un paio di violini, un tendone e sei quinte; ha attirato gli spettatori per miglia e miglia intorno, proprio come fa il tamburo magico di uno sciamano e ha riempito le casse dei teatri. Per i nostri stampatori di note e negozianti di musica è stata come la miniera d'oro di Potosi; essa è apparsa infatti presso tutte le stamperie di spartiti, variata e parafrasata, incisa e scritta a mano, in parte per intero, in parte suddivisa in singole arie e frammenti, in riduzione per pianoforte, con o senza canto, e si può trovare in tutte le fiere e in tutti i mercati annuali. Ha dato pane e lavoro alle nostre bande civiche, ai Prager-Musikanten, ai cantastorie e ai Marmotten-Buben; infatti in tutte le fiere, nelle stazioni termali, nei giardini, nei caffè, nelle trattorie, nei balli e nelle serenate, là dove risuona un violino, non si sente altro che il *Flauto magico*, trasferito addirittura nei rulli degli organini e della lanterna magica. La sua partitura sta sui pianoforti dei nostri giovani che studiano e strimpellano; ha portato di moda per i bambini e per i ragazzi il fischietto di Papageno e per le nostre ragazze nuovi cappellini e frontali, manicotti e borse da lavoro alla Papagena.

In verità se tutta l'educazione predispostagli dal padre era stata finalizzata a dare la risposta più pronta alle richieste cortigiane, le esperienze accumulate da Wolfgang ne facevano ormai un modello d'artista non più orientato a senso unico, ma che poteva essere addirittura rivendicato dal fronte opposto, quello di una società che aveva in fondo già tolto alla corte il monopolio della rappresentanza. Mozart fu il primo musicista che si fece carico organicamente di questa rivendicazione che spianava la via alla democraticità della musica beethoveniana. Se ne differenziava – e non è cosa da poco – per la capacità di muoversi costantemente su livelli antitetici. La biografia di Georg Nikolaus von Nissen (ispirata da Constanze) riporta un episodio significativo dell'ultimo anno di vita:

> Nel 1791, mentre Mozart stava componendo la sua opera per l'incoronazione, *La clemenza di Tito*, andava con alcuni suoi amici a un *Kaffehaus* non lontano da casa per distrarsi col gioco del biliardo. Per qual-

> che giorno si notò che mentre giocava canticchiava sottovoce tra sé e sé un motivo e faceva *mm, mm, mm...*; spesso, quando un altro stava tirando, estraeva un libricino dalla tasca, gli dava una rapida occhiata e quindi riprendeva a giocare. Si restava stupiti quando Mozart si sedeva al pianoforte di casa Duschek e suonava agli amici il bel quintetto de *Il flauto magico* tra Tamino, Papageno e le tre damigelle ("Wie, wie, wie?"), che comincia proprio con quel motivetto che Mozart aveva in mente quando giocava a biliardo.

Ciò non è importante solo al fine di accertare che la composizione della *Zauberflöte* era già in stato avanzato prima di lasciare Praga (dov'era impegnato nella preparazione dell'opera in omaggio a Leopoldo II), ma soprattutto per registrare la capacità di far coesistere nella sua mente progetti di senso opposto e, per quanto riguarda l'opera tedesca, direttamente sorgenti da situazioni di vita quotidiana, da ispirazioni raccolte quasi per strada testimonianti la sua candida socievolezza.

Molti sono nel suo ultimo anno di vita gli elementi che rivelano un atteggiamento sciolto dal rispetto della delimitazione degli ambiti espressivi. È come se assistessimo alla sospensione delle regole che, legando precise funzioni a precisi profili stilistici, servivano alla società per mantenere anche in campo artistico un ordine reverenziale verso la gerarchia dei poteri. Sappiamo in quale modo in quello stesso momento, in Francia, essa fosse stata stravolta, e con quali conseguenze nell'assetto delle espressioni artistiche. In Mozart non ci fu manifestazione di rivolta, né programmaticamente ne venne dato il preannuncio. Viceversa sotterraneamente vi agiva una coscienza capace di recepire tutte quelle spinte e ciò che a livello di espressione già caratterizzava un'umanità subalterna pronta ad assumere un ruolo protagonistico. Assecondandola, il musicista giungeva a far convergere la sua esperienza al centro della corrente della storia. L'averlo fatto sommessamente, quasi sotto traccia all'ombra di impegni ufficiali, non lo rende meno responsabile. L'incarico di comporre *La clemenza di Tito* equivaleva alla conferma di una specie di giuramento di fedeltà che fin dall'infanzia lo legava al regime aristocratico. Opporre a questa scelta (che comunque seppe scontare senza concedere più di tanto alle attese dei regnanti) prospettive alimentate da un sentire di tutt'altra natura è un fatto difficilmente misurabile, poiché, rivelatasi vincente, la via indicata da Mozart si presenta oggi con i caratteri consacrati della normalità. La sua portata fu invece enorme poiché corrispondeva appunto in certo qual modo alla rottura di quel giuramento di fedeltà, anche se la sfaccettatura di ogni sua realizzazione consentiva a Mozart di far coesistere apporti disparati e di grandeggiare appunto per facoltà mediatrice di mondi apparentemente inconciliabili.

La sua ricerca di un ruolo sociale e professionale gratificante non prevedeva infatti semplice adeguamento alla convenzione, ma fu sempre e piuttosto ricerca del riconoscimento di quanto egli aveva dato e sarebbe stato in grado di dare. Così è dell'ultimo anno l'*Ave, verum corpus* KV 618, il mottetto diventato un modello di religiosità musicale capostipite di manifestazioni di pietà addirittura formalizzate per troppo uso, ma il quale, collocato nell'ambito della severità e dell'astrattezza della musica religiosa del tempo nei termini di cui in altre opere si fece interprete lo stesso Mozart, assume per certi versi la portata di un ribaltamento. Robbins Landon ha richiamato l'attenzione sulla sua destinazione alla cerimonia del Corpus Domini, soppressa da Giuseppe II in base alle sue riforme religiose e ripristinata proprio quell'anno dal suo successore. Sennonché, benché restaurata nel quadro di una ripresa di magnificenza della Chiesa, la relativa processione vedeva il coinvolgimento dell'intera comunità che vi invocava il buon raccolto. Mozart stesso vi prese parte nel sobborgo viennese di Josephstadt, rispecchiando nella sua composizione la dimensione popolare del sentimento sacro che con lui stava trovando una forma spogliata di ogni paludamento, disadorna e alla portata di tutti.

Massimo Mila, come abbiamo visto, ha ben messo in risalto il rimescolamento dei valori caratterizzante l'ultimo anno di vita del musicista: la sinfonia è ormai lasciata alle spalle (gli ultimi suoi lavori in questo genere risalgono al 1788), della sonata per pianoforte rimane solo una prova, l'ultimo concerto per pianoforte fu terminato all'inizio dell'anno, nel campo dell'opera lo attendeva il *pensum* de *La clemenza di Tito* con tutto quanto di prevedibilmente regressivo il libretto metastasiano portava con sé. Da simile scenario risulterebbe che le grandi forme tradizionali fossero in liquidazione, tagliate fuori da ogni prospettiva di sviluppo. In verità, pur considerando che Mozart si trovò di fronte a scelte obbligate e non esattamente intenzionali (spinto come fu, nell'accettarle, dalla situazione di estremo bisogno), un significato non secondario per la novità e per la riuscita è detenuto dalle piccole forme. Senza considerare le numerose danze per la Redoutensaal, vanno ricordate le composizioni per l'organo meccanico del conte Deim (KV 608 e 616), l'*Adagio e Rondò* KV 617 per la Glas-Harmonica della virtuosa cieca Marianne Kirchgässner, il già citato *Ave, verum* per la chiesa parrocchiale di Baden. Se non proprio al limite della stravaganza ci troviamo di fronte a un percorso del tutto irregolare. Se consideriamo che anche la *Zauberflöte* (oltre che essere una deviazione dal corso aulico delle espressioni artistiche) può essere considerata un'esplorazione delle piccole forme, cessa il richiamo della grande forma consacrata e viene meno l'ambizione all'elevatezza di facciata che pure aveva contato in molti aspetti dell'esperienza precedente di Mozart. Annota il Mila:

> In questa fase estrema della vita di Mozart la musica sembra quasi sfuggire alla categoria estetica. Attraverso l'insignificanza delle occasioni professionali essa diventa strumento di conoscenza delle cose ultime: musica veggente, che non ha bisogno della sinfonia in pompa magna o dell'opera italiana, fastoso spettacolo per le classi superiori, ma può benissimo annidarsi in occasioni misere e senza pretese.

Nella dimensione minimalistica, che sfuggiva all'attenzione regolamentatrice della società che nelle grandi forme rincorreva il valore di rappresentanza, Mozart trovava la via dell'assoluto. Se, in nome dell'ombra di mistero che si addensa sulla *Fantasia* in fa minore KV 608 o della spettralità sonora configurata dalle composizioni per Glas-Harmonica, è forse eccessivo interpretare tale direzione come «un allontanamento di Mozart dalle cose del mondo» (Mila) – una trasfigurazione al di là della vita come se spiritualmente egli fosse già morto prima dell'effettivo trapasso – è però vero che a quello stadio la musica mozartiana consegue il traguardo di non più porre l'uomo in relazione con qualcosa al di fuori di sé, bensì «in relazione con se medesimo» (Hans Heinrich Eggebrecht).

È senz'altro l'aspetto *naïf* (costante non trascurabile nell'atteggiamento e nel pensiero di Mozart) a rivendicare qui il suo ruolo. Un volto umano di tipo nuovo vi è esemplato, una dimensione recuperata oltre i confini del gusto che la moda cortigiana aveva delimitato. L'atteggiamento *naïf* domina ancora nei tratti popolareschi che compaiono nei Minuetti e nelle Allemande del 1791, composte da Mozart per i balli di corte: sonagli e corni di postiglione vi risuonano come espressione di un mondo di elementare autenticità, oggetto di curiosità forse insufficiente a scuotere la disincantata attenzione del nobile intrattenimento. Ma, pure se di semplice traccia si tratta, essa è indizio di un'apertura che negli ultimi anni non solo prese consistenza, ma che scoprì nuovi risvolti nella capacità di Mozart di attingere sempre più profondamente all'espressione dell'elementare. Il grado di essenzialità raggiunto può essere facilmente misurato nello stile spoglio che contrassegna il Concerto in si bemolle maggiore KV 595, dimesso nell'aspetto in quanto privato dell'abito virtuosistico di cui il pianoforte si era fino allora ammantato. Non è allora un caso che sul tema del finale del concerto (esso stesso tratto da un canto popolare, *Ich bin ein Schwabenmädchen*) sia modellata la melodia del Lied *Sehnsucht nach dem Frühling* KV 596. È proprio il Lied che, pur restando un genere ancora marginale nel contesto della sua opera, Mozart coltiva con interesse nei tardi anni viennesi e nel quale saggia le possibilità di un'espressione vergine, liberata dagli orpelli di una cultura avvizzita sotto i quali riconosce i tratti dell'uomo nuovo.

Non è infatti solo l'appello alla sensualità che dobbiamo leggere nelle canzoncine con cui nella *Zauberflöte* si presenta al pubblico il cacciatore di uccelli. Papageno è anche manifestazione di un'umanità che per la prima volta arriva a essere configurata in un'espressione la cui ricchezza non si lascia misurare dalla sovraccarica ornamentazione del gesto esteriore. L'arco di semplicità in cui nella sua ultima opera Mozart dà corpo ai personaggi è il segreto della sua grandezza: nell'unità dell'espressione capace di ritrovare la misura del popolare risiede la sua portata universalistica, in condizione di nutrire un messaggio rivolto a tutti gli uomini ed esplicitamente, senza distinzione di classi. Papageno allora può anche parlarci attraverso le bizzarrie del suo flauto, strumento che Mozart aveva dichiarato di detestare ma il cui frivolo suono salottiero riuscì infine a esorcizzare, proprio in virtù della riscoperta dei valori originali che, abolendo l'effetto di passive sovrastrutture, poté acquisire a un linguaggio musicale lasciato in eredità a coloro che avrebbero vissuto la storia dell'età borghese.

V. Ludwig van Beethoven: «Il mio impero è nell'aria»

> Se un giorno sente in Lei il gusto della pittura, La prego di rifarmi quel disegno che fui così sfortunato di perdere. L'aquila guardava nel sole... Non lo posso dimenticare, ma non creda che io pensi a me stesso guardando questo disegno, sebbene mi abbiano già attribuito qualcosa di simile: ma molti possono considerare con piacere una figura eroica senza avere alcuna somiglianza con essa.
> (Lettera a Therese von Brunswick, febbraio 1811).

«All'altezza di una sinfonia di Beethoven c'è tanto poco chi non capisce i cosiddetti procedimenti puramente musicali in essa presenti, quanto chi non vi colga l'eco della Rivoluzione Francese».

Dalla lapidaria enunciazione di Adorno può prendere avvio un discorso su Beethoven disponibile a cogliere innumerevoli risvolti in un'esperienza artistica calata a tal punto nella realtà, da rispecchiarla non solo nelle forme inevitabili di una cronologia parallela agli eventi storici, ma anche nei portati ideologici che, determinando l'ascesa della borghesia, intuirono fin dal loro apparire, e nei momenti di più profonda intensità, la prospettiva di un tramonto o perlomeno di un superamento problematico dei modelli ideali ed estetici di un'intera epoca. Non è infatti ormai più il caso di spendere parole per dimostrare come il monumento a Beethoven eretto da una cultura che per lungo tempo riuscì a chiudersi nella soddisfazione di aver individuato il riferimento organico a una concezione assertiva e incrollabilmente positiva, senza essere stato usurpato oggi non si presenti più coronato dalla forza dei proclami. Il Beethoven che oggi ci è dato conoscere non si lascia semplicemente ridurre al gesto titanico della *Quinta Sinfonia* (1804-1808), e meno ancora all'inebriante messaggio di progresso con cui l'"Inno alla gioia" sollevò i cuori di un'epoca impegnata a consolidare le sue conquiste. Se il verbo beethoveniano oggi mantiene intatta la sua carica profetica, ciò è dovuto all'inversione di senso di un vettore che, consumate le proprie energie sul versante eroico dei valori affermativi, di fronte alla coscienza moderna giunge a mettere pienamente in luce le insidie che l'alato sguardo del musicista vate, nel generoso slancio della sua maturità, aveva superato senza avvertire ostacolo, ma con le quali la coscienza incrinata degli ultimi anni lo costrinse a fare i conti, tanto da indurlo non solo a guardare all'avvenire, ma addirittura ad anticiparlo nelle visioni spettrali suscitate dagli ultimi quartetti e dalle tarde sonate, come momenti dove l'incertezza trovò modo di esprimersi in termini rimasti indecifrabili per più di un secolo. La maschera dell'eroe, che l'usura del tempo ha fatto definitivamente cadere dal suo volto, ha in tal modo svelato l'immagine non meno eroica di un artista ormai non più solamente in lotta con il proprio tempo, ma dell'uomo che, subendo le prove della sconfitta, dimostrò sufficiente vigore concettuale per ricostituire le basi di un discorso articolato in più profonda prospettiva, in una concezione nutrita di forza dialettica non più solamente confrontata col presente, ma operante su un vasto arco di coscienza che dal remoto passato si prolunga verso i più incerti spazi futuri.

Nuova luce rischiara quindi le parole che Grillparzer pronunciò nel discorso funebre del 1827, probabilmente senza intuirne il più riposto significato: «Chi verrà dopo di lui non continuerà, dovrà ricominciare, poiché questo precursore ha terminato l'opera sua dove finiscono i limiti dell'arte». Poiché se è vero che Beethoven dalle idee affacciatesi alla propria epoca trasse i succhi più nascosti, assorbiti come da pianta le cui fronde estreme si prolungano fino a noi, occorre pur riconoscere che nel suo tempo il musicista si trovò a misurare le distanze con un metro che non sempre costituiva la norma per i contemporanei. Dopo la sua morte non furono gli immediati successori a trovare la chiave giusta per aprire la porta lasciata chiusa dietro la *Nona Sinfonia* (1822-1824): bisognò attendere quasi cinquant'anni, con Brahms, per veder riaprire il discorso sinfonico a uguale livello di problematica. Dopo il ciclo delle sue sonate per pianoforte, lo strumento principe trovò modo di risuonare negli spazi più lontani dell'armonia, ma i maestri che vi legarono le loro sorti (Chopin, Mendelssohn, Schumann, Liszt) ripresero il filo da altre posizioni, aggirando la figura di sfinge innalzata da quegli arditi capolavori. D'altronde non è un caso che dopo Beethoven si siano diffuse forme di superstizione, che nella composizione sinfonica trattennero musicisti quali Bruckner e Mahler dal superare il fatidico *nove*. Persino per quanto riguarda l'opera teatrale, dove Beethoven non era riuscito a modellare un monumento in tutto degno della sua grandezza, il fermento libertario che anima il *Fidelio* (1805-1814) restò senza risposta, condannando il capolavoro al destino di un masso erratico abbandonato senza immediato sviluppo.

Artista celebrato forse più di ogni altro in vita, Beethoven non parve nemmeno accorgersi dei privilegi che la società per la prima volta riservava a un musicista. Più universalistico giganteggiava il messaggio dell'arte, più solitudine cresceva intorno all'artista al quale, nel privilegio di potersi rivolgere alla moltitudine, non era più concessa la diretta presenza di persone fisiche, di volti familiari che della fruizione artistica rimanessero protagonisti. Dopo l'esperienza di Mozart che, per quanto tragica, lo vide sulla scena viennese libero dai vincoli che gli avevano reso inammissibile la permanenza alla corte dell'arcivescovo di Salisburgo, Beethoven non poteva ormai più accettare forme dirette di subordinazione sociale, poiché i tempi erano maturi per garantire anche al musicista l'indipendenza. Ma anche questa conquista, come ogni altra, si doveva pagare. Se Haydn al servizio degli Esterházy era tenuto a portare la livrea dei lacchè e a desinare al tavolo della servitù, quanto di rassicurante gli poteva ancora provenire dal diretto consenso dei destinatari cortigiani, ai quali unicamente erano riservate le delizie della sua musica! Beethoven riuscì invece a spezzare le catene di un ciclo antico, rendendosi tuttavia presto conto di aver infranto pure la logica di un meccanismo gratificante che durante secoli aveva mantenuto l'artista al riparo dalla crisi d'identità. La libertà si tramutava in solitudine e destino volle che il musicista che per primo riuscì a goderne gli effetti, colpito dalla più crudele delle infermità, vivesse questa solitudine non solo in termini di metafora, ma come diretta sofferenza fisica. Oggi non è infatti più possibile interpretare la sordità di Beethoven – che lo perseguitò fin dalla gioventù e che divenne totale negli ultimi dieci anni – esclusivamente come mero accidente biografico. Il "Testamento di Heiligenstadt" (1802), con il quale il musicista si rivolgeva ai fratelli Kaspar Karl e Johann, non poteva tenersi esente dalle implorazioni all'umanità tutta: «Oh uomini, voi che mi giudicate ostile o caparbio misantropo, quanto siete ingiusti verso di me! Voi non sapete la segreta ragione che mi fa apparire così a voi». La malattia da sei anni aveva ormai preso il suo corso irreversibile, ma un'incrinatura più profonda stava producendo nella sua coscienza («Come un esiliato sono costretto a vivere»). La sordità era diventata malattia dello spirito e non poté far altro che agire da catalizzatore nella consapevolezza di una nuova condizione, alla quale l'artista da Beethoven in poi non potrà più sottrarsi: «Non è facile a soli ventotto anni essere costretto a diventare filosofo, e per l'artista ciò è più difficile che per chiunque altro».

Non a caso era quello il momento in cui Beethoven stava accingendosi alla composizione dell'"Eroica" (1803), la sinfonia che – nello stacco radicale da tutti i modelli preesistenti – avrebbe attribuito al comporre un nuovo senso. La sinfonia è pronta per diventare un pubblico proclama e trasformarsi in veicolo di idealità, che cancelleranno per sempre quanto di provocazione autobiografica poteva ancora sussistere: nessuna donna si vedrà dedicare da Beethoven una sinfonia mentre il solo omaggio ancora possibile sarà riservato all'umanità, non tanto al pubblico delle prime esecuzioni, ma all'umanità a venire, del cui riscatto spirituale il musicista si rende responsabile: «C'è molto da fare sulla terra, fallo presto!» (pensiero del 1814).

Quanto peso ebbe su Beethoven la vampata illuminista che investì l'Università di Bonn fin dalla sua creazione nel 1786 non è dato di conoscere esattamente. L'aria che il giovanissimo musicista respirò alla corte del principe elettore, nei cui atti riformatori (abolizione della tortura e riorganizzazione del sistema giudiziario) si iscrive appunto la fondazione di un'accademia capace di indicare nuove mete alla cultura, alimentò senza dubbio quegli atteggiamenti che impressero nella sua coscienza il senso di responsabilità verso le generazioni future, incommensurabile al punto tale da idealizzare il presente senza soffermarsi a rilevarne le contraddizioni. A tal proposito metterà conto di ridimensionare il concetto del Beethoven "emancipato", che per lungo tempo modellò la sua immagine. Nel suo ruolo sociale – pur con tutte le convenzioni che il suo pubblico comportamento riuscì ad abbattere – la libertà dal condizionamento a Vienna rimaneva inferiore all'indipendenza artistica che in Inghilterra, per esempio, il ceto borghese era già in condizione di assicurare ai musicisti. È nota la sua considerazione di fronte all'invito che a più riprese gli provenne da Londra, a stabilirsi in un paese il quale, insieme a maggiori agi, prometteva maggiore libertà. Il motivo formale per cui tale risoluzione non fu mai presa furono le difficoltà di salute, ma è lecito ritenere che il *modus vivendi* che Beethoven era riuscito a instaurare con l'aristocrazia asburgica gli apparisse, tutto sommato, un traguardo che – oltre a conciliarsi con i suoi ideali – gli garantiva privilegi che lo mantenevano al riparo dalle sorprese non sempre gradevoli che la libera concorrenza anche in campo artistico aveva cominciato a produrre in terra britannica. Non si spiegherebbe altrimenti l'accettazione, da parte sua, di impegni che lo mantenevano – pur con i ben noti patti che gli sancivano l'autonomia – in condizione di subordinazione nei confronti della classe aristocratica. In una lettera all'editore Bernhard Schott (5 dicembre 1824) leggiamo:

> Però non lasciate trapelare niente sul Vostro giornale delle lezioni che dò al Cardinale Arciduca Rodolfo. In questo frattempo ho compiuto degli altri tentativi per liberarmi almeno in parte da questo giogo.

In realtà Beethoven non pervenne mai a scaricarsi da obblighi di questo genere che, oltretutto, come contropartita gli assicuravano favori di cui in precedenza nessun artista aveva potuto godere. Se l'arciduca Rodolfo, pubblicando le *Quaranta variazioni su un tema di Beethoven* (1819), le dedicava al musicista – rompendo l'antica logica che aveva visto, dal Rinascimento in poi, nobili dilettanti di musica usare ogni sorta di sotterfugi nella pubblicazione di loro composizioni (provocando semmai dediche in loro favore da parte di musicisti al loro servizio) – il suo rapporto con il compositore non veniva a intaccare il significato di una gerarchia che rimaneva assodata.

I principî di un Illuminismo – che nel caso di Beethoven erano stati eretti a colonne portanti di una concezione umanistica integralmente risolta in formulazione di speranza, impraticabile come strumento di critica diretta al sistema – vanno probabilmente fatti risalire alla matrice dello *Sturm und Drang*, nell'accezione in cui fu inteso da Arnold Hauser nella sua *Storia sociale dell'arte*, il quale vi ravvisò la nascita di un «nuovo tipo di intellettuale, intimamente libero da tradizioni e convenzioni, ma che nella realtà politico-sociale non può, e spesso non vuole, esercitare un adeguato influsso». Versione tedesca dell'Illuminismo, recepito non già come sollecitazione a operare sul fronte esistenziale dei rapporti nella collettività, lo *Sturm und Drang*, nella fiamma della ragione, aveva colto solamente quelle scintille che avevano emancipato l'individuo, determinando, nell'inevitabile conflitto tra oggettivo e soggettivo, la ricaduta nelle tentazioni dell'irrazionale. Senza percorrere del tutto questa china che costituirà campo d'azione dei Romantici, Beethoven condivide in parte questo orientamento, e non sarà un caso se attraverso le letture di Kant egli coglierà soprattutto la portata della teoria morale e assai meno gli aspetti antimetafisici. D'altra parte, se qualcosa di datato e di perituro si accompagna alla figura del musicista, ciò è dovuto alla conclamata condizione d'isolamento dell'artista, a cui si attaglia perfettamente il concetto di genio che, nell'evoluzione degli intellettuali tedeschi, l'Hauser ha descritto come conversione della costrizione esteriore in libertà interiore, ribelle e dispotica a un tempo.

Ridotto ben presto a comportamento sociale, sarà appunto questo atteggiamento a suscitare, fin dalle sue prime apparizioni nella capitale dell'impero, l'ammirazione dei viennesi per Beethoven e a fargli perdonare quelle licenze e quegli eccessi che egli si permetteva nelle esibizioni concertistiche, documentati dallo stupore con cui furono accolti. Perplessità destarono il suo abuso di pedale nella registrazione pianistica, le esplosioni di furore nei passaggi di forza e la ricerca di effetti in una lotta tesa allo spasimo con lo strumento. Eppure non vi fu chi non considerasse questa tempesta di provocazioni come il segno di una battaglia condotta da uno spirito al di là della portata del comune mortale, teso verso le mete del sublime. In vita e ancor giovane egli ottenne il riconoscimento di artista già consacrato dalla storia come prima non era stato concesso a nessun musicista. Tale lo giudicava Charles Burney nel 1806:

> Beethoven [...] sta ora [...] conquistandosi una così rapida notorietà, che non si rischia molto pronosticando che, se vivrà, sarà il più grande musicista di questo secolo, così come Haydn e Mozart lo sono stati sullo scorcio di quello passato. Si dice che sia giovane; eppure scrive con

> la libertà e l'audacia che derivano da una lunga esperienza, e con una ricchezza inventiva che lascia supporre risorse inesauribili.

Ma ancor più significativo era stato l'apprezzamento di Haydn nella lettera del 23 novembre 1793 all'elettore Maximilian Franz, benefattore del musicista, inviandogli i frutti dell'allievo creati sotto il suo magistero, accompagnandoli con queste parole: «Di fronte a queste opere conoscitori e non conoscitori devono francamente ammettere, che col tempo Beethoven arriverà a occupare la posizione di uno dei più grandi compositori d'Europa, ed io sarò orgoglioso di poter parlare di me stesso come del suo insegnante».

Solo i più irriducibili rappresentanti dell'accademismo imparruccato si rifiutarono di cedere alle avvisaglie del nuovo verbo, oppure la distaccata saggezza senile di un Goethe il quale, dopo lo storico incontro a Teplitz (1812), accanto alla formale dichiarazione di stima («non vidi mai alcun artista più raccolto, più energico, più profondo»), provvedeva a manifestare anche le sue riserve: «Comprendo bene come egli debba essere singolare di fronte al mondo». Mentre, a sancire l'immagine di un Beethoven ardente nel tumulto delle idee di riscatto dalla comune vita mortale, si incaricherà Bettina Brentano la quale, nel *Carteggio di Goethe con una bimba* (1810), stenderà un manifesto la cui traccia insinuante rimarrà un'ombra incombente anche sulle più insospettabili trattazioni riservate dai posteri al musicista.

Da quel momento in poi non parrà più credibile nessuna manifestazione di futile giovialità nella quale tuttavia Beethoven riuscirà sempre (si veda in proposito la pungente ironia con cui era sua abitudine affrontare le situazioni quotidiane, come emerge dalle lettere) a preservare quegli aspetti di cordiale umanità nell'equilibrio di una prassi in condizione di concedere spazio al piacere del gioco gratuito che, perfino negli esiti più intellettualizzati, si dimostrava ancora capace di integrare l'eredità di una musica intesa come mestiere quotidiano. Non sarà quindi fuori luogo ricordare il destino di un motto divenuto fatale nel titolo «Der schwer gefasste Entschluss» (la difficile decisione), che accompagna nel finale dell'op. 135 (1826) il tema sulle parole «Muss es sein? Es muss sein!» (Dev'essere? Dev'essere!), rivelatosi in realtà all'origine un canone scherzoso con il quale il compositore aveva esortato un ricco e avaro funzionario imperiale a pagare a Schuppanzig il prestito di un quartetto di Beethoven che questi deteneva in esclusiva. L'ambiguità di tale enigmatico scambio di battute è stata acutamente colta da Milan Kundera il quale, pur al corrente dell'origine burlesca del tema, ne ricavò un efficace spunto narrativo inducendo il personaggio di Tomáš (in *L'insostenibile leggerezza dell'essere*) a figurarsi l'eroe beethoveniano come Atlante «sollevatore di pesi metafisici».

Libertà relativa

D'altronde in rapporto allo stato di libera professione acquisito da Beethoven, con esiti che non trovavano riscontro in nessun altro esempio, assume importanza di non trascurabile rilievo la cura consacrata all'amministrazione di se stesso, in cui si prolunga l'infallibile meticolosità di comportamento dell'artigiano vincolato dalla funzione praticistica del proprio prodotto nel contesto sociale. Non deve infatti trarre in inganno la vasta aneddotica beethoveniana che, anche negli aspetti meno romanzati, facilmente si presta a mascherare una condizione impegnata a ricavare i maggiori vantaggi dai rapporti di tipo nuovo che si instauravano in quello scorcio di secolo. È vero che ostacoli comprensibili si frapponevano all'ardua impresa del musicista di assicurarsi stima nella scelta della libera professione. La gentildonna che nel 1804, a un pranzo in onore del principe Luigi Ferdinando di Prussia, invitò Beethoven osando sistemarlo in un tavolo separato insieme con persone di rango inferiore, obbediva certamente a consuetudini che sarebbero sopravvissute anche in epoca posteriore. Conosciamo anche il gesto di indignazione del musicista, in seguito al quale lo stesso principe in persona sentì il dovere di riparare al torto, suscitando un nuovo invito e assegnando a Beethoven il posto accanto al suo, facendogli per di più trovare alla sua destra la gentildonna menzionata. Ma quel che merita considerazione, oltre al gesto eversivo dell'artista divenuto materia di affascinanti quanto affrettate trattazioni, è la prontezza del musicista a volgere in suo favore la situazione di tolleranza che si stava rapidamente determinando nei rapporti di classe. In tal senso se fiumi di inchiostro sono stati versati sui significati ideali dell'emancipazione dell'artista – in merito alla quale l'importanza dell'esperienza di Beethoven rimane assodata – proporzionalmente troppo si è taciuto sulle relazioni di interesse che inevitabilmente ne scaturivano e dalle quali prendeva lucidamente forma un nuovo equilibrio, non meno del precedente fondato sullo sfruttamento economico delle risorse determinate da un nuovo contesto.

L'indipendenza nei confronti della norma estetica, che nel giovane Beethoven si esprime inizialmente nel veemente gesto dell'improvvisatore al pianoforte – capace di suscitare stupita ammirazione fra un pubblico conquistato dall'immagine dell'artista definibile attraverso quegli attributi che lo facevano diverso dall'individuo comune – si accompagnava infatti all'indipendenza dai vincoli sociali, stato privilegiato sancito dal vitalizio che a partire dal 1809 gli sarà assicurato da un privato consorzio di nobili, formato dai principi Kinsky, Lobkowitz e dall'arciduca Rodolfo. I 4000 fiorini da esso previsti dovevano far desistere il compositore dall'accettare il posto di *Kapellmeister* del valore di 600 ducati offertogli dal re di Westfalia, alla sola condizione che egli rimanesse entro i confini dell'impero. Il documento nella versione definitiva assume le dimensioni di uno storico proclama: «Poiché d'altronde è dimostrato che l'uomo non può interamente votarsi alla sua arte se non a patto di essere libero da ogni preoccupazione materiale, e che a tale condizione egli può creare quelle opere grandi ed elevate che sono la gloria dell'arte, i sottoscritti hanno preso la decisione di porre il signor Louis van Beethoven al sicuro dal bisogno, togliendo di mezzo gli ostacoli miserabili che potrebbero opporsi al volo del suo genio». Se la *Dichiarazione dei diritti dell'uomo* aveva saldato i conti con l'*ancien régime*, possiamo ben considerare simile generoso documento (che tuttavia rimarrà unico nel suo genere) una sorta di «dichiarazione dei diritti dell'artista moderno», come da alcuni è stato chiamato. Sennonché è interessante notare come, anteriormente alla stesura definitiva di questo contratto, esistano due minute provvisorie dello stesso anno, dove il tono proclamatorio fatica a trovare il giusto equilibrio nella trattazione degli «ostacoli miserabili» esposti lungamente con dovizia di particolari. Qui è possibile cogliere in maniera ben altrimenti realistica l'aspetto contingente di una prospettiva che da quel momento in poi avrebbe mantenuto aperta la frattura fra esperienza vissuta e aspirazione ideale. D'altronde, proprio in quanto il traguardo economico con ciò conseguito da Beethoven non sarà sufficiente a garantirgli la soluzione dei suoi problemi quotidiani, nella lettura del suo epistolario occorrerà abituarsi al fastidioso tono di querimonia di cui il musicista rimarrà vittima nei rapporti, a onor del vero non sempre corretti, con gli editori i quali, se troppo ubbidirono alla logica del profitto, non per questo furono ripagati da Beethoven con dimostrazioni di più trasparente onestà. La pratica provocazione della generosa iniziativa intrapresa dal consorzio nobiliare è da riportare infatti a un precedente vantaggioso invito offerto al musicista, già menzionato nella prima minuta del febbraio 1800: «Il re di Westfalia ha offerto a Beethoven una rendita di 600 ducati d'oro vita natural durante e 150 ducati per spese di viaggio, alla sola condizione che egli suoni ogni tanto per lui e diriga i suoi concerti da camera». Offerta trattata a regìa da Beethoven, né più né meno che come merce di baratto nel contratto in cui gli aristocratici viennesi si impegnavano a sovvenzionare l'artista «a unica condizione che il signor Beethoven si obblighi a fissare il suo domicilio a Vienna, dove abitano i firmatari, o in altra città della corona austriaca».

La storia dell'arte, alla lente della più accanita storiografia, ci riserva in abbondanza contratti relativi a impegni di lavoro artistico dettagliati in ogni minimo burocratico particolare (diversamente non poteva essere in una situazione come quella anteriore all'Ottocento, in cui la stessa praticabilità artigianale del prodotto richiedeva di essere regolata da una precisa giurisprudenza). Nel caso di Beethoven tuttavia il fine del contratto trascende – o meglio pretende di trascendere – la semplice regolamentazione di rapporti di lavoro, richiamandosi a motivazioni del tutto estranee a relazioni di dipendenza. A tal proposito è interessante notare come la nuova concezione, che investiva per la prima volta una materia tanto sfuggente, determinasse il sorgere di una diversa consapevolezza in ordine al fatto estetico: «Beethoven vorrebbe che i donatori di questa rendita si considerassero co-artefici delle sue nuove e più grandi opere». Ma in verità proprio il riconoscimento all'artista dei meriti che ne giustificavano il mantenimento al di fuori della sfera del bisogno comportava il rafforzamento della sua superiore individualità, da cui in definitiva discendeva un concetto di proprietà artistica assai più restrittivo di quanto non lo fosse anteriormente e che, a dimostrare ancora una volta l'impossibilità per il consumo artistico di sfuggire al condizionamento del contesto socio-economico, avrebbe preso forma nelle ragioni giuridiche che più tardi avrebbero fatto testo nella legislazione sui diritti d'autore, come fu ed è ancora concepita in una società mercantilistica quale la nostra. All'epoca di Beethoven l'intera problematica era già posta sul tappeto e già consentiva di infierire con la fredda determinazione di una logica, che non avrebbe impedito a Beethoven di usare la più disinvolta spregiudicatezza nel ricorrere a vie legali quando al principe Lobkowitz, dopo la bancarotta patrimoniale, non sarà più concesso di versare il suo contributo al musicista e quando gli eredi del principe Kinsky, dopo la sua morte, si rifiuteranno di riconoscere la validità del contratto.

I vantaggi della libera professione saranno ben presto accompagnati da preoccupazioni assillanti: «Il diavolo si porti il sistema economico nel campo della musica – L'anno scorso, prima che arrivassero i Francesi, i miei 4000 fiorini valevano qualche cosa, quest'anno non valgono neanche 1000 fiorini» (lettera a Breitkopf & Härtel, 21 agosto 1810). Cosicché Beethoven si trovò forse per primo a subire le urgenze di una sorta di condizione schizofrenica nella quale l'afflato di una concezione dell'arte, fondata sul principio del riscatto dell'umano dai limiti materiali della sua condizione, si scontrava quotidianamente con vincoli di tipo economico che degradavano il messaggio sublime a puro livello di merce:

> Ora questo noioso affare sarebbe sistemato. Lo chiamo noioso perché mi piacerebbe che nel mondo queste cose andassero diversamente. Al mondo ci dovrebbe essere un mercato d'arte, dove l'artista non dovrebbe far altro che consegnare le sue opere per averne in cambio tutto il denaro di cui ha bisogno. Ma, così come stanno le cose, un artista deve anche essere in un certo senso uomo d'affari. Come può farcela? – Dio mio! (lettera all'editore Hoffmeister, 15 gennaio 1801).

Tale consapevolezza avrebbe potuto portare a qualcosa che non fosse un'evasiva professione d'utopia? Alla domanda risponde indirettamente l'ambizioso tentativo concepito da Beethoven con il lancio della sottoscrizione per la stampa della *Missa solemnis* (1819-1823), sottoscrizione a cui furono invitate le più prestigiose monarchie d'Europa. A parte il risultato che non diede i frutti sperati, l'iniziativa costò al musicista un tale sforzo organizzativo e rinunce tali alla propria fierezza da rimanere senza seguito nell'aspirazione a sottrarsi alle leggi del mercato. Leggi che tuttavia gli furono assai redditizie fin dagli esordi viennesi:

> Le mie composizioni mi rendono molto e posso dire di avere più ordinazioni di quante sia in grado di soddisfare. Inoltre, per ogni composizione posso contare su sei o sette editori e anche più, se lo volessi (lettera a Franz Gerhard Wegeler, 29 giugno 1801).

Il mercato aveva però introdotto elementi non trascurabili di condizionamento, alla luce dei quali occorre considerare la sua produzione minore, soprattutto quella del primo periodo:

> Ciò che la gente vuole non è sempre conforme ai desideri dell'autore. Se le mie entrate non fossero completamente senza sostanza, io non scriverei altro che opere, sinfonie, musica sacra, al più qualche quartetto (lettera all'editore Peters, 20 dicembre 1822).

Ma pure le composizioni a cui sono riservate le migliori energie non sfuggono alla regola mercantilistica:

> Debbo però aggiungere che il mio onorario minimo per un quartetto per violino è di 50 ducati e per un quartetto per pianoforte di 70 ducati, perché altrimenti ci rimetterei. Anzi, per i quartetti per violino, mi hanno offerto più di 50 ducati (lettera a Peters, 20 marzo 1823).

Ciò che resta dell'abbondante corrispondenza di Beethoven con gli editori rivela comunque una disinvoltura non comune a districarsi nell'infernale meccanismo dei valori di scambio, che appena tre anni dopo assicureranno a un quartetto la stima di 80 ducati:

> Lei sa bene, perché glielo dissi qualche tempo fa, quanto i quartetti e le sonate siano aumentati di prezzo, sicché quando si tratta di una grande opera, l'autore spesso non può fare a meno di sentirsi imbarazzato. D'altra parte la mia situazione esige che le mie azioni siano determinate da ciò che ha probabilità di tornare in maggiore o minor misura a mio vantaggio. Naturalmente intervengono considerazioni totalmente diverse nel caso dell'opera in se stessa. Qui, grazie e Dio, non penso mai ai profitti che si possono mietere, ma solo al modo in cui compongo (lettera a Peters, *cit.*).

Che fosse possibile pensare al modo di composizione mettendo tra parentesi ogni vincolo derivante dal contesto sociale è lecito dubitare, ma è evidente che per Beethoven l'approdo a Vienna, con l'acquisizione di un nuovo statuto sociale, rappresentò un preciso momento di emancipazione. Quanto la sua attività giovanile a Bonn fosse legata ai modelli di un tranquillo consumo aristocratico risulta abbastanza chiaramente dall'amabilità della *Musik zu einem Ritterballett*, composta nel 1791 per una festa di carnevale in casa del conte Waldstein, dove le fanfare dei corni, che nello *Jagdlied* sembrano accompagnare gentiluomini imparruccati per i quali la natura percorsa nelle spedizioni di caccia terminava ai confini del territorio feudale, si prestano assai bene a un confronto con le sonorità che la Sinfonia "Pastorale" (1807-08) avrebbe proiettato verso più vasti orizzonti, nel respiro di una natura libera dai pedaggi e dalle servitù. Qualcosa di sostanziale era quindi maturato nella coscienza del musicista, la cui vocazione fin dall'inizio riuscì a produrre i suoi frutti solo in condizioni di relativa indipendenza. Esaminando la qualità convenzionale della produzione anteriore alla sua venuta a Vienna si potrebbe quasi sostenere che, per permettere a Beethoven di spiccare il volo, la libertà, almeno a livello di principio, rappresentasse una condizione indispensabile. Per quanto sufficienti motivazioni già vi fossero per fare, della composizione della *Cantata per la morte dell'Imperatore Giuseppe II* (1790), un'opera perlomeno degna delle aperture illuminate del defunto monarca, il fatto che essa fosse stata provocata come opera commissionata dal principe elettore la relegò infatti tranquillamente tra le opere di circostanza. Questo sebbene proprio l'anno precedente il musicista avesse iniziato a seguire i corsi nella locale università, dove ad alcuni uomini di spicco (Bartholomeus Fischenich e Eulogius Schneider) il principe Maximilian Franz – degno fratello dell'imperatore dal cui esempio derivò una propria prassi di dispotismo illuminato – consentiva di tenere cattedra, infiammando gli allievi per i nuovi ideali democratici. In verità per ritrovare la temperatura in cui all'espressione degli ideali della nuova epoca fosse possibile pervenire al giusto grado di combustione, occorrerà attendere l'"Eroica" per la cui concezione Beethoven, cancellando l'originale dedica a Napoleone, rifiuterà di essere debitore di chicchessia. Tuttavia, per delineare un ritratto completo del musicista, non si potrà mai prescindere dagli aspetti meno simpatici di certo suo opportunismo che, con il Congresso di Vienna (1815), culmina nel ruolo di compositore ufficiale della Restaurazione. Di fronte a seimila invitati e ai sovrani di mezza Europa, convenuti nella capitale imperiale per restaurare nel continente il vecchio ordine, il musicista presentò la cantata *Der glorreiche Augenblick*, retorica celebrazione della vittoria su Napoleone e prova maldestra, se mai ve ne furono, dei tentativi di Beethoven di adeguarsi a situazioni determinate, in cui il ruolo del committente si ripresentava in forma meno rigida nell'apparenza ma più insinuante nella sostanza. Ugualmente fallita l'altra più spettacolare dimostrazione di patriottismo asburgico, la *Sinfonia per la vittoria di Wellington alla battaglia di Vittoria* (1813), con uno smisurato apparato orchestrale predisposto in modo da strappare il più rozzo consenso presso il pubblico austriaco, già mobilitato dalle vicende politiche in manifestazioni di nazionalismo di qualità ben lontana dai proclami morali cari al Beethoven delle sinfonie. Ma già s'è detto abbastanza di come l'assimilazione del concetto di genio, in certa corrente culturale tedesca, consentisse la diffusione dei concetti illuministici privandoli nel contempo dei diretti risvolti politici. Non desta quindi meraviglia anche il fatto che l'infiammata sostanza libertaria dell'"Eroica" sia stata sottoposta come primo apprezzamento proprio a quella nobiltà che, oltre a essere recalcitrante di fronte all'incalzare di una nuova realtà, nel periodo della Restaurazione si sarebbe battuta in modo acerrimo per il mantenimento dell'antico ordine, per la censura e per la severità dell'apparato poliziesco che, proprio in casa di Beethoven, dopo la sua morte si sarebbe incaricato di confiscare i libri messi al bando dal regime.

Non solo la *Terza* risuonò per la prima volta nel palazzo del principe Lobkowitz (1805) ma, durante un'esecuzione nel castello di Raudnitz, il principe Luigi Ferdinando di Prussia pretese che fosse ripetuta ben tre volte. Non meraviglierà quindi nemmeno che Beethoven, durante l'occupazione di Vienna da parte dei francesi, si assumesse il compito di dirigerla proprio al cospetto e in onore di Napoleone, in barba alla dedica a suo tempo cancellata. D'altronde fra le ragioni della dedica originaria all'imperatore dei francesi non era da escludere il desiderio espresso dal musicista all'allievo Ries di lasciare Vienna per trasferirsi a Parigi, a testimoniare la divaricazione permanente tra motivazioni ideali e fattori contingenti. Persino il *Fidelio* che, tratto dalla *Léonore, ou l'amour conjugal* di Jean-Nicolas Bouilly, avrebbe svolto il tema della libertà con implicazioni ben altrimenti profonde rispetto alle versioni fornite da altri musicisti contemporanei (Gaveaux, Paer, Mayr), fu discusso in casa del principe Lichnowksy durante il rifacimento del 1806. Il fatto è che i concetti di libertà, di emancipazione, di affermazione dei valori spirituali erano vissuti come esperienza eminentemente intellettuale e, proprio in virtù dell'accalorata disposizione all'utopia, non solo non consentivano al musicista di avvertire nella realtà le contraddizioni, ma paradossalmente non gli impedivano nemmeno di esternare il suo compiacimento per gli onori che gli provenivano dai potenti: «La mia opera *Fidelio* è stata pure eseguita con grande successo a Dresda durante i festeggiamenti dati in occasione della visita del re di Baviera, e tutte le loro Maestà hanno assistito alla rappresentazione» (lettera all'arciduca Rodolfo, 1 luglio 1823).

Oltre l'ordine

Eppure Beethoven, nonostante tali accidenti, che vanno tenuti presenti non già per ridimensionare la portata realmente sovvertitrice della sua musica ma per riconoscere i limiti umani di un'esperienza costretta a ricavare un proprio spazio all'interno di un contesto sostanzialmente conservatore, vive al di là di tutte le forme di tutela sociale che si trovò a subire o che accettò di buon grado, senza che la sua coerenza risentisse contraccolpi. A quell'epoca il contesto viennese, con la diffusione capillare della pratica musicale, all'attività compositiva aveva predisposto un *humus* che probabilmente in qualità non trovava riscontro in nessun'altra capitale europea. Ma non bisogna dimenticare che, tranne una mezza dozzina di concerti pubblici all'anno, i luoghi deputati del consumo musicale rimanevano i salotti e i palazzi dell'aristocrazia. Ora, il fatto che questa aristocrazia avesse riservato a Beethoven il trattamento privilegiato di cui s'è detto non vuol dire che riconoscesse nell'attività del musicista il valore di semplice aggiornamento di una condizione rimasta ferma alle distinzioni gerarchiche del passato.

La novità qualitativa della musica di Beethoven spicca in maniera troppo appariscente per impedirci di sorprendere come, con l'emergenza del soggetto globale dell'espressione, la sua musica avesse decretato il crollo delle possibilità di controllo gerarchico che, in nome dell'adeguamento alle esigenze sociali, aveva mantenuto fino a tutto il secolo precedente la suddivisione dei generi. Anzi, proprio in quanto Beethoven si trovava ad accettare le regole di un gioco che lo videro in alcuni casi nel ruolo di fornitore di musiche di circostanza, è interessante verificare come, se da una parte le esigenze di un costume ormai in declino agivano restrittivamente sulla sua creatività tanto da condannare irrimediabilmente l'opera al fallimento, d'altro canto i portati irrinunciabili di una nuova coscienza musicale introducevano nel discorso componenti tanto estranee all'ossequiosità dell'occasione da far ammettere semmai il contrario, vale a dire il fatto che in questo caso fosse l'aristocrazia a doversi adeguare a un diverso livello di coscienza estetica e non viceversa. Una situazione del genere è chiaramente leggibile nelle musiche di scena per *Re Stefano ovvero Il primo benefattore dell'Ungheria*, destinato allo spettacolo ideato da August von Kotzebue per l'inaugurazione del Teatro Tedesco di Pest (1811), dove il compito di esaltare la fama e le gesta di un antico monarca, nella più vieta concezione celebrativa, fallisce per carenza d'identità, per l'incapacità ormai congenita del compositore a ritrovare l'andamento cerimonioso di un discorso, il quale non può far altro che presentarsi in fittizie impalcature di genere. Ma c'è di più! Oltre l'apparato di forme chiuse pedestremente e inevitabilmente ricavato da modelli accademici, quel poco di spinta espressiva, convogliato dal musicista allo scopo di riscattare il rozzo taglio formale, scopre una sostanza di provenienza tutt'altro che cortigiana, e già nell'ouverture introduce gli accenti marziali in cui echeggiano le più recenti esperienze di musica di massa, com'era intesa da quelle forme di glorificazione del momento popolare attraverso la musica che la Rivoluzione francese aveva esportato nel resto d'Europa, determinando nel fatto musicale modificazioni sostanziali. Da altri è già stato rilevato come ad esempio il passaggio del melodramma italiano da un generico consenso di gusto – peraltro nel Settecento addirittura internazionale – ad atteggiamenti capaci di catalizzare in proiezione ideale le energie di una tensione collettiva, sia da mettere in relazione con la capacità di risonanza popolare di una precisa matrice, a cui tale contesto comunicativo permise l'integrazione e che risale alle prorompenti formulazioni proclamatorie acquisite dalla musica nei rituali rivoluzionari giacobini (matrice chiaramente leggibile nell'agevole reimpiego bandistico di un'ouverture come quella del *Nabucco*, per limitarci all'esempio più paradigmatico). Ora tale processo, che può essere fatto risalire all'impiego della musica nelle parate della Rivoluzione francese – nel senso che fu in questa sede che per la prima volta alla meraviglia destata dalla grandiosità del messaggio si aggiungevano motivi di diretto coinvolgimento popolare (è in quegli anni che i vari governi rivoluzionari suscitarono la pubblicazione del «Magasin de musique» in dispense periodiche contenenti inni patriottici, marce, scene corali all'uso delle adunate celebrative) –, tale processo sopravvisse alla stessa Rivoluzione. Prendendo forma perentoria in modelli dove l'encomio delle settecentesche musiche d'occasione, che si esprimeva nel nobile gesto della riverenza, esso lasciava il posto al fervore civile, alle squillanti intonazioni corali, all'esaltazione di fronte alla quale, con l'irreversibile spinta dei nazionalismi, nemmeno la Santa Alleanza riuscì più a recedere. Ecco quindi che l'*Andante con moto all'Ongarese*, che Beethoven introduce nel coro femminile (n. 4 della partitura di *Re Stefano*) come omaggio alla peculiarità espressiva del paese da cui gli proveniva la commissione, riesce ad andar oltre il pretesto sul quale si era compiaciuto il vecchio Haydn nei suoi vari spunti zigani, e si libra in melodia spiegata, tracciando lo stesso solco in cui rifluiranno il tenorile piglio cabalettistico e il maestoso incedere del momento corale che tutto accomuna nel melodramma italiano, a dimostrazione del costituirsi di un sostrato di tipo nuovo nella coscienza musicale europea. Tutto ciò in virtù dell'unisono, dell'abbandono irrimediabile della polifonia contrappuntistica, determinato non solo dalle note ragioni praticistiche che in una situazione di mobilitazione collettiva, facendo appello al popolo non iniziato all'ardua lettura delle parti corali, presupponevano la fatale semplificazione delle difficoltà, ma soprattutto per la capacità di sussunzione di mille voci in una sola corda, della somma di molte energie in un unico irrefrenabile vettore espressivo. Non per nulla, oltre alle intonazioni corali di epopea, che costituiscono i momenti di maggiore adesione collettiva in certo operismo italiano del primo Ottocento (dal *Mosè* al *Nabucco* ai *Lombardi*), lo stesso svettante piglio di cabaletta ricavava il suo potere infiammante, se non dal fatto di essere intonato coralmente, perlomeno dal fatto che, nella sua trasparenza, durante l'atto d'ascolto aveva il potere di associare a sé il pubblico, suscitandovi interiormente una partecipazione al canto che lo costringeva a vibrare all'unisono senza impedirgli, in casi estremi – ancor oggi appurabili nei teatri italiani di provincia popolati dalle opere di un repertorio ormai completamente memorizzato –, d'intonare a fil di voce l'amata melodia.

Non diversamente Beethoven scopriva il potere dell'unisono nella *Fantasia* in do minore op. 80 per soli, coro, pianoforte e orchestra (1808) in un procedimento che oggi e forse già allora poteva apparire fastidioso e che, anticipando l'impostazione melodica dell'"Inno alla gioia", avrebbe trovato in seguito modo di collocarsi in struttura più soddisfacente, ma che già qui, salendo dal pianoforte alle voci dell'orchestra e imprimendosi nella mente come idea fissa che moltiplica se stessa – tralasciando per l'occasione l'apparato argomentante, per la cui assenza un compositore come Beethoven non può certo essere sospettato d'incapacità – si assicura una complicità d'ascolto prima ancora di sfociare nel coro finale. Nella parola, introdotta come completamento della melodia, Christoph Kuffner, su suggerimento dello stesso musicista, tracciò i lineamenti di una poetica a cui Wagner avrebbe attinto a piene mani:

> Quando regna la magia dei suoni e la benedizione delle parole si effonde, allora il meraviglioso prende forma, Notte e tempesta si fanno luce. Pace d'intorno, estasi nell'intimo regnano per i felici. Il sole primaverile delle arti fa da entrambe scaturire luce.

In realtà se la concezione wagneriana del *Worttondrama* è impensabile senza simili precedenti, l'aspetto emergente in quel Beethoven è ancora lontano dal risolversi nel vortice di una mistica elevazione ma, nel fecondante rapporto parola-suono, mira al gesto infiammato di ideali civili che ancor più imprimerà il "Seid umschlungen Millionen!" della *Nona* e il tenace volontarismo della *Missa solemnis*, alle soglie di una mistica certamente, la quale tuttavia, prendendo forma nell'atto di una liturgia civile, non conosce ancora le tentazioni dell'irrazionale. Liturgia civile che, come coralità combinata con lo scattante incedere della marcia militare, aveva dato luogo all'innodia che realmente conobbe verifica diretta nel canto delle moltitudini radunate in Francia in occasione delle festività repubblicane e che in tutta Europa sopravviverà alla Rivoluzione, come eco di partecipazione di popolo al fatto artistico. Anzi proprio l'impossibilità di far resuscitare in termini di pratica di massa un'esperienza già chiusa prima ancora del tramonto napoleonico, fa risaltare ancor più il perorante orientamento espressivo acquisito dalla sinfonia beethoveniana, nel suo confrontarsi con una coscienza d'ascolto emancipata da un contesto di privati consumi.

A tal proposito ci sembra significativo il fatto che la *Quinta* e la *Sesta Sinfonia*, presentate per la prima volta durante lo storico concerto al Theater An der Wien il 22 dicembre 1808 insieme con il Concerto in sol maggiore per pianoforte e orchestra e a brani della Messa op. 86, figurassero accompagnate appunto dalla *Fantasia corale* op. 80, espressamente concepita e scritta per questa circostanza, venendo con ciò a rendere esplicito, semmai ve ne fosse bisogno, il senso di un messaggio artistico impegnato a manifestarsi al di là della pura e semplice occasione. Ma i riscontri, stando allo Schmitz, potrebbero essere ancor più precisi, se proprio la figura melodico-ritmica del celebre attacco della *Quinta* si ritrova, trattata a sequenza, in un passaggio dell'*Hymne du Panthéon* (1797) di Cherubini, composto per la traslazione dei resti di Marat sulle parole: "Sur votre cercueil héroïque / Nous jurons tous le fer en main / De mourir pour la République / Et pour les droits du genre humain". Che Beethoven avesse avuto modo di scorrere le musiche composte da Cherubini per i cerimoniali rivoluzionari è improbabile, benché nel 1798 in seguito agli eventi rivoluzionari la sua città natale (Bonn) si trovasse a far parte del Département du Rhin et Moselle con capitale Coblenza, annesso al territorio francese fino alla caduta dell'impero napoleonico. In verità la domanda è del tutto oziosa in una situazione di compenetrazione tale, per cui la circolazione delle idee musicali in quello scorcio di secolo determinava scelte sostanziali, di fronte alle quali sappiamo quale fosse la posizione assunta da Beethoven. Scelte che già erano state poste a compositori di formazione ancora cortigiana quali Paisiello, chiamato da Napoleone a comporre la *Messa* e il *Te Deum* per la cerimonia della sua incoronazione (2 dicembre 1804): compito svolto dal musicista napoletano con l'abile trasformismo tipico di quella generazione di artisti italiani di ventura capaci di qualsiasi servizio, ma questa volta rimasto al di qua del modello organico fornito in particolare da Jean-François Lesueur, pure impegnato nella stessa circostanza con l'"éclat triomphal" di una *Marche du Sacre* in grado – nel suo convinto guardare in avanti con la scansione di pausati accordi fatali – di fare piazza pulita di ogni residuo settecentesco, sfoderando elementi di fresco conio che, rompendo radicalmente con la vecchia tradizione, già configuravano una linea che si sarebbe prolungata fino a Berlioz e oltre.

Se il coraggio di guardare in avanti in Beethoven costituisce momento di esperienza più duratura – per il fatto di risolvere il significato della svolta non già nella velleitaria disponibilità alla precaria congiuntura politica, ma in un rapporto contestuale alla vitale tradizione viennese – non per questo le sue acquisizioni stilistiche non lasciano riconoscere l'ascendenza rivoluzionaria che oggi ci aiuta a capire l'interna spinta della *Marcia funebre* dell'"Eroica". Perlomeno dal 1797, con l'*Hymne funèbre sur la mort du Général Hoche* di Cherubini, ma in fondo già dal 1790 con la *Marche lugubre* di Gossec che per la prima volta introduce il tenebroso risuonare del tam-tam, la variante funebre della marcia militare con la sua larga scansione, con il terrificante rullo di tamburi, con i gelidi squilli alternati ai lunghi silenzi riempiti dalla commossa attesa di un ascolto al quale non è concessa distrazione alcuna, acquista la funzione di primato nel nuovo cerimoniale di massa, incorporando alla funzione rituale il momento meditativo, riferibile a un concetto di destino rapportato al significato umanistico del gesto eroico celebrato. Non diversamente la *Marcia funebre* beethoveniana – dilatata in tenebrosi gesti melodici sospesi a mezz'aria e lacerata dalla furente articolazione ritmica inesorabilmente riportata alla misura fatale del passo della morte, prospettata come tensione dell'umano al di là della sua fisica vanificazione – si colloca nella prospettiva di una trascendenza che, rifiutando l'olimpo di una mistica consolazione, si manifesta come tenace speranza di riscatto attraverso l'ideale.

Esiste un livello, nella musica di Beethoven, in cui tale dimensione stilistica si configura come adesione a un modo di vivere l'esperienza musicale condiviso con i contemporanei. L'andamento di marcia si era imposto come marchio di una musica che non solo coesisteva con decenni di guerra combattuta, ma rifletteva l'epoca come espressione in campo aperto di un'arte dei suoni che non si accontentava più di addobbare gli ambienti riservati delle classi elevate ma che si misurava ormai con la realtà di una società in cui tutti erano cittadini e che, anche musicalmente, cercava un suo denominatore comune. La coscienza del cittadino nella condizione repubblicana emersa dalla Rivoluzione francese si manifestava nei termini di vocazione alla militanza, sia come adesione diretta al processo politico sia come partecipazione alle azioni di difesa dei nuovi diritti acquisiti, cioè nelle vesti di cittadino soldato chiamato a rispondere all'appello della marcia militare. Da semplice forma sonora ridotta alla funzione di cadenzare il passo e di infondergli guerresco vigore, la marcia veniva a qualificarsi come richiamo degli individui alla loro responsabilità collettiva nel destino della nazione. La marcia settecentesca, che ancora nell'allegrotta intonazione riservata ne *Le nozze di Figaro* alla chiamata alle armi di Cherubino ("farfallone amoroso") costituisce un momento aneddotico riferibile a esperienza altrui (del soldato come professione distinta), dopo la Rivoluzione assurgeva a luogo sonoro in cui tutti i cittadini ritrovavano la propria identità di soggetti responsabilmente depositari del sentimento di militanza per la causa della nazione, per l'affermazione della repubblica come corpo sociale fondato sull'uguaglianza dei diritti e dei doveri. Dalla marcia militare vera e propria l'accentata scansione del ritmo binario impregna vieppiù la musica del tempo, sul fronte più esposto della comunicazione. Non è un caso che l'impostazione di marcia si riscontri addirittura sistematicamente nei primi movimenti dei concerti per pianoforte e orchestra di Beethoven, come ha fatto sagacemente notare Alfred Einstein. In quanto genere direttamente agente sul fronte del pubblico di massa, dove la presenza del solista fungeva da fattore di identificazione immediata, era naturale che esso sviluppasse elementi in grado di metterlo in sintonia con l'insieme degli ascoltatori. Che l'andamento di marcia potesse esserlo è già dimostrato dal primo tempo del Concerto in do maggiore KV 467 di Mozart, la cui scelta di cavalcare questo genere per affermare il nuovo ruolo di compositore rispondente al principio della libera iniziativa, significativamente lo portava già a tener conto della necessità di stabilire un livello d'intesa col pubblico borghese il quale proprio in quegli accenti baldanzosi ritrovava la sua portata protagonistica, benché (soprattutto a Vienna) non ancora perfettamente consapevole né del primato che stava conquistando né dell'approssimarsi delle risolutive vicende parigine.

Presumibilmente, non è però da Mozart che Beethoven ricavò il modello del concerto "militare", bensì da Viotti, il quale precedette lo stesso salisburghese su questa via mettendo a fuoco negli anni Ottanta del suo soggiorno a Parigi una soluzione musicale che in qualche modo la Rivoluzione avrebbe legittimato. Quando Beethoven si incanalò su quella strada non era però più questione di scelta, poiché i giochi erano ormai fatti. Dopo le vicende successive al 1789 il mondo era definitivamente cambiato anche per quei paesi e quelle società che si opponevano ai principî repubblicani, ai quali sarebbe stato concesso di mantenere in vita le strutture del vecchio regime per decenni ancora, ma i quali nel confronto con la nuova situazione non potevano sfuggire alla sollecitazione delle classi inferiori: non riuscendo più a escluderle dal processo politico-sociale non rimaneva loro che mobilitarle, e per far ciò erano indotti a usare gli stessi mezzi della fazione giacobina. Quando nel 1813 Beethoven compone il *Wellingtons Sieg* per celebrare la vittoria delle monarchie alleate su Napoleone userà la stessa simbologia musicale che l'avversario avrebbe impiegato: mutando semplicemente la cronologia degli inni nazionali contrapposti in tale battaglia sonora, questo primo manifesto della Restaurazione sarebbe potuto diventare un'opera rivoluzionaria. Indipendentemente dai contenuti, dopo il 1789 era cambiata la lingua politica e con essa, nella sua dipendenza dalla società in trasformazione, anche la lingua musicale.

La "battaglia", genere antico di musica imitativa, risorgeva a ritmo di marcia per collegarsi a eventi che stavano cambiando il destino dell'Europa, dalla *Battaglia di Praga* di František Koczwara, all'*Assedio di Gerico* dell'Abate Vogler, dalla *Battaglia navale e totale disfatta della grande flotta olandese* di Dussek, alla *Battaglia di Marengo* di Victor Dourlen, dalla *Battaglia di Würzburg* di Vaňhal, alla *Battaglia del lago Champlain* di Francisco Masi, alla *Battaglia di Navarino* di Stephen Francis Rimbault, alla *Battaglia di Iena* di Beauvarlet-Charpentier e altre, a cui occorre aggiungere le sinfonie descrittive *Bataille de Martinesti* di Franz Neubauer, *La Grande Symphonie caractéristique pour la paix avec la République française* op. 31 di Pavel Vranický (Paul Wranitzky), la *Schlacht-Symphonie* di Peter Winter ecc. In questi casi alla componente della marcia si combinava quella del fragore, della strepitosa concitazione sonoramente rispecchiante le battaglie di dimensioni sempre maggiori che coinvolgevano ormai le moltitudini e che spazzavano il continente in lungo e in largo, concernendo il destino di ognuno e imprimendosi epicamente e indelebilmente nell'immaginario collettivo.

Come quell'epoca fu il frangente in cui il popolo era sollecitato a schierarsi in scelte contrapposte organizzate in relativi partiti, così tale evoluzione non fu inconsapevole. Nel 1828, nella trattazione intitolata *Sull'armonia, sulla melodia e sul metro*, un prelato musicista lucchese di scontati sentimenti restauratori, Marco Santucci, così sviluppava la sua riflessione: «In quel torno, vale a dire, circa il fine del secolo decimottavo (allorché la rivoluzione si fece strada nella nostra povera Italia) riscaldate le fantasie dalle massime di libertà e d'indipendenza politica, ebbe principio ancora la rivoluzione delle idee musicali». La musica moderna si fa perciò «militante e rivoluzionaria», «le sue melodie sembrano per lo più altrettante marciate», persino in chiesa compositori e organisti sembrano dimenticare il loro ruolo di ossequio di una tradizione che le contingenze non dovrebbero scalfire, «mentre con certe suonate loro predilette sembra che invitino i sacri Leviti, non a piangere *inter vestibulum et altare*, ma a marciare in battaglia»: «io pertanto chiamo militare questa musica, pel gusto: militare per la qualità e moltiplicità degli strumenti, di cui si giova; militare pel fragore insoffribile che assorda».

In proporzione all'irrefrenabile innalzarsi delle nuove sonorità si moltiplicano le voci che gridano al tradimento in nome dell'ordine sconvolto. Soprattutto in un'Italia di radicate convenzioni classicistiche, da parte dei sacerdoti depositari della regola della bellezza, pare inaccettabile «la stravaganza di uno stile incondito, furioso, ditirambico, intento solo a sbalordire gli orecchi senza curarsi mai di penetrare nel cuore».

Il veneziano Andrea Majer (*Discorso intorno alle vicende della musica italiana*, 1818), in nome di una forma impegnata a restaurare la sua compostezza, non poteva che condannare «il bastardume degl'instrumenti sconvolti nelle loro proprietà, e nelle loro sedi sulla gamma generale; gli ottavini fischianti, la banda turca; il *Tamtam* cinese (e quanto prima le gramole ed il buratto); il frastuono, i turbini, le cateratte delle orchestre teatrali». Non era la prima volta che la svolta del gusto musicale provocava una *querelle* tra antichi e moderni. Dal momento in cui con Monteverdi maturò la coscienza dell'evoluzione del linguaggio, della demarcazione tra prima e seconda "prattica", la storia della musica fu un susseguirsi di trasformazioni con relative scelte di campo spesso ferocemente contrapposte. Per più di due secoli si trattò tuttavia sempre di questioni che, pur vertendo sul punto critico che destrutturava l'ordine dato, riguardavano la realtà estetica nella sua autonomia. Dopo l'89 il sovvertimento delle regole musicali veniva invece per la prima volta percepito come avvisaglia o addirittura dichiarazione di rivolgimento politico. «Nata essa e cresciuta colla rivoluzione – affermava il Santucci – ne prese altresì il carattere.» La musica veniva ad assumere con ciò una precisa valenza insurrezionale, precisa nel senso che non dava semplicemente afflato alla parola cantata come professione di fede nei valori democratici, bensì era in grado di significarlo per sola sua forza intrinseca. Le parole vergate da Franz Grillparzer nel maggio del 1823 su una pagina dei quaderni di conversazione di Beethoven durante una sua visita al compositore («Non c'è verso che la censura possa cogliere in fallo i musicisti – Se si sapesse cosa voi pensate con la vostra musica!») riconosce evidentemente un limite là dove, a pari grado di semanticità, il concetto espresso in musica risulta assai meno afferrabile rispetto alla parola. Se tuttavia non è tra gli spazi e le righe del pentagramma che un'autorità giudiziaria può riscontrare l'elemento probante di un'azione, il fatto stesso di porlo come un problema della musica del tempo mostra come essa fosse pervenuta a un'articolazione di significati che la mettevano in condizione di esprimere in completa autonomia il senso profondo del dramma dell'epoca. Grillparzer riconosceva nella musica di Beethoven un «pensiero» in azione, la riflessione sull'esperienza individuale e collettiva sottoposta alle strette del regime metternichiano e quindi il riferimento per tutta una corrente politica ancora in grado di coltivare la speranza del riscatto.

Non sappiamo quale risposta Beethoven avesse dato al poeta: i quaderni di conversazione, che servivano al musicista ormai completamente sordo a comunicare con gli interlocutori, sono forzatamente un documento a senso unico in cui figurano solo le parole dei visitatori.

Certamente Beethoven fece anche le sue considerazioni in merito. Il fatto che esse non compaiano sulla pagina scritta a distanza di tempo assume un valore simbolico, di risposta demandata alla sua musica, tanto eloquente nella profondità di ciò che riusciva a sondare da rendere superflua la parola.

Il sospetto era comunque gettato sulle espressioni musicali che per la loro configurazione potevano venir riconosciute dell'uno o dell'altro partito. Il Santucci era impegnato a individuare uno degli schieramenti in questi termini:

> Eccomi pronto a dirvi in qual senso io chiamai gran parte della musica d'oggidì, musica rivoluzionaria, e a darvene le ragioni. Essa è tale per l'indole sua innovatrice ardita, spezzatrice delle leggi da tutti fin qui rispettate, ed amante anzi che no d'idee gonfie, e (dirò così) gigantesche.

L'errore più grande denunciato dall'italiano è «quello di molti scrittori che aggravano le loro composizioni col continuo suono degli strumenti a fiato». La trasformazione della fisionomia strumentale avveniva a seguito del trasferimento della musica dai luoghi di raccoglimento a sale spaziose e a teatri più grandi, che a sua volta era il risultato dei mutati rapporti sociali, dell'allargamento della base borghese del pubblico e di un dialogo proclamatorio con lo stesso. Ciò non era senza conseguenze sul venir meno dei confini tra i generi, non più chiaramente vincolati a precise condizioni fruitive e sollecitati da più differenziate assemblee di consumatori di musica. Se ne rendeva conto Giovanni Simone Mayr, che nello *Zibaldone* scriveva:

> Il nostro tempo è, anche in arte, preferibilmente contro l'ordine: mesce tutto quanto. Sul palcoscenico si suona come in una sala da concerto e in chiesa non diversamente. Dappertutto si vuole imporsi alla folla, si vuol essere originali e lo si tenta nel luogo sbagliato, oppure, formulato più precisamente, mescolando tutti i generi.

Nel rapporto con la moltitudine la necessità di impressionare mobilita risorse di grande effetto e sviluppa la tendenza a spingere la musica verso quell'«erudito frastuono» che ne *Le Rossiniane* (1804) Giuseppe Carpani indica come «lo scrivere moderno», dove per molti sarà difficile conciliare il grado riconosciuto di raffinatezza («erudito») con la veemenza della sonorità («frastuono») che veniva a far la differenza con la condizione settecentesca. Lo stesso Carpani non manca di rimproverare all'amato Rossini di esporsi troppo, mercé l'insistito impiego degli strumenti a fiato, su questo versante:

> Altra sua tacca si è quel terribile strepitare di strumenti, che talvolta assordano l'uditore; onde al dar dei tromboni, al tempestar dei colpi sulla gran cassa, e al sibilare degli ottavini, *Garganum mugire putas nemus et mare Tuscum (il mugghio udir ti sembra – Del Tosco mar, delle garganee selve)*, od urlare dall'antro con Sterope e Bronte il *nudus terga Pyragmon (l'omeri-nudo Pirammone).*

Da parte sua Mayr, autore dalla coscienza musicale avanzata ma del pari reticente verso il «degenerare in fracasso d'istromenti», paventava l'apertura delle cateratte sonore in un equilibrio divenuto precario tra voci e strumenti a fiato:

> Gli organi de' cantanti sono al giorno d'oggi insidiati da molti nemici e rivali. Una volta i Musici gridavano quando il Violino voleva associarsi alla loro voce, ora non basta, che l'Oboe, il Clarinetto, il Fagotto e l'Ottavino tentano o soli ed anche tutti uniti di soverchiarli – persino le trombe a chiavi vogliono combattere con essi, mentre dall'alto della torre un corista scaglia contro di essi non solo i violini triplicati d'una volta, ma un'immensa falange di Tromboni, Officleidi [...], Tamburri, Tamburoni, etc., etc.

Ciò che il classicista Mayr temeva era il prevalere dell'arbitrio sull'ordine, il perturbamento delle proporzioni predeterminate. Ogni strumento era sottoposto a una regola oltre la quale si prospettavano incognite inquietanti. La tendenza alla violazione era riscontrabile soprattutto nei registri estremi: il contrabbasso disgiunto dal raddoppiamento di violoncello e fagotto è percepito come «un rumoreggiante orso mal fatto», ed è probabilmente pensando alla precipitosa e vorticosa parte scoperta dei contrabbassi nello *Scherzo* dalla *Quinta* che il Mayr non riesce a dar la sua approvazione «a quelle tante volate di cui lo carica talvolta il Beethoven, anzi antepongo di molto la maniera con cui lo adopera Mozart» (*Trattatello sopra agli stromenti ed stromentazione*).

In verità il parossismo sonoro a cui venivano a essere confrontati gli ascoltatori non era solo la manifestazione in musica di un'epoca di contrasti, spettacolarizzata come si conveniva a eventi che coinvolgevano epicamente e alla radice le genti d'Europa, ma anche il risultato della definitiva eliminazione delle gerarchie all'interno del tessuto orchestrale, la scomparsa di ogni residuo relativo alla divisione tra parte principale e accompagnamento (come prolungamento della vecchia funzione del basso continuo). L'emancipazione delle parti strumentali nell'ambito dello sviluppo tematico-motivico, che Beethoven porta al più alto livello, si dichiara proprio nella forzatura dei punti d'equilibrio e riguarda quindi anche l'assetto delle componenti timbriche. Con ciò assistiamo al moltiplicarsi delle personalità sonore: in un processo che metaforicamente sembra riflettere la conquista del principio di uguaglianza, anche nello strumentale ogni singola componente dimostra l'acquisita capacità di sciogliersi dalla compagine e di spiccare autonoma, come fatto sonoro prima ancora che come elemento del discorso.

Dei contrabbassi ciò che già si è detto andrebbe collegato alla tortuosa scelta di affidare nella *Seconda Sinfonia* (1801) il tema principale ai violoncelli e ai contrabbassi prima di passarlo a violini. Ciò che già in Mozart aveva portato all'inconfondibile profilo espressivo del flauto e del clarinetto, è acquisito coll'oboe e colla sferzante presenza dell'ottavino nel finale della *Quinta* e nelle musiche per l'*Egmont* (1810). L'esempio massimo di attribuzione di dignità democraticamente riconosciuta anche al più umile livello avviene con l'elevazione dei timpani, dal fondo della scena, al proscenio: lo strumento per eccellenza adibito a ruolo secondario e complementare emerge a rivendicare la messa in valore delle sue potenzialità. Dal rintocco di cinque semiminime ribattute all'inizio del Concerto in re maggiore op. 61 per violino (1806) sorge il secondo tema il quale lo integra addirittura come controsoggetto, mentre a un esame statistico lo rileveremmo almeno settanta volte nel primo movimento, che ricava il carattere poderoso di forma a lunga gittata proprio dalla conseguente varietà delle possibilità combinatorie.

Un parallelo livello di emancipazione è evidente nella tematica. Gli stessi richiami alla marcia, oltre alla ricerca di una ragione mobilitante, testimoniano l'identificazione di un livello di sentire popolare in cui è per sempre rotto quel confine di classe che nella musica settecentesca con tutto il suo apparato di ornamentazione implicava il riferimento alla corte. In un'epoca in cui lo stile mondano dei virtuosi (soprattutto dei pianisti) sotto nuove spoglie prolunga il gusto per il lezioso e la vacua eleganza, Beethoven smette le vesti cortigiane lasciando emergere la rudezza borghese di chi mira alla sostanza. Perfino durante il periodo di Bonn, quando la dipendenza dal principe elettore era il normale *status* ereditato dalla sua famiglia di musicisti, la sua musica già rivelava la tendenza alla plastica essenzialità: i numerosi cicli di variazioni per la tastiera, pur partendo da temi graziosi (prevalentemente operistici) svolgono il loro corso in direzione esattamente contraria alla superfetazione ornamentale del modello cortigiano. Non per niente a quell'epoca fra le composizioni appaiono Allemande, Valzer, Scozzesi, Anglaise e altre danze non ancora omologate nei ranghi elevati della società, caratterizzate quindi come replica borghese alla regola dell'aristocrazia. Più tardi assumerà un valore programmatico la Sinfonia "Pastorale" con le allusioni sonore al mondo contadino che, a un commentatore quale Friedrich Mosengeil, fa scoprire un compositore «così facile e comprensibile, così semplice e infantile» (1810), termini che per la prima volta comparivano come qualificazione elogiativa in un contesto in cui l'artificio prevaleva ancora sulla naturalezza.

Nobiltà di spirito

Non da tutti era infatti accettato il taglio tematico della "Pastorale". Certamente non dal cronista della «Revue Musicale» (1829) in cui leggiamo: «Dans l'intention dominante où il était d'exprimer la simplicité des champs, surtout au premier morceau, Beethoven me semble s'être montré presque trivial dans le choix de ses motifs; son admirable instrumentation peut seule dissimuler cette trivialité qui est un défaut, même dans le but de l'auteur». Ciò che qui è dichiarato, cioè la capacità dell'elaborazione strumentale di compensare la banalità della tematica, in verità non corrisponde a un'operazione correttiva di un difetto bensì in un certo senso alla sua esaltazione, poiché è proprio dal confronto con l'alto grado di artisticità dello sviluppo tematico-motivico che la fisionomia banale di un tema risalta. D'altra parte la semplicità e addirittura la banalità in questo caso soprattutto non sono evidentemente la spia di un limite stilistico, di un'incapacità a elevare il discorso a adeguata dignità artistica, bensì il corno di una dialettica che su questi elementi si fonda per rendere ragione del significato del suo contrario, cioè dell'assolutezza tragica di un sentire sciolto dai casi contingenti e prefigurante all'uomo un destino di trascendenza. È ciò che Dahlhaus ha acutamente individuato nel *Fidelio*, in cui il rapinoso inno alla libertà, che sostanzia nel quadro finale una specie di manifesto dell'utopia politica, durante l'opera viene a patti con la felicità domestica rappresentata nell'idillio dei personaggi minori (Marzelline, Rocco, Jaquino). Notando come nel dramma borghese sia sempre presente «la dissociazione tra l'imperativo alla rivolta e l'inclinazione alla vita ritirata», egli desume l'esistenza di un rapporto di necessità tra la politica borghese capace di sfidare il potere aristocratico sulle barricate e la ricerca della felicità privata. In quanto perseguito come incarnazione in termini quotidiani di quel benessere per cui la parte progressiva della società era impegnata a scardinare il vecchio sistema, «l'idillio non era così banale e privo di sostanza e l'utopia così esclusivamente politica come appaiono al pensiero attuale».

In verità nel sentimento semplice e ingenuo non c'è solo l'espressione di una condizione inconsapevole ma il senso di un punto d'arrivo, una realtà che si carica di valenza spirituale nella misura in cui è indicata come aspirazione, momento anelato, non dato naturalmente bensì da conquistare attraverso i contrasti e la relativa catarsi. In proposito sarà bene precisare che la fierezza di Beethoven nell'affermare la sua dignità nei confronti dei circoli nobiliari non implicava una completa adesione all'identità borghese. Viceversa vi riscontriamo un disprezzo della borghesia («Il borghese dovrebbe essere escluso dalla società degli individui a lui superiori, ed invece eccomi qua, caduto in mezzo a loro», rispondeva all'amico Peters nel 1820 su un quaderno di conversazione) e un suo essere nobile «per principio» come confidò a Schindler nel 1823. Il suo contrapporsi al mondo dell'aristocrazia non assunse mai l'aspetto di una vendetta in nome di una classe oppressa in cui non si riconosceva (nel mondo degli «osti, ciabattini e sarti» a cui non voleva essere assimilato nel 1818 quando si trattava di essere giudicato da un tribunale di seconda categoria, essendogli stato negato il *Landsrecht* dei nobili), ma l'affermazione di un uomo nuovo che dall'esperienza popolare fosse capace di trarre la fede in semplici ed essenziali valori positivi di una religione laica. Che ciò venga a caratterizzare l'ultimo Beethoven con lo scendere di rango dei temi verso il popolare, come ha indicato Giorgio Pestelli, è rivelante: «non c'è più quello spirito demiurgico che assume una materia grezza per costruirci sopra; l'uomo che ha misurato il sublime ora è più tollerante verso la semplice melodia, e spunti di Lieder, ariette, cavatine, ariosi, vengono sì trasfigurati nelle variazioni, ma senza violenza, lasciando qualcosa della tenera radice di partenza».

È ciò che avviene nel Trio dello *Scherzo* della *Nona Sinfonia* all'apparire di un tema saltellante che sta a metà strada tra una canzone alla francese del tipo *Malborough s'en va-t'en guerre* e uno spunto di danza russa come parve a Kretzschmar: qui la ripetitività giunge all'estremo ossessionante di diciannove repliche del tema, in una circolarità di girotondo fanciullesco dove l'impronta è evidentemente quella della maniera popolare e addirittura contadina nell'accento pastorale, ma in cui il significato non si ferma all'evocazione campestre e rompe i confini dello spazio e del tempo per raggiungere la dimensione trascendente di una specie di età dell'oro. È la realizzazione concreta dello scopo che Ernst Theodor Amadeus Hoffmann assegnava alla musica «pura», che gli parve raggiungibile solo dopo aver ascoltato la *Quinta Sinfonia*:

> [...] deve evitare le piacevolezze insignificanti, i vezzi, i lazzi di ogni specie. V'è una letizia più alta, più stupenda di quanto essa solitamente non sia nel nostro piccolo mondo – una gioia proveniente da regioni sconosciute che ci accende nell'animo una vita tutta interiore.

Evidentemente ciò era possibile in un contesto dove il confronto con la complessità e l'elevatezza del discorso consentiva rapporti di senso che fanno apparire tale formulazione tematica il risultato di una specie di distillazione della forma, di un processo carico della memoria di un iniziatico percorso verso la ricerca di un'approdo felice: il tema popolare echeggia come una visione di ristoro, un'apparizione tranquillante sul percorso impervio segnato dalla sofferenza. Nella sostanza astraente delle elaborazioni tematico-motiviche l'irruzione dell'elemento popolaresco più che richiamare alla realtà di un vissuto quotidiano produce piuttosto un rapporto di spaesamento fra le componenti (ciò che non era da dare per scontato in un'epoca in cui il rivolgimento sociale induceva al riconoscimento di ben delimitati ambiti di gusto che venivano a confrontarsi).

Lo documenta una composizione che a titolo diverso si basa su un elemento popolare; le *Variazioni sull'aria "Malborough s'en va-t'en guerre"* di Georg Joseph Vogler per pianoforte e orchestra che, nell'esposizione leziosa del tema, introducono sfaccettature armoniche argute, rivelando un pensiero dialettico impegnato in un confronto tra vecchio e nuovo che guida l'impianto dell'intera composizione. All'*Allegro marziale* (prima variazione) segue un *Minuetto grazioso*, esplicito segnale di ammiccamento alla nobiltà (forse allusione all'*entente cordiale* tra le classi fino a un certo punto perseguita dal movimento rivoluzionario). Seguono tuttavia variazioni dichiaratamente rivolte al "terzo stato", quali l'*Allegro* ("Le Carillon"), chiaramente debitore verso l'immaginario popolare, seguito dal *Larghetto mistico ecclesiastico* che, nella gravità parodiata, non è altro che la messa alla berlina del clero, accentuata dal successivo *Allegro burlesco* di nuovo sulla linea della semplicità popolare, in una situazione palesemente invocata come appello alla presa di coscienza della realtà di classe.

Qui è presente ciò che in Beethoven non troviamo mai, vale a dire la consapevolezza dell'affermazione di una concezione borghese della vita intesa nel ristretto orizzonte di modi e di gusto di corto respiro, pago del riconoscimento della propria conclamata diversità fondata su poche ed essenziali certezze: vi è totalmente assente l'ambizione a fare di questa coscienza un'assunzione di responsabilità, un punto di partenza che dall'esemplare umano particolare del cittadino emancipato e operoso ricavasse la tensione verso l'universale. Beethoven non era nobile in quanto borghese, ma non si accontentava della condizione borghese in quanto nobile di spirito. «Principe! Ciò che voi siete, lo siete attraverso il caso e la nascita; ciò che io sono, lo sono attraverso me stesso»: le parole che rivolse al principe Lichnowsky tradiscono lo scontento del proprio stato e la ricerca di giustificazioni per poter uscire dal rapporto di subordinazione sociale ancora operante. Allo scopo poteva servire sia l'equivoco del nome (l'equiparazione di "van" a "von" che il musicista incoraggiò ad arte in molte occasioni, salvo a dover ammettere la mancanza di una patente di nobiltà nel già citato processo del 1818) sia l'affermarsi di una nuova ideologia la quale, superando il parteggiamento per l'una o per l'altra classe, esaltava la «nobiltà dell'anima», la nobiltà fondata sulla virtù. Sono le nozioni derivate dal trattato ritrovato fra i libri di Beethoven, *Vom Adel* (1792) di August von Kotzebue, la cui penna non gli impediva tuttavia di cogliere il risvolto d'arrivismo nella farsa *Die deutschen Kleinstädter* (1803) in cui è messa alla berlina la morbosa brama del titolo nobiliare da parte del borghese, da cui Beethoven non andò immune.

In questo difficile e inconciliato paradigma trova ragione la tensione che cova all'interno di ogni sua opera e che porta all'estremizzazione dei caratteri espressivi. La semplicità può quindi arrivare alla scarnificazione così come la complessità può arrivare alla sregolatezza, dove l'uscire dalla normalità, in quanto giustificata da atteggiamento esoterico, è la premessa per il conseguimento della dimensione spirituale. L'esplorazione di tale dimensione assume il senso di una missione, ciò che implica il venir meno del grado di democraticità di cui purtuttavia risulta impregnato il suo messaggio. La reazione alla magnificenza del modello aristocratico si realizzava in una *mediocritas* la quale, se rispettata come principio, doveva accontentarsi della prospettiva ristretta indicata nell'esempio di Vogler. Ma un compositore che già nel 1793, scrivendo da Vienna al maestro Neefe, parlava dei progressi «nella mia arte divina» non poteva rimanere adagiato a quel livello. Per prima cosa quindi l'assecondamento della funzione sacra attribuita alla propria arte significava per Beethoven recidere il ponte delle convenzioni che lo legavano ai contemporanei per parlare a loro non più da pari, ma da eletto investito di un compito superiore. Tale aspetto traspare chiaramente dai resoconti del tempo. In un commento alla Sonata in la bemolle maggiore op. 26 apparso sulla «Zeitung für die elegante Welt» (1807) possiamo leggere: «Nobile, grande ed elevato è il suo carattere. Una certa saldezza e pace, che è l'espressione della dignità, domina lungo il suo corso e nel modo in cui essa dà voce agli affetti e alle passioni». In questo senso l'analisi di Maynard Solomon sulla sua tendenza narcisistica intesa come «presupposto necessario alla formazione del senso di missione che pervadeva Beethoven, e, di conseguenza, del suo "stile eroico"» non solo può essere accettata, ma spiega l'autocondanna al cammino solitario intrapreso. In altre parole la sua ambizione a fare della sua musica una benedizione per gli uomini, un incitamento ai sentimenti di amore e di fratellanza, lo allontanava paradossalmente dai suoi simili in un ripiegamento persino egoistico su se stesso. Per ottenere il suo scopo egli doveva rinunciare a parlare il loro linguaggio e portare l'espressione al grado in cui era possibile ritrovare il contatto con l'ascoltatore solo per via simbolica.

La musica di Beethoven non conosce più quindi la colloquialità di un Haydn, ignora sempre più il significato del dialogo con l'ascoltatore, conquistando la sua attenzione attraverso l'imponenza della forma e della dimensione sonora, attraverso la metafora di una grandezza indicata come meta dall'individuo impegnato nel proprio miglioramento. In questo senso la monumentalità, che è una caratteristica beethoveniana appariscente, è certamente legata all'epoca sua, all'esteriorizzazione «d'idee gonfie e gigantesche» (denunciata dal Santucci), corrispondente a un dovere di rappresentanza che non solo non scompariva nel passaggio dall'*ancien régime* allo stato repubblicano, ma che veniva incrementata di fronte all'estensione dei compiti assegnati al potere. È un aspetto rilevato addirittura nelle forme cameristiche, se è vero come è vero che il recensore delle Sonate op. 26, e op. 27 dell'«Allgemeine musikalische Zeitung» (*AmZ*) del 1802 parlò di fantasia «scolpita in un blocco marmoreo» assimilandole quasi a un'estetica neoclassica. Sennonché in Beethoven la monumentalità assume anche la portata di valore a cui confrontarsi non solo collettivamente ma anche individualmente, e non tanto per essere innalzati a bearsi della grandezza della rappresentazione del mondo con la soddisfazione di farne parte piena, quanto piuttosto per venirne schiacciati, come testimoniava E. T. A. Hoffmann: «La musica di Beethoven muove invece le leve del terrore, del brivido, del dolore, e appunto per questo suscita quel palpito d'infinita nostalgia che è l'essenza stessa del Romanticismo». E più precisamente, in merito alla *Quinta Sinfonia*, il poeta indicava il fattore responsabile di tale sentimento nella monumentalità: «Il petto oppresso, angosciato dal presagio d'un qualcosa di mostruosamente inumano, di un'incombente catastrofe, sembra qui voler ritrovare il respiro nell'emissione di suoni penetranti».

È un fattore che si fece presto largo in Beethoven e che i contemporanei avvertirono immediatamente nelle prime opere che oggi, rilevando la marcata differenza rispetto alle successive, tenderemmo a vedere in tutt'altra dimensione. Così l'*AmZ* nel 1804 giudicava la *Seconda Sinfonia* «ein merkwürdiges und kolossales Werk» («un'opera degna di nota e colossale»). Più comprensibile ci sembra l'aggettivo "colossale" che la stessa rivista nel 1807 e nel 1809 attribuiva all'"Eroica". L'attributo della monumentalità fu altrettanto ricorrente riguardo alla *Quinta* di cui la «Revue musicale» nel 1828 rilevava le «dimensions colossales» e che «sous le rapport de l'effet me paraît être le morceau instrumental le plus étonnant qui existe». D'altra parte è noto l'episodio di una delle prime esecuzioni parigine della celebre composizione quando, sull'attacco del finale, un ufficiale saltò improvvisamente sulla sedia e gridò: «C'est l'Empereur! Vive l'Empereur!».

Fra le ultime composizioni la *Missa solemnis* appariva «colossale» al recensore di «Cäcilia» (1824), mentre la *Nona* era già percepita in sé come «opera colossale» (*AmZ*, 1815), fin dalle prime battute: «a poco a poco si sviluppa il tema colossale» (*AmZ*, 1824). Il modo in cui la musica di Beethoven grandeggia la porta a uscire dalle proporzioni ammesse e a istituire un rapporto squilibrato con l'ascoltatore. «Se attraverso la monumentalità si manifesta l'intenzione di parlare all'umanità in senso esteriore, ma anche interiore – a una moltitudine di persone radunate e alla sostanza umana di ogni singolo –» (Dahlhaus), è proprio la seconda modalità che Beethoven mette a frutto giungendo al risultato per certi versi paradossale per cui, pur essendo la spinta alla monumentalità determinata da un'esigenza proclamatoria di esposizione alla massa, essa si risolve nella sollecitazione di un approfondimento individuale del messaggio. Ed è a quel livello che l'ambizione di raggiungere la moltitudine, di «abbracciare i milioni», di non più pensare la musica come oggetto d'occupazione raffinata del tempo nelle corti ma di scriverla per tutti, si risolve nel suo contrario, di musica composta per pochi, «cioè per i musicisti» (Pestelli).

Di ciò erano consapevoli i contemporanei più avvertiti, quando già la fama l'aveva fatto assurgere a mito, il che voleva dire al tempo stesso popolarizzazione e ineffabilità. Il *Quinto Concerto* per pianoforte e orchestra (1809), ultimo tra le opere "eroiche", con tutta la sua estroversione non riuscì a conquistare pienamente il pubblico. Di fronte all'esecuzione che ebbe come solista Carl Czerny, la rivista «Thalia» (1811) cercò di spiegare le ragioni del timido applauso dei viennesi:

«Beethoven, fieramente pieno di fiducia in se stesso, non scrive mai per la moltitudine; egli vuole essere sentito e capito, e ciò può avvenire, a causa delle sue difficoltà intenzionali, solo da parte dei conoscitori, sul cui soprannumero in tali occasioni non si può contare». La popolarità di Beethoven, la sua mitizzazione addirittura, procedettero quindi di pari passo col crescere dell'incomprensione, ponendo alle sue opere mature problemi di decifrazione che selezionavano il pubblico in base alla sua capacità di comprenderne la struttura interna, in base alla possibilità di immedesimarvisi individualmente. Sull'esecuzione della *Nona* la «Bäuerles Theater-Zeitung» nel 1824 dichiarava con soddisfazione che «a Vienna questo gigantesco musicista viene compreso da molti», senza dimenticare di notare che «ci sono però anche moltissimi che non lo capiscono; fra questi gli ingenui lo ammettono francamente, e perfino alcuni del mestiere».

La musica di Beethoven fu probabilmente la prima a godere o a subire gli esiti di massa, nel senso di diventare nel suo insieme e stabilmente punto di riferimento per la società, tanto da divenirne l'emblema sonoro. Negli anni Venti dell'Ottocento l'organizzazione concertistica di Lipsia ammetteva già ogni anno l'esecuzione integrale delle sue sinfonie. D'altra parte la via scelta per affermarsi, cioè l'imponenza e la grandezza delle proporzioni, implicava la messa in evidenza della distanza tra la piccolezza dell'individuo ascoltante e la maestosità dell'opera (la sua dimensione irraggiungibile, spesso interpretata nella sua fisionomia arcigna e terrificante, come per allontanare da sé l'intrusione nei suoi segreti). I primi commenti furono perciò sollecitati a livello iperbolico, com'è testimoniato dalla lettura hoffmanniana della *Quinta*, dalle «ombre paurose della notte fonda» che la percorrono. Si tratta di una cifra interpretativa diventata presto luogo comune, affidata a metafore di natura scatenata fino al limite della catastrofe (nel 1812 l'*AmZ* paragonava il primo tempo della *Quinta* a un fiume incandescente, «Glutstrom»). Ecco come nel 1825 Ludwig Rellstab nella «Berliner Allgemeine Musikalische Zeitung» (*BAMZ*) rifletteva l'esperienza d'ascolto della *Quarta Sinfonia*:

> Si avvicina solenne come un violento temporale, rannuvola le cime delle montagne, oscura il sole, e minaccia con un tuono sommesso come un rapace rabbioso prima di spiccare il salto col suo forte ruggito [...]

> Ora si odono di nuovo i tuoni, ammutoliamo, osiamo appena respirare! Ora seguono in rapida successione colpi sordi, la paura si trasforma finalmente in dolore, la lacrima benefica appare; in seguito due lampi guizzanti squarciano la nuvolaglia e al rimbombare del tuono, illuminato dal fuoco dei lampi, precipita impetuoso il fiume d'argento della pioggia.

Tale apparato immaginifico a prima vista sembrerebbe corrispondere al programma illustrativo di una musica intesa come pittura; in verità proprio in quanto vi sono individuate le manifestazioni estreme e parossistiche della natura, essa non è evocata per rappresentare se stessa bensì, spostando l'osservazione sul punto critico in cui si determina lo squilibrio, per cogliere ciò che sta oltre la sua apparenza, al di là della sua franta configurazione. «Solo la consapevolezza di stare così vicino al creatore dell'opera agiva come invisibile presenza dello spirito»: le parole di Rellstab chiariscono sufficientemente l'approccio sacrale alla sinfonia e come la comprensione del messaggio si determinasse al di fuori della condizione spaziotemporale.

Ci troviamo sulla soglia di una ritualità iniziatica recante l'impronta della religiosità, che Hoffmann aveva riconosciuto alla musica di Beethoven quando affermava che

> [...] l'esecutore dev'essere consapevole di un'iniziazione sacrale, ed entrare arditamente nel cerchio magico delle apparizioni evocate dalla potente magia di quelle pagine. Chi non sente dentro di sé tale consacrazione, chi considera la musica un piacevole passatempo, un riempitivo delle ore oziose, un titillamento buono per orecchi ottusi – o pretesto di ostentazione personale – se ne tenga lontano.

Evidentemente qui ci troviamo di fronte a interpretazioni in cui risultano già in azione i principî dell'estetica romantica, la quale nei confronti di Beethoven operò un'annessione, trasformandolo in terreno dimostrativo su cui affermare il primato delle proprie regole. Al di là di ciò che, senza implicare un giudizio negativo, chiameremmo strumentalizzazione, assistiamo tuttavia al consolidamento di nozioni che si sono dimostrate capaci di sfidare le mode e le tendenze, e a fondare concetti duraturi all'interno dell'evoluzione dell'ascolto della musica beethoveniana. Se è accettabile la tesi di Eggebrecht secondo cui i contenuti della musica di Beethoven nella recezione verbale sono stati messi a nudo a tal grado di costanza concettuale da essere addirittura sostanziali per la definizione dell'identità reale delle sue opere, allora fra questi concetti uno di quelli che, a partire da Hoffmann, si pone in primo piano è quello della spiritualità del messaggio artistico. Ne abbiamo testimonianza ragionata nei *Gedanken über die neuere Tonkunst, und van Beethovens Musik, namentlich dessen* Fidelio (Pensieri sulla nuova musica, e sulla musica di Beethoven, in particolare sul suo *Fidelio*) del filosofo Amadeus Wendt pubblicati nel 1815 (*AmZ*), dove la nozione di musicista come «pittore del sentimento» non si esaurisce nella problematica della trasposizione delle emozioni in suono ma si addentra nell'imperscrutabile realtà dell'anima:

> La sua molteplicità di sentimento è incommensurabile, i suoi suoni annunciano sempre una delizia mai provata e mai gustata, il soprannaturale e il sotterraneo vengono legati al suono terreno, e costantemente egli appare nuovo e inesauribile. Pure si noterà subito che nelle sue rappresentazioni musicali la grandezza e il colossale sono predominanti,

dove espressamente è stabilito un rapporto di dipendenza tra la dilatazione delle proporzioni e la possibilità per la musica di aprirsi una via attraverso lo scompaginamento dell'ordine dato verso la dimensione che sfugge alla misura del reale. Paragonandolo a Jean Paul, lo stesso Wendt chiama Beethoven «visionario metafisico nel regno della musica» («metaphysischer Grübler in dem Reiche der Tonkunst») e, riportando un'impressione diffusa, individuava nella sua musica un che di «mostruoso e opprimente» in grado di attaccare il sistema nervoso delle nature deboli.

Alto grado di spiritualità

C'è un rapporto diretto tra la dimensione irraggiungibile dell'opera e la sottomissione del pubblico, per dirla col giudizio della «Revue musicale» del 1828 sulla *Quinta*, tra «l'ouvrage colossal» e «une sorte de stupeur qui se manifestait sur toutes les physionomies». Se Ludwig Tieck aveva potuto dire che le sinfonie «non appartengono a questo mondo» è perché tal genere di composizione aveva esteso la sua articolazione al punto da implicare l'aumento del grado di difficoltà nella sua comprensione e di diventare in un certo senso un campo di esercizio esoterico che divideva il pubblico in profani e iniziati. Tutto è determinato dall'impianto estetico che si era venuto a costituire in Germania alla fine del Settecento intorno alla musica strumentale, al concetto di sublime introdotto come un fattore di discrimine tra musica di impiego pratico e musica di valore simbolico e edificante. Carl Dahlhaus ha ripercorso la via che oltre i Romantici risale all'*Allgemeine Theorie der schönen Künste* (Teoria generale delle belle arti) di Sulzer, in cui al capitolo *Symphonie* Abraham Peter Schulz paragonava l'Allegro nella sinfonia all'ode pindarica nell'elevata facoltà immaginativa che esige la stessa spiritualità. Nello stesso contesto classicistico si potrebbe risalire all'opera seria di stampo gluckiano, che chiude una parabola storica lasciando libero il campo al dramma giocoso, più consono nella flessibilità dell'azione sciolta dai simboli e collegata al divenire vincente della quotidianità borghese. Ciò che il teatro musicale con la commedia borghese veniva a perdere in sacralità, passava alla sinfonia la quale, a partire dal periodo *Sturm und Drang*, a metà degli anni Settanta del XVIII secolo, introduceva nel suo corpo sonoro la vibrazione della spiritualità, mutuandola dalle fatali tonalità minori delle scene di premonizione dell'opera seria, dai tremoli e dalle volate isteriche degli archi dei balletti di furie e baccanti, dai cupi clangori delle scene oracolari. Nella misura in cui tale immaginario sonoro apparteneva a un mondo destinato a uscire dalla storia, il suo ramificarsi nel nuovo stile sinfonico serviva ad acquisirgli una dimensione fuori del tempo, assoluta, e un alto grado di spiritualità che preservasse la concezione laica senza venire a compromessi con i modi della pratica musicale ecclesiastica dell'epoca. In Beethoven l'incombere della palpitante umanità dell'esempio mozartiano non lascia scoprire di primo acchito il legame con la tradizione gluckiana. Ma com'essa è presente in più di un aspetto di Mozart, senza che si debba ammettere una sua conversione al modello di opera aulica, così traspare in Beethoven soprattutto là dove è in gioco l'ideale della virtù e della ragione, nell'affermazione del primato dei lumi. La morte dell'imperatore asburgico fratello del principe elettore il 20 febbraio 1790 fu l'occasione per il giovane musicista legato alla corte di Bonn di manifestare la propria professione di fede. La *Cantata per la morte di Giuseppe II* fin dal do minore delle battute introduttive, nello stupore indotto dalla cupa scansione accordale, rileva la modalità della musica massonica, del suo carattere premonitorio, della vibrazione di un ideale civile la cui tensione verso la luce, qui dichiarata nella serenità dell'aria "Da stiegen die Menschen an's Licht", fissa un marchio che negli stessi termini risuonerà nel *Fidelio* e ancora nella *Nona*, e per molti aspetti nell'espressione liberata e nell'attonita visione del mondo come appare negli ultimi quartetti. D'altra parte di ascendenza gluckiana è l'evocazione dell'informe, del caos, termine dialettico essenziale alla dinamica che porta al traguardo luminoso e che quindi dallo scatenamento incontrollato della natura e dell'istinto ricava a specchio il passaggio alla sublimazione. Non v'è chi non veda come i tratti frastagliati e fulminei del temporale che si scatena nel quarto tempo della Sinfonia "Pastorale", al di là della più moderna elaborazione tematica, rivelino il calco immaginifico dei precipitosi e forsennati disegni di biscrome nelle danze delle furie della memoria musicale settecentesca. È l'idea del disordine al quale nella sacrale visione dell'*ancien régime* è concessa una misurata evidenza didascalica, quel tanto che basta a mostrare ciò che si oppone alla rappresentazione simbolica dell'ordine, che anche in musica è costituito a somiglianza di quanto nella società assume la forma del potere. Anche Beethoven impiega lo stesso uso metaforico del caos che, anche quando giunge al massimo dell'effetto dirompente (si veda il terrificante urto tra la e si bemolle nel possente accordo che apre il finale della *Nona Sinfonia* e poco prima dell'entrata delle voci), è lontano dal prevalere e risulta facilmente esorcizzato dal senso di equilibrio che si impone simbolicamente.

Al di là di tale ricalco tuttavia lo scatenamento delle forze istintuali nella sinfonia moderna non si presenta più come un fenomeno di marginalità patologica bensì come fattore dinamico primario, al punto da far ammettere a Schulz l'«apparente disordine della melodia e nell'armonia [...] improvvisi passaggi e transizioni da una tonalità all'altra, che colpiscono tanto più fortemente quanto più il collegamento è spesso debole». Se oggi la ragione per mantenere in vita l'interrogativo piuttosto futile e non ancora dal tutto spento sull'essere Beethoven una manifestazione della tradizione classica oppure del filone romantico sta nella costatazione della ferrea logica che guida i suoi sviluppi rispetto alla palese esaltazione dell'arbitrio operato dai Romantici, non occorre dimenticare che all'origine l'apparizione della sua musica fu sconvolgente, proprio come dimostrazione del venir meno del rispetto dell'assetto formale ereditato, qualificandosi più nell'aspetto negativo della soppressione di un ordine che nell'edificazione di una nuova forma. Secondo Wendt:

> [...] molte opere di Beethoven, per esempio parecchie delle sue sinfonie, sonate, possono essere capite e apprezzate solo come *fantasie musicali*. In esse anche l'ascoltatore attento vede sparire dalla sua visione il pensiero di fondo, egli si trova in uno splendido labirinto dove da tutte le parti sontuosi cespugli e meravigliosi fiori rari attirano lo sguardo su di sé, senza tuttavia ricondurre le fila di nuovo verso la terra d'origine; la fantasia dell'artista continua a scorrere incessantemente, raramente sono consentite soste, e l'impressione prodotta da un primo evento spesso viene cancellata dal successivo; il pensiero di fondo è scomparso del tutto, oppure brilla nell'oscurità della lontananza nel flusso del movimento armonico.

Con Beethoven cessa la possibilità di poter tramandare una maniera, di poter contare sul riferimento estetico comune da cui sia concesso allontanarsi ma a cui sia possibile ritornare per trovare conferma al bisogno di equilibrio da condividere col resto del consorzio umano. Con lui diventa irreparabile la frattura tra musica tedesca e musica italiana, intese come aree contrapposte di cui la seconda si presenta, secondo la metafora di Carpani, come una monarchia («sovrano il canto, sudditi gli accompagnamenti») impegnata in una sintesi con la tradizione, mentre la prima in quanto «repubblica di diversi suoni e insieme uniti, nella quale ogni strumento ha diritto di figurare e figura» si trova a proiettare nel futuro il senso di una libertà conquistata ed esaltata nella sua valenza dirompente fino a compromettere quel senso di ordine naturale affidato al «regno» dell'«orecchio», al primato della «cantilena» individuata come fattore espressivo sì, ma di espressione coltivata come manifestazione di sentimento convenzionalmente regolato.

Al «Signor da Berlino» il Carpani rimproverava di «ammettere un po' di canto, ma un canto che non vi *disturbi* e *distragga il soggetto*, mentre per voi, in musica, il soggetto è la prima cosa, la musica la seconda», e dove, chiamando in causa l'opera beethoveniana, era individuata l'imperfezione nel «canto che non è canto, ma voglia interrotta di canto; in una parola il *Fidelio* di *Bethowen* un furente modo Frigio quasi perpetuo». Di fronte al «bisbetico» capolavoro il letterato italiano rincarava la dose:

> Ma la voglia di battere un sentier nuovo lo fé dare in musicali frenesie dottissime, che la natura condanna, ed il buon senso non può approvare. E tanto più alto in qui levo il grido, in quanto che le bellezze, che non di rado emanano da questo Bethowiano caos, sono sì lucide, sì vere e seducenti, che gli animi si attraggono della gioventù studiosa, e la invogliano a seguire il falso profeta, senza averne il genio ed il sapere.

Senza condividere l'irrimediabilità della condanna – poche pagine prima aveva manifestato apprezzamento per la dimostrata capacità di sciogliersi dalle «italienischen Gesangsmanieren» – Wendt giungeva a una conclusione simile quando nel compositore tedesco rilevava

> [...] la ricerca, l'anelito verso lo straordinario, un tratto in cui Beethoven ha molto in comune con Cherubini. Ambedue spesso invece di essere meravigliosi [wunderbar] diventano spesso singolari [wunderlich]; ambedue rasentano spesso la monotonia e la bizzarria, e di conseguenza, anche a causa dello spreco di dissonanze, diventano privi di melodia.

L'accostamento a Cherubini è importante non tanto per individuare affinità oggettive quanto per identificare un'area estetica da tempo predisposta al confronto di teorie inconciliabili, quella gluckiana. Secondo Carpani «chi per esprimere le perturbazioni dell'animo e l'eccesso della passione sostituisce, come usò *Gluck* non di rado, gli urli e le grida alla troncata melodia, offende ugualmente l'orecchio che la ragione». Alla base sta la contrapposizione nel modo d'intendere il teatro musicale tra l'opera "letterata", impegnata a subordinare la musica alle ragioni del dramma, e l'opera come spettacolo sonoro fondante la sua coerenza nei valori musicali, contrapposizione tanto più profonda quanto più riconosciuta come specchio di culture nazionali e quindi destinata ad accentuare i punti di disaccordo identificati in quanto risalenti a origini distinte.

> I Francesi, ed ancor più i Tedeschi, – continua il Carpani – errarono in ciò, che confusero l'opera con la tragedia, e ne formarono per compenetrazione uno spettacolo solo, quando sono due ben distinti e ben diversi l'uno dall'altro. Nella tragedia quella che si prende di mira si è l'anima. A lei si parla; dessa vuolsi accendere, illudere, agitare, sedurre, padroneggiare. Nell'opera all'incontro si parla ai sensi. Questi voglionsi principalmente allettare. Secondaria è la parte che l'anima prende a questo spettacolo.

Due direzioni vi sono descritte di fronte alle quali la scelta non può essere che drastica e che l'italiano percorrerà in un senso preciso, prendendo partito per Rossini e per una parabola interamente risolta a dimostrare in piena epoca romantica lo sganciamento della musica, in quanto realtà dei sensi, dal sentimento.

> Nella tragedia l'occhio e l'udito non intervengono che come mezzi di comunicazione. Il sentimento è quello che fa tutto. Nell'opera all'incontro que' due sensi sono gli agenti dominanti. L'opera per essenza è il regno della musica; la tragedia è il regno della poesia.

Sono parole, quelle del Carpani, che non solo definiscono assai bene la situazione della musica italiana, ma mostrano la tranquillità con cui un discorso si chiudeva, pago del risultato raggiunto come suggello di una tradizione fondamentalmente conservativa. All'opposto stava il fermentante mondo tedesco che, avendo messo a nudo nella musica il sentimento, lo viveva instabilmente e, in quanto manifestazione sfuggente al controllo della ragione, spesso come fattore d'arbitrarietà. Inoltre, proprio per rispondere a una visione della musica ormai bloccata al compito di rispondere all'esigenza di appagare i sensi, essa veniva a incrementare quelle capacità allusive che lasciavano presumere una sua articolazione nell'approfondimento di una vera e propria dimensione di pensiero che la poneva in concorrenza con le discipline artistiche ben meglio attrezzate in tale funzione. Giovanni Simone Mayr, bavarese ma lombardo di adozione, era nella posizione più favorevole per potersi rendere conto di una simile evoluzione che per la novità si presentava carica di futuro:

> Il Tedesco riguarda la musica non già come un mestiere, od oggetto di diletto, ma rivelazione della vita più intima, d'un animo ispirato, ed uno

> de' mezzi più efficaci per lo sviluppo e la coltura, anzi per la beatificazione dell'umanità. La musica è dunque l'arte di destare negli animi degli analoghi sentimenti, rappresentare le sensazioni dell'animo per mezzo dei suoni onde destar analoghi sentimenti – ma anche pensieri.

Mayr non avrebbe potuto scrivere queste parole se non ne avesse avuto dimostrazione attraverso l'opera di Beethoven, il primo grande compositore che, soprattutto grazie all'azione diretta della sua musica nella società, riuscì a trasmettere una concezione del mondo e a far riflettere su di essa. Sulla profondità del *Fidelio* ecco le significative parole di Wendt:

> Il tuo canto è lingua del cuore, pura declamazione del sentimento, perciò nella tua opera domina più il canto che il cantante! Tuttavia la tua espressione non è solo espressione del sentimento, in mano tua i suoni sono espressione di pensieri profondi, e così tu risvegli anche pensieri, e descrivi ciò che nessun poeta descrive.

Fidelio possiede la struttura del Singspiel nel senso di svolgere l'azione come recitazione inframmezzata di momenti cantati, secondo il modello della commedia che all'origine era arricchita dall'inserimento lirico di Lieder. Sennonché là dove il Lied costituiva fattore innovativo in uno spettacolo che aveva voltato le spalle ai significati didascalici dell'opera seria, in Beethoven raggiunge la profondità di pensiero rilevata da Wendt proprio ritrovando la via e i modi del destino scandito nell'aulico precedente. Inoltre, giacché l'«espressione di pensieri profondi», al di là dell'opera, riguarda essenzialmente la sua musica strumentale, non è azzardato sostenere che la sinfonia di Beethoven ricava tale dimensione di significato dall'assunzione di procedimenti del linguaggio operistico settecentesco di stampo gluckiano, qualificandosi in senso opposto alla commedia in musica o al dramma giocoso come si sono configurati in Mozart.

In verità, mentre la commedia di situazione mozartiana, oltre a rappresentare persone e vicende comuni, coglie con estrema esattezza e in azione la moderna realtà borghese ritenuta degna di interesse per il dramma, la musica strumentale di Beethoven ne coglie la spinta ideale che nega l'azione (nel senso dell'attività di quegli «osti, ciabattini e sarti» verso i quali abbiamo visto quale disprezzo nutrisse) e che restaura invece la forza simbolica degli imperativi gesti gluckiani. Non è difficile coglierlo nelle battute d'apertura dell'ouverture *Coriolano* op. 62, nella tensione esclamativa ottenuta con lo spasmodico do in ottava negli archi sfociante in un accordo che si interrompe su un silenzio mortale, come lo chiamò Hoffmann, e che si rivelava in «alto stile» all'anonimo cronista di «Thalia» (1811) il quale già notava come «Il Signor van Beethoven non è compositore per tutti [*für das Allgemeine*]». Significativa è la lettura che nel 1812 fu data sull'*AmZ* da Hoffmann:

> La fosca e terrificante serietà della presente composizione, i raccapriccianti accordi provenienti da uno sconosciuto regno degli spiriti, lasciano presagire più di quanto in seguito [nel lavoro teatrale di Heinrich Joseph von Collin per il quale è stata concepita] viene corrisposto. Si crede veramente che quel regno degli spiriti annunciato da spaventosi tuoni infernali [*unterirdischen*] entri poco dopo nella pièce [...]. Senza aver letto la locandina della commedia, nessuno si può aspettare altro; dopo tale ouverture non ci si può immaginare certamente un dramma borghese, bensì proprio una più alta tragedia, in cui eroi appaiono e soccombono.

È evidente che la maniera beethoveniana era percepita come qualcosa di completamente estraneo al realismo teatrale borghese e che il suo nobile accento era riconoscibile nella misura in cui corrispondeva al tono eroico di tradizione settecentesca ancora ben presente alla coscienza. Il fatto che Hoffmann vi riscontrasse analogie (soprattutto nella strumentazione) con le ouverture di Cherubini, cioè con un compositore che più di qualsiasi altro suo contemporaneo recava il marchio della concezione gluckiana del dramma, è significativo. Il linguaggio sinfonico beethoveniano, così calato nel tempo e così intrigante per le discussioni suscitate fra i contemporanei, sotto questo profilo rivela una valenza retrospettiva. Vi si conferma quindi ciò che Dahlhaus ha già fatto notare in *Fidelio*, cioè come di fronte a una musica capace di far scaturire da una vendetta privata un affare di stato e di dargli quindi la sostanza di opera politica, assistiamo, con l'apparizione inverosimile del ministro incarnante la virtù del potere che esaudisce le speranze, allo spostamento della vicenda dalla realtà alla sfera del meraviglioso, «che è il regno innato dell'opera». Il richiamo all'impianto settecentesco è evidente nel quartetto "Mir ist so wunderbar" il quale, nella sospensione del tempo che predispone il concertato a effondersi in commozione generale, secondo Dahlhaus assume la dimensione del "tableau", prodotto di un'estetica dell'effetto più che di un'estetica dell'opera in sé com'era quella settecentesca. Se l'abbandono nell'opera dell'Ottocento della successione di quadri statici basati sull'affetto in favore dell'evidenziazione della spinta dinamica dell'azione attraverso l'incalzare della musica può essere inteso come rispecchiamento del modo di manifestarsi della condizione borghese, nel senso dello spirito di iniziativa e di mobilità che introduce, il suo ripristino, al di là delle ragioni musicali che nel concertato (anche in quello rossiniano) sembrano richiedere costituzionalmente una sosta contemplativa all'impetuoso procedere drammatico, potrebbe corrispondere al recupero della costanza dei valori simbolici. L'incitamento dell'azione, come si presenta nella rappresentazione della realtà borghese, nella frammentazione espressiva che ne deriva acquista in varietà o ricchezza di articolazione degli affetti, ma perde sicuramente quella pregnanza emblematica e quella didascalicità morale posseduta dall'aulica opera seria con le sue solide e statiche raffigurazioni tipologiche. L'estetica della commedia che discende dall'opera buffa tende a ramificarsi nel particolare affettivo e quindi si trova indebolita di fronte all'esigenza di universalizzare i caratteri nella loro esemplarità. Nel bisogno di universalizzare i principî affermati ecco quindi che un compositore "rivoluzionario" quale fu Beethoven si trovava a dover compensare la tensione verso l'avvenire con un preciso richiamo al passato, ai modi capaci di innalzare il sentimento nella statica sfera dell'astrazione.

Non è un caso che tale atteggiamento retrospettivo si delinei chiaramente nell'ultimo periodo della vita del compositore, quando le condizioni storico-politiche e la sofferta esperienza personale lo spingono ad appartarsi dal mondo e appunto a concepire il dialogo con l'umanità come qualcosa la cui efficacia non sarebbe più da verificare a confronto del pubblico effettivo ma di un pubblico ideale immaginato a sua somiglianza, in base a un bisogno di elevazione incoraggiato dalla mitizzazione della capacità nobilitante degli antichi modelli.

Le sue applicazioni intorno a Händel detenevano questo scopo e Schindler testimoniò come «il maestro avesse lungamente accarezzato il progetto di comporre un'ouverture in stretto stile contrappuntistico e, in modo particolare in stile händeliano». Foriera di sviluppi che sarebbero stati ancora più incrementati se il compositore fosse vissuto più a lungo, l'ouverture *Die Weihe des Hauses* testimonia la chiamata in causa di Händel nell'identificare i modi per celebrare la nobiltà di sentimento e la grandezza d'animo. La marcia con cui si apre rivela infatti la ricerca di una solennità meno clamorosa e meno banalizzata rispetto al semplificato segno che contraddistingue le marce rivoluzionarie assecondate dal primo Beethoven. Attraverso Händel egli ritrova, nell'intonazione in *ff* dei fiati e nella sacralità dell'intervento dei tromboni, la dimensione religiosa dell'ossequio a un ordine superiore, ulteriormente chiamato in causa nel conclusivo momento contrappuntistico dove la polifonia, anche attraverso una formulazione del tutto rigenerata, si conferma come mezzo per la musica di edificare una costruzione sonora simbolicamente anelante verso architetture soprannaturali. La monumentalità era stata il mezzo per creare in musica le condizioni dell'elevazione, in ciò che stabilisce il limite sonoro tra la dimensione confidenziale e ciò in cui non è più possibile proiettare il proprio sentimento individuale, in quanto spazio risuonante oltre il privato. Beethoven ammirava gli oratori händeliani per questa capacità, che tuttavia era fondata sui mezzi vocali e che dunque non forniva risposte complete all'esigenza di elevazione a cui era sollecitato nella composizione orchestrale. Quello e altri precedenti settecenteschi erano comunque imprescindibili nella definizione della via della sublimazione, precedenti che erano stati d'altronde la base del funereo stile rivoluzionario francese (si veda l'ouverture al *Démophon* di Vogler con la sua minacciosa solennità immediatamente adottata dai musicisti della Garde nationale quando ancora non era pronto un repertorio per le cerimonie civili). Nella scansione in ritmo puntato del primo tema della *Nona* è ad esempio individuabile in trasparenza il calco dell'ouverture alla francese, anche se privata della sontuosità barocca: dell'antico modello è presente il distillato, quel tanto che basta a rilevarne il volitivo dichiararsi dell'autorità. D'altra parte lo stile musicale rivoluzionario inaugurato da Gossec, Cherubini, Méhul e dagli altri musicisti impegnati nelle prime manifestazioni repubblicane nacque appunto come adattamento di una maniera precedente a condizioni diverse, dove la necessità d'espressione fatale e spaventevole si manifesta in composizioni chiamate a incutere timore direttamente al collettivo e quindi a semplificare l'espressione di stampo gluckiano in cui lo stesso messaggio si configurava in modo più circonlocutorio. Il senso del cambiamento è comune all'abito del *citoyen* la cui foggia, a parte la scomparsa dei pizzi, degli ornamenti, della cipria e delle parrucche, rimane quella del vestito aristocratico nella valorizzazione dei tratti che fanno l'uomo imponente. Allo stesso titolo il profilo di recitativo, che qua e là si insinua nella scrittura pianistica, nei quartetti e negli unisoni esclamativi delle sinfonie non è solo risultato di tensione «verso una parola impronunciabile» come ha giustamente rilevato Giorgio Pestelli, «rilanciando così l'antica credenza di uno spirito dormente nelle corde dello strumento che l'artista ridesta e sollecita in un arcano colloquio», ma sicuramente anche un procedimento nobilitante nel senso di introdurre in generi in parte ancora praticati come prolungamento della *Hausmusik* e della relativa colloquialità, un fattore di elevazione capace di indicare il punto più alto nella gerarchia esaltante i valori morali e le virtù civiche.

Oltre al vero e proprio dialogo tra solista e archi nel secondo tempo del *Quarto Concerto per pianoforte* op. 58, lineare nello scambio dei rispettivi motti, ne abbiamo riprova nella *Nona*, nell'esortazione del basso solo che raccoglie la provocazione del lungo monologo in recitativo in cui si succedono le irose interiezioni di violoncelli e contrabbassi e che si presenta nella funzione di corifeo come si era configurata nelle musiche cerimoniali della Rivoluzione francese (si pensi all'*Offrande à la Liberté* con la quale Gossec nel 1791 definì una modalità drammaturgica che avrebbe trovato conferma in Méhul, Cherubini e tutti gli altri) ma a sua volta esemplata sulle intonazioni sacerdotali, gli annunci, i vaticini, le premonizioni che nell'opera seria settecentesca inoculavano le ragioni di un'alta spiritualità. Per quanto fosse il prodotto per eccellenza dell'*ancien régime*, l'opera seria era depositaria di un'aulicità che non trovava equivalente in ciò che proveniva dal popolo: né il *Ça ira* né *La Carmagnole* potevano pretendere di sollevare il messaggio rivoluzionario oltre l'aggressiva profanazione dei vecchi simboli, al livello di una spiritualità in grado di superare lo stadio elementare della contrapposizione di classe, nell'indicazione di meriti per conquistare i quali valesse il principio del sacrificio e quindi la selezione degli eletti. Venuta meno la Chiesa e la sua simbologia in un compito che, nella rigidità delle proprie modalità tramandate, non riusciva a integrare anche musicalmente nella regola cattolica la palpitante dimensione della forza morale laica, non rimaneva che l'esperienza dell'opera seria la quale, per quanto radicata nella condizione feudale, ne superava i confini in virtù della ricerca di una purezza di formulazione che le varie riforme teatrali, nell'origine letteraria e filosofica, ponevano al di sopra delle contingenze cortigiane.

Più di quanto non si pensi trapassò quindi da una civiltà all'altra e fu ereditato da Beethoven attraverso l'esperienza rivoluzionaria appunto. Lo testimonia significativamente la salvezza conquistata del protagonista in *Fidelio*, che non è risultato di lotta e di contrasto ma di un atto di grazia, come ha fatto notare Rudolf Bockholdt attirando l'attenzione sullo squillo di tromba che nel Quartetto del secondo atto annuncia la liberazione: nell'arrivo del ministro l'autore non si perita di riprodurre nel nuovo contesto di un'opera che volta le spalle alla visione gerarchizzata della società il procedimento del *deus ex machina* tipico dell'arcaica opera seria. Di fronte alla tentazione di convertirsi alla teatralità d'azione, Beethoven preferisce attenersi alla teatralità simbolica. Non è che manchi al suo senso drammatico-musicale la consapevolezza del valore dell'effetto (sistematicamente riscontrato e in modo spesso iperbolico nelle testimonianze d'ascolto), ma di fronte alla prospettiva di ridurre il messaggio alla verifica di un compiacimento fisico egli si ritrae impegnandosi a recuperare la forza della dimensione didascalica. Anzi la misura della forza astraente della sua musica si ha proprio là dove la tentazione naturalistica è più forte, in quanto dimostrazione della capacità di trasformare la materia (nella sua manifestazione più bruta) in segno di concentrata energia allusiva. Non sfuggono all'appuntamento momenti quali, nella *Nona Sinfonia*, il tellurico sussulto dell'orchestra all'inizio della ripresa nel primo movimento che, ancora in virtù di una retorica settecentesca (si pensi alla pittura haydniana de *La creazione*) ci pone faccia a faccia con il caos, in cui solo lentamente si organizza il balbettio di una melodia. Da un altro terrifico sussulto, producente una dissonanza che lasciò allibiti non solo i contemporanei, prende d'altronde le mosse anche il quarto movimento, confermando il piano estremamente unitario di un'opera che, alla tensione ideale per principî morali di portata universale riscoperti nella natura perenne dell'animo umano, accompagna una tensione metafisica che rincorre, oltre l'apparenza sonora, principî organizzativi di un ordine più profondo. Possiamo allora capire il senso dei giudizi apparentemente contraddittori che all'epoca furono emessi sulla sua musica: «souvent bizarre, mais souvent sublime» scriveva un cronista della «Revue musicale» nel 1829 in un commento alla *Settima Sinfonia* (1811-1812), dove implicitamente si ammetteva l'esistenza di una relazione nascosta in grado di rendere conto della logica che unirebbe l'apparente manifestazione di stravaganza e l'alto livello di significati al di là di ciò che è misurabile attraverso gli umani sensi. Ed è proprio nella misura in cui la sua musica nasce dall'informe materia che la forma sonora che si costituisce al secondo livello d'ascolto riesce a caricarsi di quei significati che la innalzano al di là della portata d'azione dell'esperienza dei comuni mortali.

La cifra di questa musica non era sfuggita a Hoffmann quando nel rendere conto del Trio in re maggiore op. 70 n. 1 (1807) sull'*AmZ* del 1813 rilevava come

> [...] strane figure iniziano una danza buffa, mentre sospese nell'aria si spostano improvvisamente da un punto di luce all'altro, si separano improvvisamente scintillando e lampeggiando per poi succedersi e contrapporsi in vari gruppi, e in mezzo a questo regno degli spiriti l'anima incantata sta in ascolto della lingua sconosciuta e comprende tutti i più segreti presentimenti, dai quali viene aggredita. – Solo il compositore ha potuto entrare veramente nei segreti dell'armonia, per mezzo dei quali ha potuto agire sull'animo delle persone; per lui i numeri, che per il grammatico senza genio rimangono esempi di calcoli rigidi e morti, sono proporzioni, magici preparati che egli fa emergere da un mondo incantato.

Era giustamente il *Largo assai ed espressivo* a imporsi all'attenzione per i parametri del discorso qui ricondotto a due concise figure elaborate via via in un contesto in cui sembra impossibile intravvedere una forma e in cui a sprazzi e solo per un attimo il materiale riesce a organizzarsi in frase cantabile e appassionata. Vi si percepiva per la prima volta in forma problematica l'azione della fantasia, vista non più come un fattore di creatività esaltante la capacità di rinnovare le regole che sovraintendono al modello formale, bensì come fattore perturbativo di un ordine che rimaneva pur sempre l'attributo irrinunciabile dell'opera d'arte.

Primato del pensiero

Anche là dove non necessariamente dominava l'aspirazione classicistica, come in Wendt (autore propenso a un'idea di progresso in senso romantico), si imponeva una presa di distanza da ciò che in Beethoven appariva sconvolgente:

> Poiché l'arte deve rappresentare in un certo senso qualcosa di compiuto; la compiutezza non si dà però senza misura, come la Grazia non è concepibile senza il cinto; la misura è nello stesso tempo limitazione e forma – limitazione che si impone l'artista stesso, il quale lavora nello spirito della sua arte e che deve distinguere la sua opera dal fantasticare senza regole e senza spirito e dai sogni dell'informe o dell'incivile. La fantasia musicale quando è governata da un grande spirito più di tutto giustifica i peccati contro la forma e la regola, essa è un prodotto prezioso quando spontaneamente ed ovunque è in grado di mettere in luce la sicurezza tecnica del maestro. Ma il fatto di trasporre questo carattere della fantasia in altre composizioni, e con ciò *facendo della fantasia musicale un elemento dominante del mondo sonoro*, non può che portare all'errore. Esuberante ricchezza d'idee e un'originalità inesauribile si possono manifestare, ma spesso gli mancano chiarezza, comprensibilità e ordine, per mezzo dei quali si costituisce l'opera d'arte, un'opera non dell'umore momentaneo, ma del godimento durevole. Qui siamo al punto in cui anch'io parlo dei grandi errori di Beethoven, poiché io non ambisco a diventare il suo laudatore, per la qual cosa non mi sento né invitato né autorizzato, ma piuttosto di salutare imparzialmente con discernimento il suo influsso sulla nuova musica e il suo carattere.

È curioso in questa citazione il fatto che la nozione di "idea" sia identificata non tanto in rapporto a un contesto di ordine razionale come implicherebbe il termine, quanto in opposizione a esso, in opposizione a un'organizzazione di valore concettuale come è venuta a configurarsi la cosiddetta forma-sonata. Evidentemente la concezione compositiva di Beethoven, chiamato in causa ogni volta in relazione a questo modello compositivo, non era ritenuta agli occhi dei contemporanei immediatamente equiparabile a un sistema di pensiero, ma al contrario veniva identificata come ordinamento sonoro sfuggente al controllo razionale. Infatti generalmente si parlava di "idee" quando esorbitavano, cioè quando uscivano di misura. In occasione dell'esecuzione della *Prima Sinfonia* l'*AmZ* (1800) parlava di «ricchezza di idee», nozione più volte ribadita: «ricchezza di nuove idee» riferita sempre dall'*AmZ* (1805) alla *Seconda Sinfonia* (1801-1802), «grandi e audaci idee» nella *Terza Sinfonia* (*AmZ*, 1805), «quale fierezza e schiettezza d'idee», riferita alla *Quinta* («Wiener allgemeine musikalische Zeitung», 1813), «interessante e artistica elaborazione e attuazione di idee del tutto nuove» con cui la «Wiener allgemeine musikalische Zeitung» (1817) accoglieva la Sonata in la maggiore op. 101 (1816), fino allo «slancio d'idee piene di fantasia» con cui lo stesso giornale nel 1819 salutava la Sonata per violino e pianoforte op. 96 (1812-1813). Ci troviamo perciò di fronte a un'ambiguità di fondo, in cui tutto è possibile fuorché l'identificazione di quell'equilibrio classicistico che la consuetudine vorrebbe collegato alla nozione di forma-sonata com'è attuata in Beethoven. In verità altrettanto significativo è il fatto che, nel momento in cui si giungeva a definire tale principio compositivo, gli aspetti oggi ritenuti secondari fossero considerati di primo piano.

Senz'essere cronologicamente il primo, uno dei primi a fornire l'analisi della cosiddetta forma-sonata fu Anton Reicha, compositore e celebre teorico che dettava legge al Conservatorio di Parigi al tempo in cui vi approdarono Berlioz e Liszt. Nel suo *Traité de haute composition musicale* (1824) compare un'ampia analisi della «grande coupe binaire» che, riferita al modello dell'ouverture dell'opera *Le nozze di Figaro* di Mozart, non è altro che quella della forma-sonata. Qui già ci troviamo di fronte a un fatto curioso, cioè che l'ouverture in questione non si compone delle tre fasi tipiche della struttura sonatistica (cioè esposizione-sviluppo-ripresa), bensì di esposizione a cui succede immediatamente la ripresa. Reicha era già però in grado di considerare le circostanze che stavano alla base di una composizione, per esempio il fatto che l'inizio di un'opera teatrale non poteva essere altro che un pretesto di richiamo dell'attenzione a cui era oggettivamente impedito di diffondersi in elaborazioni di grande impegno. Anzi, proprio considerando che l'occasione avrebbe scoraggiato Mozart dal ricavare un adeguato sviluppo dalla ricchezza di idee contenute nell'esposizione, Reicha era indotto a fornire il modello non di uno ma di almeno due sviluppi possibili da inserire a metà dell'ouverture a dimostrazione di come sia lo sviluppo il momento di maggiore impegno compositivo come sfoggio di dottrina e di tecnica contrappuntistica.

L'interesse di questa testimonianza di Reicha non sta però nell'ardito tentativo di ricomporre il capolavoro mozartiano, bensì nei principî che si concentrano quasi esclusivamente sul concetto di sviluppo delle idee melodiche, al punto che al teorico non basta individuare i due temi principali, come ci insegna la teoria attuale: la sua capacità analitica gli consente di censire almeno nove temi o meglio, come egli li chiama, idee. Qui potrebbe già essere posta una questione in base alla constatazione che nella teoria più antica non compariva il termine "idea" a connotare l'entità melodica o tematica. Il termine più corrente, nel caso dei testi che tramandavano la tecnica di composizione della fuga per esempio, era "soggetto" e conseguentemente "controsoggetto", cioè un'espressione che si accontentava di designare la posizione dell'entità melodica nella composizione, mentre il significato del termine idea, di cui a un certo momento si farà anche abuso, va oltre, fino a implicare l'equivalenza tra discorso musicale e processo intellettivo. In Italia nel XVIII secolo più che idea si usava il termine "motivo" che il Carpani all'inizio dell'Ottocento, impegnato nelle analisi del modello haydniano, credette di poter mettere a fuoco in base all'etimologia: «indicando con ciò, ch'egli dà moto e direzione a tutti gli altri». È difficile sostenere senza altri riscontri tale origine del termine, ma è certo che lo stile sonatistico di quell'epoca, pur mantenendo come obiettivo ultimo il principio dell'equilibrio, introduceva elementi di instabilità in una forma che precedentemente ricercava la simmetria già nel profilo tematico.

I motivi di Haydn non cercavano invece la compiutezza (fu il Mayr il primo ad accorgersene: «Non hanno questi Allegri talvolta neppur un tema e sembrano cominciare nel mezzo») ma mirano a organizzare il linguaggio sull'arco di enormi tensioni sprigionate da permanenti stati di squilibrio. In una delle prime descrizioni della forma-sonata risalente al 1796 (come si può leggere negli *Elementi teorico-pratici di Musica* di Francesco Galeazzi) tale realtà era già ben chiara alla coscienza del compositore:

> È proprio de' principianti il lambiccarsi il cervello per scegliere un bel motivo per le loro Composizioni senza riflettere, che ogni buona composizione deve sempre crescere in effetto dal principio alla fine: se adunque si sceglie un sorprendente motivo, sarà molto difficile che la composizione vada crescere, anzi all'opposto andrà considerabilmente a scemare, ciò che screditerà totalmente la Composizione a onta del bellissimo Motivo.

Qui si situa il discrimine tra la forma-sonata e l'aria operistica, benché probabilmente la prima derivi dalla seconda nella forma tripartita ABA. L'aria vocale esaltava infatti il bel tema compiuto, concepito staticamente, sul quale (soprattutto nella ripresa) compositore (e addirittura interprete) potevano intervenire con fioriture e ornamentazioni che rimanevano tuttavia esterne e non erano paragonabili al segno che, in termini di elaborazioni, il tema subiva nello sviluppo sonatistico. Solo in un aspetto l'opera sposa l'organizzazione del linguaggio tipica della forma-sonata: nei finali, dove si fa avanti un altro concetto (quello di dramma). Il finale (drammatico) sviluppato rompe lo schema chiuso dell'aria (lirica): i personaggi non si dichiarano solamente, ma si affrontano.

È quindi fondato parlare di forma-sonata come di modello drammatico, giacché il principio non venne messo a punto solo nell'ambito della musica strumentale ma, a partire da Mozart, anche nella musica per teatro. D'altronde successive esperienze, come quella wagneriana, non fecero che confermare l'improponibilità di una totale divaricazione dei due momenti: cosa è il *Leitmotiv*, se non la personificazione di entità tematiche agenti in termini strumentali non solo con valore drammatico ma come veri personaggi in orchestra! All'epoca di Wagner in un certo senso (anche se egli non passò alla storia come compositore di quartetti, sonate, sinfonie, cioè come esponente di quei generi in cui precipuamente venivano praticati i concetti che stiamo dibattendo) si compie la parabola di un modo di organizzare il linguaggio che viene finalmente codificato nel momento in cui l'originale priorità del principio armonico (la polarità di tonica e dominante ecc.) viene meno in favore dell'acquisizione di un nuovo significato da parte delle entità melodiche (dei temi) non più imposte come fattori di semplice o sorprendente bellezza, ma che assumono peso specifico sempre più diverso come dato concettuale (Galeazzi chiama il motivo anche «pensiero») in analogia con altre attività espressive o dell'intelletto che la musica via via tendeva a incorporare. Il momento di volta di questo processo è da ricercare sicuramente in Beethoven il quale, cogliendo nella forma-sonata l'azione di quello che egli chiamò «principio di opposizione» (*widerstrebendes Prinzip*) contrapposto al «principio implorante» (*bittendes Prinzip)*, tentò di trascendere il puro stadio emotivo dell'espressione per articolare il suo discorso in analogia con i princìpi formulati dalla filosofia kantiana. Non per niente su uno dei suoi taccuini assume inequivocabile evidenza la trascrizione di un'affermazione di Kant: «Nell'anima come nel mondo fisico agiscono due forze entrambe ugualmente grandi e semplici, desunte da uno stesso principio generale: la forza di attrazione e quella di repulsione». A Schindler inoltre il compositore giunse a dire che il carattere di opposizione tra i due temi nei primi movimenti delle due Sonate op. 14 (1798-1799) riproduceva «un dialogo tra un uomo e una donna, o tra un amante e la sua amata».

Le tensioni che la forma-sonata era in grado di liberare con Beethoven andavano quindi ormai al di là della prospettività del «giuoco filarmonico» che il Carpani riscontrava in Haydn. È vero che la valenza drammatica del linguaggio strumentale viennese poteva indirizzare l'ascolto verso un immaginario teatrale che si presentava alla coscienza del pubblico persino all'apparire della *Nona*, com'è testimoniato dalla lettura che Friedrich August Kanne (sull'*AmZ* austriaca, 1824) propose del «grottesco» profilo dello *Scherzo*: «Nella corsa di note staccate eseguite da oboe, flauto, fagotto, ecc. si vede proprio la piccola Colombina camminare a passettini con il suo Arlecchino [...]. I bassi coi loro ampi salti e sghembi movimenti rappresentano senza dubbio il Pierrot dalle lunghe braccia». Sennonché proprio la *Nona* nella sua incommensurabilità induceva a cercare i termini della dialettica sottesa ben al di là della portata della quotidianità, chiamando in causa il «gigantesco combattimento della natura e individuando nell'affrontamento di eterogenee masse sonore [...] l'imitazione del principio stesso di natura» (*BAMZ*, 1826).

Come non mai prima d'allora la musica di Beethoven era vista quale meccanismo in azione, ma altrettanto certamente come una realtà sottratta alla decifrazione episodica e proiettata nella vasta dimensione di significati accessibili per via intellettualmente mediata. Le forze in gioco nella sua musica non si lasciavano ridurre a semplici fatti o a situazioni descrivibili: nell'estesa pubblicistica che accompagnò ognidove l'esecuzione delle sue sinfonie non vi fu nulla di paragonabile alle estrapolazioni narrative frequentemente operate all'ascolto delle sinfonie di Haydn. La stessa programmaticità della *Terza* e della *Sesta* non indusse i commentatori ad accontentarsi di interpretarle descrittivamente. In un'epoca in cui viceversa l'eloquenza della scrittura strumentale (la sua decantata capacità parlante) veniva spesso presa alla lettera al punto da incoraggiare le traduzioni in racconto di intere sinfonie, balza agli occhi l'esitazione a ridurre la musica di Beethoven in dettagliata aneddotica. A nessuno sfuggiva l'intensità del messaggio, anzi era ben presente il senso di comunicazione impellente, ma sulla sua natura rimaneva l'aura di una spiritualità che lo qualificava in quanto manifestazione estranea alla condizione ordinaria.

Proprio in uno dei primi resoconti sull'esecuzione della "Pastorale" leggiamo: «Non senza ragione possiamo annoverare fra le creazioni memorabili dello spirito umano quei pezzi strumentali gradualmente giunti a perfezionamento e ai quali è stato attribuito il nome di sinfonia, che la nostra epoca e specialmente la Germania onora, e che hanno esteso i confini dell'arte musicale» (*AmZ*, 1812). È vero che l'autore stesso ne aveva indicato la chiave di lettura apponendovi la scritta «più espressione di sentimento che pittura», indicazione disciplinatamente rispettata dai più – giustamente Michael Gotthard Fischer si rifiutava di intenderla come «rappresentazione di oggetti riscontrabili nello spazio della campagna, bensì come rappresentazione di sentimenti» (*AmZ*, 1810) –, ma è anche vero che l'intenzione di Beethoven non poteva impedire ai primi esegeti di spingersi al punto in cui era possibile identificare l'affacciarsi della dimensione del mistero, come testimonia il precedente recensore dell'*AmZ* (1812): «Tuttavia sarebbe difficile all'ascoltatore non iniziato entrare in tutti questi segreti a lui preclusi [...] Il linguaggio della musica qui impiegato è affatto ancora sconosciuto a molti». Anche se la teoria romantica era ormai venuta a sconvolgere l'equilibrio introducendo un registro interpretativo che tendeva a fare della musica il principale strumento di mediazione con quello che Hoffmann chiamava «il regno spirituale dell'Infinito», il messaggio beethoveniano non si nega alla possibilità di essere veicolo di principî supremi affermando il primato del pensiero sulle forze dell'irrazionale, in un processo di elevazione delle coscienze talmente evidente da scoraggiare qualsiasi tentativo di interpretazione riduttiva. La *Sesta* è infatti un momento di chiarificazione nel senso che la concezione beethoveniana manifesta il suo adeguamento «alla formulazione kantiana che fa della natura una realtà chiaramente distinta e subordinata all'Io razionale, anzi, in opposizione a esso per quanto in essa v'è di ignoto, di indeterminato, di appartenente alle oscure forze del caso e dell'inconscio» (Giovanni Carli Ballola). Da altri è stato sottolineato come nella *Sesta* nemmeno un accordo di settima diminuita compaia fino alla scena del temporale che costituisce il quarto movimento, mentre nella "Sinfonia del destino" questi "famigerati" accordi si possono contare a bizzeffe. La statistica in tal caso ci aiuta a capire come il delinearsi di due diversi orientamenti manifesti l'esigenza di una complementarità in seno a una concezione in cui l'idea regna sovrana al di sopra del materiale. Quando Beethoven, dovendo dare il suo giudizio su un'ouverture di Weber, la considerò «null'altro che una sequela di settime diminuite», nel dilagare del procedimento egli coglieva acutamente l'affermazione di un atteggiamento che nella scelta del facile espediente drammatico annullava il principio dell'espressione subordinata all'urgenza di un ideale meditato fin nella collocazione dell'ultima nota, rifiutando di accettare la standardizzazione stilistica che, come sintomo di massificazione della pratica musicale, appariva inconciliabile con la funzione emancipatrice della sua concezione umanistica. Quindi, se da un lato Beethoven era impegnato a caricare di senso morale l'eredità classicistica, ripensando ogni volta il singolo dato linguistico nel contesto di un equilibrio di discorso ideologicamente motivato, dall'altro si trovava fin da principio confrontato con la prospettiva della banalizzazione in cui poteva degenerare persino una formulazione stilistica di fresco conio. Infatti probabilmente non c'è opera beethoveniana più isolata della *Sesta*, come discorso sulla natura radicalmente nuovo a fronte delle tecniche descrizionistiche che, in nome del principio dell'imitazione, dall'antichità prolungarono la loro vitalità fino a tutto il Settecento, e nel contempo discorso senza seguito considerando lo sviluppo della musica a programma nell'Ottocento, teso ad affermare un concetto di natura frammentato nelle ombre, nei fulminei sprazzi di luce, nei colori cangianti di un paesaggio ai confini della realtà e alle porte di una nuova mitologia nutrita di mistero. La natura percorsa da Beethoven a passo disteso lungo i cinque movimenti della "Pastorale" si presenta come un quadro a luce diffusa capace di delineare i contorni di qualsiasi oggetto: due sole battute in tonalità minore nel primo tempo non riescono a inficiare il primato della tonalità maggiore intorno a cui luminosamente si organizza la melodiosa serenità di una tematica in cui si configura il sentimento di appartenere a un'armonia dove senza frattura alcuna l'io possa riconoscersi in rapporto di necessità con una natura rousseauianamente matrice del pensiero razionale. Il sentimento di natura che la composizione sprigiona a ogni battuta non è infatti riconducibile alle occasionali allusioni descrittive che pur vi sono, ma a uno stato dell'espressione liberato da ogni superfetazione, realizzato nell'essenzialità dei temi centrati per lo più sugli elementi costitutivi dell'accordo perfetto, quasi alla ricerca di un nucleo generatore capace di rendere evidente il senso di un ordine che si pretende sovrano. Un ordine che però non cede alla tentazione della risoluzione in senso metafisico fuori della portata dell'umana coscienza, bensì un ordine instaurato dalla stessa coscienza, capace di situare nello stesso atto di pensiero l'assoluto e il particolare.

Allorché nel riposante clima di abbandono dell'*Andante* ("Scena al ruscello") compare il richiamo dell'usignolo accanto a quello della quaglia e del cuculo, esso non si presenta necessariamente come dato di colore, ma appunto (sbocciando in una continuità discorsiva che non conosce fratture) si pone in linea con una concezione capace di trascendenza senza negare il senso di appartenenza a una condizione terrena accettata come prospettiva del pensiero. Allo stesso modo i bagliori del temporale nel quarto movimento, più che dar luogo a un pretesto realistico, assumono la funzione di contrasto di fronte al cantico di riconoscenza che nel finale si dispiega come atto di fede nella visione panteistica di un bene raggiungibile in virtù dell'umana razionalità, senza mezzi intermediari e codificazioni liturgiche. Infine tale natura a misura dell'uomo – su cui, sceso dalla carrozza con la quale l'aristocrazia percorreva le terre dei sudditi alla scoperta di emozioni festaiole, per la prima volta Beethoven allunga lo sguardo – appare come metafora del mondo e dell'esistenza riscattata da una libertà capace di assicurare agli uomini uguali diritti, in nome di una tensione ideale di fronte alla quale essa natura d'ora in poi non potrà più costituire alibi.

In conclusione la capacità della musica di Beethoven di esprimere idee e di superare lo stadio della manifestazione della molteplicità dei temi messi in opera deriva proprio dal rifiutarsi di mirare denotativamente a rappresentare il reale. I procedimenti descrittivi gli avrebbero forse consentito di esibire maggiore varietà, ma avrebbero vincolato il discorso all'oggetto della rappresentazione, impedendo di sprigionare la forza astraente (in grado dì trascendere il referente materialmente circoscritto) e di spostare il discorso sulle relazioni tra i termini denotati. In verità in Beethoven l'idea entra in azione prima ancora di collegarsi a un segno, rivelando rapporti di necessità che sottendono il riferimento a un ferreo ordine razionale. La premessa è l'autonomia dell'organizzazione sonora capace di simulare l'argomentazione concettuale nella vasta articolazione dei procedimenti strumentali i quali, fondati nella sostanza drammatica di una concitazione derivata della pratica operistica, ne conservano la carica di passione, essenziale a infondere al risultato sonoro quell'afflato che ne può fare oggetto di professione di fede, motivo per cui valga la pena umanamente di schierarsi. La sua musica non è perciò mai rappresentazione, bensì argomentazione: essa non elabora il dato reale espandendolo al di là di ciò che è possibile sceneggiare come proiezione di significati, ma irrompe essa stessa nel reale come proveniente da una superiore sfera della ragione, sprigionando idee nel momento stesso in cui si carica di umanità.

Nella temperie romantica tuttavia i termini della decifrazione di tale messaggio rimasero problematici. Lo ammise George Sand dopo avere ascoltato la prima volta la sinfonia: senza essere stata messa al corrente del programma sotteso, nella sua mente si era configurato «un poema nel gusto di Milton su questa adorabile armonia», ravvisando la caduta dell'angelo ribelle e il suo ultimo grido verso il cielo proprio là dove il compositore ha fatto cantare la quaglia e l'usignolo. Orbene, nel delirio immaginifico di quella generazione artistica, nel suo *Journal intime* (1833) questa era stata l'impressione suscitata dalle note beethoveniane:

> D'abord j'ai vu une plaine immense, absolument vide ... J'étais couché par terre et brisé de fatigue …
>
> Le ciel était sombre au-dessus de ma tête … au loin des lueurs jaunes … envahirent tout le cercle de l'horizon et le ciel devint d'abord d'un jaune orangé, puis d'un rouge de cuivre …
>
> Alors il me sembla que le ciel descendait peu à peu et se rapprochait de la terre comme une voûte palpable … En même temps la terre sembla reculer. Je me trouvais perdue …, balancée entre la terre et les cieux … Il se fit une grande commotion dans l'air, comme si l'éclat des trompettes eût déchiré l'élément qui me portait. Je tombai, mais je ne sais où.
>
> […] Mais il sortit des profondeurs de l'air je ne sais quel bruit d'ailes agitées qui s'approchent rapidement … des phalanges d'ombres ailées … arrivaient par grandes troupes … il y [en] avait de …. toutes blanches et d'autres toutes noires … qui, perdues et troublées comme moi, remplissaient la nuée de mille voix plaintives ou sauvages.
>
> [...] Une grande voix s'éleva dans l'orage "Allons, mes âmes, disait cette voix terrible, combattez courageusement. Ma tempête est rude, mais vous êtes d'une trempe solide … La paix de mon repos et les gloires de mon ciel seront pour les forts …".
>
> […] Je remarquai enfin que les âmes dont la robe et les ailes étaient blanches s'élevaient plus haut que les autres … mon effroi fut grand quand je m'aperçus que j'étais noire comme si la fumée de l'enfer m'eût bronzée … je pliai mes ailes et me laissai rouler d'espace en espace.
>
> […] Tout à coup une trompette sonna. C'était la trompette de l'archange, signal du Jugement dernier. Ma prison éclata comme un cristal fragile … je montai rapidement et sans efforts vers le Seigneur … Une molle langueur s'était emparée de mes sens … Peu à peu je devins blanche comme la fleur d'un lys … Le ciel s'entrouvrit et j'entendis la voix d'En Haut qui disait "Venez mes forts, entrez dans le repos", mais je ne vis rien, car la symphonie finissait.

Solo in ambito tedesco, quello che (oltre a ispirarlo) orientava Beethoven verso un'espressione di fondamento concettuale più che sollecitatrice dei sensi, si prese coscienza del livello a cui il compositore aveva elevato il suo messaggio. Di fronte alla complessità della *Nona* che lo induceva a risalire fino agli inizi dell'esperienza sinfonica beethoveniana, Joseph Fröhlich avvertì il nuovo quadro di rapporti:

> Così è facile spiegare come *Beethoven* pervenne all'idea della sua superba "Pastorale" e della sua eroica Sinfonia, come gli venne nel pensiero di materializzare [*versinnlichen*] in opere musicali idee generali, di dar corpo [*verkörpern*] allo spirito originario; – forse guidato da un certo poeta o da un'opera di contenuto spirituale alla contemplazione delle relazioni, in cui le leggi del mondo nella sua globalità e le relative grandi apparizioni si rapportano alla libera immagine dello spirito umano: – per poter rappresentare ciò, mostra appunto all'arte il suo più *alto* grado, *quell'essere la proclamatrice dei segreti divini*, come già gli antichi riconobbero e dichiararono. Sì, Beethoven deve essersi dichiarato nel senso che un'*idea psichica* sta alla base di ogni *sua opera*, e con ragione ci rammarica il fatto che non conosciamo né questa né la provocazione spirituale che ogni volta l'ha determinato nel dar forma alle sue numerose composizioni («Cäcilia», 1828).

La sinfonia è con ciò diventata campo d'azione di idee, più precisamente di "idee psichiche", di concetti riferibili a una sfera superiore ma che contano in quanto agenti nella mente dell'uomo. Non si tratta quindi di espressione di "affetti" rivolti alla sfera pulsionale, ma nemmeno di entità sfuggenti al controllo del singolo individuo, come possono essere i simboli religiosi che nella musica che se ne fa portatrice conducono a quella sorta di sospensione del tempo in cui il sentimento si paralizza per consegnarsi allo stupore di una grandezza subìta dall'alto.

Tensione morale

Si tratta dell'individuazione di quel livello in cui l'uomo assurge a dignità spirituale senza negare il radicamento del suo pensiero nel vissuto personale: è la condizione laica in cui l'uomo si rifiuta di ammettere garanzie date al di fuori della dimensione che lo concerne, una condizione di recente acquisizione e che Beethoven, il primo compositore a viverla senza più nessuna remora, valorizza addirittura attraverso scelte programmatiche. È un processo che trovò la consacrazione nella Rivoluzione francese, ma che era maturato progressivamente nell'estetica del Settecento modificando le categorie che per decenni avevano agito con collaudato valore prescrittivo. Carl Dahlhaus ha ben messo in evidenza il momento in cui avviene una dissociazione nei termini «affetto» e «carattere», interpretati come sinonimi da Mattheson, Marpurg e Quantz e successivamente, nella concezione di Christian Gottfried Körner, distinti in «anima» (il «carattere», l'«*ethos*») e in «moti dell'animo» (lo «stato passionale», il «*pathos*»). L'estetica rinascimentale e barocca aveva portato gli affetti in primo piano ma per formalizzarli, per dar loro dignità in un impianto retorico che di ognuno e separatamente forniva il distillato, recuperandoli con ciò a un quadro ordinato di riferimento che, per l'impiego didascalico, poteva valere anche per l'opera musicale religiosa. Nell'evoluzione musicale del tardo Settecento, nella differenziazione e nell'imprevedibilità del suo corso drammatico, il sentimento era liberato attribuendo addirittura alla sua valenza pulsionale la giustificazione della dinamica aperta dell'azione sonora (si veda il paradigmatico ruolo di Cherubino nelle *Nozze* mozartiane). Ciò comportava il rischio dell'arbitrio e, nel coinvolgimento fascinatorio dell'ascoltatore, faceva perdere di vista la gerarchia dei valori morali a cui rapportare l'atto espressivo. Ecco quindi imporsi all'incostanza del *pathos* (alla sua tendenza ad agire senza regola) la costanza dell'*ethos*, la ricerca di un principio di unità nella varietà degli stati passionali che nella teoria di Körner si manifesta nell'identificazione di un denominatore ritmico, più esattamente nella regolarità di una formula metrica. Dahlhaus ha esaminato il modo in cui nei movimenti di sonata o di sinfonia in Beethoven si tesse un disegno ritmico di fondo, in grado di introdurre un senso di disciplina e che ristabilisce l'equilibrio nei confronti della discontinuità tematica. Nella misura in cui tale ricerca di stabilità riduce la spinta dei temi a esaltare la mutevolezza, e giacché quest'ultima sarebbe stata assecondata dai compositori della generazione romantica in una direzione tutta tesa a registrare le minime vibrazioni del sentimento, è possibile sostenere che la sua funzione sia quella di esercitare un controllo che oltre la forma si estende al significato liberatorio della tematica per assumere (per ciò che lo consente) un valore morale, di temperanza e di moderazione. Tenendo conto che ciò non impedisce ai temi di profilarsi in individualità spesso proterve, si potrebbe parlare di sovrastruttura espressiva agente al di sopra dei casi individuali in una dimensione impegnata a evidenziare i valori di civiltà, ciò che nella rinuncia al singolo interesse solidalmente unisce gli individui.

È la dimensione dell'umanesimo che a questo livello acquisirebbe forma organica, ma che in Beethoven assume anche una fisionomia specifica. Tale è probabilmente il tema del movimento conclusivo dell'"Eroica" nel suo discendere dalla musica per il balletto *Le creature di Prometeo* (1800), composta da Beethoven per la coreografia di Salvatore Viganò, più esattamente dell'episodio in cui le creature del titano mostrano ragione e sentimento umani. Al di là dell'apparentamento delle due evocazioni – nella sinfonia il «sovvenire di un grand'Uomo» e nel balletto la figura di un essere superiore, redentore del genere umano – Theophil Antonicek ha individuato la corrispondenza dei temi relativi con la categoria delle «Humanitätsmelodien» presenti anche nel *Fidelio*, che fanno la loro comparsa nella «letteratura operistica del Settecento nei momenti in cui emerge l'umanità nella sua luce più nobile, in cui una grande anima si manifesta, spesso opponendosi a un destino avverso». Si tratta di un profilo melodico basato sulla discesa dalla terza della tonalità alla sua sensibile (raggiunta di preferenza con ritardo) e poi dalla settima di dominante alla fondamentale, come si può riscontrare in vari momenti dell'*Alceste* ("Io non chiedo eterni Dei", "Non vi turbate", "Ah per questo già stanco") e nell'*Orfeo* di Gluck, oltre che nella *Zauberflöte* e nella *Creazione* di Haydn, in opere tutte dove l'uomo è presente al cospetto dell'assoluto, sul limite in cui esso è chiamato a dar prova delle sue virtù. Siamo al limite in cui è possibile comprendere l'affermazione di Haydn il quale sosteneva di aver spesso descritto nelle sinfonie caratteri morali. Anche se egli non precisò mai verbalmente queste sue intenzioni, causando il disappunto di Schering alla ricerca di riscontri positivistici nella comunicazione musicale, e anche se Haydn con ciò introduce semplicemente una tensione e una tendenza in un contesto fondamentalmente legato all'immanenza, è evidente che nella musica del tardo Settecento era maturata una capacità che nutriva l'opera di forza morale e che la proponeva come valore esemplare. La tendenza ad attribuire titoli alle sinfonie ne è un sintomo, anche se nel caso di Haydn ciò fu prevalentemente il risultato di una lettura a posteriori, non legata alle intenzioni dell'autore, che oltretutto vincolava l'opera all'episodicità delle basse aspettative di un pubblico ormai vasto. L'apparire di un titolo in testa a una composizione strumentale era tuttavia indizio di una didascalicità che, imponendosi come esigenza allo stesso pubblico, è all'origine dei titoli specifici apposti da Beethoven a varie sue composizioni e del proposito che a un certo momento lo sfiorò di attribuire addirittura un titolo a ogni sua opera.

Al di là dell'opportunità di simile problematico progetto, rimane il fatto che l'autore stesso fu reso cosciente della poderosa portata comunicativa della propria musica, avanzata a tal punto che l'idea venne abbandonata per insufficiente motivazione: l'inutile descrizionismo avrebbe agito limitativamente di fronte a una sostanza fermentante di allusioni. È quindi scontato il giudizio sulla macchinosa proposta di Arnold Schering di ricondurre letterariamente il vibrante sostrato epico dell'"Eroica" alle imprese omeriche dell'*Iliade*, con il primo tempo corrispondente all'addio di Ettore ad Andromaca, al duello con Patroclo, all'attesa di Andromaca e al ritorno dell'eroe, con il secondo tempo concepito come descrizione dei funerali di Ettore e il terzo come evocazione dei giochi predisposti in onore dell'eroe caduto. La meticolosità descrittiva suscitata dal musicologo tedesco interessa invece come effetto dell'impresa beethoveniana di tessere attraverso la sostanza musicale una rete di riferimenti che, senza approdare a categorie semantiche definitive, che a conti fatti l'avrebbero impoverita di senso, si ritrova capace di sprigionare una tensione che inequivocabilmente assicura all'ascolto l'acquisizione di portati concettuali sufficienti a orientarlo verso una concezione del dramma in cui l'uomo rispecchia il suo rapporto col mondo. In tal modo la *Marcia funebre* è potuta rimanere l'emblema della tragica lotta del destino umano, non tanto contro l'idea incombente della morte quanto contro le tenebre che offuscano la ragione e la volontà di affermazione. E sono infatti ancora squilli di tromba quelli che, a conclusione dell'esagitato contrappunto che precede la ripresa, sbarazzano il cielo dalle nubi della tempesta per riportare uno squarcio di luce a un discorso mesto sì ma non succube della rassegnazione, e ostinatamente fervente anche quando le forze paiono troppo deboli e nella frase di coda il tema si spezza in rantoli come voce strozzata in gola.

Il valore semantico di questa musica si attua dunque più come atto, volontà di comunicazione che capacità di dire. Il principio assume rilevanza ancor maggiore nel quarto movimento, dove la forma della variazione, regredendo apparentemente alla nozione antica di "passacaglia" con un tema di basso profilato in un disegno essenziale, gli consente di preservare la propria identità attraverso un lunghissimo *iter* che trasforma e stravolge il paesaggio sonoro circostante, ma che non riesce a piegarlo e a sfigurarne la fisionomia, tanto da obbligarci a perdonare al musicista l'eccesso di soddisfazione espressa nelle trionfalistiche battute finali. Tale tema risale al basso della settima delle *Dodici Contraddanze* probabilmente composte da Beethoven come musiche d'occasione nel 1800. Lo stesso anno il musicista riutilizzava la stessa danza tedesca nella scena finale del balletto *Gli uomini di Prometeo* di Salvatore Viganò, rappresentato l'anno successivo al Teatro Imperiale con il nuovo titolo *Le creature di Prometeo*. Lavoro condotto con mano leggera, in cui il senso del decorativo con trasparente nobiltà di gesto candidamente si eleva all'antico rigore dell'ideale neoclassico, nella conclusiva *Danza generale* allenta le rigide maglie del numero chiuso per liberare un gesto volitivo che, articolandosi in movenze contrappuntistiche e in fantasiosi procedimenti modulatori, a un giudizio a posteriori si lascia riconoscere come primo abbozzo di ciò che nel finale dell'"Eroica" sarebbe diventata l'accesa dialettica tra due temi desunti uno dall'altro, la quale, nel contesto del principio di variazione, riproduceva le due forze in opposizione nella forma-sonata. È quindi chiaramente verificabile il maturare di una concezione che trova un'ulteriore controprova nelle *Quindici variazioni con fuga* op. 35 per pianoforte, composte nel 1802 utilizzando sia il tema della danza del *Prometeo* sia il suo basso. Anzi già nella composizione pianistica è il basso del tema ad apparire per primo, tracciando una prospettiva che, avvertitissima a penetrare il disegno melodico-armonico nei suoi nuclei generatori, avrebbe dato frutti estremi nelle aspre formulazioni della terza maniera beethoveniana. La fuga in particolare, compenetrando in atto di severo impegno formale i due aspetti tematici, riesce ad abbozzare un progetto che rincorre l'ultimo significato al di là delle proporzioni abituali. Lo stesso principio, capace di riconoscere come nucleo di tensione l'embrionale disegno del basso, è riaffermato nel quarto movimento dell'"Eroica", dove il fatto che il tema melodico nella sua forma compiuta compaia solo dalla terza variazione in poi sottende lo stesso significato allegorico detenuto nella trama del balletto dalle due statue che, con intervento demiurgico, Prometeo dall'iniziale stato d'inerzia trasforma in creature sbocciate alla vita del sentimento e della ragione. E Beethoven stesso sembra aver voluto stabilire il riscontro, ponendo in capo al movimento il precipitoso tratto di scala discendente in sol minore che nel balletto accompagna la venuta del titano tra gli uomini. E in più vasta implicazione, collegando le quattro diverse citate situazioni d'utilizzazione del tema all'impiego della stessa tonalità di mi bemolle maggiore, con il riemergere nell'"Eroica" del greve gesto di danza campestre il musicista sembra aver voluto sottrarre il mito di Prometeo all'astratto meccanismo di autocontemplazione, per consegnarlo alla palpitante dimensione di significato rivelato all'umanità comune non più divisa dai privilegi, fino a incanalare a un certo punto la melodia di ascendenza popolare (da battuta 211 in poi) in spiegata intonazione di marcia, capace di dar voce alla prospettiva del riscatto e della conquista di nuovi diritti.

Se l'occasione di mettere in musica tale vicenda mitologica fu dovuta all'incontro fortuito con Salvatore Viganò, rendendoci conto del valore archetipico della vicenda di Prometeo, che ruba il fuoco agli dèi per portare all'umanità bruta la scintilla della civiltà, si può capire il senso della costante tematica che accomuna quattro composizioni di un musicista ormai votato alla vocazione proclamatoria, vocazione tanto più prorompente quanto più ostinatamente fissa ai luoghi deputati di un'espressione tutta tesa a informare una precisa concezione del mondo. L'immagine di Prometeo veniva a calarsi nel tempo e proprio nel richiamarsi della "Sinfonia Grande Intitulata Bonaparte" (come reca il frontespizio di una copia dell'"Eroica") all'episodio chiave del balletto di Viganò, secondo Luigi Magnani, «doveva apparire a Beethoven quale prefigurazione di colui che, in alone di gloria, sembrava incarnare i problemi e le speranze dell'epoca, accendendo grandi attese nell'animo dei tedeschi: Napoleone Bonaparte, primo console».

La grecità che allora dominava nella cultura e nella moda anche come posa estetica, come ricerca di un'ascendenza nobile da parte di una cultura come quella borghese pretendente una paternità di pari dignità rispetto a quella aristocratica, in Beethoven si manifesta nella sostanza di un mito capace di farsi storia, di tradurre l'esemplarità dei valori morali in incitamento all'azione. Dell'azione esiste il livello pragmatico del patriottismo riduttivo, del "particulare" che nella condizione di cittadino dell'impero ottenne da Beethoven il tributo dei vari *Kriegslied der Österreicher* e *Abschiedsgesang an Wiens Bürger beim Abzug der Fahnendivision des Corps der Wiener Freiwilligen* durante la guerra franco-austriaca, in cui sta anche la ragione della cancellazione della dedica originaria dell'"Eroica" a Napoleone, determinata dall'indignazione per la sua proclamazione a imperatore, che significava tanto la reazione di fronte al tradimento dell'ideale repubblicano quanto l'abbassarsi al contesto degli interessi politici e di ciò che innescava la conflittualità tra gli stati (nel senso che nel 1805, allo scoppio di una nuova guerra fra Francia e Austria, non sarebbe stato più possibile parteggiare pubblicamente per Napoleone). Dahlhaus ha ben mostrato come il manifestarsi in Beethoven a questo livello non pregiudicasse la fede in un ideale che guida l'azione con la forza di valori la cui saldezza si conferma al di là del tempo, al di là di quanto di contradditorio comportasse la loro attuazione nel reale. Il titolo definitivo dell'opera come appare nell'edizione del 1806, "Sinfonia Eroica... composta per festeggiare il sovvenire di un grand'Uomo", ci indica infatti come eroico non sia l'uomo, ma lo spirito delle sue azioni degne di restare nella memoria.

È a questo stadio che si costituisce il mito e in cui la figura moderna di Napoleone può assurgere a emblema, a funzione didascalica di dignità elevata. Qui è in gioco la grandezza misurata col metro di una moralità superiore, che impediva al compositore ad esempio di ammettere l'assecondamento della terrena pulsionalità da parte di Mozart («Il *Don Giovanni* ha ancora la forma italiana, inoltre l'arte non dovrebbe mai lasciarsi disonorare da un soggetto tanto scandaloso»). In verità, come si trovò a proclamare nell'*Opferlied* mettendo in musica i versi di Matthisson ("Concedimi... o Zeus, il Bello unito al Buono") la bellezza per Beethoven non poteva essere disgiunta dalla verità. L'incontro con l'antico mondo greco si situa a questo livello, di ricerca della verità, di un esempio di civiltà da contrapporre alla povertà morale del presente. Non gli poteva cioè bastare il semplice ripristino dei canoni antichi che era del Neoclassicismo, ma per lui era essenziale cogliere la forza che infondeva loro vita, l'*ethos*, la capacità di suscitare nei sentimenti umani i vettori che li collegano, in armonia con una norma superiore. L'idea secondo cui nello spirito greco tutto è riconducibile a un principio che lasci riconoscere i rapporti di dipendenza tra i diversi fenomeni, addirittura a un principio numerico su cui è regolato il cosmo e subordinatamente l'uomo, dava risposta al suo bisogno di trascendenza e al senso del destino maturato come ineluttabile condanna alle rinunce impostegli dalla propria condizione e come vincolo al dovere di svolgere il proprio compito d'artista a beneficio dell'umanità. Nella lettura di Omero, dell'*Odissea* in particolare sul cui esemplare ci restano le sottolineature e le annotazioni originali, Beethoven veniva a identificarsi con gli antichi aedi che ricavavano la loro ragion d'essere dal fatto di essere utili alla società al punto da giungere a commisurare ogni suo atto creativo a una giustificazione che gli veniva dall'umanità in attesa del suo messaggio: «Apollo e le Muse non mi lasceranno portar via dalla Morte: ho ancora molti debiti verso di loro e prima di partire per i Campi Elisi devo lasciare dietro di me quanto l'*Eterno Spirito* ha infuso nella mia anima e mi comanda di compiere» (lettera ai figli di Bernhard Schott, 17 settembre 1824). La lettura di Omero diventa con ciò una ricerca di conferma in un processo di identificazione con la testimonianza di antica cultura tale da determinare, pari all'appello ad «Apollo e le Muse», la commistione di simboli di civiltà, come quando nella lettera al Magistrato di Vienna (9 febbraio 1819) troviamo l'affermazione: «Socrate e Gesù erano i miei modelli». In Omero era attirato dall'umanità degli eroi «che traevano la loro nobiltà dalle virtù dell'animo non meno che dal virile ardimento» (Magnani), più esattamente dall'*ethos*, dalla forza morale che forgia il carattere dell'uomo in base alla tensione che lo porta a sfidare l'infinito per determinare il proprio destino, vincendo il ricatto della rassegnazione e affrontando il senso tragico degli eventi che lastricano la vita di ostacoli che impediscono di raggiungere l'armonia con l'ordine cosmico.

Nell'epica di Omero non c'è caso che non possa essere rapportato a una legge superiore, oltre l'umano sguardo. E al di là del modo in cui il musicista si mostra partecipe dei sentimenti dei singoli eroi, la motivazione della lettura appassionata del poema gli veniva dal riconoscimento della legge imperscrutabile della vita capace di dar ragione di ogni gioia e di ogni dolore, anche là dove essa sembrerebbe risultare dall'arbitrio. È lì che matura la coscienza di un proprio itinerario di elezione attraverso il sacrificio e la sofferenza, la coscienza del destino diverso riservato all'artista. «A te non è permesso essere una creatura umana – scriveva su un taccuino – per te no, soltanto per gli altri, per te non c'è più nessuna felicità se non in te stesso e nella tua arte.» Di fronte al Dio omerico, al Dio che «una cosa [...] ci dà, di un'altra ci priva come piace al suo cuore, poiché egli domina onnipotente», il musicista tormentato dalla sordità se ne fa una ragione riconoscendosi in Demodoco, nell'aedo cieco che nell'*Odissea* l'Araldo conduce al cospetto del re dei Feaci, «caro alla Musa che un male ed un bene gli ha dato, col privarlo della vista e col dargli il dono di un dolcissimo canto».

Luigi Magnani ha ben messo in evidenza come, oltre a seguire nei versi il cammino di Odisseo come quello di un fratello che lo ha preceduto sulla via del dolore, Beethoven sia stato intriso profondamente dei testi di Omero e di Platone al punto da attribuirvi un valore precettistico e da impegnarsi a tradurne i concetti in comportamento quotidiano: «frammenti di pensieri, riferimenti al mito o alla poesia, alla storia, affiorano, trasudano si direbbe dalle sue lettere, dai discorsi che ci sono stati tramandati, a rivelare la costante, quasi ossessiva presenza nella sua mente del mondo ellenico, dei cui termini egli si vale in ogni circostanza come di un lessico familiare». La tendenza a considerare tutto quanto lo attorniava come metafora del mondo antico culminò nella singolare impresa pedagogica di rivendicare a sé l'affidamento del nipote Karl. Nelle lettere al Magistrato di Vienna, con cui egli ribadiva il suo diritto di tutela del nipote contendendolo alla cognata, emerge chiaramente il progetto di mettere alla prova la capacità di forgiare una personalità a somiglianza di un'idea. In una visione deterministica che interpretava alla lettera l'organizzazione dei rapporti tra gli individui nella teoria della famiglia e dello stato di Platone, ritenendo sussumibili nell'oggi gli esempi di vita di Plutarco, appare addirittura esaltante la difesa del suo diritto di assumere l'educazione del ragazzo senza rendersi conto che proprio il furore astratto con cui la sua pedagogia si richiamava agli aulici esempi e alla esperienza formativa del cittadino in epoca antica costituiva la premessa del fallimento del suo progetto.

Se l'obiettivo di mettere in pratica l'ideale educativo nutrito appassionatamente di cultura umanistica fu mancato clamorosamente, il fatto non scoraggiava la tendenza di Beethoven a integrare arte e vita senza più riconoscere i confini fra le due realtà. Passando da arte come funzione ad arte come missione, non era più solo il suo oggettivo manifestarsi che interessava bensì il grado di intenzionalità di cui è portatore il soggetto creatore, il quale veniva a interessare per la propria parabola umana presentata come cammino iniziatico teso alla conquista del bello e del vero. Da quel momento in poi la biografia cominciò a illuminare l'arte venendone illuminata e sviluppando atteggiamenti che acquisteranno senso in base alla portata delle opere che vi si collegano.

Il "Testamento di Heiligenstadt" del 1802 ne è la testimonianza più rilevante, per il modo in cui per Beethoven non era più possibile disgiungere le sue visioni d'artista dalla condizione di uomo alle prese con le deficienze della sua complessione. Evidentemente la sordità colpisce un musicista in un ganglio vitale essenziale, ben al di là della funzione fisica. La disgrazia da essa rappresentata non lo portava semplicemente alla disperazione ma induceva uno stato di crisi riguardante il suo essere artista ormai costretto al distacco dalla norma sociale. La grave infermità poteva spingerlo alla soglia del suicidio o, nell'abbattimento, a lasciar presagire la morte, ma quando, nel testamento che la preannuncia, la destinazione ai fratelli Karl e Johann si rovescia in un proclama all'umanità («O uomini, se un giorno, leggerete queste parole, pensate che siete stati ingiusti verso di me, e l'infelice si consoli di trovare un suo simile che, nonostante tutti gli ostacoli della natura, ha fatto tutto ciò che era nelle sue possibilità per essere accolto nella schiera degli artisti e degli uomini degni») ci troviamo di fronte a un esproprio della sua vita da parte dell'individualità artistica che all'uomo Beethoven non concede più autonomia alcuna. Come egli chiama in causa l'arte quale sola ragione che l'abbia sottratto alla tentazione di togliersi la vita, così è l'arte nella sua portata epocale a dettare in questo documento il tempo della presa di coscienza: «unite questo scritto alla storia della mia malattia, affinché per lo meno in quanto è possibile, il mondo dopo la mia morte si riconcilii con me». Non è quindi il messaggio dell'uomo che passa al di là delle disposizioni testamentarie, ma quello dell'artista che parla non solo per l'affermazione dei valori morali di cui si sente portatore e che vorrebbe lasciare in eredità ai parenti, ma soprattutto per l'immagine che egli unitamente alla sua opera vorrebbe che fosse tramandata al pubblico al di là del tempo che egli percepisce come il vero destinatario, pubblico che egli sente in attesa del compimento della sua parabola artistica: «Se [la morte] verrà prima che io abbia avuto modo di esplicare tutte le mie facoltà artistiche, verrà ancora troppo presto, nonostante il mio duro destino, e la desidererei più tardi». Dietro tale pensiero si cela il concetto non di un'arte rivelata (di una realtà estetica richiamata a regole imperiture), ma di un'arte alla ricerca di un suo fine, evolutivamente delineata nel solco dell'esperienza del musicista, le cui intuizioni sfidano il tempo dettando legge all'epoca sua anziché subirla, un'arte che affonda le sue radici nelle ragioni dell'io assecondato nella sua mutevolezza.

L'attenzione per la musica da quel momento in avanti non può più essere disgiunta dall'interesse per il musicista che ne porta la paternità, per l'esemplarità della sua figura che, a Ottocento inoltrato in un costume ormai consolidato di opera d'arte personificata, faceva dire di Beethoven ad August Wilhelm Ambros:

> [...] consideriamo le sue opere un commento alla sua vita benché per questi due grandi [si riferisce anche a Goethe] si potrebbe anche rovesciare la proporzione e dire altrettanto giustamente che consideriamo la loro vita un commento alle loro opere.

L'espressione musicale si carica di soggettività al punto da presentarsi non più come semplice fattore di commozione nell'esercizio astratto delle sue capacità, ma come ritratto dell'artista commosso delle cui emozioni è chiesta la ragione:

> I sentimenti inerenti all'oggetto musicale, il "soggetto estetico" immaginato che sembra esprimerli e la persona empirica del compositore, come la si può ricostruire in base ai documenti biografici, si fondono proprio nella letteratura beethoveniana – e poi nelle biografie dei compositori "romantici" – senza che si possano quasi distinguere l'uno dall'altro (Dahlhaus).

Il senso del riconoscimento da parte di Joseph Fröhlich del potere operante dell'«idea psichica» nelle sinfonie di Beethoven si fonda appunto nella possibilità di desumerla dall'esperienza terrena dell'artista, non certo vietata alla trascendenza ma che ricava lo slancio verso più alta dimensione da un possente grado di coscienza individuale: «Forse qui non era necessario un impulso *esterno*; la stessa sua esperienza di vita gli poteva offrire l'idea e il modo di realizzarla, cosicché potremmo definire quest'opera [la *Nona Sinfonia*] l'*autobiografia di Beethoven scritta musicalmente*». («Cäcilia», 1828). Era la convinzione che stava alla base del modo in cui il famulo Schindler si trovava a dipendere dal maestro, dell'acribia con cui annotava ogni suo sbalzo di umore o ogni sua reazione a fatti esteriori ritenuti significativi in relazione a quanto avrebbe potuto produrre in termini di espressione musicale. Era la coscienza di vivere il momento di passaggio tra due epoche, di lasciarsi alle spalle una concezione superata in cui ristretto era lo spazio per l'affermazione individuale:

> Nel tempo *precedente a Haydn* e nel primo periodo della sua vita la musica era ancora così conformata a un sistema, un tema scelto era sviluppato in un modo così determinato e ordinato, e soprattutto il compositore era talmente assoggettato alle leggi esteriori dell'abitudine in cui anche i migliori pagavano il loro tributo, che si poteva dire che un intelletto spassionato [*nüchterne Verstand*] dominava la frase musicale (Amadeus Wendt, *AmZ*, 1815).

Messaggio oltre il tempo

La nuova epoca musicale inaugurata da Beethoven si annunciava al contrario come epoca del libero arbitrio. Lo stesso Wendt, di fronte al dominio della «fantasia abbandonata al sentimento», così descriveva la nuova situazione:

> Qui l'armonia compare nelle combinazioni e nelle mutazioni più originali, ma non c'è nessun rapporto che non sia possibile in questa sfera, nessuna composizione armonica e nessuna concatenazione di dissonanze che non possa entrare là dove i gradi più alti del sentimento e i più forti contrasti debbano essere posti in evidenza; certamente per questo volo non sembra essere stata scritta nessuna regola.

Vi si percepiva la forza di una personalità scatenata al punto tale da interrompere la logica della continuità della tradizione. L'audacia veniva misurata dallo scarto irrecuperabile che si manifestava tra le sue opere e quelle dei contemporanei nei confronti dei quali decadeva ogni possibilità di dialogo. Sempre Wendt annotava il venir meno di ogni possibile paragone:

> La tua espressione non è misurata secondo la solita misura dell'opera, la tua composizione non nasce attraverso il ricordo di cento altre, o dall'abile combinazione di favorite frasi operistiche, fregiate di alcune nuove melodie o modulazioni, i luoghi comuni ti sono estranei.

Con Beethoven è messo in questione il rapporto con il proprio tempo, al quale tanto più egli intensamente partecipava quanto più se ne distaccava, quanto più non si lasciava riconoscere nei tratti abituali condivisi dai contemporanei. Nella misura in cui l'affermazione della borghesia allargava quantitativamente il ventaglio della partecipazione sociale, si innescava un processo di polarizzazione. Da una parte veniva consolidato il tessuto della comunicazione che ora riguardava cerchie più vaste e che in un certo senso giungeva a adottare regole più standardizzate e livellanti. Dall'altra il diritto allargato all'espressione, al di là dei confini di classe che precedentemente le erano tracciati, la lasciava in balìa di se stessa: decaduti i segni che la rendevano diversa a seconda del fatto di rappresentare il potere aristocratico o altro (decaduti anche quelli che simbolicamente sancivano la differenza dei generi, profano, religioso ecc.), essa veniva a essere indebolita nella valenza simbolica (dei significati esterni all'individuo) per essere di conseguenza rafforzata in quella relativa alle ragioni interiori legate all'affermazione della personalità individuale. L'ammissione delle disparità di classe implicava il prevalere del fattore di identità collettiva riferito a una determinata classe, spesso, nelle opere celebrative, ostentato in un preciso codice di comuni gesti distintivi. L'acquisizione dell'idea di uguaglianza e la scomparsa delle classi perlomeno a livello di principio, non giustificava più l'evidenziazione del fattore differenziante. Sennonché nel momento in cui cessa di dettar legge il codice che determina i livelli di dignità, nel quadro del messaggio onnicompensivo il fattore di differenziazione si riproduce a livello individuale: venuta meno l'opposizione dei gruppi si crea lo spazio per l'emancipazione degli individui, con conseguente accentuazione di ciò che fa diversa una manifestazione singola da un'altra anziché di ciò che le apparenta. Nel tardo Settecento si compie la fase estrema di un processo sviluppante un'idea estetica «dietro la quale sta una decisione storica: la decisione che a costituire il carattere d'arte di un'opera non debbano essere qualità generali che ritornano in altre opere, bensì proprietà caratteristiche di una singola opera» (Dahlhaus). L'idea secondo cui la dignità artistica di un'opera sta nella sua originalità, fa sì che per essere autentica essa debba essere sempre nuova. Da quel momento in poi non solo l'imporsi del criterio dell'individualità induce a ritenere l'arte come espressione di un genio più che attuazione di una regola, ma nella ricerca di novità tende a determinare l'incremento dello scarto che divide l'artista dal grado di coscienza e persino dalle aspettative del pubblico coevo. È il margine di sicurezza che probabilmente Beethoven fu tra i primi a superare, con uno strappo e una fuga in avanti che era ben compresa da un contemporaneo avvertito quale Friedrich Rochlitz:

> Per ciò che riguarda la musica, Durante nel XVII secolo e Joseph Haydn nel XVIII riuscivano in modo eccellente senza svantaggio per le opere e con grande vantaggio per gli estimatori e i fruitori; così anche lo stesso Beethoven, finché non fu privato del senso esteriore necessario per vivere nel mondo e con il mondo. Da quel momento in poi egli lo fuggì sempre più – e ciò significa: già subito dopo la creazione della Sinfonia eroica; e nei suoi ultimi anni, non appena fosse possibile, lo evitava totalmente. Forse alla fine lo spinse la reazione all'idolatria (perlomeno locale) per un uomo, la concezione dei cui lavori si contrappone in modo determinato a quella di B.; per un uomo che non aspirava a niente, che non pensava a nient'altro che al mondo, all'attimo, al mondo in quest'attimo: l'idolatria per Rossini – forse, dico io, fu spinto da questa sua risoluta e meritevole opposizione tanto più decisa a mantenersi in forte ed aspra ostinazione, ad andare anche oltre ciò che sarebbe successo. Così le ultime sue opere, soprattutto le grandi – la messa, la sinfonia, i quartetti – stanno del tutto separate, estranee e isolate in confronto a tutto ciò che l'epoca ci ha portato (*AmZ*, 1828).

Di nuovo la biografia del compositore sembra rimanere l'unico appiglio per render ragione di un processo creativo svolto al di fuori di influenze o semplicemente in rapporto con esperienze ulteriori: non apparendo più evidente un sistema di pensiero comune a una pratica musicale diffusa, ma (sempre all'apparenza) dominando l'arbitrio della scelta individuale, il confronto e la coerenza venivano cercati all'interno dell'opera dello stesso compositore, la quale diventa significativa non solo per il valore delle singole composizioni ma anche come possibilità di lettura dell'arco di sviluppo in cui si situavano. Da Beethoven in poi è l'intero *corpus* compositivo di un autore a diventare oggetto d'interesse e a suscitare analisi orientate a stabilire l'interdipendenza tra le varie opere. Disquisendo sulla Sonata in mi maggiore op. 109 (1820) il recensore dell'*AmZ* approdava a questa riflessione: «Intanto questa composizione è forse un necessario membro intermedio nella lunga e ricca catena artistica delle creazioni di Beethoven, e non ci poteva essere risparmiata, per poter arrivare al punto in cui ora ci ha guidato la mano sicura di questo grande spirito» (1824). Semmai i paragoni saranno tentati con Mozart o Haydn e comunque in una visione deterministica che vedeva in Beethoven il culmine della tradizione che attraverso i loro nomi si delineava. Raramente entrava in gioco il confronto con i contemporanei.

In ciò si rispecchia l'evidenza di un artista di tanta sconfinata originalità da apparire come un enorme masso erratico incapace di trovare collocazione nel contesto delle manifestazioni coeve. Quando compare il nome dell'unico altro grande capace di resistergli, ciò avviene non per riconoscere un rapporto ma per escluderlo. Ancor più severamente di come lo giudicasse Rochlitz pesa l'opinione di Ludwig Rellstab riferendo dell'esecuzione degli ultimi quartetti:

> Dio sia lodato, quella colorita e distratta folla che ascolta confusamente Beethoven e Rossini *ugualmente incantata*, o meglio *ugualmente impazzita* era lontana; al contrario si era coscienti di essere in un'assemblea composta di amici, intimi amici ed estimatori del compositore e delle sue opere (*BAMZ*, 1825).

A quel punto la partecipazione del pubblico, che in altri tempi si sarebbe posta come problema di classe sociale ammessa all'ascolto, si pone come problema morale, di capacità e di merito di accedervi in cui si fa largo l'idea di un processo iniziatico, di una nobiltà da conquistare e da affermare in base alla trasformazione interiore della coscienza.

Tale situazione non era data senza contraddizioni giacché la sala di concerto pubblica, che faceva le prime prove proprio in quei decenni, spalancava le sue porte a vaste schiere di borghesi impegnati ad appropriarsi spiritualmente dei valori artistici che già erano stati dell'aristocrazia e che di fronte alla selettività di ascolto imposta dalle mature realizzazioni beethoveniane si trovano a subire nuovamente il peso di una gerarchia dei gradi di accesso. Non mancarono infatti coloro che subito propugnarono il riconoscimento puro e semplice di una distinzione di qualità d'ascolto in base alla quale determinare chi fosse degno di essere all'altezza del messaggio. E, ciò che è importante sottolineare, non si trattò di prese di posizione manifestatesi di fronte all'enigmaticità degli ultimi capolavori, ma riguardò lo stesso Beethoven palesemente rivolto verso la mondanità, come dimostra l'atteggiamento del già citato cronista di «Thalia» (1811) in occasione dell'esecuzione del "Kaiserkonzert":

> Con la sua geniale forza creativa egli non pensa mai al *ne quid nimium*, egli persegue il suo tema con instancabile furia, arriva spesso fino alle deviazioni barocche e attraverso lo sforzo imposto fiacca infine la sollecitata attenzione dei più deboli dilettanti di musica, ai quali non è più consentito di seguire il corso delle sue idee; perciò i non conoscitori sono annoiati per la lunghezza e condotti nella notte caotica.

Evidentemente il problema si faceva acuto di fronte all'arduo profilo delle ultime opere, soprattutto dei quartetti, che la maggioranza manteneva fuori della sua considerazione attribuendo le cause di ciò che vi appariva strano e fastidioso alla sordità dell'autore che gli avrebbe impedito di figurarsi convenientemente il relativo risultato acustico, ma di cui una minoranza capiva l'importanza, anche se ancora confusamente, e perciò si interrogava su quanto dell'irto messaggio sarebbe giunto agli ascoltatori. Rochlitz fu tra i primi a cercare di mettere ordine nella situazione di disomogeneità e a farsene una ragione:

> Riguardo alla musica – più o meno come per la lettura e per qualche altro caso – dobbiamo considerare il pubblico in due e al limite in più classi, secondo l'inclinazione: l'una vuole, ascoltando la musica o pra-

> ticandola, solo divertirsi – procurarsi un piacevole passatempo; la seconda vuole, con tutte le sue forze e possibilmente in modo equilibrato, agitare tutto l'intimo dell'uomo, occuparlo, rianimarlo, elevarlo, rafforzarlo, stimolarlo; a ciò si arriva quando è offerta l'occasione di allargare l'orizzonte del nuovo attraverso il quale si possa imparare. Pensiamo che la prima classe faccia bene a rinunciare alle più recenti opere di Beethoven; si spera che essa si faccia un onore nel non pretendere nulla da loro, bensì le lasci come stanno con parole pienamente giustificate: esse non sono per me; io non sono per loro. Se vuole assistere all'esecuzione per il piacere di meravigliarsi, tanto meglio, se rimane questa premessa. Forse le piace questo e quello, l'uno o l'altro esecutore; e aiuta col pagamento del biglietto d'entrata a procurare i mezzi per una manifestazione pubblica – ciò merita persino gratitudine. – La seconda classe venga con raccoglimento e buona volontà, possibilmente senza pregiudizi pro o contro, con grandi aspettative, ma non false, e anche non troppo generiche e indistinte (campate in aria si dice). [...] È da supporre che durante l'esecuzione trattenga il più possibile tutte le sue forze e che si conceda del tutto a ciò che l'avvince e che in un certo senso la conquista. Ma tutto non potrà avvincerla e al tempo stesso conquistarla; perlomeno al primo ascolto, anche in condizione di attenzione crescente (*AmZ*, 1828).

Una sotterranea regola del contrappasso si affacciava: il compositore più di ogni altro impegnato ad abbattere le barriere del pregiudizio e dell'ignoranza, dell'affratellamento in nome dei valori assoluti e indivisibili dell'uomo, nell'avanzare della sua ricerca vedeva il messaggio perdere in un certo senso la sua capacità totalizzante e diventare fattore di divisione. Fétis lo rimarcava nelle occasioni dell'esecuzione degli ultimi quartetti, cogliendo l'articolazione del pubblico in tre livelli:

> Un auditoire rassemblé pour entendre les derniers quatuors de Beethoven peut être composé de trois sortes d'individus. La première renfermera ceux qui ne sont point insensibles à la musique, qui aiment surtout des mélodies faciles, et qui ne conçoivent l'harmonie que comme la partie accessoire de l'art. Cette classe, la plus nombreuse parmi ceux qui prennent le titre d'amateurs de musique, ne comprendra rien absolument à celle-ci, et se persuadera que ce qu'on lui fait entendre ne peut

être qu'une mystification. La seconde espèce d'auditeurs sera composée d'artistes qui ont fait une étude plus ou moins approfondie des diverses parties de leur art, et qui compareront ce qu'ils entendront avec ce qu'ils ont de lumières acquises; leur oreille sera blessée à chaque instant par des incohérences d'harmonie; leur attention sera fatiguée par des divagations continuelles; en vain ils chercheront quelque similitude de plan entre ces nouveautés fantastiques et les chefs d'œuvre de l'art, consacrés par l'admiration de tous les temps; la patience leur manquera pour faire le long examen nécessaire pour comprendre le but de Beethoven; or, qui pourra se flatter de comprendre la musique qu'ils ne comprendront pas? L'art, dont l'objet était d'émouvoir, n'est-il donc plus composé que d'énigmes qu'on ne peut deviner qu'à force de perspicacité? J'ai vu des musiciens tels que Onslow, Catel, Boïeldieu, Auber, Meyerbeer et Paer, avouer qu'ils n'entendaient rien à cette musique; et moi-même, qui, par devoir, en fait une étude plus sérieuse, j'avoue qu'elle me fatigue plus qu'elle ne me satisfait, bien que je croie en apercevoir le but. Les amateurs avides de nouveautés, quelles qu'elles soient, les enthousiastes du talent de Beethoven, ou plutôt de son nom, composent la troisième classe d'auditeurs qu'on remarque dans les soirées de MM. Bohrer, où l'on exécute les derniers quatuors de ce grand artiste. Ils ne sont pas plus initiés que les autres au but de ces compositions; mais ils applaudissent et se pâment quand même («Revue musicale», 1830).

La constatazione dell'impossibilità di riconoscere a ognuno lo stesso grado di comprensione non era quindi un freno alla diffusione dell'opera: una certa complementarità era ammessa e si presentava come condizione indispensabile a garantire la praticabilità sociale della musica, anche se il suo fine in fondo non si situava là dove si stabiliva il collettivo, ma si collocava nella coscienza individuale capace di resistere alle influenze della mondanità. Il cronista von Weiler, che su «Cäcilia» (1828) riconosceva come al di là di Beethoven non ci fosse musica che sopportasse l'autonoma messa a fuoco del particolare a scapito dell'espressione globale, osservava infatti:

Poiché proprio quest'espressione globale [*Gesamtausdruck*] è il mezzo col quale un'idea assopita nella mente del poeta viene riprodotta

> come *Una*. Perciò è degna di nota l'osservazione secondo cui parecchi virtuosi, notevoli nelle parti solistiche, non sono in grado di assicurare l'esecuzione di un quartetto nel senso suo proprio.

Qui non si trattava solo dell'estraneità di Beethoven alla smania dei difficili passaggi pianistici paragonati da Friedrich August Kanne a «un'arte ginnica» («Da questo grande errore il nobile genio di *Beethoven* andò sempre esente, e poteva prestarsi al giudizio solo come pietra di paragone per l'eccellenza delle sue opere», «Wiener allgemeine musikalische Zeitung mit besonderer Rücksicht auf den österreichischen Kaiserstaat», 1828). Si trattava soprattutto della difficoltà del pubblico (abituato dalla pratica del virtuosismo a focalizzare il particolare) a riconoscere nell'ampiezza del suo sviluppo l'arco sotteso alle varie fasi d'articolazione dell'opera. Che ciò si manifestasse di fronte alla complessità degli ultimi quartetti o di fronte all'estensione della *Nona* al di fuori delle proporzioni usuali non fa meraviglia. Il fatto è che tale incapacità era manifesta fin dalle prime composizioni; nel 1807 il cronista della «Wiener Theater-Zeitung» notava come nel Concerto per violino «il contesto [*der Zusammenhang*] apparisse spesso del tutto frammentato e che le infinite ripetizioni di uno stesso passaggio facilmente venissero a noia», a cui faceva eco il critico della «Revue musicale» (1828) rispetto alla *Quinta* («Il n'avait point remarqué qu'il est un point où le développement des phrases principales est complet, et que tout ce qui depasse ce point, loin de rien ajouter aux beautés de l'ouvrage, diminue progressivement le plaisir qui fait naître»).

L'aspetto della lunghezza è spesso messo in discussione nelle critiche coeve e sta a rivelare come un diverso senso della misura dividesse le coscienze e non concernesse ormai più una questione di quantità ma riguardasse la qualità, cioè la capacità di comprendere una lingua musicale che si era sviluppata al di fuori delle regole cortigiane, ormai aperta verso la moltitudine ma costretta ad affrontare l'incertezza derivante dal confronto con interlocutori anonimi. Nel confronto potevano arrivare le conferme che consolidavano il messaggio, ma anche le smentite che stavano a indicare come l'artista fosse spesso ormai solo a decidere sul senso e sulla configurazione da dare al suo prodotto. Il grado di incomprensione non tardò a manifestarsi. Di fronte alle «grandi e ardite idee», che facevano la *Terza* diversa da tutte le sinfonie precedenti, il cronista dell'*AmZ* nel 1805 già mostrava la divaricazione tra un'enunciazione che pur sulla generosa spinta degli eventi grandiosi del tempo lo travalicava, e la necessità di tradurla nei termini di una quotidianità circoscritta e rassicurante: «ma la sinfonia guadagnerebbe infinitamente (*essa dura un'intera ora*) se B. volesse decidersi a raccorciarla, e a procurare al tutto più luce, chiarezza e unità».

La conseguenza, di cui oggi abbiamo perso la traccia ma che è assai importante ricordare, fu la presentazione pubblica di queste grandi opere in forma monca (singoli movimenti anziché l'intera composizione), con i movimenti inframmezzati da arie operistiche, brani da camera ecc. in un contesto che nella varietà si richiamava alla funzione ricreativa, oppure in forma abbreviata con tagli praticati dagli esecutori allo scopo di ridurle all'altezza delle aspettative, come quelli messi in atto nell'*Andante* della *Sesta* alla Philharmonic Society di Londra il 14 aprile 1817, che non furono tuttavia sufficienti a predisporre favorevolmente i musicisti e i critici. Nel 1823 il commentatore di «The Harmonicon» scriveva ancora:

> Le opinioni sono molto divise sul merito, ma molti la trovano molto lunga. La sola esecuzione dell'Andante è troppo lunga d'un quarto d'ora, e dopo una serie di ripetizioni, si sarebbe potuto accorciarla senza violare la giustizia dovuta al compositore e agli ascoltatori [...]. Sempre troppo lungo, soprattutto il secondo tempo, che abbondando in ripetizioni, potrebbe essere accorciato senza il minimo timore di recare oltraggio a questa parte in particolare, e con la certezza di giungere a un migliore effetto [...] La *Sinfonia pastorale* è troppo lunga in rapporto al numero d'idee che essa contiene.

Qui non sfugge l'affacciarsi di una contrapposizione fra concezioni in procinto di diventare incompatibili, quella basata sulla spiccatezza (capace di racchiudere tutto sotto l'arco del suo respiro), e quella in cui l'equilibrio del tema in quanto tale si sposta sulla sua elaborazione, l'una sottintendente l'approccio edonistico al fatto musicale, l'altra nutrita di sostanza raziocinante a cui non bastava più la semplice contemplazione passiva del bello ma che concepiva la bellezza come il risultato di una ricerca e di una conquista che passava per lo stadio di un lavorio anche spossante. Sulla *Settima Sinfonia* il recensore della «Revue musicale» (1829) così scriveva:

> Un travail long, fastidieux, et plus bizarre qu'original, sur un motif très court qui se représente sous toutes les formes jusqu'à satiété, y succède et conduit l'auditeur jusqu'à la fin du premier morceau, après avoir fatigué plus que satisfait son attention.

Il tema della noia e della fatica che mettono a dura prova l'ascolto è ricorrente e rivela la novità di una concezione che si impose a un certo punto più per la sensazione suscitata dalla sua originalità e dalla sua grandiosità che dall'effettiva comprensione del suo significato. Gli ultimi quartetti del maestro ne furono il banco di prova più arduo:

> [...] le charme des détails pourrait faire oublier la fatigue d'une attention soutenue si longtemps, mais, comme je l'ai dit [è Fétis che parla], tel n'était point le but de Beethoven. Imaginer de nouvelles formes et donner carrière à une fantaisie sans borne était surtout ce qu'il voulait («Revue musicale», 1830).

Il problema rimaneva quello della perdita d'identità dei parametri che, per tradizione e per convenzione, fungevano da elementi costitutivi del discorso musicale. Persino un propugnatore del messaggio beethoveniano quale fu Adolf Bernhard Marx di fronte alla Sonata in do minore op. 111 (1821-1822), all'assenza di linearità e di continuità delle sue figure, si interrogava su dove fosse riconoscibile la melodia:

> Tra la tempesta e il rimbombo compare improvvisamente una frase di una, due battute. Ma cosa diremmo di un quadro, in cui dalla nebbia e dalla notte qui sorge brillando una stella, là fiammeggia un fuoco fatuo, guizza una saetta? E ora queste frasette melodiche – ogni bambino canta così nella sua innocenza; è questa l'invenzione artistica? Io ve lo chiedo! (*BAMZ*, 1824).

In verità il dotto musicografo trovava la risposta nelle *Bagatellen* op. 119 (1820-1822), nella brevità programmatica di composizioni capaci di dimostrare «come in poche note potesse essere espresso qualcosa di infinitamente esteso e profondo» («Cäcilia», 1824).

Un grado di profondità che apriva alla coscienza d'ascolto una nuova prospettiva era appunto legato al venir meno della compiutezza di un profilo melodico compiaciuto nel proprio equilibrio, la cui lacerazione lasciava intravvedere nel resto della struttura qualcosa che precedentemente non era quasi avvertito e che nella dinamica conseguente alla sua liberazione si poneva in attesa di un compimento rimandato. È ciò che avvertiva Amadeus Wendt quando notava come «egli ripete una semplice figura musicale, in certo qual modo come se non pensasse a niente e in tesa aspettativa di ciò che scaturirà o ritornerà attraverso il monotono battere del metallo» (*AmZ*, 1815), concetto ribadito anche dal già citato von Weiler: «È certo che la musica di Beethoven, perlomeno la nuova, alla *prima* presentazione ci lascia nell'attesa di una piena riuscita». In tale dimensione di discorso aperto su profondità non immediatamente rivelate, il momento esecutivo non si qualifica più come punto d'arrivo, ma come passaggio di valore propedeutico che esige successive esecuzioni proprio per dar tempo alla coscienza d'ascolto di affinare progressivamente la sua sensibilità e di imparare a penetrare un linguaggio per certi versi presentato come un codice segreto. Ovviamente si tratta di una presa di coscienza che si impose in misura maggiore con le opere dell'estrema maturità, le quali di primo acchito ponevano gli ascoltatori di fronte a un'organizzazione della materia musicale enigmatica e, quando era possibile superare l'atteggiamento di rifiuto, alla necessità di differire il giudizio. All'apparizione del Quartetto in mi bemolle maggiore op. 127 (1822-1825) la reazione di un critico francofortese fu categorica:

> La musica di Beethoven, specialmente la più recente, non è facile da capire. Colui che l'ascolta per la prima volta, solitamente non è in grado di stabilire un rapporto corretto, non sa proprio emettere nessun giudizio. Perciò si deve necessariamente ascoltarla più volte ed esaminarla attentamente («Allgemeine Musikzeitung zur Beförderung der theoretischen und praktischen Tonkunst», 1827/28).

Era abbastanza diffusa la convinzione secondo cui «era proprio questa diuturna e più frequente esercitazione che dà decisamente la preferenza alla musica del primo [*ältern*] Beethoven rispetto alla nuova», così ancor si esprimeva von Weiler, recensore di «Cäcilia» nel 1828, mentre Rochlitz ritenne necessario farsene una ragione e intervenire programmaticamente presso gli organizzatori dei concerti e gli interpreti stessi («an die Directionen und ausführenden Künstler»):

> Date a noi e a voi le opere da ascoltare, ripetetele, se le circostanze lo permettono, per i motivi menzionati; e, ciò che è più necessario: datele nella maggiore completezza possibile – per raggiungere la quale sicuramente sono indispensabili parecchie prove, anche se voi siete abili ed esercitati al meglio. Senza quella compiutezza gli ascoltatori certamente non capiscono, senza queste prove certamente voi stessi non capite l'opera: e senza comprensione – come potete presentarla in modo adeguato? Come possiamo noi e voi ricevere da voi il vero godimento? Voi avrete e darete le note: ma le note non sono che le sillabe della poesia (*AmZ*, 1828).

A questo punto era già consolidata la consapevolezza della portata conoscitiva della musica, di una funzione ormai sciolta dalle esigenze della mondanità e che nel genere strumentale individuava il veicolo dell'edificazione degli animi, e che soprattutto la riconosceva come manifestazione della tradizione culturale tedesca. L'orgoglio per la raggiunta superiorità della musica tedesca non era vissuto come il risultato di un confronto di qualità esteriori con le espressioni di altri paesi che se ne differenziavano ma come un esito morale, di qualcosa che si dimostrava in grado di rendere migliore l'uomo. Di fronte alla stampa dei quartetti di Beethoven in partitura, che cioè più che a un bisogno della pratica rispondevano a quello della riflessione, il recensore della *BAMZ* nel 1828 non mancava di sottolineare come l'iniziativa facesse onore all'editoria resa responsabile del suo compito in una nazione in cui i musicisti concorrevano a fare diverso il concetto di cultura:

> La Germania possiede in questo genere un tesoro artistico, che dev'esserle tanto più caro, quanto più non trova niente di degno al confronto in nessun altro paese, e la capacità di pervenire alla creazione artistica con mezzi così limitati già rappresenta di per sé una testimonianza di ricco e profondo senso artistico e di mestiere validamente sviluppato.

L'affermazione sanciva il collegamento del nuovo ruolo culturale assegnato alla musica al destino nazionale, in base a una formula che nei paesi tedeschi si consolidò anche grazie alla visione ancor più nazionalistica che già aveva avuto il sopravvento negli altri paesi, dove la presa di coscienza della propria specificità nel sottolineare la distanza dall'evoluzione della musica in Germania all'inizio dell'Ottocento era un fatto acquisito.

Ne abbiamo il riflesso in quel crocevia dell'arte europea che fu Parigi, verso cui convergevano i protagonisti alla ricerca della consacrazione, dove gli italiani conquistarono e detennero il primato certamente presso il grande pubblico, ma dove il grado di profondità del messaggio beethoveniano fece breccia presso coloro che alla musica domandavano qualcosa di più che non la funzione di eccitare il piacere dell'ascolto. Dei partiti in favore degli uni o degli altri, più che le cronache resero conto i letterati, a testimonianza dell'accesa mobilitazione delle coscienze in un dibattito che andava oltre le schermaglie di cui si nutriva la moda del pettegolezzo mondano. In *Gambara* (1836-1837) Balzac assegna a uno dei protagonisti, il conte Andrea Marcosini, una perorazione in favore di Beethoven che si trasforma in un processo a Rossini:

> Comparez, dit-il, les productions sublimes de l'auteur dont je viens de parler, avec ce qu'on est convenu d'appeler musique italienne: quelle inertie de pensées! Quelle lâcheté de style! Ces tournures uniformes, cette banalité de cadences, ces éternelles fioritures jetées au hasard, n'importe la situation, ce monotone crescendo que Rossini a mis en vogue et qui est aujourd'hui partie intégrante de toute composition; enfin ces rossignolades forment une sorte de musique bavarde, caillette, parfumée, qui n'a de mérite que par le plus ou moins de facilité du chanteur et la légèreté de la vocalisation. L'école italienne a perdu de vue la haute mission de l'art. Au lieu d'élever la foule jusqu'à elle, elle est descendue jusqu'à la foule; elle n'a conquis sa vogue qu'en acceptant des suffrages de toutes mains, en s'adressant aux intelligences vulgaires qui sont en majorité.

Già abbiamo considerato la posizione di Carpani in merito, e quella di Mayr. In quanto bavarese trapiantato in Italia, fu quest'ultimo soprattutto a cogliere il carattere globale della contrapposizione di due diversi modi d'intendere la musica che giungeva a identificare il grado di distinzione nel fattore morale: «Non volete che sia differenza di musica fra due Nazioni, in cui la Traduzione della Bibbia è testo di lingue, e nell'altra il *Decamerone* di Boccaccio?» (*Zibaldone*) A questo punto, avvenuta la saldatura tra «pathos nazionale» e dimensione borghese, non era più possibile mantenere la musica al di sopra delle parti, sancendo irreversibilmente la divaricazione tra tradizioni diverse e diversamente orientate (l'una in senso progressivo e l'altra in senso conservatore):

> All'opera, o più esattamente all'opera seria, in cui si vedevano l'italianità, il feudalesimo e la frivolezza, veniva contrapposto non solo il Singspiel ma anche la musica strumentale che era considerata tedesca, borghese e seria; con Haydn e Beethoven questa musica strumentale aveva raggiunto e perfino superato il livello di artificialità dell'opera seria (come era riuscito al Singspiel in uno sviluppo considerato analogo dalla concezione patriottica con il *Flauto magico* e il *Franco cacciatore*) (Dahlhaus).

Esemplarità

In verità l'argomento morale si installava vieppiù come unità di misura nei giudizi suscitati dalla nuova musica tedesca, la quale veniva a implicare nel suo compimento il contesto istituzionale che la garantiva. Preoccupato per la titubanza con cui fu all'inizio accolta la *Nona Sinfonia*, per l'articolazione in quattro movimenti più lunghi di quanto convenzionalmente fosse ammesso, Joseph Fröhlich si interrogava sul modo di non tradirne la portata edificante:

> Certamente, se si può prestar fede ai resoconti da molte regioni, c'è da temere che dalle nostre sale da concerto si veda sempre più rimosso questo genere di composizione musicale, in cui ad onore della nazione tedesca questo supremo fra grandi spiriti è rappresentato. Per questo non possiamo attribuirne la colpa al pubblico; tocca a noi portarlo alla maturità, aiutarlo ad appropriarsi dell'opera, a penetrarla il più possibile fino alla fonte della sua eccellenza. Ciò dovrebbe essere attuato o attraverso un'educazione da iniziare nelle pubbliche scuole e poi proseguita, oppure facendo brillare dall'alto la stella che mostra la via ai tre saggi, com'era il caso nella religione. Non è comunque un piccolo compito, anche per bravi musicisti («Cäcilia», 1828).

Ci si rende conto da queste parole che cosa abbia significato la musica di Beethoven e quale processo abbia messo in moto come trasformazione del rapporto tra musica e società. La posizione del Fröhlich non era ancora quella della maggioranza, ma già pensava in suo nome sulla spinta di un messaggio che elevava la dignità dell'uomo e che non poteva permettersi di rimanere faccenda di pochi eletti. Alla sua musica era riconosciuta una profonda valenza educativa, uno scopo civile che induceva a considerarla come patrimonio nazionale, quale risultato fra i più alti della cultura tedesca democraticamente intesa come ricchezza spirituale da dispensare alla popolazione nel suo insieme, alla quale era quindi essenziale che giungesse attraverso l'istruzione organizzata. L'aspirazione di Fröhlich era tanto più audace quanto più urtava contro il pregiudizio di chi, pur dichiarando ammirazione per la magistrale grandezza dell'ultima sinfonia beethoveniana, non riusciva a capire il senso del coro finale, come il recensore inglese, William Ayrton, il quale successivamente all'esecuzione avvenuta alla Philharmonic Society di Londra il 21 marzo 1825 scrisse: «Quale rapporto esso abbia con la sinfonia, non sono in grado di dirlo, dal momento che qui, come nelle altre parti si avverte troppo la mancanza di un piano intellegibile». In quel caso l'introduzione del coro non era solo sorprendente, ma alterava radicalmente la qualità della creazione sinfonica com'era comunemente intesa. Nella presa di posizione di Ayrton vi è certamente la stessa incapacità riscontrata fra molti altri contemporanei di padroneggiare l'estensione formale della sinfonia, che egli auspicava meno ciclopica: «Dobbiamo esprimere la speranza che questa nuova grande opera del grande Beethoven possa essere ricondotta a una forma eseguibile mediante la soppressione delle riprese e l'eliminazione totale del coro».

Ma ciò che è maggiormente rilevante era il rifiuto di ammettere il movimento corale, non in quanto spurio bensì in quanto non compreso come sbocco logico del laborioso e anelante agitarsi dei tre precedenti movimenti nell'ode schilleriana, in grado di riscattarli dall'angoscia nell'espressione della gioia, la quale nel concetto del poeta fatto proprio da Beethoven non era solo intesa «come piacere e come atteggiamento sentimentale, ma anche come pace dell'anima» (Alberto Basso), oltre a trasmettere il senso di «ardore della felicità» da essa detenuto nella lirica settecentesca e la componente spiritualistica della *Schwärmerei*, del sogno, della fantasticheria, del fervore, dell'entusiasmo, dell'esaltazione, dell'utopia e dell'estasi. Nella perorazione del Fröhlich, il quale invece aveva ben compreso il valore didascalico della *Nona*, al di là di un messaggio da far capire alla massa attraverso gli strumenti educativi, era riconosciuta l'importanza simbolica della rivelazione, della stella che mostra la via ai saggi, cioè del concetto illuministico della luce della ragione dispensatrice di verità e di bene. È lo "Sternenzelt" evocato nell'ode da Schiller, il padiglione stellato che si richiama all'immaginario massonico (alla volta stellata dei templi dei liberi muratori) insistentemente presente anche nell'idea di fratellanza nel finale della *Nona*, che rafforzava in Beethoven il principio di un'idea condivisa, non ancora realizzata ma tanto profondamente vera da suscitare un altrettanto profonda solidarietà in coloro che vi credono. Non è necessario essere in possesso della prova dell'appartenenza di Beethoven a una loggia massonica (non dimostrata) per legittimare l'ascendenza indicata. Più dell'adesione diretta alla società segreta conta la disposizione d'animo e intellettuale che informa i suoi atteggiamenti e che rivela un artista profondamente imbevuto di quegli ideali. Alberto Basso ha attirato l'attenzione sulle espressioni con cui il musicista si rivolgeva a persone quali gli editori Simrock, Hoffmeister e Nägeli, lo scrittore Collin, il medico Wegeler, il compositore Ignaz Xaver von Seyfried che facevano parte dell'*entourage* massonico o simpatizzanti per il movimento («amatissimo e degno fratello», «fratello in Apollo», «amico»). Più dell'adesione eventuale contava la messa in atto di un principio, l'attuazione di una comunità di spiriti liberi che per mezzo della musica, del suo potere di agire sul sentimento collettivo e di elevarlo verso ideali di bontà, arrivassero a edificare un modello di convivenza civile non basato sul rispetto di forme esteriori ma rafforzato dalla convinzione interiore.

La musica, sappiamo, fu presenza costante nelle attività massoniche, al punto che la Grande Loggia d'Inghilterra all'inizio del Settecento risultava diramata in una *Philomusicae et Architecturae Societas Apollini* aperta ai «veri amatori di musica e di architettura» (evidentemente di architettura simbolica) e capace di affidare le proprie attività musicali a Francesco Geminiani, uno dei primi compositori a ottenere il terzo grado dell'ordine. Sulla funzione della musica nelle cerimonie massoniche, che oltre a rivelarsi efficace fattore aggregante era riconosciuta come dispensatrice di effetti patetici sulla scorta del recupero culturale degli ideali classici greci, parla eloquentemente il verbale della loggia parigina Le Contrat Social nel novembre 1781 in occasione della nascita del Delfino, figlio di Luigi XVI, e della conseguente esecuzione del *Te Deum* di Etienne-Joseph Floquet di fronte a invitati «animés des plus nobles sentiments maçonniques et patriotiques»:

> L'habile artiste [Floquet era direttore della musica della loggia] sut satisfaire au surcroît d'intérêt qu'ajoutait à cet instant la nouvelle de la défaite des Anglais dans la baie de Chesapeak [episodio della battaglia di Yorktown nella guerra d'indipendenza americana a cui parteciparono le truppe francesi di La Fayette], en adoptant toutes nos marches guerrières à l'ouverture qui offre l'image du combat. La magie d'un dialogue entre deux orchestres absolument séparés, le bruit de l'artillerie qui se liait si naturellement à l'ensemble, qu'on l'en croyait une partie obligée, l'habilité des virtuoses qui déployaient tout le fruit de leurs études joints au souvenir du sujet qui rassemblait les exécutants et les Auditeurs, excitèrent dans les âmes une telle émotion qu'on fut obligé d'arracher quelques personnes à ce plaisir trop vivement ressenti, et que le respect du lieu contint à peine les applaudissements toujours prêts de se mêler au bruit des instruments.

Se consideriamo che il moderno concerto orchestrale prese forma sull'asse Londra-Parigi intorno alla metà del Settecento come emanazione delle logge massoniche, tra cui primeggia la Loge Olympique che nel 1780 rilevò Les Concerts des Amateurs entrati in crisi dopo sedici anni di attività, ci rendiamo conto che erano gettate le basi per un'evoluzione della sinfonia come veicolo di idealità suscitatrici di sentimenti collettivi anelanti al perfezionamento del rapporto d'armonia che dovrebbe informare la comunità degli uomini sulla terra. Ora il fatto che la commissione della *Nona Sinfonia* provenisse dalla Philharmonic Society, fondata nel 1813 da un gruppo di trenta amici quasi tutti di estrazione massonica (fra cui Clementi, Viotti, Cramer, Ries e altri nomi di rilievo della vita musicale inglese), mostra come concretamente una tensione illuministica corresse tra una composizione siffatta e i loro promotori: anche se il concerto era già diventato un'occasione di mondanità esteriore, potenzialmente esso rimaneva il luogo di un rito civile, di una cerimonialità suscettibile di richiamare la collettività al dovere di testimoniare la sua partecipazione all'opera di progresso dell'umanità. Inoltre, se è vero (come ha individuato Roger Cotte) che la *Fantasia corale* op. 80 dev'essere riconosciuta come una specie di poema sinfonico che descrive l'iniziazione al primo grado, dove il pianoforte rappresenterebbe l'apprendista errante all'inizio nelle tenebre prima di scoprire gli iniziati, con il dialogo tra pianoforte e orchestra inteso come scambio di domande e risposte e successivamente il coro sul testo di Kuffner inequivocabile nell'esibita simbologia della luce, il fatto che un simile perorante tema corale e la stessa combinazione coro-orchestra si ritrovino nella *Nona* a quindici anni di distanza rivelerebbe una costanza d'atteggiamento tale da far pensare a un profondo radicamento in Beethoven dell'idea della musica come missione. D'altra parte il «precoce presentimento di trasognate beatitudini da *Nona Sinfonia*» ravvisato da Giorgio Pestelli nel terzo episodio della *Cantata per la morte dell'imperatore Giuseppe II* ("Allora gli uomini salirono alla luce") non a caso ha a che vedere con l'omaggio a una personalità che fu in odore di appartenenza alla società dei liberi muratori.

Al di là dell'evidente riscontro massonico, importante per capire che il riferimento era a una precisa militanza e a una concreta possibilità di dialogo con i suoi simili, la comunicazione attraverso i suoni come trasmissione di un modello ideale cercava tuttavia di rompere quel cerchio di esclusivismo e di ermetismo legato alla logica della società segreta. Ciò equivaleva a dar forma a un discorso aperto, solare non in senso simbolico ma fisicamente sentito sulla pelle, impegnato a far sentire la conquista dei valori di libertà, fraternità e uguaglianza non come annuncio di una condizione religiosamente promessa (più ultraterrena che di questa terra), bensì come espressione capace di trasmettere la fragranza del vissuto, di una fisica incarnazione delle idee e quindi di una battaglia che non si riducesse a schieramento di parti ma che valesse la pena di essere combattuta. È un modo di sentire profondamente presente appunto nella coralità beethoveniana, nell'espressione della coscienza collettiva che immediatamente fu percepita come manifestazione dell'idea di popolo, sostenuta da tutta la determinazione che poteva provenire dal fervore individuale. Sulla novità costituita dai cori del *Fidelio* sono significative le parole dello scrittore politico Richard Otto Spazier:

> Finora persino nei momenti più drammatici, dove il coro interviene nell'azione alternandosi in modo articolato con i personaggi principali, la musica lo profilava solo come un semplice individuo e non nel contempo come massa, cioè nella misura in cui questa non si lascia riconoscere immediatamente in voci diverse; [...] cioè in generale il coro attaccava contemporaneamente, e contemporaneamente cantava dall'inizio alla fine lo stesso pensiero. Per questo esso diventa in molti casi qualcosa di estremamente goffo e nello stesso tempo innaturale in quanto, in primo luogo, non tratta di se stesso, mirando tutto l'assieme a un traguardo (persona o punto dell'azione) esterno; in secondo luogo soltanto rari e singoli momenti di commozione riescono a motivare a sufficienza che una collettività esterni un singolo e identico pensiero, e quindi una situazione implicante che un canto [*Lied*] di un qualche tipo debba essere intonato da una moltitudine, canto qui inteso nella sua accezione più ampia. Ora Beethoven esce da questo circolo vizioso e in modo estremamente geniale nel coro "O welche Lust". A noi sembra così naturale che dei singoli, uscendo da una prigione, scoppino in quell'esclamazione e che trascinino altri e altri ancora alla stessa esclamazione fino a che tutti la proferiscono. Questo processo di stimolo e di reazione viene conservato nell'intero coro, e così anche alle parole "Wir sind belauscht" è magistralmente reso un reciproco modo d'agire che mantiene i singoli in continua interazione. Così assistiamo a una scomposizione del coro che, come vuole il compositore, nella musica può essere allo stesso tempo individuo e massa.
>
> A ciò va aggiunto che il maestro rappresenta nel modo più chiaro l'arbitrarietà delle voci che si aggregano come se risuonassero quali semplici voci parlanti [*Sprachstimmen*] in tutte le armonie, cioè attraverso l'entrata della seconda voce apparentemente dissonante in rapporto di seconda, della terza in rapporto di quarta, e della quarta in rapporto di quinta; un accordo dissonante frazionato nel tempo, che si costituisce non nell'orecchio ma nello spirito dell'ascoltatore. In tal modo l'illusione cresce al massimo senza ricorrere a calcolate sembianze artificiose [...]. In una struttura costruita ad arte si saldano strettamente spirito e

> comprensibilità. Procura ciò che di solito si toglie, dotando il coro di una forza interattiva di altissima vitalità [...]. Del massimo artificio fa qui una cosa della massima naturalezza, e, ciò che non era ancora successo, ottiene due cose insieme, riuscendogli di commuovere fino alle lacrime in primo luogo con un coro sulla scena [sottintendendo l'autore che ciò era prerogativa dell'oratorio], in secondo luogo per mezzo di una complessa composizione musicale [*durch ein obenein schwieriges Musikstück*] (*BAMZ*, 1829).

Indubbiamente qualcosa di sostanziale era accaduto al punto che, anche se alquanto confusamente, Spazier coglieva il momento in cui anche la musica riusciva a dar voce alla coscienza civile in una dimensione consona ai rapporti costituiti secondo la nozione di stato moderno, all'idea di popolo che con Beethoven si traduce in musica per la prima volta intesa come liberazione di una forza collettiva. Beethoven fu il primo compositore a staccarsi dal mondo aristocratico, prescindendone globalmente e guardando oltre sia come destinazione sia abbandonandone i contrassegni che ancora fino a Mozart rimanevano calati nello stile come un abito, un distintivo di classe. Il taglio tematico in particolare, destrutturando l'ornamentazione come nessun altro aveva ancora osato, aveva aperto il campo a una visione alternativa, non tanto subendo l'impronta popolare quanto lasciandovi il marchio individuale nell'essenzialità di un gesto fiero di contrapporsi al vecchio mondo. Ma ciò che più rivelava la percezione dell'idea democratica nella musica era la forma stessa, la possibilità concessa a un umile tema, a volte ridotto a poco più di un frammento incompiuto, di sfidare il tempo e di giungere a dar vita a vaste strutture altamente complesse, affermando il principio secondo cui nulla è dato in partenza e nessun ossequio a modello è garanzia di riuscita, ma solo la forza dell'intraprendenza, la manifestazione diretta della propria libertà creativa. Interrogandosi «sul rapporto tra forma e contenuto nella nuova musica», Adolf Bernhard Marx riconosceva come nella nuova espressione artistica «forma e idea si fondono l'una nell'altra, al punto che quella non è per questa solo un vaso o un recipiente in cui viene custodita, bensì l'*idea stessa nella sua totalità*, che si è manifestata e più propriamente si è con ciò determinata o formata» (*Über das Verhältnis der Form zum Inhalte in der neuen Musik*, in *BAMZ* 1826). Attraverso Beethoven era cioè percepito il senso di una svolta che per la prima volta, proprio grazie alla forza di un'idea che si compiva nella forma (non acquisita quindi prima del suo divenire in un processo che la confrontava col tempo), situava l'opera d'arte in rapporto col futuro, al di là della sua epoca le cui coordinate non bastavano più a delimitare lo spazio su cui essa gettava la sua ombra. Di fronte al risuonare delle sue composizioni sempre più il pubblico misurava la distanza con il «non ancora sentito» (così von Weiler in «Cäcilia», 1828), mentre sempre più si faceva largo la coscienza di un'arte non decifrabile nei termini concessi ai contemporanei ma che sarebbe stata capita pienamente solo dai posteri. Così Adolf Bernhard Marx:

> Una più elevata formazione artistica renderà più facili alla generazione a venire le condizioni per l'esecuzione [si parla degli ultimi quartetti], così come i nostri contemporanei non trovano più difficili le condizioni per l'esecuzione dei quartetti di Haydn; chi oggi rivolge la massima cura, fatica e tempo al nuovo Beethoven, si senta ripagato anticipatamente nella convinzione di partecipare a un progresso dell'arte, come uno dei primi, che tutti gli artisti e l'intero pubblico dovranno seguire (*BAMZ*, 1828).

L'accento posto sull'arte intesa come un divenire, più precisamente come un'acquisizione chiamata a mettere alla prova la coscienza sui termini di un'iniziazione a significati che attendevano di essere svelati, ne valorizzava il lato profetico. Pensando alla complessità dei significati racchiusi nel *Fidelio*, Amadeus Wendt era indotto ad affermare: «Non dobbiamo dimenticare che ci sono spiriti che percorrono il loro tempo con l'ala del genio, e che attendono la completa e profonda comprensione della loro opera dall'epoca successiva, forse solo dai posteri» (*AmZ*, 1815). Dopo l'ascolto della Sonata op. 111 Marx rinunciava a darne una recensione e preferiva renderne il senso evocando la testimonianza di un giovane musicista immaginario il quale di fronte al «caos di suoni» ricava l'impressione che

> [...] Beethoven sia morto e che il suo spirito gigantesco sia apparso al cospetto degli uomini ed abbia parlato: voi non mi avete mai riconosciuto; levate gli occhi, questa era la mia potente vita, questi dolori mi hanno purificato, questi raggi di luce provenienti dagli Elisi, questi suo-

> ni della giovinezza spirituale mi hanno rafforzato, il cuore trepidante mi ha confortato – e ora io muoio. "Sì, egli è morto!" gridò Edward ed invano io chiesi se la notizia sarebbe stata abbastanza attendibile per il Vostro giornale (*BAMZ*, 1824).

Tre anni dovevano ancora trascorrere prima che Beethoven lasciasse il mondo e consentisse effettivamente alle sue composizioni di risuonare come manifestazione di un'anima che aveva già oltrepassato il confine della vita, eppure la sua era già una musica del futuro, un messaggio la cui decifrazione era demandata nel tempo. E il tempo raccolse la sfida, arrovellandosi nelle interpretazioni più stimolanti e più fantasiose, al limite dell'arbitrio, di un messaggio che appariva aperto come non mai era accaduto prima d'allora.

Parlando della *Nona Sinfonia* Debussy ebbe a chiamarla «le chef-d'œuvre qui a entendu le plus de *bêtises*». Intendendo per «bêtises» i significati spesso esoterici che furono attribuiti alla sua musica, l'asserzione può essere estesa a Beethoven in generale, nella posizione che ancora in vita egli assunse nella cultura europea. Sicuramente egli fu il primo a comparire come musicista investito di una missione, che non tutti i contemporanei ritennero di potergli riconoscere, ma con la quale ognuno si trovò a fare i conti. Ai contemporanei non sfuggì comunque il fatto che il sovvertimento registrato con Beethoven non riguardava solo l'aspetto esteriore dello stile ma la nozione stessa di musica e le sue funzioni. È vero ad esempio che, prescindendo dai paesi tedeschi e da un'Inghilterra avidamente aperta sulle fortune musicali del continente, nell'anno della sua morte le esecuzioni beethoveniane in Francia, grazie ai Concerts spirituels di Habeneck, muovevano ancora i primi passi, mentre in Italia si riducevano a sparute occasioni di curiosità; è però anche vero che il nome di Beethoven non solo era diventato leggenda ma già rappresentava un termine ineliminabile di confronto. È nel contatto con la musica di Beethoven che in Italia si prese coscienza di un mondo musicale tedesco che avanzava in Europa, completamente affrancato persino dagli ultimi residui della grande tradizione musicale italiana, ormai vista in rapporto di inconciliabile antagonismo. Fra i giudizi del tempo può quindi essere più significativa l'opinione di un italiano, per di più votato al melodramma, quale il librettista Felice Romani che, in un'appendice della «Gazzetta Piemontese» del 1° maggio 1837 dedicata allo «stato presente della musica in Alemagna», a Haydn (nella cui musica «sembra che la forma sia la dominatrice del soggetto») e a Mozart (il quale «concilia la forma col soggetto») contrapponeva Beethoven, dove «il soggetto soverchia la forma» e dove il «pensiero tocca gli ultimi confini della possa musicale e dall'altezza a cui poggia, contempla la natura nelle sue attrattive, nelle sue lotte, e ne' suoi orrori. Libero dai ceppi della simmetria, il suo sublime ingegno disdegna le forme e segue senza esitazione la novella strada che egli si aprì».

Non si può quindi dire che, dieci anni dopo la sua morte, Beethoven non fosse ancora capito in Italia; semplicemente, in un'Italia che alle più sconvolgenti novità europee rispondeva con la tenace affermazione di un modello autarchico, proprio per il misconoscimento da parte del suo linguaggio delle qualità italiane non lo si riteneva degno d'imitazione. Concludeva infatti il Romani: «Il canto però il quale non poteva piegarsi a questa azione, violenta, ed a queste esigenze poetiche, rimase sempre, per così dire, lontano da Beethoven», sfiorando un luogo comune che già aveva messo profonde radici e che Mazzini si sarebbe incaricato di formulare in più ambizioso assetto ideologico nella *Filosofia della musica* (1836), in cui veniva sancita l'incompatibilità tra la musica italiana («in sommo grado melodica», dove «L'io v'è re: re despota e solo») e l'«*armonica* in sommo grado» musica tedesca, la quale «rappresenta il pensiero sociale, il concetto generale, l'idea, ma senza l'*individualità* che traduca il pensiero in azione»: nella musica tedesca vi sarebbe «Dio senza l'uomo, immagine sua sulla terra... V'è tempio, religione, altare e incenso; manca l'adoratore, il sacerdote della fede». Mazzini non nominava Beethoven, ma lo lasciavano presumere le considerazioni dell'anonimo contemporaneo delle *Curiosità storiche della Musica* apparse a Milano nel 1832:

> I lavori di Beethoven trovaronsi in maravigliosa consonanza coll'epoca in cui apparvero alla luce, poiché il sistema delle *idee trascendentali*, messo in voga dalla filosofia di Kant, la direzione data alle menti tedesche dalle opere di Lessing, di Schiller, e di tanti altri estetici metafisici, fecero adottare universalmente col trasporto dell'entusiasmo una musica in cui per seguire tutta l'ispirazione, eransi lasciati da parte i triviali precetti dell'arte che inceppano la fantasia.

Il giudizio dell'anonimo milanese, capace di cogliere in questa musica una nuova dignità intellettuale («si può asserire che i suoi componimenti stanno alla musica, come le produzioni di Goethe stanno alla letteratura»), si mostra tutto sommato abbastanza indulgente verso questo «genio libero, originale [...] quantunque talvolta bizzarro e ricercato». È comprensibile come l'Italia, avendo chiarito la sua posizione verso quel modello musicale, non avesse ragioni di temerlo seriamente.

Diversa fu la reazione della Francia, direttamente impegnata ad assimilare Beethoven nella maturazione di una concezione che aspirava a misurarsi con la musica tedesca sullo stesso terreno della sinfonia. Berlioz, che riteneva Beethoven «la sentinelle avancée de la civilisation musicale» e al quale per ardimento pochi contemporanei potevano tener testa, riuscì a esserne il principale propugnatore ma non a superare certe riserve, che gli facevano vedere ad esempio nella *Nona* un'armonia «d'une hardiesse quelque-fois excessive». Eccessi che rimarranno spine nel cuore di quegli esegeti ai quali farà comodo ordinare l'opera beethoveniana secondo i tre stili, mantenendo il terzo e ultimo in una sfera di domanda senza risposta, senza gravami troppo pesanti e ipoteche pregiudiziali per il tronco "eroico" della sua opera. Prudentemente il dotto Fétis aveva considerato come le composizioni della terza maniera «allèrent quelquefois jusqu'à la divagation» mentre l'Oulibicheff, di fronte a tale «chimère du poète» e all'aspetto di sfinge impenetrabile che si affaccia in questa musica lunare, positivisticamente (considerandone la sordità) arrivava a supporre «que n'entendant plus rien depuis dix ans, Beethoven était devenu moins sensible au charme de l'euphonie».

In verità nemmeno il mondo tedesco dimostrò maggiore capacità di assimilazione nei confronti dell'ultimo Beethoven, verso il quale maggiore semmai fu la riverenza. Persino Wagner, l'esegeta più penetrante che nel maestro seppe cogliere indicazioni per audaci sviluppi ulteriori, si arrestava di fronte a testimonianze per lo più ritenute indecifrabili:

> La maggior parte delle opere di Beethoven appartenenti a quest'epoca debbono essere considerate come tentativi inconsci fatti col fine di formarsi una lingua che corrispondesse alle sue aspirazioni, così che esse ci appaiono spesso come schizzi di un quadro, di cui il maestro aveva bensì concepito il soggetto, senza poter affermare una forma ordinata e intelligibile per rappresentarlo.

Tuttavia Wagner aveva saputo cogliere il fenomeno in profondità e, rilevando lo spostamento dell'asse formale sotto la spinta di un incoercibile empito comunicativo («Beethoven ci fa il più delle volte l'impressione di un uomo che ha qualche cosa da dirci, ma che non si può esprimere chiaramente»), riconosceva in quella musica la presenza di una forza nuova pronta a trascinare essa musica al di là del suo fine primario, oltre il piacere, oltre la commozione, per mirare all'«espressione di un contenuto determinato, chiaro, intelligibile, individuale» per la quale il massimo affinamento dell'ideale strumentale non era bastante. L'«errore artistico» di Beethoven sarebbe stato allora cancellato dalla *Nona Sinfonia*, alla quale, nella coniugazione con la parola, andrebbe il merito di aver dischiuso una prospettiva in cui il limite della musica, sconfinando nell'azione poetica, avrebbe fecondato l'idea dell'opera d'arte dell'avvenire.

Non sarebbe stato tuttavia l'avvenire a dar ragione a Wagner, se un musicista come Debussy, il quale senza esitazioni aveva varcato l'antica soglia e per il quale il rapporto con «contenuti determinati» era già superato a un livello simbolico più lato, guardava ormai a Beethoven, a quello della "Pastorale", come a qualcosa di irrimediabilmente invecchiato, di «inutilmente imitativo».

L'avvenire assicurò invece al musicista il destino riservato ai grandi numi invitati a parlare con voce d'oracolo: che consentono di leggere messaggi contrastanti. Caduta ogni riserva sulla grandezza del genio, l'esegesi assunse un ritmo sfrenato e più di ogni altro musicista Beethoven divenne il bersaglio di interpretazioni troppo spesso esoteriche.

L'apologia di Romain Rolland – che, appropriandosi tendenziosamente del celebre passo «Il mio impero è nell'aria», giunse a santificare nel grande musicista il sacerdote di un'arte elevata, oltre le sue stesse etiche virtù, a religione vera e propria – rispondeva all'implacabile bigottismo di Tolstoj il quale ne *La Sonata a Kreutzer* pretendeva d'aver sorpreso in Beethoven l'appello più diretto della sensualità («Dicono che la musica abbia per effetto di elevare l'anima ... stupidaggini! Non è vero. Agisce, agisce tremendamente ... non ha per effetto né di elevare l'anima, né di abbassare l'anima, ma di esasperarla»). Ma tale interpretazione estrema non era forse la stessa che in modo più subdolo, prevaricando l'espressione beethoveniana oltre il non compiutamente «determinato», aveva consentito a Wagner di esaltare nel maestro la redenzione dello spirito della Germania? Intensificata dal seguace von Bülow, il quale in un discorso alla Filarmonica di Berlino nel 1892 giunse addirittura a dedicare l'esecuzione dell'"Eroica" al «più grande eroe conosciuto dalla nazione» («Principe Bismarck, *heil*!»), sappiamo quale funesta fortuna abbia goduto tale favola sotto l'ala di ferro del nazionalsocialismo.

Da tempo tuttavia Beethoven era diventato oggetto di culto meno fantasmagorico nella lezione di Brahms il quale, se non ebbe la decisiva rivelazione della musica (come Wagner bambino) ascoltando una sinfonia di Beethoven, dopo aver attraversato la temperie romantica vi si accostò con la novità di un'operazione che si appoggiava al maestro non per sfidare l'avvenire, bensì per attuare un confronto con la storia sulla base dei valori consolidati, che Beethoven seppe incarnare quanto Bach e tutti i grandi che lo precedettero. E benché la direzione indicata da Brahms per apparente eccesso di dottrina non fosse destinata a riscuotere simpatie (così sarcasticamente Malipiero: «Le esumazioni ebbero inizio il giorno in cui l'arte contemporanea vestì il saio del mendico, quando cioè a Beethoven era succeduto, erede universale, Johannes Brahms, autore della X Sinfonia»), essa costituì un sicuro riferimento allo svolgimento che la musica subì nel Novecento in senso antimetafisico: svolgimento che permise a Stravinsky, più che a ogni altro, di amare in Beethoven ciò che di meno perfetto tornava in evidenza in un linguaggio liberato dai paludamenti liturgici stesi dagli estasiati seguaci dell'Ottocento: «la natura del talento e dell'opera di Beethoven sono per me più umani e più comprensibili che non, poniamo, quelli dei compositori più "perfetti", quali Bach e Mozart».

Il declino del culto dell'eroe scopre in Beethoven l'inattualità e, benché il suo nome non compaia nella trattazione dell'avanguardia a noi più vicina, nel celebre articolo di Boulez (*Schönberg est mort*, 1952) non si celebra solo il funerale al pioniere della dodecafonia ma, dietro l'apparato seriale di Schönberg riconoscendo l'aborrita pratica della tematizzazione, è anche Beethoven che viene implicitamente additato come responsabile a monte della tradizione del discorso argomentato. D'altronde non si può pretendere che in un'epoca di aperte progettazioni quale la nostra possa rimanere molto spazio per le intrepide certezze di un compositore, il quale riuscì a coniugare l'idea musicale con categorici significati di estesa portata morale. L'immagine ereditata di Beethoven, dopo le alterne vicende della sua fortuna storica, non ci presenta più una figura monolitica, mentre sempre più inani appaiono i tentativi dei divulgatori di turno di avocare la posizione del musicista alle superate etichette di Classicismo o di Romanticismo. Non stupisce quindi nemmeno che, intorno a una delle opere più ardite della sua estrema maturità, la sensibilità di uno degli scrittori più avvertiti del nostro tempo (Michel Butor, *Dialogue avec 33 Variations de Ludwig van Beethoven sur une valse de Diabelli*) sia riuscita a tessere un'ingegnosa struttura interpretativa impegnata a individuare attraverso sorprendenti livelli di lettura l'assillo della «conception d'une musique de l'imaginaire», dove la componente utopistica, al di là di furori moralistici, avrebbe raggiunto un complesso sistema onnicomprensivo di passato e di futuro, dove l'imprevedibile articolazione delle variazioni riassumerebbe Bach e prefigurerebbe Chopin, Debussy, Webern al punto che «certi musicisti sono venuti a poco a poco ad abitare le caselle già delineate, e nulla ci assicura che tutte siano già occupate, o che la facoltà di anticipazione stilistica dell'opera sia già esaurita».

Il messaggio di Beethoven rimarrebbe dunque aperto? Nella nebulosa prospettiva del futuro della musica, attraverso i più spericolati e speculativi giochi intellettuali dell'avanguardia, di tutto ci si può attendere. Modi nuovi si affacceranno ancora a interpretare la frase-trappola: « Il mio impero è nell'aria». Che con ciò Beethoven avesse forse presagito le ironie della sua sorte?

VI. Franz Schubert, preludio all'ineffabile

> Un così meraviglioso Lied! Opera d'arte pura, nata dalle più sacre profondità dell'anima popolare; patrimonio altissimo, prototipo di ogni interiorità, amabilità fatta cosa [...] Eppure dietro quest'opera adorabile c'era la morte. Intratteneva rapporti con lei, rapporti che si potevano amare, ma non senza rendersi conto, nel subconscio, della natura in un certo senso proibita di questo amore. Forse all'origine non c'era la simpatia per la morte ma qualcosa di molto vitale e popolare; la simpatia dello spirito per questo qualcosa era tuttavia simpatia con la morte – pura devozione ai suoi inizi, espressione di saggezza popolare, non c'era ragione di dubitarne, ma tra le sue conseguenze vi erano esiti di tenebra.
>
> (Thomas Mann, *Der Zauberberg*, 1924. Capitolo VI ["Pienezza d'armonia"]. Pensieri di Hans Castorp all'ascolto di *Der Lindenbaum*).

Non esiste probabilmente vita di musicista che, più di quella di Schubert, sia stato necessario e possibile ricostruire attraverso le testimonianze e i ricordi della ristretta cerchia di coloro che lo circondarono nei pochi anni in cui fiorì e insieme si consumò il suo genio. Schubert non visse mai nella cronaca: mentre era ancora in vita egli già viveva nella memoria di amici che lo vedevano comparire in cerca di ospitalità, oppure andarsene senza lasciar traccia o eco alcuna, come si addiceva a un solitario che, per il fatto di non godere fama e di non ricoprire funzione pubblica, conduceva la propria esistenza ai margini o addirittura al di fuori della vita organizzata. Schubert fu quindi leggenda prima ancora di lasciare il mondo, che con enorme ritardo – in un'epoca e in una nazione ormai vigili anche di fronte al più insignificante preannuncio di novità – in fatto di musica scoprì di aver perso irrimediabilmente l'occasione di assistere all'incarnazione di un'estetica che sommessamente, all'ombra del frondoso tronco beethoveniano, aveva spinto sotterranee radici fino in terre lontane, più lontane e spesso oltre la portata dei rami del grande albero a cui sempre essa guardò riverente. Beethoven, senza aver fondato una chiesa, aveva comunque fondato una religione, Schubert né l'una né l'altra; la sua musica aveva invece posto per la prima volta la coscienza dell'uomo di fronte al nulla, privandola persino della consolazione della salvezza in se stesso. Lo Schubert, che l'iconografia vorrebbe cogliessimo in gaia compagnia intento ad animare per forza di sua sola musica le spensierate riunioni di amici stretti tra loro da patto ideale, corrisponde probabilmente allo Schubert da questi realmente amato. Ma come la sua musica migliore e più preveggente con altrettanta probabilità mai risuonò in quei conviti, così il vero volto del musicista non fu rivelato nemmeno agli amici più intimi, semmai Schubert ne ebbe; poiché i vari Mayrhofer, von Spaun, Hüttenbrenner sono da vedere piuttosto come compagni, persone capaci di accendere un fuoco nel cuore del cantore dell'inverno dell'anima, non già coloro che di quel cuore sapessero carpire il riposto segreto. I materiali biografici, pazientemente raccolti da Ferdinand Luib, Heinrich von Kreissle e altri tra gli amici e i conoscenti del compositore che ancora vivevano intorno alla metà del secolo, non sono infatti solo interessanti in quanto rappresentano i riferimenti ineliminabili alla ricostruzione della sua esistenza, ma sono rilevanti soprattutto per l'approssimazione a cui sembrano condannati, per la mancanza di nitidezza nel ritratto di Schubert che ognuno dà a modo suo, ma sempre come episodio di una vita che nella sua globalità sfuggiva a tutti; la vita di un uomo la cui grandezza fu avvertita da tutti loro, senza che di tale grandezza capissero l'esatta qualità. Di lui ci raccontano la rapidità del comporre, la disciplina di lavoro per la quale egli si era metodicamente imposto di dedicarsi giornalmente alla composizione, la maestria al pianoforte che, pur non essendo egli un virtuoso, gli consentiva di strabiliare gli ascoltatori; di lui ci raccontano il gioviale carattere viennese venato di profonda malinconia, la proverbiale trascuratezza, la modestia nei giudizi, la mancanza d'orgoglio. Di Schubert nessuno ci racconta come la sua liederistica si fosse mossa nella direzione che sappiamo, come giungesse a coagulare nelle strette pareti del Lied la quintessenza di una *Weltanschauung* dagli orizzonti incommensurabili, come mai l'"Incompiuta" non sia stata portata a termine oltre il secondo movimento, e molte altre risposte a domande che non possono essere certo soddisfatte dal luogo comune del musicista istintivo al punto di possedere le risorse per qualsiasi colpo d'ala.

Trent'anni dopo la sua morte, gli amici di Schubert parlano dei conviti viennesi che lo videro partecipe come di paradiso perduto, di felicità affidata al risuonare di una musica mai più dimenticata, ma vissuta come ricordo e che è impossibile vivere diversamente. Dall'emozione di von Spaun, che insieme a Mayrhofer assistette alla fulminea stesura di *Erlkönig* in un pomeriggio del 1815 (suonato il giorno stesso sul fortepiano del convitto dal vecchio organista Wenzel Ruzicka commosso di fronte agli allievi) fino all'evocazione del primo e unico concerto tenuto dal musicista nel marzo del 1828, è tutto un seguito di ricordi tanto intensi che nessuno di loro ritenne possibile confrontarlo con alcunché accaduto in seguito. E sarebbe rimasto unico il caso di Mayrhofer, caduto in tale prostrazione dopo la morte dell'amico da decidersi al suicidio appena qualche anno dopo. L'emozione che ognuno portò con sé di quell'esperienza aiuta comunque a capire l'enorme incidenza dell'arte di Schubert sulla coscienza del tempo, rappresentata dai pochi a cui primieramente giunse il suo messaggio. Quei pochi riuscirono a comprendere di trovarsi di fronte a un'epifania della storia della musica, a un fatto nuovo ed eccezionale. Quei pochi avevano compreso che il valore di Schubert non stava nelle improvvisazioni al pianoforte con cui usava accompagnare le loro danze, bensì nelle istantanee della poesia tradotta in una musica che nel Lied trovava l'eco di emozioni, significati, trasalimenti per i quali la lingua non era bastante e che nel Lied, come Schubert l'intuì, ricominciava per altra via, saltando immediatamente oltre l'eredità classica e beethoveniana, l'impresa audace di rivolgersi al mondo facendolo partecipe dei segreti di una sensibilità, capace di imprimere nella mente di ogni ascoltatore un giudizio sulla realtà che andasse ben oltre la sua apparenza. Quei pochi si prodigarono in mille modi per trovare l'interprete ideale di quei canti, Johann Michael Vogl (anziano cantante d'opera che nell'interpretazione dei Lieder di Schubert conobbe una seconda giovinezza); quei pochi, senza successo, osarono inviare a Goethe il florilegio dei primi meravigliosi canti che il musicista aveva concepito sui versi del grande poeta di Weimar; quei pochi riuscirono a raccogliere i mezzi per la pubblicazione dei suoi primi capolavori vocali, che il mercantilismo degli editori avrebbe per lungo tempo ancora rifiutato o ripagato in modo scandalosamente ingiusto. Tutti avevano capito che ogni occasione di ascoltare da Schubert un poema messo in musica diventava rivelazione di un mondo che vieppiù estendeva i confini del proprio dolore. Nelle loro lettere, nei loro diari, è del Lied e solo del Lied, che si conserva memoria.

Agli albori del Lied

Il Lied, formalmente parlando, non è una creazione di Schubert. Tutta la seconda metà del Settecento assistette a una progressiva fioritura di canti tedeschi tramandati da circa 900 raccolte. Non ne era Vienna sicuramente il centro di diffusione, una Vienna che, oltre ad aver dettato le regole di una nuova, vasta concezione strumentale della musica, ai tempi di Schubert coltivava un ideale di canto che permetteva ancora all'autorità di Salieri di sprezzare i primi "barbari" tentativi dell'allievo nel campo del Lied e di indicargli a modello la scuola italiana; fatto ormai inaccettabile per un giovane musicista austriaco che non mancò mai di ammirare Mozart, ma che oggettivamente conduceva la propria esistenza mentre Beethoven era ancora in vita a emancipare la sua arte dalle remore "cortigiane", in parte immediatamente identificabili nella maniera italiana. Fatto che tuttavia immunizzò il musicista da tentazioni accesamente nazionalistiche e che gli permise, ancora ne1827, di dedicare al basso napoletano Lablache quei *Drei Gesänge von Metastasio* in cui tentò una sintesi ormai impossibile tra vocalismo (spinto dalla lingua italiana verso forme meccaniche e ripetitive) e articolazione prosaica del canto appresa attraverso l'interpretazione profonda e capillare del testo tedesco. Il canto tedesco non poteva nascere nell'impero asburgico, i cui confini toccavano il Mediterraneo: il Lied poteva nascere solo in quella Germania che si preparava a diventare nazione e fu dal nord che provennero non solo i primi esempi, ma la trattazione stessa dei concetti che sovrintendevano a quell'estetica. Nella prima collezione a stampa della "Berliner Liederschule" (*Oden mit Melodien,*

1753) gli editori Karl Wilhelm Ramler e Christian Gottfried Krause già erano in condizione di delineare lucidamente le condizioni sociali e nazionali che avevano preparato il terreno al Lied come a una nuova categoria artistica radicata nel cuore dello spirito germanico:

> Ovunque noi tedeschi studiamo musica; ma in certe città si vorrebbero sentire solo arie d'opera. In queste arie tuttavia non domina quel tipo di melodia che si addice a una canzone scherzosa che ciascuno può cantare, anche senza accompagnamento di pianoforte o di altro strumento. Se i nostri compositori componessero le canzoni cantando, senza usare il pianoforte e senza porsi ogni volta il problema di adeguarsi a un basso, il gusto di cantare della nostra nazione si estenderebbe e dappertutto introdurrebbe piacere e gaiezza. Già oggi si può constatare che i nostri compatrioti non bevono più per ubriacarsi e che hanno smesso di eccedere nel mangiare. Nelle nostre capitali cominciamo a divertirci in riunioni come si conviene. Viviamo in modo socievole, e cosa c'è quindi di più naturale in queste occasioni che il cantare? D'altra parte non c'è spazio per canzoni troppo serie, poiché lo scopo dell'intrattenimento è quello di lasciare a casa la severità. Le canzoni dovrebbero quindi essere educate, fini e semplici, non poetiche al punto che non possano essere capite dalla graziosa cantante, ma nemmeno così leggere e scorrevoli che nessun cervello ricco di spirito non abbia voglia di prestar loro attenzione.

Alcuni decenni più tardi, nella prefazione ai *Frohen Lieder für deutsche Männer* (1781), un altro berlinese, Johann Friedrich Reichardt, metteva a punto in modo ancor più dettagliato i termini di una pratica ormai già emancipata dall'imperante accademismo internazionale che dettava legge in fatto di musica vocale:

> Le melodie dei Lieder, che chiunque abbia orecchio e voce può eseguire, devono poter avere vita propria, indipendentemente da ogni accompagnamento, e devono impadronirsi del tono del canto attraverso la più semplice sequenza di note, il più preciso movimento ritmico, la più esatta correlazione tra le sezioni e le divisioni ecc. della linea melodica; tanto da far sì che dopo una sola audizione non si riesca più a immaginare la melodia senza le parole o le parole senza la melodia, poiché la

> melodia dev'essere indispensabile al testo e dev'essere priva di senso se considerata a sé stante. Una melodia così concepita avrà sempre il carattere dell'unisono e non richiederà né permetterà alcun accompagnamento armonico. Così si presentano tutte le canzoni che risalgono al tempo in cui il nostro popolo tedesco era ricco di canto, quando non era stato ancora introdotto il sistema armonico e quando esso era circoscritto ancora alla sua origine, la Chiesa. Da quando però l'armonia ci ha distorto l'ascolto in modo tale da imporsi come necessità in ogni occasione, le nostre melodie hanno perso carattere e non si presentano che come veste dell'armonia.

La programmaticità di simile manifesto, indispensabile a spiegare la situazione preschubertiana del Lied in Germania, stabiliva una corrispondenza diretta e immediata tra musica dotta e musica popolare, la quale ultima si presentava alla coscienza dei compositori tedeschi come unica ed estrema possibilità di recupero di un'identità nazionale:

> Ancora qualcosa a proposito dei canti popolari. Essi rappresentano in verità ciò a cui il vero artista – l'artista che impara a biasimare di aver spinto la propria arte verso direzioni ingannevoli – volge lo sguardo come navigante alla stella polare, a ciò a cui egli può attingere di meglio a suo beneficio.

Tale atteggiamento preromantico – se non già romantico nell'originalità dei principî espressi – poteva essere sostenuto in termini tanto categorici solo da compositori collocati in posizione relativamente periferica rispetto alle correnti dominanti della tradizione musicale, dov'era più facile prescindere da un gusto importato quale quello italiano. In verità, nemmeno il berlinese Reichardt nella pratica compositiva si atteneva strettamente a quella specie di voto di povertà da lui stesso preconizzato per l'arte tedesca. Meno vi si attenne un tedesco del sud quale Johann Rudolf Zumsteeg, autore di ballate per voce e pianoforte, orientate piuttosto verso un'espressione sovraccarica.

Molto meno tale austerità di formulazione è riscontrabile nel Lied di Schubert che, per il fatto di sbocciare su terreno viennese, non poteva fare a meno di riflettere in sé le conseguenze dell'azione rinnovatrice che quella civiltà musicale, nel nome di Beethoven, era ancora impegnata a condurre in quegli anni. Il Lied di Schubert fa capo all'elemento popolare in senso sostanzialmente diverso da quello indicato da Reichardt: certamente non in senso alternativo. Non esisteva in terra austriaca premessa nazionalistica sufficientemente spiccata da ammettere la giustificazione del ricorso diretto all'elemento popolare per un taglio netto dei ponti con la tradizione. La misura della situazione ci è data da Eduard von Bauernfeld, che frequentò gli stessi circoli di Schubert e che su questo tema fu l'unico dei suoi amici viennesi a lasciarci qualche notazione:

> Schubert può essere talvolta biasimato per quanto concerne la forma, la declamazione musicale, la freschezza delle melodie. Queste ultime suonano spesso troppo patriottiche [*vaterländisch*], troppo austriache; ricordano canti popolari il cui tono di palese inferiorità ed il ritmo sgraziato non hanno il diritto di essere introdotti nel Lied poetico. Per questo ci furono talvolta piccole discussioni con *Meister Franz*. Per esempio, quando gli volemmo provare che certi passaggi dei "Müller-Lieder" ricordavano un'antica marcia dei granatieri, o la canzone di Wenzel Müller "Wer niemals einen Rausch g'habt". Egli montò su tutte le furie per queste critiche che giudicava grette, ci derise e disse: "Ma che cosa capite voi. È così e così dev'essere!" Ma poi non sarebbe più capitato niente di simile, niente che portasse il segno degli eccessi e delle esuberanze giovanili. Nelle opere che seguirono della sua maturità, non sarebbe più stato possibile rintracciare nessuno di questi modi sbarazzini e triviali che avevamo biasimato.

La compromissione con l'elemento popolare a Vienna cozzava quindi contro radicati pregiudizi. Di fronte a quello che nella concezione beethoveniana era diventato il pensiero musicale, il ritorno alla semplice frase popolare pareva impensabile. Bauernfeld, nel caso di Schubert, insiste a parlare di «poetisches Lied», differenziando tale concetto di canto da quello spontaneo e anonimo del popolo. In tal modo, dopo Schubert, il genere avrebbe assunto la più precisa denominazione di «Klavierlied» la quale, riconoscendo nel ruolo del pianoforte l'elemento di volta di una concezione che per il suo tramite evidenziava la derivazione linguistica dai Classici viennesi, accreditava la conseguita dignità artistica.

Il Lied non fu mai, infatti, al centro dei loro interessi. Per Haydn e Mozart esso rimase sempre un fatto marginale. Per Beethoven parve che potesse diventare qualcosa di diverso, soprattutto quando con il ciclo *An die ferne Geliebte* (1816) diede prova di saper affrontare il genere con visione articolata, ma ancora nel 1822 il compositore osava dichiarare: «Io scrivo Lieder solo malvolentieri». C'è quindi da chiedersi come mai Schubert oggi continui a essere assimilato alla triade dei Classici viennesi, quando la sua vasta produzione nel campo del Lied (più di 600 composizioni) mostra chiaramente lo spostamento dell'equilibrio dalla musica strumentale a quella vocale cameristica. La situazione va chiarita alla luce di quella che fu la sua posizione sociale che, diversamente dalla formazione dei suoi tre grandi predecessori, lo vide iscritto al Reale Imperiale Convitto Civico, che non era propriamente una scuola di educazione musicale, ma un istituto che preparava i giovani destinati agli studi universitari. Lasciato il convitto nel 1813, Schubert entrò nella Scuola Normale, in cui ottenne la formazione magistrale che gli permise, l'anno successivo, di assistere il padre nella scuola di Lichtental. Nonostante la sua spiccata predisposizione per la musica, che il padre e il fratello Ignaz assecondarono fin da principio affidandolo a sette anni alle cure del maestro del coro della chiesa della locale parrocchia, il suo destino non era quindi quello di diventare musicista. Negli anni del convitto Schubert compose molta musica strumentale, in parte destinata alle serate in famiglia, in parte dedicata all'orchestra della scuola (l'orchestra degli allievi che allora era in condizione di eseguire un vasto repertorio sinfonico e orchestrale, da Cherubini a Mozart, da Weigl a Beethoven). Non era però questa la musica su cui gli era permesso di nutrire illusioni in vista di una regolare carriera professionale. A quel tempo egli era considerato – e probabilmente si considerava – un dilettante, tanto che la sua attività maggiore era assorbita dalla composizione di Lieder, il genere meno nobile nella gerarchia delle categorie musicali della Vienna di un tempo.

Dei circa 600 Lieder che costituiscono la sua intera produzione, più della metà (335) furono composti prima del 1817, prima dei vent'anni, prima della determinazione di consacrarsi esclusivamente alla musica, lasciando la scuola del padre e affrontando le incognite di una vita raminga. La portata che all'inizio della sua attività compositiva era detenuta dal Lied è il chiaro indizio di un orientamento che si poneva in posizione subalterna rispetto alle priorità stabilite dalla pratica dei Classici viennesi. Priorità ovviamente date alle forme strumentali (sonate, quartetti, sinfonie) che non a caso, benché l'interesse per il Lied non venisse mai meno, avrebbero occupato intensamente Schubert negli anni posteriori. Ben nota è la sua lettera del 31 marzo 1824 a Kupelwieser in cui annunciava:

> In fatto di Lieder non ho scritto gran che di nuovo, ma in compenso mi sono esercitato in numerosi lavori strumentali: ho composto due quartetti per violini, viola e violoncello, un ottetto e in seguito intendo scrivere ancora un quartetto. Soprattutto in questo modo voglio percorrere la strada che conduce alla grande sinfonia.

Dati i suoi esiti artistici, Schubert non è direttamente assimilabile alla triade viennese. La sostanza di questa lettera mostra tuttavia quanto egli fosse un "classico viennese" nella mentalità, per cui è da ritenere che la sua devozione al Lied fin dagli esordi, e soprattutto agli esordi, lo mettesse consapevolmente in una posizione marginale rispetto al corso ufficiale della musica marcato dagli esempi di Mozart, Haydn, Beethoven, di fronte ai quali la sua vocazione di liederista lo confinava nel limbo dei *Musik-Liebhaber.* È sempre Schubert infatti che, nella stessa lettera a Kupelwieser, in questi termini riferisce del memorabile concerto beethoveniano in cui si annunciava la presentazione della *Nona Sinfonia:*

> La grande novità a Vienna è che Beethoven darà un concerto in cui sarà eseguita la sua nuova sinfonia, tre pezzi da una nuova messa e una nuova ouverture. – Se Dio vuole, avrei l'intenzione di poter dare un simile concerto l'anno prossimo.

Non era quindi un concerto di Lieder quello a cui Schubert pensava: la sua grande aspirazione rimaneva quella di poter presentare in pubblico una sinfonia; e simile occasione, sappiamo, non si verificò mai. Non è un caso, inoltre, che nell'occasione venuta grazie agli amici di organizzare un'accademia di musiche sue (nell'unico citato concerto del 26 marzo 1828), Vogl cantasse numerosi suoi Lieder, ma nel programma in bella vista figurassero il Trio in mi bemolle maggiore e il primo tempo di un nuovo quartetto (quello in sol).

Nel cerchio del privato

Il Lied non rappresentava in nessun caso la strada da battere per conseguire le referenze per una sicura carriera professionale. E Schubert lo sapeva benissimo, se nell'anno della sua emancipazione (1817) provò l'esigenza di misurarsi con i classici sul loro stesso terreno, componendo ben nove sonate per pianoforte in cui tentava una strada sua, ovviamente non ancora ben delineata, con una decisa incursione nel campo che era ancora saldamente tenuto da Beethoven. La sua emancipazione – il suo cammino verso la conquista della libertà, della piena espansione delle sue aspirazioni artistiche – curiosamente coincideva quindi con un impegno di maggior rigore, di maggiore severità. E questo è un aspetto significativo che lo distingue chiaramente dagli "altri" classici. Mentre Mozart, Haydn e Beethoven pervennero all'indipendenza (con quale esito, fortunato o sfortunato, qui non importa) senza nulla modificare sostanzialmente del proprio programma compositivo (nel senso che sia prima sia dopo scrissero sonate, concerti, quartetti e sinfonie), Schubert vi arrivò con l'imperativo di allargare notevolmente la prospettiva che fino a quel momento era stata tracciata attraverso la ristretta pratica del Lied. Mozart, Haydn e Beethoven avevano assicurato l'indipendenza alla loro attività compositiva togliendola semplicemente dalla tutela dei principi e dei signori al cui servizio si erano trovati e rivendicandola a propria responsabilità individuale; avevano, in altre parole, operato in un contesto modificandolo dall'interno. Schubert diventa musicista, in un certo senso, dall'esterno, da posizione non coinvolta, dove la stessa scelta della musica come professione significò emancipazione sociale. La lotta di Schubert non iniziò nel momento in cui decise di diventare indipendente (Mozart, Beethoven), ma nel momento in cui prese la determinazione di vivere facendo il musicista. Sotto questo aspetto egli percorse quindi il cammino contrario rispetto a quello che fu il destino dei "classici". Addirittura, mentre quelli avevano sviluppato la loro esperienza allentando le maglie della scolastica dei generi che sovrintendeva alla loro estetica, per un certo verso l'evoluzione di Schubert appare opposta.

Già si è detto del suo atteggiamento verso la sonata per pianoforte. Tre saggi di sonata precedono l'anno della svolta fondamentale: tre momenti estremamente aperti nella definizione, soprattutto estremamente in ritardo su quanto a quell'epoca (1815) era già diventato il pianoforte come parte d'accompagnamento nei suoi Lieder. Saggi che dimostrano una scarsa vocazione all'ideale sonatistico, vuoi per l'incertezza dello sviluppo, che nel primo tempo della Sonata in mi maggiore è addirittura surrogato con semplici trasposizioni del materiale di tonalità per mezzo di procedimento paratattico, vuoi per gli automatismi che prendono la poco convinta mano del compositore soprattutto nelle variazioni su temi d'Andante (quello che sarebbe diventato il campo delle intuizioni sue più originali e che qui si irrigidisce in una scrittura manierata e sovraccarica di ornamentazione ripetitiva). Orbene, le sonate schubertiane del 1817, se arrivano a coagularsi intorno a uno schema compositivo, lo raggiungono imprimendovi il marchio di un volontarismo mediato da Beethoven, anche se i tratti vigorosi di fanfara, che in quasi tutte troviamo in apertura, presentano una quadratura ancora haydniana. È comunque un'immagine virile quella che Schubert tenta di imporvi e, se proprio non mancano i tratti personali (lo scampanio alla mano destra combinato con la melodia nel registro medio nell'esposizione del secondo tema del primo tempo della Sonata in la minore) il discorso contrassegna il momento più acuto della resa a una forma accademica, evidente meno negli sviluppi (qui ancora dirottati nell'esuberanza modulante) e assai più nella simmetrica disposizione della frase. Per rendersene conto basterà porre a confronto il tema dell'*Allegretto quasi Andantino* della Sonata in la minore, con quello che lo stesso tema sarebbe diventato undici anni dopo nella più celebre e grande Sonata in la maggiore dove, sulla base degli stessi minimi mezzi d'espressione, il compositore estrapola l'idea originale dal contesto di scolastico accompagnamento per liberarla al respiro di un canto degno del maggiore dei liederisti. D'altra parte è significativo il fatto che il manifesto scelto da Schubert per dichiarare il conseguimento della propria maggiore età artistica da una parte l'abbia indotto a introdurre (nella Sonata in si maggiore) il moderno concetto di Scherzo e contemporaneamente (nella Sonata in mi bemolle maggiore) l'abbia visto di nuovo regredire alle blande movenze del Minuetto, restituito addirittura tra ammiccamenti di sapore settecentesco. Per Schubert quindi esistette il problema di un'identità socio-professionale, problema che non fu semplicemente risolto dagli evidenti capolavori che il suo genio sarebbe riuscito a dare alla luce qualche anno dopo. Se ancora nel 1828, l'anno stesso della sua morte, egli manifestò l'intenzione di prendere lezioni di stretto contrappunto da Simon Sechter, ciò significa che egli aveva continuato a considerarsi un compositore non sufficientemente "formato" per poter legittimamente aspirare al diritto d'investitura di musicista professionista.

Questa fu soprattutto l'opinione di chi gli stava intorno. Fu l'opinione del tenore Ludwig Tietze, invitato qualche settimana dopo la morte del musicista a cantare un *Requiem* in suo suffragio, il quale giudicava Schubert un buon compositore di Lieder ma non un grande e vero artista degno di essere commemorato con l'esecuzione di una messa funebre. Fu l'opinione dei suoi stessi amici: «Peccato che Schubert non abbia imparato tanto quanto me, altrimenti grazie al suo straordinario talento sarebbe diventato un maestro» (Franz Lachner). «Dilettante» sarebbe stato giudicato anche dall'ex compagno di convitto Benedikt Randhartinger dopo che questi ottenne la carica di direttore della Cappella di corte, lo stesso posto che fu negato a Schubert nell'aprile del 1825. L'incoraggiamento a intraprendere la carriera di *Kapellmeister* gli venne meno, quindi, e perfino da parte dei suoi stessi sostenitori se Karl Pinterics già l'aveva scoraggiato a concorrere al posto vacante al Kärntnertor-Theater, mentre Anton Schindler, descrivendo in Schubert il carattere non competitivo e incapace di argomentare in pubblico le sue opinioni, lo riteneva inadatto a ricoprire tale funzione. Schindler non riusciva a vedere l'amico districarsi nella selva di intrighi, di cui allora erano preda i teatri:

> No, no, questo sacerdote non era fatto per una simile e ben dissimulata galera. Perciò lodiamo il cielo che l'inizio e la fine della carriera teatrale di Schubert siano cadute nello stesso momento. Quante opere all'arte sarebbero venute a mancare, se le cose non fossero andate come sappiamo.

Facendo di necessità virtù, ribaltando in aspetti positivi una serie effettiva di carenze della sua personalità, i suoi stessi amici celebrarono in Schubert l'avvento del "libero artista", del musicista che dava voce a una propria idea senza dover sottostare ai vincoli delle convenienze sociali. In questo senso Schubert seguì immediatamente Beethoven nel realizzarsi come artista "libero", e in altro senso lo fu maggiormente, se consideriamo il fatto che, mentre Beethoven crebbe fin dalla tenera età segnato dal destino di musicista, Schubert deliberatamente scelse la prospettiva di dedicarsi alla libera professione di compositore. Professione che, ponendolo scopertamente di fronte all'arbitrio del mercato editoriale, non meno di Beethoven (e forse in modo più autentico) gli permise di prendere coscienza di una possibilità di riscatto rimasta utopia. Così più di una volta Schubert si sarebbe espresso con Joseph Hüttenbrenner: «Lo Stato deve mantenermi. Io sono venuto al mondo nient'altro che per comporre!». «Ma lo Stato», scrisse in una lettera al padre del 25 giugno 1825 riferendosi agli editori, «nella sua saggezza e benevolenza, ha provveduto a fare in modo che l'artista debba eternamente essere schiavo di ogni miserabile bottegaio.»

Schubert si conquistò uno spazio di libertà maggiore rispetto a Beethoven proprio rinunciando a percorrere le tappe obbligate del dovere sociale di un compositore. Se Beethoven dovette arrivare ai quarant'anni per convincersi a non più affrontare il pubblico con l'arma facile del concerto solistico, noi oggi possiamo facilmente constatare come Schubert sia stato l'unico compositore dell'Ottocento che sia riuscito a non associare il suo nome alla forma di comunicazione musicale più esposta al clamore delle platee anonime. Schubert compose di tutto, compose perfino alcune messe (di cui quella in mi bemolle maggiore, scritta nel 1828, probabilmente per aumentare la lista di composizioni ecclesiastiche da esibire in occasione di una futura candidatura a un posto di maestro di cappella), ma non compose nessun concerto solistico. La sua mentalità non presupponeva l'adeguamento a convenzioni a cui ogni musicista di rilievo era tenuto a sottostare e, anche se un certo settore della sua musica da camera (i Trii, l'Ottetto, il Quintetto con pianoforte) apre la prospettiva a un gusto "mondano" in cui oggi non riconosciamo la sua espressione più autentica, si tratta pur sempre di musica che con l'ascoltatore stabilisce un rapporto da pari a pari, né imponendosi fantasmagoricamente né subendo da parte del pubblico il desiderio di assecondarlo.

A questo livello si affaccia la problematica collegata alle nozioni di *Biedermeier* e di Romanticismo, una questione di bipolarità sollevata da Carl Dahlhaus il quale ha acutamente analizzato le caratteristiche della risposta borghese agli aspetti più inquieti e conturbanti dell'arte romantica. Senza costituire un vero e proprio orientamento stilistico, il concetto di *Biedermeier* contrassegna uno schieramento di musicisti minori (Spohr, Lortzing, Nicolai e altri) i quali, all'audace originalità creativa dei "grandi Romantici", opposero un ideale di musica piana, ligio al senso evidente dell'equilibrio, conforme alla declinante tradizione dei generi, gratificato dalle istituzioni ufficiali. Di contro al richiamarsi dei Romantici al fiero esempio beethoveniano nel quale intravvidero la forza scatenata contro le regole codificate, questi musicisti modellarono la loro *mediocritas* guardando a Mozart, ormai assimilato a una rassicurante espressione priva di mordente. L'estetica *Biedermeier* si manifesterebbe dunque nel prevedibile, nella giovialità delle piccole forme e nell'esaurimento dei suoi fini in immediato consumo musicale. In quanto aspetto di costume, le Schubertiadi, che fanno da sfondo all'idillica immagine tramandata di un compositore dispensatore di appagamenti musicali a una ristretta cerchia di amici e di amorevoli corteggiatori, si collocano nello spazio dell'ideologia *Biedermeier*, realizzando, come ha fatto notare il Dahlhaus, un'integrazione istituzionale reale a confronto del "Davidsbund" prodotto dalla romantica immaginazione di Schumann. Inoltre, senza spingersi fino all'epoca schumanniana per stabilire raffronti e apprezzamenti, si pensi solo al sodalizio creato a Darmstadt da Weber intorno al 1810 con due colleghi come lui allievi dell'abate Vogler, Meyerbeer e Gänsbacher, che pur presentando le caratteristiche conviviali della Schubertiade nell'abitudine alle scampagnate domenicali tra le sagre canore paesane, non pretendeva di esaurire il proprio scopo nell'intrattenimento. Tale "Harmonischer Verein" si era infatti dato un vero e proprio statuto mirante a preservare la professionalità di un patto artistico, il cui fine principale era l'elevazione del livello estetico delle composizioni presentate dagli adepti e un'attività pubblicistica di propaganda agli ideali a cui si riconduceva, condotta sulle riviste musicali allora esistenti.

Simile componente teorica, utopistica addirittura, non rientrava negli intendimenti dei circoli che accoglievano Schubert, assopiti in una tranquilla consuetudine borghese e che non avrebbero fatto storia se un autentico genio non li avesse fatti veicolo dei propri capolavori cameristici. In verità l'esperienza di Schubert non si compie nello spazio angusto di questa cerchia sociale, che egli pur dotò di numerose composizioni d'occasione. Socialmente egli rimaneva un *bohémien,* un isolato con tutti i sintomi del disadattamento verso le istituzioni, dalle quali non riuscì mai a essere veramente ripagato.

Fra i compositori importanti del tempo egli fu l'unico a pubblicare in misura tanto esigua, mentre ciò che riuscì a far giungere alle stampe furono le composizioni che potevano essere accettate dagli editori chiamati a rifornire il consumo corrente di musica da camera. L'adesione di Schubert alle blande abitudini musicali di Vienna è quindi apparente e, se consente di riconoscervi l'identità d'origine (il risvolto edonistico di una giovialità e di una socievolezza tipicamente *wienerisch* nella ricerca del divertimento a livello inebriante, di stordimento spinto fino al piacere della follia, tendente a chiudere qualsiasi spazio di riflessione sul contesto), non può pretendere di spiegare la natura di una musica che non si lascia ridurre al solo stadio di *Gebrauchsmusik* e che lascia invece aperti interrogativi proprio sulla sua destinazione sociale.

Nella decisiva fase storica di passaggio dalla situazione di dipendenza diretta del compositore da funzioni regolamentate alla condizione di indipendenza socialmente riconosciuta, Schubert rappresenta senza dubbio il momento di più intensa autocoscienza. In lui riconosciamo il processo ormai irreversibile che spingeva l'artista verso l'ignoto e colui che riuscì nel modo più assoluto a evitare la subordinazione a nuove forme di servilismo che, sotto l'aspetto dell'accondiscendenza a quel pubblico che deteneva il potere di decretare la fortuna o meno di un musicista, ripristinavano subdolamente il rapporto di dipendenza che si pretendeva di aver estirpato tagliando i ponti con il passato. Schubert scrive e fa musica per sé; per sé prima ancora che per i pochi eletti che in vita ebbero la ventura di ascoltarlo.

La musica da camera, che dal Lied al quartetto per archi assorbì il novanta per cento del suo sforzo compositivo, si configura quindi come scelta di uno spazio sonoro sufficientemente ristretto al punto da riuscire a cogliere e ad amplificare le vibrazioni di un'anima che poteva sentirsi, nel mondo e fra gli uomini, anche nella condizione di più totale solitudine. Un aspetto pratico condannò Schubert a far partecipi della sua musica i frequentatori dei circoli ai quali gli amici più entusiasti avrebbero dato il nome di Schubertiadi. In queste occasioni il compositore diede anche il meglio di sé, ma sappiamo benissimo che molta sua musica, e la più rivelante, non vi risuonò mai, né il Quartetto in sol maggiore, né il Quintetto per archi. Né fu musica destinata ad altra probabile occasione. Fu invece musica che – caso unico nella storia dell'Ottocento e non solo dell'Ottocento – rimase per anni *post mortem* in manoscritti conservati da singoli (dal fratello Ferdinand) con interesse più attento al valore economico anche modesto che pareva promettere, che alla comprensione di un significato che oggi possiamo ben dire fu quello del messaggio lasciato in una bottiglia. Schubert fu colui che profondamente comprese il senso del comunicare in una situazione che non era più in grado di predisporre al musicista canali in cui il contatto con l'interlocutore servisse da motivazione sufficiente.

L'istituzione concertistica, pur essendo già una realtà e pur avendo costituito la premessa indispensabile alla qualità del discorso beethoveniano, non fu presupposta da Schubert il quale divenne libero compositore proprio nel senso di non annettere significato particolare alla verifica d'ascolto. Indipendentemente dalle occasioni che gli furono offerte di constatare l'impatto della sua musica, fin da principio essa musica mirò a parlare al di là del tempo. Conoscendo il senso di cui si è caricata la *Winterreise* (1827), non abbiamo nessuna difficoltà a credere alla testimonianza di von Spaun col quale il compositore, dopo aver portato a termine la fatica sua più importante, così si sarebbe confidato:

> Vieni questa sera da Schober; vi canterò un ciclo di lugubri melodie [*schauerliche Lieder*]. Sono ansioso di vedere cosa ne direte. Mi hanno toccato più di quanto finora non sia capitato con tutti gli altri Lieder.

Di fronte a tale cupa atmosfera (*düstere Stimmung*) gli amici rimasero perplessi. Ciò non avrebbe impedito a Schubert di dichiarare: «li apprezzo più di tutti, e anche voi li apprezzerete». Se a questo fatto aggiungiamo la dichiarazione di Schober, che su dodici numeri (poiché Schubert in quell'occasione sicuramente eseguì solo il primo quaderno) riusciva a salvare unicamente *Der Lindenbaum,* avremo la misura esatta dell'insufficiente livello d'ascolto su cui il compositore poteva contare anche da parte dei suoi diretti sostenitori. Solo se estrapolata dal contesto, la "canzone del tiglio" potrebbe effettivamente essere percepita come innocente intonazione di stampo popolaresco – al punto che in realtà è, fra i Lieder di Schubert, quello che più facilmente ha subìto il processo di popolarizzazione, entrando nel repertorio della memoria collettiva – per cui dobbiamo riconoscere che il compositore ebbe a che fare con interlocutori incapaci di cogliere i necessari segreti di un discorso proiettato nel tempo. E a qualcosa al di là del tempo e dello spazio ristretto in cui accettò di vivere dovette appunto pensare, se riuscì a trovare la forza di mantenere quella straordinaria disciplina di lavoro che lo tratteneva mezza giornata a comporre legato a un tavolino, a imporsi metodicamente *nulla dies sine linea*, ben sapendo quale minima parte di quanto scriveva potesse avere la fortuna di sentir risuonare e, di quella minima, quanto potesse essere compreso appieno. L'unico elemento che gli amici non gli fecero mancare fu la comprensione, l'indulgenza, la generosità e la capacità di non arrendersi al pregiudizio di fronte a un talento schivo al punto da apparire l'opposto. È ancora alle testimonianze di Joseph von Spaun che ci affidiamo:

> Molti credevano, e forse lo credono ancora, che Schubert sia stato un tipo apatico e che niente potesse toccarlo. Coloro però che lo conobbero più da vicino sanno quanto le sue opere lo abbiano provato e come siano nate nel dolore. Chi lo ha visto il mattino mentre componeva, ardente e con gli occhi splendenti, persino con un linguaggio diverso, simile a un sonnambulo, non dimenticherà mai quell'impressione. Come sarebbe stato capace d'altronde di scrivere questi Lieder, senza essere toccato nell'intimo della sua anima! Nel pomeriggio comunque egli tornava ancora a essere un altro; era delicato e sensibile e non amava mostrare sentimenti che teneva chiusi nel suo intimo.

E in un certo senso fu questa cerchia di eterogenei personaggi che la storia ci mostra uniti nell'ammirazione commossa e sconfinata per colui che chiamavano "Schwammerl" (funghetto), furono loro a delimitare quello spazio di intimità indispensabile a Schubert per la maturazione di una forma, quale il Lied, tolta dalla condizione di occasionale pratica domestica ed elevata a espressione completa e alternativa alle altisonanti forme di comunicazione musicale che la società richiedeva per i suoi pubblici rituali. In tale momento decisivo della storia sociale sussisteva ancora un ventaglio di scelte che meno di vent'anni dopo non sarebbero più state possibili. La cerchia degli Schober, dei Bauernfeld, dei von Spaun, dei Mayrhofer aiutò Schubert a compiere la scelta più ardua, quella che non cedette alle lusinghe delle adunate di pubblico nelle sale delle accademie e dei teatri e che nell'ideale cameristico trovò invece risonanza sufficiente a un'espressione gelosa del proprio pudore, riservata nel senso di rifuggire dall'azione ricattatoria del pubblico ascoltante, intima nella capacità di preservare la verità sull'uomo solo per coloro che nell'intimità con loro stessi scoprivano motivo fondamentale di conoscenza.

Sismografo dell'interiorità

Il Lied fu dunque il punto focale dell'azione svolta da Schubert. Con il Lied Schubert approdò a una possibilità di sintesi che gli consentì di aggirare il colosso beethoveniano e di indicare una strada che vi rimase antagonistica, in tutte le conseguenze che riguardarono le filiazioni dell'una o dell'altra posizione e che quindi ancora oggi riesce a trasmettere il suo significato nella sua completezza. Nel Lied Schubert polarizza forze espressive desunte da un contesto di relazioni che, diversamente dai capisaldi della tradizione classica viennese (sonata, sinfonia), erano fondate nel privato e che, elevate a programma alternativo a quella tradizione, continuarono ad agire in virtù di quella matrice. Anche Beethoven si era cimentato nel Lied, persino con esiti che preludono ai raggiungimenti schubertiani, ma alla sua mentalità proclamatoria rimase pressoché totalmente estranea la prospettiva del messaggio privo di destinatario che il più giovane compositore aveva assecondato. Anche nel Lied Beethoven pensava in termini di gestualità, che presumeva nell'interprete atteggiamenti di sottintesa complicità con il pubblico ascoltante. In tal modo *Andenken* – poesia di Matthisson che pure Schubert avrebbe messo in musica – fu composto da Beethoven nel 1809 con sottolineature che, come giustamente ha sostenuto il Georgiades, ricordano un'arietta di Singspiel: in particolare il cipiglio del finale, con ripetizioni di dilatata cadenza conclusiva ("nur dein, nur dein...") caricate dalla perentoria risoluzione affermativa ("ja, nur dein"), sembrerebbe gettare una distanza tra cantante e ascoltatore la quale, dotando il Lied di amplificato respiro acustico, inevitabilmente gli acquisisce una seppur minima portata teatrale. *Andenken* (1814) di Schubert al contrario restituisce il testo di Matthisson con massima aderenza alla parola, spogliando la musica di ogni possibile sovrastruttura capace di perturbare il senso di un discorso rivolto principalmente a sé. In altre parole Schubert mantiene al Lied una tipologia vocale autonoma la quale, dissociandosi definitivamente da ogni tentazione di beneficiare della gradevolezza del canto operistico, assicurò fin dall'inizio al genere che aveva eletto a prioritario campo d'azione l'identificazione di un mondo espressivo completamente emancipato dai codici linguistici imposti dalla tradizione o dalla moda. Lo testimonia l'eccezione che conferma la regola, cioè i primi passi del musicista nel campo del Lied che non escludevano accondiscendenza a modi espressivi risolti in esteriorizzazione. Le ballate giovanili, fra cui spicca la *Leichenphantasie* (Schiller) del 1811, rivelano una percezione del Lied come affresco figurativo che parla per quanto vi è rappresentato, non già per quanto vi è sottinteso. Ecco Schubert in questo caso fare ricorso a moduli teatrali, i più adatti a raggiungere lo scopo.

Il compositore quindi, pur provenendo da una linea diretta che lo collegava a coloro che, praticando il Lied, avevano gettato le basi di una vocalità ormai sciolta dal dominio italiano, mantenne aperta per un certo tempo la possibilità di agire su di un arco più vasto di risorse, salvo poi rendersi conto della necessità di una scelta sulla base delle implicazioni troppo vincolanti che i moduli operistici dettavano. La scelta è chiara e avviene nel momento in cui il musicista interviene su un'altra ballata di Schiller, consapevolmente rimaneggiata a distanza di due anni, *Der Taucher* (1813-15): pur mantenendola nell'impianto di concitata alternanza di recitativo e furia di canto che si richiama a modelli nobili, nella seconda versione il compositore non esita a contenere l'esplosione di effetti teatrali semplificando il discorso. In breve tempo eccolo conseguire saggi di semplicità magistrali (*Totenopfer*, 1814) che lo mettono in condizione di giungere a traguardi definitivi quali *Abschied* di Mayrhofer (1816), modellato su un canto di pellegrini in un lamento senza compassione, che esprime la desolazione all'interno delle cose, manifestata in un linguaggio musicale che nulla concede alla melodia fiorita e che si assoggetta serenamente al principio di lasciar vibrare la parola in una nuda linea di canto, spogliata di ogni pretesto esibizionistico.

Prospettiva che si impone non senza ritorni. Quando nel 1818 con il *Sonett III* Schubert affronta il testo di Dante tradotto da Schlegel, la sua melodia si adagia nelle quiete proporzioni di un classicismo che le detta andamenti per gradi congiunti, rotti dalla furia pianistica che, nel passaggio "Krieg ist mein Zustand", scatena folgori memori di una gloriosa tradizione teatrale già consegnata alla storia, nel senso di trovare il proprio ascendente nei luoghi deputati dell'opera seria italiana, più che nel mistero che l'opera romantica (con il *Freischütz*) associò all'idea di una natura sottratta alla possibilità di conoscenza da parte dell'uomo, e quindi non domabile. Le forze naturali nella tradizione operistica aulica si scatenavano in un preciso rapporto di causa ed effetto che non lasciava spazio a congetture, il tutto relazionato in un sistema espressivo codificato da un'*Affektenlehre* per cui le passioni accese nell'animo di un personaggio potevano placarsi immediatamente per minimo intervento causale, senza lasciar traccia del precedente stato. Nella mentalità classicistica la passione può giungere facilmente a furibonde tensioni ma altrettanto facilmente a essere annullata. Nella mentalità romantica, dove la struttura non è esterna all'io ma vi detta le sue leggi dall'interno, il *pathos* è la condizione di arbitrarietà del sentimento che non conosce alternativa.

Di fronte a tale chiarimento cosa possono significare questi atteggiamenti retrospettivi schubertiani? È innegabile infatti che precise influenze agirono in questo contesto: addirittura tutta la prima parte del *Sonett III* libera una melodia di stampo non solo italiano, ma di un operismo italiano recente (a quel tempo Schubert aveva già avuto occasione di apprezzare a Vienna le opere serie di Rossini) e quasi prefiguratore, se consideriamo l'analogia del rotondo gesto melodico, con i più aerei temi donizettiani e belliniani. L'Einstein a tal proposito si accontenta di riconoscere nell'evoluzione di Schubert un «momento classico» situabile appunto nel periodo a cavallo tra il 1818 e il 1819, dichiaratamente manifesto nell'antichità perduta rimpianta nel goethiano *Die Götter Griechenlands. Prometheus,* pure su testo di Goethe, è probabilmente il vertice di questa fase che musicalmente si ispira all'ideale ieratico dell'opera seria, dalle cui arie è qui ripreso il solenne preludio e dalla cui articolazione derivano le inserzioni di recitativo espressamente indicato sullo spartito. Non per niente Joseph von Spaun ci informa dell'enorme sensazione che produssero sul giovane compositore opere quali l'*Ifigenia in Tauride* di Gluck e la *Vestale* di Spontini. Schubert aveva quindi di fronte a sé un chiaro riferimento, un'esperienza che, proprio per il fatto di essere stata da lui coltivata (seppur nei termini sintetici di un Lied), mostra la profonda consapevolezza di una scelta di fronte a quello che ormai per lui significava la liederistica. Una scelta che senza dubbio gli fu costantemente presente nella coscienza, se ancora nell'agosto del 1828 di fronte a *Der Atlas,* che Heine evoca nel lamento per i dolori del mondo sostenuti dalle sue spalle, Schubert fu portato a rappresentare la figura mitologica nei termini concitati di un'aria di furia, attento al simbolo più che al sentimento. Di fronte a questa costante, che il compositore sembra voler tenere a distanza ma con rispetto, è lecito supporre qualcosa di più di una semplice posizione antagonistica. La struttura del canto schubertiano trovò presto la via per aprirsi un varco, e senza compromissioni, oltre l'aulica tradizione operistica. Tuttavia la strada che egli iniziò a percorrere non sarebbe stata destinata a incontrare la tormentata vocalità della nascente opera romantica. La portata del sentimento in Schubert non esce mai dai confini di un'espressione lineare per approdare a passione consumata dai contrasti: il suo sentimento sgorga già consumato nel suo primo apparire, segnato dalla coscienza di un destino già tracciato che non lascia spazio all'illusione, un sentimento che nasce vecchio e carico di storia, capace di dar voce a un'anima ma non a personaggi messi in condizione di agire.

Questo è senza dubbio uno dei motivi principali delle carenze delle sue composizioni per teatro, alle quali manca quel tratto risoluto capace di indicare ai personaggi i gesti precisi delle loro azioni. Più che dare sfogo al sentimento, la vocalità schubertiana giunge a coagularlo in una nozione al di là del tempo. Ed è questo elemento probabilmente che spiega certa momentanea propensione di Schubert per l'opera seria classica nella quale il sentimento per altra via pure subiva l'effetto di un'operazione di congelamento. In tal caso il risultato era dettato non già da un'individuale scelta d'orientamento bensì da una somma di convenzioni ereditate, da un accademismo che comunque nell'universalizzazione del sentimento, tolto dal contesto emotivo per essere rivendicato alla casistica di astratti dettami morali, aveva fissato la propria ragion d'essere.

L'opera del Settecento viveva il sentimento come trascendenza, iperbolica addirittura, nella misura in cui la sua esemplarità non pretendeva di mettere in moto nessun meccanismo di immedesimazione. L'opera dell'Ottocento pure mirava alla trascendenza, ma in una prospettiva che del sentimento viveva dapprima l'immanenza: nell'opera romantica l'azione, quando non si risolve per intervento soprannaturale, sfocia nell'affermazione di principî etici superiori, ma è azione soprattutto in quanto si svolge nel contesto di una convulsa vicenda umana. Il sentimento di Schubert si universalizza nel momento stesso in cui trova formulazione: in un certo senso viene formalizzato, ma, a differenza dagli aurei modelli operistici, non per effetto di dotta operazione accademica bensì in forza del suo porsi in una specie di stato ontologico dove il sentimento è percepito più come concetto che come gesto. Già la scelta dei testi in Schubert denota predilezione per situazioni poetiche capaci di cogliere il sentimento allo stato nascente, il sentimento non ancora confrontato con il mondo, oppure non confrontato con il mondo reale delle cose ma con il mondo delle apparenze. Cos'è la *Winterreise*, se non un lungo viaggio attraverso le apparenze?

Ma pure il ciclo che ancora concede al mugnaio radiose speranze si risolve nell'apparenza che non trova certezza nemmeno nell'acqua mormorante del ruscello compagno! Non è vera acqua quella che scorre sempre uguale nelle sestine dell'incessante arpeggio pianistico di *Wohin?* in cui il mugnaio si incontra con il ruscello: è invece corrente che non scorre, il mulinello che trasforma l'acqua in specchio dell'anima, immagine che si consuma nella monotonia ipnotica di un movimento senza sviluppo, sottile e incessante fino allo stordimento, fino all'oblio, fino alla ninna nanna (*Des Baches Wiegenlied*) chiamata a cantare la pace di un'anima che ha trovato riposo nei flutti.

In Schubert il sentimento della realtà passa sempre attraverso la coscienza di sé di fronte al reale. La sua musica possiede la capacità di isolare e di definire la percezione prima ancora dell'oggetto percepito e, a chi sfuggisse questa constatazione, il compositore, inesorabile nelle sue scelte letterarie, ha provveduto a esplicitarla. Nella poesia di Rückert, che egli mise in musica nel 1823 (*Dass sie hier gewesen*), della donna l'autore percepisce non già la presenza ma l'assenza: è il suo profumo lasciato dal vento dell'est che ne rivela il passaggio; e la musica stessa, punteggiata dagli accordi sparsi del pianoforte che configurano fuggevoli cadenze che non risolvono, si fa melodia solo sul verso del titolo, nel momento in cui la memoria realizza "che lei è passata di qui". Il sentimento in Schubert si libera quindi più facilmente nel ricordo che nel momento della percezione fisica di un fatto. Ed è emozione che gli viene dal nulla, o che, in musica, può provenire da una sola nota. Il canto di Heine che ammira nel dolore il ritratto della donna perduta (*Ihr Bild*, 1828) è preceduto da una semplice semibreve puntata, un si bemolle scandito due volte dal pianoforte, vero e proprio preludio all'ineffabile. Non c'è dato reale che appaia alla sua coscienza in termini naturalistici: nel momento della percezione è già in atto la coscienza dell'io capace di convertire qualsiasi oggetto in dato esistenziale. Di qui gli esiti stilistici, che poggiano ovviamente su altre premesse, sia nei confronti della tradizione viennese che di quella italiana: esiti che giungono ad anticipare di più di mezzo secolo l'estetica dell'Impressionismo. La città, che in uno dei Lieder dell'ultimo florilegio heiniano (*Die Stadt,* 1828), compare alla vista come "ein Nebelbild", effettivamente si lascia disegnare controluce dalle note del pianoforte accompagnatore già capaci, preannunciando l'arte di Debussy, di tratteggiare ombre, non più figure. Il rimbombo iniziale del vibrato pianistico è immediatamente seguito da un accordo spezzato di settima diminuita, un arpeggio che nel centro del brano come squarcio di luce si ripete uguale a ogni battuta sullo stesso pedale di do, echeggiante come dato acustico prima ancora che musicale; dato di percezione disponibile a essere composta in strutture libere, non codificate e non codificabili.

Tale intuizione ultima di Schubert, che l'Einstein ritiene l'avvisaglia di un'evoluzione nuova interrotta dalla morte, in realtà non è che la trasposizione di un atteggiamento che Schubert nel Lied dettò fin dall'inizio. L'io che in *Die Stadt* si annulla "impressionisticamente" nella percezione, fissando in gelida immagine il sentimento del dolore, è in fondo lo stesso io al quale l'ingenuità popolaresca del Lied ereditato dal Settecento vietava troppo prorompenti accenti di passione. Non è questa la sede per approfondire la questione degli agganci popolari della tradizione liederistica, che ci interessa come fenomeno colto, ma è indubbio che il Lied già a livello programmatico (come abbiamo potuto leggere nelle dichiarazioni di Reichardt) se non proprio nato da matrice popolare l'abbia deliberatamente assimilata, ereditando con ciò determinate costanti fra le quali, nell'esperienza narrativa popolare, l'impassibilità. Negli studi su Schubert e sulla liederistica questo aspetto non ha ancora goduto l'attenzione che merita e a tutt'oggi un'unica interpretazione ci sembra penetrante, quella proposta da Mario Bortolotto:

> Ogni volta che esso [l'elemento "popolare"] riaffiora nella gran lirica da camera ottocentesca, reca su di sé i segni tipici della mentalità poetica consueta al cantore umile: dalla quale è noto come esuli ogni aspetto di immediatezza o di spontaneità, per dar luogo alla più esclusiva stilizzazione, alla convenzione generica e quasi diremmo cultuale.

In verità, nel popolare, l'espressione della coscienza collettiva sopravanzando l'io, ogni realtà descritta tende a essere epicizzata, a essere evocata senza immedesimazione in atteggiamento più giudicante che commosso. Nemmeno di fronte a private sofferenze o a struggimenti d'amore il Lied popolare è capace di sottostare all'emozione trafitta:

> Esso rimane costantemente fedele a un procedere simbolico, emblematico: a un'araldica erotica in cui i fatti vengono velati dal riserbo allusivo. Ciò appunto perché lo schema popolare è di origine letteratissima, cavalleresca, e, accolto che sia nella nuova fusione romantica, ben più analitica anche in faccende di cuore, finisce col costituire elemento di controllo, di freno.

Ora i temi cavallereschi appunto non sono estranei né allo Schubert adolescente né a quello maturo. A partire dalla *Romanze* di Matthisson (1814) troviamo nel 1815 *Der Liedler* e *Ballade* di Kenner, nel 1816 *Liebesend* di Mayrhofer e nel 1820 *Liebeslauschen* di Schlechta. Ma ancora nel 1825 il tema medievale ritorna nel gruppo di Lieder su testo di Walter Scott; di Scott è la *Romanze des Richard Löwenherz* che Schubert mise in musica nel 1826, mentre del 1827 è un'altra storia di crociati, *Der Kreuzzug di* von Leitner e la *Altschottische Ballade* che Herder aveva pubblicato in *Stimmen der Völker.* Il tema cavalleresco, nei primi saggi, in Schubert è stimolo del pittoresco, del far musica per immagini, le stesse che parallelamente andava scoprendo la più teatrale vena di Weber. Immagini appunto di un repertorio narrativo dettato dalla convenzione, per cui, nella romanza di Riccardo Cuor di Leone che ritorna dalla crociata, ancora sentiamo il pianoforte evocare squilli di corni lontani lungo l'intera composizione. Immagini però che soprattutto fissano subito il discorso a una dimensione sottratta all'esclusività di privati sentimenti e che quindi individuano un livello d'espressione che guarda il fatto a distanza, non lo interpreta ma lo fa parlare da sé. In questa fase dello Schubert "pittoresco" vediamo il compositore acquisire qualità che gli permisero di intervenire nella rappresentazione della realtà non con procedimento di invenzione (investendola di prepotente *flatus* individuale), ma muovendosi dietro le cose come regista, accostandole in associazioni inedite e offrendole senza mediazione alla nostra conoscenza.

In verità Schubert fin da principio individua nel tema cavalleresco il concetto di un mondo chiuso, datato e riconoscibile nei suoi luoghi deputati. Così il salvatore della fanciulla prigioniera nella *Ballade* di Kenner è annunciato dal risuonare di squilli "in der Ferne", dove è sviluppata l'attenzione per tutto ciò che a una vicenda umana fornisce prospettiva, in un mondo in cui la vita verrà sempre più a significare corrispondenza tra le cose. Sennonché si tratta di squilli che per eccesso di naturalismo Schubert mai avrebbe impiegato in orchestra, e che nel cristallino timbro del pianoforte risuonano trasfigurati, non come notazione naturalistica (ciò che avrebbe cercato di ottenere la strumentazione di Weber) bensì come eco di qualcosa di già ascoltato in altro contesto. Quante volte Schubert risolve il senso di una frase in una risposta d'eco! *Alinde* (Rochlitz, 1827): il poeta grida il nome dell'amata e il pianoforte lo prolunga in eco come dimensione sperduta dove lo stesso nome viene a significare altra cosa, soprattutto a stabilire un rapporto con la natura, con l'infinito, dove ogni piccolo fatto si carica di significati universali. Similmente, quando ci troviamo di fronte a squilli di trombe o di corni notati da Schubert in scrittura pianistica, il timbro del fatto acustico originale è cancellato per lasciare in piedi di quel fatto solo la struttura sufficiente a identificarne l'origine: per il resto l'ascolto deve far capo a operazione di memoria che lo guidi in uno spazio popolato di cose, di persone e di fatti che non contano tanto per quello che sono, ma per il rapporto in cui vengono a trovarsi. Ora nelle ballate su soggetto medievale e in quelle popolari ci troviamo spesso di fronte a drammi consumati senza passione, senza sofferenza direttamente espressa, drammi risolti nello stupore di un'esclamazione. La madre che nell'*Altschottische Ballade* chiede al figlio da dove provenga il sangue che arrossa la sua spada non trasale: Schubert prolunga la domanda nell'esclamazione ("O!") dove anche il pianoforte sospende il ritmato accompagnamento, la stessa esclamazione che troviamo alla fine delle insufficienti risposte date dal figlio e che nell'immobilità della sua formulazione sedimenta lo stadio della rassegnazione in una concezione del mondo in cui l'uomo non è padrone nemmeno di una parte del proprio destino.

Respiro del corale

L'esclamazione, la ripetizione ricorrente di una coda di verso (che in Schubert è sempre affidata al pianoforte in prospettiva trasfigurante) nel canto popolare obbedisce a una tipologia che non ha confini nazionali e che riflette l'assoggettamento di quel mondo a una mentalità che della vita tramanda la nozione ciclica: la vita come natura, dove i casi sono regolati da legge immutabile e dove le azioni dell'uomo, anche le più efferate, trovano giustificazione in un disegno superiore che ne ha già predisposto il giudizio. Quasi tutti i Lieder di Schubert obbediscono a uno schema circolare (la *Liedform* nella sua tripartizione A-B-A è la base del discorso ciclico riferibile al Lied) e, nei momenti in cui l'individuo si arrende totalmente all'attonita contemplazione di un destino o di un fatto determinato da legge di natura, si appropriano del procedimento tipicamente popolare della coda di verso ripetuta. In *Vor meiner Wiege* (von Leitner, 1827) al secondo verso fa subito eco il pianoforte, che ne riprende l'ultima battuta, e al termine della quartina l'eco pianistica si moltiplica in movimento cullante con capacità di caratterizzazione nettamente superiore a qualsiasi possibile riscontro popolare, rivelandone comunque la matrice. In questo caso il compositore consegue la semplicità che sempre gli riesce suprema quando parla dell'infanzia, ma del procedimento fa uso frequentissimo ovunque e lo trasmetterà a quel filone del Lied ottocentesco che nel riferimento al popolare (quando non direttamente alla matrice stilistica popolare) riuscirà a temperare gli ardori delle passioni che il Romanticismo, non solo nel suo aspetto ribelle, aveva liberato.

Qui ovviamente per popolare non si intende nulla di filologicamente definibile come tale. Non solo in Schubert non esiste deliberata ricerca in questa direzione, ma il discorso sul popolare sarebbe complesso ancora oggi alla luce di ben più agguerriti strumenti critici. Il popolare a cui vogliamo riferirci può essere compreso attraverso il già citato passo di Ramler e Krause che sottolineava la diversità di livello tra forme accademiche, ossequiate istituzionalmente, e tutto quanto starebbe al di qua, a partire dalle forme ritenute subalterne poiché non ancora ufficializzate da una trattatistica. Ciò va detto per spiegare la disinvoltura con cui fin qui abbiamo considerato sullo stesso piano la poesia e il canto anonimi e la poesia romantica ispirata al Medio Evo e all'amor cortese. In verità non esiste tradizione popolare che possa essere soddisfacentemente individuata in caratteri autonomi: è sempre estremamente difficile distinguere tra formulazioni autentiche e il risultato della popolarizzazione di temi colti. Il livello popolare che si riconosce come supporto del Lied, fino alle versioni "artistiche" attuate da Schubert, si configura appunto come un orizzonte multiforme mai abbastanza popolare da costituire motivo d'interesse per una trattazione a sé e mai abbastanza colto da poter entrare di diritto nella storia "ufficiale" della cultura. Non a caso nel passaggio più volte citato della prefazione di Ramler e Krause il pubblico, a cui si sarebbe voluto che i compositori destinassero il nuovo canto tedesco, è costituito dagli abitanti delle città; è la borghesia, la classe sociale appunto che, prima di imporre definitivamente la sua posizione di guida nell'evoluzione sociale, politica e culturale della nazione, aveva assunto il ruolo di tramite tra la cultura aristocratica e le forme d'espressione propriamente popolari.

Tale premessa vale soprattutto per estendere il discorso delle influenze sul Lied a uno degli aspetti focali e importanti della cultura musicale tedesca: il corale protestante. Se retrodatassimo di duecento anni la prefazione di Ramler e Krause, essa potrebbe reggere benissimo nel senso, previa opportuna sostituzione del termine "corale" a quello di Lied. A quel tempo Lutero già si era posto – non importa se per motivi differenti – il problema di dotare la Germania di una musica in cui i tedeschi si riconoscessero come nazione, e una musica soprattutto attraverso la quale anche il più umile rappresentante del popolo potesse associarsi al canto di una collettività, almeno in apparenza non più discriminante nell'attuazione del suo disegno culturale. È indubbio che nel mondo tedesco protestante la musica dei corali non solo abbia costituito fattore determinante di conciliazione fra le classi sociali, ma, diventando patrimonio comune da esse classi intensamente praticato, sia riconosciuta come il fondamento di una civiltà che giunse a privilegiare la musica al di sopra delle altre espressioni di cultura. Ora, innanzitutto appare significativo che il Lied nella sua manifestazione settecentesca provenga dal nord, da quella Germania protestante che sempre aveva opposto resistenza alle mode musicali internazionali (si pensi alla situazione di Bach a Lipsia) e che, nel delineamento di un modello di musica tedesca, significativamente sviluppava quella coscienza di attiva comunità nazionale che già era stata definita da Lutero: la nazione che, come diventa tale attraverso l'operosità dei suoi membri, così riconosce se stessa nel ruolo attivo di tutti i cittadini impegnati a innalzare collettivamente gli inni del popolo a Dio.

Come il corale, il Lied dev'essere programmaticamente il canto di ciascuno, e per essere intonato non deve richiedere nessuna formazione specialistica. Come per il corale, le regole compositive dettate per il Lied stabiliscono un livello di accessibilità tale per cui «chiunque abbia orecchio e voce possa eseguirlo». Il corale era nato attraverso un ripensamento della tradizione dotta, accademica, che non mirava a negarla ma che cercava di adattarla all'esigenza di un popolo, per il quale in definitiva esso corale divenne veicolo di cultura superiore. Per quanto la struttura omoritmica del corale rappresentasse una semplificazione radicale della tecnica contrappuntistica, il modello di concatenazione armonica che tramandò non nacque dal nulla ma fu derivato appunto da quell'aulica tradizione che già sottintendeva tale struttura. Non per niente, nel citato testo, Reichardt ricercava la fonte del canto tedesco oltre il corale, oltre la forma che, adottando il principio della «zusammenklingende Harmonie», avrebbe in un certo senso deturpato il carattere sorgivo di un'ipotetica monodia primigenia. Sennonché la possibilità per il Lied di risalire alla monodia originale era pura ipotesi, per cui, con tutti i tentativi di subordinare l'accompagnamento pianistico (o di chitarra) a puro sostegno del canto, non solo esso non riuscì a prescindere da tale "sistema armonico" ma, se vi fu un modello che lo ispirò, questo fu proprio il corale.

Per rendersene conto basterà riferirci a un esempio, estremamente significativo poiché concerne un compositore quale Zelter, che fu consigliere musicale di Goethe e che precedette Schubert con i suoi numerosi Lieder su testi del grande poeta. Appunto è significativo che la contiguità con un poeta di quella statura non avesse stimolato il musicista a rivaleggiare in ricercatezza con la poesia e che non fosse riuscita a distoglierlo dal compito di subordinare tutto nel Lied alla spoglia linea melodica. Ma c'è di più: se prendiamo in esame un suo Lied (*Ich denke dein*), non è difficile riscontrare un preciso andamento di corale: v'è l'impostazione strofica, v'è l'armonizzazione concepita come concatenazione d'accordi simultanei a ogni grado della melodia, v'è la periodicità della melodia divisa in membri simmetrici, v'è il procedere per gradi congiunti, v'è la costanza del basso che non si concede mai pausa e che è presente a giustificare una struttura armonica chiaramente espressa, v'è infine quel tipico tocco di conciso giro melismatico, di inflessione che alla voce serve a variare con minimo impegno la monotonia e che, ripresa dallo strumento accompagnatore, serve a rendere più scorrevole la lenta e pesante progressione del basso. Se a *Ich denke dein* mutassimo il testo di Brun con un brano evangelico, esso potrebbe reggere tranquillamente come corale. Inoltre, in merito a questo aspetto, non è probabilmente un caso che Zelter, fondatore a Berlino della prima *Liedertafel* (1809), attraverso le sue associazioni corali sia stato colui che ripropose la musica dimenticata di Johann Sebastian Bach.

Ma anche certe composizioni di Zumsteeg – di un tedesco del sud, quindi non in diretto rapporto con la tradizione protestante – recano le tracce della stessa matrice. *Nachtgesang* (1815), un Lied che fu musicato anche da Schubert, lascia riconoscere gli stessi caratteri di corale già descritti: la simultaneità accordale è più rispettata nella seconda metà della quartina e meno nella prima, ma l'impianto è lo stesso. Non a caso, sul medesimo testo di Kosegarten, *Nachtgesang* di Schubert manifesta la stessa impostazione: la strofa presa per intero non obbedisce al modello di corale, tuttavia la prima parte non solo vi aderisce pienamente ma vi si adegua anche nell'andamento grave e severo. Altri esempi non sono numerosissimi, ma si rivelano significativi. In *Himmelsfunken* (Silbert, 1819) l'omoritmia subordina totalmente il pianoforte alla voce, la quale si muove in un ambito ristretto di intervalli: se Schubert non avesse adottato il tempo ternario, grazie anche alla struttura strofica la composizione sarebbe assimilabile alla forma del corale. Con le stesse caratteristiche, questa volta più pronunciate, si presenta *Der Pilgrim* (Schiller, 1823) con la melodia cantata suddivisa in brevi membri simmetrici e la densa successione accordale del pianoforte.

La prima composizione che delinea chiaramente il richiamo al corale è del 1817 (*Täglich zu singen* di Claudius), strofica ovviamente, dall'andamento melodico devoto secondo quanto richiede il testo ("Ich danke Gott mit Saitenspiel"), carattere accentuato soprattutto dall'impostazione pianistica decisamente arcaizzante. Arcaismo ancor più evidente nell'animazione del basso in *Vom Mitleid Mariae* (Schlegel, 1818), dove il pianoforte introduce nello schema di corale la dominante contrappuntistica tipica del modello barocco. Barocco nel senso di pomposo e solenne è l'inizio di *Der Sieg* (Mayrhofer, 1824), pure assimilabile a questo filone, mentre barocchi, nel senso dell'ampio gesto che nel Sei-Settecento il corale acquisì attraverso un ritorno alle elaborazioni contrappuntistiche, appaiono *An die Freunde* (Mayrhofer, 1819) e, nella severità di una bachiana variazione sul corale, *Schätzgrabens Begehr* (von Schober, 1822). Lo stesso riferimento è avvertibile nell'*incipit* pianistico cadenzante di *Der Wanderer* (Schlegel, 1819); e di ancor più evidente derivazione dal corale nella sua forma popolarizzata è lo svolgimento di *Am Fenster* (Seidl, 1826), dove l'introduzione pianistica suona effettivamente come il passaggio organistico a cui, durante il culto, è affidato il compito di fornire al canto del popolo la base per l'intonazione: pure qui il passaggio strumentale espone il primo versetto che conclude in cadenza prima dell'entrata della voce. E non è forse la *Deutsche Messe* (1827) l'estremo termine di verifica per misurare la capacita di Schubert di estendere la sua ricerca oltre la tradizione cattolica austriaca per raggiungere, attraverso una musica messa alla portata dei fedeli, un modello corale di evidente ascendenza protestante? In conclusione, ci sono quindi connotati abbastanza precisi che indicano una linea di filiazione dal corale al Lied che in Schubert possiamo considerare ancora viva.

Si potrebbe obbiettare che il ricorso alla forma del corale, oltre che essere occasionale, sia da riportare agli aspetti rappresentativi dettati dal testo poetico. La considerazione potrebbe valere benissimo per *Vom Mitleid Mariae* di carattere espressamente religioso (si tratta di una specie di *Stabat Mater*) e in fondo si addice anche a *An die Freunde* il quale, senza rientrare in un modello liturgico, svolge il tema di un testamento, accentuando nell'espressione l'aspetto spirituale. Ma a queste evidenze non potremmo ricondurre gli altri esempi: il modello del corale raramente ha funzione simbolica nella musica schubertiana e vi compare piuttosto come uno dei tanti aspetti contestuali alla definizione stilistica del Lied, la quale proprio con Schubert si apre su un ventaglio di possibilità estremamente ampio. Se occorresse una riprova, basterebbe volgere lo sguardo alla musica strumentale, dove non è raro osservare nei movimenti moderati lo stesso inconfondibile andamento, in cui il modello di corale, nella sonorità di un quartetto per archi o di un pianoforte soprattutto, mancando l'effetto della voce solistica, si presenta ancora più scarno ed essenziale. Il caso si dà all'inizio dell'*Adagio* della Sonata in do minore per pianoforte (1828) e, limitandoci al saggio più notevole per non dilungarci in un elenco dispersivo, in quello che è il cuore di uno dei più grandi capolavori di Schubert: l'*Andante con moto* del Quartetto in re minore (1826). Il tema di questo Andante, come si sa, proviene dal Lied *Der Tod und das Mädchen* (Claudius, 1817), dove non è desunto dal canto bensì dalla frase pianistica iniziale, che non lo prevede nemmeno nella forma di periodo completo come appare nel quartetto. È quindi nella struttura musicale stessa, indipendente dal rapporto diretto con la parola, che il tema si configura nel respiro di un corale, in questo caso spogliato di quegli attributi sedimentati attraverso una lunga tradizione liturgica, per risuonare vitreo e fantomatico nella fusione timbrica di quattro parti esattamente omoritmiche che con ciò bloccano il sentimento di devozione, di spirituale raccoglimento, in un tempo che più non conosce il prima e il dopo, in un'estasi acustica capace di annullare la stessa presenza dell'io. Se tale annullamento costituiva l'obiettivo dell'espressione schubertiana, un certo rapporto può essere individuato tra questa musica e il corale nella sua storica definizione, che lo determinò come forma recante il marchio dell'espressione collettiva, privata della possibilità di sviluppare le istanze del sentimento individuale: nelle cantate di Bach, per quanto già formalizzato possa essere il sentimento che anima le arie, il corale non viene mai meno al compito di riportare l'atteggiamento religioso al denominatore di un rito svolto dalla collettività.

Il Lied stesso, nell'origine rivendicata al patrimonio della memoria collettiva della nazione tedesca, aveva esorcizzato le possibili istanze individuali, privilegiando programmaticamente aspetti motivati dalla coscienza nazionale. E in fondo i vari Reichardt e i vari Zelter, anche per la limitatezza delle loro risorse artistiche e del talento che impediva loro di battere un'altra strada, si attennero con evidente fedeltà a questo principio. Leggermente diversa è la situazione di Schubert il quale, come s'è visto, pur praticando il Lied nella forma che gli fu tramandata dai predecessori, fin dall'inizio dimostrò l'intenzione di non ridursi nel vaso chiuso di una forma in fondo poco personalizzata e poco personalizzabile. Eppure, dopo i tentativi della prima adolescenza che lo videro impegnato a dar voce alle truculente ballate del più prevedibile Romanticismo, il musicista ritrovò sempre più nella pratica del canto tedesco la disciplina dell'espressione essenziale, non ancora scossa e segnata da furori individualistici. Così nel 1815, su testo goethiano, nascono i saggi aforistici di *Wonne der Wehmut,* già in condizione di dare del sentimento il precipitato, nel senso di fornirgli voce non attraverso un gesto esteriore dettato da retorica individualistica, bensì come flebile manifestazione di un io arreso a tutte le forze che gli stanno intorno. Ecco quindi la possibilità per un compositore, la cui ragione di affermazione non stava nel conflitto con il mondo circostante, di far proprie quelle espressioni come il corale che per definizione avevano svolto opera di conciliazione nell'ambito della società, non per annullare la portata dell'espressione individuale, ma semplicemente per tenerla lontana dalla tentazione di manifestarsi nel turbine dei rapimenti, dei sentimenti forzati, delle emozioni fantasmagoriche, che del Romanticismo segnò il momento di maggiore intensità ma che poco contribuì a chiarirne le linee di sviluppo. Schubert raggiunge quindi la definitiva coerenza già negli anni dell'adolescenza, fissando princìpî stilistici a cui rimarrà fedele fino all'ultimo. Quando nel 1827 interpreterà il *Viaggio d'inverno*, sul suo cammino incontrerà ancora il corale, che gli servirà a dar forma al ventunesimo poema del ciclo mülleriano (*Das*

Wirtshaus). Ma a questo livello non è nemmeno più significativa la presenza di un modello organico. A tenere a bada il sentimento, a impedire alla desolazione che ha invaso l'anima di traboccare, nel poema d'avvio (*Gute Nacht*) non è più un corale formalmente espresso che interviene: per un compositore che ha affinato i suoi mezzi basta il principio del rispetto dell'omoritmia, di un basso costante destinato ormai a battere il passo del viandante e a introdurre quei minimi tocchi contrappuntistici, sufficienti a mantenere al discorso quel grado di severità necessaria a preservare l'espressione in un'intensità che in Schubert rivela sempre un volto grave, anche nel sorriso.

Umiltà della melodia

Il richiamo alla sostanza del corale tedesco non basta certo a spiegare l'intera sostanza del Lied schubertiano, esperienza che, andando oltre l'impianto strofico e approdando alla *durchkomponierte Form,* non si attenne a schemi prefissati. Il compositore tuttavia allargò talmente il ventaglio formale ed espressivo del Lied da permettersi la massima disinvoltura nel passare dall'uno all'altro aspetto. Avendo egli tracciato i confini di un continente nuovo e attraversato terre vergini e giungle inesplorate (per riprendere un'immaginifica espressione di Bortolotto), ogni ritorno a dimensioni usuali appare come risultato di libera scelta, di meditata intenzionalità. Tutto quanto nelle citate forme ispirate al corale e più in generale al canto strofico popolaresco può apparire ingenuo, per Schubert in realtà è già un modo di manifestare la nostalgia per il *naïf,* il vagheggiamento di un mondo che non è più dell'oggi, il voler essere ciò che non si può più essere. L'elemento popolaresco spesso assecondato dal musicista non conduce mai all'immedesimazione: esso è sempre evocazione di una situazione che, come tutto, Schubert guarda a distanza.

Dei venti numeri che compongono *Die schöne Müllerin* ben nove, quindi quasi la metà, obbediscono all'impianto strofico popolaresco. Quattro anni dopo, quando comporrà il secondo ciclo mülleriano (*Winterreise*), su ventiquattro numeri solo tre si vedranno attribuire una struttura strofica. La sproporzione è troppo manifesta per essere casuale: è evidente come tale struttura sia il risultato di una scelta, esclusa pressoché completamente per il viandante, al quale il viaggio tra le brume invernali non promette nessuna consolazione, e possibile ancora per il mugnaio, il quale nel primo amore sbocciato di primavera nutre speranze raggianti, ancorché i brividi di tragedia che lo faranno trasalire contengano ben altro annuncio. Anche per Schubert la felicità più intatta è riconoscibile nelle forme popolari. È evidente quindi un uso finalistico del canto strofico, reso ormai possibile dal fatto che l'evoluzione impressa al Lied da Schubert gli consentiva di organizzare la propria espressione secondo moduli molteplici, senza subire il condizionamento diretto della consuetudine. Consuetudine che tuttavia dettò le sue regole e che lo collega ai predecessori forse più di quanto non si voglia supporre. È vero che, per dirla con Bortolotto, dopo Schubert si può essere schubertiani (Brahms, Cornelius, Wolf, Mahler, Pfitzner, Strauss, Webern) oppure non esserlo (Schumann, Löwe, Wagner, Humperdinck, Schönberg, Berg), nel senso che la prima filiazione sarebbe rimasta fedele a un ideale di canto nutrito di poesia e fondamentalmente determinato dalla parola, mentre il secondo filone se ne sarebbe distinto obbedendo a più spiccate ragioni musicali.

Schubert rappresenta quindi uno spartiacque: ma appunto uno spartiacque, non colui che partì da una situazione di *tabula rasa.* Ciò va detto per correggere l'ottica di certi giudizi che, valorizzando giustamente l'apporto determinante dato da Schubert al Lied, tendono a sottolineare il salto di qualità rispetto ai predecessori, perdendo di vista invece tutti quegli elementi di raccordo con quella tradizione, essenziali per spiegare la direzione dello sviluppo da Schubert stesso impressa a questo genere musicale. La coerenza suprema del compositore fu infatti quella di sviluppare ciò che nel Lied, allo stato in cui l'avevano lasciato Reichardt, Zelter e Zumsteeg, era in fondo già *in nuce.* Tale aspetto è per esempio poco considerato da quello che si presenta come il più autorevole studio sul linguaggio schubertiano (Thrasybulos Georgiades, *Schubert – Musik und Lyrik).* La dimostrazione del musicologo tedesco è precisa, documentata e meticolosissima nel rilevamento di una struttura del canto direttamente conseguente alle funzioni della lingua del testo poetico (nel rispetto delle funzioni verbali, nell'aderenza alla frase, nelle corrispondenze delle rime ecc.). Schubert sarebbe stato il primo e addirittura l'unico compositore ad aver creato la lirica come struttura musicale: Schubert compone i corpi linguistici (*Sprachkörper*), e con ciò è come se la sua musica parlasse. E in fondo non è nemmeno necessario conoscere bene il tedesco per rendersi conto, a ogni esecuzione liederistica schubertiana, di come la musica riesca a rafforzare la lingua nella sua articolazione, nel peso dato a questa o a quest'altra parola, nell'accento che cade su uno o sull'altro significato. Un illustre precedente, aggiungiamo noi, potrebbe essere considerato l'avvento della monodia secentesca e il concetto monteverdiano di "musica serva de l'oratione", ma non è questo che servirebbe a spiegare Schubert. È chiaro invece che proprio qui Schubert prende le maggiori distanze dai Classici viennesi. La vocalità mozartiana, la mirabile concezione della voce come strumento palpitante fra gli altri strumenti dell'orchestra – sollecitati a intrecciare con la tenue preziosità di quel filo tessuti adamantini – è una dimensione sconosciuta a Schubert. Invece, non diversamente dai liederisti suoi predecessori, l'accompagnamento pianistico in Schubert rimane distinto dalla voce e spesso persiste in uno svolgimento indipendente, quasi divagante. In realtà sarà proprio questa struttura a preservare al Lied la tipica qualità lirica derivante da una voce non solo sciolta dal peso di artificiose ornamentazioni, ma pure dai vincoli di una scrittura formalizzante. E questa era una dimensione acquisita al Lied già all'origine. Dal punto di vista dei valori, una figura come quella di Zelter non regge al confronto con Schubert. Zelter rimarrà sempre legato all'immagine di colui che si subordina passivamente al testo poetico, mentre Schubert estingue il testo per ricrearlo di nuovo come struttura musicale. Ciononostante era in quella modesta realizzazione che il Lied si preparava a dirigere il proprio canto verso orizzonti nuovi dell'espressione, orizzonti che con Schubert avrebbero preso vita e si sarebbero popolati di personaggi, di simboli, di apparizioni, riuniti a formare un cosmo di significati ancor oggi operanti nella cultura. È quindi su un terreno già seminato che il compositore si muoveva e, tenendo ferma la bussola al quale, poteva vincere le tentazioni che il canto italiano, soprattutto in casa viennese, riusciva ancora a esercitare.

La melodia vocale italiana, come si presentava ai suoi tempi e come ancora sarebbe rimasta, rappresenta l'esatto contrario della vocalità schubertiana. Nella sua magnificenza essa non si accontentava di dispensare la propria luce aurea attraverso la varietà di passaggi e di diminuzioni che, come monili, ornavano il prorompente petto di questa grande dama, ma essa aveva ormai ridotto il testo poetico a meno di un pretesto. Svaniti gli effetti di riforme più o meno intellettualistiche, la poesia per musica in Italia all'inizio dell'Ottocento era ridotta a cosa infima, mentre non sarebbe più stato possibile restaurare nel melodramma italiano una vera nobiltà del testo poetico, nemmeno, in fondo, con gli ultimi generosi sforzi verdiani, a causa dell'istinto prevaricatore rimasto caratteristico anche della sua musica. È come se la musica italiana non riuscisse a smettere costumi monarchici in epoca ormai repubblicana. In verità fino a Puccini e oltre la vocalità italiana continuò a sentirsi e ad atteggiarsi a regina. Quando Rossini (rendendosi conto dell'impossibilità di difendere l'attualità di un modello ormai iperbolico di fronte a un secolo e a una società che già vantavano il fatto di avere alle spalle la più importante rivoluzione politica moderna) si trovò arroccato in una cittadella troppo inarrivabile per poter essere riconvertita a nuova funzione, si accontentò di sovvertirne l'ordine dall'interno, trasformando il convenzionale virtuosismo vocale in piroettante, acrobatico e sfrenato gesto meccanico, in un fuoco d'artificio che, impossibilitato a piegare il canto al fedele rispetto del testo poetico, per assurdo lo spingeva verso il non senso. L'operazione rossiniana in tal modo non faceva altro che mascherare l'inadeguatezza del canto italiano, irriducibilmente legato alla sua origine aristocratica, nei confronti di un'epoca che, come pubblico, aveva ormai a che fare con una borghesia che aveva ottenuto il diritto di pieno accesso all'arte.

Ora, mentre in Italia modelli musicali alternativi alla tradizione aristocratica mai videro la luce, il mondo tedesco, soprattutto quello protestante, attraverso la partecipazione del popolo ai canti della liturgia riformata, aveva motivato una pratica musicale perlomeno complementare. Nacque il corale che, oltre le qualità già descritte, dal punto di vista del rispetto del testo realizzava un modello di disciplina musicale compiaciuta nella sua umiltà. Due secoli dopo nacque il Lied, che dal corale si distingueva solo per il fatto di mettere radici su terreno laico; per il resto esso faceva riferimento allo stesso popolo emancipato (alla borghesia) e alla stessa disciplina di rispetto della parola nel canto, che una classe forte e cosciente del suo ruolo preservò contro ogni influenza di moda e tradizione. Il Lied giunse quindi nelle mani di Schubert già delineato nei rapporti interni di una struttura che era in condizione di dar voce ai capolavori della nuova poesia tedesca attraverso una melodia vocale effettivamente e per la prima volta intonata dall'uomo nuovo espresso dalla nuova società borghese. Una melodia che nella linearità quasi ingenua del suo procedere, nella rinuncia in fondo alle lusinghe del vocalizzo trasmesso dalle consuetudini accademiche, predisponeva la musica all'espressione di una sostanza di messaggio straordinariamente moderna, dove anche il più piccolo caso della vita poteva assurgere a dramma, dove anche la passione che tormentava l'essere più umile poteva esprimersi attraverso accenti di grandezza, dove il sentimento non richiedeva patente di nobiltà per giustificare il fatto di costituire oggetto di canto.

Il Lied è certamente il primo fenomeno borghese, rimasto integralmente borghese, della storia della musica; al punto che sarà nel Lied che nella forma più tragica e sofferta lascerà il suo segno la crisi della civiltà borghese. Non c'è opera teatrale che, meglio del Lied, abbia registrato, con la stessa inconsolabile coscienza della fine, il tramonto di quel sistema di valori. Non c'è sinfonia che abbia raggiunto lo stesso limite di consapevolezza meglio della sinfonia mahleriana che, appunto in virtù del trasferimento a dimensione sinfonica del patrimonio liederistico, riuscì a penetrare al più profondo livello di quella problematica. Nel Lied dopo Schubert è l'orizzonte della cultura borghese che traccia la prospettiva della coscienza, è l'individuo in balìa di se stesso colui dal quale ci si attende la formulazione del senso da dare alla vita. Diventato, più ancora che per Schubert ossessione e unica prospettiva concessa all'espressione, sarà nel Lied che Hugo Wolf farà risuonare cupe campane a morto per un Romanticismo destinato a estinguersi nella follia individuale. Sì, nel Lied dopo Schubert, poiché è in Schubert che ciò che nella tradizione liederistica anteriore era solo premessa assume la fisionomia di un sistema dell'espressione non solo fondato nella coscienza dell'uomo nuovo dell'Ottocento borghese, ma definito nei suoi luoghi deputati, nella sua tipologia psicologica, nei suoi simboli di felicità e di morte. E, concludendo con una riflessione di Mario Bortolotto:

> In questo modo nella storia del Lied, Franz Peter Seraph Schubert non è solo un incomparabile libro chiuso, ma un'azione diacronica, un

> motore occulto: pressapoco come, nella cultura greca, gli epos omerici, o in quella spagnola il mito cervantico. Che tale *opus magnum* si può accostare senza esitazione nel suo insieme di 603 numeri, a qualsivoglia teogonia: integralmente esso ha fissato, se non svolto, la totalità di quei mitologemi, i più vasti e diramati che la storia abbia fino ad oggi saputo.

Schubert dunque, proprio il "modesto", "inconsapevole", "candido" Schubert, si è trovato a essere colonna portante di una delle più vaste aperture ideologiche concepite dal pensiero artistico. Un artista, la cui presunta ingenuità ha alimentato abbondantemente le leggende di massa spacciate senza scrupoli dall'operetta di Heinrich Berté che lo fece protagonista, e dalla fantasia hollywoodiana che ne edulcorò i capolavori nelle colonne sonore cinematografiche, un artista di tal fatta poteva essere colui che infallibilmente aveva colto il cuore della poesia tedesca? Eppure non c'è possibilità di equivoco: dopo i Lieder giovanili ispirati a Matthisson, Uz e Salis, nel 1818 ormai pervenuto alla maturità, il compositore fu pronto a lasciarsi dietro le spalle una poesia che aveva già fatto il suo tempo, per affrontare e acquisire gradualmente la poesia del secolo nuovo, quella dei primi decenni, spesso ancora fresca di stampa negli esemplari che gli erano capitati fra le mani, intestati ai nomi più rilevanti della letteratura di quegli anni che comprendono (oltre all'ovvio e prevedibile Goethe che non poteva lasciare indifferente nessuno) Schlegel, Novalis, Rückert, Werner, Uhland, Schulze, Müller e Heine. Poteva bastare l'istinto a guidare Schubert in scelte così precise e all'altezza del tempo? A una certa dose di fiuto potrebbe alludere il ricordo di Anselm Hüttenbrenner:

> Se lodavo un Lied particolare, egli diceva: sì, ma dietro c'è anche una buona poesia; a partire da una tale poesia le idee vengono da sole, le melodie premono ed è un vero piacere. Con una cattiva poesia non si va avanti di un pollice. Si può mettere un martello nella testa, ma non uscirà niente.

Questa testimonianza potrebbe far pensare a uno Schubert interessato a considerare più la qualità dello specifico poema che la sua ascendenza. In realtà i testi letterari da cui traeva ispirazione gli provenivano dallo scambio costante e continuo con la cerchia di amici che gli stava intorno, cerchia che manifestava interessi letterari precisi. Le Schubertiadi, che a partire dal 1817 divenne abitudine tenere in casa del consigliere reale e imperiale Ignaz von Sonnleithner e in quella di Matthäus von Collin (direttore degli «Jahrbücher der Literatur»), non erano infatti più riducibili ad attività musicali a carattere domestico in cui prevalesse il concetto del far musica a scopo esclusivamente "artigianale" (nel senso sia del carattere della musica, sia di chi era chiamato a consumarla). Le persone associate a queste iniziative costituivano invece già una società intellettuale formata di professori di università, funzionari imperiali, comunque rappresentanti di una borghesia tutt'altro che passiva, pronta a dibattere le questioni politiche e letterarie più attuali. Più tardi Schubert ebbe a frequentare la cerchia di Caroline Pichler, il salotto letterario più importante della Vienna del tempo, mentre nel 1823, alle Schubertiadi (in cui dominava ovviamente la musica) si affiancarono le sedute di lettura che riunivano presso i vari Mohn, Mair, Hönig e altri, più o meno gli stessi partecipanti, i quali assistevano alle declamazioni poetiche nell'atmosfera esoterica di pseudonimi letterari attribuiti a ciascun membro, derivati da Shakespeare, dalla tradizione faustiana o dal *Nibelungenlied.*

Certamente Schubert non era colui che guidava il drappello di tanto esagitati cultori di poesia: notoriamente assorbito dall'attività compositiva, egli aveva imparato a giudicare ogni cosa in funzione della musica. Non gli sfuggiva comunque nulla di quanto poteva ascoltare ed egli stesso leggere in quelle riunioni. La poesia che egli metteva in musica era quindi in un certo senso il risultato di un'operazione collettiva di filtro, di analisi capace di selezionare quelle opere il cui significato fosse in condizione di parlare eloquentemente a una generazione proiettata nella speranza di nuove promesse spirituali, politiche, nazionali. Quello che non ottenne dalla modesta formazione ginnasiale gli fu dato da questa esperienza comunitaria.

Per il resto può valere quanto affermò Bauernfeld, l'amico più intimo degli ultimi anni e colui che probabilmente lo influenzò nella scelta di Walter Scott, secondo il quale un compositore come Schubert, che attraverso la sua musica dimostrava di comprendere così a fondo i poeti del tempo, non poteva essere che egli stesso poeta. La borghesia intellettuale che lo ospitava contribuì senza dubbio ad aprire i suoi orizzonti, gli indicò probabilmente anche la direzione da seguire, ma non gli svelò nessuna delle mete che il musicista solitario riuscì a raggiungere. Gli amici viennesi lo aiutarono a integrarsi in un ambiente culturale che, in seguito alla strada battuta dalla poesia tedesca verso la riscoperta delle origini nazionali, anche dalla musica esigeva aspirazioni all'altezza di quella ideologia. È significativo per esempio come già nel 1816 Joseph von Spaun, il quale aveva riunito i primi Lieder goethiani di Schubert per farne omaggio al grande poeta di Weimar, li inoltrasse con una lettera accompagnatoria in cui l'affermazione più importante era quella secondo la quale i magnifici componimenti goethiani non solo avrebbero motivato l'esistenza della raccolta liederistica inviata da Schubert, ma pure sarebbero stati all'origine della sua formazione di «cantore tedesco» (*zum deutschen Sänger*) nel senso inteso dagli amici, artisti e letterati che nella rinascita nazionale tedesca, da onesti austriaci, si sentivano marginali al movimento e i quali quindi nutrivano non pochi complessi di inferiorità nei confronti di una Germania culturalmente già cresciuta. È vero che ancora adolescente, durante le guerre napoleoniche che avevano condotto le truppe francesi a occupare Vienna, anch'egli fu travolto dalla vampata nazionalistica, per cui nel 1813 sentì l'obbligo di comporre una *Trauermusik* per strumenti a fiato alla memoria dell'amico poeta Körner morto in combattimento e un Lied diventato poi coro a tre voci (*Auf den Sieg der Deutschen*) in occasione della vittoria dei tedeschi; ma se la scintilla di quel nazionalismo si sarebbe riaccesa in un piccolo Lied dell'anno successivo (*Die Befreier Europas in Paris*), Lied che come il precedente musicalmente rivela la ben scarsa disposizione di Schubert a inserirsi nel registro patriottico, nulla di quanto il musicista compose in seguito permette di riscontrare un qualsiasi atteggiamento di germanofilia. Più tardi alla sua arte Schubert cercherà sbocchi in Germania, ma a livello di interessi praticistici, chiedendo invano agli editori di Lipsia e di Magonza quell'occasione di lancio che il buon senso commerciale dei cauti stampatori viennesi gli negava. Ma, per quanto concerne il concetto di "arte tedesca", non è in Schubert che è possibile trovare il portabandiera.

È interessante invece notare come egli nel 1825 arrivasse a concepire l'idea di mettere in musica una vasta serie di poesie classiche inglesi, spagnole, francesi e italiane che l'amico poeta Nikolaus Craigher avrebbe dovuto tradurre in tedesco con la cura di conservare la metrica originale, affinché potessero essere cantate anche con il testo originale. È probabile che simile idea fosse dettata dalla speranza di vedere la propria musica circolare nei salotti di mezza Europa: in fondo Beethoven dimostrava proprio in quegli anni la possibilità di mantenere fiorenti rapporti con le istituzioni musicali inglesi. Non necessariamente questo guardare oltre i confini tedeschi è da interpretare come il risultato di un freddo calcolo commerciale: può darsi semplicemente che il compositore, il quale secondo Bauernfeld «provava come una disgrazia il fatto di essere austriaco», tentasse con ciò una delle tante operazioni di sganciamento da una Vienna in cui affondava le proprie radici, ma che non gli offrì mai la possibilità di emergere secondo il merito. Rimane il fatto significativo di un musicista che guardava alla poesia come a un mondo privo di confini nazionali.

Inoltre il fatto che Vienna, se non poteva essere considerata la capitale della letteratura tedesca, lo era indiscutibilmente diventata per quanto concerneva la musica, suscitò probabilmente in lui un uguale processo di riscoperta delle origini su terreno viennese, austriaco: tedesco sì, ma che guardava ad altri confini, quelli dell'impero asburgico che si allungavano verso il Mediterraneo, estesi attraverso le pianure orientali a contatto con popoli di altra origine. Amici suoi, non si accontenteranno di guardare alla Germania con l'occhio del cuore: il coetaneo Bruchmann si recherà a Erlangen per seguire direttamente i corsi in quell'università, dove si legherà d'amicizia con von Platen. Schubert si muoverà invece in una stretta geografia asburgica nelle sue rare occasioni di viaggio al seguito del cantante Vogl (Linz, Steyr, Gmunden, Salisburgo, Gastein, Graz), una geografia sintomaticamente estesa all'Ungheria che egli visitò in vari soggiorni al servizio della nobile famiglia Esterházy, presso la quale era stato assunto in qualità di precettore musicale delle figlie. Ora, se prendiamo in considerazione lo straordinario *Divertissement à la hongroise* per pianoforte a quattro mani (1824), che egli senza dubbio compose dopo una di queste circostanze, non solo ci troviamo di fronte a varie e precise connotazioni zigane (i trilli, i mordenti e le lunghe volate del *cymbalum* che infieriscono lungo il primo tempo) ma assistiamo a un fenomeno quasi unico di sincretismo stilistico. Nemmeno Liszt, ungherese di nascita, avrebbe saputo dimostrare uguale capacità di appropriarsi di uno stile musicale estraneo all'abituale pratica pianistica: le sue rapsodie ungheresi tradiscono ovviamente l'origine popolaresca, ma, esibendola, la vivono ostentatamente come qualcosa di esotico. In Schubert non c'è traccia alcuna di esotismo né qui né altrove (ad esempio nel piglio di danza slava con cui attacca il Finale del "Forellen-Quintett", 1819): grazie alla qualità trasfigurante del pianoforte, che egli riesce a potenziare trattando la materia non virtuosisticamente ma nel rispetto di una semplicità naturale che lascia spesso vibrare il suono come dato acustico senza colore, in questa musica non si riscontra nemmeno lo sgargiante fascino della festa contadina.

Una lettura sommaria del *Divertissement à la hongroise* non basterebbe nemmeno a far risaltare l'origine "ungherese" del lavoro; solo una lettura attenta ai particolari consente di riportarsi al significato del titolo. Ci troviamo quindi di fronte a una compenetrazione perfetta di materiali musicali disparati, la cui fusione non permette nemmeno più di stabilire la direzione esatta da cui provengono (se dalla concezione propria di Schubert oppure dagli stimoli sonori di un orizzonte che si allargava all'oriente di Vienna). Nell'*Allegretto* per esempio l'episodio che ricorre come tema di rondò conclude con una coda in cui la tonalità oscilla tra maggiore e minore, in una formulazione che è tipica dello stile zigano capace di strappare la commozione anche al più burbero ascoltante, grazie all'incessante gioco di rimandi in una condizione di instabilità del sentimento. Ma questo è anche un tipico procedimento schubertiano, generalmente organizzato in formule più sottili ma fondato sullo stesso senso di indecisione espressiva e nel significato che esamineremo più avanti. La coesistenza di tradizioni contigue, di cui la musica classica viennese aveva già preso conoscenza attraverso i vari spunti "all'ongarese" da Joseph Haydn in poi, in Schubert porta quindi a un concetto più vasto di indistinzione in una realtà vista come specchio di molte identità possibili dove l'io, incapace di fissarsi in precisa situazione di certezza, già intraprendeva quella profonda discesa nella spirale della coscienza che diventerà il riferimento ineliminabile della cultura mitteleuropea nei decenni di volta tra Ottocento e Novecento. Prima ancora che le peregrinanti orchestre zigane venissero degradate ad agenti di attrazione mondana, Schubert riuscì a integrare il loro suono nella sua musica come cifra di una condizione umana privata delle proprie radici: lo zingaro, il reale rappresentante di un popolo nomade, diventa *Wanderer*, emblema della coscienza.

Spaesamento

Schubert dunque non si lasciò delimitare dagli interessi letterari coltivati dalle cerchie che frequentava. Prese conoscenza della migliore poesia tedesca del tempo ripercorrendola con occhi suoi, spesso funzionalizzandola a un'estetica che egli fu capace di esprimere attraverso scelte categoriche. Prima ancora di ricorrere a commenti suoi, è possibile infatti leggere l'estetica schubertiana nei testi da lui musicati. In questa operazione il passaggio d'obbligo è rappresentato da *Der Wanderer* (Schmidt von Lübeck, 1816), ma la «gran meditazione sullo straniero» (Bortolotto) passa attraverso altri quattro Lieder che nel titolo menzionano il viandante. Il concetto è vastissimo e riappare fra le pieghe di decine e decine di versi messi in musica. In *Pilgerweise* (1823) lo ritroviamo sotto il saio del pellegrino ("Ich bin ein Waller auf der Erde"): e chissà se Schober pensava all'amico quando gli diede da musicare i versi "Non ho che la mia cetra e devo vivere di ciò che gli altri mi danno"? *Der Pilgrim* (Schiller) è il tema di un Lied dello stesso anno. Nel 1817 in due componimenti diversi, ma con lo stesso titolo (*Der Alpenjäger* di Schiller, e rispettivamente di Mayrhofer) la figura compare come viandante sulle montagne. Come navigatore ricomparirà pure due volte (*Der Schiffer*: 1817, Mayrhofer; 1820, Schlegel). Ma senza dilungarci in un elenco di titoli, ogni personaggio musicalmente ricreato da Schubert è viandante, è figura che erra inquieta alla ricerca della consolazione dell'anima, è colui che, anche quando non vaga senza meta ed è colto nell'atto di realizzare qualcosa di se stesso, tutt'al più potrà esprimere un accento di gioia che il musicista provvede a condensare nel Lied più breve, più concentrato, dove il gesto lieto diventa attimo congelato, non da vivere nella pienezza ma da consegnare subito come fuggevole ricordo alla memoria.

Il mugnaio nel ciclo di Wilhelm Müller si presenta come viandante, ma l'allegria sbarazzina del suo canto ("Das Wandern ist des Müllers Lust") è bloccata nel moto circolare delle figurazioni in biscrome dell'accompagnamento pianistico, il cui movimento imperturbabile toglie all'espressione la sostanza (trasformando la gioia in un gesto meccanico, fratto e privo di corrispondenza). E in questo aspetto matura un concetto che rimarrà centrale nell'estetica schubertiana, quello di una gioia che nella sua formulazione musicale lo è sempre senza esserlo mai. Un concetto che nel Lied *Die gefangenen Sänger* (Schlegel, 1821) diventa una vera e propria dichiarazione di estetica: "Prigioniero sulla terra lo spirito dell'uomo ascolta inquieto gli inni dei suoi fratelli sublimi; tenta invano di allargare la sua esistenza: è questa la poesia, il fiore della sua gioia ha radici nel suo dolore "("Aus der Wurzel tiefe Schmerzen stammt die Blüte seiner Lust"). Dichiarazione che la musica stessa rende evidente nel canto dell'usignolo, che nel registro alto del pianoforte svetta un'ottava al disopra della voce la quale rimane condannata a muoversi in ambito più mesto. A questo punto è possibile misurare il grado d'intenzionalità nella scelta del testo di questo Lied, in quanto lo stesso tema compare due volte nelle pagine del diario di Schubert (1824): «le mie creazioni esistono come frutto della conoscenza della musica e della conoscenza del dolore». Più avanti: «Il dolore aguzza l'intelligenza e fortifica il sentimento».

Ma la più affascinante formulazione del concetto rimane quella che si può leggere nelle enigmatiche righe di *Mein Traum*. Per gli esegeti schubertiani questo oscuro autografo non firmato del 3 luglio 1822, che il fratello Ferdinand farà diventare leggenda intitolandolo "Il mio sogno", è considerato quasi l'equivalente del "Testamento di Heiligenstadt", giacché, com'era il caso di Beethoven, un fatto personale e strettamente autobiografico assurge a significato universale. È il racconto di un sogno. Cacciato dal padre, presso il cui desco la tristezza gli impedisce di apprezzare l'imbandigione, Schubert conduce per anni vita raminga, fino al momento in cui gli giunge la notizia della morte della madre. Tornato a renderle l'estremo saluto, l'accompagna alla tomba. Rimasto nella casa del padre, un giorno questi lo porta nel suo giardino preferito e gli chiede se gli piaccia il luogo. Alla risposta negativa egli è battuto e di nuovo cacciato. Di nuovo è condannato a vagare in un lontano paese:

> Per lunghi e lunghi anni cantai delle canzoni. Se volevo cantare l'amore, esso per me si trasformava in dolore. E se al contrario non volevo cantare che il dolore, esso per me si cambiava in amore.

Diviso tra questi due sentimenti, un giorno gli giunge la notizia della morte di una pia fanciulla. Un cerchio si forma intorno alla sua tomba, giovani e vecchi le girano intorno come nella beatitudine, mormorando per non svegliarla. Schubert vorrebbe entrare nel cerchio per unirsi ai pensieri celesti che sembrano uscire dalla tomba e salire in alto. Ma solo un miracolo, dice la gente, potrebbe realizzare il desiderio. Allora egli avanza lentamente verso la tomba con gli occhi abbassati e, in intimo raccoglimento e con fede ritrovata, è accolto nel cerchio da cui emana una musica incantevole:

> Provai la beatitudine eterna come se fosse riunita in un solo istante. Ritrovai il padre riconciliato e amante che mi serrò nelle sue braccia e pianse. Io piansi ancor più.

Come giudicare tale testo singolare e al tempo stesso così esatto nel cogliere con immagini simboliche la natura di sentimenti costantemente espressi in ogni sua opera. Brigitte Massin vi ritrova in straordinario rapporto logico i temi dominanti della sua liederistica: la solitudine e il viaggio, la morte vissuta come pace, l'ambiguità del rapporto amore-dolore, il rifiuto del tempo, la nostalgia del paradiso perduto e di un universo di beatitudine, la riconciliazione nella tenerezza. Inoltre la studiosa francese vi nota l'assenza assoluta di aggressività e di rivolta: «Le situazioni sono subìte, il solo vero atteggiamento essendo per il soggetto non lo stato di conflittualità, ma il solitario esilio che consente la conoscenza di sé». E qui sta l'aspetto fondamentale di questa confessione: diversamente dal testamentario proclama beethoveniano nutrito di un chiaro atteggiamento di sfida al mondo, diversamente dai tentativi variamente realizzati dai musicisti romantici allo scopo di chiarire "letterariamente" a loro stessi il significato della propria musica (che dalla *Fantastica* di Berlioz alla *Sinfonia del fato* di Čaikovskij riprende e ripete il tema faustiano del giudizio sui propri simili e sul mondo fieramente dato dall'alto), il sogno schubertiano significa sottomissione, resa totale dell'individuo a forze naturali e soprannaturali a lui comunque esterne. Nemmeno un artista gentile, romantico ma non turbolento quale Schumann, nella sua proiezione idealizzante avrebbe accettato un simile atto di rinuncia: il sognante Eusebio tutt'al più mostra disposizione allo stato di contemplazione nel quale il passionale Florestano ha potere di irrompere riportando disciplina nella "Lega dei Fratelli di Davide", immaginata per condurre la lotta contro i filistei. Ma anche senza il suo *alter ego,* Eusebio, nei suoi estatici abbandoni dai quali può sperare di ottenere reale appagamento, non ha nulla a che fare con l'attonito sguardo del viandante che nella musica di Schubert vede il mondo passare davanti ai suoi occhi senza il potere di fermare un'immagine, una luce, un'ombra, un colore, dove l'attimo può lasciare appena un segno e nemmeno nel ricordo essere posseduto.

Quello che è il fuoco fatuo (l'*Irrlicht* della *Winterreise*), due note fuggevolmente estrapolate dal contesto come traccia di qualcosa di cui rimane solo una parte, è spesso il modo d'essere della tematica musicale schubertiana. La *Winterreise* è un campionario di apparizioni mai possedute, di note del pianoforte che suonano sperdute in figure che non fanno mai discorso ma che restano incollate sul pentagramma come impronta di una musica già passata che ormai risuona altrove. Figure nervose che possono suscitare un'immagine (l'*Irrlicht*) o che riappaiono solo come suo prolungamento sonoro senza che il testo cantato vi alluda direttamente (*Der greise Kopf*), mentre in *Letzte Hoffnung* la rapida successione di crome puntate, che la mano destra e la sinistra del pianoforte si dividono tra sghemba accentuazione con il compito di mimare la foglia appassita in procinto di cadere, organizza una struttura puntillistica capace di isolare l'intervallo addirittura nel preannuncio di Webern. Il tema diventa gesto, movimento capace di cogliere l'imprevedibile scatto della banderuola in cima al campanile: in *Die Wetterfahne* le cinque battute di preludio pianistico disegnano il tipico tratto fugace di una tematica che, anche senza l'obbligo di illustrare un testo cantato, ritroveremo carico dello stesso messaggio in versione strumentale (il tema d'inizio del terzo tempo della Sonata in la maggiore del 1825; nella Sonata in la maggiore del 1828, l'arpeggio di terzine discendenti a partire dalla settima battuta e l'inciso che compare in coda all'esposizione del primo tempo e che domina poi lo sviluppo; e molti altri esempi). Schubert quindi non è azione ma è coscienza, non è realtà ma è memoria, non è proclamazione ma è ricordo.

Solo un individuo capace di abbandonarsi ciecamente al flusso della propria interiorità poteva redigere il protocollo del sogno della verità come avvenne in *Mein Traum,* sogno che per essere interpretato non domanda più il ricorso ad apparati allegorici esteriori, ma che nel brivido del presentimento scopre la tipica dimensione che per essere penetrata richiede gli strumenti della psicanalisi. Strumenti che in questo caso porterebbero a conclusione fin troppo ovvia e che invece qui interessano nella misura in cui servono a far capire che la chiave per affrontare il mondo schubertiano è potuta essere approntata solo decenni dopo. È sintomatico il fatto che, per trovare nelle biografie di un musicista un documento simile nel significato a *Mein Traum,* occorrerà attendere fino al 1910, quando, nel suo ritiro di Toblach, Mahler ricostruirà all'attenzione del dottor Freud le scene di brutalità del padre nei confronti della madre e l'episodio del compositore fanciullo che, terrorizzato da una lite tra i genitori, si precipitò fuori di casa mentre una pianola sulla strada strimpellava un'aria popolare viennese: da allora tragedia e svagata gaiezza sarebbero diventati elementi inscindibili nella mente del musicista.

L'affettività, il mondo delle emozioni, l'interiorità nel caso di Schubert non trovano più esclusiva espressione nel sentimento, nella forma dettata dal codice delle passioni; per Schubert l'espressione si muove a livello di sensazione, di dato psichico a volte addirittura inerte come succede in *Der Leiermann* (la gelida conclusione del *Viaggio d'inverno*), dove un bordone (una quinta vuota che, come nella ghironda, rimane fissa nel basso) fa da tetro sfondo a una melodia appena sussurrata che ipnoticamente gira su se stessa fino a spegnersi nel silenzio. Il suonatore ambulante non è più visione che si presenta agli occhi aperti, ma è qualcosa di nuovo e di conturbante: un'apparizione direttamente percepita dagli occhi della mente, di una mente incrinata che dentro di sé già porta il seme del male di una civiltà che all'uomo non garantisce più l'armonia con la natura, con il mondo, con la società. L'espressione dell'ultimo Schubert è gravata del peso di una mente che, se nella *Winterreise* confonde personaggi reali con fantasmi, nella musica strumentale arriva a concepire la veste coloristica nella riduzione a timbro spettrale di una scrittura quale quella del Quartetto in sol maggiore (1826), che fin dalle battute iniziali vibra febbrile nel moto di tremoli disseminati nelle quattro parti. In quest'atmosfera gelida si fa avanti una melodia spezzata del violino che sempre in tremolo è portata ad altezze sovracute, violino che nello sviluppo dell'*Andante con moto* scoppia in grido lacerato sullo sfondo della stessa ossessiva vibrazione degli archi. In questa composizione è presente anche un'angolosità di scrittura procedente per salti intervallari a volte enormemente ampi, raggiungendo per altra via le contorsioni dell'ultimo Beethoven. Sennonché il suono degli ultimi quartetti beethoveniani è il suono dell'assoluto, di un presunto ordine metafisico: è suono immateriale. Le gelide sonorità del Quartetto in sol maggiore invece sono brividi che il tremolo trasmette allo *Scherzo* e infine all'*Allegro assai,* anche qui su movimento di tarantella come il *Presto* del precedente Quartetto in re minore; una tarantella portata a livide visioni nel martellamento instancabile delle crome, chiamate a determinare nella struttura uno stato di nervosismo che impedisce la stessa capacità melodica, qui ridotta a organizzazione di brandelli tematici. Frammenti tematici che nell'*Andante con moto* sembrano ritrovare, grazie al ruolo emergente della calda voce del violoncello, la via della melodia fluente. Ma quasi sempre in Schubert la melodia, quando riesce a disegnare un arco sciolto da costrizioni, non realizza mai la completa conquista della forma, ambiguamente scoprendo nel suo interno due direzioni opposte legate all'indeterminatezza del modo della tonalità. Lungo l'intero quartetto le tonalità si impongono sì chiaramente, ma sostano indecise se scegliere tra la luminosità solare del modo maggiore e la notturna penombra del minore, in un'oscillazione di significato che contrassegna si può dire tutta la musica schubertiana. L'inizio dell'*Allegro assai* è fin troppo eloquente, presentando il primo membro di frase (discendente) in minore e il secondo (ascendente) in maggiore, mentre nell'*Andante con moto* appunto la ripresa, che affida al violoncello il tema in minore, lo consegna successivamente al primo violino in maggiore.

Nei Lieder l'opposizione maggiore-minore è a volte dettata dal testo in una concezione in cui ancora si riflette un tipo di rapporto testo-musica che, attraverso l'*Affektenlehre* settecentesca, risale al madrigalismo rinascimentale. In *Der Neugierige* (da *Die schöne Müllerin*) il verso "Bächlein meiner Lieb, wie bist du heut' so stumm" mette in moto una figura arpeggiata ripetuta che inizia in maggiore per poi, sulla parola *stumm* (muto), ribaltare il modo dello stesso accordo in minore, secondo collaudatissima simbologia auditiva. Ma lo stilema non trova solo motivazione in questa ascendenza. Nella musica strumentale, in cui non si presenta nessun problema di impostare una forma di aderenza al testo, esso si ritrova diffusissimo a tessere il filo di una struttura capace di tenere l'ascolto sospeso nell'indeterminatezza, nell'incapacità di orientarsi verso l'una o l'altra definizione di modo. Schubert non giunge a negare le leggi fondamentali del sistema delle tonalità, anche se in qualche caso, come nelle prime battute pianistiche di *Rast* (il decimo numero della *Winterreise)* l'accostamento maggiore-minore produce un trascoloramento già tentato dall'ebbrezza di spinta cromatica divagante. Il passaggio di colore in un linguaggio come quello schubertiano, dove anche la più audace modulazione non mette in questione la funzione basilare dell'accordo triadico, potrebbe anche essere considerato un procedimento spontaneamente dettato dall'esigenza di evitare una troppo pronunciata piattezza d'impianto, per cui un tema come il secondo dell'*Allegro* della Sonata in la maggiore (1828) sarebbe portato a correggere la plasticità dell'impostazione omoritmica nella maggior dose di impalpabilità introdotta nella mutazione di modo da maggiore a minore. Sennonché tale principio, comune presso altri compositori, è seguito da questi proprio per gli effettivi vantaggi descritti fondati sulla nozione che chiaramente distingue tra la funzione estroversa, attiva e perentoria che la convenzione attribuisce al modo maggiore, e la funzione introversa, passiva e subalterna attribuita a quello minore. In Schubert non esiste più una simile distinzione di funzioni; un Lied come *An mein Herz* (Schulze, 1825), che inizia in la minore, muta a un certo punto in la maggiore, ma quando giunge alla fine lascia al pianoforte il compito di concludere su una cadenza che assiste impotente al ritorno del precedente modo, per cui, prima di riuscire a imporre il modo maggiore e per rimanere nella giusta carreggiata, essa è costretta a ripetersi insistentemente. La situazione si ripresenta nella conclusione delle prime due strofe della più celebre *Ständchen* (Rellstab, 1828).

L'indistinzione del modo conduce quindi a un'equiparazione di maggiore e minore che corrisponde pure a un equiparazione di significati. La mutazione da maggiore a minore è sempre stata associata prima di Schubert a un passaggio di senso: luce-ombra, gioia-dolore, illusione-raccoglimento ecc. Con Schubert tale passaggio non si produce più; meglio, vi proviamo la stessa sensazione di offuscamento di colore da sempre conosciuta, con la differenza che il ritorno del modo maggiore non riesce a fugare le nubi che hanno invaso il campo della luce. *Gute Nacht* che apre la *Winterreise* nell'insistenza omoritmica di un re minore, il quale percorre ostinatamente tre strofe, sulla quarta muta in re maggiore senza tuttavia sprigionare la forza di mutare nel contempo la rassegnazione del viandante ("Die Liebe liebt das Wandern, Gott hat sie so gemacht"), il quale compie l'atto di rinuncia ("Will dich im Traum nicht stören") addirittura sulla strofa in maggiore, sostando sulla porta della casa della donna amata che l'ha rifiutato solo per scrivervi discretamente il saluto della "buona notte", per non interrompere il suo dolce sonno. Un altro Lied strofico dello stesso ciclo (*Der Wegweiser*) si articola in quattro strofe tutte in minore, tranne la seconda dove l'iniziale sol minore diventa maggiore, anche qui senza riuscire a rischiarare uno spazio di meditazione che rimane pieno di interrogativi, di domande senza risposta. A meno che l'ambivalenza di modo vi sia chiamata in causa simbolicamente come allusione ai cartelli indicatori posti sul cammino del viandante ("Weiser stehen auf den Strassen"): maggiore e minore sarebbero allora lì a indicare due direzioni opposte, direzioni tuttavia che non rappresentano nessuna possibilità di scelta effettiva ("Einen Weiser seh ich stehen, unverrückt vor meinem Blick"). L'apertura al maggiore sulla terza strofa di *In der Ferne* (Rellstab, 1828) neppure riesce a far balenare davanti agli occhi dell'esiliato la speranza del ritorno.

Una delle composizioni più esemplari in rapporto a questo assunto è l'*Impromptu* op. 90 n. 1 in do minore (1827) chiamato a sviluppare un tema solenne, uno squillo fatale in un'atmosfera mesta, quasi funebre. Quando la modulazione conduce a la bemolle maggiore, essa non riesce a liberare il brano dal carattere cupo che risulta invece accentuato dalla monotonia ritmica delle terzine dell'accompagnamento. L'austero carattere della tematica espresso in minore sembrerebbe spingere l'articolazione della composizione verso l'apertura alla pompa del modo maggiore, ma quando ciò avviene (con la sparizione dei tre bemolli in chiave) il tema martellato in maggiore produce l'effetto di un'insistenza disperata contro forze che ne vorrebbero annullare il modo. Si continua con l'ormai consueta oscillazione tra maggiore e minore, finché nelle ultime dodici battute su di un'ibrida cadenza, quando la melodia parrebbe incamminarsi verso la soluzione in minore, per due volte essa si rivolta in maggiore e così conclude, con una sorta di intervento esterno che rimanda alla musica preclassica, specie quella di impiego liturgico che dettava l'obbligo alla cadenza conclusiva di finire in maggiore.

L'equivalenza maggiore-minore, la perdita del rispettivo peso specifico espressivo, sta pure alla base della modulazione schubertiana: una modulazione che, senza nulla toccare alle funzioni strutturali dell'armonia, se ne serve per andare oltre. L'armonia nella sua coordinata verticale in Schubert non deroga in alcun modo dalla più perfetta concezione triadica. Letta in orizzontale, nel risultato della concatenazione degli accordi, assai spesso succede di rimanere stupiti a constatare come in poche battute un giro armonico del tutto naturale riesca a condurre fino a tonalità lontane. Oltretutto non sono pochi i casi di composizioni schubertiane che non terminano nella tonalità d'inizio. Il fatto è che l'accordo, che rimane integro nella sua proporzionata costituzionalità tonale, non riesce più a esserlo a livello di equilibrio emozionale. È indubbio che la forza gravitazionale capace di dettare la direzione a una concatenazione di accordi non si fonda solo su una struttura di rapporti formali, ma subisce pure il peso della capacita di stimolo emozionale che si determina in ciascuna unità armonica. Ora in Schubert appunto la disposizione dell'armonia non tende tanto a sviluppare nel singolo accordo, nella singola unità, un tipo di pulsione che la spinga a trasmettere quella forza al contesto. Prescindendo dai casi in cui l'accordo si paralizza in allucinata immobilità (nel già citato *Der Leiermann),* le unità armoniche schubertiane tendono a trattenere in sé l'energia emotiva che possono produrre, cosicché la modulazione che ne consegue non agisce come accumulazione di singoli vettori in una sola forza, bensì come una vera e propria somma di linee di forza indipendenti. Ne risulta spesso un effetto di giustapposizione di accordi, scanditi nella loro verticale autonomia. Il movimento armonico da cui prende lentamente avvio *Die Liebe hat gelogen* (Platen, 1822) è successione d'accordi nel vero senso della parola, nel senso cioè di sequenza in cui singole unità armoniche si allineano, lasciando che il discorso nasca dalla loro semplice dislocazione nel tempo e non dalla spinta che vi può germinare;

dove è significativo il fatto che la modulazione partente da do minore dopo quattro battute si ritrovi sulla stessa figura in do maggiore, senza recuperare con questa apertura l'energia necessaria per liberarsi del fardello della lenta scansione che all'ottava battuta ripiega su do minore come se nulla fosse accaduto. Siamo quindi chiaramente di fronte a una sorta di equivalenza nella qualità semantica dei modi maggiore e minore, che non può fare a meno di riportarci al sogno premonitore in cui il musicista che voleva cantare l'amore lo vedeva trasformarsi in dolore e viceversa. In *An die Leyer* (Bruchmann, 1822?) l'amore sgorga appunto in uno slancio cantabile in mi bemolle maggiore ("Doch meine Saiten tönen nur Liebe im Erklingen"), dopo la brusca interruzione di un severo recitativo in minore che pretende di chiamare il poeta al compito di cantare epicamente le grandi gesta. Amore che agisce come forza insopprimibile quindi, in una musica che raramente gli concede di sciogliersi in libero canto.

Memoria del dolore

In verità la lirica schubertiana attinge la propria linfa al sentimento amoroso, da cui il canto ricava lo slancio dei suoi migliori momenti alati; ma il sentimento d'amore non può essere altro che gioia trafitta al punto che il musicista, rispondendo a un compositore che gli aveva mostrato un Lied ritenuto troppo triste e melanconico, sembra abbia risposto: «Conosce Lei una musica veramente allegra? Io no». Non meraviglia quindi che, scrivendo nel maggio 1826 a Bauernfeld per lodare una sua poesia, Schubert fra tutte le qualità giungesse a sottolineare primieramente «il tenero grido del dolore». E il sottile collegamento tra le componenti antitetiche della sua sensibilità non sfuggì del tutto ai contemporanei, se un redattore dell'«Allgemeine Theaterzeitung», recensendo il *Viaggio d'inverno* il 29 marzo 1828, scrisse:

> Lo spirito di Schubert possiede soprattutto un dinamismo tanto vivace da trascinare tutto ciò che gli è vicino, e che porta con sé, attraverso l'immensa profondità dei cuori umani verso lontane contrade, là dove nella luce rosa del crepuscolo, sorge il presentimento dell'infinito, là dove pure è possibile provare la vibrante felicità di *un'inesorabile sentimento di dolce dolore* capace di estendere i confini dello spirito uma-

> no. In ciò risiede l'essenza del Romanticismo dell'arte tedesca nei suoi processi e nelle sue forme. In questo senso Schubert è un vero e proprio compositore tedesco che fa onore al nostro paese e al nostro tempo.

L'enigmatico protocollo di *Mein Traum* era quindi in un certo senso già pubblico, grazie a una musica che fu capace di far vibrare un'espressione dietro l'emblema dell'anima ferita. Amore e dolore: *Mein Traum* non è più solo il presagio di un destino individuale ma la rivelazione stessa dei sentieri dell'arte, la cui conquista passa ormai attraverso il sacrificio, il dolore, la sofferenza. Di lì la ricerca di una consolazione momentanea nell'ideale classico, che in Schubert rivive in dimensioni di nostalgia. Di lì il rimpianto per una musica quale quella di Michael Haydn che nel Settecento, su terreno cattolico, aveva realizzato il massimo dell'equilibrio tra accademico e popolaresco, tra profano e religioso.

Non è un caso che nel suo unico viaggio a Salisburgo Schubert sostasse sulla tomba dell'amato compositore: «soffia su di me, (pensavo), o buon Haydn, il tuo spirito calmo e sereno; e se non posso essere così calmo e così sereno, nessuno al mondo quanto me ti onora con tanto fervore» (lettera del 12 settembre 1825 al fratello Ferdinand). Michael Haydn appunto: il più austriaco dei maestri verso cui Schubert nutriva devozione, dal quale era stato preceduto nella composizione di un servizio liturgico cattolico messo in musica su testo tedesco. La *Deutsche Messe* in effetti si ispira al *Deutsches Hochamt* di Haydn (1782) senza tuttavia essere riuscita a diventare, come il suo precedente, patrimonio di cultura popolare, anzi dovendo subire la censura ecclesiastica che ne avrebbe proibito l'esecuzione nelle chiese d'Austria a causa del testo di Johann Philipp Neumann, personalità che usciva dall'ambiente "liberale" dell'Università di Vienna. Al "compositore tedesco" è quindi vietata la possibilità di cantare al suo popolo. Schubert rimane confinato dagli stessi eventi nella propria solitudine, in uno spazio sempre più privato in cui portare avanti la lunga meditazione su amore e dolore, concetti che non tarderanno a fondersi in compenetrazione di foschi preannunci.

Ciò che il simbolo della fanciulla rapita dalla morte costituiva in *Mein Traum* – come trasposizione tragica prossima alla catarsi di un sentimento che nella dialettica amore-dolore proiettava la sua espressione lirica – nella sua musica viene a chiarire il rapporto tra la composizione strumentale e il Lied. *Der Tod und das Mädchen* diventa nell'*Andante con moto* del Quartetto in re minore (1826) il tema di una tenue nenia strumentale in cui le incorporee sonorità degli archi, bloccati in una lenta progressione omoritmica, realizzano la più perfetta evanescenza. La cantilena, che nasce come *Requiem* di fronte alla morte che falcia la vita umana nel più candido splendore delle sue promesse, in realtà va addirittura oltre la condizione di lamento per spersonalizzarsi in una forma di rassegnazione spirituale, nemmeno più percepita a livello di sentimento. In verità lo svolgimento iniziale del tema nel quartetto (ma in fondo già nel Lied) introduce alla più spoglia e più trasparente forma di corale che Schubert sia riuscito a restituire, qui preservata non solo nell'impalcatura di simmetrie e di concordanze canoniche, ma propriamente nel senso di discorso in cui la devozione individuale si annulla in una dimensione collettiva, che in Schubert ovviamente non ha il significato della comunità religiosa ma quello di un luogo eletto dell'espressione, un luogo della trascendenza dove viene congelata ogni possibile commozione. Come in tale essenziale progressione armonica la modulazione trascolora da sol minore a sol maggiore, passando indifferente oltre la mutazione di modo che lascia il discorso in un'immobilità priva di turbamento, così il suo senso trascende lo stesso concetto di amore-dolore al confine delle possibilità espressive, dove l'espressione non è più il risultato di un atto della coscienza, ma dove la coscienza stessa allo stato inerte è già espressione.

Nella dimensione della coscienza schubertiana tutto è già dato in partenza: la spinta che emana dalla coscienza non viene usata per oltrepassare il piano soggettivo e porsi alla conquista del mondo all'esterno, ma mette in moto un processo senza termine, sempre destinato a ripiegare al punto d'inizio. Il viaggio, il viandante non sono allora altro che categorie mentali, la proiezione dell'io oltre i confini a cui vorrebbe vincolarlo la propria coscienza. Sennonché agli occhi dell'anima errante è dato solamente di vedere, come paesaggio, lo stesso grigiore, gli stessi terrei colori, la stessa inestinguibile pena che essa è costretta a portare dentro di sé. Il viaggio che promette liberazione si rivela viaggio della memoria che compie a ritroso il cammino del tempo e che nell'instancabile ricerca dell'altro trova infine e solo se stesso. In *Der Doppelgänger* (Heine, 1828) una luce di pallida luna scopre sinistra la figura di un sosia nel dolore, musicalmente disegnata sullo sfondo di un corale grave e incombente nella reiterazione di quattro lunghi accordi, che un sussulto cromatico tenta di sciogliere dall'incatenamento, ma che verso la fine ripristinano l'ordine spettrale di un'armonia che gira ciclicamente su se stessa, senza più riferimento alla nozione di tempo passato e futuro. Nel tardo Schubert tale approfondimento arriva a sconvolgere addirittura l'assetto linguistico di una musica ormai spinta verso l'aporia. Nella *Winterreise* il tempo si ferma nel suono di una lacrima di freddo dolore che in *Gefrorene Tränen* cade con accento sul tempo debole della battuta: un do che risuona distillato e solo, nemmeno sostenuto dall'armonia (essa stessa ridotta ad accordi assaporati nel loro cristallino riflesso che pure cadono sul pentagramma come stille di pianto trattenuto). Ma nei canti dell'inverno dell'anima il tempo realmente si ferma nelle pause, nei respiri della voce che il pianoforte suo fedele compagno più non riempie (*Wasserflut*). Non è più la musica che, in *Das Wirtshaus* oppure in *Die Nebensonnen* diventa oggetto d'ascolto, ma il silenzio stesso, un silenzio che effettivamente in *Im Dorfe* è rotto dai brevi gesti di tremolo in *pp* in cui attraverso il pianoforte, se non il latrare dei cani a cui allude il testo, percepiamo i rumori della notte capaci di recare accenti di vita all'orecchio vigile dell'insonne.

È il tempo che non scorre più e che, negli ultimi capolavori strumentali schubertiani, sconvolge l'articolazione di un linguaggio classico che, nella dilatazione dell'attimo, più non riesce ad accendere la dialettica del discorso sonatistico. È il Lied allora che vi fa irruzione e che, nel Quintetto in sol maggiore per archi (1826), modella il Trio dello *Scherzo* a propria immagine e somiglianza. L'unisono già tende a potenziarvi nella melodia la nozione di canto, ma più che nel canto l'incontro col Lied si evidenzia nel colore dei lunghi accordi che il suono tenuto degli archi riesce ancor più a dilatare e a svincolare dalla ferrea legge del tempo, nella proiezione delle stesse ombre spettrali che sorgono nel contemporaneo *Doppelgänger,* esso pure collegato al clima sonoro dell'"Agnus Dei" della Messa in mi bemolle che Schubert compose lo stesso anno.

Esiste quindi una circolarità di senso che collega le opere schubertiane, non solo a livello di risultato espressivo ma anche a livello di formulazione. Non si tratta sempre e solo di atmosfere, ma di temi veri e propri desunti da una composizione e trasferiti a un'altra, la quale quasi sempre ne risulta condizionata nel suo globale carattere espressivo. Il fatto è noto ma gli esegeti non vi hanno ancora fornito motivazione adeguata, probabilmente ritenendo che la maggior parte dei casi in cui Schubert ritorna sugli stessi luoghi tematici non sia da riportare a intenzionalità espressa ma da riferire piuttosto a una pratica comune a tutti i compositori passati e a lui contemporanei, i quali, valutando il tema come semplice dato strutturale, ritenevano di poterlo impiegare a piacere. In realtà Schubert non ha precedenti in questo senso e un avvertimento è già dato dalla testimonianza di Johann Leopold Ebner che, riferendo sulla presentazione del Lied *Die Forelle* (Schubart, 1817) ai compagni del convitto, racconta che il giovanissimo compositore mostrò addirittura l'intenzione di distruggerlo non appena uno degli ascoltatori (Holzapfel) gli fece notare la parentela tra le figure d'accompagnamento del canto e un passaggio dell'ouverture *Coriolano* di Beethoven. Non sarebbe mai stato quindi Schubert, trascinato nel giro della propria proverbiale rapidità di scrittura, a ritornare inavvertitamente su luoghi già battuti. Se, resosi conto di aver ricalcato un passaggio beethoveniano, pensò addirittura di distruggere la sua creazione, doveva quindi avere un senso il ricorso a temi già noti e diventati patrimonio di memoria. E nemmeno nello *Scherzo* della *Wanderer-Fantaisie* (1822) non poteva passare inosservata la coincidenza del tema di valzer con una prediletta melodia popolare del tempo, un *Praterlied* di Wenzel Müller. D'altronde, se egli nulla modificò a quei passaggi della *Bella molinara* in cui gli amici avevano riscontrato la citazione di una marcia di granatieri, ciò vuol dire che egli attribuiva un significato al fatto di impiegare materiale tematico di origine riconoscibile. Ciò che non può lasciare indifferenti è soprattutto la quantità dei casi in cui il compositore ritorna su definizioni tematiche già conosciute, una quantità tale di riscontri da non più poter essere ammessa come fatto casuale o dettato da atteggiamenti che gli provenivano dalla consuetudine.

Alcuni riscontri sono già stati menzionati, molti altri vanno riproposti all'attenzione. *Die Gebüsche* (Schlegel, 1819) può essere considerato la matrice dell'*Improvviso* in sol bemolle maggiore op. 90 n. 3 (1827); *Trockne Blumen* (da *Die schöne Müllerin*) si ritrova come tema in una serie di *Variazioni* per flauto e pianoforte (1824); Il Trio in si bemolle maggiore (1827) nel primo movimento parafrasa il Lied *Des Sängers Liebe* (Schlechta, 1825), mentre nel *Rondò* deriva da *Skolie* (Deinhardstein, 1815). L'*Andante* della Sonata in la maggiore (1819) riflette nello spirito e nella tonalità *Der Unglückliche* (Pichler, 1821), mentre il finale della stessa composizione è riconducibile nella formulazione allo «spirito fanciullesco» (Einstein) di *Hänflings Liebeswerbung* (Kind, 1817). L'*Andantino* della più tarda Sonata in la maggiore (1828) è direttamente legato a *Pilgerweise,* mentre il suo finale corrisponde nella colorazione armonica a *Im Frühling* (Schulze, 1826). Le corrispondenze non discendono tuttavia solo dalla liederistica. Un caso a sé possiamo dire che sia costituito dalle sonate per pianoforte, dove frequenti sono le parentele reciproche. Il caso più singolare è rappresentato dalla citata Sonata in la maggiore (1828), nella quale già abbiamo rilevato i riferimenti alla musica vocale da camera e il cui *Andantino* è preceduto (in impostazione meno inconfondibilmente schubertiana) dall'*Andante* dell'ancor acerba Sonata in mi maggiore (1815), mentre l'*Allegretto* nel tema non è altro che un ripensamento stilisticamente più coerente del corrispettivo *Allegretto quasi Andantino* della Sonata in la minore (1817). L'*Allegro* finale della Sonata in la bemolle maggiore (1817) inizia con lo stesso tratto fugace del corrispettivo nella Sonata in la maggiore (1825). Sempre per quanto concerne le sonate per pianoforte, in quella in mi maggiore (1817) le ultime tre battute dell'esposizione del primo tempo suonano simili alla coda pianistica che conclude la prima parte di *Elysium* (Schiller, 1817), mentre il tema dell'*Andante poco moto* della Sonata in la minore (1825) rivela parentele con *Himmelsfunken* (Silbert, 1819). Il Trio dello *Scherzo* della stessa Sonata in la minore anticipa nel ritmo popolaresco il corrispettivo Trio dello *Scherzo* che nel Quartetto in sol maggiore (1826) sopravvive in visione offuscata, la quale a sua volta preannuncia il disegno tematico nel pallore dell'atmosfera di *Einsamkeit* (n. 12 della *Winterreise).* Il Quartetto in la minore (1824) nell'*Andante* riprende il delizioso tema dell'*Intermezzo* che segue il terzo atto delle musiche di scena per *Rosamunda* (1823), tema che sarà riproposto in forma leggermente variata nell'*Impromptu* op. 142 n. 3 in si bemolle maggiore (1827). Dello stesso quartetto il *Minuetto* ricorda l'inizio di *Die Götter Griechenlands*, mentre uno dei temi principali del finale si ritrova nella sezione in re minore del primo tempo del *Divertissement à la hongroise.* Infine la melodia che intona la frase del titolo sull'ultimo verso della strofa di *Sei mir gegrüsst* (Rückert, 1822) costituisce il tema dell'*Andantino* della *Fantasia* in do maggiore per violino e pianoforte (1827), mentre il riscontro più noto e più celebre è costituito dal Lied *Die Forelle*, che diventa tema con variazioni nel quarto movimento del Quintetto in la maggiore per pianoforte e archi.

Di fronte a simile vasta rete di corrispondenze non è quindi possibile accontentarsi della spiegazione fornita dall'Einstein, secondo il quale Schubert «era semplicemente e forse ingenuamente convinto della bellezza di queste melodie e della loro ricchezza armonica», per cui «egli sentiva il bisogno di far durare un'idea musicale concentrata, legata intimamente al testo, di farne oggetto di svago per la sua mente e di dimostrare a che punto fosse capace di elaborarla». Due esempi perlomeno contraddicono tale interpretazione: l'*Andante con moto* del Quartetto in re minore, che sviluppa l'introduzione pianistica di *Der Tod und das Mädchen,* e il tempo lento della *Wanderer-Fantaisie*, che svolge le sue variazioni sul passaggio in do diesis minore di *Der Wanderer* al verso "Die Sonne dünkt mich hier so kalt". In ambedue i casi l'autore non ha utilizzato l'*incipit* vocale, cioè quell'elemento che più facilmente in un Lied viene ritenuto dalla memoria, bensì un aspetto complementare della composizione che non vi può essere isolato spontaneamente. In ambedue i casi quindi il musicista non si è limitato ad appropriarsi di un tema già dato, ma l'ha voluto intenzionalmente ricavare dalle pieghe di una composizione, cogliendo nel canto del viandante l'attimo musicalmente più estatico che, dall'immagine del sole spento da cui non emana più nessun calore, ricava l'emblema di una condizione dell'animo che sempre più apparirà assediata dal gelo. D'altra parte non si tratta mai di citazione messa tra virgolette, men che meno di simbolo astratto capace di usurpare nel processo compositivo la naturalezza e il carattere sorgivo dell'espressione. Anzi, il fatto è tanto più significativo quanto più difficile risulta stabilire l'esattezza delle concordanze, per svelare la maggior parte delle quali spesso non basta un primo ascolto.

In verità tali corrispondenze non sono messe in opera con il fine di determinare una corrente a senso unico nel processo compositivo, bensì emergono in seconda lettura come prospettiva di una visione del mondo in cui, prima ancora delle certezze che può acquisire, la coscienza vale per le virtualità delle proprie capacità percettive. In altre parole il senso dell'espressione schubertiana non sta nel potere definitorio di stati o di significati irreversibili (quindi come termine), bensì – come già si è visto nelle ambivalenze amore-dolore, maggiore-minore – nella messa a nudo di meccanismi interni della coscienza, di tutte le tensioni, i presentimenti, le ansie che nascono sul suo cammino (quindi come processo). Il fatto meno importante di fronte all'incrociarsi di tanto numerose concordanze tematiche è proprio quello di stabilirvi la provenienza. Infatti ancor più numerosi sono i riscontri non di melodie compiute ma di passaggi tanto esili da apparire insignificanti. Oltretutto non è un tema il giro armonico che si lascia riconoscere nella frase pianistica iniziale in *Das Zügenglöcklein* (Seidl, 1826), ma un simile tratto basta a suscitare un'operazione di memoria. E anche se non ci fosse dato di identificarne l'aggancio tematico, che nella fattispecie ricalca la frase "kindliche Schauer tief in der Brust" di *Grenzen der Menscheit* (Goethe, 1821) e forse qualche altro passaggio che ci sfugge, lo stimolo si mantiene vivo nella mente a stabilire una profondità di prospettiva; la sterminata e nel contempo fragile dimensione della psiche che Schubert per primo riuscì a riprodurre nei diagrammi di una musica che nella persistenza del ricordo ha fondato il suo principio.

Come il ritorno di tre accordi può essere capace di accendere nel petto il tremore che ci riporta all'infanzia, così la memoria del passato ("Wie anders hast du mich empfangen") in *Rückblick* (n. 8 della *Winterreise)* è sollevata da una melodia cullante, da una musica che riscopre la morbidezza di una linea nel fratto contesto del paesaggio invernale, nella cui terrea dimensione i rimandi del pensiero costituiscono l'unico dato sicuro di percezione: in tal modo la battuta pianistica che precede l'ultimo verso di *Einsamkeit* fornisce alla memoria un appiglio, mimando – e paralizzandolo in figura reiterata – un gesto già presente nell'accompagnamento del primo Lied del ciclo.

Siamo quindi alle soglie della concezione ciclica di cui ovviamente non si pretende attribuire a Schubert la paternità, ma che è senz'altro in Schubert, al di là dell'aspetto strettamente strutturale, che si carica di quei sottili significati psicologici che nell'Ottocento allargheranno le possibilità d'espressione alla sfera del subconscio. In parte è anche

Schubert a essersi mosso nella direzione di una concezione ciclica di significato motivabile con ragioni architettoniche: tali appaiono i tre tempi della Sonata in si bemolle maggiore (1828) riportabili a uno stesso nucleo tematico generatore. Ma l'idea ciclica in Schubert generalmente non si realizza a questo livello. Il tema del secondo movimento che nel Trio in mi bemolle maggiore (1827) trapassa nel quarto movimento, non esita ad apparirvi tale e quale nella voce del violoncello, trasferito cioè a un diverso contesto senza essere modificato nella sua integrità. In realtà tale rispetto dell'integrità tematica è la premessa che consente a una melodia schubertiana di trasmettere a distanza di collocazione l'intera somma di significati accumulati nel tempo.

Non a caso il principio della variazione, che Schubert da buon viennese ha continuato a tenere in degna considerazione, nella sua musica è sviluppato in direzione opposta a quella beethoveniana. Un esempio per tutti può essere costituito dall'*Andante con moto* del Quartetto in re minore: nella prima variazione il tema è custodito nel movimento in terzine del secondo violino, nella seconda variazione è integralmente esposto dal violoncello, nella terza si scompone appena nella seconda voce (soprattutto si mantiene per stravolgere il significato in una cavalcata di sogno dai colori già mahleriani), nella quarta il suo canto sale in maggiore, mentre nella quinta variazione canta ancora sulla spinta della melodia originale per giungere nella coda a essere esposto nello stesso contesto armonico e coloristico dell'inizio. Il principio della variazione nella musica schubertiana non intacca mai la base del disegno tematico, scostandosi in questa evidenza dal processo atomizzante a questo livello sempre più sviluppato da Beethoven.

In proposito esiste una significativa pietra di paragone, le variazioni che nel 1820 l'editore Diabelli commissionò a vari compositori viennesi su un proprio valzer: significativa soprattutto per Beethoven, il quale con le trentatrè celebri variazioni dell'op. 120 realizzò la più audace impresa del tempo, sottoponendo la sostanza tematica data a un processo nucleare che dimostrava capacità dl provocare e dominare nel contempo le forze dell'infinitesimale. Schubert – presente nella raccolta di Diabelli accanto a Hummel, Moscheles, Stadler, Assmayer, Bocklet, Dietrichstein, Mosel, Anselm Hüttenbrenner, il figlio di Mozart, il giovanissimo Liszt e altri – come tutti si limitò all'incarico di scrivere una sola variazione. Orbene, il compositore vi delinea sì qualcosa che non ha più niente a che vedere con lo spunto bonario di Diabelli, ma che nemmeno lo nega come fa Beethoven, il quale lo riduce ai minimi termini morfologici per ricomporlo trentatré volte in trentatré guise diverse. Schubert muta la tonalità da maggiore a minore, toglie la leziosità dell'acciaccatura d'inizio per distendere la melodia, amplifica la modulazione nella seconda parte della frase, trasformata secondo il suo uso nel centro focale della pagina. Eppure, nonostante un tale intervento individualizzato, dobbiamo riconoscere che il tema di Diabelli sopravvive nella sua dimensione, nella sua articolazione, nel suo carattere di fondo. Semplicemente la mutazione interviene dall'esterno, con effetto di straniamento: la regola schubertiana vuole che l'immagine rimanga la stessa, ma che muti il contesto (la luce, la prospettiva, le proporzioni) alla ricerca di una verità che non risiede solo nell'individuo (nel suo potere di creare dal nulla), ma nelle cose stesse, in ciò che è già creato, in ciò che è altrui e ci può appartenere e in ciò che è nostro e che più non possediamo. Rimanendo l'immagine la stessa e mutando il contesto, i significati che si sprigionano dalla relazione non possono essere solo quelli inerenti la struttura della materia musicale (a questo livello perfettamente inerte), ma sono soprattutto quelli che sorgono dal rapporto con il punto d'osservazione, un rapporto di natura mentale e psicologica che nel Lied viene attuato dalla bipolarità voce-pianoforte.

Il Lied schubertiano non è solo un fatto vocale: la decisiva svolta impressa al genere (elevato dai Romantici a filone parallelo a quello del quartetto, della sonata, della sinfonia) è avvenuta appunto nel momento in cui Schubert emancipò il pianoforte dal ruolo di semplice accompagnamento. Anche se nei suoi Lieder esso svolge ancora una funzione di sostegno alla melodia vocale, il pianoforte è soprattutto altro: esso rappresenta un discorso condotto secondo principî autonomi, che a ogni battuta instaura con la voce una relazione il cui significato oltrepassa il livello della mera illustrazione musicale del testo poetico. Nel Lied schubertiano non solo la parte pianistica sola non sarebbe bastante a riprodurre l'idea della composizione, ma la parte vocale stessa suonerebbe inerme senza l'accompagnamento.

Ma c'è di più: il pianoforte schubertiano è personaggio, è il *Doppelgänger* del personaggio-voce, un *alter ego* che con la sua presenza costringe il canto a specchiarsi nella realtà della memoria, in ciò che fu o che potrebbe essere. Schubert intende veramente il pianoforte come personaggio, e per capirlo non è nemmeno necessario riandare al Lied giovanile *Laura am Klavier* (Schiller, 1816), dove indiscutibilmente egli è protagonista riservandosi largo spazio all'inizio e alla fine della composizione con una frase di dodici battute che non si confonde con la voce, ma che vi fa da contrappunto come eco di melodia che si diffonde da una tastiera accarezzata da mano virginale. Ma, anche quando non è una citazione come in questo caso, spesso l'introduzione pianistica non anticipa l'intonazione del canto, ma mette in moto il discorso del ricordo: è sempre al pianoforte che è affidato il compito di riportare all'ascolto il suono di qualcosa di già udito, sia esso lo stupore della fanciullezza che si esprime nella già citata frase armonica che ritroviamo all'inizio di *Frühlingsglaube* (Uhland, 1822) o nella ninna nanna di *Schlaflied* (Mayrhofer, 1817), sia esso il presagio di tragedia che sale dai cupi rintocchi della mano sinistra dell'accompagnamento di *Der Zwerg* (Collin, 1823).

Il disvelamento del meccanismo della memoria sarebbe addirittura impensabile in Schubert senza l'aiuto del pianoforte, senza l'ineffabile suono di uno strumento che nelle mani dei virtuosi suoi contemporanei celebrava la supremazia sul vecchio clavicembalo, ma che soprattutto allora apriva la coscienza musicale sull'orizzonte di un mondo sonoro dai confini illimitati. Nel 1816 il compositore mette in musica *An mein Clavier* di Schubart: "Sanftes Clavier, welche Entzückungen schaffest du mir!" recita il primo verso, rendendo conto di come il suono soave ed esile dello strumento (allora ancora più esile) nel semplice risuonare fosse percepito come veicolo di incanti, di rapimenti, di una magia sonora che sarà ancor più apprezzata in Chopin e in Schumann, ma che in Schubert per la prima volta ferma l'ascolto nell'attonito assaporamento di vibrazioni ai confini del silenzio. Lo strumento che ad altri serviva a plasmare in più massiccia corposità il suono di melodie predilette, svela a Schubert la faccia nascosta della medaglia, la sua capacità di significare un discorso attraverso il sottinteso, l'inespresso, l'incompiuto. È stato da molti sostenuto che l'importanza assunta in Schubert dal pianoforte rispetto ai liederisti suoi predecessori è da riferire alla lezione strumentale del Classicismo viennese da cui egli dipenderebbe. In realtà egli riflette quella tradizione per il semplice fatto di averla frequentata; per il resto, soprattutto nel linguaggio pianistico, la oltrepassa. Ciò avviene nel Lied più che nelle sonate, dove effettivamente Schubert rispetta le ragioni costruttive del modello, anche se poi nel primo tempo di una sonata come quella in la maggiore (1828) lo sviluppo, anziché porre a contrasto i due temi principali, è quasi esclusivamente occupato da una fugace idea che compare nella coda come variante del secondo tema. Nel Lied il pianoforte scopre il suo potere segreto aderendo al senso indicato dal testo poetico e paradossalmente nell'incapacità di fornirne adeguata illustrazione. Molte volte è una voce di natura ciò a cui il testo allude e che il pianoforte cerca di far rivivere in un gesto. Ma la terzina tremolata di *Frühlingstraum* (della *Winterreise*) ben poco ricorda del canto del gallo, né Schubert ha preteso di troppo piegarla al compito descrittivo: certamente è un'apparizione sonora, più simile al suono di un ghiacciolo che si sgretola, metafora di un mondo popolato di corrispondenze. Il canto della quaglia che contrappunta l'intero Lied *Der Wachtelschlag* (Sauter, 1822) è lo stesso che compariva nella "Pastorale" di Beethoven; sennonché, nel bianco e nero del suono pianistico, l'ossessiva nota ribattuta non preserva più l'odoroso respiro della natura ma diventa un segnale, un essenziale punto di riferimento acustico in uno spazio disabitato dov'esso è chiamato a indicare una flebile traccia di vita (la stessa formula è riproposta nell'*Adagio* del Quintetto in do maggiore dal primo violino nei cui acuti, accompagnati dal desolato e lento intreccio degli altri strumenti, il segnale diventa grido).

C'è da chiedersi a questo punto se Schubert sarebbe approdato a simili significati avendo a disposizione mezzi descrittivi più attendibili. Se in *Trost* (Mayrhofer, 1819) e in *Die böse Farbe* (da *Die schöne Müllerin*) gli "Hörnerklänge" fossero suoni reali di corni, noi avremmo l'illusione di una perfetta evocazione, non già la metafora di un mondo dove il significato di un'apparizione sonora ha il potere di innestare il registro di una realtà trasfigurata. Realtà del ricordo, realtà della reminiscenza come in Mahler, di cui Schubert anticipa i simboli: valga per tutti lo squillo del corno di postiglione che apre il primo Lied del secondo quaderno di *Winterreise,* il cui gesto già svetta sospinto da beffarda allegria. Ma, anche se non esistessero riscontri così precisi, Mahler sarebbe ugualmente debitore nei confronti di Schubert da cui derivò il sentimento della coscienza ferita, incapace di distinguere fra la realtà e il fantasma del reale. Basterà guardare, per rendersene conto, all'esemplarità di *An den Mond* (Schreiber, 1818), dove il pianoforte corre parallelo al canto con una melodia che vi si intreccia a mo' di risposta: l'equilibrio dei rimandi è perfetto, sennonché l'inciso della risposta pianistica riprende la domanda deformandola nel disegno melodico, cosicché le due parti scorrono sì parallele ma scisse in significati divergenti (l'una voce reale, l'altra come eco lunare proveniente da un mondo stellare). E, per coloro che non sapessero leggere tra le righe, Schubert ha provveduto a esplicitare la funzione del pianoforte in un'altra delle sue dichiarazioni d'estetica: *Das Echo* è il titolo di una poesia di Castelli che egli musicò nel 1826 e che vede lo strumento fermarsi sul tempo a rispondere in pianissimo a se stesso; il tempo che Schubert, in una poesia scritta a sedici anni (*Die Zeit*) già aveva percepito come ritmo del silenzio ("Null'altro che un soffio, il soffio è il tempo") e come battito di un suono già ascoltato ("Null'altro che un'eco, l'eco è il tempo").

Sommessa ribellione

La dimensione della musica schubertiana è quella di un pozzo senza fondo, in cui colui che vi si specchia si confonde con la propria immagine riflessa, dove la figura si dissolve in ombra trasparente, dove l'emozione trascolora nell'assenza. È la dimensione di una bivalenza rapportabile alla stessa esistenza del musicista, documentata quasi giorno per giorno dai diari dell'amicizia raccolti da Otto Erich Deutsch, eppure esistenza che, nell'inadeguatezza dell'immagine di Schubert (che fornisce in più di un aspetto) lascia supporre una vicenda umana sfuggita all'attenzione dei testimoni o coperta dal loro riserbo. Come è possibile credere ancora alla leggenda del musicista ingenuo, incolto, trascinato nel vortice della musica da un istinto che non lasciava spazio alla riflessione, quando i risultati della sua ispirazione toccarono altezze che nella storia della cultura hanno lasciato un segno indelebile? Perlomeno la leggenda dello Schubert candido e mite può già essere ridimensionata da un'indagine più attenta alla sua presenza nella vita viennese del tempo, una vita soffocata nel clima paternalistico e poliziesco della Restaurazione metternichiana.

Un giorno del marzo del 1820 Schubert con altri amici si trovava in casa di un ex compagno di convitto, Johann Senn, quando la polizia irruppe per una perquisizione e per arrestare il Senn, giovane poeta tirolese il cui atteggiamento sovversivo sette anni prima aveva causato il suo allontanamento dall'istituto. Quale motivo teneva legato il compositore a questa cerchia? Quale motivo poteva avere Schubert, il quale di proprio pugno non lasciò nemmeno una riga di giudizio sulla situazione politica del tempo, nel mettere in musica due anni dopo due testi del poeta proscritto (*Selige Welt* e *Schwanengesang*)*?* È merito di Brigitte Massin e Harry Goldschmidt l'avere esaminato i rapporti del compositore con gli ambienti intellettuali liberali di Vienna. Nel 1816 Schubert compose la cantata *Prometheus* per l'onomastico del professore universitario Heinrich Joseph Watteroth, che dall'alto della sua cattedra professava apertamente opinioni liberali. Appena un anno dopo il Congresso di Vienna il compositore dirigeva quindi in pubblico la sua cantata, dove il coro conclusivo, intonato dagli stessi studenti dell'università, esaltava la vittoria finale della libertà dello spirito. Nel 1819, l'anno in cui Metternich promulga i decreti repressivi di Carslbad, Schubert ripropone il tema del titano incatenato mettendo in musica *Prometheus* di Goethe. Nel 1820, le autorità proibiscono a Vincentius Weintritt (la cui casa era da poco frequentata anche da Schubert) di continuare l'insegnamento della teologia. Lo stesso anno il musicista inizia la composizione dell'oratorio *Lazarus* su testo di August Hermann Niemeyer, teologo sassone già sospetto alle autorità prussiane e a maggior ragione alla polizia austriaca. Tale retroscena – la scarsa probabilità del testo di passare tra le maglie della censura – spiega il motivo per cui l'opera rimase incompiuta. Censura che invece colpì il testo della *Deutsche Messe,* come abbiamo visto, e che filtrò sistematicamente le parole di ogni suo Lied dato alle stampe, fino al punto da giungere oltre ogni misura, nella pretesa di tutelare l'interesse dell'ascoltatore di fronte al pericolo di troppo scomposte sollecitazioni, a mutare "Lust" in "Gluck" in un passaggio del quartetto vocale *Frühlingslied* ("Wer fühlt, ihm ist Lust beschieden, weil Eros' süsser Ruf ertönt"). Le probabili reazioni di Schubert parlano per bocca dell'amico Bauerneld, una cui pagina di diario del novembre 1826 reca scritto: «Quando il diavolo verrà finalmente a portarsi via questa maledetta censura?»; mentre il modo in cui tale piaga infierì sui destini della cerchia schubertiana è illustrato dal tragico epilogo della vicenda di Mayrhofer, incatenatosi con le sue stesse mani nel 1820 quando fu costretto a esercitare l'aborrita professione di censore, sicuramente non estranea, come ulteriore fattore di conflitto in una mente già instabile e appassionatamente anelante alla libertà, ai motivi del suicidio avvenuto nel 1836. Soprattutto dalle composizioni religiose rileviamo l'atteggiamento di insubordinazione di un compositore il quale, nel "Credo" di ognuna delle sue messe latine, omise la frase "Et unam, sanctam, catholicam et apostolicam ecclesiam", con una frequenza troppo sistematica per non lasciar supporre un atteggiamento deliberato, d'altra parte coerente con le idee anticlericali maturate già al tempo del convitto e chiarite nel sodalizio intellettuale con il fratello maggiore Ignaz, libero pensatore professo. Frieder Reininghaus ha ipotizzato in questo atteggiamento una velata e individuale resistenza al padre bigotto e, ciò che è più significativo, una tendenza al rifiuto della condizione di maestro di scuola a cui fu inizialmente destinato, condizione che associava lo statuto di insegnante a quello di compositore di chiesa secondo un'identità tipica della situazione austriaca. In tal caso il suo tentativo di emancipazione da tale stadio di integrazione sociale non poteva avvenire senza indurlo a distanziarsi nel contempo dalle proclamazioni di ortodossia. Non sfugge inoltre il fatto che la quantità maggiore di composizioni religiose si concentra nel periodo della formazione e del suo impiego quale docente ausiliario presso la scuola del padre. Successivamente l'impegno schubertiano in questo campo scemò considerevolmente, segnando un'evidente dissociazione dalla Chiesa in un processo di secolarizzazione della propria concezione del mondo sempre più marcato e definitivo, se consideriamo altresì che durante la grave malattia che lo portò alla morte non volle preti intorno, tanto da spegnersi senza aver ricevuto i santi sacramenti. E probabilmente altrettanto vale, come dichiarazione di autonomia nei confronti dell'istituzione ecclesiastica, il pomposo corale che in *Das grosse Halleluja* (Klopstock, 1816) è percorso dall'insistente figura contrappuntistica, desunta da arcaiche liturgie ufficiali per essere riproposta ai limiti della deformazione ironica, quasi e addirittura nel modo che ci sarà reso familiare dai caustici "corali" di Kurt Weill. Leggendo tra le righe della sua vita, allo stesso modo in cui penetrando tra le righe della sua musica è possibile accedere a una verità nascosta, l'immagine di Schubert che si configura è quella di una personalità responsabile di fronte alla propria epoca, una personalità che, se proprio non scese in campo a fronteggiare direttamente l'ideologia e le istituzioni impegnate a spegnere ogni idea e ogni sentore di progresso, perlomeno non poté rimanere indifferente a quelle forze che già guardavano al riscatto degli anni a venire.

In verità le tracce che consentono di identificare nella sua esistenza l'aspetto del dissenso verso l'ordine politico-religioso che regnava ai suoi tempi, mostrano anche com'esso si manifestasse piuttosto nella tendenza all'esoterismo. Per quale motivo infatti, durante il viaggio a Salisburgo del 1825, Schubert si sarebbe dovuto fermare davanti alla casa di Paracelso, figura storica le cui qualità non erano certo fatte per piacere all'ortodossia cattolica imperiale? Il discorso da questo punto di vista è complesso e rischioso e, anche se è stato tentato in modo convincente da Jacques Chailley, rimane confinato nell'aureola delle supposizioni. Sta di fatto che la maggior parte delle invettive contro la Chiesa che compaiono nelle sue lettere datano del luglio 1825, poco tempo dopo quindi la promulgazione dell'enciclica di Leone XII contro la massoneria. Se poi poniamo mente all'intervento di Schubert nell'ordine dei poemi che compongono il secondo quaderno della *Winterreise,* ponendo *Die Nebensonnen* alla fine del ciclo di Wilhelm Müller, non è difficile annettere all'immagine dei tre soli il significato allegorico dei tre punti della dottrina massonica. In tal caso il viaggio del protagonista non sarebbe solo più quello di un destino individuale, ma il simbolo del corso della vita verso la morte redentrice: l'immagine dell'uomo dipinta nel cielo in *Der stürmische Morgen* rifletterebbe la dottrina del rapporto dell'uomo-microcosmo con la creazione, *Der Wegweiser* indicherebbe la direzione della via dei dogmi ammessi che il poeta scarta per percorrere "sentieri segreti", il bastone del viandante menzionato in *Das Wirtshaus* ricorderebbe il senso che esso deteneva nei rituali d'iniziazione massonica del Settecento, mentre *Muth* rappresenterebbe l'altro essenziale elemento iniziatico, il coraggio.

Oltre ai significati di per sé già sfuggenti che abbiamo esaminato, il *Viaggio d'inverno* assumerebbe quindi un senso anche a livello di simboli? Lo si può credere, pure se non esiste nessuna prova diretta dell'appartenenza di Schubert alla massoneria; prova d'altronde impensabile, considerando la condizione di totale clandestinità a cui il movimento era condannato allora dalle severe leggi dell'amministrazione metternichiana.

Senza affrontare ipotesi audaci e non direttamente verificabili, la motivazione schubertiana a rompere la cortina di conformismo imposta dalle strette maglie del potere metternichiano può essere colta proprio là dove meno la si attenderebbe, nella musica strumentale. A ragione Schubert è considerato autentico prodotto della civiltà viennese, degno di integrare la triade di Haydn, Mozart e Beethoven nel momento in cui la loro eredità stava per essere trasmessa alla generazione romantica. La sua posizione, data la distanza cronologica dei modelli, è tuttavia già critica. Lo dimostrano i due versanti della sua produzione sinfonica e quartettistica nettamente distinti in un ampio gruppo di composizioni di spontaneo respiro viennese (le prime sei sinfonie in particolare, in grado di prolungare la levità mozartiana e la chiarezza di disegno di stampo haydniano) anteriori al 1820 e separate di quasi un decennio dal traguardo della grande Sinfonia in do maggiore (1828) la quale, preceduta dall'"Incompiuta" (1822), dai tre ultimi quartetti e insieme con le tarde sonate, testimonia uno slancio fondato su una coscienza volontaristica che ha indotto Charles Rosen a individuare in Schubert un aspetto addirittura «classicizzante». Sennonché non è solo in senso restaurativo che dev'essere letto il processo ben chiaro nella mente di un compositore il quale già alcuni anni prima aveva confidato a Kupelwieser l'impegno a prepararsi la strada «verso la grande sinfonia» e che, nelle tre settimane precedenti la morte, già profondamente provato nel fisico, trovò la forza sufficiente per recarsi da Sechter a concordare i termini di un corso di perfezionamento nel contrappunto a cui, a tale scopo, aveva deciso di sottomettersi. È invece guardando avanti che il musicista affrontava la ricerca di un proprio ruolo nell'ambito della tradizione strumentale, ispirandosi a Beethoven, la cui statura artistica lo intimidiva certo («chi può ancora produrre qualcosa dopo Beethoven» aveva confidato a von Spaun fin dai primi anni) ma che non gli impediva (come ebbe a scrivere nel 1823 in una lettera a Leopold von Sonnleithner) di aspirare «a inventare nuove forme» e di obbedire all'appello «di andare avanti con determinazione».

In particolare Beethoven rimaneva in quest'ambito l'unico esempio di musica chiamata a testimoniare la sua irriducibilità alla meschinità dell'epoca, attraverso una monumentalità che Schubert arrivò a far propria non come gesto astratto bensì, come Goldschmidt ha opportunamente intravisto al di là dell'atteggiamento di eroica retorica, come intenzione di «descrivere il tempo del vigore e dell'azione» in un momento storico-politico straordinariamente soffocante. Se la musica strumentale per Beethoven era giunta a far proprio un messaggio d'azione grazie allo scatenamento di forze dialettiche espanse in grandi forme di dimensione emblematica, implicitamente chiamate a rispondere all'angustia dell'orizzonte intellettuale riservato ai viennesi («fintantoché all'Austriaco non verranno a mancare birra e salsicce, egli non si rivolterà», così li aveva fulminati il musicista rimasto tedesco fino al midollo), Schubert sentì la necessità di ritrovarvi i meccanismi dell'appello alla riscossa da opporre alla deprimente visione della «vita indolente, che caratterizza il nostro tempo» (com'ebbe a scrivere a Schober il 21 settembre 1824) e che rivela un artista chiaramente conscio dell'importanza della posta in gioco nell'ammorbata condizione spirituale prodotta dai regimi della Restaurazione. Sullo sfondo di tale situazione è evidente che il senso delle sue applicazioni strumentali assume un aspetto ben diverso da quello che appare in superficie. Innanzitutto l'idea di uno Schubert spontaneamente traboccante attraverso forme ereditate e annesse alla sua esperienza in forza della consuetudine, della sua totale ed esclusiva assimilazione al contesto viennese, va relativizzata. Goldschmidt ha acutamente attirato l'attenzione sulla polarizzazione sistematica del suo corso compositivo, che a ogni stazione opporrebbe momenti di sofferta e nascosta introspezione ai momenti di riaffermazione volontaristica, a partire dalla contemporaneità tra l'"Incompiuta" e la *Wanderer-Fantaisie* del 1823, all'inconsolabilità della *Winterreise* opposta ai ritrovati accenti eroici del Trio in mi bemolle maggiore nel 1827, per non parlare dell'angoscia inondante gli *Heine-Lieder* dell'anno successivo a cui si contrappone, in solenne, eretta postura, la grande Sinfonia in do maggiore. In simile ordinato procedere dialettico verrebbe quasi da pensare a una programmaticità:

> È significativo il fatto che, con eccezioni quali l'"Incompiuta" (che comunque mette in mostra anche tratti battaglieri), rassegnazione e

> dolore siano riservati soprattutto ai Lieder, mentre per la rappresentazione della militanza per il raggiungimento di valori consapevolmente accertati Schubert abbia preferito la composizione strumentale (Goldschmidt).

È evidente come, alla luce della situazione creata dal regime metternichiano, che permetteva la protesta solo sotto forma di espressione di un *Weltschmerz* genericamente configurato e che non mancava mai di intervenire implacabilmente con le armi della censura sulla parola cantata, tale quadro di riferimento si carichi di diversi sensi supposti. L'opera liederistica di Schubert potrebbe allora venir considerata come il prodotto di una doppia costrizione, del sentimento di un'umanità prostrata non solo per l'espressione della tragedia di una coscienza posta di fronte all'impossibilità di trovare consolazione nei vaghi sprazzi di luce consentiti dalla visione cosmica del dolore, ma anche per la libertà negata alla parola cantata di manifestare il dissenso da una condizione politica imposta, impegnata a reprimere ogni slancio o esclamazione di riscatto che non fossero quelli che in forma di messaggio criptico solo alla musica strumentale erano permessi. Proprio il fatto che Schubert abbia abbondantemente coltivato, accanto alla regolare produzione liederistica, la musica strumentale agli ambiziosi livelli conseguiti da Beethoven, dovrebbe dimostrare la portata della sua azione come impegno civile assicurato in una congiuntura di totalitario conculcamento di libertà.

Qui i confini interpretativi sono ovviamente assai labili. Stando a Renato Di Benedetto:

> [...] nell'abbandono della logica rettilinea e drammaticamente attiva della sonata classica, nei percorsi lenti ed elusivi della musica schubertiana pare a noi di poter scorgere un'affinità sostanziale con la *Reue der Tat,* con la riluttanza all'azione che impronta di sé tutta la cultura austriaca dell'Ottocento.

Schubert fu però il primo a biasimare il «tatenlose Leben welches unsere Zeit bezeichnet», a non arrendersi alla rassegnazione e alla rinuncia a cui pure diede espressione, ma in termini tanto ineffabili da implicare insieme il loro contrario. A fugare ogni dubbio vi è poi quello straordinario documento rappresentato dal poema *Klage an das Volk* accompagnante la già citata disperata lettera a Schober del 1824, un vero e proprio proclama al popolo in forma di lamento nel quale, dopo la vana invocazione («O giovinezza del nostro tempo, tu sei partita!»), lo sguardo sgomento alla prostrazione del presente («La forza di un popolo innumerevole e sprecata, non *uno* che si distingua dalla massa e tutti quanti sfilano, insignificanti»), il compatimento della propria impotenza («poiché inattiva, quest'epoca mi annulla; [quest'epoca] che mi impedisce di compiere grandi cose»), la lucida comprensione della condizione umana imposta dall'ordine politico calato sull'Europa dopo il Congresso di Vienna («Nell'epoca delle infermità, il popolo striscia. Le imprese della sua giovinezza le immagina come sogni»), la scintilla del riscatto illumina proprio l'esperienza creatrice, la sola che, in virtù del proprio potere trascendente, possa sfuggire ai vincoli dell'oppressione contingente senza tradire lo slancio vitale dell'epoca («A te sola, o arte sacra, è ancora concesso di descrivere con le tue immagini il tempo del vigore e dell'azione, per lenire un poco il grande dolore, che per sempre ci rende nemico il destino»). D'altronde è lo stesso Di Benedetto a riconoscere come, nel suo apparire profondamente viennese, nella preservazione del senso di un ordine delle cose fermato nel tempo, lo sia «in quel modo ambivalente che s'è detto, poiché la sua stessa adesione a quella statica rivela in lui la coscienza di quanto profondamente, irrimediabilmente lese ne siano le fondamenta».

In tal modo è consentito a Goldschmidt di leggere il finale della Sinfonia in do maggiore in termini di «Massenjubel», una monumentalità che innegabilmente rimanda alla capacità della musica beethoveniana di lanciare l'appello alle moltitudini invitate a manifestare l'umanità che passa attraverso la fede nella crescita spirituale e nel progresso della società. Dopo Beethoven la musica strumentale portava anche questa eredità di cui Schubert non rinunciò a farsi carico. L'affacciarsi nel secondo tempo della Sinfonia in do maggiore di un accenno al tema sacrale e solenne intonato dai corni in apertura instaura un rapporto ciclico sottolineante la dilatazione e la pretesa onnicomprensiva, la quale trova conferma in un impianto orchestrale che, poggiando sulla profetica ieraticità della possente sezione di ottoni, tiene aperto il discorso a una componente fideistica fortemente intrisa di slancio religioso. Vi si delinea addirittura la solenne prefigurazione bruckneriana che, al di là del clamore affermativo delle scansioni dell'ultimo movimento, emerge nell'ingenuo tema di danza contadinesca unendosi nel Trio dello *Scherzo* all'oscuro ritmo segnato da corni e tromboni per dar luogo al singolare connubio di sacro e paesano, in una prospettiva che già dimostra l'ineluttabilità del legame tra essenzialità dell'umile livello d'espressione e altezza dell'enunciazione di valori assoluti.

Sospeso rapporto con la realtà

Le sinfonie schubertiane rappresentano il luogo in cui il compositore osa il contatto diretto col pubblico; il fatto che, lui vivente, non siano approdate in alcuna sala di concerto e che siano rimaste confinate in un cassetto non muta i termini della questione. Se persino all'interno della lirica da camera schubertiana è possibile, secondo il Dahlhaus, distinguere tra ballata (racconto cantato) implicante il pubblico quale componente essenziale e Lied vero e proprio che lo implica in quanto accidentale, a maggior ragione il valore proclamatorio della sinfonia è assecondato dal musicista in una formulazione profilata come messaggio a valenza epica che, senza rinunciare alla provocazione lirica della sua espressione, la incanala in struttura predisposta a riprodurre il senso di una musica d'azione. Proprio la sinfonia rimasta allo stato di torso, secondo alcuni per impossibilità di adeguarsi all'articolazione su piani dialettici, dimostra la profondità di senso drammatico e l'affinamento di un'inconfondibile tecnica dei contrasti messa in atto da Schubert in termini di "spettacolo" per l'ascoltatore. Anzi proprio l'"Incompiuta", con il marchio lirico dei suoi temi, fornisce l'esempio di come la soluzione al problema dell'integrazione del momento lirico-contemplativo nella forma sinfonica sia ravvisata nella lezione di Beethoven, di prevalenza del processo di elaborazione tematica, in un certo senso proprio per il fatto che lo sviluppo non è già ricavato dai temi principali bensì da elementi a prima vista marginali (come quello che appare nei registri bassi in apertura del primo movimento), promossi a un trattamento che con ciò non si lascia ostacolare dall'ingombro costituito dal peso specifico "soggettivo" dei temi maggiori. Sennonché tutto ciò non può nascondere una simulazione: la fierezza del gesto è beethoveniana, ciò che gli sta dietro non più. La dialettica, cioè il mezzo per trasformare un messaggio a valenza individuale in esemplarità di senso collettivo, è apparente: «la sua logica non procede né per sintesi di opposti né secondo un rettilineo processo deduttivo, bensì per giustapposizione di episodi tra loro collegati da associazioni, affinità, reminiscenze; il suo divenire si attua mediante progressive espansioni d'un nucleo generatore, al quale il tracciato melodico-armonico periodicamente ritorna: un divenire quindi che finisce col tradursi in staticità» (Di Benedetto). È ovvio che la premessa di tale nucleo formale sia da ricercare fuori dell'ambito strumentale, nei Lieder dove secondo il Rosen «l'idea classica di contrasto e di risoluzione drammatica viene superata completamente» e dove prevale l'effetto «cumulativo piuttosto che sintattico», effetto capace di produrre esiti di libertà conturbante con inevitabili contraccolpi sul pubblico: «Il Sig. Franz Schubert non scrive Lieder veri e propri né vuole scriverli [...], bensì liberi canti, talvolta tanto liberi che si possono tutt'al più chiamare capricci o fantasie», scriveva l'«Allgemeine musikalische Zeitung» del 1824.

Più che il principio dello sviluppo è quello della variazione degli elementi costitutivi a guidare la forma-sonata schubertiana nell'*iter* che celebra il suo momento più provocatorio nella *Wanderer-Fantaisie,* provocatorio proprio nel senso di sfida alla società, in quanto «negazione del momento storico presente» (Piero Rattalino), nella rinuncia a tener conto della necessità d'adeguamento alla prassi pianistica, nella libertà dei rapporti tonali e nella contaminazione tra sonata e fantasia:

> E anche il significato della variazione, in Schubert, si riferisce a una realtà vista in negativo; a un mondo, quello del *Biedermeier,* che della variazione si è servito e si serve per ottenere un massimo di comunicazione sociale di contenuti banali, Schubert dimostra che la variazione può significare la perdita della dialettica e quindi di una effettiva socialità (Rattalino).

Non c'è aspetto di Schubert, come si vede, che non possa essere riportato alla condizione del tempo, a un vissuto in cui il compositore si mimetizza vestendo panni apparentemente alla moda, che a occhio attento rivelano tuttavia il loro carattere di maschera, sia esso la limitatezza d'orizzonte spirituale assimilabile all'estetica *Biedermeier* (dove il rinchiudersi in un piccolo mondo di piccole cose è in realtà per Schubert espressione di una congiuntura negante agli individui persino la speranza e dove la preservazione della soggettività al riparo da tentazioni divaganti veniva a significare resistenza alle costrizioni del potere), sia esso il gesto drammatico conclamato in opere di più estroversa progettualità ma incapaci di assumere fino in fondo il ruolo profetico, che si rovescia invece in mormorante preannuncio di mortiferi destini.

In quest'ultimo aspetto, è già stato detto, il riferimento è a Beethoven, a un Beethoven vanificato attraverso l'uso delle sue stesse risorse espressive e dei suoi stessi meccanismi di costruzione linguistica. Nella sonata e nella sinfonia Schubert simula il procedere beethoveniano, ma non ne riproduce l'umanistico slancio risolutore delle contraddizioni. Proprio constatando come negli ultimi quartetti di Beethoven la frammentarietà si manifesti nell'architettura, certamente non nell'espressione, Frank Wolff ha rivelato il grado dove in Schubert avviene lo scarto, nell'espressione appunto:

> Io penso che Schubert abbia avuto un contatto molto stretto con ciò che riguarda il consumarsi della musica, proprio il suo essere peritura: un dibattersi che è segno di vitalità ma che contemporaneamente è anche un congedo e che soprattutto cova in se stesso il senso della morte (in «Musik-Konzepte», Sonderband 1979).

In quest'ordine d'idee più esatta che mai si conferma la considerazione di Rattalino sull'intimità, che «era per Beethoven la tensione prometeica rivolta verso l'io», mentre «è dissociazione psichica» per Schubert, in cui «il tempo della musica non simbolizza il tempo della coscienza: è un tempo onirico, nel quale l'attimo si dilata e si riempie di un'infinità di contenuti psicologici senza condurre alla catarsi». In nome di tali implicazioni, in modo poco avveduto qualcuno (Susan Wollenberg, *Schubert and the Dream)* si è posto alla ricerca di un vocabolario del sogno nella sua musica strumentale, partendo dal provato rispecchiamento di molte situazioni liederistiche nello strumentale e dal fatto che negli stessi Lieder frequenti e caratteristiche sono le situazioni di sogno. Al di là di una specifica tipologia, stilisticamente tutt'altro che distintamente profilata (in cui si pretenderebbe di riconoscere la deliberata rappresentazione dello stato onirico nel prevalere di una concezione frammentaria, di disarticolazione dei nessi linguistici ecc.), in realtà lo stato visionario non fa condizione a sé nell'immaginario schubertiano, bensì ne è parte integrante per non dire costitutiva, al punto da rinunciare a farsi riconoscere come contrassegno per determinarvi le regole generali della comunicazione. L'eliminazione del rapporto privilegiato di tonica-dominante nel processo armonico vale appunto come tendenza a spostare il discorso da un piano in cui quella relazione svolgeva funzione di chiave di volta in difesa di un ordine razionale che consentiva di raggiungere i gradi tonali più lontani secondo concordata gradualità, a un piano in cui gli stessi limiti possono essere raggiunti e superati senza mediazione. Ciò avviene in una configurazione che, abolendo la gerarchia dei nessi, in ogni composizione schubertiana mette a nudo la crucialità dei meccanismi di raccordo (della modulazione) al punto da farli prevalere sugli obiettivi stessi a cui dovrebbero essere subordinati, facendo apparire la sua musica come il diagramma di un'energia psichica non ancora sfruttata in redditizie operazioni di dominio della materia ma lasciata libera di simulare in ogni momento un sospeso stato di sganciamento dal reale.

Contro tale evidenza sempre si sono scontrati, e sempre si scontreranno, i tentativi purtroppo frequenti d'analisi formalistica della sua opera, sia quelli impegnati a rivendicarne la sua stretta appartenenza all'area classico-viennese, sia quelli miranti a sottolinearne la portata evoluzionistica (tale la macchinosa trattazione di James Webster sulla capacità della forma-sonata schubertiana di fondare il modello che sarebbe stato seguito da Brahms). Troppo forte in Schubert è il rifiuto dell'univocità per consentire approcci di questo tipo, richiedenti sostanza più che apparenza, certezze più che ambiguità. Questo è anche il motivo per cui, pur avendo egli alimentato e non di poco la civiltà romantica, non ebbe successori che potessero richiamarsi a lui come continuatori lineari di un'esperienza che era esperienza della fine di una parabola più che di un principio. Ne fa testo l'"Incompiuta", ritrovata presso Anselm Hüttenbrenner da Johann Herbeck il quale la presentò per la prima volta a Vienna il 17 dicembre 1865, più di quarant'anni dopo la sua creazione, quando già erano apparse le sinfonie di Schumann e di Mendelssohn, la *Symphonie fantastique* di Berlioz, i poemi sinfonici di Liszt e persino il *Tristano* di Wagner. Una composizione tanto sconvolgente non fu quindi d'esempio a nessuno di tutti questi musicisti, la cui concezione sinfonica partiva da altre premesse. Occorrerà attendere Mahler, sei-sette decenni dopo, per tracciare un filo storico possibile tra due momenti cruciali:

> E Mahler era affascinato da quell'impianto sinfonico sciolto più del normale, dal problema della direzione dei temi singoli, indipendentemente dal loro astratto peso specifico, dal dolore di un tutto che non pretende di porsi in salvo grazie appunto alla sua completezza. Da questo punto di vista si può forse sapere perché il più grandioso schizzo sinfonico di Schubert sia rimasto incompiuto, questo primo pezzo di musica interamente organico, depurato dalle "vérités éternelles" razionalistiche (Adorno).

Ma il parallelo diventa allora possibile solo tra due monumenti tombali della sinfonia, tra opere che nel sentore della fine già si pongono fuori dello spazio e del tempo, che lasciano individuare la loro configurazione formale come accettazione di un quadro di riferimento che non richiede più di essere evidenziato come complesso risolutore di ogni tensione e aspirazione, ma in cui ci si immette come in un percorso qualsiasi, itinerario che in sé non conta nulla, se non per il fatto appunto di essere luogo di passaggio di un'esperienza che non si confronta con la forma per piegarla demiurgicamente a propri affermati principî ma che se ne dissocia nel momento stesso di porvisi al riparo.

Charles Rosen non ha mancato di riscontrare il carattere di vuoto guscio dei modelli riattivati da Schubert nel momento della necessità di erigere grandi forme, trattate «come degli stampi, quasi senza alcun riferimento al materiale che egli vi versava dentro». In verità le sue prime sonate e sinfonie si reggono senza dar segni di stanchezza non perché il compositore le avesse elette a campo d'azione su cui intervenire con l'irruenza della dialettica delle idee, bensì in quanto attraverso di esse egli continuava a parlare l'idioma viennese di Haydn, Mozart e Beethoven, che rimase la lingua materna di un artista che aveva accettato il luogo assegnatogli per nascita e che aveva coltivato il bisogno d'evasione non come fuga da se stesso e dal proprio destino, ma come ripiegamento verso uno spazio interiore sottratto perfino alle tentazioni del fantastico. L'impianto classico né è sottoposto a perfezionamenti o a adattamenti motivati da ragioni dimostrative, né regredisce nella sua musica; esso esiste solo in quanto l'artista vi è stato calato e, come il vagabondo si trova a dover percorrere le strade di una regione familiare nello stesso rapporto di estraneità in cui attraverserebbe un paesaggio sconosciuto, così il musicista non ne avverte la costrizione. Se, precorrendo Mahler, la nuova nozione introdotta dalla poetica schubertiana è quella dello spaesamento, della perdita d'orientamento e della conseguente angoscia, la premessa di un simile esito non sta nella modifica del quadro formale in quanto tale, bensì nel modo di percorrerlo, nel senso che non la prospettiva viene a essere modificata, ma la posizione di chi vi si pone al centro. Paradossalmente il massimo d'originalità è raggiungibile da parte di Schubert in virtù dell'ovvietà di ciò che lo circonda: solo sulle linee direttrici di un disegno prospettico scontato nel suo ruolo di emblematica rappresentazione del mondo circostante può spiccare libero e non compromesso il palpitante sentimento di un'individualità, che prende coscienza di se stessa nel momento in cui le è dato di misurare la propria estraneità al contesto. Il rapporto di Schubert con le forme ereditate è perciò un rapporto di straniamento: la tradizione vi lascia il segno appunto giacché vi costituisce la base formale di un discorso esteriormente rispettato nelle linee di sviluppo, in cui però il senso è pronto a rovesciarsi per minimo spostamento di funzione, sia esso l'eccessivo dosaggio lirico dei temi che ne indebolisce la facoltà dialettico-argomentante, sia esso la semplice virata modulatoria dislocante il punto focale in altra posizione.

La sola dialettica ammessa in Schubert è appunto quella del rapporto apparentemente contraddittorio tra prevedibilità dello svolgimento e sfasatura del particolare rispetto alla globalità della struttura. Schumann se ne rese conto perfettamente al momento di analizzare la Sinfonia in do maggiore che egli ebbe il privilegio di conoscere primo fra i posteri presso il fratello del musicista, Ferdinand:

> Nella coscienza delle sue forze più modeste egli cerca d'evitare le forme grottesche, le ardite relazioni, che noi incontriamo nelle ultime opere di Beethoven; egli ci dà un'opera in una forma più leggiadra e,

sebbene in modo nuovo, non ci conduce mai troppo lontano dal punto centrale e sempre ci riporta a esso.

Nessun segno di radicalismo formale vi era quindi riscontrabile, anzi nessuno più di Schubert sembrerebbe in grado di riprodurre il senso di un ordine esteriore, la proporzionalità dei termini strutturali, cioè tutto ciò che sia suscettibile di produrre l'impressione di un insieme compiuto. È nel particolare che si insinua l'imprevedibile, il tocco di una realtà nascosta capace di mutare il senso del tutto senza sconvolgerlo:

> In esso [nella seconda parte dell'Allegro] si trova un passo, là dove un corno chiama come da lontano, che mi sembra esser disceso da un'altra sfera. Qui tutto appare come se un ospite divino si fosse introdotto di soppiatto nell'orchestra.

Ai fini del rilevamento di questa particolare condizione estetica, l'immagine affacciata da Schumann, di «fanciullo spensierato che gioca fra i giganti» è azzeccata nella misura in cui pone in evidenza l'esistenza di una dialettica sotterranea, quasi inconscia, covata sotto una problematica di portata spesso sconfinata, affrontata con gli occhi dell'innocenza. Non d'inadeguatezza si deve in tal caso parlare, ma di facoltà di penetrare il reale con mezzi conoscitivi inconsueti, alternativi. Il grado profondo delle verità svelate da Schubert non è da individuare infatti in affermazioni dirette, a cui d'altronde egli non si lascia mai indurre, ma nella risposta sommessamente data a una situazione di certezze prodotte dalla prassi assertiva con la quale Beethoven impresse il proprio marchio sull'estetica ottocentesca. Ben presto Schumann fu indotto a situarlo come rovescio di quella medaglia:

> È vero che anche lui sente alcuni passi con forza e spiega delle grandi masse: c'è sempre però il rapporto come da donna a uomo, questo comanda dove quella prega e persuade.

E in questa dimensione umanizzata in un certo senso, di un messaggio all'origine formulato sulla linea dell'astrazione, si è determinato il destino della sua musica in grado di rendere consapevoli ascoltanti di ogni ceto e di ogni estrazione.

Diversamente da altri autori ammettenti un solo codice interpretativo, nel senso di saper parlare a un unico livello d'ascolto (colto o popolare che sia), Schubert fa parte dei pochi in grado di significare qualcosa anche all'ascoltatore più insensibile e restio, dal più ingenuo al più culturalmente attrezzato. Proprio tale accessibilità, che ha consentito l'annessione pura e semplice di alcuni suoi Lieder al patrimonio popolare e alle sue melodie di divenire un riferimento della memoria collettiva, rende conto della sua posizione all'interno del contesto classico-viennese. Il sintetico ma penetrante studio di Boris Porena sulla «facilità di Schubert» parte dalla constatazione di «una notevole semplificazione dei rapporti formali rispetto per esempio alla compenetrazione dialettica dei materiali tematici in Beethoven», con conseguente accentuazione del «momento espositivo a scapito delle correlazioni logico-evolutive». La prevalenza del «criterio additivo su quello integrativo, della paratassi sulla sintassi» comporterebbe allora l'esistenza di uno spazio aperto alle decifrazioni da parte del cosiddetto «codice ingenuo», attirato non tanto dagli interrogativi su come quella musica sia internamente strutturata, bensì su cosa significhi, stimolando associazioni, rimandi metaforici e analogici del tipo «sogno», «fascinazione», «paradiso», «ingenuità», «popolare», che, «proprio in quanto rispondono a riscontrabili strutture del testo», si rivelerebbero di estesa ed efficace praticabilità. Nel caso di Schubert tale disponibilità discende dal più alto al più modesto livello di lettura, «coincide con la sua ricchezza informativa» dove «l'ovvio si integra all'improbabile in un messaggio che si rivolge potenzialmente a tutti»:

> A chiunque sembra che la parola schubertiana sia rivolta proprio a lui e che lui possa rispondergli nella stessa lingua, comune sì ma con inflessioni private. Schubert invita al colloquio, all'uso personale della sua melodia così come invita alla lettura multipla e lontana.

Nel corso della musica ottocentesca, che assistette a un processo di raffinamento esasperato del linguaggio promosso in forza di una logica spesso sganciata da esigenze comunicative e ossequente l'astratto principio dell'evoluzione interna del materiale musicale verso traguardi sempre più complessi ed enigmatici, la semplicità e la trasparenza schubertiane si imposero come mito. Tale era già sicuramente ciò che Hanslick constatò in occasione dello straordinario avvenimento della riscoperta dell'"Incompiuta" nel 1865:

> Quando dopo un paio di battute introduttive clarinetto e oboe intonano all'unisono il loro dolce canto sul tranquillo mormorio degli archi, anche un bambino riconosce il compositore, e l'esclamazione appena trattenuta "Schubert" è bisbigliata e sussurrata attraverso la sala.

Con Schubert l'uditorio entra direttamente in dialogo, e proprio l'opera non mai risuonata durante la sua vita, dimenticata per anni in fondo a un cassetto e diventata quindi l'emblema della sua solitudine, nel momento della riscoperta veniva percepita dal pubblico come qualcosa di già conosciuto, di familiare, il cui suono bastava per chiamare a raccolta intere schiere di ascoltanti. Solo ciò che Schubert dice può creare turbamento e frapporre distanza al singolo interlocutore, mai il modo in cui lo dice, che rispetta sempre una formulazione concepita per far partecipe alla pari l'ascoltatore, assegnandogli addirittura la posizione di confidente a cui può essere riservata la rivelazione dei segreti più intimi.

La *Winterreise* si presenta come il banco di prova di tale collaudata relazione, nel senso che il messaggio vi configura l'inquietante prospettiva della coscienza alienata, di una visione del mondo sfuggita al controllo della ragione, che però può essere ancora trasmessa sulla cadenza di formule narrative incapaci di venir meno al rispetto della loro origine popolare, in quanto prodotti di una necessità comunicativa intorno a cui è chiamata a prender corpo la dimensione dell'esistenza intesa non solo come azione (accidentalità) ma anche come memoria di gesta già compiute (esemplarità): se qui Schubert giunge all'estremo limite ammissibile da parte della narrazione in uno stato di vera e propria allucinazione, il prevalere di simboli e metafore (per quanto tendente a indebolirne i nessi) rimane subordinato alle regole del racconto linearmente svolto. Sussulti, esclamazioni, emozioni, trafitture, lasciano segni indelebili sul suo tessuto musicale, vi inducono anche fenomeni espressivi nuovi e conturbanti, ma non stravolgono l'insieme il cui ordinato procedere ciclico, di stazioni succedentesi l'una all'altra secondo una scansione data al di là del tempo e della volontà di frapporgli resistenza, vi garantisce la portata epica. Questo suo essere cantore nel senso antico di prestatore della propria voce all'espressione di situazioni e sentimenti provenienti sì dalla propria esperienza soggettiva, ma incanalati in forma impersonale, quasi dettati dall'esterno, rende probabilmente conto della capacità della sua musica di assumere immediatamente una portata collettiva e di rimanere fondata in una dimensione del popolare che lo caratterizza in modo cruciale soprattutto rispetto agli altri classici:

> Non più la formalizzazione del "popolare" entro il codice colto come in Mozart, e neppure la sua ipostasi idealistica come in Beethoven; ciò che Schubert propone – ma il primo ad ascoltarlo sarà Mahler – è la ricerca di una convergenza tra l'esperienza alto-colta del "nuovo" e i fondamenti sociali, etnici, antropologici della comunicazione musicale, un progetto interclassista e totalizzante, non utopistico tuttavia né genericamente umanitario (Porena).

Per la musica moderna, più di qualsiasi altra musica del passato, quella di Schubert rimane un mito, il mito di una delle più alte imprese espressive, meritevole di avervi specchiato la condizione della coscienza lacerata (il senso della fine), senza perdere la capacità di renderla comunicabile, esemplare alla moltitudine. Ciò che l'estetica moderna avrebbe voluto attuare appare già formulato tra le pieghe di un'esperienza che si guadagnò l'ingresso nella storia nel momento in cui accettò umilmente di restringersi nei confini angusti che gli furono imposti dalle circostanze, all'ombra dei grandi avvenimenti del tempo, senza compromettersi con le forze retrive operanti in quel problematico frangente. Se tale dimessa e mortificata condizione individuale poté dar luogo a un'immagine tenera e rassicurante a uno stadio di comprensione del suo vissuto gravato dai sentimentalismi sedimentati nel giudizio superficiale dell'epoca, abbattuto tale pregiudizio non sussiste ormai più preclusione al riconoscimento della verità di una vicenda umana perfettamente riflessa nella sua musica.

Trasmessa dopo la sua morte come messaggio abbandonato in una bottiglia con la speranza di vederla un giorno approdare su una spiaggia qualsiasi (sintomatica è la dedica del Trio in mi bemolle non già a un prossimo destinatario ma "a coloro che ne avranno piacere"), oggi la raccogliamo consapevoli di rivivere la trepidazione della visione aperta davanti al primo sguardo gettato verso l'orizzonte delle stesse inquietudini che hanno alimentato la nostra epoca.

VII. La parabola musicale dell'impero estinto
Disssemninazioni e convergenze in area danubiana

> L'Austria è divenuta dapprima spirito nella sua musica e in questa forma ha conquistato il mondo [...]. La più amabile serenità, beatitudine senz'estasi, la gioiosità, quasi allegria nelle messe di Haydn, un soffio slavo, un riflesso luminoso d'Italia, in questa musica dalla più profonda germanicità, ma senza nostalgia, senz'effusione, grandezza senza titanismo – questi criteri della nostra musica, ch'è poi la musica del mondo, vi sono presenti.
>
> (Hugo von Hofmannsthal, *L'Austria nello specchio della sua poesia*, 1916)

Franz Niemetschek, primo biografo di Mozart, racconta le apprensioni del musicista durante le prove per l'allestimento del *Don Giovanni* a Praga: «Ciò che viene da Mozart piacerà certamente ai boemi», sarebbe stata la risposta del vecchio maestro di cappella Kucharz. I praghesi avevano scoperto Mozart nel dicembre del 1786 quando *Le nozze di Figaro*, ormai uscite di cartellone a Vienna, furono presentate in quella città con il clamoroso esito che si conosce. Di lì era partito l'invito al musicista a comporre per Praga una nuova opera: il *Don Giovanni*, che i viennesi avrebbero snobbato, fu immediatamente acclamato dai sudditi boemi dell'imperatore. La fierezza dei praghesi è oggi ancora manifesta nella lapide posta su un lato della facciata del Teatro Tyl a ricordo della memorabile rappresentazione del 29 ottobre 1787, a cui fece seguito il 6 settembre 1791 la prima esecuzione de *La clemenza di Tito*. In verità a Praga Mozart si trovò confrontato con un mondo culturale tutt'altro che emarginato e, nonostante l'evidenza di profonde radici slave in quel paese, vi trovò quella comprensione che Parigi, Monaco e Vienna gli avevano negato, saggiando per la prima volta e fuggevolmente quel consenso che, ai limiti dell'esaltazione, la sua musica avrebbe conosciuto solo dopo la sua morte. Quando Mozart muore è solo a Praga che il suo *Requiem* risuona davanti a centinaia di persone nella chiesa di San Nicola. D'altra parte gli scontrini d'entrata della stagione teatrale 1793-94, quando vi fu rappresentato il *Flauto magico*, dimostrano che il pubblico mozartiano di Praga non apparteneva solo agli strati alti della società; la maggioranza dei biglietti venduti corrispondeva ai posti in piedi in galleria, che l'uomo qualunque poteva comperare a soli 10 Kreuzer.

A quel tempo il baricentro della civiltà musicale si era già spostato verso Vienna, la città che ospitando ormai stabilmente l'imperatore era già diventata *Kaiserstadt*. Ma Praga, più volte residenza di imperatori (da Carlo IV che nel 1348 vi fondò la prima università tedesca a Rodolfo II che, trasferendovisi la corte nel 1583, condusse con sé i più grandi polifonisti d'Europa), era capitale musicalmente matura e perfettamente inserita nella tradizione, che da una parte aveva assicurato risonanza europea ai modelli italiani e dall'altra stava preparando l'ascesa del Classicismo viennese. Se Vienna fu negli ultimi tre secoli quel crogiolo di mediazioni culturali a cui è legato il concetto di "Mitteleuropa", ospitando il re d'Austria e quello di Boemia a un tempo essa in un certo senso ereditò da Praga la vocazione all'apertura, la disponibilità ad assimilare il nuovo e il diverso, la capacità di affrontare e di conseguire la sintesi del molteplice.

La musica porta le tracce di tale complesso processo storico fin dai tempi più antichi che, dopo la caduta dell'impero romano, videro il Danubio trasformarsi da confine in asse portante di nuove civiltà. Fin dall'epoca della Grande Moravia (IX secolo), quando il principe Rostislav, per arginare l'espansione franca, chiese all'imperatore bizantino Michele III l'invio di apostoli che predicassero il cristianesimo e celebrassero le funzioni in lingua slava, la storia della Boemia si configura come sviluppo bifronte volto a occidente senza mai cessare di rivolgere lo sguardo a oriente. Con la caduta della Grande Moravia nel X secolo fu introdotta la liturgia romana e con essa il canto gregoriano, ma la tradizione slava sopravvisse nei canti religiosi popolari che la Chiesa concesse di cantare al popolo nella lingua nazionale. Questo fondamento consentì alla Boemia di diventare, fin dai secoli del Medio Evo, punto d'incontro e di fusione di civiltà diverse. La forte emigrazione tedesca del XIII secolo, seguita a quella verso l'Ungheria cento anni prima, non poteva non alterare l'omogeneità di quelle regioni: lineamenti di diritto tedesco si sovrapposero al diritto slavo. Nelle corti dei re di Boemia trovarono udienza i *Minnesänger*: alcuni di loro furono addirittura praghesi (Mülich von Prag). Con la dinastia dei Lussemburgo si estesero i contatti con la Francia: Guillaume de Machaut fu a Praga nella prima metà del Trecento al servizio di Giovanni IV. Ma il figlio Carlo IV ridarà alla Boemia la coscienza slava, identificando il suo regno nel culto di San Venceslao, insediando a Praga monaci croati depositari dell'antica liturgia e della lingua glagolitica, ottenendo dal Papa il diritto di celebrare la messa in rito cirillico. La rivoluzione ussita del secolo XV rinsaldò la coscienza slava proprio su basi musicali, con la diffusione di un immenso patrimonio di canti e di storia popolare, rimasto vivo per più di tre secoli ad accompagnare le tormentate vicende del movimento religioso riformatore che faceva capo a Jan Hus. Così, mentre Rodolfo II d'Asburgo, insediato nel castello reale di Praga, alla fine del Cinquecento chiamava al servizio della sua corte alcuni fra gli ingegni musicali più notevoli d'Europa (Philippe de Monte, Jakob Regnart, Jakob de Kerle, Charles Luython, Jacobus Gallus, Jakob Hassler, Camillo Zanotti, Alessandro Orologio, Lambertus de Sayve, Philipp Schöndorff, Nikolaus Zangius) mantenendovi un gruppo imponente di 45 cantori, un coro di fanciulli, dodici trombettieri e un numero imprecisato di strumentisti, la confessione dei Fratelli Boemi già aveva tracciato il destino culturale della nazione ceca con la redazione dei canzonieri curati da Jan Blahoslav (1523-1571).

All'assolutismo asburgico che aveva represso nel sangue l'insubordinazione del popolo e della nobiltà boemi con la vittoria della Montagna Bianca nel 1620, confiscando e regalando gran parte delle terre all'aristocrazia tedesca e imponendo il tedesco come lingua dei funzionari (con conseguenze sociali e culturali enormi), faceva eco dai luoghi lontani dell'esilio la voce di Comenius (Jan Amos Komensky), ultimo vescovo dell'Unità dei Fratelli. Il suo grande canzoniere, uscito ad Amsterdam nel 1659, è uno dei molti nodi nel filo che corre sotterraneo lungo la storia della Boemia e che nell'Ottocento trovò una sua espressione nazionale in musica: Dvořák debuttò nel 1873 a Praga con un inno patriottico in omaggio agli "Eredi della Montagna Bianca", mentre il quinto poema sinfonico del ciclo *La mia patria* di Smetana è intitolato a Tábor, la Gerusalemme degli Ussiti.

Ma l'ormai effettiva compenetrazione con la cultura tedesca, proprio con Smetana e soprattutto con Dvořák, lascia trasparire l'elemento nazionale nella musica ceca più come colore che come sostanza. Ben diverso appare il nazionalismo musicale ungherese di Bartók e Kodály, individuato nella propria autonomia, fin nelle radici. Non v'è dubbio che fra tutti i paesi dell'area danubiana, e non solo danubiana, la Boemia abbia visto fin dai tempi più antichi compromessa la propria individualità slava in favore dell'assimilazione, naturale o forzata che fosse, di altre componenti che, al momento della ridefinizione nazionale, avrebbero gravato pesantemente sui nuovi orizzonti. Non per niente il musicista che più d'ogni altro si inoltrò nella strada del recupero delle premesse linguistiche fondamentali, Janáček, dalla sua ricerca derivò una prospettiva tutt'altro che ottimistica e assai meno luminosa di quella dischiusa dai suoi colleghi ungheresi. Janáček provò sulla propria pelle la natura problematica dell'identità ceca, approdando inevitabilmente sulla spiaggia della realtà visionaria dove, nel momento del naufragio della nave asburgica, andarono ad arenarsi gli spiriti più avvertiti, che alla fine dell'impero non potevano ormai più accettare il surrogato di ingenui e angusti nazionalismi, ma che miravano a preservare nella tradizione danubiana la spinta universalistica. Non fu quindi un caso se al momento della resa dei conti, sulla prima linea del fronte che si batteva per l'ideale sovrannazionale, prima ancora dell'intellighenzia viennese, si trovò quella praghese di Kafka, Werfel ecc. a cui legittimamente è possibile assimilare Gustav Mahler, boemo di nascita. E non è un caso se tutti questi esponenti furono ebrei, appartenenti cioè a un'etnia che, in virtù del proprio sviluppo culturale teleologicamente orientato, nel momento del declino delle monarchie danubiane fu in un certo senso predestinata a brandirne il vessillo. In realtà, se la componente israelitica nella cultura centroeuropea emerge prepotentemente alla fine del XIX secolo, la sua presenza è variamente attiva fin dalle origini delle monarchie costituitesi sulle rive del Danubio, come elemento di più o meno impercettibile destabilizzazione culturale, tanto più significativa quanto più l'importanza del modello di cultura espresso attraverso la vicenda dell'impero asburgico sta nell'impossibilità di ridurla entro confini di prevedibile omogeneità.

Data questa premessa, nella storia delle manifestazioni artistiche di quei popoli e paesi è destinato ad assumere rilievo perfino l'aneddoto apparentemente marginale. Tale potrebbe essere l'episodio di Franz Benda ragazzo che, privo di mezzi dopo aver perso il posto di corista nella chiesa di San Nicola a Praga in seguito alla muta della voce, si unisce a un gruppo di ebrei girovaghi imparando a rivaleggiare in bravura con un violinista cieco di nome Löbel, di cui si raccontano i prodigi esecutivi di quand'era chiamato ad accompagnare le danze popolari sul suo strumento. È azzardato stabilire un rapporto inequivocabile tra questa esperienza e l'arte di Benda; d'altra parte si è tentati legittimamente di ricondurre la particolare espressione patetica che veniva riconosciuta alla sua maniera violinistica alla frequentazione dei modi espressivi tipici delle bande di musicanti ebrei o zigani, che percorrevano in lungo e in largo quelle contrade diffondendovi, insieme con la voce cantata e suonata dell'allegria, anche quella assai più amara dell'intima loro condizione di popoli oppressi.

L'episodio di Benda è raccontato da Charles Burney, il dotto musicologo e viaggiatore inglese che attraversò l'Europa centrale nel 1772 e che della Boemia tramandò il luogo comune che la riconobbe «conservatorio d'Europa». Osservatore meticoloso di ogni aspetto di costume, secondo la buona tradizione memorialistica, il Burney annota il suo arrivo alla locanda dell'Unicorno a Praga, accolto da una banda di musicanti di strada al suono di minuetti e *polonaises*. *In loco* Burney constata ciò che «mi è stato frequentemente riferito, che i Boemi siano il popolo più musicale di Germania o, forse, dell'intera Europa». In verità l'emigrazione artistica essendo un fenomeno endemico – vuoi per i musicisti che seguivano i nobili praghesi nelle loro residenze a Vienna, vuoi per la grande richiesta di compositori boemi da parte delle corti tedesche – la Boemia appare al gentiluomo inglese come paese dove la musica risuona solo nelle strade e nei villaggi. Ma forse è qui che va colta quella dimensione di cultura comune a tutto il mondo danubiano, che nella musica, oltre al fatto artistico, identifica il livello di un linguaggio, di comunicazione corrente, acquisito non attraverso la dottrina ma attraverso la natura, di cui sembra essersi reso conto Gaspare Spontini in una lettera del 12 agosto 1836:

> Mais en peu de mots que je vais vous tracer au milieu de la douce solitude, sous les sapins romantiques de la mélancolique contée de Marienbad, ayant sous mes yeux, du haut d'Amalienshöhe, le tableau enchanteur de cette délicieuse vallée, ornée de ses charmantes habitations si pittoresquement groupées, et les oreilles fort agréablement frappées, à six heures du soir, des sons délicieux et ravissants, qui parviennent jusqu'à moi, des plus belles, suaves et harmonieuses mélodies de Mozart, d'Haydn, Beethoven, Gluck, Cherubini, Méhul, Weber, Spohr, etc. qu'un petit nombre d'obscurs et modestes artistes de la Nature bohémienne, mieux organisés pour la musique que d'autres peuples (artistes pendant les trois mois d'été, artisans et ouvriers dans leurs campagnes et villages tout le reste de l'année) exécutent sur la Promenade, avec une exactitude rare d'istinct, d'intonation, de rythme, de mouvement, d'intention et de justesse dans les nuances et avec un sentiment enfin à me faire éprouver, outre l'étonnement, les plus douces sensations!

Le considerazioni di Spontini vanno evidentemente depurate dall'incrostazione romantica che nel nome della natura tende a idealizzare ogni espressione di autenticità. Ma anche prescindendo da questo aspetto, la lettera resta un documento importante per l'evidenza riconosciuta a una pratica dove la musica dotta s'incontra con quella popolare, senza mutare necessariamente di significato, e dove i termini di riferimento sono costituiti dalla tradizione del Classicismo viennese (Haydn, Mozart, Beethoven e, in misura quasi altrettanto determinante, Gluck appunto), punto d'arrivo di un processo di decenni verso cui confluirono le energie musicali di tutto l'impero, ma soprattutto origine d'un comportamento su cui è maturata la coscienza di quello che probabilmente è l'unico denominatore culturale dei paesi riuniti sotto la corona asburgica. Non per niente il Burney – il quale aveva notato che non solo in ogni città ma in ogni villaggio della Boemia dove esisteva una scuola i bambini di ambo i sessi erano iniziati alla musica – precisava immediatamente che pure in Moravia, in Ungheria e in parte dell'Austria si riscontrava nell'insegnamento la medesima situazione.

Stabilità dei valori musicali

Con Burney possiamo rivivere la sorpresa del primo impatto con l'Austria, in barca sul Danubio a Stein vicino a Krems, attraverso il canto di un inno che giungeva alle sue orecchie dalla riva, intonato a quattro parti da alcuni individui, spontaneamente ma con ricercatezza di armonie, che erano indizio di coscienza e formazione musicali inimmaginabili fra il popolo inglese.

Il viaggiatore è introdotto alla realtà musicale di Vienna già attraversando le sue strade e ascoltando le canzoni che gli studenti cantavano a tre o a quattro voci e che, pure in polifonia, ritmavano la sera il passo dei soldati di ronda e delle sentinelle. A Vienna la musica risuonava nelle case, nelle chiese, nell'albergo all'ora dei pasti. In eletta compagnia Burney applaude l'esecuzione di un quartetto di Haydn a cui partecipa, egregio suonatore di viola, perfino un certo conte Brühl:

> Tutti i presenti erano animati a tal punto dall'entusiasmo che, comunicandosi reciprocamente l'ardore, ridussero il motivo d'opposizione tra interpreti e ascoltatori solo a chi dovesse essere più soddisfatto e a chi volesse applaudire di più!

Egli assiste alla rappresentazione de *Il barone* di Salieri seguito anche dall'imperatore, «extremely attentive during the performance of the opera».

A Vienna la musicalità della famiglia imperiale è proverbiale: Giuseppe II, oltre che cantare da basso, è un eccellente suonatore di violoncello e di clavicembalo; l'imperatrice Maria Teresa in gioventù possedeva una bella voce di soprano. Burney tramanda il ricordo della rappresentazione a corte dell'*Egeria* di Metastasio con la musica di Hasse e con protagonista quattro arciduchesse d'Austria, sorelle dell'imperatore. A Vienna la musica scandisce le ore del giorno, il ritmo delle stagioni, accompagna la stessa morte se dobbiamo credere alla leggenda di Leopoldo I che, prima di spirare, riesce a esprimere il desiderio di sentire per l'ultima volta il suono di una musica. A Leopoldo risale probabilmente l'inizio di quel processo che, entro i confini dell'impero asburgico, avrebbe fatto dell'arte musicale l'espressione più rilevante e comune di una civiltà multiforme. Le sue nozze con Margherita Teresa costituirono nel 1666 l'occasione memorabile per l'allestimento de *Il pomo d'oro* di Cesti, rappresentato in un teatro all'aperto a Vienna, davanti a un pubblico di quasi cinquemila persone, assicurando per lungo tempo all'opera italiana la funzione di centro d'interesse privilegiato della vita musicale e della cultura in genere della capitale.

In verità la musica italiana e l'opera già erano moneta corrente nei decenni precedenti, per la naturale forza di espansione di una musica che vantava il primato europeo e che ogni corte trattava come valuta pregiata, ma anche per una comunanza d'interessi con l'Italia, per ragioni di vicinanza e dopo il 1700 per la diretta acquisizione al regno d'Austria di estese province italiane (Milano, Napoli, Mantova, Piacenza, Parma). Già dopo il 1645 l'area di attività dei due iniziatori dell'opera impresariale veneziana, Ferrari e Manelli, da Parma, Piacenza e Modena si estendeva a Vienna, mentre il gusto italiano penetrava alla corte imperiale con conseguenze tali da lasciar germogliare dal suo robusto ceppo fiori ancora nell'Ottocento, con gli esercizi metastasiani di Beethoven e di Schubert, quando altrove in Europa l'arte italiana era già circoscritta a prodotto nazionale. Il fiore più vistoso di questa tradizione è, come si sa, Mozart; mentre la dimostrazione di come la componente di civiltà italiana fosse ancora sentita alla fine del Settecento è rivelata dalla situazione della *Zauberflöte* sulle scene di Praga nel 1794, rappresentata parallelamente in versione originale tedesca, in italiano (con recitativi secchi composti da Jan Křtitel Kuchař) e in traduzione ceca; situazione sintomatica di un fenomeno di compenetrazione che, oltre a denotare la difficoltà di scrollarsi di dosso le vestigia di una tradizione in via di esaurimento, rivelava la capacità di affrontare con estrema disponibilità la coesistenza di modelli culturali diversi.

L'assetto della cultura italiana a Vienna, musicale in primo luogo ma con risvolti evidenti in quella letteraria (si veda la lunga lista dei poeti cesarei, mantenuti alla corte degli Asburgo ben oltre l'infatuazione per la poesia del Barocco italiano), assieme all'acquisizione di dottrina e di avanzata articolazione del gusto sottende quindi la chiara capacità di agire come fattore di conservazione. E forse questo è il motivo occulto della sua preminenza in un impero che più di ogni altro sul principio conservatore fissò l'asse della propria politica, unica prospettiva apparente per far fronte alle forze centrifughe palesi o latenti che incessantemente ne minavano l'esistenza. Se la maniera italiana si impose a Vienna sulla spinta inevitabile della sua vocazione cosmopolitica, certamente vi mise radici più profonde che altrove, mentre sul significato della sua preferenza nei favori della corte la dice lunga più di un episodio.

L'apertura del Burgtheater al Singspiel tedesco, postulata dalla politica illuminata di Giuseppe II nel 1775 – che fornì a Mozart l'occasione di comporre l'*Entführung aus dem Serail* – non durò che pochi anni e dovette infine cedere alla restaurazione del gusto italiano, mentre l'ultima occasione concessa a Mozart di musicare un'opera – l'incoronazione dell'imperatore a re di Boemia nel 1791 – fu l'imposizione di un libretto metastasiano (*La clemenza di Tito*) vecchio di più di cinquant'anni anni e messo in musica da più d'un compositore, a partire da Caldara nel 1734, nel cui ideale di magnanimità calata dall'alto del trono continuava evidentemente a specchiarsi la corte asburgica, nonostante che dalla Francia una tempesta di vaste proporzioni già si fosse scatenata a far tremare le monarchie di tutta Europa. In verità l'opera barocca sarebbe stata un normale fatto cortigiano se, oltre a gestirla in proprio, la famiglia degli Asburgo non ne avesse fornito i protagonisti. Il talento compositivo di Leopoldo I non è infatti eccezione alla regola, essendo stato preceduto da Ferdinando III, autore di musica religiosa per la sua cappella, e seguito dalle velleità operistiche di Giuseppe I.

Le sentenze che costellano i concettosi testi degli oratori di Antonio Draghi (quaranta ne scrisse, di cui *L'eternità soggetta al tempo* come titolo a mo' d'esempio), nel prolifico compositore che dominò la scena viennese durante la seconda metà del XVII secolo configurano evidentemente una moralità di convenzione. Negli oratori tutt'altro che disprezzabili che Leopoldo I componeva, facendoli eseguire direttamente dai musicisti al suo servizio all'intenzione della corte, le stesse massime non potevano non acquistare un altro peso e, per essere proferite direttamente da bocca regale, realizzare a livello estetico il principio assolutistico di una morale rovesciata in ideologia. Se dagli imperatori-musicisti, per il loro atteggiamento di parte in causa, derivò certamente quella torrenziale produzione di musica che Vienna conobbe già a partire dal tardo Seicento (dal centinaio di esecutori a cui Leopoldo portò la sua cappella, al moltiplicarsi di riflesso delle orchestre in ogni più piccola corte principesca), il processo non interessa solo per la sua portata quantitativa, ma anche per il significato dell'esempio imperiale che fin dai secoli d'oro dimostrò di saper incarnare nell'espressione musicale l'idea della conciliazione con il potere.

È ormai luogo comune attribuire alla musica modellata da Vienna per tutta la civiltà danubiana la capacità di aver fuso in un'unica espressione i contrasti di ogni genere che si agitavano in un impero tanto vasto, capacità che non poterono rivendicare la politica, la letteratura o la filosofia. Può darsi che tale qualità derivasse alla musica dalla sua natura asemantica e dall'impossibilità di rimanere irretita nelle frontiere linguistiche. È però da presumere che una parte di verità stia in questa alleanza tra musica e potere, non necessariamente concepita da premeditazione, ma attuata direttamente a livello di prassi, di consuetudine, che nella promiscuità dell'imperatore mescolato ai suoi musicisti (di Leopoldo si ricordano i gusti semplicissimi e l'episodio di un ambasciatore che dal modo di vestire lo scambiò per un segretario) e nella musica che per induzione nobili signori non disdegnavano di coltivare suonando la viola in un consesso di esecutori di professione (vedi la testimonianza di Burney) ne aveva svelato la portata affratellante. Passando da Vienna Burney, constatandovi la presenza di innumerevoli compositori di talento, non manca di considerare che tra le città tedesche essa sia «the imperial seat of music, as well as of the power», dove le famiglie dell'aristocrazia, quando cercavano un cuoco, badavano a scegliere quello che sapeva suonare anche la viola. Il viaggiatore inglese sosta di frequente nelle chiese: nella cattedrale di Santo Stefano ascolta «un'eccellente messa, in vero stile ecclesiastico, molto ben eseguita; c'erano violini e violoncelli nonostante non fosse una festività». In realtà non stenta a rendersi conto che

> [...] non c'è chiesa o convento a Vienna che non abbia ogni mattina la sua messa con musica: cioè una cospicua parte del servizio divino giornaliero cantato a più parti ed eseguito da voci accompagnate almeno da 3 o 4 violini, un tenore e basso, oltre all'organo; e poiché le chiese qui sono ogni giorno affollate, questa musica, sebbene non sia del genere più raffinato, deve in una certa misura contribuire a formare l'orecchio della popolazione.

Con ciò Burney, pur non risalendo alle origini, coglieva il nucleo della cultura musicale austriaca che conobbe il suo primo momento di aggregazione nella tradizione barocca cattolica.

È risaputo che uno stato, meglio dovremmo dire che stati di tanto prestigiosa presenza europea praticassero da secoli la musica nelle sue più alte manifestazioni. Fin dai tempi di Massimiliano I, imperatore dal 1493, la musica a corte svolgeva il ruolo di *status symbol*, giungendo nella fattispecie a svolgere una funzione guida attraverso la figura del salisburghese Paul Hofheimer, primo rilevante compositore tedesco, e soprattutto con la potente personalità cosmopolitica del fiammingo Heinrich Isaac, quello stesso Isaac autore del *Choralis Constantinus* studiato da Webern nella sua tesi di laurea in musicologia nel 1906. Sul seguito, fino a Rodolfo II, già abbiamo detto. In Ungheria re Mattia Corvino, che nel 1485 attraverso una complessa guerra d'investitura conquistò l'Austria, stabilendo la corte a Vienna già configurata come capitale di sparsi territori danubiani, e che aveva sviluppato un focolaio di cultura umanistica a Buda dopo le nozze con la principessa napoletana Beatrice d'Aragona (1476), ospitò musicisti di fama europea (Erasmo Lapicida, Johannes Stockhem, Jacobus Barbireau, Piero Bono) mentre i suoi successori non sarebbero stati da meno se gli eserciti turchi non avessero sconvolto la fisionomia di quel regno.

È però con la Controriforma che l'Austria assiste a una mobilitazione generale delle proprie energie musicali che, stimolando la partecipazione diretta dei fedeli all'attività liturgico-musicale, pone le basi del suo primato nella musica strumentale per i decenni a venire. Innanzitutto le voci femminili non vi erano viste con favore: al posto delle cantatrici di professione o dei castrati, che in Italia erano apprezzati anche in questo repertorio, vengono preferite le voci dei fanciulli della cui istruzione si occupava il maestro di coro, dopo la riforma di Maria Teresa (1774) formato nelle cosiddette scuole normali e, destinato a svolgere funzione d'organista, garante anche nei più piccoli villaggi delle più lontane province di un livello musicale di poco inferiore a quello delle grandi città.

Si sviluppa la tradizione del *Volksbarock* che, individuando la sintesi tra una certa spoglia umiltà del canto omoritmico e il fulgido aspetto della prassi concertante, riesce a fondare un atteggiamento capace di guardare alla musica come a messaggio spirituale e insieme di intrattenimento. Nella più piccola chiesa, anche in quella meno dotata, una compagine strumentale è sempre presente ad accompagnare il canto della messa e a sviluppare quella coscienza che attraverso la pratica radicata del basso continuo è la ragione del primato di cui s'è detto.

Ora, alla luce di quanto fin qui esposto, un certo interesse può rappresentare il constatare come l'avvio di questa fondamentale evoluzione sia parallelo al ruolo diretto che gli imperatori iniziarono ad assumere nelle attività musicali di corte. Non è certo possibile parlare di collusione, ma è certo che l'una sfera non poteva non influenzare l'altra: gli imperatori musicisti del Seicento esercitarono la loro scrittura sulla maniera concertante veneziana e molta loro produzione era rappresentata dalla musica di chiesa, fra cui primeggia il *Miserere* in sol minore di Leopoldo I. A contraddire l'asserzione entrano in causa le riforme giuseppine della seconda metà del Settecento le quali, in nome delle ambizioni illuministiche, miravano a estirpare le "superstiziose" manifestazioni di devozione popolare chiaramente fondate nell'immaginifica tradizione barocca. Oltre a sostituire il tedesco al latino con la diffusione di innumerevoli raccolte di canti chiesastici in lingua moderna, a proibire processioni e pellegrinaggi, gli interventi di Maria Teresa e di Giuseppe II toccavano inevitabilmente la musica. Convinto seguace della tendenza illuminata, a Salisburgo l'arcivescovo Colloredo nel 1782 promulgò la proibizione della musica strumentale durante le funzioni liturgiche. I fedeli con determinazione reagirono non diversamente che altrove, cosicché, sei anni dopo, l'uso degli strumenti dovette essere ristabilito almeno nel duomo e nelle chiese conventuali mentre, poco più tardi, della riforma non rimanevano nemmeno le vestigia. In verità, tranne la parentesi giuseppina, la Chiesa in Austria negli ultimi tre secoli ebbe la funzione di agente di comunicazione musicale per un popolo che, sulla base della pratica vocale-strumentale di matrice concertante, avrebbe esercitato la sua sensibilità e la sua disponibilità alle espressioni più articolate della musica strumentale. Un fatto è comunque certo: quando nell'Ottocento il movimento ceciliano – proposta di restaurazione dell'ideale palestriniano inteso come umiltà nell'espressione della preghiera a Dio – prese le mosse dalla Baviera con l'intenzione di combattere ovunque gli eccessi prodotti nelle chiese dal gusto più smaccato ed esteriore, l'Austria fu il paese che vi oppose maggiore resistenza. Se qualche diocesi accettò la soppressione del canto solistico concertante, l'aspirazione riformistica rimase una volta ancora lettera morta, cosicché le recriminazioni di Simon Schlick (zelante organista di Sankt Georgen ob Murau) sulle pratiche della sua parrocchia anteriori al 1873, più che segnale di situazione contaminata, in più serena prospettiva vanno lette come indice di florida salute:

> Fanfare, intrade, marce, timpani, trombe e musica turca come mezzo principale per glorificare Dio durante le funzioni festive [...]. Di una musica di chiesa, che corrisponda alla liturgia e alle prescrizioni ecclesiastiche, non è il caso di parlare; nemmeno la coscienza o la sensazione che possa o che debba intendersi in altro modo.

Nella cattedrale di Santo Stefano il Burney aveva però anche ascoltato «some admirable old music composed by Fux»: trent'anni quindi dopo la morte a Vienna si praticava ancora la musica sacra del grande contrappuntista, a dimostrazione dell'influenza che la sua opera di *Hofkapellmeister* esercitò. L'importanza di Fux non sta infatti solo nel suo ben noto contributo teorico, che con il *Gradus ad Parnassum* dettò le regole della polifonia neorinascimentale a tutta Europa, ma nella capacità di mediare la tradizione veneziana dominante a Vienna con la sensibilità più spiccatamente tedesca ai valori contrappuntistici.

La sua elezione alla successione di Marc'Antonio Ziani nella cappella di corte (1715) non è significativa solamente per il fatto che per la prima volta un tedesco era chiamato ad assumere il posto che era sempre stato prerogativa di un italiano, ma proprio come riconoscimento di un orientamento che, in luogo della ligia imitazione della maniera che l'Italia esportava al di là delle Alpi, sviluppava una direzione indipendente.

A dire il vero la scelta dei compositori italiani invitati alla corte di Vienna, da Giovanni Maria Bononcini a Francesco Bartolomeo Conti, già aveva seguito una logica nella preferenza data a compositori che, oltre a denotare le tipiche caratteristiche di originalità melodica, rivelavano un'alta padronanza del contrappunto. La competenza degli imperatori-musicisti faceva apparire tutt'altro che casuale la selezione, rivelando una gestione "imperiale" della musica condotta secondo direttrici miranti a una propria autonomia di gusto. Quando Carlo VI nominò Fux era consapevole di aver messo alla guida della propria cappella un compositore capace di esaltare quei valori che il contrappunto *luxurians* della tradizione barocca austriaca aveva espresso in termini di maestosità e che, considerando l'impegno parallelamente prodigato nella costruzione di chiese e palazzi per opera del genio di Fischer von Erlach (sulla cui imponente facciata della chiesa di San Carlo, dove le colonne ricordano i modelli romani, si può leggere il motto dell'imperatore: "Constantia et fortitudo"), lascia presumere l'intenzione di dar vita appunto a un'arte imperiale. Non per niente una figura chiave come quella di Antonio Caldara, chiamato nel 1716 alla funzione di vicemaestro di cappella anche per le sue doti di contrappuntista, all'ombra di Fux sarebbe stata portata a intensificare tale orientamento nella sua estesa attività compositiva, fino a lasciar apparire all'attenzione dei moderni esegeti chiari tratti teutonici. Perfino l'atteggiamento di Giuseppe II, per molti e sostanziali versi eccezione nel lineare destino degli Asburgo, conferma fino a che punto lo stile severo avesse messo le radici alla corte imperiale. Quando Burney visitò Florian Leopold Gassmann, maestro di cappella di Giuseppe II e boemo di nascita, si dichiarava sorpreso

> [...] dal numero di fughe, di cori di molto dotta e singolare fattura che mi mostrò, e che praticava a scopo di studio e d'esercizio. Alcune erano composte su due o tre soggetti differenti; e molte di esse, egli disse, erano state eseguite dall'imperatore.

D'altronde la presenza dell'arciduca Rodolfo, ultimo compositore della dinastia, nella celebre raccolta di Diabelli del 1824 è ancora significativa non solo in quanto un membro della famiglia imperiale accettava di figurare in compagnia di una cinquantina di musicisti di professione (cosa che avrebbe disdegnato Beethoven il quale si sarebbe premurato di farsi riservare dall'editore un quaderno tutto suo da destinare all'op. 120), ma proprio in quanto la sua variazione vi si distingue per la convinta vocazione al contrappunto, che vi domina con un fugato dai tratti severi. Il conservatorismo imperiale (soprattutto se confrontiamo la situazione viennese con quella assai più aperta e innovativa della corte dell'elettore del Palatinato) nel Settecento era realtà quindi in atto e a livello musicale mirava senza dubbio a preservare, nel severo modello di ascendenza secentesca, il principio di un ordinamento dell'arte dei suoni assoluto, al di là del tempo, metafora di un assai meno ineffabile ordine politico.

Non sarà quindi un caso che l'occasione offerta a Mozart di entrare in contatto con la dottrina compositiva di Bach e Händel si fosse presentata con la mediazione del barone van Swieten, personalità strettamente legata alla corte. Ma può apparire senza dubbio singolare che il progresso del linguaggio musicale attraverso la sua formulazione classicistica, in Haydn come in Mozart, abbia trovato il momento reattivo nell'assimilazione della prassi contrappuntistica, di una componente linguistica che a Vienna più che altrove aveva trovato consacrazione nella convenzione ufficiale. In verità, come qualcuno ha fatto notare, Mozart si sarebbe interessato alla musica barocca anche senza l'intermediazione di van Swieten se è vero che una filiazione lo collega a Fux attraverso Leopold Hofmann e František Tuma, mentre la tradizione provinciale (quindi anche salisburghese) del *Volksbarock*, facendosi carico, anche se in misura modesta, degli stessi portati dottrinali, premeva verso una sintesi tra stile barocco e la sensibilità più moderna oscillante tra il galante e l'espressivo. Le messe di Haydn che precedono quelle di Mozart recano chiaramente il segno di questo processo e, per quanto riguarda la musica strumentale, è dalla dottrina che Gassmann ricava il principio di imitazione con cui già anima il tessuto delle sue sinfonie.

Di nuovo quindi ci troviamo a sorprendere due aspetti apparentemente indipendenti per non dire antitetici; la pratica cortigiana e la tradizione provinciale, ricondotti a uno stesso ruolo storico, di contributo all'evoluzione del linguaggio e prima ancora di formazione di una coscienza musicale storicistica. È un fatto che lo stile severo sia coltivato in tutti i domini asburgici dalle capitali (Praga vanta quanto Vienna un glorioso passato musicale barocco) ai più remoti centri di provincia, producendo come conseguenza una persistente prospettiva di rapporto con il passato assai più diffusa di quanto non si creda. Non occorre infatti attendere van Swieten per registrare l'inizio del culto di Bach, di cui troviamo un preannuncio in Matthias Ferdinand Gauster, maestro di coro nel convento di Seckau, il quale intorno al 1720 già raccoglieva pazientemente manoscritti bachiani. E – anche indipendentemente dagli studi che Albrechtsberger conduceva a Melk sull'opera di Bach o dall'attività di Wagenseil, maestro di cembalo di Maria Teresa che suonava fughe di Bach e di Händel («he has a great respect of Händel, and speakes of some of his works with rapture», ci tramanda ancora il Burney) – intorno alla metà del secolo fra la musica praticata nei circoli privati cominciano ad apparire *Il clavicembalo ben temperato* e *L'arte della fuga* (che tra l'altro Mozart possedeva assieme alla Messa in si minore).

Di Bach il principe Lichnowsky conservava copie delle *Suites francesi* e *inglesi* e non sarà mai sottolineato abbastanza il fatto che Beethoven si impose al pubblico viennese non già interpretando le proprie sonate, o quelle di Haydn o di Mozart, ma eseguendo preludi e fughe di Bach. Inoltre, secondo le indagini che il Weinmann ha condotto sui primi editori viennesi, risulta che nei loro cataloghi si faceva posto a Bach, Händel e addirittura a Corelli. Prima ancora che il Romanticismo risvegliasse la coscienza storica, l'Austria aveva posto solide premesse allo storicismo musicale, conseguenza e origine insieme di una mentalità disposta al confronto con tradizioni e orientamenti diversi e addirittura opposti. Che tale disposizione ascendesse principalmente alla politica culturale degli Asburgo sarebbe affermazione azzardata. È però certo che l'orientamento musicale della corte viennese, a differenza delle altre corti tedesche, si dimostrò assai meno soggetto alle mode, più meditato e convinto della stabilità dei valori musicali rappresentati dallo stile severo e dalla secolare tradizione italiana. La resa alla moda, soprattutto francese, riscontrabile nei principati tedeschi del nord, fra i molti significati sottintende anche quello di una certa fragilità di struttura culturale, di un certo arrivismo nella ricerca di una identità esteriore.

Sulle scelte musicali degli Asburgo non grava nessuna ipoteca del genere: la sola "moda" a cui accondiscesero fu quella italiana, la quale oltretutto, resistendo per decenni oltre la fine del suo vero e proprio momento di espansione, non può nemmeno essere considerata tale. La tendenza italiana non vi si sviluppò come fiore esotico ma venne assimilata al punto da apparire in una certa misura come la principale matrice di cultura; senza contare il fatto che, con l'acquisizione della Lombardia soprattutto, importanti territori italiani vennero a essere associati al regno d'Austria e con ciò a legittimare la rispettiva componente culturale come risultato di un'azione interna. Significativa è la considerazione di Albert Christoph Dies affidata alle *Biographische Nachrichten von Joseph Haydn*, 1810:

> È del tutto naturale che un paese confinante con l'Italia fosse portato a prediligere l'opera italiana e a trascurare la lingua tedesca. La Germania del nord scriveva in una lingua più pura e possedeva grandi poeti; ma quanto tempo doveva trascorrere prima che il sud se ne accorgesse, l'apprezzasse e ne seguisse l'esempio? Non c'è da stupirsi quindi che Haydn a quel tempo non avesse familiarizzato subito con la poesia e gli scrittori tedeschi.

D'altra parte in tali coordinate la posizione di una personalità quale quella di Antonio Salieri, che ricoprì la carica di *Hofkapellmeister*, è dimostrativa: egli non approdò a corte direttamente dall'Italia ma da una formazione che, iniziata a Venezia, lo vide ancor giovinetto allievo di Gassmann a Vienna, dove fu iniziato ai principî gluckiani. Salieri non può già essere quindi più considerato un italiano "puro", bensì un esponente di un ambito culturale fortemente e fondamentalmente determinato dalla matrice italiana ma sviluppato fuori d'Italia, in una capitale che non mancava di occasioni per arricchirne lo spettro ed esserne arricchita.

Integrazione del diverso

A Vienna Metastasio aveva acquisito per l'opera italiana il diritto di cittadinanza ma, nonostante i lunghi anni vissuti nella capitale, rimase estraneo a tutto quanto non rientrasse nel suo filone culturale. Quando Burney gli fece visita nel 1772 raccolse da lui solo osservazioni nostalgiche sulla grandezza dell'arte vocale d'inizio secolo, non ancora contaminata dal predominio della componente strumentale come si manifestava nelle opere moderne, mentre alla domanda dell'inglese, che l'aveva sentito rivolgersi in tedesco alla governante e che gli chiese come avesse trovato la pazienza di imparare quella lingua, il poeta avrebbe risposto «Poche parole solamente, per sopravvivere». Salieri, al contrario, a Vienna avrebbe imparato il tedesco, il francese, il latino e nella sua formazione musicale recepì succhi che in Italia non avrebbe trovato e che, se non ne fanno in tutto un esponente del nuovo stile classico strumentale, gli permisero di aggiornare e di adattarvi la sua maniera compositiva, soprattutto quella dell'estrema maturità.

In verità nella Vienna del secondo Settecento vennero sempre meglio a precisarsi e a interagire le forze culturali che in un impero esteso a molte etnie erano destinate a manifestarsi e a opporsi. Gli Asburgo erano impegnati a mediarle e nel Settecento ciò avveniva con una disinvoltura già paradigmatica. Per festeggiare l'arrivo del governatore dei Paesi Bassi il 7 febbraio del 1786 Giuseppe II fece rappresentare nel parco di Schönbrunn due brevi divertimenti teatrali, ambedue ispirati alla parodia del teatro allora tanto in voga: l'uno *Prima la musica e poi le parole* di Salieri e l'altro *Der Schauspieldirektor* commissionato a Mozart dopo la prova del *Figaro*. Praticamente si trattava della stessa azione (capricci di cantanti, sfuriate di impresari): niente di meglio per giudicare quale dei due compositori sarebbe stato più abile a trarne partito. In realtà non era un motivo di competizione a interessare quel pubblico: l'operina di Salieri era stata sollecitata a svolgere con garbo insolitamente contenuto l'abituale rito del canto richiesto agli italiani, mentre il lavoro di Mozart era stato voluto nella lingua del luogo e, seppur breve, nella forma di Singspiel secondo la predilezione dell'imperatore che qualche anno prima aveva iniziato a incoraggiare il teatro tedesco. L'abbinamento Mozart-Salieri non era altro che un atto di collettivo e inconsapevole compiacimento per le facoltà raggiunte dalla cultura austriaca di articolarsi ed equilibrarsi in livelli differenziati, che in musica corrispondeva a una sorta di bilinguismo capace di far posto a tradizioni diverse e addirittura di conciliarle. Sia in prospettiva sincronica sia in visione diacronica, la concezione della musica in Austria nel Settecento si configura quindi nella massima apertura a realtà diverse e coesistenti.

Il Settecento è però il secolo in cui Vienna ritrova una sua inconfondibile identità nella musica, delimitando per la prima volta un campo d'azione circoscritto a un determinato numero di autori. Nel saggio di un anonimo pubblicista, *Von dem wienerischen Geschmack in der Musik*, pubblicato nel 1766 e citato da Kurt Blaukopf (in *Musikgeschichte Oesterreichs*, II, di Flotzinger-Gruber), leggiamo

> [...] che ogni nazione, ogni provincia hanno un proprio dialetto e un proprio gusto, plasmato dalla tendenza dominante espressa da chi si trova alla loro guida. Due o tre buoni scrittori hanno il potere di formare il gusto di un'intera nazione, e ugualmente molti buoni compositori possono ottenere lo stesso risultato nella musica.

I musicisti menzionati in proposito sono: Georg von Reutter, Leopold Hofmann, Christoph Wagenseil, Joseph Steffan, Joseph Haydn, Carl Ditters, Gluck, dove fra questi Haydn figura come "Liebling unser Nation". Nella sua rozza semplicità il testo anonimo registra una situazione, per la prima volta misurata con metro locale, abbandonando le categorie allora correnti attraverso cui il pubblico, delle corti principalmente, manifestava le sue predilezioni (maniera italiana, francese, tedesca ecc.). Affermare che qui già fosse circoscritto il concetto di Classicismo viennese vorrebbe dire spingere il discorso troppo in avanti, senza curarsi del quadro assai eterogeneo configurato dagli esponenti viennesi citati. In testa al gruppo figura però Haydn, un Haydn poco più che trentenne, di rinomanza recente e non ancora risonante, eppure individuato nella reale posizione storica che come sinfonista avrebbe poi assunto al di sopra delle altre personalità chiamate in causa e che comunque, chi più chi meno, si cimentarono con logica rigorosa nella prassi strumentale. È quindi evidente che il motivo di interesse dell'anonimo viennese stava nella riconosciuta tendenza, prerogativa ormai della capitale dell'impero, all'evoluzione autonoma d'una musica strumentale di ricca articolazione che già ne assicurava la fama.

L'evoluzione della musica strumentale d'altro canto, nei termini della *Kammermusikkultur* che sottintendeva, non dipendeva ormai più dalle cappelle cortigiane o dalle chiese e non si sarebbe manifestata senza l'incremento dell'attività musicale a livello di circoli borghesi di amatori, che avrebbero costituito la nuova ed estesa clientela dell'editoria sviluppatasi dopo il 1777. La sinfonia classica ha origine nell'ouverture operistica italiana, quindi in certo qual modo nasce compromessa con l'ideale aulico da essa espresso, ma nell'assetto in quattro movimenti che Hoffmann le assicura a Vienna intorno al 1760 mette le basi della sua emancipazione, riconoscibile nel robusto profilo tematico e nell'estensione degli sviluppi.

Ora questa fioritura non sarebbe stata possibile senza quel consumo musicale ramificato in ogni ceto sociale di cui parla Burney nel suo viaggio a Vienna e a Praga, rappresentato da un'incessante attività cameristica che andava dai divertimenti, serenate, cassazioni, partite (al chiuso), Feldpartite (all'aperto) fino al genere più elevato del quartetto per archi, vera e propria fucina della sinfonia classica, come insegna Haydn. La vocazione universalistica della forma sinfonica sta proprio qui, nell'aver essa rappresentato un punto d'incontro e di saldatura tra la dottrina di tradizione accademica (il principio d'elaborazione del motivo inteso da Haydn come riformulazione moderna della prassi contrappuntistica) e l'aggancio all'espressione popolare (borghese, piccolo borghese, contadina addirittura).

Carl Ditters von Dittersdorf è l'esponente dalla cui produzione sinfonica meglio emerge tale componente rusticale, non solo presente nei minuetti e nei trii ma anche nei movimenti iniziali e finali, principali colonne della composizione. Ora, considerando che la "kammermusikalische Haltung" in terra austriaca si inquadra nella prospettiva della tradizione barocca popolare, a sua volta debitrice nei confronti dell'alto magistero della prassi concertante veneziana e dell'arte contrappuntistica privilegiata alla corte praticamente sotto tutti gli imperatori, è possibile azzardare l'ipotesi secondo cui la sinfonia viennese potrebbe rappresentare il momento del ricongiungimento di due filoni originati dalla stessa tradizione, l'uno aulico e l'altro popolare, acquisendo fisionomia capace di conciliare gli interessi impliciti nei due versanti e tale da superare ogni particolarismo. Se così veramente fosse si spiegherebbe come il classicismo musicale viennese, che preparò il terreno alla potente e ribelle esplosione beethoveniana, lasciasse continuare la sua eco su altri lidi, trovando il modo entro i confini imperiali di ridurla a formulazione armoniosamente integrata all'ordine asburgico e di derivarne non già espressione altrettanto dirompente, bensì il gesto sapiente e argutamente risolutore di ogni antinomia caratteristico del valzer di Strauss. In un giornale del 1808 («Vaterländische Blätter für den österr. Kaiserstaat»), ancora citato dal Blaukopf, sulla pratica musicale d'assieme leggiamo:

> La musica produce giornalmente il miracolo che solo può l'amore: essa fa uguale ogni stato. Nobili e borghesi, i principi e i loro vassalli, i superiori e i loro subordinati siedono vicini davanti allo stesso leggio, dimenticando nell'armonia dei suoni la disarmonia del loro stato.

Su ciò dovremo ritornare. In questa fase settecentesca occorre invece sottolineare il grado di coinvolgimento di un popolo (e più d'un popolo) in una produzione di musica che non riguardava soltanto gli addetti ai lavori. Il dilettante a Vienna era diverso dal musicista attivo nella professione solo per destinazione sociale, non per competenza. Non meraviglia quindi il fatto che il Conservatorio della capitale sia stato fondato relativamente tardi e nemmeno deve meravigliare la lenta professionalizzazione dei complessi orchestrali: gli esecutori dilettanti nei concerti della Wiener Gesellschaft der Musikfreunde furono estromessi solo dopo il 1850, mentre occorrerà attendere la fine del secolo per assistere alla creazione di un'orchestra stabile professionale (l'orchestra del Wiener Konzertverein).

Dalla già citata cronaca del 1808 si ricava l'affermazione secondo cui poche sono le case della capitale «dove ogni sera questa o quella famiglia non si intrattenga con un quartetto d'archi o con una sonata per pianoforte». Il fatto determinante, oltre l'aspetto tutt'altro che trascurabile della quantità, è però quello della qualità che, secondo la considerazione del Blaukopf, per la prima volta in Europa e con molto anticipo sugli altri paesi vide i musicisti, impegnati in intrattenimenti nelle residenze aristocratiche, abbandonare l'etichetta che chiedeva loro di esibirsi suonando in piedi. La «Wiener Methode», di cui parla Dittersdorf nelle sue memorie e che permetteva al musicista di sedersi di fronte al pubblico, è risultato e causa nel contempo di quell'atteggiamento di concentrazione capace di indurre un tipo di riflessione sul fatto musicale fino allora sconosciuto e gravido di radicali conseguenze sul destino di tutta la musica in generale.

D'altra parte Vienna era solo una capitale e la sinfonia che vi apparve era già conseguenza di esperienze avviate altrove: quella di Sammartini, che a Milano intorno al 1740 aveva già dato vita alla sinfonia moderna come concezione di pezzo da concerto indipendente dalla funzione di introduzione all'opera e in cui già prendeva corpo il linguaggio armonicamente articolato ma mediato dal contrappunto, e la "Scuola di Mannheim" che con Johann Stamitz ampliava la gamma di contrasti strumentali come mai nessuno prima d'allora. È ovvio che, come sempre a questo livello, occorre parlare d'interdipendenza; tuttavia in questo caso è anche opportuno riconoscere attraverso quali canali privilegiati tali esperienze abbiano interagito.

Il caso di Giovanni Battista Sammartini è sintomatico e descritto in modo inequivocabile da Giuseppe Carpani nelle *Haydine*:

> Mi resta a spiegarvi come l'*Haydn* di Vienna potesse trar profitto dai parti originali e numerosi del *Sammartini* di Milano. Non mi sarà difficile, se m'ascoltate. Prima del *Pallavicini* era stato governatore della Lombardia Austriaca il conte d'*Harrach*. Questi aveva il primo portata a Vienna la musica del *Sammartini*, la quale subito ottenne applausi e voga in quella gran capitale, così amante d'un tal genere di passatempi. Il conte *Palfi*, gran cancelliere d'Ungheria, il conte *Schönborn* e il conte *Mortzin* facevano a gara in procurarsene della nuova, e la sfoggiavano in que' loro concerti quasi giornalieri. L'*Haydn*, giovinetto e studioso, poté e dovette udirla più volte, e più ancora quando passò dal servizio del conte di *Mortzin* a quello del principe Nicola *Esterházy*, dove se ne riceveva di nuova ogni mese, attesoché il Principe fissato aveva al suo servizio, siccome il conte *Palfi*, anche la lontana penna del *Sammartini*. Sino allo spirare di questo maestro vi fu in Milano un banchiere per nome *Castelli*, destinato dal Principe a pagargli otto zecchini d'oro per qualunque composizione gli desse per sua Altezza. *Sammartini* doveva darne almen due al mese; ma era in sua balìa il fornire di più, al prezzo indicato. Io mi sovvengo benissimo d'aver udito nella mia gioventù il banchiere lagnarsi col *Sammartini*, già fatto vecchio e pigro nello scrivere, che da gran tempo non gli avesse dato nulla per Vienna, da dove gli venivano fatte continue ricerche; al che il *Sammartini* sogghignando soleva rispondere: = farò, farò; ma il cembalo m'ammazza.= Ciò non ostante il solo archivio musicale di casa *Palfi* vanta più di mille composizioni di questo autore.

D'altra parte Mannheim era sede dell'elettore del Palatinato, ma i musicisti boemi e moravi (Stamitz, Richter, Filtz), che vi avevano formato l'agguerrita colonia musicale, erano sudditi dell'impero, provenienti dalle stesse regioni che al pari dell'Italia rifornivano Vienna di interpreti e compositori altamente apprezzati. Oltretutto è risaputo che il primo nucleo dei *Mannheimer* fu costituito da musicisti attivi inizialmente a Innsbruck nella cappella del residente Karl Philipp e che nel 1718 lasciarono il Tirolo al seguito del principe, chiamato a prendere possesso della corte palatina.

La sinfonia a Vienna si manifestò quindi come punta d'iceberg di un sistema di relazioni che riguardava paesi diversi e lontani ma connessi in una stessa struttura statale capace di mediarne i contributi. Per di più Vienna, residenza dell'imperatore e dei vertici di un ordinamento amministrativo pervenuto nel Settecento a un livello di efficienza proverbiale, non poteva già più essere considerata semplicemente una città austriaca: la nobiltà di tutto l'impero vi convergeva e con essa una moltitudine di prestatori d'opera della più disparata provenienza, fra cui dall'Italia cantanti, musicisti, imprenditori editoriali, abati avventurieri e poeti di teatro, e dal regno di Boemia compositori, violinisti ed esecutori impareggiabili di strumenti a fiato. La Boemia ripeté nel Settecento dopo l'Italia il miracolo di una nazione esportatrice di ingegno musicale, inondando di musicisti i centri maggiori e anche più periferici d'Europa (Parigi, Berlino, Varsavia, San Pietroburgo). Sennonché a differenza degli italiani, per i quali riferimento dell'attività rimanevano le istituzioni musicali del loro paese, i boemi erano il prodotto di una musicalità meno condizionata dalla cultura rappresentata e quindi, qualsiasi fosse il luogo delle loro attività, adeguavano il loro apporto al modello estetico locale in perfetta operazione mimetica.

Il luogo della loro massima concentrazione era diventata Vienna, ormai capitale effettiva del regno di Boemia e, in quanto *Residenzstadt*, zona franca che chiedeva d'essere abbellita e ingentilita con il contributo di ogni suddito. Nella città imperiale i compositori boemi si fecero carico delle nuove tendenze allo sviluppo autonomo della musica strumentale e i loro nomi appaiono quindi numerosi nella vasta costellazione dei musicisti che vi detennero un ruolo. Dei sette nomi menzionati nel citato saggio sul gusto viennese del 1766 uno, quello di Steffan (Josef Antonín Štěpăn), è indubitabilmente boemo. Più tardi sarebbero apparsi quelli di Vaňhal, Vranický, Koželuh, Krommer-Kramar, Jírovec, Voříšek. Jan Vaňhal soprattutto attirò immediatamente l'attenzione come sinfonista al punto di conquistarsi fama in Inghilterra, oscurando quella di Dittersdorf, e di mantenerla anche quando l'astro di Haydn sembrò prevalere su tutti. Ora Vaňhal è spesso grande quanto Haydn, nella padronanza della tecnica d'elaborazione del motivo scolpito nel tessuto sinfonico a tratti rapidi e sicuri. Ciò che è più interessante stabilire è però la specificità "boema" in termini stilistici di questa generazione di compositori.

È certo che Vaňhal nel trattamento dei due clarinetti, con i caratteristici ritardi della cornamusa, trasmette il sapore della musica contadina del paese d'origine; Antonín Sychra ha individuato addirittura due casi di riproduzione di altrettante canzoni popolari ceche, nel *Minuetto* della Sinfonia in do minore e nell'*Andante* della Sinfonia in la minore.

In verità il ricorso a suggestioni rintracciabili nella musica contadina parrebbe il tratto distintivo della scuola boema già a partire da Johann Stamitz (Jan Václav Stamic) dove i clarinetti, che egli fu tra i primi a introdurre nella sinfonia, sia nell'evidenza timbrica sia nelle movenze melodiche, riportano spesso alla matrice popolare (esempio tra i molti la marcia allegrotta che costituisce il secondo gruppo tematico nel primo movimento della Sinfonia op. 11 n. 3). Un altro boemo di Mannheim, Anton Filtz, oltre a reminiscenze del genere usa la quarta alterata secondo la modalità lidia di uso popolare probabilmente slavo. Se poi consideriamo il ritmo, l'aspetto trascinatore per eccellenza nel collaudato assetto sinfonico di Stamitz, vi troviamo una precisione d'accento nella trasparenza della strumentazione modellata sul gesto chiaro del ballo paesano, anche quando ciò avviene al di fuori della corrente quadratura, in sincopazioni che più plasticamente sembrerebbero rappresentarci la danza frenetica e arruffata tipica dei popoli dell'est.

Le sinfonie dell'op. 11 di Stamitz furono in verità riunite sotto il titolo di *La melodia germanica* ("Sinfonie d'Allemagne") sottolineando quindi non già l'affermazione di un particolarismo nazionale, bensì il senso di appartenenza del suo piccolo popolo a un contesto di cultura che abbracciava tutto l'insieme dell'Europa centrale. Non solo occorrerà attendere l'Ottocento per cogliere nei musicisti cechi la volontà di riconoscersi in quanto tali, ma può essere rivelante il modo in cui alla fine del secolo XVII Nikolas Wentzely, maestro di cappella nella cattedrale di Praga, definiva la propria maniera: nella prefazione alla raccolta *Flores verni* egli parla infatti di «stylus bohemicus germanicus».

Più che uno sviluppo verso una specificità stilistica nazionale la musica boema, fino a tutto il Settecento impegnata a adeguarsi a concetti estetici sovrannazionali, sembra essere contraddistinta dalla predilezione per l'elemento popolare. Nelle sue composizioni sacre Adam Václav

Michna si basava spesso su canti religiosi popolari, oltre che rappresentare egli stesso un continuatore della tradizione dei canti religiosi in lingua ceca, mentre del gesuita Jan Křtitel Tolar è stata tramandata una *Missa vilana* esplicitamente esemplata su matrice contadina oltreché profana. Ora, come per Michna esiste un rapporto tra la sua polifonia vocale articolata in base a temi concisi e l'articolazione melodica a breve respiro dei canti popolari, così nei compositori boemi del Settecento è facilmente individuabile, anche nella dimensione sinfonica che diverrà sempre più ambiziosa, il modello linguistico che riconosce il proprio momento costitutivo nell'enorme produzione di musica funzionale di partite, serenate e via dicendo al confine fra la consuetudine villereccia e l'intrattenimento aristocratico e borghese.

Le cappelle musicali della nobiltà boema furono le prime ad associare alla compagine strumentale tradizionale la varietà di suono di innumerevoli e nuovi strumenti a fiato, la cui combinazione timbrica adatta a risuonare a cielo aperto aveva suggestionato la fantasia di Spontini, al punto da fargli apparire i musicanti che deliziavano le ore della sera come voce diretta della natura. È una realtà accertata la pratica degli strumenti a fiato nelle campagne ceche, dove i cori di chiesa intorno al 1700 erano accompagnati dai corni e dai cui villaggi partirono per ogni destinazione suonatori ricercatissimi per la loro maestria, soprattutto cornisti fra cui merita un cenno Jan Antonín Mares, iniziatore in Russia di una musica strabiliante per orchestra di corni formata di virtuosi che, a detta dei cronisti del tempo, ricordava un soffuso concerto d'organi. Ed è un fatto che i compositori cechi, attraverso la predilezione per gli strumenti a fiato e il loro impiego sistematico che nella "Scuola di Mannheim" giunse a omologare i clarinetti, trasferirono alle grandi forme quella fedeltà al taglio artigianale che, come derivazione dalle piccole forme dei divertimenti auletici rifuggenti dalle leziosità, ritroviamo nei minuetti soprattutto e nell'arco di sviluppo delle sinfonie di Stamitz; per non parlare del significato che, in altri termini ma pur sempre legato alla stessa origine e mentalità rustiche, a distanza di decenni ancora persiste nell'impronta contadina e nel relativo ottimismo esuberante di Smetana e principalmente di Dvořák.

Ora, ciò che i compositori di Boemia portarono a Vienna non era tanto una musica coloristicamente appariscente e ritmicamente singolare (anche se tali elementi sono tutt'altro che trascurabili), bensì un concetto di espressione opposto alla mondana qualificazione della maniera italiana, capace di restituire nello spoglio gesto rusticale la schiettezza di una musica in cui più non interessava la funzione di rappresentanza, ma dove si instaurava un meccanismo di identificazione alla misura del musicista dilettante, nuovo esemplare sociale di una città dove la musica stava per diventare una seconda lingua, un mezzo di comunicazione oltre che un'arte. Nel tratto artigianale della musica boema, la "kammermusikalische Haltung" della nuova mentalità viennese trovò il terreno adatto a sviluppare una maniera in cui il consumatore diretto di musica, dal gusto gia innervato da una cultura musicale che la tradizione controriformistica austriaca aveva dimensionato al singolo individuo, riconosceva un'espressione familiare, colloquiale innanzitutto, ma soprattutto dialettica nella propensione all'attività riflessiva manifestata dal linguaggio dei suoni. A Vienna, dove l'arte italiana, pur assimilandovisi più che altrove, rimaneva in parte ancora un corpo culturale separato, nel Settecento non sarebbe stato quindi più possibile fare distinzione tra musica boema e musica viennese.

I numerosi riscontri tentati dal Sychra tra temi mozartiani e canzoni ceche, anche in composizioni che precedono il viaggio di Mozart a Praga, più che spiegare un rapporto di dipendenza dimostrano uno stato palese di comunicazione intercorrente tra due poli culturali ormai fusi. Se i legami che l'apparato amministrativo asburgico tesseva tra le capitali danubiane spiegano ad esempio l'asse di formazione di un compositore quale Gluck (a Praga dal 1732 come allievo di Černohorskÿ, a Vienna dal 1736 come compositore da camera del principe Lobkowitz, a Milano dal 1739 come allievo di Sammartini) o il destino del boemo Václav Pichl (maestro di cappella dell'arciduca Ferdinando a Milano e autore di una storia manoscritta dei musicisti cechi in Italia, purtroppo distrutta in un incendio durante l'occupazione francese), ciò non significa ancora che ciascuna delle città in questione avesse perso la propria individualità esprimendo uno standard culturale comune. Quando Mozart giunse a Praga vi ritrovò invece in un certo senso Vienna per non dire se stesso, visto che le arie del *Figaro* figuravano già nelle raccolte di canzoni per le scuole. Le arie di Mozart erano correnti a Praga tanto quanto le canzoni ceche a Vienna e ciò non era che il segno esteriore del completamento di un processo di sintesi dopo il quale non si potrà più parlare di storia della musica ceca senza passare per Vienna e viceversa. Dopo la nascita dello stato cecoslovacco, era naturale che la storiografia di quel paese sottoponesse la sua musica del passato a tentativi di riduzione nazionalistica. Naturale ma poco opportuno, considerando che l'apporto al Classicismo viennese dato dai boemi non provenne dall'esterno in forma d'influenza (come potrebbe essere tra i molti quello di Sammartini), bensì vi crebbe all'interno.

Un musicista quale Jan Václav Hugo Voříšek, giunto a Vienna nel 1813, compose dieci anni dopo una Sinfonia in re maggiore che è un capolavoro. Nessuna traccia di connotati slavi esteriori è evidente, mentre la scrittura fa propri molti procedimenti beethoveniani (taglio tematico, contrasti dinamici, sussulti ritmici inconfondibili) e qualche indugio estatico schubertiano. Voler vedere nello *Scherzo* l'accento greve di danza slava anziché il risoluto piglio beethoveniano sarebbe manifestazione d'uno spirito critico oltretutto non in grado di cogliere nel modello autorevole quanto di slavo già conservasse attraverso l'esempio dei compositori cechi residenti a Vienna. Voříšek (Worzischek) fa parte di quella schiera di autori che Anton Diabelli invitò a partecipare alla sua prima iniziativa editoriale, la quale vide la luce nel 1824 e che presentava un tema (il celebre tema su cui Beethoven compose l'op. 120) variato 50 volte da altrettanti compositori. La raccolta, pomposamente intitolata *Vaterländischer Künstlerverein*, è interessante per molti aspetti, ma è soprattutto significativa per la scelta operata da Diabelli fra i «più distinti compositori e virtuosi di Vienna e dei Regi e Imperiali Stati d'Austria» selezione che, per essere la sua un'impresa squisitamente commerciale, doveva tener conto del gusto dei suoi potenziali clienti viennesi.

Ora fra i 50 autori non vi sono personalità italiane, comprensibile giacché l'Italia non aveva espresso una scuola pianistica, anche se stupisce e pare ingiustificata l'assenza di un personaggio ancora autorevole quale Salieri. Due i musicisti d'Ungheria, fra cui Liszt appena undicenne a quel tempo a Vienna come allievo di Czerny. La presenza dei compositori cechi ammonta invece a quattordici nomi, quasi tutti di personalità attive nella capitale imperiale e, come gli altri autori della raccolta, diversi fra loro per impostazione (da un brillante pianista da salotto quale Plachy si passa alla prodigiosa tecnica da concerto di Moscheles e alla solidità di scrittura di un Horzalka), ma tutti fioriti su quell'«Österreichs classischem Boden» di cui parla Diabelli nella prefazione e che, essendo sancito dall'attributo ottocentesco di *vaterländisch*, a quell'epoca veniva ad assumere un peso specifico del tutto nuovo, tendente a risolvere ogni antinomia nell'ideale ormai acquisito di patria.

Sennonché il concetto di *Vaterland*, su cui il conte Stadion divenuto cancelliere aveva fissato l'asse della sua politica, aveva avuto origine nella mobilitazione delle coscienze contro l'invasione napoleonica; non solo, ma in Austria era inteso come surrogato dell'idea di nazione, cioè come appello a tutti gli stati e i popoli della monarchia a raccogliersi intorno all'imperatore, riconosciuto come *Vater*. Nell'idea imperialregia di *Vaterland*, sfoderata allo scopo di scongiurare lo smembramento di uno stato multinazionale estremamente diversificato, l'unità almeno in teoria non giungeva quindi a smentire il particolarismo. In questo senso il germe nazionalistico, che nell'Ottocento produsse profondi contraccolpi nelle monarchie d'Europa, nell'impero degli Asburgo ritardò gli effetti del contagio, accontentandosi dapprima di abbellire la sua capitale con i festoni colorati delle nazionalità che vi facevano capo e giungendo ad accentuare, con la vocazione sovrannazionale, anche quella cosmopolitica, assunta poi dall'operetta per essere portata alla dimensione evasiva dell'irreale.

Ma tale vocazione non era forse già adombrata in quel singolare *Finale internazionale* che conclude la *Sinfonia nel gusto di cinque nazioni* composta da Dittersdorf nel 1767, prodotto sintomatico di una cultura da sempre solcata dal problema dell'identità, sia esso il privilegio dell'antica università di Vienna (1365) di accogliere quattro nazioni (l'austriaca, la sassone, la renana, l'ungherese), sia esso il compiacimento di fronte all'esorcismo del molteplice (come nel caso della sinfonia in questione), sia esso l'inquietudine di poi?

Turcherie

La sinfonia di Dittersdorf, oltre al finale citato, comprende cinque movimenti: un *Allegro tedesco*, un *Andante italiano*, un *Allegretto inglese*, un *Minuetto francese* con un *Trio turco*. Accanto a quattro popoli europei è evocato un popolo asiatico il cui peso sul destino del continente fu capitale e drammatico per la storia degli stati danubiani. Già nel Medio Evo l'Austria era stata la Marca dell'Est, dove le roccaforti sul Danubio svolgevano il compito di baluardo contro le invasioni barbariche. Nel secolo XIV i turchi sbarcarono sulla riva europea del Bosforo, iniziando una progressiva penetrazione che, con campagne vere e proprie, ma soprattutto con attacchi improvvisi, saccheggi, violenze e rapimenti, lasciarono tracce profonde e tragiche nella fantasia popolare dei paesi del Danubio. Nel 1526 il sultano Solimano II sconfisse Luigi II Jagellone e sottomise l'Ungheria, portando nel 1529 un primo assedio a Vienna. I turchi invasero la Transilvania nel 1660 riprendendo una nuova lunga guerra con l'Austria, che ebbe il culmine più drammatico nell'assedio di Vienna del 1683, ma che terminò infine con la riconquista di Buda nel 1686 e più tardi con quella di Belgrado.

È dei decenni successivi la diffusione di una più o meno definibile moda musicale turca la quale, pur incidendo marginalmente sull'evoluzione della musica, non a caso nel Settecento si manifestò costantemente presso i compositori dell'area danubiana: Gluck, Haydn, Mozart per indicare solo i principali. Già le cronache viennesi dell'assedio del 1529 riferivano della presenza nell'esercito turco di una musica di cimbali, campanelli e zampogne. Non sappiamo quale impressione avesse prodotto l'arrivo a Vienna dell'ambasciatore turco nel 1665, accompagnato da una banda di musici, tranne il *grosser Schall* dei cimbali d'argento e i vistosi drappi che ricoprivano i tamburi menzionati nella descrizione del quadro che ricorda l'avvenimento nel museo della città, ma è documentato il grande successo tributato nel 1719 all'ambasciatore Ibrahim e al suo pittoresco seguito musicale.

Cessato il pericolo, la fiera domata non incuteva più paura: certamente il fenomeno dei reggimenti austriaci (ma anche prussiani, polacchi ecc.), che dopo la vittoria sui turchi appresero dai vinti la consuetudine di farsi affiancare da una fragorosa banda musicale composta di trombe, zampogne, tamburi, piatti, campanelli e triangolo, rappresenta un caso emblematico di psicosi collettiva. È come se, uccisa la leonessa, davanti agli inermi leoncini sopravvissuti all'istinto bellicoso si sostituisse un sentimento, se non proprio di tenerezza, perlomeno di curiosità, per cui si poteva anche prendere in considerazione l'idea di addomesticarne i cuccioli e di lasciarli girare tranquilli fra le pareti domestiche.

Il primo ad "ammaestrare" una banda di giannizzeri sembra essere stato Jan Sobieski il quale, accorso nel 1683 a Vienna a contrastare le truppe del sultano, fece accompagnare il suo esercito da un corpo musicale "turco", quasi a voler rispondere con le armi al fragore delle armi e con trombe e tamburi al suono incitante prodotto dai veri giannizzeri. La riduzione allo stato di docilità tuttavia non è se non una forma meno oppressiva di schiavitù, per cui può apparire significativo il fatto che i ventisette sassoni che componevano la banda del re di Polonia nel 1699 portassero costumi orientali: al di là dell'aspetto pittoresco, la finta banda turca che sfilava con l'esercito, oltre alla riscoperta della funzione bellicosa della musica, si presentava come metafora rassicurante di trofeo di guerra.

Ed era finzione fino a un certo punto, se pensiamo che nel 1734 nel corpo musicale della marina austriaca figuravano prigionieri turchi veri e propri, mentre rimase un vanto per i reggimenti il fatto di poter esibire in testa alla propria banda militare un turco autentico, un moro o in mancanza d'altro uno zingaro dalla pelle bruna. Il fatto di ritrovare l'armamentario strumentale dei giannizzeri nella Sinfonia in sol maggiore n. 100 di Haydn, detta appunto "Militare", in un autore il cui nonno nella sua infanzia era scampato avventurosamente al pericolo di essere massacrato dalle orde del sultano, la può dire lunga sul significato occulto, nascosto dietro la sonorità squillante di una musica risolta a stimolare piacere. Una ricerca sistematica sul filone "turco" nella musica europea non esiste e occorre quindi accontentarsi di un abbozzo. Appare però subito chiaro che l'asse sul quale si diffonde questa moda segue il corso del Danubio e i paesi rivieraschi.

La prima opera che ne porta il segno è di pochi anni posteriore al passaggio della bufera, il *Musikalisch Türkischer Eulen-Spiegel* composto nel 1688 da Daniel Speer. Il compositore slesiano, che in gioventù aveva percorso i Balcani e che nel 1665 era stato esiliato dall'Ungheria per il fatto di essere protestante, aveva affidato il racconto dei suoi peripli a una serie di scritti (*Ungarischer oder Dacianischer Simplicissimus*, *Türkischer Vagant oder Umbeschweiffend-Türkischer Handels-Mann*, *Simplicianischer Lustig-Politischer Haspel-Hanss*) apparsi tra il 1683 e il 1684 e che, date le circostanze, dovettero assai solleticare l'interesse del pubblico dei paesi di frontiera. Il *Türkischer Eulen-Spiegel* è un'opera chiave per molti aspetti: per quanto concerne il tema in questione vi si può riconoscere il ruolo di capostipite di una fortunata tradizione che arriva a Mozart passando per Gluck.

A metà strada tra l'oratorio profano, l'intermezzo e il balletto, la composizione si articola tra lunghi recitativi, momenti ariosi e danze, combinati secondo uno schema estremamente libero. Metà in forma di azione e metà in forma di narrazione, la vicenda segue l'avventura di Lompyn, stravagante ma astuto buffone che, per liberare il suo padrone tenuto prigioniero dal sultano, escogita una serie di espedienti e di scommesse che gli permetteranno di coronare con successo l'impresa. Il sultano vi compare con la sua inflessibile statura, ma anche con la proverbiale magnanimità di un luogo comune destinato a resistere per decenni. L'espressione musicale del sultano cede alla gravitazione del minore che anticipa in maniera stupefacente l'intonazione del mozartiano Osmin, dove la scelta del modo, oltre a corrispondere al presunto tratto stilistico orientale, colora l'evocazione di nostalgia verso mitici paesi lontani. L'insistenza sulla tonalità minore si ritrova nell'atmosfera dei cori, di una grandiosità ambiguamente individuata tra la festosità e l'impressione di minaccia, collegata all'impiego della rullante percussione. La qualità del saggio di Speer, che in fondo non si differenzia da tutte le turcherie posteriori, sta nel prevalere della reazione "positiva" in un autore il quale, durante i suoi vagabondaggi nelle regioni messe a ferro e fuoco dalle guerre scatenate dagli ottomani, ne visse in prima persona le vicende. Non si dovette attendere che le ferite si fossero rimarginate per ricavare dal mondo musulmano un'immagine innocua e tranquillizzante.

Il compiacimento nell'uso delle curiose soluzioni musicali quale trofeo è addirittura momento di debolezza del severo e appartato Fux, autore di una sonata da camera divisa nei movimenti: *Turcaria*, *Passacaglia*, *Janitschara*, *Posta Turcica*. Qui domina la greve scansione marziale e i gruppetti di semicrome chiamati in causa a evocare l'eccitante tintìnnio dei campanelli. Dello stuzzichevole scampanio Antonio Caldara avrebbe persino fornito una versione vocale in un gustoso e crasso canone a 3 voci maschili, che nella generosa prospettiva del suo "neomadrigalismo" inconsapevolmente riecheggiava la chiassosa e rozza rappresentazione lassiana del lanzichenecco ("Alla maniera turca vogio che nu cantemo e dopo beveremo").

Frattanto la moda turca non solo aveva mutato di significato l'immagine dell'uomo d'oriente, ma con le *Lettres Persanes* di Montesquieu (1721) lo additava come esponente perfetto di una tradizione millenaria, saggezza capace di dimostrare l'alta sua dimensione morale attraverso l'esempio calato dall'alto della gerarchia, nell'affermazione di un principio riconosciuto come modello dalla prassi settecentesca dell'assolutismo illuminato. A questo punto la moda turca danubiana, incontrandosi con quella francese, sottopose l'evocazione dell'oriente a una successiva fase di esorcismo che all'immagine del turco avrebbe tolto i residui attributi minacciosi. Nel 1761 Vienna fu in gara con Parigi per la rappresentazione di *Le Cadi dupé*, *opéra-comique* tratta da *Le mille e una notte* che Monsigny compose e fece andare in scena al Théâtre de la Foire de St. Laurent e che qualche mese dopo Gluck ricompose per Vienna, preoccupandosi di introdurre nell'orchestra i colori esotici di un salterio, un tamburino, uno "strumento turco" a percussione, un piffero, un triangolo. Tre anni dopo fu la volta di una buffoneria più fortunata, *La Rencontre imprévue* (ovvero *Les Pèlerins de la Mecque*), messa in scena al Burgtheater e immediatamente ripresa dai teatri di mezza Europa. Tradotto in tedesco nel 1770, il lavoro sarebbe tornato dalla Germania sulle scene viennesi nella forma di Singspiel. L'ouverture di questo grande successo gluckiano costituisce un modello per tutte le elaborazioni strumentali ulteriori della tematica turca, nel compiaciuto ritmo di marcia, nella sorpresa degli intervalli eccedenti e negli svolazzi dell'ornamentazione (acciaccature e mordenti che, nel tentativo di portare la melodia al di fuori del binario diatonico obbligato verso melismatiche atmosfere orientali, sorridevano maliziosamente all'ideale rococò).

Nel 1775 sullo stesso soggetto, a dimostrazione dello spazio che si era conquistato nella fantasia del pubblico, Haydn fu chiamato a comporre *L'incontro improvviso*, che si lascia tentare dalle stesse seduzioni, anche se il sinfonista si accontentò dell'aspetto esotico derivato dal ritmo e dal colore strumentale. Ne *Lo speziale* (composto da Haydn quattro anni prima) Mengone, travestito da turco per ingannare Sempronio, si esprimeva con inflessioni melismatiche e attraverso i *nonsense* di una pseudolingua, gli stessi che Gluck aveva messo in bocca al suo Calender. Del fratello di Haydn, Michael, è inoltre una Sinfonia in re maggiore (*Suite turca* dalle musiche per la *Zaïre* di Voltaire) facente capo alla timbrica tavolozza orientale, che diventa esplosiva nella *Sinfonia turchesca* di Franz Xaver Süssmayr (che tra l'altro si pretendeva fedele al tema di una vera canzone tradizionale dal titolo *Hicaz Son Yürük Semai*), autore anche di *Un musulmano in Napoli* (1794) e di un *Soliman II* (1799). Il tipico contorno percussivo fragoroso (incitante passi precipitosi in senso liberatorio) probabilmente appreso proprio a Vienna in cui soggiornò per mesi nel 1783, non manca nel *Soliman II* (1788) di Joseph Martin Kraus. Per la distanza stabilita rispetto alle normali coordinate musicali, tale stile fu ben presto chiamato in causa quando i soggetti fantastici comparirono sulle scene, come dimostrano le marce turche emergenti nell'*Oberon*, Singspiel composto nel 1798 da Pavel Vranický (Paul Wranitzky). Le turcherie dilagarono nel balletto; Cannabich, che per la sua appartenenza alla "Scuola di Mannheim" potrebbe essere considerato propaggine dell'area culturale danubiana, in verità non prese di lì lo spunto per le sue storie esotiche danzate: *Le Mariage samnite* (1772) e soprattutto *Les Fêtes du Sérail* (1785) caratterizzano il tema nei termini dell'occasione di divertimento, secondo la predilezione della frivola moda francese che dominava il gusto alla corte palatina.

Ben diverso è il significato del tema turco nell'opera di Mozart. Presentandosi per la prima volta anche per lui nelle dimensioni di un balletto (*Le gelosie del Seraglio*, rappresentato a Milano nel 1772 nel contesto del *Lucio Silla*) il pretesto "alla turca" ravvivò alcune tra le pagine più fortunate del grande compositore, dal finale del Concerto per violino in la maggiore KV 219 all'ultimo tempo della Sonata in la maggiore KV 331. Il finale del concerto salisburghese è particolarmente degno di considerazione in quanto l'intermezzo turco in la minore non costituisce occasione a sé, ma viene a interferire all'interno del "Tempo di Minuetto": il serpentino ondeggiamento degli arabeschi cromatici insinua nel baldanzoso ritmo marziale un che di sospettoso, che dell'evocazione turca recupera la componente inquietante. Non a caso, di fronte all'eccezionale rilievo coloristico di tali violenti sprazzi sonori, Giorgio Pestelli ha ricavato l'impressione di qualcosa di diverso dalla norma europea che irrompe nel civile mondo settecentesco.

L'ambiguità mozartiana è il terreno adatto ad accogliere un'espressione che, dietro l'evocazione risolta in tratto estetizzante e compiaciuto, sappia afferrare un motivo di trasalimento. Ma Mozart era anche colui che, succedendo a Gluck nel 1787 come *K.u.k.-Kammermusikus*, accettava di distrarre la corte componendo per essa balli ispirati all'attualità, dove la disinvoltura del gesto brioso poteva bastare a far dimenticare le angustie. Dal gennaio 1788 è una contraddanza in do maggiore intitolata *La battaglia* (KV 535), provvista della batteria di strumenti necessaria allo scopo di dipingere con colori turchi un quadro di contrasti (vi compaiono anche gli archi battuti con l'arco a rovescio: "col legno di battuta").

Ora ciò avveniva proprio mentre una nuova guerra con la Turchia era già nell'aria ed effettivamente avrebbe coinvolto l'impero di Giuseppe II meno di un mese dopo, tant'è che poco più tardi la «Wiener Zeitung» del 19 marzo aveva già ribattezzato la modesta composizione mozartiana "L'assedio di Belgrado". In realtà la campagna fu difficilissima e dovette passare più di un anno prima che Belgrado fosse riconquistata e prima di celebrare la vittoria del duca di Coburgo, che una sinfonia di Franz Christoph Neubauer (*La battaglia di Marinestie*) si incaricò di interpretare in musica, badando a distinguere, nell'episodio in cui si riproduce lo schieramento delle due armate, il nutrito apparato percussivo dei turchi dal tema puramente melodico delle truppe cristiane. Mozart vi colse l'occasione per intitolarvi una delle nuove contraddanze destinate ai balli di fine anno della corte (*Der Sieg vom Helden Koburg* KV 587) prodigandovi, insieme al plastico vigore dei contrasti dinamici, una sapienza sinfonica insolita per questo genere di composizione, in cui già si profila la generosità dell'impegno orchestrale che avrebbe fatto la grandezza della tradizione di danza viennese fino agli Strauss.

In verità Mozart preannuncia Strauss non solo per questo aspetto, ma per la capacità di guardare all'attualità come a una realtà stuzzicante; per l'attenzione che sa cogliere in agguato qualsiasi avvenimento e che nello stesso tempo è capace di svuotarlo del contenuto più problematico, restituendolo in una dimensione sonora fantasmagorica che induce direttamente all'evasione. È già la dimensione dell'operetta, capace di mutare in favola qualsiasi pretesto di cronaca e che, scoprendosi in casa la prospettiva dell'esotico (magiaro, slavo, italiano o orientale che sia), le si concede con quella nostalgia di terre lontane tipica di un impero i cui confini non delimitavano il territorio di una nazione ma si estendevano oltre la demarcazione etnica, verso popoli sentiti come fratelli in un sistema in cui le barriere naturali introducevano quel quoziente di estraneità sufficiente a suscitare un sentimento di conoscenza incompiuta e quindi il desiderio di surrogarla con la fuga nel fantastico. In questo senso le turcherie teatrali settecentesche possono essere per certi versi l'antecedente dell'operetta viennese, mentre l'*Entführung aus dem Serail* giungeva per la prima volta a coagularne la modalità espressiva.

L'elemento turco nel Singspiel di Mozart non è infatti solo da individuare nell'esteriore colore strumentale e nella spavalderia dei ritmi di marcia che, sia nell'ouverture sia nei cori dei giannizzeri, trovano formulazione magistrale. Dietro la facciata fantasmagorica, come ha sottolineato il Pestelli, trova infatti posto una vibrazione emotiva capace di fare del personaggio più pittoresco (Osmin) il portatore di un germe sentimentale nuovo che nel sol minore del Lied iniziale riesce a trasmetterci il senso di lontananza, di vagheggiamento di un mondo che solo la memoria di luminosi orizzonti mediterranei può contemplare, e che rivive nella libera modulazione della romanza di Pedrillo come connotato stilistico che arricchisce il linguaggio, proprio dilatando l'espressione oltre la norma occidentale.

Che Mozart avesse inteso approfondire questa dimensione di distanza dall'oggetto della rappresentazione è dimostrato dall'aver ispirato il Coro dei giannizzeri a una melodia pretesa turca trovata nel libro che, con il titolo *Geschichte des transalpinen Dacien*, il capitano delle armate imperiali Franz Joseph Sulzer aveva pubblicato a Vienna nel 1781. E che l'*Entführung*, oltre a essere il capostipite dell'opera tedesca, possa essere considerata il precursore dell'operetta, risulta dal senso di turbinosa e inebriante circolarità impresso al capolavoro fin dalle prime battute dell'ouverture e siglato dal vaudeville finale, dove i cinque personaggi si succedono a ciclo sulla stessa strofa, in cui la facilità melodica produce il senso di vortice di canto inarrestabile, che riesce a trascinare per sola forza di musica perfino la sadica fissazione di Osmin, resa ormai inoffensiva e incapace di incrinare il lieto fine, con la stessa focosa determinazione con cui nel finale del secondo atto della *Fledermaus* i protagonisti sfilano sulla stessa strofa di un brindisi ripetuta.

La componente turca nella musica settecentesca non è quindi circoscrivibile a fenomeno di pura moda, ma va presa anche in considerazione come termine di riferimento capace di stimolare nella coscienza la percezione di un modo d'essere di un altro mondo, colto a metà strada tra il mitico e il reale e tipica delle esperienze compositive dell'area asburgica.

È significativo infatti lo svolgimento delle turcherie al di fuori di queste coordinate culturali: ne *L'italiana in Algeri* (1813) e ne *Il turco in Italia* (1814) la musica di Rossini non si lascia sedurre da richiami esotici, semmai procede proprio in direzione opposta, uniformando anche il diverso ai connotati della sua esilarante follia espressiva. Sembrerebbe fare eccezione Giovanni Simone Mayr nelle considerazioni riservate agli "strumenti turchi" nel suo *Trattatello sopra agli stromenti ed istromentazione*:

> Essi sono per me i più insoffribili, sia che nei colossali, ampi Teatri d'Italia la grande cassa [...] può essere di qualche vantaggio perché manca la misura, a me fa sempre un effetto dispiacente: è dessa un non so che di cannibalesco nello suo trambusto e colpi disperati, creata propriamente per animar un qualche despota orientale di troncar colla sua sciabola le teste de' suoi schiavi, o di accompagnar il giannizzero turco, quando egli a gioja degli disumanati assistenti, ed in orrore di certi uomini pone in vista in spettacolo di tutti sulle mura i teschi e le orecchie dei greci.

Sennonché, per quanto italianizzato, conosciamo la sua origine bavarese. Nel suo riferimento ai Greci si rispecchiava l'attualità delle tensioni che portarono all'insurrezione contro i turchi nel 1821, di cui troviamo traccia nelle musiche di scena per *Le rovine d'Atene* (1811) di Kotzebue destinate all'inaugurazione del teatro tedesco di Pest, in cui Beethoven non rinuncia a offrire a Minerva, scesa in Grecia dopo un sonno di duemila anni, lo spettacolo di una nazione occupata dagli ottomani e d'una musica che, più che nelle crepitanti acciaccature della *Marcia turca*, rivela la suggestione della «poesia del lontano» (Pestelli) nel misterioso crescendo del *Coro di dervisci* e nel colore ambiguo del quarto grado eccedente, lo stesso che nella melodia di Pedrillo aveva spalancato a Mozart un nuovo spazio di nostalgia. In Mozart come in Beethoven, il colore turco con ciò non è mai citazione del particolare, spostando esso l'equilibrio espressivo su una molteplicità di punti d'appoggio correlati, che non ne consentono l'utilizzazione in termini di pura e curiosa rarità. E ciò basta a spiegare l'apparizione di un episodio turco nel coro finale della *Nona*, il quale potrebbe essere visto come atto conclusivo di un processo d'appropriazione durato quasi un secolo e che qui, proprio mantenendo intatto il vocabolario ritmico-timbrico orientale, ne fa strumento di proclamazione della conquista dell'ideale celeste: la gioia scandita dalle festose sonorità di triangolo, piatti e grancassa è certamente anche richiamo a una primitività del sentire, prerogativa dei popoli non ancora civilizzati o dell'infanzia – quanto di radiosamente fanciullesco possiamo trovare in questo episodio! –, che nella sua rozzezza riusciva a trasmettere quel messaggio primigenio che nessuna marcia rivoluzionaria o napoleonica, con la sua fatale e cupa sacralità dell'idea civile, avrebbe potuto esprimere.

Alla zingaresca

L'intera questione della moda musicale turca fiorita nel Settecento è stata messa in discussione da un importante contributo di Dénes Bartha al congresso parigino del 1958 dedicato alle influenze straniere nell'opera di Mozart, esame che è riuscito a stabilire come, al di là dell'aspetto timbrico, i connotati morfologici tradizionalmente riconosciuti come "alla turca" in realtà provenissero da un'altra esperienza musicale, quella zigana diffusa oltre i confini dell'Ungheria dopo il 1780. Il cosiddetto "Verbunkos" – cioè l'insieme di quei caratteri "all'ongarese" basati principalmente sullo stacco ritmico repentino, sulla frantumazione della melodia in brevi cellule strascicate e sui volteggianti gruppetti nervosi di semicrome – si identificherebbe allora con i connotati turchi rivelando l'intersezione di due tradizioni di cultura.

In realtà, lungi dal negare il discorso fin qui condotto, i rilevamenti del Bartha non fanno che suffragarlo, e precisamente nella misura in cui riescono a stabilire come all'est di Vienna tutto venisse intravisto in una prospettiva in cui il noto si mescolava all'ignoto e dove la norma linguistica occidentale veniva impercettibilmente a spostare gli elementi di sostegno del proprio sistema musicale, introducendovi componenti destabilizzanti, integrati come operazione di dilatazione della coscienza.

D'altra parte la secolare dominazione turca nell'Europa sud-orientale, che lasciò dietro di sé eredità notevolmente vistose, come la religione musulmana in Serbia e via dicendo, già doveva aver destabilizzato l'omogeneità del tessuto musicale popolare di quei paesi. Lo stesso Bartha ha ritenuto degno d'attenzione il titolo di *Danza turca* (*Törökos*) dato dai contadini di Kunszenmiklós, villaggio della pianura ungherese, a una danza nuziale altrimenti detta "Danza degli ospiti importuni", dove i figuranti indossavano costumi pseudoturchi. Ora i tratti musicali di tale danza non fanno che confermare i caratteri del Verbunkos, che d'altronde si ritrovano nella parte manoscritta di violino conservata nella Biblioteca del Museo nazionale di Budapest in un quaderno datato 1786 e sotto il titolo di *Turcicum*. L'ipotesi che da qui possa essere derivata la cosiddetta moda turca è più che plausibile. Dall'ambiguità della fonte fu inevitabile giungere all'ambiguità del risultato, che un compositore come Mozart, il quale non fu mai in Ungheria, contrassegnò univocamente con la denominazione "alla turca"; mentre musicisti quali Haydn e Dittersdorf, operanti lungamente presso nobili casati magiari, designarono in modo ambivalente, ora "alla turca" ora "all'ongarese" o "alla zingarese". Da parte sua Beethoven, pur avendo sollecitato in quello stile la memoria dei dervisci (come abbiamo visto), nel *Rondò* in sol maggiore noto come "Lamento su di un centesimo smarrito" aveva identificato la precipitazione delle note sulla tastiera come "alla ungherese quasi un capriccio".

Dittersdorf, che fino al 1769 fu maestro di cappella dell'arcivescovo a Nagyvárad in Transilvania, è autore di una serie di quartetti pubblicati nel 1788 di cui quello in mi bemolle, spiccante per insolita evidenza drammatica, presenta un tema zingaro di matrice uguale a quella del primo elemento tematico che compare nell'episodio turco del citato Concerto KV 219 di Mozart, mentre già sappiamo come avesse denominato il Trio del Minuetto nella *Sinfonia delle cinque nazioni*. Il caso più significativo è però quello di Haydn che, proprio a Esterháza in Ungheria e per intrattenere un principe ungherese, compose *L'incontro improvviso*, dove la marcia turca finale esibisce gli stessi elementi di Verbunkos che ritroviamo nel Rondò "all'Ungherese" che costituisce l'ultimo tempo del Concerto in re maggiore per pianoforte e orchestra, nel *Rondò* del Trio in sol maggiore con pianoforte n. 25, nel *Minuetto alla Zingarese* del Quartetto op. 20 n. 4 ecc.

In verità credo che si possa far risalire questo singolare fenomeno di compenetrazione di stile e di senso a molto prima, perlomeno a quel *Türkischer Eulen-Spiegel* in cui Speer si compiaceva di allineare marce turche in un florilegio di danze intitolate alle regioni facenti da sfondo all'avventura di Lompyn (Ungheria, Valacchia, Moscovia, Polonia ecc.), tutte o quasi energicamente profilate nel ritmo (con frequenti spostamenti d'accento sui tempi deboli della battuta), con tipiche inflessioni modali in melodie prevalentemente orientate verso il minore, con plastici e scattanti arabeschi melodici che negli archi richiamano le fiorite diminuzioni del violino, comuni alla prassi popolare dei paesi dell'Europa orientale. Speer percepiva tutte queste espressioni di provenienza disparata come manifestazione di un mondo dagli orizzonti indistinti, dai confini resi precari da una storia tormentata, antica e affascinante, dall'esistenza prevalentemente contadina condotta in armonia con la natura.

In questa visione va probabilmente individuata la matrice di quell'interesse che le civili città dell'impero dal Settecento in poi riservarono alla musica degli zingari d'Ungheria, tipico prodotto espressivo che, per aver realizzato una sintesi di elementi musicali ungheresi, slavi, balcanici e fors'anche turchi, oltre ai propri e a quelli della danza cittadina (viennese in particolare), era divenuto veicolo per eccellenza di comunicazione musicale tra i paesi danubiani.

Lo zingaro apparteneva a quel mondo senza essere di quel mondo e tale nozione ci è ben resa da Franz Liszt, autore di un libro sul tema (*Des Bohémiens et de leur musique en Hongrie*, 1859), in cui descrive il suo ritorno in Ungheria per risentire

> [...] les rythmes, les harmonies qu'on eût dit descendues d'un autre planète, tant elles differaient de ce que l'art européen permet ou defend à la musique. Pourtant c'était de la musique, car elle disait, elle parlait, elle chantait même! Et, comme elle chantait! [...] Quels accents de choeurs exilés, d'oiseaux emprisonnés, d'âmes orphelines, de tendresse veuve, – elle faisait entendre! Nous la comprenions bien, cette musique;

> elle nous semblait même une langue natale! Nous n'étions pas seuls d'ailleurs à en être subjugués; tous subissaient son empire.

Ora l'itinerario che Liszt ripercorre attraverso il paese d'origine non è precisamente lo stesso in cui era passato Haydn, non già nel senso geografico bensì in quello culturale, che al grande pianista apriva gli occhi di un altro secolo e soprattutto l'anima di un Romanticismo integralista che i sudditi dell'impero degli Asburgo in fondo non conobbero mai e al quale l'autore delle *Rapsodie ungheresi* si formò non certo a Vienna, bensì sull'asse Parigi-Weimar.

Così nello zigano Liszt celebra principalmente la perfetta identità individualistica, la sete di libertà, il rifiuto di ogni sottomissione e la determinazione a liberarsi dal giogo morale per rincorrere la sensazione. In secondo luogo, sempre svolgendo l'assunto romantico, pur senza riconoscersi in una patria lo zingaro si riconosce in un popolo: anzi il fatto di appartenere a un popolo, che sia riuscito a esprimere una propria tradizione di costumi, di caratteri, di poesia, senza pagare pesanti tributi alla civiltà e proprio grazie all'esistenza raminga rimasto vicino allo stato di natura, colloca lo zingaro al centro dell'attenzione e dell'indagine romantica. Ma dove un simile popolo, analfabeta, destinato a vivere alla giornata, disperso, senza memoria del passato, ha potuto esprimere un'epopea nazionale? In musica – è la risposta –

> [...] la musique, qui éveille immédiatement l'émotion par la sensation, sans l'intermédiaire de l'idée, fut le seul art accessible pour lui; le seul dont l'exercice s'associait aux formes de son sentir pouvant exprimer un sentiment sans le revêtir d'une pensée quelconque, que le Bohémien n'eût pas été en état de formuler.

A questo punto è ben nota la teoria di Liszt, il quale giunse a esaltare la musica degli zigani come musica nazionale ungherese («L'art bohémien appartient à la Hongrie comme un enfant à sa mère»), accettata in base alla scarsa conoscenza del mondo contadino magiaro che manteneva una sua omogeneità di cultura lontano dai centri e con il quale il musicista non poté avere contatti.

Béla Bartók si incaricò nel 1931 di sfatare la leggenda durata decenni e di dimostrare come, a differenza della credenza, una musica contadina ungherese fosse sempre esistita con caratteri ed espressioni altamente interessanti, non solo, ma anche che la musica zigana non sarebbe altro che musica popolare ungherese contaminata da aspetti estranei introdottivi dagli zingari come influenze subite durante le loro migrazioni, oppure dettate dall'esigenza di accondiscendere ai gusti "cólti" dei signori che impiegavano bande di zigani per i loro intrattenimenti. Ora se qui riportiamo la messa a punto di Bartók – la distinzione netta tra «musica contadina» e «musica popolaresca colta» ungherese (quella degli zigani appunto) – non è tanto per motivi di rigore scientifico, quanto piuttosto per il fatto che ai fini del nostro discorso le conclusioni di Bartók integrano perfettamente le affermazioni di Liszt. Proprio in quanto la musica di questi senza patria realizzava una sua sintesi sulla base di interazioni tra tradizioni musicali disparate (prevalentemente ungheresi, ma anche slave, balcaniche e persino turche, come sembrerebbe indicare la presenza dell'intervallo di seconda aumentata nella cosiddetta "scala zigana"), proprio giacché determinati elementi contadini regionali venivano fusi attraverso un processo di acculturazione in un modello di consumo cittadino e proprio per il fatto che le bande zigane nel loro destino vagante si guadagnavano da vivere portando, anzi sviluppando questa musica nelle città danubiane, la portata della loro attività assume rilievo avendo loro conferito la funzione di agenti di diffusione di una musica nella quale ogni suddito dell'imperatore poteva, accanto all'eccitazione di esotiche promesse, riconoscere qualcosa della propria espressione.

Gli zigani e la loro musica comparvero a Vienna all'epoca di Maria Teresa e presto vedremo con quali conseguenze, mentre il loro peso sul versante slavo può essere dimostrato dal singolare destino di Antál György Csermák (citato da Liszt): nato in Boemia e formato in Ungheria alla musica colta diventando virtuoso di violino, dopo un incontro con la celebre orchestra di Bihary egli si sarebbe convertito alla musica zigana fondando un suo gruppo e conquistandosi rinomanza da Vienna alla Russia. Così fu anche dalle bande zigane attive nella *Residenzstadt* che i compositori viennesi ricevettero lo stimolo a variegare il nuovo stile sinfonico con innumerevoli spunti "all'ongarese". Influenza che non va considerata solamente nell'occasionale formulazione idiomatica, comunque sempre presentata in termini circoscritti, quasi nei termini di una citazione, bensì in tutto quanto lo stile e i modi esecutivi zigani potevano rappresentare come nuova modalità d'espressione.

Il primo livello che il linguaggio sinfonico e cameristico viennese individuò nella musica zigana dovette essere lo stesso che permise la sua fusione con la tradizione boema e va ricercato nella spontaneità dell'espressione contadina, che dal modello zingaresco esce con maggior vigore di gesto istintivo. È il livello che concerne autori quali Haydn e Dittersdorf, ai quali, per essere ligi a un'estetica di fondamento razionalistico, non occorreva di più. Ed è ciò che rilevava primieramente Liszt, osservando che «la race [bohémienne] maintient son individualité par sa constante cohabitation avec la Nature». Sennonché, sempre secondo Liszt,

> [...] dans sa possession insensée de la Nature, dans son assimilation continuelle aux affections incohérentes qu'elle réveille, le Bohémien abdique sa suprématie humaine et cette royauté de l'intelligence qui est son attribut suprême. Il se fait dans son esprit une interversion par laquelle, au lieu de concentrer en lui-même les émotions recueillies dans la Nature [...] il se laisse dévorer par elle et permet à sa raison de s'évaporer.

È già l'interpretazione romantica dell'esistenza nomade degli zingari, ammirati per essere capaci di rifiutare ogni vincolo sociale

> [...] afin de pouvoir courir sans cesse après l'électrique étincelle d'une sensation. Sentir devient le résumé de tout leur être; ils veulent sentir n'importe à quel prix.

Di qui si può comprendere il criterio che ha guidato il compositore Liszt alla concezione delle rapsodie ungheresi, dove il motore capace di animarne la struttura paratattica non può essere che la sorprendente molla armonica e la totale responsabilità della pulsione ritmica trasferita puramente e semplicemente dalla scrittura alla discrezione dell'interprete, come atto di suprema bizzarria in cui la creazione celebra la sua resa all'arbitrio,

> [...] en plongeant fixement ses regards dans le séduisant et périlleux gouffre de la Nature, le Bohémien y est bientôt écharpé par elle. – Stu-

> péfié, ébahi, absourdi, par les mille bruits, les mille teintes, les mille senteurs, les mille courbes, qui nagent en se croisant autour de lui et le ballottent dans un roulis sans intermittance, il ne coordonne plus ses vastes accords. Il oublie qu'au milieu de cet amas de dissonances apparentes et de différences réelles, la Nature conserve une solennelle unité.

La natura come tremito di mistero che Liszt intravvede nello sguardo vagante dello zingaro è senza dubbio il risultato della sua proiezione di uomo romantico, oltreché effetto dell'"occidentalizzazione" della musica zigana che gli giungeva da bande organizzate che avevano ormai adattato il repertorio agli accenti languidi e appassionati del nuovo secolo. Al di là della corruzione di una tradizione, rimane comunque la realtà di una musica ritmicamente inafferrabile, sottoposta a fasi continue d'accelerazione, a soprassalti, a ogni sorta di procedimento chiamato in causa per essere esibito come modello affascinante di bellezza asimmetrica, a cui ovviamente concorre la trasgressione armonica (assenza di modulazioni, surrogate con brusche trasposizioni, impiego della quarta aumentata nella gamma minore).

Ora è difficile stabilire come questi tratti, che erano certamente presenti alla coscienza degli ascoltatori, potessero agire sulla musica settecentesca regolata da un codice rigido nell'affermazione del suo equilibrio. Eppure non v'è chi non veda nella fantasia armonica d'un Michael Haydn, nei particolari dissonanti del suo linguaggio strumentale, nella contorsione cromatica di certa sua scrittura sinfonica e nelle relative tensioni espressive, il possibile effetto della maniera zigana che il musicista dovette senz'altro conoscere durante gli anni trascorsi in Transilvania al servizio dell'arcivescovo di Nagyvárad. Il fatto poi che questi connotati del compositore salisburghese fossero fonte d'influenza sul linguaggio mozartiano – dalle repentine sollecitazioni affettive collegate alla sorprendente ricerca armonica all'irrequietezza del ritmo vibratile – ci indica la vastità del campo di relazioni in cui il fenomeno può essere compreso.

Un'estensione è evidente sulla linea Beethoven-Schubert-Brahms, almeno nei termini di quello sguardo serenamente appagante che intravvedeva nell'uomo proveniente dall'est un'espressione di natura: ed è ancora quindi l'atteggiamento di Haydn che riscontriamo nei tratti ungheresi evocati da Beethoven nelle musiche di scena per *Re Stefano, ovvero il primo benefattore d'Ungheria* (1811). Parimenti è un richiamo esplicito a Haydn – anche nella denominazione – il *Rondò alla zingarese* che conclude il Quartetto in sol minore op. 25 per pianoforte e archi (1861) in cui Brahms fissa l'immagine manierata dello zigano, reinventata dopo le celebri elaborazioni delle *Danze ungheresi* per pianoforte a quattro mani condotte a partire dal 1852 sulla scorta dell'esperienza che il musicista aveva acquisito in gioventù come accompagnatore del violinista ungherese Eduard Reményi. Ma il singolare trattamento del pianoforte, indotto a mimare l'arpeggiato gesto percussivo del cymbalum, risale certamente al *Divertissement à la hongroise* (1824) di Schubert, cioè alla prima composizione ispirata al folclore ungherese intenzionata a trascenderne l'immagine, in una visione capace di interiorizzare il destino dello zingaro e di appropriarsi della sua anima sensitiva per esplorare una dimensione dell'espressione collocata al di fuori del tempo e dello spazio.

E questo secondo filone raccoglie Brahms, evidente nelle *Variazioni su un tema ungherese* op. 21 n. 2 (1857), non tanto nel taglio di Czardas che appare nel finale, quanto nell'alternanza di tempo ternario e tempo binario, che con sghembe soluzioni ritmiche già pone le basi di quell'espressione franta tipica della matura arte brahmsiana. Così in un'opera successiva, il Quintetto op. 34 in fa minore per pianoforte e archi (1863-64), l'ispirazione zigana si lascia cogliere nel tratto sincopato del tema dell'*Andante* come tocco di nostalgia; mentre nel finale lo stacco (*Allegro non troppo*), chiaramente profilato con mordenti e acciaccature di origine inequivocabile, già trascende il modello per la portata dell'indeterminatezza agogica introdotta nella struttura classica, piegata alle esigenze di aderire a un potente empito di espressione individualistica proprio in virtù dei repentini cambiamenti di tempo, la cui fonte Brahms sembra aver voluto deliberatamente indicare nel gesto di arpeggio risuonante di cymbalum, restituito dal pianoforte nella sospensione a battuta 93 ("un pochettino più animato") e nel sussulto di sincopi dell'episodio successivo.

Oltre a presentare tale fisionomia, il quintetto è sintomatico per un altro motivo: l'epoca della sua composizione coincide praticamente con quella del trasferimento di Brahms a Vienna. Ora, sostenere con ciò che la sua scelta di lasciare ogni speranza di conquistarsi una posizione nella Germania del nord e la decisione di porre la sua residenza nella città di Haydn, Mozart e Beethoven sia da riportare all'immagine attraente di una Vienna centro di ogni sollecitazione, stordita da un carnevale di musica di disparata provenienza, sarebbe falso. A scoraggiarlo sarebbe bastato in verità il ricordo che della *Kaiserstadt* aveva riportato Schumann. Brahms invece si stabilì a Vienna in quanto città dei classici della musica; ma, proprio per questo motivo, assume rilievo fondamentale la costatazione che il musicista non si sia beato nell'"ufficialità" del Classicismo, ma l'avesse fin dall'inizio percepito in una prospettiva di aperture apparentemente divaganti e in realtà essenziali alla sua capacità d'irradiamento. Così non è solo lo stacco ritmico zigano che ritroviamo ancora nell'*Andante con moto* del Trio op. 87 a ricordarcelo, ma varie stazioni del suo itinerario liederistico capaci di cogliere gli spunti alpini dei Ländler, gli echi slavi e, in un tardo ciclo (gli *Zigeunerlieder*), ancora lo sferzante gesto della musica ungherese.

D'altronde non va sottaciuto che proprio un amico di Brahms, slavo di stirpe, Antonín Dvořák, fu autore di un ciclo di canzoni zigane a dimostrazione di come le relazioni tra culture contigue nell'ambito dell'impero non perdessero di vigore nemmeno all'epoca dei più accesi nazionalismi. Non per niente la prima importante composizione sinfonica a carattere ungherese porta la paternità di un musicista moravo: Pavel Vranický nel 1790 era al servizio del conte János Esterházy quando Giuseppe II decise di restituire la corona reale a Buda, chiudendo un periodo di contrasti con la nobiltà ungherese restia alle sue riforme e suscitando "La gioia della nazione ungherese", come recita il titolo della sua Sinfonia in do maggiore composta per celebrare l'avvenimento e poi, alla morte dell'imperatore, destinata a risuonare all'incoronazione di Leopoldo II a re d'Ungheria. Il finale della sinfonia di Vranický è un festoso ed estroso movimento elaborato su temi zingareschi, in cui un episodio, oltre a riferirsi a un canto natalizio ceco diffusosi anche sotto forma di danza ungherese, riconduce pure all'utilizzazione proposta da Mozart in alcuni suoi divertimenti. Vranický è un autore importante in questo contesto, non in quanto dieci anni dopo lo ritroveremo a Vienna, ma in quanto egli fu uno dei musicisti in cui più che in altri è visibile quella stratificazione culturale, concepibile solo nel contesto danubiano e che egli focalizza chiaramente nei tre poli: tedesco, slavo, ungherese.

Come *Konzertmeister* nell'orchestra dell'opera di corte, Vranický fu autore di numerose serie di danze, da cui traspare chiaramente la molteplicità degli apporti. La danza viennese rappresenta un fenomeno non meno importante della diffusione della musica da camera. Prodotta dalla stessa cultura borghese la quale, oltre a proporsi mete alquanto ardue in campo musicale, non disdegnava di esprimersi in forme altrettanto sociali ma di godimento più immediato, di Vienna la danza interpreta la vocazione edonistica. Per quanto concerne il suo rapporto con la musica, essa non interessa solo in quanto non esiste danza senza supporto musicale, ma poiché a comporre danze furono anche e soprattutto gli stessi protagonisti dell'esplosione sinfonica viennese. Il Minuetto che i musicisti viennesi avevano integrato alle loro sonate e alle loro sinfonie era lo stesso che veniva danzato in casa e a corte su musiche approntate dagli stessi compositori: Haydn, Mozart, Beethoven, Schubert in vario modo diedero il loro contributo a questa consuetudine e perfino Salieri fu autore di Minuetti di solida quadratura ritmica per piccola formazione (senza viole), una *Gebrauchsmusik* in cui di italiano sussisteva ormai poco.

Alla base della danza viennese sta la contraddanza, sempre più frequentemente sostituita verso la fine del Settecento dal Ländler, (o *Deutsche Tanz*), altro ballo d'origine contadina e di stampo tedesco. Ora la suite di danze tedesche di Vranický, ritrovata nella Biblioteca nazionale di Vienna da Eduard Melkus, offre del Ländler una versione appropriata addirittura caratterizzata in senso viennese con impiego degli strumenti dei sobborghi (ghironda, campanelli, salterio, il flauto di Pan, lo stesso che era servito a Mozart a trovare la via dell'ingenuo spettatore nella *Zauberflöte* e qui già designato come "Papageno-Pfeifchen"), ma nel contempo tentata da nostalgie slave, come risulta dal modo minore che la settima della serie riproduce nella memoria di passi danzati nelle campagne morave.

L'accento che spinge Vranický a rivolgere lo sguardo all'est è più vistoso in un *Quodlibet* che, se non sapessimo che l'autore scomparve nel 1808, potremmo benissimo ritenere destinato a dar fuoco alle polveri di una delle innumerevoli e leggendarie serate d'ebbrezza nel cui giro di danze avrebbero volteggiato di lì a poco le teste coronate di tutta

Europa tra stuoli di ministri, ambasciatori e belle dame. Nella singolare suite di danze derivate probabilmente da un balletto vero e proprio (*Das Waldmädchen*, da cui Beethoven trasse un tema russo per una serie di variazioni per pianoforte composte nel 1796), a *Strassburger*, *Altvather* e *Contredanse* si accoppiano *Furlana* e *Fandango* (direttamente mutuato dal *Figaro*), mentre li solca un tempestoso movimento di Gopak (*Cosacca* e *Russisch*), appena mitigato dall'espressione di grazia campestre di una *Mazur*. Dopo che nel 1772, con la prima spartizione della Polonia, gli Asburgo entrarono in possesso della Galizia, la nobiltà polacca insediata a Vienna introdusse nuove danze (più della Mazurka, la Polonaise godette di particolare fortuna), mentre l'ottenimento della Bucovina, tre anni dopo, estese gli interessi del pubblico alla Russia.

Già nel Settecento la musica di danza viennese era sismografo di ogni minimo mutamento politico e sociale, capace di indicare le vie d'influenze che poi trovarono modo di ripercuotersi in forma mediata nella grande musica strumentale. Il Trio del *Minuetto* che nei trii, nei quartetti e nelle sinfonie di Haydn assume spesso il calcato gesto di Ländler, lasciando solo intravvedere qualcosa oltre l'influenza della danza tedesca, nelle musiche d'occasione rispecchia in maniera più vistosa un gusto aperto a molteplici suggestioni.

Il *Minuetto* Hob. IX:16/12 muta nel Trio il maggiore in minore lasciandosi trascinare in un andamento arruffato certamente ispirato ai modi interpretativi zigani. Uguale osservazione è valida per il *Minuetto* Hob. IX:11/4 dove, attraverso accorte soluzioni di scrittura fiorita tendente a incrementare la rapidità del ritmo, l'oboe che canta la melodia suona inevitabilmente simile al *tárogató*, strumento fratello del folclore ungherese

La musica di danza viennese non ebbe bisogno di attendere la ventata cosmopolitica portata dal Congresso di Vienna per imparare a estendere le fagocitanti spire del suo valzer oltre la cintura tracciata dai sobborghi della città. Almeno da trent'anni invece essa provava la febbre di ritmi inusitati, di slanci melodici di furia accesa, di colori armonici incantatori. La proverbiale euforia del Congresso non fu per Vienna un fenomeno d'importazione: essa già se n'era potuta fare un vanto e semmai colse l'occasione dell'incontro storico, in cui si definiva il nuovo assetto continentale, per contagiare il resto dell'Europa.

È certo che il Congresso di Vienna fu la prima platea internazionale dei musicisti zigani: János Bihary (1764-1827), che aveva viaggiato instancabilmente dall'Ungheria alla Croazia, dalla Transilvania alla Galizia e che a Vienna usava comparire almeno una volta all'anno anche agli intrattenimenti di corte, vi arrivò nel 1814 per restarvi un anno intero a mietere successi presso i sovrani convenuti. Ed è significativo il fatto, già riconosciuto da Liszt, che proprio al Congresso di Vienna occorra far risalire il momento in cui la musica zigana iniziò a imboccare la china della sua "decadenza". Catapultata da fama leggendaria sui palcoscenici, nei caffè e nelle piazze di tutta Europa, costretta a uscire dalle coordinate storico-culturali in cui la sua espressione aveva assunto variegata fisionomia, l'arte dei virtuosi zigani brillerà ancora per molto, ma di bellezza posticcia.

In verità la musica degli zigani non influì sulla danza viennese solo nella misura in cui è dato di riconoscervi inconfutabili ascendenze stilistiche, ma senza dubbio anche come modello di organizzazione e di comportamento sociali. Un certo orgoglio di campanile ha fuorviato gli studiosi austriaci del valzer viennese i quali, costatando la perfetta identità di una città con il proprio ideale di danza, hanno rivelato e rivelano ancora la tendenza a circoscriverne l'origine ai compositori nati e cresciuti nei suoi sobborghi. L'indagine si è quindi mossa sulla linea di Michael Pamer (1782-1827), Joseph Lanner (1801-1843) e Johann Strauss padre (1804-1849), dove i due ultimi fecero parte del gruppo strumentale del primo, formando poi insieme un quartetto (1813) e un'orchestra d'archi da cui Strauss si staccò nel 1826, dando vita a un proprio gruppo di quattordici elementi che crebbe in numero, soprattutto dopo la sua morte, fondendosi con l'orchestra del figlio Johann al quale, con i fratelli Josef e Eduard, sarebbe riuscita l'operazione di identificare esattamente la tradizione con una dinastia familiare. Tuttavia l'organizzazione di orchestre di danza, spesso circoscritte ai membri di una stessa famiglia, era un fatto corrente nell'impero, prima che Vienna consacrasse Lanner e Strauss. Il caso Bihary può esserne un antecedente ed è significativo soprattutto per l'atteggiamento fin da principio funzionale non alla sola danza, bensì ai valori musicali, al punto di trasformare le sue esibizioni in vero e proprio concerto. Su Bihary Liszt riporta la memoria di Gabriel Matray:

> Il établissait d'abord une sorte de concert qui coupait le bal et donnait un repos aux danseurs, choisissant pour cette espèce d'intermède des morceaux d'un caractère lent et triste, parfois funèbre, durant lesquels personne n'eût songé à remuer. À la seconde partie du concert, déjà plus vive, quelques paires impatientes s'élançaient sur le parquet; après quoi, il attaquait des Kalamayka, puis des quadrilles, des écossaises, des menuets, qu'on dansait avec un rare entrain.

Non è da escludere che l'evoluzione della pratica zigana dal pretesto di danza alla funzione "concertistica" del pezzo strumentale abbia subìto l'influenza viennese o sia addirittura avvenuta in quel contesto, dove l'amore per la danza non era certo a tal punto esclusivo da impedire agli spettatori di prestare orecchio al fatto musicale in quanto tale. Le orchestre di danza viennesi furono sempre in un certo senso agenti di diffusione di quella civiltà strumentale, integrando nei loro programmi composizioni di musicisti dotti, al punto che Hanslick, commentando nelle esibizioni di Johann Strauss padre la presenza di Mozart, Beethoven, Weber, Spohr e Mendelssohn, qualificò le sue «Gartenproduktionen» seconde solo ai Concerti Filarmonici per l'accuratezza delle esecuzioni.

Ci fu quindi reciprocità di influssi tra bande zigane e orchestre di danza viennesi, dove, se è meno importante stabilire la priorità, è senz'altro significativo rilevarvi il grado di compenetrazione; poiché è senza dubbio a questo livello di comunicazione musicale popolare che Vienna individuò e fuse nel contempo le espressioni molteplici di modi di sentire che affondavano le loro radici nelle contrade più lontane dell'impero e che, fin quando la struttura dello stato multinazionale poté reggersi, trovarono nella *Kaiserstadt* naturale e necessaria cassa di risonanza. Dopo Vranický fu un altro ceco, Ignaz Moscheles, a lasciare nelle sue *Deutsche Tänze* l'impronta slava: una determinazione ritmica di Polonaise, che riesce a sposarsi alla tematica tedesca e che occasionalmente lascia emergere il colore della quarta aumentata, che ovviamente richiama anche il tratto ungherese.

Pure quando le sorti della danza viennese passarono nelle mani di viennesi purosangue questi elementi non scomparvero, ma del valzer, della polka ecc. costituirono il perfetto precipitato. L'agogica del 3/4, che Lanner e Strauss padre già praticano, è fondata sullo strascicamento degli accenti deboli della battuta, nello stesso contesto di botta e risposta fra tempo forte e tempo debole che nella musica zigana sono la base di ogni sorta di tensione ritmica. Per riconoscere una componente fondamentale dello stile di danza non è necessario riferirci all'*Ungarischer Galopp* o alle Czardas, con i quali Lanner e Strauss si compiacevano di evocare il canto che un turbinoso vento spingeva verso Vienna dalle pianure magiare. A riconoscerne l'ascendenza nel nucleo strutturale era Johann Strauss figlio, quando nel valzer *Acceleration* ne mise a nudo il meccanismo interno: la spirale del ritmo, che gli zigani sapevano tendere dalla più cupa prostrazione fino al più esilarante vortice di note staccate, nella battuta ternaria del valzer si sposava a un fattore supplementare di circolarità capace di esaltare quella componente di stordimento, di perdita di senso del reale, che della danza viennese ottocentesca fece il prodotto perfettamente conforme a uno stato imperiale dalle basi politiche sempre più sfuggenti e che, dal Congresso di Vienna in poi, si ostinò a vivere il suo destino nell'utopia della Restaurazione.

Musa leggera

Il vagheggiamento retrospettivo che impedì all'Austria di uniformare il suo passo a quello dei tempi è lo stesso che, per decenni dopo Schubert, impedì alla sua musica di essere qualcosa d'altro dal valzer. Mentre mazurche e Polonaises risuonavano nelle sale da ballo, dispensando ai sudditi viennesi la soddisfazione di ritrovarsi fratelli dei sudditi galiziani, all'insurrezione di Varsavia Vienna rispose coprendosi gli occhi e tappandosi le orecchie. È nella capitale austriaca che Chopin nel 1830 fu raggiunto dalle notizie sui tragici fatti di Polonia, ma in nessun'altra città si sarebbe potuto ritrovare più solo: «L'unico errore del buon Dio è quello d'aver creato i polacchi», sentì perfino dire da una popolazione viennese che inconsapevolmente intuiva nelle vicende che insanguinavano il suo paese la minaccia dell'ordine restaurato senza il quale la *Kaiserstadt* sarebbe sprofondata. Perciò i viennesi si volgevano a Strauss: «Si pubblica solo roba di Strauss. Tutti gli organetti oggi suonano musica di Strauss!» riferiva sconsolato il ventenne pianista.

Quasi un secolo dopo e durante il grande conflitto che avrebbe seppellito definitivamente le speranze dell'impero, Hugo von Hofmannsthal avrebbe scritto: «L'Austria è divenuta dapprima spirito nella sua musica», tentando al di sopra delle parti di fermare un'armonia che il poeta sentiva vibrare principalmente nelle grazie di un'aristocratica musica settecentesca, ma che evidentemente avrebbe riconosciuto anche in Strauss. Era la «leichtere Muse» che nel giro di danza esercitava la sua massima seduzione e che, oltre a capitale della musica, faceva di Vienna capitale del piacere. Lo testimoniava lo scrittore umorista berlinese Adolf Glassbrenner:

> Piacere cerca il viennese e poco si cura se al vicino può dar fastidio la sua animata discussione o le sue esplosioni di gioia ad alta voce, poiché egli sa che per simili inezie nessuno arriccerebbe il naso. Se fa troppo caldo, si toglie il vestito; gli formicolano le gambe, si mette a ballare; gli piace una ragazza, le fa subito la corte; vuole suonare, suona; vuole bere, beve; in breve: egli è sempre uomo, sempre spensierato.

A Vienna la musica, le danze venivano in tal modo a costituire in primo luogo un termine di comportamento sociale, espressione quotidiana di contatto in un ideale di esuberanza collettiva che non lasciava spazio all'alternativa di privati sentimenti. Nel valzer il piacere era prodotto dall'eufonia delle terze e delle seste, dai languidi portamenti, dall'aspettativa contenuta nello stiramento di un ritmo il quale, ritrovando il ciclo del proprio moto, non cessava infine di appagare l'ascolto. Quella dimensione sensitiva dell'espressione musicale che Liszt attribuiva agli zigani e al loro rapporto di necessità con la natura, è la stessa che ritroviamo in Strauss e nel suo rapporto con il quotidiano viennese. Un ottimismo sensuale sale dai pretesti creati in musica dalle occasioni della vita di tutti i giorni: la demolizione delle vecchie mura per far posto ai grandi viali del Ring nella *Demolier-Polka* di Johann figlio, la velocità rintronante e sobbalzante di un'"Extrapost" nella *Polka Schnell* di Eduard, la serenità trastullante dell'*Eisenbahn-Lust-Walzer* di Johann padre, e innumerevoli altri titoli che indicano come fonte d'ispirazione un'attualità affatto addomesticata. In una prospettiva similmente circoscritta l'emozione non può nascere che da un nulla, dal crescente rullo di tamburo che in una qualsiasi *Polka Schnell* produce il soprassalto che comunica allo spettatore quel brivido capace di ricavare diletto da un semplice e gratuito atto di frenesia motoria. Ed è sicuramente ciò che inconsapevolmente già aveva captato Mozart, quando in una delle contraddanze del 1788 (*Das Donnerwetter* KV 534) si compiaceva di riprodurre il fragore del tuono nel tamburo rullante. Da Mozart in poi la danza viennese impara a riprodurre, della realtà, la sensazione sonora che, assaporata come tocco fuggevole nel Trio di una Contraddanza, già assume la dimensione della reminiscenza, che il tempo avrebbe fissato nella memoria come ricordo incapace di ritrovare i colori esatti del reale. È certamente il piacere dell'idillio la motivazione che portava Mozart a dare al cinguettio del flauto movenza melodica in *Der Kanarienvogel* KV 602 n. 5 e a evocare la corsa di una slitta nel prospettico risuonare di sonagli con tromba di postiglione in *Die Schlittenfahrt* KV 605 n. 3. Lo spunto descrittivo rimane però tale e circoscritto: parentesi terrena in una musica protesa anche nelle piccole forme a librarsi al di sopra della realtà, dove proprio il fatto di introdurvi una divagante citazione le permette di specchiarsi, misurando la distanza della sua fuga dal reale. Sappiamo quali nostalgie impossibili abbia prodotto tale intuizione nelle abissali profondità dell'opera di Schubert. Nella danza degli Strauss la nostalgia non è ancora impegnata a corrodere, per quanto fragili, le impalcature; essa si manifesta invece senza nulla togliere al piacere dell'evasione nel reale stesso, quando lo spunto può diventare bersaglio di sentimento in cui si mescola l'umorismo bonario della *Wienertum*, come appena traspare dalle goffe movenze del clarinetto nell'introduzione di *Dorfschwallen aus Österreich* di Josef, dove il passero cinguetta attraverso il gorgoglio di flauti-giocattolo, o nelle incudini percosse della *Feuerfest-Polka* ancora di Josef, che accompagnano il passo danzante con briosa sonorità di quartiere.

È soprattutto la polka allora che, nella rapidità della sua scansione, riesce a riprodurre la frastornante atmosfera cittadina che a Vienna, alla dimensione di folla rumoreggiante, aggiunge quella di un idillico microcosmo di popoli, per cui nella *Tritsch-Tratsch-Polka* di Johann figlio al turbinoso avvicendarsi di sorprese sonore segue un Trio in minore che colora il tutto con tinte slave e zigane. Il valzer invece riesce a darci la realtà in una prospettiva dove prevale la nostalgia: le due trombe rinterzate che accennano una melodia di Ländler in *Bei uns zu Haus*, su armonie soffuse tenute dai corni e dai legni, suonano già come qualcosa di lontano nel tempo mentre, nel valzer *Dynamiden*, Josef giunge tardi a far decollare la danza, trattenuto nel lento inizio da un lungo disegno melodico stagliato su una cupa risonanza di corni. Della famiglia Josef è colui che più si è allontanato dalla danza lasciando un segno sull'ultima stagione viennese, quella di Mahler per intenderci e senza tema di confronti irriverenti. L'introduzione al valzer in Josef si dilata: in *Sphärenklänge* è un capolavoro di sollecitazione della memoria, preannuncio di sonorità iperuranie che non si lasciano trascinare immediatamente nel vortice del valzer e che, quando vi giungono, ne mimano piuttosto il gesto, procedendo per forza di automatismi, come di comportamento prescritto che le divagazioni in minore non fanno che porre in evidenza.

Con ciò la semplice danza diventa un precipitato ricco a tal punto di significato da non consentire più la sua assunzione pura e semplice a livello di musica funzionale. Vienna, la quale con Beethoven aveva prodotto l'espressione ormai definitiva di una musica risolta in arduo gesto individuale, di Beethoven aveva colto il grado di prosecuzione della tradizione strumentale che era maturata parallelamente nella forma sinfonica e nelle piccole forme, fra cui quelle di danza rappresentavano una parte non trascurabile, fosse solo per il fatto che vi erano impegnati gli stessi autori. Ora nell'Ottocento, lungi dal subire un deterioramento, come altrove tutte le forme funzionali a dipendenza della massificazione del mercato musicale, la danza viennese continuò a riconoscersi nella filiazione classica conservandone la connotazione orchestrale la quale, per essere in Europa la più avanzata in quanto a dottrina, vi rispecchiava pure le conseguenze espressive.

La premessa di questa evoluzione è perlomeno da ricercare nella seconda metà del XVIII secolo, quando la mentalità nata dall'intensa pratica di musica strumentale, oltre a procurare il predominio di Vienna in campo sinfonico, non cessò mai di incrementare le forme di consumo quotidiano, fissando un'intercambiabilità di livelli di comunicazione destinata a sopravvivere per lungo tempo e a produrre una fecondazione reciproca tra forme maggiori e minori. Sappiamo della soddisfazione di Mozart al suo arrivo a Praga, sentendo risuonare per le strade e nei ritrovi la musica del *Figaro* arrangiato per piccoli complessi. D'altronde, dalla lettera al padre del 20 luglio 1782 apprendiamo che Mozart stesso fu impegnato a trascrivere per strumenti a fiato una scelta di brani dall'*Entführung*, dove poco interessa sapere che egli ciò facesse al fine di evitare che qualcun altro lo precedesse, prendendo l'iniziativa e tenendo per sé i profitti. È invece importante appurare in che misura la prospettiva di una musica funzionale rimanesse radicata nella mentalità viennese al punto che, pur producendo essa il massimo sforzo verso una concezione della musica sviluppata in una prospettiva sciolta dagli obblighi sociali, sempre fu in condizione di funzionalizzarla, regolandone l'ascolto secondo precisi termini di consumo.

A questo livello il ruolo maggiore fu rappresentato dalle cappelle dell'aristocrazia che non agirono mai in esatta alternativa al consumo borghese di musica. Di Johann Wendt, oboista boemo che dirigeva gli otto esecutori componenti il complesso stabile di strumenti a fiato in casa del principe von Schwarzenberg, si sono conservati gli arrangiamenti delle opere alla moda. Ora, ritrovando nell'elenco il *Don Giovanni*, *Le nozze di Figaro*, *Una cosa rara* di Soler ecc. e sapendo che questa musica era eseguita anche come *Tafelmusik*, Flotzinger e Gruber (nel loro importante contributo alla storia della musica austriaca) non hanno potuto fare a meno di collegare tale prassi alla rappresentazione che ne dà Mozart nel banchetto di Don Giovanni accompagnato, oltre che da una melodia della fortunata opera di Soler, anche da una citazione de *I due litiganti* di Sarti. Sennonché il piccolo gruppo di strumenti a fiato sulla scena vi intona pure la stessa aria del *Figaro* che, pochi mesi prima della presentazione del *Don Giovanni*, al Teatro Tyl aveva mandato in visibilio i praghesi di ogni ceto e provenienza. Non era più solo la raffigurazione di una prassi feudale quella che Mozart realizzava, strizzando l'occhio al popolino di Praga solleticato dalla melodia di "Non più andrai", bensì una simbiosi ormai reale capace di formulare il modello di una nuova classe sociale senza negare i diritti della vecchia, anzi integrandola per virtù di musica.

Flotzinger e Gruber identificano nel *Wiener Menuett* quello specifico austriaco risolutore delle tensioni di classe: praticato come danza e nel contempo assurto a movimento di sonata e di sinfonia, intorno alla metà del Settecento il minuetto viennese registra l'ingresso del gesto popolare nella musica dotta. Caratteristica degli Asburgo e dell'aristocrazia austriaca in quel momento è la disinvoltura nell'assimilare al proprio gusto elementi di chiara origine popolare. Giuseppe II giunse perfino a prescrivere, con la chiara intenzione di promuovere l'avvicinamento delle classi, la possibilità di accesso della borghesia ai balli della Redoutensaal, precedentemente riservati alla sola nobiltà. Che qui sia evidente il ruolo del monarca illuminato è indiscutibile. Rimane il fatto che tale politica presso gli Asburgo trovò un *humus* che già nel Settecento era stato capace di integrare una cultura corrispondente a interessi diversi, di cui la musica rappresentava un fattore determinante di saldatura. Una delle più istruttive trattazioni sulla funzione integratrice della danza in quella società ci è data da Gianluigi de Freddy nella *Descrizione della città, sobborghi, e vicinanze di Vienna*, pubblicata nel 1800 nella capitale asburgica, portataci a conoscenza da H. C. Robbins Landon. A proposito delle manifestazioni ospitate nella Redoutensaal del palazzo imperiale vi leggiamo:

> Due sono le sale destinate al ballo, l'una delle quali avanza l'altra ed in grandezza, ed in bellezza. Sono entrambe tutt'all'intorno illuminate da un'innumerevole quantità di candele di cera, e nel mezzo poi della prima vi hanno sette gran lampadarj, e cinque nella seconda. In ciascheduna di queste sta la rispettiva Orchestra provveduta di abilissimi suonatori. Gira attorno della sala una galleria fatta costruire da *Giuseppe II*, ove siedono i spettatori, e d'intorno pure a piano-terra delle sale stesse v'hanno a tre ordini di gradini i Sedili, che servono parimenti allo stesso effetto.
>
> [...] Questo Ridotto è capace di tre mila e più persone, la cui considerevole folla rende allora poi molesto il divertimento per la difficoltà di passeggiare, e di trovar luogo.
>
> [...] Queste feste di ballo incominciano ogni anno alla prima domenica dopo il Natale, e durano per tutto il tempo del Carnovale, avvertendo però che nelle due ultime settimane si danno due volte cioè il giovedì, e la domenica. V'hanno poi fra l'anno altre feste di ballo, come nel giorno di S. Teresa, di S. Caterina, e nella Domenica dopo Pasqua di Risurezione e dopo la Pentecoste, il di cui introito va a benefizio delle vedove, e pupilli della società Filarmonica. Altre feste ancora si danno tal volta per festeggiare qualche giulivo avvenimento. Il ballo incomincia dalle nove ore della sera, e dura sino alle cinque della mattina. Il Biglietto d'ingresso si paga due fiorini. È veramente un oggetto di sorpresa, e di

soave compiacenza insieme il vedere malgrado un numero sì grande di spettatori, e malgrado la diversità notabile delle classi le une colle altre alla mescolata regnare il miglior ordine, ed armonia, sicché rende inutile la cura delle guardie di truppa regolata, e dei Commissarj di Polizia, che stanno ivi ad invigilare a riparo di qualunque inconveniente. Spettacolo più bello, a vero dire, non si sa vedere in Vienna di questo, ove l'amore, la gioventù, la bellezza, le grazie spiccano a gara, ove la ricchezza, il buon gusto, e l'indole della moda, sfoggiano in eleganti, e magnifici abbigliamenti, ed ove infine si acquista idea del pacifico carattere di questa brava Nazione. [nota:] Il Ballo, che usasi dai Tedeschi chiamato in lingua alemanna Walzen, è il più gradito, ed il più comune in tutta la Nazione. Quindi in tutte le sale di ballo, in tutte le feste della Nobiltà, e persino nelle feste della Corte si preferisce a tutte le altre questa danza.

Non è stato un caso se l'ascesa del valzer viennese nell'Ottocento fu sempre faccenda riguardante a pari diritto la città nel suo insieme e la corte, al punto che August Ambros in un saggio del 1860 avrebbe potuto scrivere:

> Strauss si atteggia molto più [rispetto a Lanner] a compositore di alto rango [*Haute-Volée*], infatti egli ha composto anche *Hofball-Tänze* (op. 51), *Haute-Volée-Quadrillen* (op. 142) in cui tutto sfavilla e splende di distintivi, decorazioni, perle, brillanti e occhi di belle contesse. Ma anche attraverso la sua musica risuona lo schietto modo popolare [...]. Proprio questi tratti fanno la sua efficacia procurandogli un doppio e uguale merito, di aver saputo introdurre le melodie di danze popolari nelle sale dell'alta società e d'aver nobilitato con aristocratiche melodie le sale da ballo dei sobborghi.

Quindi, anche dopo le aperture del "giuseppinismo" e addirittura nei trent'anni della reazione imperante nel *Vormärz*, alla civiltà austriaca sarebbe rimasto acquisito il principio di una equiparazione delle classi sociali, ovviamente relativa ma tutt'altro che precaria, la quale, sviluppando all'interno di un quadro omogeneo nozioni di approfondimento dell'espressione ed esigenze d'intrattenimento, riuscì a preservare per lungo tempo la musica da quella frattura altrove ormai già reale tra esperienza artistica di vasta articolazione e divertimento quotidiano.

Fra i molti possiamo considerare il livello della musica militare in un esercito il quale, già rappresentando un fattore di unificazione nei paesi danubiani, più che aspirare a un ideale nazionale difficilmente identificabile, era indotto a rispettarne le differenziazioni; per cui nei *Marschbücher* la *Doppel-Adler-Marsch* poteva coesistere accanto a *Csebogar Indulo*, alla *Vindobona-Marsch*, a *Zlata Praha*, alla *Jelačić-Marsch* ecc. La banda militare austriaca non nacque solo con funzione di parata: Chr. Fr. Nicolai, un viaggiatore berlinese che visitò Vienna nel 1781, parla estasiato di un piccolo complesso di fiati (due zampogne, due clarinetti, due corni di caccia, una tromba, due fagotti) che dava concerto ogni sera davanti al corpo di guardia. In verità verso la fine del XVII secolo le bande militari erano spesso impiegate in balli, trattenimenti di società, accademie private. Già esorcizzata da una musica turca addomesticata, capace di ridimensionarne l'accento bellicoso alla misura di una sfilata di soldatini di piombo, la banda fu vanto e ornamento dei reggimenti austriaci al punto che ufficiali e nobili comandanti si autotassavano per poterla mantenere con decoro e con un organico accettabile, anche quando le disposizioni imperiali avevano comandato la riduzione degli effettivi. La banda militare, con i concerti sui bastioni o davanti alle caserme, rimase agente di diffusione musicale in ogni angolo dell'impero, importante per quella musica d'autore che nei luoghi privi di accademie risuonava rendendo familiare ai gusti locali la tradizione classicistica.

La banda militare, che dopo il 1820 poteva contare su un effettivo tra i 60 e gli 80 musicanti, negli anni Trenta in molti reggimenti vide comparire accanto alla formazione di fiati una compagine d'archi che le permetteva di eseguire ouvertures e sinfonie, perfino quelle di Beethoven. D'altro canto Beethoven, autore come si sa anche di alcune composizioni per banda, dovette aver presente la capacità delle bande militari quando nel 1813 compose *Die Schlacht bei Vittoria* eseguita all'Università di Vienna a beneficio dei feriti della battaglia di Hanau. Ricomparso più volte nella prima metà del secolo, il discutibile *Tongemälde* beethoveniano fu ancora al centro dell'attenzione il 21 marzo 1862 in un concerto che, insieme a due corpi di musica militare, vedeva impegnata la grande orchestra dei fratelli Strauss.

Orchestre di danza e bande militari seguivano lo stesso indirizzo dai tempi di Lanner, quando l'enorme sensazione prodotta a Vienna dalle opere rossiniane ne moltiplicava ovunque la risonanza. Sull'esempio delle orchestre di danza anche i corpi militari introdussero allora nel repertorio trascrizioni da opere italiane di successo. Lo stesso Rossini, giunto a Vienna nel 1820, ebbe l'occasione di ascoltare arie dai suoi lavori interpretate dalle bande del secondo reggimento di artiglieria e di complimentarsi per l'esecuzione.

Preminenza musicale italiana

L'esplosione rossiniana nella *Kaiserstadt* va considerata con una certa attenzione poiché apparentemente rappresenta un brusco momento di rottura della continuità di una civiltà musicale e nel contempo trova modo d'assimilarvisi come in nessun'altra parte fuori d'Italia. La potenza del suo impatto, oltre che dall'episodio menzionato, è dimostrata dalla pratica d'intrattenimento attraverso le piccole formazioni di strumenti a fiato gestite dai casati maggiori e che, dopo le trascrizioni mozartiane a opera di Wendt e dello slesiano Johann Georg Triebensee, affrontarono immediatamente il repertorio rossiniano, soprattutto per opera di Wenzel Sedlak, il quale ne riceveva l'incarico direttamente dalla corte imperiale. L'eco prodotta trent'anni prima da *Le nozze di Figaro* a Praga, si ripeteva a Vienna di fronte all'apparizione di Rossini, suscitando un'infatuazione tale per cui, tra il 1816 e il 1834, ben 23 furono i titoli di opere del pesarese passate sulle scene viennesi.

I successi rossiniani furono un fenomeno europeo, ma è chiaro che a Vienna la loro portata andò oltre il fatto di moda. Come prima considerazione occorre tener presente il ruolo che vi giocò la disposizione verso la musica italiana, il cui privilegio, benché tacitamente esautorata dall'affermazione del sinfonismo, non era mai stato messo in discussione. Il frutto di un'educazione musicale "italiana" poteva quindi rendere ben accetto anche un prodotto come quello rossiniano il quale, per quanto deflagrante fosse la portata della sua rottura con le convenzioni operistiche, si iscriveva pur sempre sull'arco di una tradizione di cui ribaltava i valori senza negarla nelle premesse.

Tuttavia non può passare inosservato l'aspetto istituzionale che, contemporaneamente all'esplosione rossiniana, vide il teatro di corte nelle mani di Domenico Barbaja, il primo degli impresari italiani che gestirono l'Hoftheater ininterrottamente fino alla rivoluzione del 1848. Ottenutone ufficialmente l'appalto il 1 dicembre 1821, dopo un periodo in cui già aveva tenuto in mano le sorti dei due principali teatri della città (quindi anche il Kärntnertor), Barbaja poteva contare su 160.000 fiorini all'anno di sovvenzione da parte della corte. Rossini trionfò dunque a Vienna anche grazie a un preordinato disegno monopolistico che immediatamente liquidò le speranze dell'opera tedesca sul punto di affermarsi e a cui Schubert dedicava il massimo delle energie. In realtà Schubert, il quale dopo il 1819 non avrebbe più visto un suo lavoro teatrale sulle scene viennesi e che vide amici suoi licenziati dalla compagnia di canto tedesca, non fu che una delle prime vittime di un processo che per un quarto di secolo avrebbe assistito alla supremazia della maniera italiana in un regolare avvicendamento delle generazioni operistiche (Rossini, Bellini, Donizetti, Verdi).

La vigilanza del principe Metternich sul destino dei sudditi aveva buoni motivi per occuparsi di come la musica potesse essere veicolo d'idee inquinanti e sovvertitrici dell'ordine, da quando l'oratorio e l'opera teatrale in Germania erano diventati portatori di quei germi nazionalistici che il cocchiere d'Europa temeva come peggiore minaccia dell'equilibrio nel continente, ma soprattutto di quello dell'impero asburgico. Cantate e oratori di Weber (*Kampf und Sieg*) e di Spohr (*Die Befreiung Deutschlands*) a Vienna dovettero affrontare una censura ormai tenuta a giudicare l'appello patriottico alla nazione come atto di sovversione.

Ora, in alternativa alle espressioni che i tempi nuovi erano riusciti a coniare anche in musica, cosa poteva rimanere per il garante dell'ordine feudale se non l'opera italiana la quale, oltre a qualificarsi nella sua origine aristocratica, oltre a rappresentare il prodotto internazionale per eccellenza (impraticabile come strumento d'affermazione di particolarismi), nell'esilarante formulazione rossiniana dimostrava ancora la capacità di trascinare le folle sulle ali del canto? Dagli atti segreti del 1805 risulta quale importanza la polizia imperialregia di Vienna attribuisse all'arte dei suoni:

> In tempi come i presenti, in cui dolori di vario genere rattristano il carattere della gente, la polizia deve più che mai curarsi dello svago della popolazione. Le ore più pericolose sono quelle serali. Come si possono passare meglio e in modo più innocuo se non a teatro ascoltando musica?

Una musica che non portasse sul suo volto i dolori del tempo non poteva certo essere quella del *Fidelio*, la cui prima versione è proprio del 1805, né l'"Eroica" che aveva visto la luce l'anno precedente, né la musica strumentale in genere che grazie a Beethoven si era data un assetto ambizioso di dialettiche tensioni, tutt'altro che divaganti. Il legittimo svago, più che mai richiesto alla fine del tormentato periodo napoleonico, venne assicurato da Rossini e Barbaja e produsse come conseguenza quel senso di estraneità verso il sociale sempre più marcato nel Beethoven degli anni Venti (il quale di fronte al culto per Rossini reagì intenzionato a presentare la *Missa solemnis* e la *Nona* in prima esecuzione a Berlino anziché a Vienna) e negli anni della maturità che a Schubert assicurarono solo spazio nei cassetti per ammucchiarvi in silenzio i suoi capolavori strumentali.

La politica asburgica fu impegnata invece a rafforzare il primato della musica italiana anche con misure amministrative: verso il 1840 il Conservatorio di Milano riceveva dall'imperatore un sussidio di 37.000 fiorini l'anno contro i 3.000 fiorini assegnati a quello di Vienna, mentre l'appalto dell'Hoftheater nel 1836 venne assegnato a Bartolomeo Merelli, contemporaneamente impresario della Scala, il quale indirettamente più tardi avrebbe fornito alla corte l'idea di progettare la fusione dell'Opera di Vienna con la Scala di Milano e la Fenice di Venezia, piano sventato solo dalle conseguenze della guerra del 1859. Fino a Villafranca l'Austria ostentò il possesso delle province lombardo-venete non come semplice orgoglio, ma con la soddisfazione di spartire con il paese mediterraneo l'antica eredità di cultura. Vivacizzare la componente italiana della propria cultura significava per Metternich ripristinare, insieme al primato di un'aulica tradizione, l'epoca e il regime che ne avevano accompagnato e sostenuto l'espansione. In questa prospettiva va letto l'annuncio che Schumann apprese direttamente dal principe-cancelliere nell'incontro avvenuto il 17 agosto 1842 a Königswart in Boemia, della nomina di Donizetti a *Hof-und-Kammerkompositeur*, «poiché egli è suddito austriaco, bergamasco» – scrisse nel suo diario il compositore sassone che sull'avvenimento avrebbe poi polemizzato a lungo.

È chiaro che la soddisfazione per l'onore riservato a un italiano alla corte di Vienna non poteva che essere a senso unico di fronte a un'Italia ormai attraversata dalla vampata nazionalistica; eppure perfino in Lombardia vi fu chi guardava a Vienna capitale e proprio in musica. Padre Davide da Bergamo (al secolo Felice Moretti), coetaneo di Donizetti e come lui allievo di Giovanni Simone Mayr, brillante facitore di liturgie organistiche che provocavano nel pubblico esaltazione per l'abile riproduzione di spericolate melodie operistiche sullo strumento di chiesa, non aveva esitato a intitolare un suo offertorio *Sinfonia col tanto applaudito Inno Popolare*, dove l'amato piglio di cabaletta, la melodia troneggiante negli unisoni e l'emozione delle precipitanti figure tematiche e ritmiche disposte a scopo teatrale, fanno posto alla citazione dell'inno imperiale. Il *Dio salvi Ferdinando*, che il francescano Padre Davide fece sicuramente risuonare sull'organo del suo convento nella chiesa di Santa Maria di Campagna a Piacenza al cospetto di Maria Luigia duchessa di Parma e sorella dell'imperatore, se appare oggi come testimonianza di sorprendente sincretismo stilistico smentisce l'incapacità dell'Italia austriaca di stabilire con Vienna un rapporto che non fosse di autosufficienza e di esclusione. Non poteva forse essere quello in fondo il «cantico tedesco, lento lento [...] d'un suono grave flebile e solenne tal che sempre nell'anima lo sento» che il Giusti ricorda di aver ascoltato in *Sant'Ambrogio* intonato con «dolcezza amara» da quei soldati boemi e croati «messi qui nella vigna a far da pali»? Ora la commozione del poeta, che giunge attraverso il canto a riconoscere «in que' fantocci esotici di legno» addirittura «gente della nostra gente» fu provocata non già da una musica straniera ma dal coro verdiano dei *Lombardi* «che tanti petti ha scossi e inebriati», e che per la sua carica di riscossa nazionalistica doveva suonare alquanto strano sulla bocca dei militari austriaci riuniti quel giorno nella chiesa milanese. Ma «il pezzo è bello, poi nostro, e poi sonato come va: e coll'arte di mezzo, e col cervello dato all'arte, l'ubbie si buttan là», dove il primo pregiudizio a cadere era quello della superiorità musicale italiana, in quel «sonato come va» che nella musica austriaca riconosceva il modello della civiltà strumentale.

In verità ancora meno pregiudizi dovettero avere i viennesi che applaudirono nel 1843 il *Nabucco* e nel 1846 i *Lombardi*, che Merelli aveva allestito un anno, e rispettivamente tre anni soltanto dopo la loro prima rappresentazione milanese guardata con sospetto dalla polizia imperialregia, proprio per i risvolti politici antiaustriaci della loro ardente espressione corale. Perfino di fronte all'incalzante eloquio verdiano Vienna non rinunciava ad abbandonare del tutto quel criterio che da secoli ormai le aveva consentito di assimilare l'opera italiana come manifestazione sovrannazionale, perfettamente adattabile a una compagine di stati e di nazionalità diverse quale quella asburgica. D'altra parte non va sottaciuto il fatto che Verdi aveva dedicato il *Nabucco* "a S. A. l'Arciduchessa Adelaide d'Austria".

Sennonché il diverso peso specifico dell'espressione italiana ottocentesca prima o poi dovette penetrarvi sotto altra luce, cosicché la musica che a Vienna risuonò nel momento dell'esplosione libertaria del 1848 a opera di compositori passati dall'altra parte della barricata (tra i quali Alfred Julius Becher che pagò con la vita il fatto di essersi lasciato trascinare negli eventi da irrefrenabile e ardente ragione) avrebbe scoperto, dello stile italiano, l'empito sentimentale e il superbo gesto di sfida. E fu proprio questo il rimprovero che Eduard Hanslick, giudice severo delle sorti musicali della *Kaiserstadt*, avanzò contro la breve stagione della *Wiener Freiheitsmusik*, riconosciuta nell'insano contagio «che i modi operistici italiani hanno portato alla musica viennese (contenuto fiacco e senza linfa, effeminatezza, povertà d'idee, volgarità e donizettismo)».

Quella di Hanslick, fu la prima potente voce a innalzarsi contro la maniera italiana in un disegno, come si sa, mirante alla ricerca di una definizione organica del Classicismo viennese. Ora l'esclusione da questo contesto della matrice italiana, dettata da astioso e inappellabile atteggiamento di chiusura, proprio per essere un dato culturale nuovo lascia aperta l'ipotesi di implicazione "politica" nell'orientamento del critico, il quale nella musica italiana del suo tempo riscontrava un'irriducibilità a lasciarsi assimilare al possente tronco della civiltà strumentale viennese, pari a quella che il Lombardo-Veneto stava dimostrando nei confronti della disciplina imperiale. Paladino di un classicismo musicale vantato come primato di civiltà, non è improbabile che Hanslick, oltre a un ideale estetico situato al di fuori delle proprie categorie, condannasse nell'espressione italiana il germe del risveglio nazionalistico visto come minaccia maggiore alla sopravvivenza di un impero che egli probabilmente, nella sua vasta prospettiva, vedeva come perfetta e proporzionata cassa di risonanza della grande lezione classica.

Nato a Praga e autore in gioventù di canti su testo ceco, dopo la sua affermazione nella capitale imperiale non sarebbe stato lui a tentare di distogliere Dvořák dal ristretto orizzonte nazionalistico, invitandolo a mettere in musica testi tedeschi anziché cechi? Eccolo quindi infierire contro la consuetudine tra i capibanda dei reggimenti austriaci stazionati in Italia di comporre «Opernmärsche» che adattavano al passo militare le melodie del *Rigoletto* e del *Trovatore*, contro quel «suon di banda» insomma che aveva percosso il Giusti «di subita dolcezza»:

> Raffinatezza teatrale e sentimentalismo femmineo penetrano nella musica di marcia, la quale sempre dovrebbe ispirare forza di sano coraggio virile [...]. Dieci volte meglio la spigliata allegria che si incontra spesso nelle marce dei reggimenti austriaci. Il passaggio da antica e grave dignità a balda e danzante animazione nelle nostre marce appare quasi sempre perfetto.

Che tra le preoccupazioni di Hanslick covasse anche quella di sostenere la saldezza di un impero entrato, col giro di valzer, nel carosello spensierato di un presente che distoglieva l'attenzione dai presagi ormai evidenti della decadenza, è palese:

> In verità, nel saltellante carattere di danza che i due Strauss e i loro numerosi imitatori hanno recato alle marce, sta il pericolo che tale musica militare venga sottratta alla sfera di rigoroso e severo contegno. Ascoltando la marcia più schietta, non si deve mai dimenticare che guerrieri sono coloro che la suonano. Quando il soldato è indotto a danzare, si slaccia la sciabola: la marcia deve in ogni situazione rimanere musica armata. In questo senso mi ha colpito di più il carattere festoso e pieno di dignità delle marce prussiane.

Certamente la *Radetzky-Marsch*, con cui Strauss padre celebrava la vittoria del feldmaresciallo dell'esercito imperial-regio sui piemontesi a Custoza, è «musica che risuona di baionette e di cucchiaioni di cucina da campo» (Claudio Magris), incapace di ritrovare la cadenza del passo guerresco al di là dell'euforia della vittoria, immediatamente trasformata in occasione di svago. «In deinem Lager ist Österreich»: invano l'ode di Grillparzer al maresciallo vincitore celebrava nell'esercito il simbolo dell'unità della patria, nel momento in cui nessun'altra istituzione era più in condizione di attribuirsene il compito:

> Nel tuo campo c'è l'Austria [...]. Per stoltezza e vanità ci siamo divisi fra di noi; ma fra quelli che tu conduci al combattimento vive ancora uno spirito in tutti.

Nessuna musica era pronta nell'Austria del 1848 con accento incitante ad assecondare la funzione sacrale di un esercito visto come crogiolo di popoli, al punto che Hanslick giunge addirittura a forzare il suo sentimento antigermanico ricorrendo all'esempio delle bande prussiane. Il passo di marcia vi rimane fissato irrimediabilmente in danza, trasposizione gioiosamente evasiva di un sentimento che, in termini di sofferta dedizione all'ideale patriottico, l'Austria non conobbe mai.

Lo specifico militare della musica austriaca risulta piuttosto da quella *türkische Musik* che aveva tentato Michael Haydn, Mozart, perfino Beethoven in marce dove il tocco esotico ammorbidiva ogni accento o determinazione in sentimento lirico, in nostalgia della lontananza. Non per niente la musica turca risuona ancora nell'*Aegyptischer Marsch* (1870) di Johann Strauss figlio, con tamburi e sonagli, perfino con il colore ambiguo della quarta eccedente, ma soprattutto con la leggera trasparenza che l'*Entführung* ha lasciato in eredità alla musica militare austriaca. *Leichte Kavalerie* è il titolo dell'operetta di Suppé (1866) che nella celebre ouverture vede sfilare un drappello d'ussari a suon di fanfara galoppante, in guizzante movimento perfettamente circolare, non predestinato quindi a incontrare il nemico; semmai a trovare riposo nel nostalgico abbandono di Czardas, in un quadro che ne fissa la rappresentazione in una favola di soldatini animati da immaginazione infantile.

Proprio la frequenza del tema militare o della proverbiale impettita presenza dell'ufficiale asburgico nell'operetta viennese ha creato quella raffigurazione dell'esercito incorniciato come un sogno sentimentale che, al seguito di strategiche dislocazioni, conduce immancabilmente attraverso territori levantini ai confini della fantasia. In *Cavalleria leg-*

gera è la sconfinata pianura ungherese, in *Fatinitza* (1876) sono i Balcani in piena guerra russo-turca, in *Afrikareise* (1883), una delle ultime operette di Suppé, lo sguardo è spinto fino a un Egitto dove ottomani si incontrano con napoletani e maroniti in un assurdo carosello di inverosimiglianze, giustificabile solo come istinto parossistico di fuga dal reale. È un caso allora che il creatore dell'operetta viennese, il quale oltre a coniarne lo stile ne estese gli orizzonti fino all'esotismo, fosse un dalmata formato a Padova e trapiantato a Vienna? Francesco Ezechiele Ermenegildo Cavaliere Suppé Demelli, come suona il suo vero nome, giunse sedicenne nella capitale in tempo per assistere ai successi di Donizetti e di Verdi, che abitavano l'ambiente viennese al punto da dargli l'illusione di respirare aria di casa. In verità la musica di Suppé è un raro equilibrio tra musica italiana e stile viennese, perfetto al punto da non consentire la delimitazione delle due maniere. Ciò che nell'ouverture *Poeta e contadino* suona ancora idiomatico – il suono di fanfara di *Alpenjäger* all'inizio, l'arioso donizettiano del violoncello che segue lo scoppio del *tutti* orchestrale, preparato da un'autentica tempesta alla Rossini, sfociante in un'esplosione dal protervo stampo ritmico verdiano prima di distendersi in un valzer – in seguito si fuse in una formulazione che sarebbe rimasta modello dell'operetta praticata da Strauss, Millöcker e altri.

Poiché non è solo nello sbrigativo taglio drammatico delle ouvertures – o nei risoluti scatti ritmici, nel sollecitante piacere del crescendo o nei tratti melodici rinterzati degli strumentini adattati all'uso dei colleghi viennesi – che si lascia sorprendere l'influenza italiana! Italiana nell'operetta di Suppé è la struttura della vocalità, il giro di frase, il rapimento della melodia che in *Boccaccio* (1879), in un'ambientazione italiana che è più di un'evocazione, oltre a adottare l'incalzante montaggio di situazioni tipico di Verdi nei concertati, ritrova forza dimostrativa addirittura nell'uso occasionale della lingua materna: il duetto "Mia bella fiorentina" che della musica evidenzia le qualità vocali.

Con ciò Suppé non poteva non diventare bersaglio di Hanslick già a partire da *Paragraph 3* (1857) qualificato come negozio di merce usata pieno d'abiti di fogge diverse, raffazzonati e rimessi a nuovo:

> [...] là un vezzoso cappello di paglia di Firenze appartenuto a Rossini riceve una dura visiera in cuoio, su un tedesco berretto di studente

> servito a Lortzing spicca un rosso pennacchio, un nero frack di Auber è foderato con stoffa da vela e il verdiano mantello da carbonaro con strisce di tela batista.

In verità non solo a Suppé era riuscita un'operazione di delicato dosaggio stilistico alla misura di una città che, per la sua centralità al crocevia dei popoli, rimaneva esposta a ogni sollecitazione, ma egli ne interpretava esattamente la natura nelle poetiche righe poste in calce all'ultima pagina di *Boccaccio*:

> La natia espressione [*Die heimatliche Weisen*] / succhia il bimbo col latte materno; / è la sostanza di vita / che non appassisce, ma che solo si assopisce. / Nel momento in cui improvvisamente si desta / essa fa ritornare il vecchio giovane.

L'assolato orizzonte mediterraneo, che si risveglia nelle memorie d'infanzia dell'anziano compositore, è solo una delle tante facce della coscienza che in ogni viennese dissimula lontane origini o imparentamenti: per ogni Valzacchi (intrigante nel *Rosenkavalier*) contiamo innumerevoli Prohaska, Szedlak e cognomi ancor più vistosamente associabili ad antiche e recenti immigrazioni che hanno trasformato Vienna in città franca. Il «barocco desiderio di dissimularsi», la mascherata come «dimensione operettistica del barocco austriaco [...] riduzione sempliciotta della concezione della vita come un gran teatro», che il Magris ravvisa nella festa multicolore della *Fledermaus*, si accompagnano allora a un secondo livello di dissimulazione, dietro cui sonnecchia l'eredità della diversa etnia, che al momento del risveglio scoppia ostentatamente nella struggente Czardas di Rosalinde o nell'irresistibile esortazione del gondoliere ("Komm in der Gondel") di *Eine Nacht in Venedig*, sempre accompagnata dal potere retrospettivo su cui si fonda la fedeltà alla tradizione tipica della cultura austriaca, che mescola appunto la coscienza del retaggio dottrinale coagulato in una cultura organica al sentimento di lontane origini (*Klänge der Heimat*).

La componente italiana della tradizione non è solo quella di Suppé ma è costante anche in Strauss, contribuendo al giusto colore della notte veneziana e che anche altrove, proprio all'apertura di sipario sul

Pipistrello, si annuncia nell'accento tenorile di Alfredo; per non parlare della *Maskenball-Quadrille* (sui temi dell'opera verdiana) e altri compiaciuti ammiccamenti al patrimonio musicale del vicino meridione. Così se tarantella e gesto arioso del canto fanno da sfondo pittoresco alla storia di *Gasparone*, il bandito siciliano di Millöcker, gli acuti appassionati nei duetti a cuore aperto del *Bettlerstudent* sono ancora di schietta marca italiana.

> Questo è ciò – rimbrottava ancora Hanslick – che ci rende così insopportabile la maggior parte delle operette viennesi: il fatto che esse scimmiottino convintissime Verdi e Meyerbeer. Le loro Sepperl e Leni cantano come Raoul e Valentina, e ogni rissa di osteria diventa una Notte di San Bartolomeo.

Decisamente la chiusura del severo censore verso il melodramma italiano, destinato a rimanergli conficcato come spina nel cuore, non conobbe resipiscenze:

> È inspiegabile che compositori esperti e pieni di talento come Suppé, Millöcker, Genée (per non parlare dei minori) non avvertano la contraddizione tra il loro stile musicale e il carattere del Singspiel comico, così ci pare incomprensibile che essi dal loro punto di vista pratico non avvertano come le loro operette siano seriamente pregiudicate dalle eccessive pretese che essi manifestano nei confronti di cantanti da periferia. Le prime parti di soprano nelle nostre operette suonano come se fossero scritte per una Materna o una Bianchi.

Curiosamente, sarebbe stato un collega come lui nato a Praga, August Wilhelm Ambros, a dissentire proprio sul diritto di cittadinanza che Hanslick rifiutava al gusto italiano:

> Si può ben dire che la viennese gioia di vivere in quegli anni salisse fino a un sibaritico oblio di sé. Valzer di Strauss, farse di Nestroy, l'opera italiana con Tadolini e Moriani e inoltre la "Theaterzeitung" di Bauerle era ciò che allora si designava come specifico *Wienertum*.

Come non accettare nel *Wienertum* una musica che vi dominò incondizionata sull'arco di più di trent'anni? E come non vedere nella dittatura rossiniana la svolta che già al tempo di Schubert la civiltà musicale viennese si trovò a subire come privilegio che il teatro tornava a strappare alla sala di concerto? Il messaggio del secolo, che Beethoven aveva consegnato alla sinfonia e che Schubert ancora nella sinfonia aveva meglio adattato al sentimento delle piccole cose alla portata dei viennesi, non ebbe seguaci. Il concorso lanciato nel 1835 dai Concerts Spirituels congiuntamente all'editore Haslinger per «una grande sinfonia, trionfo della nuova musica, la più alta e sublime opera d'arte della disciplina strumentale», consacrava un viennese trapiantato a Monaco (Franz Lachner), mentre la maggioranza dei 57 compositori che vi avevano partecipato erano stranieri.

Tre lustri appena dopo l'iniziativa "patriottica" di Diabelli non era già più possibile riunire un mezzo centinaio di compositori attivi nella città a esaltare la grandezza della sua civiltà strumentale. Frequentatore accanito di teatri, la conversione del viennese al gusto italiano gli faceva disprezzare l'opera tedesca, dopo il *Fidelio* destinata a consolidarsi altrove. Abbattuto e amareggiato, Lortzing nel 1847 si confidava con un amico:

> A Vienna ho provato la scoraggiante esperienza di un'Austria che per me – come operista – non può essere terreno fertile [...]; soprattutto il gusto musicale è qui il più deteriore. Solo la musica italiana vi domina. Opere tedesche, come quelle di Spohr e Marschner, vengono allestite una volta sola con mezzo successo di stima, poi di nuovo scompaiono poiché non riescono a trovare la giusta risonanza. Solo gorgheggi e musicaccia da marciapiede, e in una città dove Mozart, Beethoven, Gluck e altri hanno vissuto e creato.

Spirale dell'edonismo

Non c'è resoconto di viaggio a Vienna in quell'epoca che non esprima la delusione di fronte alla decadenza del grande ideale strumentale. Wagner, che nel 1832 assistette a un'accademia degli allievi del conservatorio, ricavava «l'impressione che la cura della musica classica fosse considerata come un'elemosina doverosa e meschina». Schumann, il quale vi giunse nel 1838, arrivò a dubitare

> [...] che l'affabilità tanto decantata dei viennesi non vada più in là di un viso grazioso [...]. E poi cerco invano gli artisti, non quelli che sappiano suonare come si conviene uno o due strumenti, ma uomini nella completa accezione della parola, capaci di capire Shakespeare e Jean Paul.

A Vienna non si capisce poiché non si discute e non si discute poiché gli emissari di Metternich sono in agguato ad annotare ogni minimo pettegolezzo. Attraverso i verbali della polizia sarebbe addirittura possibile ricostruire una storia capillare dell'impero all'epoca della tutela del pensiero, a partire da quell'anonimo rapporto del 1814 che non solo riteneva degno di interesse considerare l'entusiasmo del pubblico per le esecuzioni beethoveniane de *Il momento glorioso* e del *Wellington Sieg*, ma che si dimostrava molto attento a sorprendere lo schieramento delle opinioni intorno al compositore:

> Si formano fazioni pro e contro Beethoven. Di fronte a Rasumowsky, Apponyi, Kraft, i quali per Beethoven nutrono una vera e propria adorazione, sta una quantità assai più consistente di intenditori che proprio non vogliono ascoltare nessuna musica del Signor Beethoven.

La musica stessa quindi, arte asemantica per eccellenza, non sfuggiva a sorveglianza poiché la determinazione dell'autorità era quella d'essere vigile, affinché il cittadino non fosse indotto a considerare la pratica musicale e le occasioni di spettacolo come qualcosa di più di un semplice divertimento.

Sennonché per raggiungere lo scopo non occorreva inventare niente di nuovo: bastava incoraggiare la naturale tendenza dei viennesi a folleggiare e ad assaporare i piaceri della vita, che nel secolo precedente aveva fornito il nerbo di innumerevoli commedie popolari, alimentando quella *Tanzwut* di cui il festino del *Don Giovanni* coglie l'aspetto elegante, mentre al suo lato grossolano non sfugge neppure Mozart col crasso compiacimento dei canoni scollacciati del 1782. D'altra parte il salisburghese non mancò di elencare anche le danze composte per la corte nel catalogo delle sue opere, confermando l'apprezzamento di cui tal genere godeva a Vienna, come abbiamo già visto e come fu testimoniato dal diplomatico svedese Frederik Samuel Silverstorpe ai suoi superiori: «La danza vi è tenuta in grande stima più di ogni altra cosa» (9 novembre 1796).

La spirale dell'edonismo era quindi già in azione nel Settecento, allentata attraverso quel «processo di mondanizzazione del cattolicesimo, svuotato d'ogni interiorità religiosa e ridotto a pomposo formalismo controriformistico» (Magris), che la tradizione musicale barocca aveva contribuito a mantenere attivo anche nelle chiese di provincia e che primieramente colpiva i viaggiatori protestanti venuti dal nord:

> I viennesi se ne stanno [...] come se fossero stati creati da Dio unicamente per mangiare. Se le domeniche e i giorni di festa si passeggia per il Prater, è un vero spettacolo vedere come il popolo si diverta di cuore [...]. Il ballo consiste in un continuo, incessante giro di valzer [...]. E poiché a Vienna le donne sono belle di corpo e di viso, una simile danza è veramente un piacevole spettacolo per chi vi assiste.

A questo punto è singolare notare come, continuando nella sua ricognizione a sfondo moralistico («In tutto ciò che riguarda la comodità e i piaceri della vita, i viennesi sono più progrediti che gli abitanti delle altre città tedesche»), le osservazioni di Christoph Friedrich Nicolai vengano a combaciare con il giudizio che Hanslick più tardi avrebbe dato della musica italiana:

> Il predominio incontrastato del canto della voce acuta presso gli italiani ha come causa principale lo spirito amante della comodità propria di questo popolo, per il quale è impossibile prestare di continuo un'attenzione penetrante, mentre invece i nordici amano seguire il complicato intreccio di combinazioni armoniche e contrappuntistiche.

Singolare perlomeno in quanto Hanslick, combattendo accanitamente la musica italiana del suo tempo per il fatto di ritenerla niente più che un'espressione sollazzevole, giudicava Strauss e Lanner senza riserve i talenti più originali ed esaltanti della Vienna postschubertiana, considerando Strauss addirittura «eine Naturkraft, wie sie nur aus dem musikalischen Boden Österreichs hervorgehen konnte», in altre parole un continuatore della tradizione classica.

Il fatto è che l'impegno di Hanslick fu quello di approntare un assetto critico alla tradizione classica viennese in un quadro che mirava a conservare a Vienna il primato, in nome dell'esperienza delle personalità che l'avevano resa celebre: «Für unser Herz beginnt sie mit Mozart, gipfelt in Beethoven, Schumann und Brahms». Sennonché sappiamo quanto relativo sia il concetto di Classicismo viennese, che oggi ancora si usa assimilare all'ideale di musica strumentale identificato nella triade Haydn–Mozart–Beethoven e generalizzato, attraverso l'estetica tedesca settentrionale del primo Ottocento (Reichardt, E. T. A. Hoffmann ecc.), in espressione primaria e dominante della cultura musicale del tempo. Il Dahlhaus ne ha trattato a fondo ricordando com'esso sia sorto in una fase di ricezione posteriore, determinata dalla borghesia tedesca. Un'attività di teorizzazione estetica a Vienna infatti non ebbe vita parallelamente e successivamente all'età dei classici (è ciò che esplicitamente denunciava Schumann nella lettera citata), per cui tale responsabilità va indubbiamente ascritta alla cultura romantica tedesca del nord. È sulla linea di questa generalizzazione che Hanslick riformula il concetto, senza tener conto che

> [...] il Classicismo viennese faceva parte di una tradizione cattolico-meridionale, su cui per il momento occorre lasciare in sospeso la decisione se andrebbe designata come tedesca, austriaca, oppure austro-boema-norditaliana (Dahlhaus).

Invece è sulla base di questa costatazione che andrebbero messi a fuoco taluni caratteri di un "classico viennese" quale Schubert, non a caso emarginato da Hanslick. Quando Rossini furoreggiava a Vienna, nonostante la sensazione d'esserne messo in ombra, il giovane Franz vi era attirato al punto da subirne l'influenza, in particolare nel profilo brioso della *Sesta Sinfonia* e ancora più nei temi guizzanti delle due programmatiche ouvertures "in stile italiano". Nonostante che l'obiettivo conseguito da Schubert non corrispondesse in tutto alle coordinate rossiniane, è perlomeno evidente una disponibilità, un'assenza di pregiudizio verso la maniera operistica italiana da inquadrare in una consuetudine che era il riflesso di una stretta correlazione tra le due tradizioni, la quale tra l'altro sarebbe l'unica a poter spiegare la presenza di rossinismi in Schubert già nel 1815 (il *Presto* della *Terza Sinfonia* o il movimento vivace dell'ouverture a *Claudine von Villabella*), prima cioè che un'opera di Rossini fosse rappresentata a Vienna.

Quando poi la prima opera rossiniana (*L'inganno felice* il 26 novembre 1816) approdò nella capitale, Schubert non mancò di parafrasarne un tema nell'ouverture in do maggiore, mentre nella sezione centrale di quella in re maggiore ricalcò il profilo della celebre aria dal *Tancredi*, "Di tanti palpiti".

E in fondo è sulla spinta della stessa azione di cultura che Grillparzer avrebbe accettato il musicale atto gratuito del modello italiano più facilmente delle velleità onnicomprensive di un Romanticismo impegnato a nobilitare la musica attraverso le profondità di pensiero della poesia:

> Perciò l'infantile trastullarsi di Rossini ha maggior valore delle scimmiottature intellettuali di Mosel, che distruggono la vera essenza della musica per balbettare a gara con le vuote parole del poeta.

D'altra parte significative rimangono le parole di Leopold von Sonnleithner nell'articolo in ricordo di Schubert immediatamente successivo alla morte dell'amico: «Così, con tutta la sua profonda reverenza per la musica classica germanica del passato e del presente, egli rese piena giustizia al genio di Rossini».

Detto ciò, attribuire la responsabilità dello scadimento della produzione musicale viennese postschubertiana all'esclusiva moda italiana, scindendola puramente e semplicemente dal tronco austriaco, è una forzatura; come lo è il fatto di riconoscere nel valzer di Strauss il segno dell'eredità discendente dai maestri della civiltà strumentale cresciuta a Vienna («den alten Ruhm der österreichischen Musik»), senza coglierne il grado di compromissione con l'edonistico ideale di vita.

La danza di Strauss si impone invece come cifra di una visione tutta terrena dell'esistenza, alimentata dalla seduzione di una tenera sensualità, di sguardi ammiccanti, di mani sfiorate, di dolci abbandoni, di istinto vitalistico capace solo di guardare al presente, in cui la prospettiva del passato si riflette come conferma di un atteggiamento di fondo determinato da una concezione pagana della vita, mentre il futuro non vi trova risonanza. L'energica pulsione presente nella musica di Strauss, nel gesto circolare del 3/4 che ripiega su se stesso, è votata all'immobilismo, a rimanere chiusa nella prospettiva storico-sociale che le fa da supporto, risolta in atto d'oblio perfettamente consentaneo a quella grande e tacita svolta storico-culturale che, nella rinuncia al Sacro Romano Impero di

Francesco II, diventato nel 1806 Francesco I imperatore d'Austria, pur non estromettendo del tutto lo stato asburgico dalla posizione di protagonista nelle sorti d'Europa, non poteva nasconderne il carattere di surrogato nel nuovo formale assetto politico.

In fondo è qui che va individuata la premessa di quella colorita dimensione di nobiltà e principi d'operetta che avrebbero popolato per quasi un secolo i teatri viennesi, come specchio deformante di una realtà proiettata in quel mito asburgico così sagacemente colto da Claudio Magris nel suo fondamentale studio sulla letteratura austriaca moderna, nei termini di un tramonto impercettibilmente declinante, rischiarato dallo sfavillante riflesso delle debolezze che un costume e una cultura erano impegnati a esibire con la maschera nostalgica della virtù. Di qui la fuga dal reale di cui la musica diviene subito il principale strumento, come già sanciva l'ode che Karl Beck riservò a Strauss e a Lanner («An eurer Geige sprudelnden Gebeten / hängt Jung und Alt mit träumerischem Ohr»), ma dove il sogno impone il riconoscimento di quell'ordine monarchico interiorizzato come lealtà di sentimento, di quella gerarchia di schiatta che varrà anche per la dinastia degli Strauss, incoronando in Johann figlio il *Walzerkönig*.

È su questa «dimensione musicale ed estetica dell'uomo, anziché storica e morale», che durante i trent'anni del *Vormärz* Vienna esplode in un vitalismo che nel godimento del quotidiano affondava ogni altro pensiero e che, oltre a predisporre l'*humus* alla «sfacciata allegria» italiana (Hanslick), attuava il distacco della cultura austriaca dalla concezione romantica che avrebbe fatto propri Haydn, Mozart, Beethoven senza appropriarsi di Vienna, città dove l'esistenza – secondo Brentano in una lettera del 1813 – si rivelava «senza sguardo interiore e dove non è possibile poetare». Scarso incoraggiamento poteva venire dalla *Kaiserstadt* a una concezione romantica che all'arte affidava il compito di riscatto dell'umano in una proiezione affatto protesa verso una dignità ideale, in una collaborazione di tutte le discipline artistiche concorrenti con ogni loro peculiarità a uno stesso progetto. Alla gerarchizzazione hegeliana, che stabiliva uno stretto rapporto di tensione fra le arti e che, nonostante il riconoscimento di distinti caratteri, aveva condotto all'asserzione schumanniana («l'estetica di un'arte è quella dell'altra, soltanto il materiale è diverso»), già replicava Grillparzer:

> Il peggior servizio che in Germania si potesse fare alle arti fu di comprenderle tutte insieme sotto il nome di arte.

A Vienna si prolunga invece quella cultura estetica di tipo illuministico che a ogni ramo dell'arte assegnava uno svolgimento distinto:

> Bisognerebbe far notare come l'effetto della musica cominci dallo stimolo sensibile, dal gioco dei nervi e [...] giunga tutt'al più in ultima istanza allo spirito, mentre la poesia prima di tutto sveglia il concetto, unicamente attraverso esso agisce sul sentimento.

Ora la conclusione di Grillparzer («L'una è spiritualizzazione del corporeo, l'altra incorporazione dello spirituale») non solo rende conto dell'estraneità in cui i viennesi vennero a trovarsi di fronte al progetto scoperto di prevaricazione della musica verso la poesia, presente nell'ultimo tempo della *Nona* beethoveniana (in cui Hanslick non vide altro che «l'ombra gigantesca gettata da un gigantesco corpo») e della loro difficoltà ad assimilare la lezione wagneriana, ma nel contempo focalizza nella musica l'espressione di una bellezza irrimediabilmente congiunta alla sfera del sensibile, riducendo il suo campo d'azione a prospettiva dove è impedito qualsiasi slancio idealistico, incanalato piuttosto verso i confini dell'immaginazione, il cui incanto si presenta come distillato di bellezze, consolazioni e piaceri quotidiani. E non poteva essere che questa la musica che sarebbe diventata voce interiore di tutta quella letteratura austriaca fino a Hoffmansthal e oltre che, rifiutandosi di guardare alla condizione del dopo di un impero e di una cultura languenti, se ne servì come elisir della dimenticanza, ossessione di un sogno in cui la realtà si specchiava come immobile grandezza di un mondo mantenuto al riparo dagli assalti del tempo e fermo a un ordinamento feudale di privilegi irriducibili, ma ingentilito dal lirismo del grazioso e del dilettevole.

Non per niente Grillparzer, che alla poesia concedeva di ricorrere liberamente al brutto poiché la rappresentazione della finalità ne avrebbe attenuato a priori l'impressione, senza riserve lo bandiva dalla musica, poiché essendo essa

> [...] ricevuta e gustata immediatamente dal senso, il consenso dell'intelletto sopraggiunge troppo tardi per rimediare alle perturbazioni del

> brutto. Perciò Shakespeare può spingersi fino all'orrido, mentre a Mozart fu confine il bello.

Il fatto che Mozart stesso rifuggisse dalla passione violenta e dall'eccitazione del disgusto e richiamasse la sua poetica al compito del «vergnügen» (lettera del 26 settembre 1781) mostra in quale misura in Austria la tradizione da tempo predisponesse la musica a un ideale di armoniose proporzioni e di eufoniche risonanze. Con il titolo di *Vom Musikalisch-Schönen* un trattato di estetica della musica poteva vedere la luce solo a Vienna e quello che Hanslick pubblicò nel 1854 in questo senso va considerato un inno alla tradizione austriaca:

> Se non si sa riconoscere tutta la bellezza che vive nell'elemento puramente musicale, molta colpa è da attribuirsi al disprezzo del sensibile, che negli antichi esteti troviamo in favore della morale e del sentimento, in Hegel in favore dell'idea.

Non solo il suo assunto è antiromantico, ma nella rivalutazione del sensibile destinata a valorizzare in musica la bellezza esteriore («Al bello corrisponde un godere, non un soffrire»), prima ancora di lasciar spazio a quella *Klassik-Verehrung* che fece convergere su Vienna le processioni culturali del secolo, rivela la sua perfetta concordanza con il quoziente edonistico che la musica viennese ottocentesca, oltre ad avere ereditato, amplificò nell'ostentata vivacità delle sue danze e del suo teatro leggero. Di lì il posto d'onore riservato a Strauss, fiore colto fra le male erbe attecchite nel giardino del *Vormärz*, che in fondo poterono espandersi proprio in quanto nutrite dallo stesso *humus* estetico, dove la preclusione verso la musica italiana vi appare giustificata solo da ragionamento capzioso e interessato.

Il fatto è che Hanslick era già il teorico di un passato, che fu sua intenzione richiamare ad esempio del presente. In tutta la saldezza del suo piedistallo egli percepiva di dover ormai combattere una battaglia di difesa contro una musica la quale altrove si sviluppava prepotentemente al seguito di opposti principî che ormai insidiavano anche Vienna. La sua lotta per un risorgimento musicale austriaco era fatalmente destinata a venarsi di nazionalismo, soprattutto di fronte all'azione autonoma a cui tendevano non solo la musica italiana (di un'Italia ormai persa anche politicamente), ma pure le aspirazioni dei compositori di Boemia sudditi dell'impero, quindi del suo stesso paese d'origine (già abbiamo detto del suo atteggiamento verso Dvořák). La sua estetica non è quindi testimonianza di un momento positivo, bensì l'espressione d'una situazione di crisi in cui la difficoltà di conciliare l'ideale classicistico con le tendenze contemporanee va letta sullo sfondo delle incrinature che stavano minando la coesione dello stato asburgico, verso il quale il legittimismo di Hanslick, se rifugge dalla nostalgia d'obbligo, non va esente da patetismo:

> Il carattere di valzer viennese corrisponde senza dubbio nella musica austriaca a un elemento nazionale [...]. All'austriaco esso non si presenta come semplice valzer, bensì come canto patriottico senza parole. Accanto all'inno nazionale [*Volkshymne*] del padre Haydn, che celebra l'imperatore e la casa regnante, noi possediamo nel *Schöner blauen Donau* di Strauss un secondo inno nazionale che celebra il nostro paese e il nostro popolo. In qualsiasi luogo remoto si incontrino due austriaci, questa "Friedens-Marseillaise" senza parole è il loro canto d'unione [*Bundeslied*] e segno di riconoscimento.

Nostalgica consapevolezza del passato

Dopo le sconfitte del 1859 e del 1866, l'attività corale a sfondo patriottico, combattuta dalle autorità a causa del pericolo di orientamento liberale che sembrava trascinare il *Männerchorwesen* nell'orbita nazionale tedesca («Halten Sie mir dieses Gift aus Deutschland nieder», tuonava Metternich contro il capo della polizia), in seguito alle testimonianze di lealtà asburgica ridestate dal duro confronto con la Prussia non fu più impedita e fu al Wiener Männergesang-Verein che Strauss nel 1867 dedicò il suo più celebre valzer, con coro appunto, che individuava l'attaccamento al paese in accenti sereni, lontani dall'aspetto torvo e minaccioso tipico della coralità tedesca.

Hanslick appunto, il quale tuttavia nel 1868 si era reso conto della ristrettezza di prospettiva del «Männergesang als Genre», nel 1849 vi aveva intravisto il più salutare antidoto «contro la corruzione dell'arte del canto, prodotta dall'imitazione delle maniere italiana e francese». La preoccupazione sua fu quindi innanzitutto quella di definire un idioma musicale austriaco, al quale fosse assicurato uno spazio vitale e possibilmente preminente rispetto alle formulazioni estetiche che rappresentavano un pericolo d'invasione (dopo quella italiana fu necessario fare i conti con l'insidioso verbo wagneriano).

Men che meno poteva tranquillizzarlo l'evoluzione della musica nel suo paese, benché la prima importante composizione orchestrale di Smetana, la *Sinfonia trionfale* (1853), dedicata al giovane imperatore Francesco Giuseppe verso cui le nazionalità guardavano con speranza di ottenere maggiori diritti, assumesse come tema ciclicamente elaborato attraverso i quattro movimenti proprio quello del *Gott erhalte*. Sennonché l'inno imperiale vi risuona nell'ultimo tempo con una monumentalità di circostanza, incapace di fondersi con la schiettezza popolaresca nei richiami degli strumentini, dove è già tracciato il percorso della musica nazionale ceca come vocazione al recupero di quell'identità contadina che ne era l'antico contrassegno e che i compositori ottocenteschi avrebbero riassunto con scontati indugi pastorali e inclinazione al pittoresco.

In una situazione dove anche per Vienna si poneva un problema di identità della riconquista del primato musicale, il distintivo carattere boemo da cui nel Settecento era stata fecondata nell'accentuazione degli aspetti slavi e della loro carica centrifuga non parve più così facilmente assimilabile. Se è vero che *La sposa venduta* più a Vienna che a Praga assurse a successo internazionale – confermando l'opinione di Gernot Gruber secondo cui dopo *Die Fledermaus* ci si trovava nuovamente di fronte al fatto singolare di opere oggi ritenute chiaramente profilate secondo concetti nazionalistici, che proprio all'epoca degli accesi nazionalismi potevano venire accolte senza stretto riferimento alla matrice originale – è altrettanto vero che ciò poteva capitare non solo per la disinvoltura dei viennesi ad ammettere un assetto stilistico composito, ben disposto perciò verso i particolarismi, ma soprattutto in quanto in questo atteggiamento già agiva l'assaporamento del diverso, inteso non più in quanto parte di un retaggio che trovava giustificazione nella struttura interdipendente degli stati danubiani, bensì come prospettiva esotica.

L'esotismo, oltre al fascino, implica il concetto di estraneità, per cui la musica di Smetana offriva al viennese spunti abbondanti non più per estendere i confini del proprio mondo ma addirittura per evaderne, battendo quella strada che per l'operetta sarebbe poi stata una via senza ritorno, sicuramente già prima che Lehár circoscrivesse lo spazio magiaro di *Zigeunerliebe* (1910) a campionario di tic ungheresi esibiti come oggetti ricordo alla curiosità di viaggiatori sprovveduti, e via via nella Turchia sentimentale di Leo Fall (*Die Rose vom Stambul*), nella Polonia da cartellone illustrato di *Die blaue Mazur*, nella Cina fiabesca che, sempre Lehár, ritrovava in *Das Land des Lächelns*, nel *Volga-Lied* dello *Zarevitsch*, nei finti indiani della *Bajadere* di Kálmán e in tutte le operette sopravvissute alla disfatta del 1918, dove il valzer avrebbe oltretutto perso l'orientamento in un tessuto musicale assoggettato ai *clichés* della musica leggera internazionale.

Esotica alla fine del secolo appariva l'opera italiana al punto che alla fama del capolavoro di Mascagni il Theater an der Wien replicava con una parodia, *Krawalleria musicana*, portata al successo da Alexander Girardi, in una Vienna sempre più poliglotta e sempre meno capace di esercitare mediazione fra le pressioni delle etnie che vi interagivano. L'istriano Smareglia che vi soggiornò studente negli anni Settanta ne riportò la singolare influenza slava in un'opera (*Nozze istriane*) dove, dietro una sintassi wagneriana solcata da crudezze veristiche, si cela un folclorismo chiaramente tentato da soluzioni boeme.

Richiamare Vienna all'ideale classicistico nella seconda metà dell'Ottocento già significava quindi imporre una disciplina con tutti gli inconvenienti connessi, soprattutto quello di rendere una tentazione il fatto di trasgredirvi. Erettosi a guardiano di una tradizione in un'epoca in cui numerose rimanevano le prospettive aperte, Hanslick ne derivò una definizione restrittiva, riducendola essenzialmente a esperienza strumentale mutilata inappellabilmente della sua proiezione teatrale che Mozart aveva pur sempre dimostrato possibile, cioè quel «matrimonio morganatico» tra poesia e musica che egli vedeva celebrato nell'opera, non facendo altro in fondo che codificare il giudizio formulato su Haydn, Mozart, Beethoven dall'estetica tedesca del nord, e, soggiacendovi tacitamente, lasciando trasparire un fattore di intima debolezza nel severo rigore della soluzione formalistica della sua teoria. Non per niente nessun austriaco suo contemporaneo accettò di indossare il vestito troppo stretto che egli aveva confezionato; per cui, quando crederà di aver trovato il degno successore di Beethoven, lo scoprirà in un genio sceso a Vienna dal nord, che aveva lasciato dietro di sé il grigiore e il freddo delle brume anseatiche.

> In quest'opera – scrisse nel 1876 a commento della prima esecuzione della Sinfonia in do minore op. 68 – la stretta affinità di Brahms con l'arte di Beethoven si impone con evidenza a ogni musicista che non l'avesse ancora percepita. La nuova sinfonia testimonia di una volontà energetica, di un pensiero musicale logico, di una grandezza di facoltà architettoniche e di una maestria tecnica che nessun compositore vivente possiede.

Il giudizio di Hanslick sul musicista amburghese equivaleva a un proclama, con la conseguenza di far entrare in quel momento nel vivo l'aspra lotta fra fazione wagneriana e partito brahmsiano in una Vienna che in fondo vi era coinvolta senza intima adesione, soddisfatta com'era dell'ascendenza nobile della sua *leichte Muse*, nelle cui vene scorreva la linfa di una tradizione in cui senza premeditazione si specchiava l'eredità dei classici e che nessuno si sognava di trasformare in oggetto di controversia. Il confronto delle fazioni riguardò principalmente i circoli accademici. Dal pubblico Brahms non fu mai compreso a fondo: la sua esistenza riservata a Vienna oltre a un fatto caratteriale corrispondeva a un parziale isolamento culturale.

Lo storicismo tedesco lo predisponeva alla lezione dei classici da posizione privilegiata, ma ne spingeva la curiosità anche oltre, verso orizzonti non direttamente accessibili ai viennesi. Nelle sue prime apparizioni concertistiche egli introdusse opere recuperate dal passato remoto (la *Toccata* in fa maggiore di Bach, per esempio), mentre nella sua qualità di direttore dei concerti della Singakademie presentò in prima audizione l'*Oratorio di Natale*, varie cantate di Bach, cori di Schütz, manifestando nel contempo il suo interesse per Eccard, Isaac, Lasso, Gabrieli ecc. Una simile visione, già nutrita da profondi studi comparati, non solo era insolita per Vienna, ma non era in tutto condivisa da Hanslick il quale, scoraggiando l'amico dall'occuparsi di Schütz, lo richiamava all'ordine circoscrivendogli la problematica all'universo rivelato da Mozart.

In verità è impossibile trovare a Brahms un qualsiasi concorrente viennese che meglio di lui abbia saputo muoversi sulla linea che passa attraverso Beethoven, eppure nella sua musica c'è un quoziente che sfugge a Vienna. Non per il fatto di averla scelta come residenza il suo giudizio doveva essere diverso da quello degli altri Romantici tedeschi: anche per Brahms Vienna non era *caput mundi*, ma un passaggio obbligato attraversato dalle strade che riportavano direttamente a Bach, a Händel e più indietro ancora nel tempo. Ed era proprio su queste strade che era difficile convincere i viennesi a seguirlo.

Per gli abitanti della capitale imperiale i confini dell'impero erano invalicabili: nella sua vastità non esisteva necessità di spingersi oltre. La capacità d'irradiamento a cui vi era giunta la musica della sua stagione più prospera era talmente estesa che appariva illogico ripercorrerne il cammino in senso contrario alla ricerca di origini più fondamentali, anziché lasciarsi sospingere nella direzione tracciata. Considerando la profonda avversione nutrita da Grillparzer per l'idealismo storicistico hegeliano, verbo della filosofia ottocentesca per eccellenza che attraverso la dialettica del superamento degli stadi del corso della civiltà introduceva una forte tensione verso il futuro, Claudio Magris fa acutamente osservare che

> [...] nella monarchia danubiana storia significa memoria e tradizione, retrograda e nostalgica consapevolezza del passato che determinava il presente non come naturale eredità ma come ossessione, come irrigidito modello.

È lo stesso orizzonte che traccia il limite dello sguardo hanslickiano, impegnato a scuotere i viennesi dal torpido abbandono alla musicalità del quotidiano che aveva trasferito i suoi templi nelle sale da ballo, sollecitandoli a riconoscervi e a onorare la filiazione dell'esperienza classicistica, ma nel contempo vigile affinché l'acquisizione di tale prospettiva non venisse spinta oltre l'oggetto del culto in regioni appartenenti ad altra giurisdizione. Per cui, quando Richter dirigerà nel 1866 la prima esecuzione della Sinfonia in mi minore op. 98 alla Filarmonica, i viennesi l'avrebbero accolta tiepidamente trovandola troppo austera e troppo interiore, mentre proprio un mese dopo, per gli stessi motivi, alla presentazione al Gewandhaus il pubblico di Lipsia ne avrebbe decretato il successo. Tedesco del nord e protestante, Brahms non rinunciò mai alla sua identità. Nel 1866, forse anche sotto la pressione degli eventi che avevano portato l'Austria al confronto diretto con la Prussia, egli pensò addirittura di far ritorno ad Amburgo:

> Io non sono per niente un soggetto cosmopolitico e mi sento attaccato alla mia città natale come a una madre. Ora qui, dove ho tante ragioni per essere soddisfatto, sento e sentirò sempre che sono uno straniero e che non sono a mio agio.

Qualche anno dopo lo scoppio della guerra franco-prussiana egli non sfuggì all'entusiasmo nazionalistico e si sentì in dovere di esternare il suo sentimento nel *Triumphlied* op. 55 dedicato a Guglielmo I, che divenne una delle opere sue più popolari in Germania, mentre negli ultimi giorni di vita, condannato a non uscire di camera, il suo pensiero era occupato dalla lettura del libro di Moritz Busch su Bismarck. Già Beethoven, pur profondamente assimilato a Vienna, aveva mantenuto la sua identità renana che non cercò mai di dissimulare:

> Se Mosel ha del rispetto per voi – scrisse Grillparzer su un quaderno di conversazione – è unicamente perché voi siete, un tedesco.

Fu proprio a Ignaz von Mosel che il compositore confidò la sua intenzione di sostituire la terminologia italiana («diese wiedersinnigen Benennungen Allegro, Andante, Adagio, Presto») con una tedesca. E legittimamente è lecito chiedersi in che misura sia da far risalire alla componente tedesca della sua cultura il concetto sacrale d'opera d'arte implicito nella concezione della *Nona Sinfonia*. «Beethoven infatti – scrive Luigi Magnani – nonostante le sue aspirazioni universalistiche, possedeva viva coscienza della forza spirituale tedesca, indipendente, dominante la cultura europea, e che andava suscitando in Germania un nuovo umanesimo», una coscienza ormai insensibile alla capacità di mediazione tra vaste aree culturali che la civiltà asburgica poteva ancora vantare. Il livello beethoveniano non riconducibile al denominatore viennese è leggibile nella posizione di preclusione verso la moda rossiniana («i Welschen sono alquanto sudici, certo non si doveva incoraggiarli! Altrimenti divengono invadenti»). Quanto diverso l'atteggiamento di Schubert, suddito che non aveva mai varcato i confini dell'Austria, eppure capace d'impostare un tentativo di conciliazione con la maniera italiana, anche in una situazione che più non presentava le premesse favorevoli conosciute da Mozart!

Il grado di estraneità di Brahms rispetto alla città ospitante è ancora più marcato, essendo stato egli chiamato a un ruolo che pretenziosamente cercava di rivitalizzarne l'aspetto emergente agli occhi della valutazione teorica dei Romantici, ma non necessariamente a quelli di coloro che a Vienna rimanevano fedeli all'idea di musica intesa come integrazione estetica della condizione quotidiana. Non tutto ciò che proveniva dalla fucina brahmsiana vi filtrava quindi allo stesso modo: le sue composizioni strumentali cameristiche, proprio quelle dove è più dichiarato il confronto con l'eredità dei classici, trovarono difficoltà ad affermarsi, mentre la sua fama rimase prevalentemente affidata alla produzione liederistica e alle opere sinfonico-corali.

In verità dopo Schubert, e già con Schubert, la musica a Vienna aveva imboccato la via dei generi vocali che rimasero un riferimento prediletto anche quando la teoria hanslickiana decretò il primato della disciplina strumentale, per cui partendo da premesse locali era come se Brahms vi portasse il suo messaggio dall'esterno. Addirittura potremmo dire che, senza la mediazione di Hanslick, la sua rigorosa ricerca strumentale a Vienna non si sarebbe affermata. Ora il feroce critico non poteva trovare di meglio, concedendogli ancora il Quintetto in sol maggiore op. 111 (1890) di lodare «la generosa e splendida solidità di fattura, l'intensità espressiva e l'ammirevole concisione della forma», oasi di meditato sguardo retrospettivo in mezzo a una musica del tempo divenuta preda di sregolati furori. Hanslick poteva allora perfino compiacersi di fronte al cammino inverso che Brahms percorreva rispetto a Beethoven: «La musica da camera di 10 o 15 anni fa mi fa pensare al Beethoven della terza maniera», mentre la purezza e l'essenzialità delle nuove composizioni brahmsiane indicava la direzione che va dall'ombra alla luce, dalla tempesta alla serenità («Quando Beethoven scrive i suoi ultimi quartetti, questi grandi drammi del pessimismo, egli aveva la stessa età di Brahms oggi. Quale contrasto a dispetto delle analogie interne tanto profonde!»). Con tutto ciò vi era un che di volontaristico nella brahmsiana riconquista dell'essenzialità. Quando, dopo aver ascoltato la Sinfonia in fa minore di Richard Strauss a Meiringen, consigliò al giovane collega di studiare le danze di Schubert e di provare le melodie più semplici a 8 battute, ciò significa che per lui la melodia di 8 battute non era già più un fatto evidente e naturale.

A Vienna in fondo era questa naturalezza perduta che egli cercava e che poteva sorprendere intorno a sé, nell'animazione musicale delle città, nella vivacità delle danze, nell'amicizia con Johann Strauss la cui musica gli fu d'esempio in quei cicli compositivi che tentavano di ricomporre la frattura dell'epoca fra opera d'arte e tessuto sociale chiamato a recepirla (*Liebesliederwalzer* op. 52 e op. 65). Ed è anche sintomatico il fatto che, componendo i *Valzer* op. 39, pensasse a Hanslick a cui è rivolta la dedica:

> Il Vostro nome mi è uscito spontaneamente dalla penna mentre scrivevo il titolo di questi valzer a quattro mani che appariranno prossimamente. Io non so perché. Pensavo a Vienna, alle graziose fanciulle con le quali Voi usate suonare a quattro mani, pensavo a Voi che apprezzate simili cose, a Voi che siete per me un amico tanto buono.

Hanslick fu infatti il primo a compiacersene, non tanto nel riconoscere che «i valzer di Brahms sono il frutto della sua residenza a Vienna» (che oltretutto è inesatto, la composizione del ciclo essendo stata iniziata nel 1856), quanto nel cogliere le sue congenite difficoltà a entrare nell'ordine d'idee della capitale asburgica:

> Brahms e dei valzer! Le due parole si guardano con stupore sull'elegante pagina del titolo. Brahms il severo, il taciturno, il vero fratello minore di Schumann, scrivere dei valzer! E, oltre a ciò, così nordico, protestante, e così poco mondano.

La replica di Hanslick è significativa poiché, dietro la rigidezza apparente della sua poetica, conferma la comprensione della componente ludica, che la dolce vita di Vienna esaltava quotidianamente attraverso una musica d'intrattenimento che egli vedeva come perfetta integrazione dell'ideale classicistico. La soddisfazione di riscontrare in Brahms una simile apertura lo spingeva addirittura a derogare dall'ortodosso criterio di giudizio, fino ad ammettere un'evocazione del pittoresco tanto più accarezzata quanto più capace di cogliere il carattere bifronte di quell'austriacità simboleggiata dall'aquila a due teste dello stemma imperiale:

> Verso la fine della raccolta ci sembra di sentire un ticchettio di speroni, dapprima tenue e lontano, poi sempre più sonoro: eccoci senza dubbio sul suolo ungherese [...] l'accompagnamento non è allora il gradevole basso di Strauss, ma il sorprendente scatto del cymbalum.

Che il fatto di risiedere a Vienna abbia aperto a Brahms l'orizzonte verso est è confermato anche dalla scelta dei testi dei suoi Lieder, in gran parte traduzioni in tedesco di poesie popolari dell'Europa orientale, addirittura persiane e in un caso turca.

Sulla soglia del metafisico

La dittatura di Hanslick, per quanto mitigata dalle concessioni a una pratica ricreativa, non riuscì comunque nell'impresa restauratrice alla quale, al di là del caso Brahms, non fu dato di accompagnare l'itinerario di nessun altro talento creatore, rappresentando solo un fattore di conservazione in più in una situazione già tendente all'immobilismo. L'unico compositore austriaco in condizione di tener testa a Brahms, Anton Bruckner, per ottenere a Vienna più d'un distratto consenso, dovette attendere l'eco che, dopo il successo della sua *Settima Sinfonia* a Lipsia nel 1884, attirò sulla sua figura l'interesse degli ambienti musicali tedeschi. Ciò era il sintomo dello stato di relativa emarginazione in cui, incapace di formulare prospettive generalizzabili, la capitale dell'impero venne a trovarsi rispetto ai più importanti centri di Germania. Bruckner, ottenendo seguito a Vienna solo dopo i riconoscimenti esterni e soprattutto dopo quella specie d'investitura ottenuta a Bayreuth nel 1882, venne fatalmente a incarnarvi l'alfiere del wagnerismo nella sinfonia, impedendo che si cogliesse quel denominatore austriaco che è fondamentale per mettere a fuoco la sua esperienza.

Nativo dell'Alta Austria e per anni attivo come organista a Sankt Florian e a Linz, fino al 1868 la sua produzione non uscì dall'orbita tracciata dalla devota coscienza musicale della cattolica provincia austriaca fin dall'epoca barocca, la stessa che da secoli tramandava lo stile concertante di ascendenza veneziana in forme popolarizzate consentendo nel contempo l'interazione di diretta intrusione folcloristica: il "Benedictus" della *Missa Sancti Hieronymi* di Michael Haydn è significativamente articolato intorno a una bonaria danza campagnola.

Bruckner appartiene a pieno diritto a questo filone di cultura subalterna, documentato da innumerevoli pagine corali a cappella e dall'espressione vernacolare delle inconfondibili combinazioni di coro e fiati (2 corni o 3, 4 tromboni) che culminano nell'alto compimento della *Seconda Messa* in mi minore per coro a 8 voci e 15 strumenti a fiato.

Se l'attività musicale liturgica nel Settecento integrava quella strumentale per la matrice comune che stava immediatamente alle spalle, la staticità della tradizione musicale cattolica di provincia, rispetto a ciò che rappresentava ormai l'ideale orchestrale, nell'Ottocento aveva lasciato che si creasse un ampio vallo. Ciò spiega innanzitutto il ritardo con cui, a oltre quarant'anni di età, Bruckner arrivò ad abbozzare un progetto di sinfonia. È comunque indubbio che egli collegasse l'ideale sinfonico al senso di riscatto dalla provincia, le prime composizioni orchestrali essendo nate nel corso dei primi contatti con Vienna e durante i tentativi di trovare una sistemazione nella capitale. Era già passata la metà del secolo, ma Vienna non era ancora riuscita a ispirare nessuna degna composizione sinfonica capace di raccogliere la lezione di Beethoven e di Schubert. Anzi è del 1865 la prima esecuzione dell'"Incompiuta", ritrovata da Johann Herbeck dimenticata fra le carte di Anselm Hüttenbrenner, a dimostrazione della lentezza con cui la pratica della sinfonia usciva dalla lunga stasi del *Vormärz*. Il riscoperto capolavoro di Schubert e la *Nona* beethoveniana, che Bruckner in quello stesso anno ascoltò a Vienna, apparivano come massi erratici in un ambiente dove le sollecitazioni, per quanto riguarda la musica strumentale, da tempo ormai premevano dall'esterno. La situazione viennese prequarantottesca, con lo spostamento dell'asse dell'attività musicale verso la pratica vocale e le forme di danza, era rimasta in un certo senso sguarnita sul fronte della sinfonia, creando la premessa a quella sorta di capitolazione di fronte ai modelli tedeschi e internazionali addirittura (se vogliamo considerare pure l'influenza di Berlioz, con il quale Bruckner venne in contatto a Vienna nel 1866 quando questi vi diresse *La Damnation de Faust*), verso cui egli era spinto dalla mancanza di scelte di uno stato di solitudine riguardante non solo la sua individuale patologia, ma l'intera condizione culturale austriaca che la provincia era costretta a vivere in chiusura quasi totale («Andiamo in Russia, dal momento che la patria ci ignora» scriveva nel 1866 all'amico Weinwurm). Aveva di che stupirsi Hanslick («Dal punto di vista psicologico resta un enigma come quest'uomo, che è il più tranquillo e pacifico del mondo – non è neanche più giovane – quando compone diventa un anarchico che sacrifica senza pietà tutto quello che si chiama logica e chiarezza, unità della forma e tonalità»): non era in virtù della sua precettistica che poteva essere sanata una ferita che, per quanto indolore, era rimasta aperta per troppo tempo allentando i nessi che nella tradizione solo la prassi poteva mantenere vitali. L'assolutismo della posizione hanslickiana, come tutte le teorie a carattere normativo retrospettivamente orientate, non era nemmeno in condizione di assicurare a Vienna una funzione mediatrice rispetto a ciò che altrove era nel frattempo venuto a maturazione proprio grazie ai semi da essa sparsi. L'operazione brahmsiana, come abbiamo visto, oltre ad avere origine a monte, si sarebbe compiuta *malgré lui* e comunque avrebbe inciso solo tangenzialmente sul destino musicale della città. Quando Bruckner a Linz nel 1861, durante lo studio della strumentazione con Otto Kitzler e dopo essersi familiarizzato all'ascolto di Mendelssohn e Schumann, ebbe la rivelazione di Berlioz, Liszt e Wagner, per orientamento aveva a disposizione solo il proprio istinto, un istinto di musicista di provincia che mai avrebbe trovato la forza e l'ambizione di avventurarsi sulle vette filosofiche del *Gesamtkunstwerk*, ma sensibile abbastanza per soggiacere all'eccitazione di quella «concezione mistica del suono» (Einstein) che egli derivò in misura uguale da Liszt oltreché da Wagner.

Il più vicino antecedente austriaco era Schubert, più precisamente quello della *Grande Sinfonia* in do maggiore, che gli presentava già collaudata la dilatata dimensione d'una struttura, la cui durata tende a sciogliersi dai nessi oggettivamente vincolati alla forma per svolgersi secondo il dettato temporale di una coscienza totalizzante. Schubertiana non è però la capacità avvolgente della melodia e l'assenza di gravità in cui si sviluppa la progressione armonica, che trasferisce il discorso sul destino dell'uomo dall'immanenza alla proiezione mistica. Altrettanto relativo è il cercarne l'origine negli atteggiamenti stilistici attraverso cui la *Nona* beethoveniana aveva forzato la forma sinfonica, atteggiamenti men che meno sconosciuti a Wagner. Ciò che è prioritario nella comprensione del Bruckner sinfonico è il riconoscimento di un'adesione all'idea della musica come redenzione, verso cui cercò di nobilitare la sostanza della sua pietà contadina, ma che comunque significava accoglimento di una componente estranea alla civiltà austriaca. Sul piano religioso il passaggio dall'atteggiamento devozionale al misticismo corrispondeva alla mutazione di peso specifico implicita (a livello politico) nella differenza fra sentimento patriottico (*vaterländisch*) e sentimento nazionale, per cui sarà facile misurarne il grado di incompatibilità con una cultura come quella austriaca, capace di produrre i più alati capolavori dell'immaginazione senza con ciò fare un passo oltre il limite che ne fissa il piede alla dimensione terrena. L'organista di Sankt Florian, il quale sintomaticamente non lasciò nessuna composizione organistica degna di nota, attuò invece nella sinfonia la ribellione alla terrena condizione artigianale impostagli dalla tradizione, e con ciò egli è senza dubbio da considerare il primo compositore austriaco dichiaratamente romantico. Romantico nel senso indicato, oltre alla provocazione, è anche lo svolgimento del suo discorso dove, come colonne a guardia di un tempio, stanno il primo e l'ultimo tempo di sinfonia, in cui il baricentro timbrico si sposta verso le possenti sonorità sacrali degli ottoni e dove più a fondo agisce il compromesso tra la funzione tematica e il concetto di Leitmotiv che vi introduce inequivocabile una carica simbologica, come avviene al termine del primo tempo della *Terza*, in cui il tema principale infierisce come fosse un segnale ormai sciolto dalla dialettica sinfonica. Dalla linea Liszt-Wagner gli deriva l'intero vocabolario neoromantico: il gesto eroico delle fanfare d'ottoni, l'implacabile ritmo cadenzante, l'enfasi che alimenta una tensione melodica svettante senza fine, l'esteso percorso modulante dell'armonia che non si concede sosta, dove ogni elemento concorre, nello sfasamento per eccesso della rispettiva comune dimensione, all'elevazione.

Sennonché il gesto eroico rimane tale, cioè fermo sulla soglia del Pantheon senza mai oltrepassarla nell'assaporamento dell'estasi di gloria, mentre le pause che interrompono il decollo della melodia verso regioni sublimi sono la presenza di un contrappeso che rifiuta di accettare la soluzione mistica come unica possibile. La vera dialettica del discorso bruckneriano è da cogliere a questo livello, che nel primo tempo della *Quinta Sinfonia* lascia emergere un'arcaica concatenazione accordale, sprigionata dai fiati come sommessa sonorità organistica che paradossalmente sentiamo vicina, familiare, immanente (sicuramente per il valore di pratica quotidiana che ebbe per Bruckner l'organo, strumento ancor oggi inteso e praticato invece come veicolo di trascendenza), all'improvviso subissata da un atto sopraffattore che impegna l'intera orchestra a riportare in quota un discorso contraddetto continuamente da tali soste serafiche.

Nella concezione bruckneriana, tutt'altro che compatta, due facce perciò si manifestano e la vera, come sempre, è quella nascosta. Nell'*Adagio* della *Terza Sinfonia* la tendenza della melodia a riproiettarsi senza tregua in mutevole spazio armonico non le impedisce di assumere una levità quasi schubertiana, oltretutto interrotta da attoniti silenzi. Di Schubert il tema principale conserva la tipica spinta al vagare, non direttamente assunta ma evocata come dato di memoria. Con ciò si delinea nel linguaggio bruckneriano una chiara sfasatura fra ispirazione capace di scuotere la struttura in un *raptus* di pletorica esaltazione e il suo rovescio, richiamando la coscienza a una realtà che già preme come fissazione.

Il momento della verità è allora lo Scherzo, in cui a Bruckner non è dato di sopprimere quella rusticità che da più di un secolo era il contrassegno del terzo movimento della sinfonia austro-boema e che qui ha la funzione di vincolarlo all'orizzonte della sua diretta esperienza, nel senso stretto della sua origine alpina (la pace del suono di corno riverberato tra vette nevose nel Trio dello *Scherzo* della *Prima Sinfonia*) e in senso più lato della sua appartenenza a un'area solo marginalmente tedesca, che concedeva alla musica di respirare l'aria aperta e di condividere con la condizione contadina un concetto assolutamente terreno dell'esistenza, al di qua di ogni metafisica.

Ora questa componente, sopravvissuta fino a Schubert come costante di una visione del mondo induttivamente determinata nella verifica del quotidiano, già era venuta meno nell'esperienza beethoveniana, in questo segnata da una *forma mentis* tedesca capace di agire solo deduttivamente nei confronti dell'idea: in tal senso la "Pastorale" appare metafora dell'affrancamento dell'uomo in uno stato di natura nutrito di proiezione ideale, che poco o niente conserva quindi dell'identità di quell'*hic et nunc* della campagna austriaca che Beethoven pure aveva esperito nelle *Mödlinger Tänze*, e in altre composizioni occasionali, da intendere evidentemente come semplice omaggio di ospite al padrone di casa. È questo Scherzo, privato della connotazione contadina antimistica per eccellenza e riformulato come astratto campo d'azione di positive tensioni ideali, che passa (saltando Schubert) nell'esperienza sinfonica di Mendelssohn e di Schumann per arrivare a Brahms, a dimostrazione della sua irriducibilità ai termini viennesi, a stadio perfettamente epurato dagli ultimi residui di sapore popolaresco. Ebbene in Bruckner è proprio qui che cessa la sua arrendevolezza ai modelli tedeschi, rivivendo egli in tutta spontaneità e in completo candore la svagata dimensione del contatto diretto e sensibile con la natura, il Ländler dettando il suo ritmo baldanzoso più o meno in tutti i suoi Scherzi. Sennonché l'operazione, che, prescindendo da tutto il resto, è parallela alla riduzione "nazional-popolare" del sinfonismo di Dvořák, risulta ormai illusoria. Il tentativo di Dvořák non conosce incrinature, rivitalizzato com'era da un potente risveglio nazionalistico che, oltre a fornirgli convinta motivazione nella ricerca delle radici del tronco slavo per la prima volta sciolto da quello austriaco, gli schiudeva un orizzonte popolato di scoperte. Nello Scherzo bruckneriano il Ländler è invece sinonimo di mondo immobile, che si consuma in se stesso circolarmente senza prospettiva e senza possibilità di ambire alle altezze di progetti espressivi capaci di circuire il sentimento con promesse di compimenti futuri: esso è l'unico riferimento possibile in un musicista che della realtà austriaca conobbe veramente e profondamente solo la provincia, tutto il resto essendo stato vissuto tra paure, apprensioni, illusioni e depressioni morali e fisiche. La danza contadina vi riecheggia quindi nella sua accezione montanara tirolese, che trova la sua più esplicita caratterizzazione nella pesante e alquanto goffa scansione del Trio dello *Scherzo* della *Terza*.

Un'oasi di pace non poteva però essere ritagliata senza contraccolpi nella ribollente struttura della sua sinfonia; anzi è proprio nell'incompatibilità scontata tra generoso e protervo slancio idealistico da una parte e proverbiale e sempliciotto buonsenso paesano dall'altra che veniva a stabilirsi un teso confronto, non solo agente come insieme di fattori dialettici necessari in fondo a reggere un impianto sempre colossale, ma soprattutto incapace di garantire all'individuo creatore quel primato dello spirito sulla materia che, nell'infatuazione neoromantica, doveva essere il fine del compito sacrale assegnato da Bruckner alla composizione sinfonica. In altre parole, in una struttura similmente polarizzata, l'individuo rischia di essere esautorato per carenza di intenzionalità, dove il processo creativo anziché esaltare la personalità la riduce a flusso di coscienza, destinata a subire come estranea l'espressione del proprio mondo, dei propri sentimenti, dei propri ricordi. Nel Trio dello *Scherzo* della *Quinta* l'unico denominatore, l'unico appiglio verso il quale orientare l'ascolto, è appunto offerto dal greve andamento ternario di Ländler a cui non è però concesso di guidare in naturale simultaneità le voci strumentali, che si muovono ignorandosi reciprocamente in un contrappunto sfigurato nel quale trova posto persino un rozzo suono di "stonata" tromba di fiera. La prosecuzione del movimento, con l'irrompere a sorpresa e più volte della dissociata tematica del Trio nella ripresa dello *Scherzo*, fissa ancora di più la sensibilità a un rapporto con il reale che può essere solo quello del ricordo, del già vissuto ma che alla memoria non è dato di superare.

È l'anima di Schubert che riappare quindi nell'inerme stupore della melodia dell'*Andante* della *Quarta*, dipanata sulla scansione ineluttabile di passo vagante senza meta promessa dove, se per Bruckner è irraggiungibile l'intimo raccoglimento che a Schubert aveva consentito vertici di puro lirismo, la comparsa dei richiami di una natura estesa a spazio di memoria, attraverso le voci ineffabili riverberate negli strumenti a fiato, sospinge la coscienza al margine della voragine dell'assurdo, nelle cui braccia si ritroverà l'allucinata esperienza mahleriana e che l'umile maestro di Sankt Florian aggira protetto dalle ali di un angelo custode che accompagna come ombra l'uomo di fede.

Peso della tradizione

L'iniezione di magia e di mistero che il Romanticismo procurò alla musica austriaca non bastò quindi a sopprimere il retaggio secolare, che con la sua ombra le impediva di uscire dal circolo chiuso di un'esperienza da cui era concesso evadere solo con balzo di fantasia, non mai nella completa trascendenza dello spirito. Anzi fu proprio in quanto più intensamente faceva ricorso a quel riferimento teorico, che essa rivelava la sua impotenza a staccarsi da terra e ad annullarsi in visione di assoluta idealità. In tal modo Hugo Wolf, nemmeno di fronte all'incompiuto slancio di Bruckner poté rinunciare al desiderio di rompere il cerchio, preparandosi all'impossibile volo del moderno Icaro. Di Bruckner egli si rifiutava di cogliere il momento del contatto con il reale e, nella lettura delle sue sinfonie, preferiva lasciarsi sprofondare nella sostanza travolgente dei finali:

> Mi dedico adesso con passione a suonare la riduzione per pianoforte della *Quarta Sinfonia*, la cosiddetta "Romantica", e vi ammiro soprattutto l'ultimo tempo: sono tutti echi provenienti da altri mondi, da misteri abissali, quelli il cui brivido ci dà il presentimento che mai si potranno decifrare. Bruckner è la sfinge in carne ed ossa, perciò anche la potente magia che egli esercita sugli adepti bramosi di conoscenza.

Wolf ripercorre in un certo senso lo stesso itinerario di acquisizione già aperto da Bruckner, attraverso cui prende coscienza della grandezza di Berlioz e di Liszt e culminante nella rivelazione wagneriana. A quindici anni ascolta il *Tannhäuser* e l'impressione riportata si tramuta in febbre e delirio («Ieri, alle dieci di sera, Riccardo Wagner mi è apparso in sogno»); contemporaneamente riesce a provocare un incontro con il maestro che darà solo risultati disastrosi, non accettando Wagner la goffa invadenza dell'adolescente, il suo eccesso di premure e di servilismo, che ricorda la disarmata emozione di Bruckner a Bayreuth, prostrato ai piedi del suo idolo.

Eppure c'è da chiedersi cosa significasse realmente Wagner per i compositori austriaci che – sarebbe stato anche il caso di Mahler – ovunque tentarono l'incontro tranne che nel suo luogo deputato, il teatro! Wolf addirittura, oltre a tralasciare di considerare il teatro (il *Corregidor* presentando oltretutto una fisionomia assai poco scenica), emargina pure l'orchestra, privandosi del campo d'azione su cui esercitare ciò che poteva derivare dalla lezione wagneriana e privilegiando il Lied come concetto preservato nella sua innocenza, espressione conservata nel suo stato cristallino proprio in quanto rimasta consegnata a una forma meno di ogni altra soggetta all'usura di impieghi plateali.

Wagner, più che un esempio, era quindi un miraggio, prospettiva irraggiungibile, verso cui orientare l'aspirazione al superamento di una tradizione sentita come peso, limitazione, frustrazione e mediocrità, eppure organica in ogni suo raggiungimento, capace di fondere ogni componente eterogenea in un'armonia di espressione mai più raggiunta sotto altre latitudini. In un impero lentamente incamminato verso la catastrofe, lacerato dalla pressione degli autonomismi e guidato da un'ottusa politica di conservazione dei privilegi, gli spiriti più avvertiti che ne presentivano la fine dichiararono la loro incapacità a voltare le spalle a una cultura che rimaneva l'unica certezza, trasmettendo essa la nozione di un sistema integrato, oltre il quale la rivendicazione nazionalistica o la fanatica adesione ai miti neoromantici avrebbero solo potuto distruggere un tessuto di relazioni che avevano dato vita a espressioni artistiche fondamentali.

Oltre, nella vana corsa alla realizzazione sempre più ambiziosa delle istanze individuali, solo l'artista a cui l'*Austria felix* aveva trasmesso il senso dell'innocenza poteva intravvedere lo spettro della morte dell'arte. È sintomatico allora il fatto che i musicisti che nel declino ottocentesco più hanno osato, esibendo all'ignoto un'espressione dettata da linguaggio corroso, oltre a essere austriaci abbiano circoscritto lo spazio d'azione a forme ereditate intatte dalla loro storia e praticate con un'ostinazione esclusivistica, che è lecito interpretare come indizio di bisogno di sicurezza. Per Bruckner tale ruolo fu assunto dalla sinfonia, ingigantita al punto da non lasciare più spazio ad altre esperienze. Per Hugo Wolf fu il Lied a preservargli, in spazio esiguo e appartato, l'idioma indispensabile a stabilire con i suoi simili un contatto che dalla stanza del suo raccoglimento fu possibile solo attraverso lo stretto spiraglio di porta socchiusa. Per Mahler fu l'una e l'altro, sempre in una concezione dove sopravviveva a livello di fissazione l'estetica dei generi, della forma di comunicazione concepita per categorie dove, se vi era bandita la tranquilla visione classica di un ordinato universo dell'espressione, ne rimaneva in evidenza l'energia funzionale e il colpo d'occhio capace prospetticamente di focalizzarne la diacronica vicenda espressiva che, pervenuta al termine della propria parabola, poteva essere vissuta solo come fatale nostalgia. La dissonanza, che sostanzia la lacerata sensibilità di Wolf e che la apre agli equilibri espressivi moderni, compie la sua opera di sconvolgimento in fondo senza nulla mutare all'esterna fisionomia del Lied. Rifugio dell'espressione più intima minacciata dalla sfacciata esibizione del sentimento messa in atto dalla tarda fase del Romanticismo, il Lied è da intendere soprattutto come *habitus*, come comportamento non già fissato dall'individuo ma dettato dalla tradizione attraverso cui si fa carico della storia, non solo per superarla ma anche per custodirne i tesori espressivi. Un filo di parentela collega allora il destino di quest'arte "riservata" alle smaglianti e pubbliche prodezze della *leichte Muse* viennese: un potente istinto di conservazione che, sia esso positivamente (ottimisticamente) o negativamente orientato, si manifesta come incrollabile fedeltà alle apparenze di un mondo incapace di promettere all'individuo l'emancipazione dalla quotidiana *mediocritas*, ma ricco di sollecitazioni estetiche in cui al sentimento è dato di trovare fonte di pienezza. Persino il lugubre intimismo di Wolf, quando chiuso come riccio su se stesso accetta di aprirsi al mondo esterno, risponde allo stimolo che in *Die Zigeunerin* (Eichendorff) si presenta sotto la forma del canto di una zingara in attesa del suo uomo, sgranato in vocalizzi orientaleggianti sullo sfondo di un pianismo scattante che, nell'aggressiva rapidità delle figurazioni, ritrova l'immancabile corda zigana dell'anima austriaca; mentre in *Abschied* (Mörike) la cacciata di un critico becero e importuno, che il poeta fa ruzzolare per le scale, trova la sua piccola apoteosi in un valzer dove la crassa movenza di ballo d'osteria si combina senza stridore con l'arco stilizzato della nobile danza di società.

È però Mahler colui che più di ogni altro, attraverso il vasto e articolato apparato della sua «sinfonia-romanzo» (Adorno), riuscì a interiorizzare l'estesa dimensione dell'universo asburgico, fino a identificare nelle sue apparenze la manifestazione *tout court* della realtà in quello che essa possiede di ostile e di sconsolato. La carica problematica della sua esperienza, assurta a lucida testimonianza della «crisi della coscienza soggettiva dell'uomo nella società borghese» (Luigi Rognoni), nella portata universalizzante evidenziata dalle moderne interpretazioni è stata colta preferibilmente allo stadio dell'enunciazione, anziché alla radice di una vicenda individualmente vissuta al crocevia di strade che, oltre ad attraversarlo, delimitavano i territori che componevano il mondo danubiano facendo confluire nella storia comune ogni rispettiva storia individuale. Il discorso messo a fuoco da Ugo Duse sulle origini popolari del Lied mahleriano vale in fondo per l'intera sua opera, cresciuta e maturata innanzitutto sotto l'egida dell'aquila bicipite:

> Avviene che quei testi fanno resuscitare dalla memoria canti di contadini, squilli di trombe, marce militari della guarnigione, tristi cantilene

> di donne sulle soglie delle case, pii corali luterani, sconsolate nenie ebraiche: e tutto ciò riconfluisce in un uomo solo chiamato, quasi per uno stravagante destino, a disturbare prima, a scandalizzare in seguito, a terrorizzare infine, il dorato mondo viennese, facendogli cadere addosso la valanga di quei ricordi come un oscuro presagio di rovina.

La musica di Mahler ha infatti il potere di suscitare immagini plasticamente stagliate, capaci di sussistere all'interno del corpo sinfonico senza intaccarne per mezzo di prevaricazioni letterarie la purezza di struttura, proprio giacché essa non fa che riportare in luce quel paesaggio umano che la musica del passato aveva interiorizzato nel lungo itinerario venuto sempre più a stringersi concentricamente intorno a Vienna. La melodia popolare, il passo di danza, lo spunto banale, lo strumento che «wie ein Naturlaut» spicca nella densità orchestrale, sono elementi che vengono a galla in un tessuto sinfonico nelle cui pieghe sono sempre stati più o meno presenti. La voce della natura – il celebre avvio della *Prima Sinfonia* che sul la acuto degli archi vibrante in profondità staglia fanfare paesane, frammenti di danze campagnole e sperduti richiami di uccelli – è in fondo la stessa che i modesti suonatori di Boemia avevano portato all'orecchio estasiato di Spontini e che la generazione dei *Mannheimer* aveva introdotto nella sinfonia.

In questa prospettiva acquista un senso più vasto la profonda osservazione di Adorno, secondo cui Mahler «lavora con un materiale e con un linguaggio musicale in cui le intenzioni sono già presenti oggettivamente: esse vengono poi per così dire citate dalla fantasia del musicista come preesistenti e attribuite all'insieme della composizione», dove l'asserzione non vale solo per i materiali esplicitamente banali («quelli che, presi isolatamente, potrebbero essere biasimati perché reazionari»), ma per l'intera vasta e complessa formante della tradizione austriaca, in cui restano tracciate le coordinate della sua evoluzione e della sua sensibilità.

Anche Mahler fu tentato dall'appello idealistico del sublime. Nei ricordi di Alma si trasmette la sua ferma convinzione sulla funzione del corale alla fine della *Quinta*, fondata proprio sull'esempio di Bruckner:

> La mistica cattolica lo attraeva e questa attrazione veniva incoraggiata dai suoi amici di gioventù, che si facevano battezzare e cambiavano nome.

Lo sforzo di innalzarsi al di sopra della miseria della condizione umana introduce nelle sue sinfonie una tensione religiosa capace di mobilitare, sulla scorta di Bruckner e di Wagner, enormi apparati corali e orchestrali, che nell'*Ottava* hanno il loro culmine. Ma anche qui come in Bruckner la forte componente di trascendenza instaura con il suo contrario una dialettica che, in modo evidentemente più acuto, pone il soggetto in una problematica posizione di scelta. In questo contesto va vista la resistenza opposta al processo di cromatizzazione: da Wagner egli eredita l'impulso melodico capace, nell'ampiezza del suo arco, di elevare il sentimento ad altezze vibranti di vertigine, dove, invece di cercare nel vortice cromatico l'ebbrezza liberatoria, riesce a mantenere al discorso la trasparenza diatonica che gli consente di scrutare da lontano la realtà disincantata.

È a questo livello linguistico "innocente", apparentemente regressivo rispetto ai gradi complessi dell'armonia già omologati dalla musica di fine secolo, che viene denunciata l'inadeguatezza del sistema espressivo, forzato e stravolto in ogni suo aspetto. La costatazione di Adorno secondo cui «egli anticipa terribilmente il futuro con mezzi passati», non considera però a sufficienza il peso specifico ancora detenuto da questi «mezzi passati», i quali comunque rivelano la persistenza di un atteggiamento che rimane insuperato. L'opera di Mahler certamente apre la via alle operazioni radicali che avrebbero decretato il taglio irreversibile con l'eredità ottocentesca, consegnando tuttavia ad altri l'arma necessaria a eseguire una sentenza che, per essere parte in causa, essa rinuncia a brandire. Il concetto di «reminiscenza», associato alla sua esperienza, nella misura in cui essa agisce come «elemento d'angoscia nel discorso musicale» (Rognoni), è riconoscibile come fattore capace di determinare un superamento nella coscienza storica; ma, nella misura in cui essa rappresenta uno strumento di preservazione di un passato cristallizzato dalla memoria, va evidentemente considerato come fattore retrospettivo significativo proprio per l'incapacità di staccarsi da radici troppo profonde per essere strappate.

Di fronte all'accesa sostanza della sua espressione è immediata l'interpretazione di un'operazione di memoria letta nello spaccato della sua vicenda individuale. È soprattutto la *Prima Sinfonia*, prescindendo dall'ispirazione a Jean Paul e a Callot, che più di ogni altra sembra esibire materia autobiografica: il canto fanciullesco che aleggia ossessivamente nel terzo tempo, deformato in grottesca marcia funebre, potrebbe riportare al dolore per i sei fratelli morti in tenera età, così come la banda stridula e fragorosa che l'attraversa fulmineamente, nel tema danzante di connotazione vagamente ebraica, si collega al ricordo di un'infanzia trascorsa nella comunità israelitica di Iglau. Tale livello, che nella sua sostanza onirica e nei riferimenti etnici anticipa i quadri di Chagall, non rende tuttavia conto del più ampio ventaglio di stimoli presenti nel discorso mahleriano, che sull'arco delle evocazioni percorre a ritroso il cammino già aperto da Bruckner. Il tema, che nello *Scherzo* della *Settima* di Bruckner la tromba annuncia come segnale spavaldo di corno di postiglione, ricompare nello *Scherzo* della *Terza* di Mahler affidato al timbro più cupo di un flicorno contralto, il quale al di là del paesaggio suscitato di echi montani non nasconde l'ascendenza che attraverso Schubert porta a Mozart, così come ai *musikalische Schlittenfahrte* risale il ritmo battuto dai sonagli nel primo tempo della *Quarta*. Lo Scherzo, come in Bruckner, rimane la sede in cui la memoria lascia sedimentare il precipitato di un'operazione, capace di estendere la coscienza alle origini storiche di un atteggiamento a cui non bastò la formalizzazione espressiva, ma che nel ritmo di Ländler aveva attuato l'identificazione con un preciso spazio geografico-culturale.

Ora tale spazio in Mahler, oltre a varcare lo Scherzo per contagiare gli altri movimenti, è dato nei termini più estesi, ma non al punto di perdersi in generica connotazione. Il riferimento è sempre inequivocabile: dai motivi di *Jodel* tirolese presenti nello *Scherzo* della *Quinta*, al tocco d'atmosfera alpina introdotto dai campanacci del primo tempo della *Sesta*, all'accentuazione di danza slava nello *Scherzo* della *Terza*, (molto vicina ai ritmi adottati da Dvořák), tutto concorre a delimitare la geografia asburgica al cui vertice domina il Lied, ricondotto alla matrice schubertiana, e da cui non è assente nemmeno la danza di città. Il Ländler della *Quinta* nel giro delle accelerazioni sembra voler assaporare la stessa ebbrezza del valzer straussiano, mentre la tentazione dell'oblio collegata alla danza si ritrova ovunque, tra le pieghe del Lied celestiale e, sempre nella *Quarta*, persino nel *Poco adagio* che potrebbe essere considerato una danza al rallentatore, vagamente imparentata con il carattere sospensivo rintracciabile nell'introduzione al valzer di Josef Strauss.

La categoria del banale e del triviale, che nel visionario tessuto mahleriano allunga lo sguardo fino all'umanità diseredata, balza con evidenza all'attenzione: i balenanti frammenti di musiche di strada che impazzano attraverso la fanfara funebre del primo tempo della *Quinta*, il violino «scordato» che «wie eine Fiedel» riporta alla mente la sgangherata allegria del musicante di periferia, l'*humor* disperato, lacerante degli episodi di valzer (Redlich) emergenti nello *Scherzo* della *Settima*, che anticipano sintomaticamente l'atmosfera sonora della trattoria del *Wozzeck*, lanciano bagliori sinistri su una realtà già espressionisticamente sfigurata. Tuttavia se ciò ci permette di accettare come evidente l'asserzione di Adorno, secondo il quale «la musica inferiore irrompe in quella superiore con violenza giacobina», essa va dimensionata alla posizione di spettatore che situa Mahler in una condizione di non scelta, di fronte alla quale è impossibile affermare per chi veramente egli parteggi. Anzi, se proprio dovessimo approfondire tale aspetto, potremmo addirittura lecitamente sostenere il contrario, considerando la sua estraneità di ebreo "integrato" all'ambiente a dominanza israelitica incontrato a Leopoli durante un giro di concerti nel 1903, da dove scriveva alla moglie:

> Che città "sporca" è Leopoli! Non ho coraggio di toccare nulla al di fuori dell'albergo, tutto è tanto disgustoso. Non c'è fantasia che possa immaginare un essere più sudicio di un ebreo polacco "in situ".

Qualche giorno prima già aveva scritto: «Dio mio, dovrei essere parente di costoro?!» In verità nessuno più di lui fu in condizione di evocare musicalmente quella condizione, come nessuno meglio di lui poté compendiare l'estesa varietà di componenti di uno spazio mitteleuropeo racchiuso da confini lontani, ma ormai colto nella fase del tracollo, di un mondo non più capace di mantenere fusi quei caratteri, attraverso la cui coesistenza aveva potuto vantare una secolare supremazia estetica. Il destino di Mahler è segnato nel momento in cui lascia gli studi di Praga per iscriversi nel 1875 al Conservatorio di Vienna, nel momento cioè in cui sceglie tra una formazione che avrebbe delimitato la prospettiva ad angusto orizzonte nazionale e la possibilità di praticare quella lingua musicale creata col concorso di tutte le nazionalità alla misura di ogni suddito asburgico. Ma la situazione non era più quella delle epoche memorabili e anche Vienna non sfuggiva alle lacerazioni inferte al traballante corpo di un impero che stava perdendo la sua identità: «Sono tre volte senza patria: come boemo tra gli austriaci, come austriaco tra i tedeschi e come ebreo in tutto il mondo».

Di fronte all'impraticabilità dell'ideale sovrannazionale anche Mahler, come tutti gli esponenti ebrei che (da Zweig a Werfel) emersero nell'ora del crepuscolo a reggere la fiaccola capace di gettare l'ultima luce di speranza sullo sfacelo della Mitteleuropa, fu tentato da una nuova frontiera, quella cosmopolitica che, in un ideale svuotato di sostanza, sublimava il presagio del crollo delle monarchie danubiane. La sua esperienza di spettatore del tramonto dell'impero, in grado di registrare il progressivo venir meno dei legami di solidarietà fra le componenti, lo identifica nella figura del medico ebreo del romanzo *Dritter November 1918* di Franz Theodor Csokor, dove la notizia del crollo dell'esercito imperialregio raggiunge in uno sperduto ospedale delle Caravanche un gruppo di ufficiali appartenenti alle varie etnie i quali, prendendo a poco a poco conoscenza della propria nazionalità, finiscono col trovarsi in dissidio e, rompendo la fraternità d'armi, con l'impugnare l'uno contro l'altro il fucile. Solo il medico militare ebreo, a cui non è possibile riconoscersi in una singola nazionalità, riesce a tenersi fuori della mischia, fedele all'idea di una «patria al di sopra dei popoli» ma ormai senza più prospettiva.

Fantasmi del passato

I brandelli del mondo che Mahler contempla sconsolato sono quelli della monarchia austro-ungarica, che il motto "viribus unitis" non bastava più a tenere insieme e che emergono alla sua coscienza da una memoria che non concede catarsi e in cui, venendo meno il senso della gerarchia dei valori, ogni sua manifestazione è equiparabile. È questo il fondamento su cui irrompe il banale o, per meglio dire, la rappresentazione sfigurata di un'arte del divertimento che, a giusto titolo, faceva parte di quel mondo e che Mahler ossequiò a suo modo, citando *ante litteram* nella *Prima Sinfonia* la melodia del "Da geh'ich zum Maxim", e nella *Nona* la canzone di Hannah, dell'operetta cioè più emblematica del *finis Austriae.*

La complicità che egli instaura con il materiale trivializzato, vista da Adorno come rivolta contro la musica borghese estratta da essa stessa, è allora possibile in quanto anche Mahler si muoveva ancora sul filo di quella tradizione che, non avendo in fondo mai sancito definitivamente la dicotomia tra espressione dell'elevazione e musica funzionale in una società la cui formante aristocratico-feudale ne alimentava la vocazione conservatrice, era riuscita in qualche modo a mantenere in vita il concetto di arte integrata. A questa matrice va ascritto perlomeno il suo singolare comportamento con l'aristocrazia, testimoniato dalla moglie: «Contravveniva agli ordini dell'imperatore, ma si metteva sull'attenti quando passava un arciduca o un sovrintendente».

E a questa radice occorre far risalire la sua attenzione per l'operetta che, per quanto marginale e umiliata dal pregiudizio intellettualistico, sopravvisse al punto da attirare il suo interesse su Franz Lehár, colui che oggi in tutti i sensi potremmo definire l'anti-Mahler.

> Una volta però andammo all'operetta – ricorda Alma – alla *Vedova allegra*, la quale ci mise così di buon umore che, tornati a casa, ci mettemmo a ballare e ricostruimmo a memoria il valzer di Lehár. Anzi accadde una cosa comica. Per quanto ci sforzassimo, non riuscivamo a ritrovare una certa modulazione; ma eravamo allora tutti e due di un intellettualismo tanto snobistico che ci vergognavamo di comperare il valzer. Andammo insieme da Doblinger e mentre Mahler intavolava una conversazione con il direttore del negozio sulla vendita delle sue opere, io mi misi a sfogliare, con finta noncuranza, i numerosi spartiti e "potpourris" della *Vedova allegra*, finché non trovai il valzer e la modulazione che cercavo.

Se un limite era tracciato tra musica d'arte e musica d'intrattenimento, a Vienna più facilmente che altrove era possibile infrangerlo, riconoscendo nella forma subalterna la portatrice di una lezione antica che, anche solo in formato ridotto, era ancora capace di trasmettere i valori classici. Quanto Nietzsche scriveva nel 1888 all'amico Peter Gast non lascia dubbi: «Finché verso il concetto d'operetta voi sentirete una certa condiscendenza, una certa volgarità di gusto, voi non sarete altro... che un tedesco». Il filosofo del voltafaccia wagneriano, ravvisando nell'«esuberante buffoneria» di Offenbach «un gusto classico» e «una logica assoluta», aveva intravisto un filone in cui sopravviveva, anche sotto la crosta di sfacciata esibizione sensuale, di malizia e crudeltà di sentimento, un'antica saggezza, una vitalità incorrotta, e un sano equilibrio, ufficialmente tramontati con il Settecento e semmai prolungati nell'«allegrezza» rossiniana, ch'egli andava non a caso scoprendo proprio in quegli anni.

Se Nietzsche, sceso sul versante mediterraneo e abbracciando in un solo gesto di maledizione tutto quanto poteva provenirgli dalla fabbrica delle angosce nordiche, non potendo cogliere la differenza fra tedescheria e *Wienertum* guardava alla Francia, ha provveduto Mario Bortolotto in un suo saggio illuminante e definitivo a ristabilire le proporzioni e a riconoscere come «il totale rifiuto di seguire, dopo Schubert, l'evoluzione del linguaggio musicale, il cromatismo sempre più intrigante» (con ovvie e evidenti ripercussioni su Mahler) vada ascritto nella linea asburgica all'operetta. Di quel classicismo superstite Strauss non fu l'ultimo re, ma chi ne raccolse lo scettro non poté evitare gli scossoni che già facevano tremare il trono politico. La lezione di Strauss poteva ancora dettare le sue regole in una situazione di organico equilibrio, reso possibile da una realtà imperiale rigidamente conservata: il vivace idioma ungarico che ne *Lo zingaro barone* si sposa con il dialetto viennese delimita ancora una compenetrazione esemplare. Ma lo scalpitante piglio ungherese insinuato ogni dove nella strumentazione de *La vedova allegra*, che Franz Lehár portava con sé dalla natia puszta, sarebbe echeggiato poi come nostalgia di un mondo perduto e insieme come dato folcloristico pronto a essere messo in vendita nei colori sfacciati di cartolina postale. Hannah può ancora cantare l'ebbrezza del presente: "Bei jedem Walzerschritt tanzt auch die Seele mit". Ma il significativo gemellaggio Vienna-Parigi, con la squattrinata nobiltà asburgico-pontevedrina abbandonata ai lazzi delle *grisettes* di *Chez Maxim*, imbastardendo l'elegante gesto di valzer nel fracassoso sgambettio del can can, spezza le regole di un gioco che con Strauss aveva visto nel cosmopolitismo il principale pericolo.

La sopravvivenza dell'operetta viennese, come quella dell'impero a cui si trovava associata, era indissolubilmente dipendente dal patto di non guardare oltre i propri confini. Oltre quell'orizzonte l'aristocrazia della *Lustige Witwe* diventava proiezione fiabesca di se stessa e, con l'illanguidirsi della vena musicale, trapassava nella pura fantasia preannunciando il mito del dopo. L'*Austria felix*, che aveva assicurato al teatro leggero un'oasi di classica felicità, ne consegnava la falsificata immagine al ludibrio dei veggenti che avevano atteso quasi un secolo per celebrarne le esequie.

Ma chi può dire se sia stata solo esecrazione quella che nutriva l'animo di Schönberg, quando per sopravvivere fu costretto al mestiere anonimo di strumentatore d'operette e dopo aver conosciuto la sua nitida trascrizione del *Kaiserwalzer*? La serata improvvisata il 27 maggio 1921 nell'ambito del Verein für musikalische Privataufführungen, a cui parteciparono anche Alban Berg e Anton Webern con arrangiamenti da Strauss, a tre anni dalla caduta dell'impero lasciava risuonare il valzer nella sua disarmante eufonia, appena intaccata dal penetrante tocco analitico di una timbrica che, nella sonorità riduttiva di flauto, clarinetto, pianoforte e quartetto d'archi, ne tentava la vivisezione e da cui risultava invece un'atmosfera assai più vicina a quella che nelle orchestrine di caffè concerto riesce ancora a blandire la nostalgica memoria della vecchia Vienna.

Il passo fatale mosso dalla *Wiener Schule* verso la prospettiva emancipatrice della dodecafonia, compiendosi simultaneamente alla sconfitta di un sistema politico che era riuscito a ritardare di un secolo il passaggio delle consegne di classe, ha acquistato sicuramente un significato doppiamente radicale.

Esso non bastò tuttavia a liberare il futuro dai fantasmi di un'epoca la cui esemplare tenuta, oltre a indurre la moderna esperienza al confronto dialettico, ne assicurò risonanza al di là del tempo, a metà strada tra il rimpianto e l'ossequio a una realtà storica della musica assunta a categoria dello spirito. La rinnovata geografia sonora, di cui la triade dodecafonica fece capitale una Vienna improvvisamente ridotta entro confini meno eroici, non fu mai oggetto d'esplorazioni senza ritorni. Una «filigrana operettistica» il Bortolotto rintraccia nello schönberghiano *Von Heute auf Morgen* e «schemi ritmici della tradizione nazionale» nel vortice danzante di *Lulu*; mentre alla rilettura di Schubert che Webern tentò nella trascrizione delle *Sei danze tedesche*, dove lo spunto leggero non supera l'ostacolo dell'allucinata memoria mahleriana, corrispondono i suoni di natura, *Herdenglocken* appunto, presenti nei *Cinque pezzi* op. 10, sulle cui trame di timbri depurati è rimasta stampata l'ombra del profeta della disillusione. Non bastava l'ascetismo intellettuale a sottrarre Webern al legame che lo vincolava al ceppo austriaco, leggibile in trasparenza nel tratto di Ländler che la sua musica rende spesso percepibile, ma dichiarato anche palesemente, come ricordò Luigi Dallapiccola riferendo di un incontro viennese del 1942 quando, cadendo il discorso su Kurt Weill, il maestro sarebbe esploso tra segni di insofferenza:

> Che cosa trova Lei, in tale compositore, della nostra grande tradizione centroeuropea, di quella tradizione che comprende i nomi (e qui comincia a enumerarli sulle dita) di Schubert, Brahms, Wolf, Mahler, Schönberg, Berg e il mio?

Paradossalmente Weill, che nella sua musica, per quanto sconvolta, aveva lasciato intatto l'assetto tonale, fu detestato per incapacità a svolgere la tradizione proprio da colui che ne aveva sovvertito i nessi linguistici. Ma probabilmente nel giudizio pesava soprattutto la dissacrazione che il musicista tedesco aveva operato con Brecht, proprio investendo le forme del teatro leggero che a Vienna erano altrettanto garanti nella trasmissione dei valori classici. Nel suo mirabile saggio su Vienna (1960) Theodor W. Adorno ha attirato l'attenzione sulle tracce di dialetto musicale viennese lasciate nel tessuto atonale e dodecafonico di Berg e Webern, in particolare nel Ländler che scandisce tristemente l'atmosfera dell'osteria nel secondo atto di *Wozzeck*, in certe sezioni del primo tempo del *Kammerkonzert* e qua e là nella *Lyrische Suite*. Nel *Concerto per violino* di Berg non solo egli ha rilevato un «ductus austriaco» nei temi del secondo movimento, ma soprattutto ha segnalato l'inserimento di una canzone carinziana nello *Scherzo* e poi la sua ripresa nelle variazioni, proprio prima della chiusa.

> Che tuttavia la melodia sia penetrata in modo decisivo nella costruzione musicale della sua ultima opera, guadagnando un'espressione ineffabil-

> mente toccante, come di congedo, appare in retrospettiva come un'allegoria del rapporto che la nuova musica, allontanandosi dalla terra, intratteneva con la sua patria. L'ultimo pezzo terminato da Berg riflette l'origine nascosta della nuova scuola di Vienna. Ciò che è qualitativamente moderno non precorre semplicemente il suo tempo, ma si rammenta di qualcosa che è stato dimenticato, dispone di riserve anacronistiche, primitive, che non sono state ancora esaurite dalla razionalità dell'immutabile.

Inoltre, per quanto riguarda la costituzione della melodia schönberghiana, al filosofo non è sfuggito il nesso con il procedere ad ampi intervalli dello *Jodel* in uno spazio che prevarica l'ottava, mentre in modo evidente vi è leggibile la continuità tra il principio di elaborazione per linee spezzate introdotto dai Classici viennesi (*durchbrochene Arbeit*) e la stringente trama dodecafonica, richiamata alla stessa dissoluzione in minime unità motiviche (premessa a uguale procedimento di integrazione in funzione dell'idea di costruzione integrale). Di lì, secondo Adorno, attraverso René Leibowitz (allievo di Webern) per Boulez e attraverso Hermann Scherchen per Luigi Nono, grazie a una solidità che affondava nel Classicismo viennese (e al di là della sua parabola) il serialismo si sarebbe garantito il primato europeo.

D'altra parte la radice territoriale si riconferma in un compositore cosmopolitico se mai ce ne furono, quale il viennese Ernest Křenek il quale, da un reale viaggio in Tirolo nel 1929, trasse un vero e proprio diario musicale (*Reisebuch aus den österreichischen Alpen* op. 62) dichiaratamente riportato alla schubertiana *Winterreise*, indotto a retrodatare la scrittura, a concedersi a movenze di Ländler (in *Alpenbewohner*) e (in *Unser Wein*) a dichiarare l'omaggio al maestro ispiratore, nella stilizzazione ritmica desunta dalla celebre *Marche militaire*. Il fatto poi di avere egli mezzo secolo dopo (nel periodo americano) posto mano al ciclo, orchestrandolo, conferma l'attaccamento a un immaginario rimasto familiare, arricchendolo di colori che non solo irrobustiscono l'evocazione alpina grazie alla spazialità dei timbri ma che in *Heimkehr*, nel recupero della spiritata visione mahleriana, leggono la moderna corsa del treno attraverso quel paesaggio come sonora fissazione di una galoppante *Schlittenfahrt*.

Il primo distacco esplicito dal mondo asburgico va forse fatto risalire al Bartók del *Concerto per orchestra* il quale, nell'*Intermezzo interrotto*, sbeffeggia la melodia del *Chez Maxim*, come rivincita sul nazionalismo d'esportazione tanto detestato dalla scuola ungherese novecentesca. Sennonché, con un piede nel secolo XIX, anch'egli aveva fatto in tempo a vestire l'abito del suddito imperialregio e a dar voce all'Ungheria nel solco della fierezza lisztiana del sentimento, appresa alla scuola degli zigani, da dove deriva il florilegio delle sue composizioni giovanili fra cui, accantonato senza numero d'*opus*, il Quintetto del 1904 il quale, oltre al martellante ricordo di cymbalum nell'impiego pianistico (e alle impennate e ai contrattempi che del quarto movimento fanno un finale "alla zingarese" in piena regola), nel Trio dello *Scherzo* indugia su una melodia di valzer non solo di sapore viennese ma uscita, diremmo, dalla languida e capricciosa cavata di Kreisler e che l'organico di pianoforte e archi riceve, scoprendosi disinvoltamente orchestrina di giardino pubblico. Il conto rimane aperto con un'epoca che, pur avendo compiuto il suo ciclo, portò fin sulla soglia della moderna esperienza il principio della costanza dei valori tramandati, l'attiva integrazione sociale del fatto artistico, la coscienza del diverso e del lontano fuse in un'unica prospettiva che, senza lasciare eredità diretta, rimangono punti fermi in una situazione irreparabilmente scissa e, di fronte alla storica dimostrazione di organica compenetrazione del molteplice, condannata malinconicamente a vagheggiarla.

Bibliografia

In questa sezione sono riportati solo i testi a cui si fa riferimento nella trattazione, nonché quelli accessibili in lingua italiana inerenti ai temi considerati.

Capitolo I

Ludovico Antonio Muratori, *Della perfetta poesia italiana*, Modena 1706

Charles Avison, *Essay on Musical Expression*, London 1752

Carl Philipp Emanuel Bach, *Versuch über die wahre Art das Klavier zu spielen*, Berlin 1753 (trad. it. *Saggio di metodo per la tastiera*, a cura di G. Gentili Verona, Milano 1973)

Giambattista Martini, *Storia della musica*, Bologna 1758-1770

Jean-François Marmontel, *Essai sur les révolutions de la musique en France*, Paris 1777

Joseph Baretti, *The Introduction to the* Carmen saeculare, London 1779

Saverio Mattei, *La filosofia della musica o sia la musica de' Salmi*, Napoli 1779

Jean-Benjamin de Laborde, *Essai sur la musique ancienne et moderne*, Paris 1780

Giovenale Sacchi, *Delle quinte successive nel contrappunto e delle regole degli accompagnamenti*, Milano 1780

AA. VV. (a cura di G. M. Leblond), *Mémoires pour servir à l'histoire de la révolution opérée dans la musique par M. le Chevalier Gluck* (con testi di François Arnaud, Christoph W. Gluck, Gaspar Michel Leblond, Jean-François de La Harpe, Jean-François Marmontel e altri), Naples-Paris 1781

Jean-François LESUEUR, *Exposé d'une musique une, imitative et particulière à chaque solennité*, Paris 1787

Jean-François LESUEUR, *Suite de l'Essai sur la musique sacrée et imitative*, Paris 1787

André GRÉTRY, *Mémoires*, Paris 1789-1795

Vicente (Vincenzo) REQUENO, *Saggi sul ristabilimento dell'arte armonica de' greci e romani cantori*, Parma 1798

Franz Xaver NIEMETSCHEK, *Leben des k.k. Capellmeister Wolfgang Gottlieb Mozart, nach Original-Quellen*, Prag 1798 (trad. it. Franz Niemetschek - Friedrich von Schlichtengroll, *Mozart*, a cura di G. Pugliaro, Torino 1990)

Jean-Baptiste GAIL, *Odes d'Anacréon traduites en français, avec le texte grec, la version latine, des notes critiques, et un discours sur la musique grecque du même Gail*, Paris 1799

Jean-François LESUEUR, *Observations sur les grandes parties de la musique et de la poésie chantée*, Paris 1799

Jean-François LESUEUR, *Lettre en réponse à Guillard sur l'Opéra de la Mort d'Adam*, Paris 1801

François ARNAUD (a cura di L. Boudou), *Œuvres complètes*, Paris 1808

Germaine DE STAËL, *De l'Allemagne*, Paris 1810

Giuseppe CARPANI, *Le Haydine ovvero lettere sulla vita e le opere del celebre maestro Giuseppe Haydn*, Padova 1823

Giuseppe CARPANI, *Le Rossiniane ossia lettere musico-teatrali*, Padova 1824

Carlo RITORNI, *Commentarii della vita e delle opere drammatiche di Salvatore Viganò e della coregrafia e de' corepei*, Milano 1838

François-Joseph FÉTIS, *Biographie Universelle des Musiciens*, VII, Bruxelles 1841

VOLTAIRE (a cura di Louis Moland), *Œuvres complètes*, IV, Paris 1877-1885

André GRÉTRY, *Voyages, études et travaux racontés par lui-même*, Paris 1889

Constant PIERRE, *Les Hymnes et Chansons de la Révolution*, Paris 1904

Jean TIERSOT, *Les Fêtes et les Chants de la Révolution française*, Paris 1908

Johann Joachim WINCKELMANN (a cura di E. Pfister), *Il bello nell'arte*, Torino 1942

Alfred EINSTEIN, *Gluck*, London 1936 (trad. it. Milano 1946)

Andrea DELLA CORTE, *Gluck e i suoi tempi*, Firenze 1948

Jacques-Gabriel PROD'HOMME, *François-Joseph Gossec*, Paris 1949

Remo GIAZOTTO, *Poesia melodrammatica e pensiero critico nel Settecento*, Milano 1952

Benedetto MARCELLO (a cura di A. Marianni), *Il teatro alla moda*, Milano 1959

Jean-Jacques ROUSSEAU (a cura di B. Gagnebin e M. Raymond), *Œuvres complètes*, Paris 1959-1996

Francesco ALGAROTTI (a cura di G. da Pozzo), *Saggi*, Bari 1963

Massimo MILA, *Breve storia della musica*, Torino 1963

Ludwig FINSCHER, *Zum Begriff der Klassik in der Musik*, in «Deutsches Jahrbuch der Musikwissenschaft für 1966», Leipzig 1967 (trad. it. *Il concetto di classico nella musica*, in «Nuova rassegna di studi musicali», II, 1978)

Hugh HONOUR, *Neo-classicism*, Harmondsworth 1968 (trad. it. *Neoclassicismo*, Torino 1980)

Peter VÁRNAI, *La funzione dell'unisono nella drammaturgia di Mozart*, in «Nuova Rivista Musicale Italiana», III (1969)

Arrigo GAZZANIGA, *Il "Trattatello sopra agli stromenti ed istromentazione" di G. S. Mayr*, in «Nuova Rivista Musicale Italiana», VI (1973)

Denis DIDEROT (a cura di J. Fabre, H. Dieckmann, J. Proust, J. Varloot), *Œeuvres complètes*, Paris 1975 -

Charles ROSEN, *The Classical Style, Haydn, Mozart, Beethoven*, New York 1971 (trad. it. *Lo stile classico. Haydn, Mozart, Beethoven*, Milano 1979)

Eleanor SELFRIDGE-FIELD, *Beethoven and Greek Classicism*, in «Journal of the History of Ideas», XXXIII (1972)

Lorenzo TOZZI, *Il balletto pantomimo del Settecento. Gasparo Angiolini*, L'Aquila 1972

Martin COOPER, *L'opera in Francia*, in *The New Oxford Hystory of Music*, VII, a cura di E. Wellesz e F. Sternfeld, Oxford 1973 (trad. it. Milano 1976)

Giovanni CARLI BALLOLA, *Accademia e Classicismo*, in AA. VV. (a cura di A. Basso), *Storia dell'opera*, I, T. II, Torino 1977

Giovanni Simone MAYR (a cura di A. Gazzaniga), *Zibaldone, preceduto dalle Pagine autobiografiche*, Bergamo 1977

Vittorio ALFIERI (a cura di R. De Bello), *Tragedie postume*, II (*Abele* e frammenti di tramelogedie), Asti 1978

Heinrich BESSELER, *Aufsätze zur Musikhästhetik und Musikgeschichte*, Leipzig 1978 (trad. it. *Dal Medioevo a Mozart*, Milano-Lucca 1996)

Giulio CONFALONIERI, *Cherubini*, Milano 1978

Adelheid COY, *Die Musik der Französische Revolution*, München-Salzburg 1978

Francesco DEGRADA, *Il palazzo incantato. Studi sulla tradizione del melodramma dal Barocco al Romanticismo*, I, Fiesole 1979

Massimo MILA, *Lettura delle "Nozze di Figaro". Mozart e la ricerca della felicità*, Torino 1979

Giorgio PESTELLI, *L'età di Mozart e di Beethoven*, Torino 1979

Eleanor SELFRIDGE-FIELD, *Ancora sul mito della rifondazione stilistica della musica delle cantate mitologiche di Marcello*, in AA. VV. (a cura di G. Morelli), *Mitologie*, Venezia 1979

Jean STAROBINSKI, *1789 Les Emblèmes de la Raison*, Paris 1979

Elvidio SURIAN, *Il mito dell'eroismo e la funzione politica della musica: il "Chant du départ" di Méhul*, in AA. VV. (a cura di G. Morelli), *Mitologie*, Venezia 1979

Bruno BREVAN, *Les changements de la vie musicale parisienne de 1774 à 1779*, Paris 1980 (trad. it. *Musica e Rivoluzione francese*, Milano 1986)

Jean MONGRÉDIEN, *Jean-François Lesueur. Contribution à l'étude d'un demi-siècle de musique française*, Berne-Francfort-Las Vegas 1980

Antonio PLANELLI (a cura di F. Degrada), *Dell'opera in musica*, Firenze 1981

Winton DEAN, *L'opera francese*, in *The New Oxford History of Music*, VIII, a cura di G. Abraham, Oxford 1982 (trad. it. Milano 1984)

Carl DAHLHAUS, *Euripides, das absurde Theater und die Oper*, in *Vom Musikdrama zur Literaturoper*, München-Salzburg 1983 (trad. it in Lorenzo Bianconi [a cura di], *La drammaturgia musicale*, Bologna 1986)

Renato DI BENEDETTO, *Classicismo (ad vocem)*, in *Dizionario Enciclopedico Universale della Musica e dei Musicisti*, Il Lessico, I, Torino 1983

Stefan KUNZE, *Mozarts Opern*, Stuttgart 1984 (trad. it. *Il teatro di Mozart*, Venezia 1990)

Herbert LINDENBERGER, *Opera. The Extravagant Art*, Ithaca-London 1984 (trad. it. *L'opera lirica. Musa bizzarra e altera*, Bologna 1987)

Luigi MAGNANI, *Beethoven lettore di Omero*, Torino 1984

Giovanni Morelli-Elvidio Surian, *La Rinascita della Tragedia. Gli "Orazi e Curiazi" di Sografi, Cimarosa e Marco Portugal in due versioni da concerto*, in *Feste Musicali a Bologna* 1984

Carl Dahlhaus, *Die Musik des 18. Jahrhunderts*, Laaber 1985

Michela Garda, *Musica sublime – Metamorfosi di un'idea nel Settecento musicale*, Milano-Lucca 1985

Gernot Gruber, *Mozart und die Nachwelt*, Salzburg und Wien 1985 (trad. it. *La fortuna di Mozart*, Torino 1987)

Lise Andries, *Marat dans les Occasionnels et les Almanachs*, in AA. VV. (a cura di J.-C. Bonnet), *La Mort de Marat*, Paris 1986

Enrico Fubini, *Musica e cultura nel Settecento europeo*, Torino 1986

Jean Mongrédien, *La Musique en France des Lumières au Romantisme 1789-1830*, Paris 1986

Marco Beghelli, *Le bugie di Oreste*, in AA. VV. (a cura di C. Del Monte e V. R. Segreto), *Christoph Willibald Gluck nel 200.esimo anniversario della morte*, Parma 1987

Andrea Calzolari, *A Parigi. Gluck e i philosophes*, in AA. VV. (a cura di C. Del Monte e V. R. Segreto), *Christoph Willibald Gluck nel 200.esimo anniversario della morte*, Parma 1987

Giovanni Carli Ballola, *"Alceste", o la religione del classicismo*, nel programma di sala per l'*Alceste* di Gluck, Teatro alla Scala, Milano 1987

Roger Cotte, *La musique maçonnique*, Paris 1987

Paolo Rossini, *Gli strumenti della drammaturgia gluckiana*, in AA. VV. (a cura di C. Del Monte e V. R. Segreto), *Christoph Willibald Gluck nel 200.esimo anniversario della morte*, Parma 1987

Carlo Vitali, *"Iphigénie en Aulide": cronaca di un successo annunciato*, AA. VV. (a cura di C. Del Monte e V. R. Segreto), *Christoph Willibald Gluck nel 200.esimo anniversario della morte*, Parma 1987

AA. VV. (a cura di J.-C. Bonnet), *La Carmagnole des Muses. L'homme de lettres et l'artiste dans la Révolution*, Paris 1988

Giovanni Carli Ballola, *Preludio a un tramonto neoclassico*, nel programma di sala per l'*Achille* di F. Paer, Teatro Comunale di Bologna 1988

AA. VV. (a cura di J. Le Breton), *Rapports à l'empereur sur le progrès des sciences, des lettres et des arts depuis 1789*, V (*Beaux-Arts*), Paris 1989

AA. VV. (a cura di G. Morelli), "*Gli Orazi e i Curiazi" di Cimarosa*, programma di sala, Teatro dell'Opera di Roma, 1989

Adélaïde DE PLACE, *La musique en France au temps de la Révolution*, Paris 1989

Albert GIER, *La pipe de Socrate. L'Antiquité dans l'opéra de l'époque révolutionnaire*, in AA. VV. (a cura di J.-R. Julien e J.-C. Klein), *Orphée phrygien. Les musiciens de la Révolution*, Paris 1989

Arthur POUGIN, *Méhul, sa vie, son génie, son caractère*, Paris 1989

Giovanni MORELLI - Elvidio SURIAN, *Come nacque e come morì il patriottismo romano nell'opera veneziana*, in AA. VV., *Opera & Libretto* (a cura di G. Folena-M. T. Muraro-G. Morelli), I, Firenze 1990

Carlo PICCARDI, *Marche funèbre et conception laïque de la mort*, in «Dissonanz/Dissonance», VI, 23 (febbraio 1990)

William WEBER, *The Rise of Musical Classics in Eighteenth-Century England*, Oxford 1992

Gérard GÉFEN, *Les musiciens et la Franc-maçonnerie*, Paris 1993

Alberto BASSO, *L'invenzione della gioia. Musica e massoneria nell'età dei Lumi*, Milano 1994

Ranieri CALZABIGI (a cura di A. L. Bellina), *Scritti teatrali e letterari*, Roma 1994

AA. VV. (a cura di M. Benoit), *Philidor musicien et joueur d'échecs*, in «Recherches sur la musique française classique», XXVIII, Paris 1995

Ludwig FINSCHER, *Klassik* (*ad vocem*), in *Die Musik in Geschichte und Gegenwart*, V, Kassel-Stuttgart 1996

Emanuele SENICI, *La clemenza di Tito. I primi trent'anni (1791-1821)*, Brepols 1997

Carlo PICCARDI, *Marcia funebre: costituzione di un modello civile*, in AA. VV. (a cura di M. Capra), *Una piacente estate di San Martino (Studi e ricerche per Marcello Conati)*, Lucca 2000

Claude ROLE, *François-Joseph Gossec (1734-1829), un musicien à Paris de l'Ancien Régime à Charles X*, Paris 2000

Carlo PICCARDI, *Carlo Soliva operista europeo nel fermento della Milano neoclassica*, in AA. VV. (a cura di F. Seydoux), *Fiori musicologici - Studi in onore di Luigi Ferdinando Tagliavini*, Bologna 2001

Anselm GERHARD, *London und der Klassizismus in der Musik. Die Idee der "absoluten Musik" und Muzio Clementis Klavierwerk,* Stuttgart-Weimar 2002

Giuseppe Baretti (a cura di M. Mari), *Dei modi e costumi d'Italia*, Torino 2003

Johann Christian von Mannlich (a cura di K.-H. Bender e H. Kleber), *Histoire de ma vie*, Trier 2003

Adélaïde de Place, *Étienne-Nicolas Méhul*, Paris 2005

Marco Bizzarini, *Benedetto Marcello*, Palermo 2006

Amalia Collisani, *La musica di Jean-Jacques Rousseau*, Palermo 2007

Enrico Fubini (a cura di), *L'illuminismo francese e la musica*, Milano-Lucca 2007

Orietta Rossi Pinelli, *Le arti nel Settecento europeo*, Torino 2009

Leongildo Salerno, *Les mésaventures de l'*Amour fugitif*: Genèse d'*Anacréon *de Luigi Cherubini (1803)*, in «Schweizer Jahrbuch für Musikwissenschaft / Annales Suisses de Musicologie / Annuario Svizzero di Musicologia», Nuova serie 28/29, Bern 2008-2009

Capitolo II

Carl Philipp Emanuel Bach, *Versuch über die wahre Art das Klavier zu spielen*, Berlin 1753 (trad. it. *Saggio di metodo per la tastiera*, a cura di G. Gentili Verona, Milano 1973)

Johann Georg Sulzer, *Allgemeine Theorie der schönen Künste*, Leipzig 1773

Charles Burney, *The Present State of Music in Germany, the Netherland, und United Provinces,* London 1775 (trad. it. *Viaggio musicale in Germania e Paesi Bassi*, Torino 1986)

Francesco Milizia, *Trattato completo, formale e materiale del teatro*, Venezia 1794

Christian Friedrich Daniel Schubart, *Ideen zu einer Aestethik der Tonkunst*, Wien 1806

Giacomo Gotifredo Ferrari, *Aneddoti piacevoli e interessanti occorsi nella vita di G. G. Ferrari da Rovereto*, Londra 1830 (nuova ed. a cura di S. Di Giacomo, Palermo 1920)

Wilhelm Heinse (a cura di Albert Leitzmann), *Sämtliche Werke*, VIII, T. I, Leipzig 1924

Roy Pascal, *The German Sturm und Drang*, Manchester 1953 (trad. it. *La poetica dello Sturm und Drang*, Milano 1957)

Hans Heinrich EGGEBRECHT, *Das Ausdruck-Prinzip im musikalischen Sturm und Drang*, in «Deutsche Vierteljahrschrift für Literaturwissenschaft und Geistergeschichte», XXIX, 1955, (trad. it. in H. H. Eggebrecht, *Il senso della musica*, Bologna 1987)

H. C. ROBBINS LANDON, *La crise romantique dans la musique autrichienne vers 1770. Quelques précurseurs inconnus de la Symphonie en sol mineur (KV 183) de Mozart*, in AA. VV. (a cura di A. Verchaly), *Les influences étrangères dans l'œuvre de W. A. Mozart*, Paris 1958

Jean-Jacques ROUSSEAU (a cura di B. Gagnebin e M. Raymond), *Œuvres complètes*, Paris 1959-1996

Jean PAUL, *Hesperus*, in J. Paul (a cura di N. Miller), *Werke*, I, München 1960

Francesco ALGAROTTI (a cura di G. Da Pozzo), *Saggi*, Bari 1963

Enrico FUBINI, *L'estetica musicale dal Settecento ad oggi*, Torino 1964

Ladislao MITTNER, *Storia della letteratura tedesca*, II *Dal pietismo al romanticismo* (1700-1820), Torino 1964

Enrico FUBINI (a cura di), *Gli Illuministi e la musica. Scritti scelti*, Milano 1969

Brigitte MASSIN, *Wolfgang Amadeus Mozart*, Paris 1970

Enrico FUBINI, *Gli enciclopedisti e la musica*, Torino 1971

Irène MAMCZARZ, *Les intermèdes comiques italiens au XVIIIe siècle en France et en Italie*, Paris 1972

Wilhelm HEINSE (a cura di M. L. Baeumer), *Ardinghello und die glückseligen Inseln*, Stuttgart 1975

Carl DAHLHAUS, *Die Idee der absoluten Musik*, Kassel-Basel-Tours-London 1978 (trad. it. *L'idea di musica assoluta*, Scandicci 1988)

Reinhard STROHM, *Die italienische Oper im 18. Jahrhundert*. Heinrichshofen 1979 (trad. it. *L'opera italiana nel Settecento*, Venezia 1991)

Carl DAHLHAUS, *Die Musik des 19. Jahrhunderts*, Wiesbaden 1980 (trad. it. *La musica dell'Ottocento*, Scandicci 1990)

Michela GARDA, *Musica sublime. Metamorfosi di un'idea nel Settecento musicale*, Milano-Lucca 1985

Elvidio SURIAN, *Pigmalione: dal mélodrame alla "scena lirica", la conquista dello spazio scenico-musicale*, in *Feste musicali*, a cura di T. Gotti, Bologna 1985

Enrico FUBINI, *Musica e cultura nel Settecento europeo*, Torino 1986

Massimo Modica (a cura di), *L'estetica dell'Encyclopédie. Guida alla lettura*, Roma 1988

Hans Heinrich Eggebrecht, *Musik im Abendland. Prozesse und Stationen vom Mittelalter bis zur Gegenwart*, München 1991 (trad. it. *Musica in Occidente*, Scandicci 1996)

Thomas Betzwieser, *Lungi dalla Wiener Klassik*, in *Piste da leggere tra Sturm und Drang e Biedermeier* (programma di sala delle *Feste musicali*), Bologna 1995

Max Becker, *Narkotikum und Utopie. Musik-Konzept in Empfindsamkeit und Romantik*, Kassel-Basel-London-New York-Prag 1996

Stefano Castelvecchi, *From Nina to Nina: Psychodrama, Absorption and Sentiment in the 1780s*, in «Cambridge Opera Journal», VIII/2 (1996)

Clelia Parvopassu - Alberto Rizzuti, *"A salti e lanci". Il dibattito sul* Volkslied *nell'epoca dello* Sturm und Drang, Torino 1997

Jacqueline Weber, *"J'ai imaginé un genre de drame": une réflexion sur la partition musicale du mélodrame de Pygmalion*, in «Schweizer Jahrbuch für Musikwissenschaft / Annuaire Suisse de Musicologie / Annuario Svizzero di Musicologia» Nuova serie, 18, Bern 1998

Francesco Degrada, *Nina, la follia, l'utopia e il rimpianto dell'eden perduto*, in *Nina, o sia La pazza per amore*, Teatro alla Scala, Milano 1999

Giovanni Guanti, *Estetica musicale. La storia e le fonti*, Milano 1999

Capitolo III

Jérôme-Joseph Momigny, *Cours complet d'harmonie et de composition*, Paris 1803-1806

Albert Christoph Dies, *Biographische Nachrichten von Joseph Haydn*, Wien 1810 (trad. it. in *Haydn. Due ritratti e un diario*, a cura di A. Lanza e E. Restagno, Torino 2001)

Georg August Griesinger, *Biographische Notizen über Joseph Haydn*, Leipzig 1810 (trad. it. in *Haydn. Due ritratti e un diario*, a cura di A. Lanza e E. Restagno, Torino 2001)

Stendahl (con lo pseudonimo di Louis-Alexandre César Bombet), *Lettres écrites de Vienne, en Autriche, sur le célèbre compositeur Joseph Haydn suivies d'une vie de Mozart et de considérations sur Métastase et l'état présent de la musique en France et en Italie*, Paris 1814 (trad. it. *Vite di Haydn, Mozart e Metastasio*, Pordenone 1993)

Giuseppe CARPANI, *Le Haydine ovvero lettere sulla vita e le opere del celebre maestro Giuseppe Haydn*, Padova 1823 (seconda ed. accresciuta)

Karl GEIRINGER, *Joseph Haydn*, Potsdam 1932

Karl GEIRINGER, *Haydn: a creative Life in Music*, New York 1946

Donald Francis TOVEY, *Haydn's Chamber Music*, in *Essays and Lectures on Music*, New York 1949

H. C. ROBBINS LANDON, *The Symphonies of Joseph Haydn*, London 1955

H. C. ROBBINS LANDON (a cura di), *The collected Correspondence and London Notebook of Joseph Haydn*, London 1959

Dénes BARTHA - László SOMFAI, *Haydn als Opernkapellmeister*, Budapest 1960

Niccolò CASTIGLIONI (a cura di), *Gli scritti di Haydn*, in «L'Approdo Musicale», 11 (1960)

Charles ROSEN, *The Classical Style. Haydn, Mozart, Beethoven*, New York 1971 (trad. it. *Lo stile classico. Haydn, Mozart, Beethoven*, Milano 1979)

Alberto BASSO, *La rappresentazione a Torino (1804) dell'"Armida" di Haydn*, in AA. VV. (a cura di G. Vecchi), *Testimonianze, studi e ricerche in onore di Guido M. Gatti (1892-1973)*, Bologna 1973

H. C. ROBBINS LANDON, *Haydn: Chronicle and Works*, 5 voll., I *Haydn: the early years 1732-1765*; II *Haydn at Esterháza 1766-1790*; III *Haydn in England 1791-1795*; IV *Haydn: the years of "The Creation" 1796-1800*; V *Haydn: the late years 1801-1809*, London 1976-1980

Dénes BARTHA - H. C. ROBBINS LANDON (a cura di), *Joseph Haydn. Gesammelte Briefe und Aufzeichnungen*, Kassel-Basel-Paris-London-New York 1965

Luigi DELLA CROCE, *Le 107 sinfonie di Haydn*, Torino 1975

Giovanni Simone MAYR (a cura di A. Gazzaniga), *Zibaldone, preceduto dalle Pagine autobiografiche*, Bergamo 1977

Giorgio PESTELLI, *L'età di Mozart e Beethoven*, Torino 1979

Robert A. GREEN, Il distratto *of Regnard and Haydn, A re-examination*, in «The Haydn Yearbook-Das Haydn Jahrbuch», X (1980)

Nancy KOVALEFF BACKER, *Heinrich Koch's Description of the Symphony*, in «Studi Musicali» IX, 2 (1980)

Alberto BASSO, *Un'iniziativa della Massoneria: la rappresentazione dell'"Armida" di Haydn a Torino nel 1804*, in «Analecta Musicologica», XXII (1984)

Ursula Götze, *Die Symphonien Joseph Haydn*, Kassel 1984

H. C. Robbins Landon - David Wyn Jones, *Haydn. His Life and Music*, London 1988 (trad. it. *Haydn. Vita e opere*, Milano 1988)

Andrea Lanza (a cura di), *Haydn* (con contributi di Gretchen A. Wheelock, László Somfai, David P. Schroeder, Elaine R. Sisman, John A. Rice, Mark Evan Bonds, A. Peter Brown, Wilhelm Seidel), Bologna 1999

Ludwig Finscher, *Joseph Haydn und seine Zeit*, Laaber 2000

Anselm Gerhard, *London und der Klassizismus in der Musik. Die Idee der "absoluten Musik" und Muzio Clementis Klavierwerk,* Stuttgart-Weimar 2002

Capitolo IV

Friedrich von Schlichtegroll, *Nekrolog der Deutschen*, Gotha 1793 (trad. it. Franz Niemetschek - Friedrich von Schlichtegroll, *Mozart*, a cura di G. Pugliaro, Torino 1990)

Franz Xaver Niemetschek, *Leben des k.k. Kapellmeister Wolfgang Gottlieb Mozart, nach Originalquellen*, Prag 1798 (trad. it. Franz Niemetschek - Friedrich von Schlichtegroll, *Mozart*, a cura di G. Pugliaro, Torino 1990)

Stendahl (con lo pseudonimo di Louis-Alexandre César Bombet), *Lettres écrites de Vienne, en Autriche, sur le célèbre compositeur Joseph Haydn suivies d'une vie de Mozart et de considérations sur Métastase et l'état présent de la musique en France et en Italie*, Paris 1814 (trad. it. *Vite di Haydn, Mozart e Metastasio*, Pordenone 1993)

Hans Georg Nägeli, *Vorlesungen über Musik. Mit Berücksischtigung der Dilettanten*, Stuttgart 1826

Søren Kierkegaard, *De umiddelbare erotiske Stadier, eller det Musikalsk-Erotiscke*, in *Enten-Eller*, Kjoebenhavn1843 (trad. it. *Don Giovanni. Gli stadi erotici immediati ovvero il musicale erotico*, Milano 2006)

Edward J. Dent, *Mozart's Operas*, London 1913 (trad. it. *Il teatro di Mozart*, Milano 1979)

Hermann Cohen, *Die dramatische Idee in Mozarts Operntexten*, Berlin 1915 (trad. it. *L'idea drammatica in Mozart*, Genova 1992)

Hermann Abert, *Wolfgang Amadeus Mozart*, Leipzig 1919-1921 (trad. it. Milano 1984-1985)

Otto Rank, *Die Don Juan-Gestalt*, Wien 1922 (trad. it. *La figura del Don Giovanni. La funzione sociale dell'arte poetica*, a cura di F. Marchioro, Milano 1987)

Edmond ROSTAND, *La dernière nuit de Don Juan*, Paris 1922 (trad. it. *L'ultima notte di Don Giovanni*, Pordenone 1991)

Hans Urs VON BALTHASAR, *Die Entwicklung der musikalischen Idee*, Braunschweig 1925 (trad. it. in Hans Urs von Balthasar [a cura di P. Sequieri], *Lo sviluppo dell'idea musicale. Testimonianza per Mozart*, Milano 1995)

Bernhard PAUMGARTNER, *Mozart*, Berlin 1927 (trad. it. Torino 1978)

Cuthbert Morton GIRDLESTONE, *Mozart et ses Concertos pour piano*, Paris 1939

Alfred EINSTEIN, *Mozart. His Character, His Work*, New York 1945 (trad. it. *W. A. Mozart. Il carattere e l'opera*, Milano 1951)

Hans Urs VON BALTHASAR, *Bekenntnis zu Mozart*, in «Neue Zürcher Zeitung» 13 febbraio 1955 (trad. it. in Hans Urs von Balthasar [a cura di P. Sequieri], *Lo sviluppo dell'idea musicale. Testimonianza per Mozart*, Milano 1995)

Guglielmo BARBLAN - Andrea DELLA CORTE, *Mozart in Italia*, Milano 1956

Karl BARTH, *Wolfgang Amadeus Mozart*, Zürich 1956 (trad. it. Brescia 1980)

H. C. ROBBINS LANDON - Donald MITCHELL (a cura di), *The Mozart Companion*, London 1956

Luigi RONGA, *Bach, Mozart e Beethoven. Tre problemi critici*, Venezia 1956

Andrea DELLA CORTE, *Tutto il teatro di Mozart*, Torino 1957

Rosario F. ESPOSITO (a cura di), *W. A. Mozart. Autobiografia dalle lettere e da documenti contemporanei*, Catania 1960

Wilhelm A. BAUER - Otto Erich DEUTSCH (a cura di), *Mozart. Briefe und Aufzeichnungen*, Kassel-Basel-London-New York 1962-1975

Aloys GREITHER, *Wolfgang Amadé Mozart*, Reinbek bei Hamburg 1962 (trad. it. *Mozart*, Torino 1968)

Louis FÜRNBERG, *Mozart Novelle*, Weimar 1964 (trad. it. *Mozart e Casanova*, Palermo 1993)

Giovanni MACCHIA, *Vita avventure e morte di Don Giovanni*, Bari 1966

Jacques CHAILLEY, *"La Flûte enchantée" opéra maçonnique*, Paris 1968

Jean et Brigitte MASSIN, *Wolfgang Amadeus Mozart*, Paris 1970

Lorenzo DA PONTE (a cura di C. Pagnini), *Memorie e altri scritti*, Milano 1971

Hans Heinrich EGGEBRECHT, *Versuch über die Wiener Klassik. Die Tanzszene in Mozarts "Don Giovanni"*, Wiesbaden 1972

Paolo Emilio CARAPEZZA, *Figaro e Don Giovanni, due folli giornate*, Palermo 1974

Diego BERTOCCHI (a cura di), *Così fan tutte ossia La Scuola degli amanti*, Torino 1975

Paolo GALLARATI, *Gluck e Mozart*, Torino 1975

Luigi DELLA CROCE, *Le 75 sinfonie di Mozart*, Torino 1977

Wolfgang HILDESHEIMER, *Mozart*, Frankfurt/a. M. 1977 (trad. it. Firenze 1979)

Frits NOSKE, *The Signifier and the Signified. Studies in the Operas of Mozart and Verdi*, Oxford 1977 (trad. it. *Dentro l'opera. Struttura e figura nei drammi musicali di Mozart e Verdi*, Venezia 1993)

Heinrich BESSELER, *Aufsätze zur Musikhästhetik und Musikgeschichte*, Leipzig 1978 (trad. it. *Dal Medioevo a Mozart*, Milano-Lucca 1996)

Paolo ISOTTA, *I sentieri della musica*, Milano 1978

Fedele D'AMICO, *Attorno al "Don Giovanni" di Mozart*, Roma 1978

Jean ROUSSET, *Le Mythe de Don Juan*, Paris 1978 (trad. it. *Il mito di Don Giovanni*, Parma 1980)

Florian LANGEGGER, *Mozart. Vater und Sohn*, Zürich 1978 (trad. it. *Mozart. Padre e figlio*, Milano 1982)

Charles OSBORNE, *The Complete Operas of Mozart*, London 1978 (trad. it. *Tutte le opere di Mozart*, Firenze 1982)

Beniamino DAL FABBRO, *Mozart. La vita. Scritti e appunti 1945-1975*, Milano 1979

Jean-Victor HOCQUARD, *"Le Nozze di Figaro" de Mozart*, Paris 1979 (trad. it. *Le nozze di Figaro di Mozart*, Milano 1981)

Jean MASSIN, *Don Juan. Mythe littéraire et musical*, Paris 1979

Massimo MILA, *Lettura delle "Nozze di Figaro". Mozart e la ricerca della felicità*, Torino 1979

Giorgio PESTELLI, *L'età di Mozart e Beethoven*, Torino 1979

Massimo MILA, *Wolfgang Amadeus Mozart*, Pordenone 1980

Stanley SADIE, *Mozart (ad vocem)*, in *The New Grove Dictionary of Music and Musicians*, London 1980 (trad. it. *Mozart*, Milano-Firenze 1987)

Eugène DELACROIX (a cura di A. Joubin), *Journal 1822-1863*, Paris 1981

Elisa RANUCCI (a cura di), *Wolfgang Amadeus Mozart. Lettere*, Parma 1981

Lorenzo ARRUGA (a cura di), *Mozart e le turcherie*, Venezia 1982

Cristina CANO, *Il gioco mozartiano*, in «Studi Musicali», XI, 2 (1982)

Renato MUSTO - Ernesto NAPOLITANO, *Una favola per la ragione*, Milano 1982

Stefan KUNZE, *Mozarts Opern*, Stuttgart 1984 (trad. it. *Il teatro di Mozart*, Venezia 1990)

Gernot GRUBER, *Mozart und die Nachwelt*, Salzburg-Wien 1985 (trad. it. *La fortuna di Mozart*, Torino 1987)

Carl DE NYS, *La musique religieuse de Mozart*, Paris 1986 (trad. it. *La musica religiosa di Mozart*, Napoli 1987)

Pierre-Jean JOUVE, *Le "Don Juan" de Mozart*, Paris 1986 (trad. it. *Il "Don Giovanni" di Mozart*, Milano 2001)

Loredana LIPPERINI, *Introduzione al "Don Giovanni"*, Roma 1987

Nino PIRROTTA, *Scelte poetiche di musicisti*, Venezia 1987

Alessandro BARICCO, *Il genio in fuga. Due saggi sul teatro musicale di Gioachino Rossini*, Genova 1988

Massimo MILA, *Lettura del "Don Giovanni" di Mozart*, Torino 1988

H. C. ROBBINS LANDON, *Mozart's Last Year*, London-New York 1988 (trad. it. *1791 L'ultimo anno di Mozart*, Milano 1989)

Massimo MILA, *Lettura del "Flauto magico"*, Torino 1989

Eduardo RESCIGNO, *Da Ponte poeta e libertino tra Mozart e il Nuovo Mondo*, Milano 1989

H. C. ROBBINS LANDON, *Mozart. The Golden Years 1781-1791*, London 1989 (trad. it. *Mozart. Gli anni d'oro 1781-1791*, Milano 1989)

Giovanni CARLI BALLOLA - Roberto PARENTI, *Mozart*, Milano 1990

Claudio CASINI, *Amadeus. Vita di Mozart*, Milano 1990

Alberto JONA, *Il paggio, il libertino e il filosofo. Per una parabola mozartiana di eros e finzione*, Milano 1990

Loredana LIPPERINI, *Mozart in rock*, Firenze 1990

Jonathan MILLER, *The Don Giovanni Book*, London 1990 (trad. it. *Il libro di Don Giovanni*, Parma 1995)

Gian Paolo MINARDI, *I concerti per pianoforte e orchestra di Mozart*, Pordenone 1990

Enrico CASTIGLIONE (a cura di), *Mozart. Epistolario*, Roma 1991

Sergio DURANTE (a cura di), *Mozart* (con contributi di Erich Hertzmann, David Rosen, Neal Zaslaw, Leonard B. Meyer, Leo Treitler, Alan Tyson, Wilhelm

Seidel, Daniel Heartz, Christoph Wolff, Thrasybulos Georgiades, Reinhold Hammerstein), Bologna 1991

Georg KNEPLER, *Wolfgang Amadé Mozart. Annäherungen*, Berlin 1991 (trad. it. *Wolfgang Amadé Mozart. Nuovi percorsi*, Milano-Lucca 1995)

Norbert ELIAS, *Mozart. Zur Soziologie eines Genies*, Frankfurt/a. M. 1991 (trad. it. *Mozart. Sociologia di un genio*, Bologna 1991)

Hans KÜNG, *Mozart. Spuren der Transzendenz*, München 1991 (trad. it. *Mozart. Tracce della trascendenza*, Brescia 1992)

Nino PIRROTTA, *Don Giovanni in musica*, Venezia 1991

Amedeo POGGI - Edgar VALLORA, *Signori il catalogo è questo!*, Torino 1991

Franco SGRIGNOLI, *Invito all'ascolto di Mozart*, Milano 1991

Armando TORNO - Pier Angelo SEQUERI, *Divertimenti per Dio. Mozart e i teologi*, Casale Monferrato 1991

Juliane VOGEL (a cura di), *W. A. Mozart. Lettere alla cugina*, Milano 1991

Christoph WOLFF, *Mozarts Requiem. Geschichte, Musik, Dokumente*, Kassel 1991 (trad. it. *Il Requiem di Mozart. La storia, I documenti, la partitura*, Roma 2006)

Aleramo LANAPOPPI, *Lorenzo Da Ponte. Realtà e leggenda nella vita di Mozart*, Venezia 1992

Paolo GALLARATI, *La forza delle parole. Mozart drammaturgo*, Torino 1993

Rudolph ANGERMÜLLER, *Mozarts Reisen in Italien*, Bad Honnef 1994, (trad. it. *I viaggi di Mozart in Italia*, Milano 2006)

Giacomo FORNARI (a cura di), *Mozart. Gli orientamenti della critica*, Lucca 1994

Lorenzo DA PONTE (a cura di G. Gronda), *Il "Don Giovanni"*, Torino 1995

Guido SALVETTI (a cura di), *Intorno all'"Ascanio in Alba" di Mozart: una festa teatrale a Milano*, Lucca 1995

Maynard SOLOMON, *Mozart. A Life*, New York 1995 (trad. it. *Mozart*, Milano 1996)

Piero BUSCAROLI, *La morte di Mozart*, Milano 1996

Roberto BRUSOTTI, *L'eros, la morte e il demoniaco nella musica di Mozart*, Torino 1997

Emanuele SENICI, *"La clemenza di Tito" di Mozart. I primi trent'anni (1791-1821)*, Brepols 1997

Ekkehart KRIPPENDORFF. *Die Kunst, nicht rigiert zu werden. Ethische Politik von Socrates bis Mozart*, Frankfurt/ a. M. 1999 (trad. it. *L'arte di non essere governati. Politica etica da Socrate a Mozart*, Roma 2003)

Paolo CATTELAN, *Mozart. Un mese a Venezia*, Venezia 2000

Andrea FRULLINI, *Mozart e il divieto di successione*, Milano 2001

Bernard LECHEVALIER, *Le cerveau de Mozart*, Paris 2003 (trad. it. *Il cervello di Mozart*, Torino 2006)

Piero MELOGRANI, *La vita e il tempo di Wolfgang Amadeus Mozart*, Roma-Bari 2003

Sonia ARIENTA, *Don Giovanni. Le manipolazioni di un testo nell'Europa della Restaurazione*, Milano-Lucca 2004

Luigi NICOLINI, *Il simbolo del dolore in Mozart*, Milano 2004

Ernesto NAPOLITANO, *Mozart. Verso il* Requiem, Torino 2004

Giorgio PESTELLI, *Gli immortali. Come comporre una discoteca di musica classica*, Torino 2004

Armando TORNO, *Mozart a Milano*, Milano 2004

Lidia BRAMANI, *Mozart massone e rivoluzionario*, Milano 2005

Piero RATTALINO, *Vita di Wolfgango Amadeo Mozart scritta da lui medesimo*, Milano 2005

Francesco ATTARDI, *Viaggio intorno al "Flauto Magico"*, Lucca 2006

Piero BUSCAROLI, *Al servizio dell'Imperatore. Come Giuseppe II spinse Mozart alla rovina*, Genova-Milano 2006

Piero BUSCAROLI, *Piero Buscaroli spiega l'imbroglio del* Requiem, Varese 2006

Sandro CAPPELLETTO, *Mozart. La notte delle dissonanze*, Torino 2006

Massimo MILA, *Mozart. Saggi 1941-1987*, Torino 2006

Giorgio PAGANNONE, *W. A. Mozart: Concerto per pianoforte e orchestra K 491 in do minore*, Roma 2006

Renato RAFFAELLI, *Don Giovanni tra antropologia e filologia*, Rimini 2006

Stanley SADIE, *Mozart, the Early Years*, New York 2006 (trad. it. *Wolfgang Amadeus Mozart. Gli anni salisburghesi 1756-1791*, Milano 2006)

Aldo SPRANZI, *Il teatro di Mozart*, Milano 2006

Domenico Antonio D'ALESSANDRO, *I Mozart nella Napoli di Hamilton*, Napoli 2006

Anna SCALFARO, *Wolfgang Amadeus Mozart. Il Concerto per clarinetto e orchestra*, Bologna 2007

Alberto Basso, *I Mozart in Italia. Cronistoria dei viaggi, documenti, lettere, dizionari dei luoghi e delle persone*, Roma 2008

AA. VV. (a cura di S. Zurletti), *Don Giovanni il dissoluto impunito* (con testi di Éveline Andréani, Francesco Bissoli, Giovanni Bottiroli, Giovanna Calabrò, Giovanni Carli Ballola, Umberto Curi, Nadia Fusini, Piero Gelli, Philip Gosset, Gerardo Guccini, Enrica Lisciani Petrini, Claudio Meldolesi, Marino Niola, Charles Rosen, Maurizio Scaparro, Roman Vlad, Sara Zurletti), Napoli 2008

AA. VV. (a cura di A. Caroccia e M. Picchio), *Mozart Day. Itinerari storici, sociologici e artistici*, Arrone (Terni) 2008

Anna Rastelli, *La costanza della ragione. Il tempo e la storia del* Requiem *di Mozart*, Reggio Emilia 2008

Massimo Mila, *I quartetti di Mozart*, Torino 2009

Manfred Hermann Schmid, *Mozarts Opern. Ein musikalischer Werkführer*, München 2009 (trad. it. *Le opere teatrali di Mozart*, Torino 2010)

Massimo Mila, *Le sinfonie di Mozart*, Torino 2010

Marco Murara, *Tutte le lettere di Mozart*, Varese 2011

Capitolo V

Andrea Mejer, *Discorso intorno alle vicende della musica italiana*, in *Della imitazione pittorica*, Venezia 1818

Giuseppe Carpani, *Le Rossiniane ossia lettere musico-teatrali*, Padova 1824

Marco Santucci, *Sull'armonia, sulla melodia e sul metro*, Lucca 1828

Franz Gerhard Wegeler - Ferdinand Ries, *Biographische Notizen über Ludwig van Beethoven*, Koblenz 1838 (trad. it. *Beethoven. Appunti biografici dal vivo*, a cura di A. Focher, Bergamo 1993)

Richard Wagner, *Beethoven*, Leipzig 1870 (trad. it. Mantova 1924)

Gerhard von Breuning, *Aus dem Schwarzspanierhause. Erinnerungen an L. van Beethoven aus meiner Jugendzeit*, Wien 1874 (trad. it. *Ludwig van Beethoven nei miei ricordi giovanili*, a cura di A. Focher, Milano 1990)

Ludwig Nohl, *Beethoven nach den Schilderungen seiner Zeitgenossen*, Stuttgart 1877

Lev Nikolaevič Tolstoj, Крейцерова соната, Mosca 1891 (trad. it. *Sonata a Kreutzer*, Milano 1991)

Romain Rolland, *La vie de Beethoven*, Paris 1903 (trad. it. *Vita di Beethoven*, Milano 1921)

Max Chop, *Ludwig van Beethoven Symphonien geschichtlich und musikalisch analysiert*, Leipzig 1910 (trad. it. *Le nove sinfonie di Beethoven*, Milano 1952)

Ernst Theodor Amadeus Hoffmann, *Dichtungen und Schriften*, Weimar 1924 (trad. it. parziale in *E. T. H. Hoffmann. Scritti scelti sulla musica*, a cura di M. Donà, Fiesole 1985)

Otto Hellinghaus (a cura di), *Beethoven. Seine Persönlichkeit in der Aufzeichnungen seiner Zeitgenossen, seinen Briefen und Tagebüchern*, Freiburg i. B. 1922 (trad. it. *Beethoven. Memorie di contemporanei. Lettere, diari*, Milano 1925)

Édouard Herriot, *La vie de Beethoven*, Paris 1929 (trad. it. *Beethoven, la sua vita e il suo tempo*, Milano 1947)

Georg Schünemann, *Ludwig van Bethovens Konversationshefte*, Berlin 1941-1943 (trad. it. *Ludwig van Beethoven – I quaderni di conversazione*, Torino 1968)

Giovanni Biamonti, *Beethoven. Rilievi di vita e d'arte (Le sinfonie)*, Roma 1948

Giovanni Biamonti, *Beethoven. Rilievi di vita e d'arte (I quartetti))*, Roma 1948

Alfredo Casella, *Beethoven intimo*, Firenze 1949

Edwin Fischer, *Ludwig van Beethovens Klaviersonaten: Ein Begleiter für Studierende und Liebhaber*, Berlin 1956 (trad. it. *Le sonate per pianoforte di Ludwig van Beethoven*, Roma 1958)

Arnold Hauser, *Social History of Art*, London-New York 1951 (trad. it. *Storia sociale dell'arte*, Torino 1955-1956)

Luigi Magnani, *Le frontiere della musica*, Milano-Napoli 1957

Theodor W. Adorno, *Dissonanzen*, Göttingen 1958 (trad. it. *Dissonanze*, Milano 1959)

Emily Anderson (a cura di), *The Letters of Beethoven*, London 1961 (trad. it. *Le lettere di Beethoven*, Torino 1968)

Nicolò Di Fede (a cura di), *Scritti e conversazioni di Beethoven*, Bologna 1962

Luigi Magnani, *I quaderni di conversazione di Beethoven*, Napoli 1962

Carl Czerny (a cura di P. Badura-Skoda), *Über den richtigen Vortrag der sämtlichen Beethoven'schen Klavierwerke*, Wien 1963

Massimo Mila, *I quartetti di Beethoven*, Torino 1968

Joseph Szigeti, *The Ten Beethoven's Sonatas for Piano and Violin*, Urbana 1965 (trad. it. *Le opere per violino di Beethoven*, Milano 1969)

Jean e Brigitte Massin, *Ludwig van Beethoven*, Paris 1967

Hector Berlioz (a cura di J.-G. Prod'Homme), *Beethoven*, Paris 1970

Giorgio Pestelli, *Beethoven a Torino e in Piemonte nell'Ottocento*, in «Nuova Rivista Musicale Italiana», IV (1970)

Piero Rattalino, *Le sonate per pianoforte di Beethoven*, Torino 1970

Joseph Schmidt-Georg - Hans Schmidt, *Ludwig van Beethoven*, Bonn 1970 (trad. it. Milano 1985)

Martin Cooper, *Beethoven. The Last Decade*, London 1970 (trad. it. *Beethoven. L'ultimo decennio*, Torino 1979)

Denis Arnold - Nigel Fortune (a cura di), *The Beethoven Companion*, London 1971

Michel Butor, *Dialogue avec 33 variations de Ludwig van Beethoven sur une valse de Diabelli*, Paris 1971

Hans Heinrich Eggebrecht, *Zur Geschichte der Beethoven-Rezeption*, Mainz 1972

Fedele D'Amico, *Sulle sinfonie di Beethoven*, Roma 1973

Arrigo Gazzaniga, *Il "Trattatello sopra agli stromenti ed istromentazione" di G. S. Mayr*, in «Nuova Rivista Musicale Italiana», VI (1973)

Claudio Casini, *Beethoven e la libertà della musica*, Roma 1976

Luigi Magnani, *Goethe, Beethoven e il demonico*, Torino 1976

Giovanni Simone Mayr (a cura di A. Gazzaniga), *Zibaldone, preceduto dalle Pagine autobiografiche*, Bergamo 1977

Massimo Mila, *Lettura della Nona Sinfonia*, Torino 1977

Giuseppe Mazzini (a cura di M. de Angelis), *Filosofia della musica e Estetica musicale del primo Ottocento*, Rimini-Firenze 1977

Walter Riezler, *Beethoven*, Zürich 1977 (trad. it. Milano 1977)

Maynard Solomon, *Beethoven*, New York 1977 (trad. it. *Beethoven. La vita, l'opera, il romanzo familiare*, Venezia 1986)

Constantin Floros, *Beethovens Eroica und Prometheus-Musik*, Wilhelmshaven 1978

Stefan Kunze, *Die Wiener Klassik und ihre Epoche. Zur Situierung der Musik von Haydn, Mozart und Beethoven*, in «Studi Musicali», VII (1978)

Giorgio PESTELLI, *L'età di Mozart e Beethoven*, Torino 1979

Charles ROSEN, *Sonata Forms*, New York 1980 (trad. it. *Le forme sonata*, Milano 1986)

Rudolf BOCKHOLDT, *Beethoven, VI Symphonie F-Dur, op. 68 Pastorale*, München 1981

Piero BUSCAROLI, *Le case di Beethoven*, Ravenna 1982

Vincenzo TERENZIO, *Profilo romantico di Beethoven*, Busto Arsizio 1983

Joseph KERMAN - Alan TYSON, *Beethoven* (*ad vocem*), in *The New Grove Dictionary of Music and Musicians*, London 1983 (trad. it. *Beethoven*, Milano-Firenze 1986)

Luigi MAGNANI, *Beethoven lettore di Omero*, Torino 1984

Giovanni CARLI BALLOLA, *Beethoven. La vita e la musica*, Milano 1985

Alberto CRISTIANI, *I quartetti op. 18 di Ludwig van Beethoven. Analisi formale, strutturale, armonica ed estetica*, Milano 1985-1998

Gaspare SCUDERI, *Beethoven. Le sonate per pianoforte*, Padova 1985

Carlo DE INCONTRERA (cura di), *Il pianoforte di Beethoven*, Monfalcone 1986

Luigi DELLA CROCE, *Ludwig van Beethoven. Le nove sinfonie e le altre opere per orchestra*, Pordenone 1986

Robin WALLACE, *Beethoven's Critics*, Cambridge-London-New York-New Rochelle-Melbourne-Sydney 1986

Alessandra COMINI, *The Changing Image of Beethoven*, New York 1987

Carl DAHLHAUS, *Ludwig van Beethoven und seine Zeit*, Laaber 1987 (trad. it. *Beethoven e il suo tempo*, Torino 1990)

Stefan KUNZE, *Ludwig van Beethoven. Die Werke im Spiegel seiner Zeit*, Laaber 1987

Giorgio PESTELLI (a cura di), *Beethoven* (con contributi di Donald F. Tovey, Georg Knepler, Richard Kramer, James Webster, Lewis Lockwood, Theophil Antonicek, Claude V. Palisca, Warren Kirchendale, Sieghard Brandenburg, William S. Newman, Alexander L. Ringer, Douglas Johnson, Alan Tyson), Bologna 1988

Maynard SOLOMON, *Beethoven Essays*, Cambridge, Mass. 1988 (trad. it. *Su Beethoven. Musica mito psicoanalisi utopia*, Torino 1998)

Rudolf BOCKHOLDT, *Freiheit und Brüderlichkeit in der Musik Ludwig van Beethovens*, in AA. VV. (a cura di Helga Lühning e Sieghard Brandenburg), *Beethoven zwischen Revolution und Restauration*, Bonn 1989

Luigi MAGNANI, *Le due verità di Beethoven*, Bologna 1990

Maynard SOLOMON (a cura di S. Brandenburg), *Beethovens Tagebuch*, Mainz 1990 (trad. it. *Il diario di Beethoven*, Milano 1992

Richard WAGNER, *Scritti su Beethoven*, Firenze 1991

Quirino PRINCIPE, *I quartetti per archi di Beethoven*, Milano 1993

Theodor W. ADORNO, *Beethoven. Philosophie der Musik*, Frankfurt/a. M. 1993 (trad. it. *Beethoven. Filosofia della musica*, Torino 2001

Laura COSSO - Elisabetta FAVA - Giorgio PESTELLI - Alberto RIZZUTI, *Beethoven e la musica da camera*, Torino 1995

Tia DE NORA, *Beethoven and the Construction of Genius. Musical Politics in Vienna, 1792-1803*, Berkeley-Los Angeles-London 1995

Giovanni GUANTI, *Invito all'ascolto di Beethoven*, Milano 1995

Franz GRILLPARZER (a cura di A. Focher), *Beethoven*, Milano 1995

Giulia GIACHIN, *I Lieder di Beethoven*, Torino 1996

Graziano BIANCHI, *Ludwig van Beethoven: il poeta della verità*, Firenze 1998

Ugo MORALE, *Introduzione a Beethoven*, Milano 1999

Hugo VON HOFMANNSTHAL (a cura di R. Di Vanni), *Beethoven*, Genova 1999

Annalisa BINI - Roberto GRISLEY (a cura di), *Beethoven. Le sinfonie e i concerti per pianoforte*, Milano 2001

Rudolf BOCKHOLDT, *Studien zur Musik der Wiener Klassiker*, Stuttgart 2001

Artemio FOCHER, *Ludwig van Beethoven: 26-29 marzo 1827*, Lucca 2001

Klaus KROPFINGER, *Ludwig van Beethoven*, Stuttgart 2001 (trad. it. *Beethoven*, Milano-Lucca 2006)

Graziano BIANCHI, *Beethoven e Goethe*, Firenze 2002

Anselm GERHARD, *London und der Klassizismus in der Musik. Die Idee der "absoluten Musik" und Muzio Clementis Klavierwerk,* Stuttgart-Weimar 2002

Charles ROSEN, *Beethoven's Piano Sonatas. A Short Companion*, New Haven 2002 (trad. it. *Le sonate per pianoforte di Beethoven*, Roma 2008)

James F. GREEN, *The New Hess Catalogue of Beethoven's Works*, West Newbury 2003 (trad. it. *Il nuovo catalogo Hess delle opere di Beethoven*, Varese 2006)

Maynard SOLOMON, *Late Beethoven. Music, Thought, Imagination*, Berkeley-Los Angeles-London 2003 (trad. it. *L'ultimo Beethoven. Musica, pensiero, immaginazione*, Roma 2010)

Graziano Bianchi, *Tempesta e luce. Beethoven*, Roma 2004

Piero Buscaroli, *Beethoven*, Milano 2004

Fabrizio Della Seta, *Beethoven: Sinfonia Eroica*, Roma 2004

Giorgio Pestelli, *Gli immortali. Come comporre una discoteca di musica classica*, Torino 2004

Luigi Della Croce, *Ludwig van Beethoven. La musica sinfonica e teatrale*, Palermo 2006

Tarcisio Balbo, *Ludwig van Beethoven. La Sesta Sinfonia*, Bologna 2007

Luigi Della Croce, *Ludwig van Beethoven. La musica pianistica e da camera*, Palermo 2008

Carlo Fiore, *Bachgoldberg Beethovendiabelli*, Palermo 2009

Aldo Ceccato, *Beethoven Duemila. Attualizzazione delle nove sinfonie*, Bologna 2010

Harvey Sachs, *The Ninth. Beethoven and the World in 1824*, New York 2010 (trad. it. *La Nona di Beethoven*, Milano 2011)

Benedetta Saglietti, *Beethoven, ritratti e immagini. Uno studio sull'iconografia*, Torino 2010

Capitolo VI

Georg Kaiser (a cura di), *Sämtliche Schriften von Carl Maria von Weber*, Berlin-Leipzig 1908

Otto Erich Deutsch (a cura di), *Franz Schubert. Die Dokumente seines Leben und Schaffen*, München 1914

Jacques-Gabriel Prod'Homme (a cura di), *Schubert raconté par ceux qui l'ont vu*, Paris 1928 (trad. it. *Schubert visto da chi lo conobbe*, Milano 1955)

Bernard Paumgartner, *Franz Schubert*, Zürich 1943 (trad. it. *Schubert*, Milano 1981)

Alfred Einstein, *Schubert. A Musical Portrait*, New York 1951 (trad. it. *Schubert*, Milano 1970)

Richard Capell, *Schubert's Songs*, London 1957

Otto Erich Deutsch (a cura di), *Schubert. Die Erinnerungen seiner Freunde*, Leipzig 1957 (trad. it. *Schubert. L'amico e il poeta nelle testimonianze dei suoi contemporanei*, a cura di E. Restagno, Torino 1999)

Theodor W. ADORNO, *Mahler*, Frankfurt/a. M. 1960 (trad. it. *Wagner Mahler. Due studi*, Torino 1966)

Mario BORTOLOTTO, *Introduzione al Lied romantico*, Milano 1962

Thrasybulos G. GEORGIADES, *Schubert. Musik und Lyrik*, Göttingen 1967

Robert SCHUMANN (a cura di M. Kreisig), *Gesammelte Schriften über Musik und Musiker*, Leipzig 1914 (trad. it. *Gli scritti critici*, Milano-Lucca 1991)

Charles ROSEN, *The Classical Style. Haydn, Mozart, Beethoven*, New York 1971 (trad. it. *Lo stile classico. Haydn, Mozart, Beethoven*, Milano 1979)

Jacques CHAILLEY, *Le voyage d'hiver de Schubert*, Paris 1975

Arnold FEIL, *Franz Schubert. Die Schöne Müllerin – Winterreise*, Stuttgart 1975

Brigitte MASSIN, *Franz Schubert*, Paris 1977

Carl DAHLHAUS, *Sonatenform bei Schubert*, in «Musica», XXXII, 1978

Hans Jürgen FRÖHLICH, *Schubert*, München 1978 (trad. it., Pordenone 1990)

Boris PORENA, *Facilità di Schubert. Uno studio sugli interpretanti*, in «Nuova Rivista Musicale Italiana», XII (1978)

James WEBSTER, *Schubert's Sonata Form and Brahms's First Maturity*, in «19th Century Music», II (1978) – III (1979)

AA. VV. (a cura di H.-K. Metzger e R. Riehn), *Franz Schubert,* «Musik-Konzepte Sonderband», München 1979

Otto BRUSATTI (a cura di), *Schubert-Kongress. Wien 1978*, Graz 1979

Frieder REININGHAUS, *Schubert und das Wirtshaus. Musik unter Metternich*, Berlin 1979

Carl DAHLHAUS, *Die Musik des 19. Jahrhunderts*, Wiesbaden 1980 (trad. it. Scandicci 1990)

Harry GOLDSCHMIDT, *Franz Schubert. Ein Lebensbild*, Leipzig 1980 (trad. it. *Schubert*, Milano-Lucca 1995)

Susan WOLLENBERG, *Schubert and the Dream*, in «Studi Musicali», IX, 1 (1980)

Eva BADURA-SKODA - Peter BRANSCOMBE (a cura di), *Schubert Studies. Problems of style and chronology*, Cambridge-London-New York-New Rochelle-Melbourne-Sydney 1982

Renato DI BENEDETTO, *L'Ottocento I*, Torino 1982

Piero RATTALINO, *Storia del pianoforte*, Milano 1982

Ernst HILMAR, *Franz Schubert in seiner Zeit*, Wien-Köln-Graz 1985

Piero RATTALINO, *La sonata romantica*, Milano 1985

Peter GÜLKE, *Franz Schubert und seine Zeit*, Laaber 1991

Danilo PREFUMO, *Invito all'ascolto di Schubert*, Milano 1992

Carlo LO PRESTI, *Franz Schubert. Il viandante e gli inferi*, Torino 1995

Charles ROSEN, *The Romantic Generation*, Harvard 1995 (trad. it. *La generazione romantica*, Milano 1997)

Luigi DELLA CROCE (a cura di), *Franz Schubert. Notte e sogni. Gli scritti e le lettere*, Lucca 1996

AA. VV. (a cura di H.-K. Metzger e R. Riehn), *Franz Schubert. "Todesmusik"* («Musik-Konzepte» 97/98), München 1997

Raymond ERICKSON (a cura di), *Schubert's Vienna*, New Haven-London 1997

Luisa MENNUTI, *L'orma del viandante. Franz Schubert: la scrittura del tempo*, Alessandria 1998

Anna RASTELLI, *Franz Schubert. L'amico e il poeta nelle testimonianze dei suoi contemporanei*, Torino 1999

Michael KOHLHÄUFL, *Poetisches Vaterland. Dichtung und politisches Denken im Freundkreis Franz Schuberts*, Kassel-Basel-London-New York-Prag 1999

Stefano TOFFOLO, *Schubert e Goethe tra classicismo e romanticismo*, Padova 2000

Michael KUBE - Werner ADERHOLD - Walburga LITSCHAUER (a cura di), *Schubert und das Biedermeier* (*Festschrift für Walther Dürr zum 70. Geburtstag*), Kassel-Basel-London-New York-Prag 2002

Sergio SABLICH, *L'altro Schubert*, Torino 2002

Giuseppina LA FACE BIANCONI, *La casa del mugnaio. Ascolto e interpretazione della* Schöne Müllerin, Firenze 2003

Anna RASTELLI, *Amata Vienna. Personaggi storie e digressioni fantastiche sulla vita di Franz Schubert*, Varese 2005

Cesare FERTONANI, *La memoria del canto. Rielaborazioni liederistiche nella musica strumentale di Schubert*, Milano 2005

Chiara BERTOGLIO, *Musica, maschere e viandanti. Figure dello spirito romantico in Schubert e Schumann*, Cantalupa (TO) 2008

Eric SAMS, *Variazioni con enigma svelato. Saggi su Elgar, Schubert e sul confine tra musica e letteratura*, Asti 2008

Giancarlo Aquilini, *Franz Schubert. Il Quintetto per archi*, Bologna 2009

Franco Manfriani (a cura di), *Franz Schubert. Winterreise* (con scritti di Roland Barthes, Charles Rosen, Giuseppe Rossi), Firenze 2009

Capitolo VII

Charles Burney, *The Present State of Music in Germany, the Netherland, und United Provinces,* London 1775 (trad. it. *Viaggio musicale in Germania e Paesi Bassi*, Torino 1986)

Karl von Dittersdorf. *Lebensbeschreibung*, Leipzig 1801

Franz Liszt, *Des Bohémiens et de leur musique en Hongrie*, Leipzig 1859

Christoph Friedrich Nicolai (a cura di R. M. Werner), *Aus dem Josephinischen Wien. Geblers und Nicolais Briefwechsel 1771-86*, Berlin 1888

Eduard Hanslick, *Geschichte des Concertwesens in Wien*, Wien 1870

Eduard Hanslick, *Concerte, Componisten und Virtuosen der letzten fünfzehn Jahre. Kritiken (1870-1885)*, Berlin 1886

Eduard Hanslick, *Aus dem Tagebuche eines Musikers*; Berlin 1892

Eduard Hansklick, *Fünf Jahre Musik (1891-1895)*, Berlino 1896

Eduard Hanslick, *Am Ende des Jahrhunderts (1895-1899)*, Berlin 1899

Eduard Hanslick, *Aus neuer und neuester Zeit*, Berlin 1900

Albert Lortzing (a cura di G. R. Kruse), *Gesammelte Briefe*, Regensburg 1913

Jean Tiersot, *Lettres de musiciens écrites en français du XVe au XXe siècle*, Turin 1924

Alfred Einstein, *Music in the Romantic Era*, New York 1947 (trad. it. *La musica nel periodo romantico*, Firenze 1978)

Theodor W. Adorno, *Musikalische Schriften I - III*, Frankfurt/a. M. 1959, 1965, 1978 (trad. it. parziale *Immagini dialettiche. Scritti musicali 1955-65*, a cura di G. Borio, Torino 2004)

Antonin Sychra, *W. A. Mozart et la musique populaire tchèque*, in AA. VV. (a cura di A. Verchaly), *Les influences étrangères dans l'œuvre de W. A. Mozart*, Paris 1958

Heinrich Eduard Jacob, *Johann Strauss Vater und Sohn. Die Geschichte einer musikalischen Weltherrschaft (1819-1917)*, Bremen 1956

Luigi Magnani, *Le frontiere della musica*, Milano – Napoli 1957

Marcel Brion, *La vie quotidienne à Vienne au temps de Mozart et de Schubert*,

Paris 1959 (trad. it. *La vita quotidiana a Vienna ai tempi di Mozart e di Schubert*, Milano 1991)

Alma MAHLER, *Gustav Mahler. Erinnerungen und Briefe*, Amsterdam 1959 (trad. it. *Gustav Mahler. Ricordi e lettere*. Milano 1960)

Theodor W. ADORNO, *Mahler*, Frankfurt/a. M. 1960 (trad. it. *Wagner Mahler. Due studi*, Torino 1966)

Alma MAHLER, *Mein Leben*, Frankfurt/a. M. 1960 (trad. it. *Autobiografia*, Roma 1985)

Georg KNEPLER, *Musikgeschichte des 19 Jahrhunderts*, II *Oesterreich - Deutschland*, Berlin 1961

Ugo DUSE, *Origini popolari nel canto mahleriano*, in «L'Approdo musicale», 16-17 (1963)

Claudio MAGRIS, *Il mito asburgico nella letteratura austriaca moderna*, Torino 1963

Hans Ferdinand REDLICH, *Gustav Mahler e la sua opera*, in «L'Approdo Musicale», 16-17 (1963)

Ladislao MITTNER, *Storia della letteratura tedesca*, I *Dai primordi pagani all'età barocca (dal 750 circa al 1700 circa)* – II *Dal pietismo al romanticismo (1700-1820)* – III *Dal realismo alla sperimentazione (1820-1970)*, Torino 1964-1981

Bálint SÁROSI, *Zigeunermusik*, Budapest 1970

Carl DAHLHAUS, *Romantische Musikästhetik und Wiener Klassik*, in «Archiv für Musikwissenschaft», XXIX, 1972 (trad. it. *Estetica musicale romantica e classicismo Viennese*, in «Nuova rassegna di studi musicali», II, 1978)

Arrigo GAZZANIGA, *Il "Trattatello sopra agli stromenti ed istromentazione" di G. Simone Mayr*, in «Nuova Rivista Musicale Italiana», VI (1973)

Luigi ROGNONI, *Fenomenologia della musica radicale*, Milano 1974

Paul STEINITZ, *La musica sacra tedesca*, in *The New Oxford History of Music*, V, a cura di A. Lewis e N. Fortune, Oxford 1975 (trad. it. Milano 1978)

Martin HÜRLIMANN (a cura di), *Die Walzer-Dynastie Strauss in Zeugnissen ihrer selbst und ihrer Zeitgenossen*, Zürich 1976

Johann Friedrich REICHARDT (a cura di G. Herre e W. Siegmund-Schultze), *Briefe, die Musik betreffend. Berichte, Rezensionen, Essays*, Leipzig 1976

Rudolf Flotzinger - Gernot Gruber, *Musikgeschichte Oesterreichs*, I *Von den Anfängen zur Barock*, Graz-Wien-Köln 1977

Otto Scheidereit, *Franz von Suppé. Der Wiener aus Dalmatien*, Berlin 1977

Tomislav Volek - Stanislav Jareš, *Dějiny české hudebny v obrazch – Geschichte der tschechischen Musik in Bildern – The History of Czech Music in Pictures*, Praha 1977

Rudolf Flotzinger - Gernot Gruber, *Musikgeschichte Oesterreichs*, II *Vom Barock zur Gegenwart*, Graz-Wien-Köln 1979

Luigi Magnani, *Il nipote di Beethoven*, Torino 1979

Luigi Dallapiccola (a cura di F. Nicolodi), *Parole e musica*, Milano 1980

Ursula Dauth, *Verdis Opern im Spiegel der Wiener Presse von 1843 bis 1859*, München-Salzburg 1981

Mario Bortolotto, *Storia e geografia dell'operetta*, in *Consacrazione della casa*, Milano 1982

Carl Dahlhaus, *Europäische Musikgeschichte im Zeitalter der Wiener Klassik*, in «Analecta Musicologica», XXI, 1982 (trad. it. *Storia della musica nell'età del classicismo viennese*, in «Nuova Rivista Musicale Italiana», XII, 1978)

Alice M. Hanson, *Music Life in Biedermeier Vienna*, Cambridge-London -New York-New Rochelle-Melbourne-Sydney 1985

Roberto Jovino, *Gli Strauss e Vienna*, Padova 1985

Carlo Runti, *Sull'onda del Danubio blu. Essenza e storia dell'operetta viennese*, Trieste 1985

Gerald Abraham, *La musica sacra nell'Europa centrale e orientale*, in *The New Oxford History of Music*, VI, a cura di G. Abraham, Oxford 1986 (trad. it. Milano 1987)

Ernst H. Meyer, *La musica polifonica da camera*, in *The New Oxford History of Music*, VI, a cura di G. Abraham, Oxford 1986 (trad. it. Milano 1987)

Remi Hess, *La valse. Un Romantisme révolutionnaire*, Paris 1989 (trad. it. *Il valzer. Rivoluzione della coppia in Europa*, Torino 1993)

Mary Sue Morrow, *Concert Life in Haydn's Vienna: Aspects of a Developing Musical and Social Institution*, New York 1989

Carlo de Incontrera - Birgit Schneider (a cura di), *Danubio. Una civiltà musicale (Germania)*, Monfalcone 1990

Alberto Rizzuto, *Sognatori, utopisti e disertori nei Lieder "militari" di Gustav Mahler*, Firenze 1990

Hermann DANUSER, *Gustav Mahler und seine Zeit*, Laaber 1991

Ivano CAVALLINI (a cura di), *Itinerari nel classicismo musicale. Trieste e la Mitteleuropa*, Lucca 1992

Carlo DE INCONTRERA - Birgit SCHNEIDER (a cura di), *Danubio. Una civiltà musicale (Austria)*, Monfalcone 1992

Elisabeth RIZ - Christoph KHITTL - Elisabeth RÖSSL, *Biographische Beiträge zum Musikleben Wiens im 19. und frühen 20. Jahrhundert*, Wien 1992

Carlo DE INCONTRERA - Alba ZANINI (a cura di), *Danubio. Una civiltà musicale (Slovacchia, Ungheria)*, Monfalcone 1993

Carlo DE INCONTRERA – Alba ZANINI (a cura di), *Danubio. Una civiltà musicale (Croazia, Serbia, Bulgaria, Romania)*, Monfalcone 1994

AA. VV. (a cura di L. Finscher e A. Riethmüller), *Johann Strauss. Zwischen Kunstanspruch und Volksvergnügen*, Darmstadt 1995

Henry-Louis DE LA GRANGE, *Vienne une histoire musicale*, Paris 1995

Rudolf HALLER (a cura di), *Nach Kakanien. Annäherung an die Moderne*, Wien-Köln-Weimar 1996

Camillo SCHAEFER, "*Gewaltig viele Noten...*". *Die Musik der Habsburger*, Wien 1996

Otto BRUSATTI, *Alles schon wegkomponiert*, Wien-Köln-Weimar 1997

Raymond ERICKSON (a cura di), *Schubert's Vienna*, New Haven-London 1997

Marino FRESCHI, *La Vienna di fine secolo*, Roma 1997

Elisabetta FAVA, *Paesaggi dell'anima. I Lieder di Hugo Wolf*, Alessandria 2009

David GRAMIT, *Cultivating Music. The Aspirations, Interests, and Limits of German Musical Culture, 1770-1848*, Berkeley-Los Angeles-London 2002

Sergio MARTINOTTI, *Bruckner*, Torino 2003

Anacleto VERRECCHIA, *Rapsodia Viennese*, Roma 2003

Marina CARACCIOLO, *Brahms e il valzer*, Lucca 2004

Stefano CRISE, *Un silenzio cantato. Hausmusik e scrittori nella Trieste asburgica*, Varese 2006

Gerhard e Renate CROLL, *Gluck. Sein Leben. Seine Musik*, Kassel-Basel-Tours-London 2010

Maurizio GIANI, *Johannes Brahms*, Palermo 2011

Indice dei nomi

C

H

L

M

N

S

Z